조선이 한국에게 보내는 편지

한반도의 국제정치

조선이 한국에게 보내는 편지
한반도의 국제정치

2021년 9월 15일 초판 1쇄 발행
2023년 8월 25일 초판 2쇄 발행

지은이 박건영

편집 김천희
디자인 김진운
마케팅 김현주

펴낸이 권현준
펴낸곳 (주)사회평론아카데미
등록번호 2013-000247(2013년 8월 23일)
전화 02-326-1545
팩스 02-326-1626
주소 03978 서울특별시 마포구 월드컵북로6길 56

이메일 academy@sapyoung.com
홈페이지 www.sapyoung.com

ISBN 979-11-6707-023-4 93340

조선이 한국에게 보내는 편지
한반도의 국제정치

박건영 지음

사회평론아카데미

'가지 않은 길'을 가는 지도자들에게 바칩니다.

서문

　『조선이 한국에게 보내는 편지: 한반도의 국제정치』는 역사적,
세계관적 관점에서 한국의 토착적인 외교 관념의 지속과 변화를 포
착·이해하고, 그 현재적, 미래적 영향력을 분석하고 처방을 내리는
이론적, 정책적 시도이다. 필자는 조선 외교사와 한반도의 국제정
치로부터 도출한 '주체-구조 간 상호적 역동성'을 강조하는 외교적
인식의 틀에 기초하여 "전략적-실용주의(strategic pragmatism)"라
는 정책적 지침을 제시하였다. 이는 국제정치가 한반도에 대해 행사
하는 구조적 영향력과 한국이라는 외교주체의 가치관의 지속과 변
화가 갖는 피드백 간의 관계를 상호적·역동적인 관점에서 분석한
다. 그럼으로써 한국외교의 현주소에 대한 현장감 있는 이해를 도모
하고, 그에 기초하여 정책적인 면에서는 양분법적인 이상주의에서
벗어나 구체적인 시공간적 요소를 중시하는 가운데 실용주의적 성
과들의 축적이 가지는 전략적 함의에 주목한다. "탈-탈냉전기(the
post-post-cold war)"의 국제정치는 한국에게 익숙하지 않다. 중국의

물리적 급부상과 극우정치화된 중화민족주의, 그리고 냉전기 미국 패권의 쇠퇴를 반영하는 고립주의적 "미국우선주의(America First)"와 그를 되돌리려는 국제주의적 "미국의 귀환(America is Back)"은 국제정치의 불안정성과 변동가능성을 압축적으로 현시하고 있다. 이러한 세계적 전략구도 하에서 한국도, 한반도의 국제정치도 변화하고 있다. 조건의 변화에 따라 상대적 무게(relative weight)를 달리하면서, 그리고 역동적인 상호작용을 통해 서로를 자극하고 추동하며 때로는 신속히 때로는 더디게 움직이고 있다. 따라서 '움직이는 세계'를 응시하고 있는 '움직이는 한국'은 아마도 '가보지 않은 길'에 직면하게 될 것이다. 로버트 프로스트(Robert Frost)의 시(詩)를 빌려 말하자면, 한국이 "어떤 길을 태하느냐에 따라 모든 것이 달라질 수 있다." 이는 한국의 외교가 투철한 역사의식과 냉철한 분별력을 겸비한 '전략적-실용주의'의 정책적 손전등(flashlight)을 필요로 하는 이유이다.

필자는 이 책에서 이미 발표한 글들을 상당수 필요한 곳에 사용하였다. 따라서 『조선이 한국에게 보내는 편지: 한반도의 국제정치』는 필자의 오랜 외교안보적 고민(soul-searching)과 성찰의 총체적인 지적 결정체이기도 하다. 한국과 한국인들의 국제정치적 삶과 앎에 대한 학술적, 정책적 토론과 논쟁에 기여할 수 있을 것이라는 기대를 해본다. 이 책이 나오기까지 김아란, 김정현, 김현민, 손선지, 심재선, 우철구, 이한우, 이희연, 전대이, 정인섭 님이 도움을 주셨다. 졸고를 그럴 듯한 책으로 만들어주신 윤철호, 권현준, 김천희 님을 포함해 사회평론아카데미 가족들에게도 감사를 드린다.

박건영

차례

한국의 외교주의

필자는 대한민국의 국가지도자였던 박근혜, 노무현, 김대중과 마주보고 직접 대화하는 기회를 경험할 수 있었다. 어떤 분은 정치, 경제, 사회, 외교안보통일, 문화 등에 걸쳐 깊은 이해와 통찰력을 갖고 있었고, 어떤 분은 그러지 못했던 것 같다. 그러나 세 사람은 하나의 관점을 공유하고 있었다. 그것은 "한국의 외교는 생존의 문제다"라는 외교주의적 관점이었다. 기민한 외교를 통한 국가적 생존을 강조하는 '외교주의'는 절박감을 결여한 '외교노선'과는 다른 것이다. 우리는 대한민국 임시정부 시절 무력투쟁노선과 외교노선 사이의 갈등과 대립을 목도하였다. 외교주의는 국제정치에 대한 능동적 참여와 대강대국 관계의 효율적 조정을 중시하는 한국토착적 국제정치 개념이며 무기력한 외교노선과는 달리 '벨벳 장갑 속의 강철 주먹(an iron fist in a velvet glove)'의 중요성을 강조하는 역동적이고 분별력 있는 외교관념이다. '태프트-가쓰라 밀약'으로 조선을 일본에게 넘긴 시어도어 루즈벨트(Theodore Roosevelt) 미국 대통령은 "조선인들은 자신들을 위해 주먹 한 번 휘두르지 못했다…조선인들이 자신을 위해서 스스로 전혀 하지 못한 일을, 자기 나라에 아무런 이익이 되지 않음에도 불구하고 조선인들을 위해 대신 해주겠다고 나설 국가가 있겠는가?"라고 말했다.[1] 한국의 외교주의는 국가적 생존을 위한 수단으로서 '벨벳 장갑 속의 강철 주먹'의 의미를 이해하며 동시에 그것이 분별력 있게(prudent) 사용될 수 있도록 또는 사용되지 않도록 관리한다.

박근혜 대통령은 북한이 자신의 한반도신뢰프로세스에 호응하기는커녕 지속적인 대남 도발적 행동을 통해 한국의 안보를 심각하게 위협한다고 보고 이에 대한 억지/보복 조치로서 개성공단 폐쇄(2016년 2월 10일), 고고도미사일방어체계(THAAD, 사드) 배치를 결정(2016년 7월 8일)했고, 그에 앞서 2015년 12월 28일에는 미래지향적인 한일관계가 중대한 국익이라고 보고 '일본군 위안부 피해자 문제 관련 합의'라는 결단을 내렸다. 박근혜가 내린 이러한 실존적인 결정들은 정치노선에 따라 평가가 갈릴 수 있으나, 한국 외교의 현재와 미래에 대한 논쟁에 지대한 영향을 미치고 있음은 부인할 수 없는 사실이다.

노무현 대통령은 2003년 2월 취임 직후부터 한국으로서는 버거운 외교안보 현안들을 감당해야 했다. 그는 3월 미국 W. 부시 정부의 요청에 따라 '이라크 파병'을 결정했고, 2005년 4월에는 "일본을 겨냥한" 이른바 동북아균형자론을 제시했으며, 2007년 6월에는 한미자유무역협정(FTA)을 체결하였다. 이라크 파병과 한미FTA 체결은 자신의 정치적 지지자들의 반대와 저항에도 불구하고 그가 한국의 국익이라고 판단한 맥락에서 이뤄졌고, 동북아균형자론은 미국/일본과 한국 내 보수세력의 비판과 조롱의 대상이 되기도 했다. 그러나 한국의 외교주의의 중요성이 위험스러울 정도로 극적으로 드러난 사례는 "북한 같은 악의 축과 불량국가에 대해서는 선제공격도 불사한다", "무력공격을 포함한 모든 선택지가 고려대상"이라던 부시 독트린에 대해 "그 누구도 한반도에서 전쟁을 벌일 수 없다"는 노무현 독트린이었다. 미국과 한국에서 엄청난 정치적 파장이 일었지만, 결국 2003년 5월 14일 한미정상회담 뒤 발표된 공동성명에는 부시가 원했던 '대북 압박 및 군사적 옵션' 카드가 빠지고 '외교적·평화적 북핵 해결 원칙'이 들어갔다. 이후 미국의 지도자들은 '한반도에서의 전쟁이라는 옵션'을 사실상 포기하였거나, 적어도 공개적으로 천명하지는 않게 되었다.

한국의 생존/번영과 관련하여 외교의 중요성과 한국의 주체성을 가장 명민하게 인식/통찰한 지도자는 김대중이었다. 그는 다음과 같은 외교관(外交觀)을 가지고 있었다:

"한반도는 강대국들이 서로를 견제하는 군사적 요충지이기 때문에 과거부터 열강의 각축장이 되어 왔다. 19세기 말 20세기 초 일본은 중국, 러시아와 한반도 지배권을 놓고 혈전을 벌였다. 미국은 '가쓰라-태프트 밀약'을 통해 승리한 일본이 한반도를 병탄하는 데 일조했다. 이때 조선과 조선인의 안위는 그들의 안중에 없었다. 우리는 그런 줄도 모르고 미국에 의존하여 외세를 물리치려 했다. 대원군은 국내정치는 잘 했지만 세계의 흐름을 읽지 못하고 쇄국주의를 고집하다 나라의 쇠망을 초래했다. 반면에 태국과 같은 나라는 주변국 관계를 잘 활용했다. 태국은 인도, 미얀마를 거쳐서 말레이시아로 온 영국과 인도차이나를 점령한 프랑스 사이에 끼어 국운이 풍전등화 상태였다. 그때 태국은 완충 지대가 그들에게 이익임을 양국에 설득하여 독립을 유지했다. 우리에게 외교는 명줄이나 다름없다. 한반도는 4대국의 이해가 촘촘히 얽혀 있는 기회이자 위기의 땅이다. 도랑에 든 소가 되어 휘파람을 불며 양쪽의 풀을 뜯어먹을 것인지, 열강의 쇠창살에 갇혀 그들의 먹이로 전락할 것인지는 전적으로 우리에게 달렸다. 나라를 책임진 사람들이나 외교관은 어느 누구보다 깨어 있어야 한다."[2]

김대중은, 반공을 국시로 하고 북진/멸공통일론을 우상화하며 민주적, 다원주의적 사고를 질식시키던 권위주의적 강권정치의 엄혹한 상황 하의 대통령 후보로서, 1970년 10월 16일 "미중소일 4대국의 한반도 전쟁 억제 보장, 남북한의 화해와 교류 및 평화통일, 공산권 국가들과의 관계 개선과 교역 추진"을 공약하였다. 그의 평화주의적 통일철학과 실용주의적 대북정책은 국내정치의 우여곡절과 '시간의 심판'을 견뎌내고 『김대중의 3단계 통일론』(1995)으로 집대성/체계화되었고, '국민의 정부'에서 이른바 "햇볕정책"을 통해 한반도를 둘러싼 국제정치 현실에 적용되었으며, 2000년 6.15남북공동선언과 남북관계의 황금기를 견인하는 데 결정적인 역할을 하였다. 그는 같은 해 한반도 평화를 증진시킨 공로로 노벨평화상을 받기도 했다. 김대중은 한일관계의 황금기의 주역이기도 했다. 그는 1998년 10월 8일 오부치 게이조(小淵惠三) 일본 총리와 함께 '21세기의 새로운 한일 파트너십 공동선언'을 채택하였는데, 양국의 우호협력 결의, 각료 간담회 설치, 대북 햇볕정책 지지, 다자간 경제협력 촉진 등을 담은 이 선언은 일본이 과거 식민 지배에 대해 '통절한 반성과 마음으로부터의 사죄'를 한다는 내용을 포함함으로써 양국이 과거 역사에 대한 인식을 공유하고 미래지향적으로 나아가는 데 중요한 토대가 됐다.

김대중은 한반도 문제에 대한 해법과 관련해서도 미국의 협조와 지지를 확보/유지할 수 있었다. 당시 클린턴 미국 대통령은 1998년 6월 정상회담을 위해 국빈 방문한 김대중에게 "김 대통령이 운전석에 타고 내가 조수석에 타겠다"고 말할 정도로 김대중 정부의 대북정책을 신뢰했다.[3] 이러한 양국 간 협력은 1999년 10월 '북한 문제'를 근본적으로 해결할 수 있는 잠재력을 가졌던 '페리 프로세스(Review of United States Policy Toward North Korea: Findings and Recommendations)'의 진수로 이어졌다. 클린턴 대통령의 특보이자 매들린 올브라이트(Madeleine Albright) 국무장관의 보좌관이었던 웬디 셔먼(Wendy Sherman)이 회고했듯이, 당시 핵문제는 북미기본합의(Agreed Framework)에 의해 순조롭게 관리되고 있었고, 북한과의 미사일 협상은 "조바심이 날만큼 타결에 가까웠다(tantalizingly close)."[4] 북한 문제 해결의 열쇠로 여겨졌던 클린턴 대통령의 평양 방문은 그의 의욕에도 불구하고 '플로리다 개표 문제'와 중동 평화 회담의 재개, 그리고 부시 당선인 측의 '불편함'으로 인해 무산되었지만, 김대중이 사실상 공동설계했던 '페리 프로세스'가 오래된 국제적 난제인 '북한 문제'를 근본적으로 해소할 수 있는 합리성과 현실성을 가지고 있었다는 것은 부인할 수 없는 '팩트'로 여겨지고 있다.

이명박, 김영삼, 노태우 대통령도 외교주의의 중요성을 십분 이해하고 획기적인 외교구상을 갖고 있었다. 이명박은, 비록 현실화되지는 않았으나, 북한과의 관계를 특수관계로 보는 통일부를 없애고 대북업무를 여타 국가들과 같은 맥락에서 외교부가 관장하게 하려 했다. 그는 또한 "이념적"인 노무현 정부가 미국과 "우호적 이혼(amicable divorce)"을 시도했다고 보고 한국의 실용주의적 국익을 증진하기 위해 '한미동맹 복원', '비핵개방 3000' 등을 추진하였다. 김영삼은 1993년 대통령 취임사를 통해 "어느 동맹국도 민족보다 더 나을 수는 없다. 어떤 이념이나 어떤 사상도 민족보다 더 큰 행복을 가져다 주지 못한다"며 강렬한 민족주의 대외관을 천명했다.[5] 그는 1995년 장쩌민(江澤民) 중국 국가주석과의 정상회담 시 기자회견 자리에서 "(일본의) 버르장머리를 고쳐놓겠다"고 말해 파문을 일으키기도 했다.[6] 노태우는 1988년 7월 7일 '민족자존과 통일번영을 위한 특별선언'을 통해 이른바 북방정책(Nordpolitik)을 추진했다. 이 '7.7선언'은 북한을 포함한 모든 공산권국가에 문호를 개방하고 교류와 협력을 추구한다는 기본구상이었으며, 한국 외교사에 커다란 획을 긋는 이니셔티브로서 미하일 고르바초프(Mikhail Gorbachev) 소련공산당 서기장이 곧바로 한국과 교류할 뜻을 밝히는 '크라스노야르스크 선언'(1988년 9월 16일)을 이끌어내고, 궁극적으로 한소 관계정상화를 견인하여 한국의 외교적 운신의 폭을 넓히는 데 기여하였다.

한국의 지도자들이 외교주의의 의미와 중요성을 이해한 것과 그들이 낸 외교정책적 성과는 별개의 문제이다. 그들이 한국의 외교주의의 절실성에 대해 얼마나 절감하고 치열하게 대안을 모색했는지도 차별화될 수 있지만, 그들이 그러한 문제의식을 갖고 있었다 해도 그들의 중대한 외교적 결정들이 실제로 국가적 생존이나 번영에 기여한 정도에는 큰 차이가 노정되었다. 우리는 아래에서 외교주의에 대한 한국 지도자들의 이해와 비전을 들여다보는 동시에 그러한 관념적 헌신과 실제 외교 성과 간의 간극에 대해서도 상세히 토론해 보기로 한다.

외교주의의 성과의 누적과
한국인들의 삶

이와 같은 국가지도자들의 외교주의적 이니셔티브들은 하나같이 국가의 명운을 건 실존적이고 위험감수적이며 따라서 고뇌에 찬 결단들이었다. 이 맥락에서 우리가 이해해야 하는 것은 한국의 외교안보정책의 결과들이 동반하는 국가적 이익과 손실이 누적되어 한국과 한국인들의 일상(日常)을 지배하는 구조적 제약이 될 수도 있고, 국가적 도약의 발판이 될 수도 있다는 사실이다. 예를 들어 보자. 2016년 7월 박근혜는 "북한의 핵·WMD 및 탄도미사일 위협으로부터 대한민국과 우리 국민의 안전을 보장하고 한미동맹의 군사력을 보호하기 위한 방어적 조치"로서 '사드 배치'를 선언했다. 이러한 조치의 손익은 대북억지와 한미동맹 강화 등 두 가지 측면에서 고려해볼 수 있다. 첫째, 사드 배치는 한국과 주한미군에 대한 북한의 도발/공격을 억지하였는가? 이를 입증하는 것은 거의 불가능하다. 북한이 한국과 주한미군에 대해 도발/공격을 의도했으나 사드가 배치됨으로써 포기했다는 것을 알 수 없기 때문이다. 도발/공격이 발생하지 않았다면 그것은 사드 배치 때문인지, 아니면 막강한 한미연합군사력 등 다른 이유 때문인지, 아니면 생존에 급급하여 도발/공격의 의지가 아예 없었기 때문인지 사실상 알 수 없다. 억지는 도발의 의도가 좌절되었을 때만 그 효과가 드러날 수 있다. 둘째, 한미동맹의 강화가 한국의 이익이라는 전제 하에 사드 배치는 한미동맹을 강화하였는가? 이것도 실증적 판단을 내리기 어려운 질문이다. 박근혜의 조치가 한미동맹을 강화했는지 여부는 '역사실적 추론(counterfactual reasoning)'을 통해 상상 가능하다. 한국이 사드를 배치하지 않았다면 한미동맹은 주한미군이 감축/철수되는 등 크게 약화되었을까? 필자는 그렇게 되지 않았을 것이라고 판단한다. 미국의 오바마(Barack Obama) 정부는 박근혜 정부의 '사드 배치 거부'에 대해 안보적 우려를 표명할 수 있었을 것이다. 만일 박근혜 정부가 아닌 문재인 정부가 그러한 결정을 내렸다면 오바마 정부의 우려 표명은 한국의 국내정치에 상당한 파란을 야기했을 수도 있으나, 1971년 보수반공주의자 닉슨이 '중공(中共)'을 방문했을 때와 마찬가지로, 의사결정자가 상대적으로 진보적인 문재인이 아닌 보수적인 박근혜였기 때문에 국내정치적 반발과 비판은 제한적이었을 것이다. 한국의 사드 불수용은 주한미군의 감축/철수, 특히 철수와는 직결될 수 없는 사안이다. 뒤에서 상술하겠지만, 미국은 미중 간 첨예한 경쟁구도 하에서 주한미군의 철수가 가지는 부정적인 전략적 의미를 잘 이해하고 있다. 미국은 서태평양이 "중국의 호수(China's lake)"가 되는 것을 원치 않는다.

　박근혜의 사드 배치 결정은 대북억지나 "북한의 위협으로부터"

주한미군 방어라는 공식적 목표와는 상관이 없어 보이고, 또한 한미동맹 강화 효과도 불투명하지만, 향후 한국이 미중 간 전략적 경쟁 구도 하에서 미국과 군사적, 전략적으로 더욱 밀착될 수 있는 가능성을 높인 것은 사실인 것으로 판단된다. 이것이 한미동맹 강화를 의미한다면 사드 배치 결정은 한미동맹을 강화할 수 있는 수단이 되었다고 할 수 있을지도 모른다. 그러나 동맹은 동맹파트너의 상호이익의 증진을 전제로 한다. 따라서 사드 배치가 한반도의 안정과 평화에 걸림돌이 되거나, 한국의 최대 무역 시장인 중국과의 의도하지 않은 대립과 갈등의 원인이 된다면, 한미동맹의 군사적 강화는 동맹의 목적 자체를 몰각하거나 무력화하는 조치로서 국익을 극대화하는 외교안보정책으로서의 합리성과 타당성이 의문시된다고 할 것이다.

사드 배치의 이득이 모호하고 불투명한 반면 그것의 부정적 후과는 상대적으로 명확하다. 중국은 한국에 대해 경제보복에 나섰고, 그 피해는 상당했다. 물론 피해는 상호적이었다. 그러나 중국의 피해를 언급하는 것은 의미가 없다. 중국의 피해가 한국의 이익은 아니기 때문이다. 그 의미는 한국이 사드 배치 결정으로 입지 않아도 되는 피해를 얼마나 입었는지를 판단하는 일에서 발견된다. 코리 가드너(Cory Gardner) 미 상원 외교위 동아태소위원장에 따르면 한국 정부는 중국의 경제보복에 따른 손실을 많게는 120억 달러(약 13조 5,000억 원)에 이른 것으로 보았다.[1] 한국의 IBK경제연구소는 한국의 경제 피해 규모가 최대 147억 6,000만 달러(약 17조 원)에 달하며, 그로 인해 중국과의 경제교류협력이 갖는 한국의 GDP에 대한 기여도가 1.07% 포인트 하락할 것으로 추정했다.[2] 미국은 중국을 강력히 비난하기는 했으나 한국의 경제적 피해에 대해 별 반응을 보이지 않았다. 곤경에 빠진 한국에게, 도널드 트럼프(Donald Trump) 신임 대통령은 놀랍게도 "한국은 잘 사는 나라"라며 주한미군 주둔에 따르는 방위비 분담금을 9억 달러에서 50억 달러로 550% 인상할 것을 요구하였다.[3] 방위비분담금을 8차(2009년) 2.5%, 9차(2014년) 5.8%, 10차(2019년) 8.2% 증액하였고, 11차(2020년) 13% 인상안을 제시했던 한국으로서는 트럼프의 "급진적" 요구에 아연실색하였고, 주한미군 감축/철수 카드가 암묵적으로 동반되자[4] 권력과 이익 중심의 국제정치의 냉혹함을 새삼 체감했을 뿐 아니라, 동맹 차원의 "의리를 지키는" 결정이 국가의 이익과 무슨 관계인지 심각하게 회의하게 되었다. 트럼프 정부의 대한국 협상에 비판적이던 민주당의 조 바이든(Joe Biden) 대선 후보는 "미군 철수라는 무모한 협박으로 한국을 갈취(extort)하지 않을 것"이라며 한미동맹을 단기적 이익의 관점으로 보지 않겠다는 노선을 분명히 하였지만, 사드 배치에 따라 한국이 치뤄야 했던 경제적, 국제정치적 비용은 적지 않은 것이었다.

물론 중국의 경제보복은 세계무역기구(WTO) 협정의 기본 원칙, 즉 한 가맹국에 유리한 조처가 다른 모든 가맹국에도 적용돼야 한다는 최혜국 대우(Most Favored Nation Status)의 원칙을 위반하는 행위로 국제사회의 비판을 받아야 마땅한 것이었다. 한국의 주요 언론 매체도 좌우를 가리지 않고 중국의 경제보복을 규탄하였다. 중국의 '사드 보복'은 "치졸하고 위험하며", "속 좁은 행위이며", "대국답지 못하다"는 것이었다. 그러나 동시에 "대국인 중국은 소국인 한국이 취한 행동이 설사 자신의 이익을 침해하더라도 관용으로 감싸 안아야 한다"는 사대자소(事大字小, 소국은 대국을 섬기고 대국은 소국을 사랑해야 한다)적 도덕이나 윤리는 무정부성(anarchy)을 핵심으로 하는 국제정치의 논리와 부합하지 않을 뿐더러 "사드의 한국 배치는 자신의 핵심적인 전략이익을 직접적으로 훼손할 것"이라고 보는 중국의 외교행태에 영향을 줄 수 있는 힘을 갖지 못하였다. 어쨌든 사드 배치라는 박근혜의 외교적 선택은 결과적으로 중국 시장에서 한국 기업들의 '정치적' 경쟁력을 급격히 저하시켰고, 관광 등 한국에서 발생하는 중국의 수입원을 감소시켜 국가적으로 막대한 경제적 손실을 초래했을 뿐 아니라, 향후 양국 간에 외교적 관계 개선이 이뤄진다 해도 그간 누적되어온 경제적, 비경제적 기회비용은 원상회복을 추구하는 한국의 경제주체들에게 무시할 수 없는 부담이자 제약으로 작용할 공산이 크다. 사드 배치의 외교적, 전략적 후과 또한 못지 않게 중요하고 심각하다. 예를 들어 한국의 사드가 미국이 추진하는 전 세계 차원의 미사일방어체계에 편입/연동되는 경우 한중 간 갈등과 충돌은 불을 보듯 분명하고, 미중 패권 경쟁 구도 하의 국제정치에서 한국의 외교적 선택의 범주는 현저히 좁아지고, 한국이 원하지 않는 대규모 갈등에 휘말릴 수 있는 가능성은 증가하게 될 것이다. 사드 배치는 한미동맹의 군사적 강화를 가져왔지만, 동시에 세계 최고의 생산 주체이자 최대의 시장인 중국과의 경제관계의 진취성과 역동성을 저해했을 뿐 아니라 '한반도의 국제정치'의 동맹화와 안보화를 가중함으로써 앞으로 오랫동안 한국과 한국인들의 미래를 군사적 수단과 타의에 의존하게 만들 수도 있는 그야말로 '지속적으로 현존하는' 구조적 제약을 남긴 한국의 중차대한 외교안보적 패착이었다. 지금도 한국의 외교는 이 짐을 지고 있다.

현단계 한국 외교의 문제는 미중 간의 선택이라는 이분법적으로 재단되어서는 안 된다. 현재의 미중관계를 17세기 초 명청교체기의 국제정치에 비교할 수도 없다. 중국의 성장이 과장되어 있을 뿐 아니라 미국의 상대적 쇠퇴도 불가피한 것으로 볼 수 없기 때문이다. 그리고 21세기의 국제정치적 상황에서 미중관계의 향방에 대한 평가나 예측은 17세기 명청관계보다 훨씬 더 복잡하고 복합적인 고려를 필요로 한다. 그에 못지않게 중요한 것은 한국의 외교는 단순히 물질적 관점에서 좌표가 설정되어서는 안 된다는 점이다. 국가의 외교안보정책은 다른 정책과 마찬가지로 삶의 방식과 관련된 가치(values)를 근본적인 지도원칙으로 삼아야 한다. 당연히 한국은 폐쇄적이고 통제적인 공산당일당독재체제가 아닌 개방적인 시장민주주의, 그리고 그러한 가치를 지지하는 한미동맹의 유지를 추구해야만 한다. 그러나 동시에 한국은 '나라를 구해주었다'는 '재조지은(再造之恩)' 식의 의리외교에 경도된 맹목적이거나 관성적인 사고방식으로부터 자신을 과감히 해방시켜야 한다. 물론 실리외교가 시공간을 초월해서 늘 바람직한 것은 아니다. 오히려 모든 외교안보정책이나 사고는 구체적 시공간의 맥락과 조화되는 영역 내에서 고려되고 찾아져야 한다. 그것이 현실적 필요와 결과를 중시하는 실리주의이자 '분별력 있는(prudent)' 외교인 것이다. 조선 초의 대명 '사대외교'는 실리외교였다. 그러나 17세기 초의 대명 '사대주의'나 조선 말기의 위정척사론은 실리외교가 아니었다. 전자는 현실적 필요와 예상되는 결과를 인지한 분별력 있는 선택이었던 반면 후자는 그렇지 못했기 때문이다. 한국이 외교안보정책과 관련해 가장 먼저 해야 하는 것은 자신과 세계의 변화를 정확히 인식하는 일이다. 자신의 변화를 아는 것이 아마도 더 중요할지 모른다. 한국은 지난 수십년 동안 '뿌리를 건드리는' 근본적 변화를 경험했기 때문이다. 따라서, 한국이 새우였다면 그에 걸맞는 외교를 하는 것이 맞는 것처럼 이제 한국이 새우가 아닌 돌고래 정도의 능력을 갖추었다면 그에 상응하는 사고와 운신의 폭을 확보할 필요가 있는 것이다. 한국은 1950년 준비되지 않은 상태에서 북한의 기습을 받았고, 그것은 한국의 정치, 경제, 문화, 군사 제 영역에서 심각한 트라우마로 남아 있다. 외교안보적 관념의 영역에서도 마찬가지이다. 그러나 유묘(幼猫), 즉 새끼 고양이 시절 큰 쥐에게 당한 기억 때문에 성묘(成猫)가 되어서도 '쥐를 잡지 못하는 고양이'가 되어서는 안 된다. 외교안보 정책의 외부적 요인이자 환경인 세계정세의 정태적, 동태적 측면도 정확하고 타당하게 파악되어야 하고, 그것의 미래적 운동 방향이나 전략적 함의 또한 선제적으로 간파되고 분석/종합되어야 한다. 그렇게 함으로써 한국은 체계적이고 입체적인 관점에서 한미, 한중, 한일, 남북 등으로 구성되는 '한반도의 국제정치'를 분별력을 가지고 담대하게 관리해나갈 수 있을 것이다.

한국과 한국인들의 일상을 지배하는 구조적 제약이나 국가적 도약의 발판을 초래/창출한 국가지도자들의 실존적인 외교정책적 이니셔티브는 사드 배치 외에도 많은 사례가 있다. 박근혜 정부의 '일본군 위안부 합의(2015년 12월 28일)', 이명박 정부의 '비핵개방 3000(2008년 8월 14일)', 노무현 정부의 '이라크 파병(2003년 10일 18일)', 김대중 정부의 '6.15남북공동선언(2000년 6월 15일)' 등에서부터 대한제국 고종의 '전시 국외중립선언(1904년 1월 21일)', 대명 원군(援軍) 지휘관 강홍립(姜弘立)에게 광해군이 내린 관형향배(觀變向

背)의 밀지(密旨, 1618년)에 이르기까지 수많은 외교적 결단들이 있었다. 그렇다면 한국과 한국인들의 일상과 미래를 형성해온 한국의 중대 외교정책이 어떤 이유와 맥락에서 결정되고 실행되었는지를 이해하는 것은 현재와 미래의 외교안보 문제에 대한 연원을 파악하고 해결책을 강구하는 데 결정적으로 중요하다 할 것이다. 필자는 아래에서 한국의 외교를 역사적이고 체계적인 관점에서 조명하고 그에 기초하여 현안을 분석하며 정책적 함의를 제시하고자 한다.

'한반도의 국제정치'라는 접근법

국제체제중심 대 주체중심의 관점

필자의 접근법은 '한반도의 국제정치'라는 책의 부제에 함축되어 있다. 필자는 2000년 『한반도의 국제정치』라는 제목의 책을 내면서 강대국들의 국제정치적 득실구조와 셈법의 관점을 통해 한국 또는 한반도의 국제정치를 설명/이해하려는 '국제체제중심(system-centered)'의 구조주의적 접근법에서 시선을 달리 하여 한국 또는 한반도의 입장, 즉 '주체중심(agent-centered)'의 관점에서 국제정치를 설명/이해해보려는 이른바 '역-구조주의적(structuralism in reverse)' 발상을 시도한 바 있다. 즉 '국제정치에서의 한반도'와는 별도로 '한반도의 국제정치'라는 그림을 그려보고자 했던 것이다. 필자는 발상을 전환하고 새로운 시각을 취하여 국제체제중심의 전통적인 그림에서는 나타나 있지 않았던 한국의 외교와 한반도 문제의 보다 주체적인 면면을 드러낼 수 있었다고 스스로 생각하고 있다. 예를 들어, 열강의 전통적인 국제정치관이자 외교안보정책인 세력균형(balance of power)은 현상유지(status-quo) 또는 안정(stability)을 바람직한 외교목표라고 보지만 한국의 입장 또는 '한반도의 국제정치'라는 관점에서 보면 한반도에서의 세력균형이 가져다주는 현상유지는 분단의 지속과 고착을 의미한다. 그런데 대한민국 헌법에 명시되어 있는 국가이익은 한반도의 평화적 통일이며 이는 현상유지가 아니라 현상타파를 통해서만 성취될 수 있는 것이다. '국제정치에서의 한반도'라는 시각에서 보면 2000년 6월의 남북관계의 극적 개선은 우려사안일 수 있으나 '한반도의 국제정치'라는 관점에서 보면 그것은 국가이익 또는 민족이익을 제고하고 평화통일을 견인하는 바람직한 외교주의의 전진이 되는 것이다. 최근 한일 또는 한미일 관계가 삐걱거리는 것은 미국 중심의 국제체제적 관점에서 보면 우려의 대상이 될 수 있으나, 한국이라는 주체중심의 관점에서 보면, 이는 미국-일본-한국을 위계적으로 결합하여 동북아의 안정을 도모한다는 수십 년 된 샌프란시스코체제가 체제 내외적 변동에 의해 구조적 재편(repositioning)을 겪는, 나아가, 발전적 해체로 전진하는 자연스러운 미스매치(mismatch, 불일치) 해소 현상일 수 있다.

물론, 양 시각이 항상 충돌하는 것은 아니다. 한반도에서의 세력균형이 가져다주는 현상유지와 안정은 폭력을 동반하는 현상타파를 억지한다는 면에서 한국의 국가이익에 속하고 바람직한 외교목표라고 볼 수 있다. 따라서 양자 간의 관계는 초시공간적 보편성이라는 기준에서 평가될 수 있는 것이 아니고 구체적인 시공간적 맥락에서 그 의미가 파악될 수 있는 조건부적인 성격을 가진다. 그러나 이 책이 한국의 외교안보정책에 초점을 맞추고 있다는 점을 감안하면, 중요한 것은 양 시각이 어떨 때 충돌하고 어떨 때 조화될 수 있는지를 규명하는 이론적 논의와 함께 시각과 발상을 달리했을 때 나타나는 현상을 인식하고, 새롭게 습득된 지식을 외교안보정책결정과정에 효과적으로 반영하는 한국 외교의 정책적 능력에 관한 토론이라 할 수 있을 것이다.

『한반도의 국제정치』의 '재방문(re-visit)'이라 할 수 있는『조선이 한국에게 보내는 편지: 한반도의 국제정치』도 역시 국제체제중심의 구조주의적 접근법과 주체중심의 '역-구조주의적' 발상의 결합과 교직(交織)의 결과라 할 수 있다. 국제체제중심의 시각은 한국이 한국 외교와 한반도 문제의 현주소를 정확히 파악하기 위한 필수적인 조건이 된다. 국제정치는 그 시자부터 권력 담지자(權力擔持者)이자 규칙 제정자인 강대국들 간의 경쟁, 타협, 협력의 장이었다. 따라서 한국의 외교적 공간은 국제체제 내에서 힘이 어떻게 배분되어 있는지, 그들 간의 전략적 관계가 어떠한지 여부에 크게 의존하기 때문에 그러한 국제정치적 구도 하에서 '용인'되는 한국의 위상에 대한 현장감 있는 이해는 한국 외교의 현주소를 파악하고 현실성 있는 외교를 구상하기 위한 선결조건이 된다. 요컨대 국제체제중심의 접근법은 한국이 '주제 파악'을 하기 위해 절대적으로 필요하다.

체제중심의 접근법은 한국의 '주제 파악'을 용이하게 해줄 뿐 아니라 한국의 외교적 역지사지를 가능케 하여 강대국들의 전략적 득실구조와 그들의 전략적 셈법에 대한 이해를 가능하게 해준다. 그러한 역지사지 능력은 한국이 추구할 수 있는 최적의 외교안보노선과 정책의 확장된 범주를 발견할 수 있게 하며, 한국의 물질적 능력의 범위를 넘어서는 영역에서도 기민하고 선제적인 '중추적 역할 (pivotal role)'을 통해 국가이익을 극대화할 수 있는 가능성을 보여줄 수 있다.

국제체제중심적 관점이 한국의 상대적 능력과 위상, 그리고 강대국의 득실구조와 셈범을 드러내준다는 것은 한국이 의식하지 못할 수 있는 자신의 물질적·비물질적 능력의 변화를 인식할 수 있는 가능성을 높여주는 역할을 한다. 이는 자신의 성찰능력에 의존하는 것이긴 하나 일상과 관성으로 인해 주관적으로 감지하기 어려운 자신의 변화를 제3자적인, 특히 실효성이 있는 강대국의 관점에서 파악할 수 있게 해준다는 점에서 중요하다. 은유적으로 말하자면, 국제정치가 한국에게 팔꿈치로 쿡쿡 찌르며 한국에게 자신의 변화를 알려준다는 뜻으로서 '넛지(nudge)'¹를 하는 것이 보이는 것이다.

국제체제중심적 관점은 정책적 측면에서 세계주의적 시각의 이점과 필요성을 보여준다. 특히 한국의 이익은 국제사회의 이익과 조화를 이루며 추구되어야 안정적이고 지속가능하다는 점이 중요하다. 세계주의는, 예를 들어, '한반도 문제'는 한반도의 고유한 문제가 아니며, 따라서 세계와 함께 풀어나갈 수밖에 없는 문제로 본다. 북한이 주장하는 "민족공조"에만 입각한 문제해결책은 현실이 아니다. 물론 외세의존적일 수 있는 "한미공조"도 정답은 아니다. 여기서 중요한 점은 양자가 충돌하는 것처럼 보이는 이유가 한국이 주체적이지 않다는 사실에 기인한다는 것이다. 한국이 주체성을 확보하고, 어렵더라도 그에 상응하는 정책을 일관성 있게 펴나간다면 양자는 한국의 국가이익이라는 점에서 수렴될 수 있는 것이다. 친북을 지적하고 친미를 비난할 필요가 없다. 한국이 주체성을 가지고 전략적 판단의 중심에 서면 한국은 당연히 친북과 친미를 동시에 할 수 있다. 한국은 한국인들의 생명과 재산과 미래를 위해 "민족공조"와 "한미공조"를 상호친화적으로 추진해야 하고 또 할 수 있다. 한국과 북한과 미국, 그리고 중국과 일본, 러시아, 유럽 등은 모두 한국의 외교적 세계를 구성한다. 그리고 열강들은 '한반도 문제'의 해결 과정에 이익상관자로 참여하려는 의지를 직간접적으로 표명하고 있다. 따라서 필자는 세계주의적 관점에서 한반도 문제에 접근하는 것은 국제정치의 논리상 불가피할 뿐 아니라 한국의 현실적이고 실질적인 국가이익의 관점에서도 타당하고 현실적인 발상이라고 판단한다.

그러나 국제체제중심의 시가만으로는 완전하고 큰 그림을 그릴 수는 없다. 무엇보다 이 시각은 주체가 창조하고 변화를 추동할 수 있는 능력을 동태적으로 조명하기는 어렵다. 예를 들어, 위에서 말한 바와 같이, 국제정치체제의 넛지 효과도 의미를 가지려면 자각과 선택의 주체인 국가에게 주관적으로 인식되어야만 하기 때문이다. 객관적 사실에 의미를 부여하는 주관적 인식이 국가의 행동을 결정한다는 뜻에서 '주체중심'의 관점이야말로 상대적으로 보다 직접적이고 근본적인 설명도구라는 점이 강조되어야 한다.

유사한 맥락에서 국제체제중심의 접근법만으로는 주체 자신의 정체성이나 규범의 변화가 외교안보정책에 미치는 영향을 정확하고 충분하게 파악하기 어렵다는 점이 지적될 수 있다. 예를 들어, 우리는 권위주의 시대의 한국과 민주주의가 공고화된 한국의 외교안보정책은 질적으로 다르다는 점을 알고 있다. 민주화된 한국의 외교안보정책 주체들은 국내/국제법과 제도를 지켜야 하며 나아가 인류

공통의 규범을 준수해야 한다는 것을 상식으로 간주하고 있다. 국내 정치적 변동과 국제정치적 사회화가 한국의 가치관을 변화시켰기 때문이다. 이러한 주체 자신의 정체성이나 규범의 변화를 의식하는 외교행위는 국제체제중심이 아닌 주체중심의 시각으로만 파악할 수 있다.

따라서 명백한 것은 상호보완적 관계의 두 시각의 유기적 결합은 보다 상세하고 '큰 그림(big picture)'을 보여줄 수 있다는 면에서 이른바 설명적/처방적 시너지 효과를 낼 수 있다는 점이다. 그러나 양자 간의 관계나 비중은 시공간을 초월한 기계적인 반분(半分)이 될 수는 없다. 오히려 지금은 『한반도의 국제정치』가 작성될 당시의 냉전 종식 직후의 상황과 비교하여 후자의 적실성이 더 증가하였다는 점이 간과될 수 없을 것이다. 한국의 국가적 능력의 발전, 민주주의의 공고화와 자유주의를 지향하는 사회적 세대교체, 한반도의 세력균형의 변화, 북한의 국가적 취약성과 대외적인 비대칭적 위협의 동시적 증가, 중국의 부상과 그에 따른 미중 경쟁구도의 심화, 미-일-한 간의 샌프란시스코체제의 탈바꿈을 추동하는 국제정치적 압력의 증가 등은 지난 수십 년간 누적되어온 동북아 국제체제에 대한 구조적 스트레스라고 할 수 있다. 이러한 변화된 현실은, 한국의 정치지도자나 외교정책결정자들, 국제학도들, 시민들에게 한국이 운전석에 앉아 자신의 운명을 주도적으로 개척해 나가야 한다는 주체중심의 시각의 의미를 부각시켜준다 하겠다.

구조와 주체의 유기적 교직과 결합으로 구성된 필자의 거시적 접근법은 의식적 행위자의 주체성과 역동성에 빛을 조사(照射)하는 상대적으로 미시적인 문제의식에 의해 보다 현장감 있는 인식의 틀이 될 수 있다. 아래에서는 이러한 주체중심의 마인드셋에 대해 보다 상세히 이야기해 보기로 한다.

1. 주체중심의 '마인드셋(mind-set)'

이 책은 설명과 이해를 도모하는 프로젝트이기도 하지만 한국의 외교안보정책의 노선과 방향을 제시하는 정책제안을 담고 있기도 하다. 『조선이 한국에게 보내는 편지: 한반도의 국제정치』는 외교안보정책과 관련하여 지난 수백 년간의 변화된 현실을 반영하는 현장감 있는 주체중심의 몇 가지 '마인드셋(mind-set)'을 포관하게 될 것이다. 첫째, 필자의 '동태적(dynamic)' 접근법은, 은유를 동원하여 설명하자면, 올림픽 사격 종목의 하나인 클레이(트랩과 스키트)와 관련이 있다. 영국의 헌팅필드 경(Lord Huntingfield)은 1856년 새장에 푸른 비둘기를 넣고 조수가 먼 곳에서 끈을 당겨 문을 열어 비둘기를 날리면 이를 사격하는 경기를 고안하였다. 사람들은 이를 푸른 비둘기사격(블루피전슈팅)이라고 불렀는데 후일 흙(클레이)으로 만든 피전을 사용하였다. 클레이는 1900년 제2회 파리올림픽대회부터 사격의 정식 종목으로 채택됐다. 필자는 한국외교의 대상들이 모두 클레이피전과 같이 '움직이는 목표물(moving target)'이라고 볼 필요가 있음을 강조하고자 한다. 한국의 내공 있는 전략가들은 특히 냉전 이후 세계와 동북아 차원의 국제정치가 급변하고 있다며 움직이는 전략적 목표물의 예상되는 이동방향을 사전에 파악할 것을 주문해왔다. 그런데 더욱 중요한 것은 과거와는 달리 한국 자신도 쉬지 않고 '변동하는 행위주체(moving actor)'라는 점을 자각하는 일일 것이다. 다시 은유적으로 표현하자면, 한국은 움직이는 발사대 위에 서서 움직이는 클레이피전을 맞춰야 하는 사격수라 할 수 있다. 그만큼 한국의 외교는 예견력과 치밀함과 순발력을 요구하는 복잡하고 어려운 일이 되었다. 한국은 정태적이고 관성적인 전통적 시각에서 벗어나 이러한 '이중-동시적(double and simultaneous)'인 동태적 방법론에 입각하여 새롭고 변화하는 현실에 기초한 국제정치적 역학관계의 역동성을 간파하고 "적극적 조정(positive adjustment)", 즉 선제적으로 해법을 강구할 수 있어야 한다.

주체중심의 마인드셋, 특히 '이중-동시적'인 동태적 접근법은 구조-주체 간의 상호구성 및 상호작용을 강조하는 필자의 거시적인 관념적 틀(conceptual framework)에 역동성, 현실성, 정책친화성을 새겨 넣는 역할을 한다. 예를 들어, 한국이라는 국가 주체는 자신의 외교 정책이나 행위에 가해지는 국제정치의 구조적 제약을 인식할 뿐 아니라 그것을 구성하는 열강들의 득실구조나 국제정치의 지배적 규범 자체가 지속적으로 변화하고, 나아가 행위 주체인 한국 자신도 물질적, 관념적 수준에서 끊임없이 변화하고 있다는 것을 인식할 수 있어야 한다는 체계적이고 통합적인 문제의식인 것이다. 필자는 2004년 이러한 문제의식이 반영된 문제해결 방법론으로서 "전략적-실용주의(Strategic-Pragmatic Approach)"를 제시한 바 있다.[2] 다음 장에서는 한국의 외교적 딜레마에 적용된 '전략적-실용주의'에 대해 토론하게 될 것이다.

둘째, 탈-탈-냉전적(Post-post Cold War)인 주체중심의 마인드셋이다. 이념 대립에 기초한 정치, 군사, 경제 전 영역에서의 투쟁으로 점철되었던 미소 진영 간 냉전이 종식된 지 30여 년이 지났다. 국제질서는 이념 투쟁이 아닌 이익 경쟁의 장으로 빠르게 재편되었다. 그러나 미국과 서구가 냉전에서 승리했지만 2차대전 이후 그들이 구축한 자유주의 국제질서는 그에 대한 패권국 미국의 비관적 인식과 민족주의적 중국의 부상에 의해 도전받고 있다. 이와 같은 탈-탈-냉전기의 대표적인 '움직이는 목표물'인 미국과 중국, 그리고 그들 간의 관계에 대해 역사적 관점에서 조금 더 살펴보자. 주지하듯, 1960년대 말 베트남전쟁에서 출구를 모색하고 있던 미국은 북베트남의 후원자들과의 협상을 통해 "명예로운 퇴각(honorable retreat)"을 시도하고자 했다. 그런데 이 후원자들은 1950년대 중반 이후 시작된 사회주의 권 내의 이념적 패권경쟁에 몰두하고 있었다. 미국으로서는 미중소 간 전략적 삼각관계에서 이중제소(以中制蘇), 이소제중(以蘇制中)을 구사할 수 있다는 판단 하에 광대한 미개척 시장을 보유하고 있던 중국과의 관계정상화를 추진하여 1972년 상하이공동성명을 이끌어내었고, 워터게이트 사건으로 지연되었지만, 1979년 미중관계정상화를 실현하였다. 미중관계정상화는 중국의 안보환경과 그에 대한 중국 정치엘리트들의 인식을 개선하여 이른바 개혁/개방 노선의 진수에 결정적인 역할을 하였다. 이후 수십 년간 국제질서는 상대적 안정 속에서 '규칙-기반의 자유주의(rule-based liberal international order)'에 의해 효과적으로 관리되었다. 그러나 미국이나 서구의 '바람과는 다른 중국'이 국제무대에서 서서히 모습을 드러내게 되었다. 중국은 화수분과 같은 자신의 유휴노동력과 시장/생산기지를 찾아 전 세계를 누비던 초국적기업들의 기술/자본을 결합하여 세계적으로 유례가 없는 고속성장을 거듭하였지만 자유주의 국제질서에 부분적으로만 편입되고 국내정치는 서구의 근대화이론의 예측과는 달리 권위주의 공산당 일당독재가 강화될 뿐 자유민주주의로의 전환 가능성은 기대하기 어렵게 되었다. 오히려 최근의 중국은 중화사상과 '100년의 수모'라는 민족주의적 정치담론을 국내외적으로 교육/선전하면서 '찬란했던 중국의 영광'을 되찾겠다는 '중국몽(中國夢)'을 사실상 국가목표화함으로써 미국뿐 아니라 국제사회의 주목과 우려를 동시에 자아내고 있다.

'미국제일주의(America First, Make America Great Again)'라고 일컬어지는 이른바 트럼프주의는 중국의 부상과 그에 따른 중국위협론과 상당 부분 연동되어 있는 정치적 관념이라 할 수 있다. 물론 트럼프주의는 트럼프 개인의 정치적 이익을 도모하기 위한 단순한 정치선전의 측면을 가지고 있고, 미국의 기성 정치 엘리트들의 구태에 신물이 난 미국 유권자 일부의 이반에 기인한다고 할 수 있지만, 보다 본질적이고 구조적인 국제정치적 요인은 중국의 부상과 위협에 대처할 수 있는 '위대한 미국의 재조(再造)'에 대한 정치적 갈망과 관련이 있다는 것이다. 전략적 초점을 중동에서 아시아로 옮긴 오바마 정부의 '재균형정책(Rebalancing, Pivot to Asia)'은 트럼프주의의 시각에서 보면 뒤늦은, 매우 미흡한 중국견제책이다. 트럼프주의에 따르면, 동아시아 지역 내 미국의 존재를 약화시키고 서태평양을 자신의 '호수'로 만들며 궁극적으로는 미국을 대체하고 세계패권을 장악하려는 중국을 롤백(roll back, 퇴각)시키려면 중국에 대한 전방위적인 고립/봉쇄를 강화해야만 한다. 트럼프의 미국은 아시아태평양공동체라는 개념을 폐기하고 중국을 대상으로 하는 인도태평양 전략과 그 핵심주체인 쿼드(Quad, 미국, 일본, 호주, 인도 4개국

안보협의체)라는 개념을 채택하였다. 2019년 8월 2일 러시아와의 중거리핵전력(INF) 조약을 탈퇴한 미국은 곧바로 아시아 지역 중거리 미사일 배치를 공식화하며 중국을 겨냥하고 나섰다. 중국의 IT 굴기를 막는 차원에서 미국은 중국 최대 반도체 파운드리(위탁생산) 업체인 SMIC(중신궈지, 中芯國際)와 세계 최대 통신장비업체 화웨이(华为) 등에 대해 다양한 수준의 제재를 가하고 있다. 물론 바이든 정부의 등장으로 트럼프주의가 퇴색하고 있지만 중국의 부상과 세력확장은 엄연한 현실이고 이에 대한 미국 등의 위협인식이 고조되고 있다는 것도 부인할 수 없는 사실이기 때문에 미국의 대중국 정책은 적어도 단/중기적으로는 협력보다는 경쟁이나 견제의 측면을 강조하게 될 것이다.

이와 같은 '탈-탈-냉전적' 국제정치 구도는 한국이 피하기 어려운 외교안보적 딜레마가 될 수도 있고, 한국이 하기에 따라서는 '넓어지는 기회의 창'이 될 수도 있다. 지난 수십 년간 한국의 안보를 지지한 핵심 요소는 한미동맹과 주한미군이었다. 북한의 위협과 분단체제의 불안정성, 그리고 한반도의 국제정치적 제반 조건을 고려할 때 미국과의 군사동맹은 상당 기간 동안 한국의 주요 군사/전략 자산이 될 것이다. 상대적으로 진보적이었던 김대중 대통령은 "주한미군은 북한 침략을 막는 것뿐 아니라 동북아의 세력 균형과 안정을 위해서 남북통일 이후까지도 주둔해야 한다…미군이 없으면 중국과 일본의 군비경쟁이 심해져 우리가 가장 큰 피해를 볼 수도 있는 만큼 동북아와 한반도 그리고 우리 민족을 위해서 미군의 주둔이 필요하다"고 말한 바 있다.[3] 그에 따르면 북한의 "김정일 국방위원장도 동북아의 세력균형을 위해 통일 후에도 주둔해야 한다는 데 동의했다."[4] 상대적으로 보수적인 한국의 정치지도자들은 한미동맹과 주한미군의 중요성을 누구보다 더 절실히 필요하다고 생각할 것이다. 미군의 주둔이 북한의 위협인식을 높여 결과적으로 한반도의 평화를 위협한다는 입장이 있을 수 있으나 대부분의 국민들은 설사 그런 부정적 측면이 있다 하더라도 한미동맹과 주한미군이 제공하는 한국의 안보이익은 그러한 불이익을 압도할 만큼 다대하다고 보고 있다. 요컨대 한국은 적어도 자주적인 안보능력을 상당 부분 갖출 때까지, 아마도, 북한의 위협이 해소된 통일한국의 상황에서조차도 미국과의 군사동맹을 유지할 필요가 있을 것으로 판단된다.

다른 한편 한국의 경제적 성장은 중국과의 우호적인 관계를 절대적으로 필요로 하고 있다. 한국의 무역협회의 자료에 따르면 2020년 기준 한국의 최대수출국은 중국으로서 총수출의 25.9%를 차지하고 있다. 미국은 14.5%, 일본은 4.9%이다. 같은 해 한국의 최대수입국 역시 중국으로서 23.3%, 미국은 12.3%, 일본은 9.8%를 각각 차지했다. 한국의 흑자국도 중국이 1위, 미국이 2위이며, 적자국 1위는 일본이었다.[5] 뿐만 아니라 중국은 한국의 사활적 국가이익 중 하나인 한반도 통일에 대해 미국과 함께 상당한 영향력을 행사할 수 있는 주체이다. 중국은 미국(UN군), 북한과 함께 현 분단상태를 규율하는 정전협정 서명국이다. 정전협정을 종전협정이나 평화조약으로 대체하고 나아가 평화통일을 위한 다자간 협상이 진행될 경우 중국은 자신의 법적 권리와 안보이익을 내세우면서 적극적으로 개입/참여할 가능성이 높으며, 북한에 대한 정치적, 경제적, 군사적 영향력을 고려하면 그 발언권의 무게가 어떠할지 상상할 수 있다.

보다 비관적인 관점에서 보면, 북한이 내부적으로 심각한 혼란 상태에 빠지게 되는 경우 중국의 대북 개입 가능성은 명약관화(明若觀火)하다. 가장 중요한 이유는 북한이 붕괴되어 중국이 우호적인 군사적 완충국을 잃게 될 가능성과 관련이 있다. 중국에게 있어서 미국과 군사동맹을 유지하게 될 통일한국이 자신에 대해 군사적, 정치적 압박을 의도적/무의식적으로 가하게 될 상황 등은 수용불가한 전략적 악몽이라 할 수 있다. 더구나, 신장/위구르와 서장/티벳의 분리주의 세력으로부터 상당한 압박을 받고 있고, 타이완의 독립 추구 세력에 의해 정치적으로 시달리고 있는 중국으로서는 한국을 동경하는 많은 조선족들이 거주하는 동북3성이 친미적 통일한국과 국경을 공유하면서 지리적, 경제적으로 가까워질 가능성은 '100년의 수모'라는 역사적 경험의 맥락에서 볼 경우 국가해체에 대한 공포로 이어질 수도 있다. 완충국으로서 북한의 필요성과 함께 미중 간 패권경쟁의 맥락에서 북한이 가지는 전략적 가치 또한 중국이 북한의 붕괴를 결코 방치하지 않을 이유이기도 하다. 중국 푸단대학(复旦大学) 미국연구센터의 션딩리(沈丁立) 소장에 따르면, 북한의 위협적 존재가 미 군사력을 한반도에 묶어둠으로써 중국이 타이완에 대해 확보할 수 있는 전략적 이득은 결코 간과될 수 없을 정도로 중요하다.[6] 북한의 붕괴 방지는 또 다른 측면에서 중국에게 중요하다. 중국은 북한이 붕괴하여 수십만의 난민이 자신의 동북부로 갑자기 진입할 가능성, 특히, 한국군/주한미군이 붕괴되는 북한의 핵무기 수색/확보를 위해 또는 고토회복을 위해 북으로 진입하고자 할 가능성에 민감하게 반응하게 될 것이다. 미국은 북한 유사시 한반도 북부에서 미중 간 충돌을 피하기 위한 대책을 마련하기 위해 이른바

북한 유사시 안정/관리를 위한 미중전략대화를 수차례 중국에 제
안한 바 있다.[7] 중국은 이를 한 번도 받아들인 적이 없는데 이는 그
러한 시나리오 자체가 중국의 전략적 이익을 잠식할 것이라는 판단
때문인 것으로 보인다. 그러나 이는 역설적으로 중국이 북한을 중
시하며 유사시 개입할 것이라는 추정에 신빙성을 더해준다고 할 수
있다. 이와 같이 중국은 한국의 사활적 득실구조에 영향을 주는 중
요한 변수가 된다.

한편 미국이 북한의 유사시를 상정하고 대중전략대화를 시도했
다는 사실은 한국의 대중외교와 관련해 의미심장한 함의를 가진다.
그러한 시도 자체가 중국이 한반도의 운명과 관련하여 미국이 인정
하는 핵심 주체라는 것을 압축적으로 방증하기 때문이다. 따라서 한
국은 한반도의 안정과 평화통일뿐 아니라 북한 유사시에 효과적으
로 대처하기 위해서도 미국이 주요 주체로 인정하는 중국과의 관계
를 한미동맹의 틀 내에서, 그리고 동시에 국가이익에 기초한 독자적
이고 주체적인 외교 패러다임 하에서 우호적으로 공고히 해야 한다.
적어도 한중관계가 제3국의 이해타산에 영향을 받아 심각하게 왜
곡되거나 파행을 빚지 않도록 선제적으로 관리해 나가야 할 필요가
있다.

안보는 미국, 경제는 중국에 상당 부분 의존하고, 나아가 통일 관
련해서는 미중 양국의 입장을 심각하게 고려할 수밖에 없는 한국의
전략계산에 복잡성과 복합성을 추가하는 국제정치적 주체는 북한,
일본, 러시아를 포함한다. 한국에게 북한은 비대칭안보위협의 출처
이자 통일 과정의 파트너이자 대상이면서 지정학적으로는 중국과
특수관계를 유지하고 있다는 점이 중요하다. 미국의 대중국 견제책

인 인도태평양전략의 주요 주체 중 하나로서 미중 간 경쟁관계의 한 측면을 담당하고 있는 일본은 미국을 통해 한국과 간접적이고 간헐적으로 군사동맹 관계에 있으면서도 오래 지속되는 한국과의 역사적 유제 및 그에 부분적으로 기인하는 독특한 국내정치적 기후로 인해 양자적 협력의 한계를 노정하고 있으며, 일본 외교의 기본 전제를 흔들 수 있는 북미관계의 개선 가능성에 대해서도 민감하게 반응하고 있다. 미중 간 경쟁 구도 하에서 중국의 세력균형책에 협력하고 있는 러시아도 한국이 자신의 전략적 딜레마에 대한 해법을 찾는 과정에서 고려되어야 하는 중요 요소라 하지 않을 수 없다.

한국이 직면하고 있는 딜레마는 일차적으로 전략적인 성격을 가지고 있지만 이차적으로는 전략 외적 성격을 가지고 있는 요소들을 포함한다. 전략 외적 딜레마는 특히 한국의 대북정책의 도덕성과 관련해서 두드러진다. 한국은 한반도의 안정과 평화를 유지하는 가운데 평화통일의 기반을 마련하기 위해 집권세력의 정치노선에 따라, 상황에 변화에 따라 정도의 차이는 있었으나 대체적으로 대북 고립과 봉쇄보다는 교류와 협력을 중시하는 실용주의 대북정책을 추진해왔다. 상대적으로 보수적인 이명박 정부의 '비핵개방 3000'과 박근혜 정부의 '한반도신뢰프로세스'도 그 의도에 있어서는 실용주의를 주요 기조로 하고 있었고, 상대적으로 진보적인 김대중, 노무현, 문재인 정부의 대북정책은 실용주의를 관념적 근간으로 삼았다. 그러나 안보나 통일이라는 목적을 달성하기 위해 현실적으로 불가피하다고 볼 수 있는 실용주의 대북정책은 그 자체로 정책적 완결성을 담보하지는 않는다. 즉 목적/결과지향적인 실용주의 대북정책은 인권이나 민주주의와 같은 인류의 보편적 가치 문제를, 의도하지는 않았지만, 결과적으로 주변적 이슈화하는 경향을 갖는다는 점이 지적되어야 한다. 정책적 완결성은 두 가지 서로 다른 지향점이 조화되고 상보적인 관계에 놓일 때에만 이루어질 수 있을 것이다. 그러나 문제는 이 두 지향점이 현재적으로 또는 동시간적으로 상호 충돌하는 관계에 있다는 점이다. 그래서 딜레마인 것이다. 예를 들어, 북한은 인권이나 개인의 자유와 같은 보편적 가치의 기준에서 보면 극도로 낙후되어 있는 국가이다. 한국은 북한 주민의 인권과 자유가 신장되도록 정책적 노력을 기울여야 마땅하다. 그러나 한국의 딜레마는 한국 정부가 인권과 자유를 억압하는 북한 당국을 상대로 대화와 협력을 추진할 수밖에 없다는 사실에서 발견된다. 과거 이명박 정부는 비핵화/개방하면 연소득 3,000달러 수준으로 살게 해주겠다며 북한 주민을 겨냥한 대북정책을 추진하고자 했지만 공식적 대화의 상대인 북한 당국은 이명박 정부의 노력을 북한의 체제전복을 도모하려는 불순한 책동으로 파악하여 협력하지 않았고, 결국 이명박 정부의 대북정책 전체가 붕괴하는 결과를 초래하였다. 가치에 기초한 "선한 의도"만으로는 현실과의 충돌을 이겨낼 수 없다.

그렇다고 결과만을 중시하는 실용주의는 장기적으로 탄력을 유지할 수 없다는 한계를 가지며, 한국의 대북정책을 역사적으로 조망해보면 이러한 한계가 부각된다. 즉 실용주의 대북정책의 효과가 나타나기 위해서는 시간이 필요한데 조기에 가시적 성과가 나지 않을 경우 그 실용주의 정책은 오도되거나 부도덕한 마키아벨리주의로 비판되기 십상이었던 것이다. 더구나 대북정책과 관련하여 한국의 구조적 제약이라 할 수 있는 미국은 한반도의 평화나 평화적 통일의 가치에 대해 한국만큼 절실하지 않기 때문에 오히려 인류적 가치를 침해하는 "깡패국가(rogue state)"를 제재하고 훈육하는 것에 더 큰 정치적 의미를 둘 수도 있다는 점을 이해하는 것이 중요하다. 도덕이나 윤리보다 국가적 실리나 자신의 정치적 이익을 더 중시했던 트럼프는[8] 북한 인권 탄압의 주체이자 독재자인 김정은 위원장과의 수차례의 정상회담을 통해 그가 국제적으로 정치적 정통성을 인정받게 되어도 상관없다고 생각했지만, 신임 바이든 대통령의 행정부는 북한 문제와 관련해 인권, 자유, 민주주의 등 가치의 문제를 중시하는 철학을 천명하였다. 예를 들어, "미국의 귀환(America is back!)"을 선언한 바이든 정부는 트럼프 정부가 탈퇴했던 UN인권위원회에 복귀하면서 대북한 인권결의안에 한국이 동참할 것을 요구하고 있다.

셋째, 동태적이고 탈-탈-냉전적 시각뿐 아니라 『조선이 한국에게 보내는 편지: 한반도의 국제정치』는 변화된 현실을 반영하는 주체중심의 '자각과 성찰(soul-searching)의 마인드셋'을 포괄하고 있다. 주체의 능력과 정체성의 변화를 정확히 깨닫는 것이 합리적 정책이나 노선의 기초가 되어야 한다는 관점이다. 필자가 앞서 은유를 통해 설명했듯이 클레이 종목의 사격수가 움직이는 목표물을 정확히 겨냥한다는 것은 자신이 서 있는 발판의 움직임을 의식하지 않고서는 가능하지 않은 일이다.

한국의 능력은 양과 질의 차원에서 비약적으로 발전해왔다. 한국이 해방과 전쟁 이후 어떠한 상태에 있었는지는 굳이 설명하지 않아도 될 듯하다. 70여 년이 지난 지금 한국의 능력은 몇 가지 지표만 보아도 그 변화와 차이는 확연하다. 한국의 GDP는 세계 최저 수준에서 2019년 기준으로 세계 12위로 도약했다. OECD에 따르면 2020년에는 코로나 19에 대한 효과적인 방역 덕분으로 국내총생산의 저하가 상대적으로 낮아 한국의 GDP가 브라질, 캐나다, 러시아를 제치고 세계 9위까지 오를 것으로 예측됐다.[9] 방위능력의 지표가 될 수 있는 군사비 규모를 보면 한국은 2019년을 기준으로 세계 10위에 올라 있다. 군사비 규모 정보에 대한 최고의 권위를 갖는 스웨덴 스톡홀름국제평화연구소(Stockholm International Peace Research Institute)와 영국 국제전략연구연구소(International Institute for Strategic Studies)는 미국-중국-인도-러시아-사우디-프랑스-독일-영국-일본-한국, 그리고, 미국-중국-사우디-러시아-인도-영국-프랑스-일본-독일-한국을 Top 10 군비국으로 각각 꼽고 있다. 양 연구소는 일부 국가들의 순서에 차이는 있으나 한국을 공히 세계 10위의 군비지출국으로 파악하고 있다. 시장가격이 아닌 구매력평가기준(purchasing power parity)으로 측정하면 한국의 순위는 일본, 영국, 독일을 제치고 7위까지 올라간다. 최근 한국의 첨단무기 제조능력은 특기할 만하다. 예를 들어, 미국의 CNN은 2021년 4월 9일 "한국이 KF-21을 출시하면서 글로벌 초음속 전투기 제조 엘리트 그룹에 합류했다"는 제하의 보도를 실었다.[10] 지금까지 초음속 전투기를 자체 개발한 국가는 미국, 러시아, 중국, 일본, 프랑스, 스웨덴과 유럽 컨소시엄이다. CNN은 "한국은 자체 개발한 초음속 전투기를 출시해 군사 항공 거인의 독점적 클럽에 합류하고, 최고의 수출 동력 및 일자리 창출을 기대할 수 있는 52억 달러 규모 프로그램의 발판을 마련했다"고 소개하면서 특히 "KF-21은 미국이 외국에 판매하는 F-35보다 가격이 훨씬 낮을 것으로 예상되기에 상당한 수출 잠재력을 가지고 있다"고 보도했다. 스톡홀름국제평화연구소 통계에 따르면 2016년부터 2020년까지 한국의 무기 수출은 직전 5년보다 210% 증가해 세계시장 점유율은 2.7%에 달한다.

한국 능력 발전의 질적 측면도 양적 측면 못지않게 부각되고 있다. 한국은 세계자본주의체제의 노동분업이나 저임금 노동력의 이점에 따른 대량생산기지로서의 역할과 위상에서 벗어나 과학기술 기반의 고부가가치 산업의 발전을 리드하는 글로벌 주체 중 하나가 된 것이다. 한국의 과학기술정보통신부가 2021년 3월 발표한 '2020년도 기술수준평가'에 따르면 한국은 기술 수준에서 미국을 100으로 보았을 때 80.1 수준에 있고, 기술 격차는 3.3년이다. 2018년 조사에 비해 한국의 기술 수준은 3.2%p 향상됐고, 기술 격차는 0.5년 좁혀졌다. 조사 대상이 된 다른 국가의 기술 수준은 유럽연합(95.6%), 일본(87.3%), 중국(80.0%) 순이었다. 유럽연합의 경우 2018년 조사 때와 비교해 0.8%p 높아졌고, 일본은 0.6%p 후퇴했다. 중국은 같은 기간 4.0%p 높아졌다.[11]

한국의 과학기술 수준의 발전을 반영하는 산업/상업적 지표로서 한국의 기업들이 보유한 세계 1위 상품의 수와 목록이 제시될 수 있다. 일본 『니혼게이자이신문』이 74개 품목의 전 세계 시장 점유율을 조사해 매년 발표하는 '2019년 주요상품·서비스점유율 조사'에서 한국은 스마트폰, D램, OLED, 낸드플래시 반도체, 초박형TV, 대형 액정패널, 조선 등 7개 품목에서 세계 1위에 올랐고, 자동차와 제강 부문에서는 각각 5위를 차지했다.[12] 물론 한국이 원천기술 수준 등에서 미국, 일본, 독일 등에 상당히 뒤처져 있는 것은 부인할 수 없는 사실이다. 그러나 한국 기업들이 기술 수준과 고부가가치 시장 점유율에서 미국, 일본, 유럽연합, 중국 등 열강과 경쟁하고 있다는 사실은 통시적(通時的)인 관점에서 보면 그야말로 괄목상대(刮目相對)하다 할 것이며, 이러한 한국 기업들의 능력은 민군겸용 이른바 '이중용도(dual-use)'로 사용될 수 있다는 점을 고려할 때 한국의 국가적 능력에 관해 시사하는 바가 적지 않다고 하겠다.

한국이 물리적으로만 성장한 것은 아니다. 가치관과 정체성 차원에서의 변화도 획기적이다. 상당수의 한국인들은 해방, 군정, 전쟁을 겪은 후 한동안 권위주의, 군사주의 정치문화와 제도를 불가피하거나 어쩌면 바람직하다고까지 생각했다. 공산 "북괴"의 위협을 억지하고 보릿고개를 넘기 위해 일사분란한 정치적 리더십과 사회적 분위기가 필요하다고 보는 국민들이 적지 않았다. 이는 생존이 백척간두에 놓여 있던 당시 상황을 반영하는 것일 수도 있지만 아마도 서구 자유주의적 관념의 부재를 비롯하여 일본제국주의자들이 조성해놓은 자학적인 식민사관, 메이지(明治) 유신까지 거슬러올라가는 일본의 군국주의 문화를 수용한 친일세력, 그리고 반공주의가 이념으로서 신성시되던 미국 중심의 진영적, 냉전적 국제정치 상황에 기인한 측면이 있었을 것이다. 그러나 한국은 1980년 광주민주항쟁을 필두로 1987년 6월항쟁 등을 거치면서 자유, 인권, 평등 등 인류의 보편적 가치 실현을 제도화하기 시작했고, 십 수년 동안 민주주의를 착근하고 공고화하는 데 성공하였다. 한국의 경제발전, 서구가치 지향적 세대교체, 냉전의 종식, 한반도 내의 세력균형의 변화 등이 이에 기여했을 것이다. 매년 세계 각국의 '민주주의 수준(Democracy Index)'을 조사/발표하는 영국 『이코노미스트(The Economist)』의 경제정보단(Economic Intelligence Unit)은 2020년 현재 한국의 민주주의를 타이완, 일본 등과 함께 아시아에서 최고 수준의 민주주의 국가(full democracy)로 인정하고 있다.[13] 한국 민주주의의 발전은 대외정책에서도 자연스럽게 반영되고 있다. 2021년 한국의 지도자들이 미얀마의 쿠데타 세력에 대해 "41년 전 광주의 기억"을 언급하며 "미얀마 군과 경찰의 폭력 진압을 규탄"하고, "민주주의와 평화가 하루속히 회복되기를 간절히 바란다"고 강조한 것은 적당한 사례이다. 한국의 외교가 보편적 가치를 무조건적으로 포용하고 추구하는 것은 논쟁의 대상이 될 수 있다. 한국 사회의 일부는 한국이 예를 들어 홍콩 시위나 북한의 인권 문제에 대해 더 적극적으로 개입할 것을 주문할 수 있지만, 다른 일부는 홍콩은 중국의 일부로서 중국의 국가주권을 무시하는 내정간섭 행위는 한국의 국익을 해칠 수 있으며, 북한의 인권 문제와 관련해 북한 당국을 상대해야 하는 한국의 입장을 고려해야 한다는 주장을 개진할 수 있다. 또 다른 일부는 홍콩이나 북한의 인권 문제가 심각한 수준이라는 점과 한국이 어떤 경로나 수단으로든 개입해야 하지만 인권외교를 주문하는 세력이 과거 한국의 인권과 민주주의를 탄압했던 주체라면 그러한 주문의 진정성이 의심받을 수 있다고 비판할 수도 있다. 그럼에도 불구하고 보편적 가치를 외면하거나 무시하는 단순한 실용주의 외교는, 앞서 언급한 바와 같이, 장기적으로 국민적 지지를 확보하기 어렵고 국제사회에서의 국격이 훼손되어 궁극적으로 국가적 실익에 부정적인 부메랑이 될 수 있다는 점이 지적되어야만 한다.

한국의 가치관과 정체성의 변화를 자각하고 성찰하는 마인드셋을 구성하는 중요한 일부는 이른바 "한반도 피해자 의식"과 관련이 있다. 한국이 일본 제국주의자들과 그들의 동맹/우호국들, 나아가 열강의 무자비한 권력경쟁에 의해 피해자가 된 것은 부인할 수 없는 역사적 국제정치적 사실이다. 그렇기 때문에 나치 전범들에게 적용되었던 "반인도적 범죄(crimes against humanity)"라는 국제규범의 관점에서 보면 한국의 피해자들은 일본군 위안부나 강제징용에 대한 사과나 배상을 일본에 요구할 수 있는 권리를 가지며, "중대한 인권침해에 대해 국가면제(state immunity)를 적용하게 되면 피해자들의 재판청구권이 침해된다"고 판시한 한국 법원은 '국가면제' 또는 '주권면제'라는 점차 타당성과 현실성을 상실해가고 있는 열강 중심의 보수적 개념 뒤에 숨어 "국가는 타국의 재판을 받지 않으므로 처음부터 사안을 들여다볼 것도 없이 소송을 각하했어야 한다"고 주장하는 일본 정부에 대해 인류 공동체 차원의 전향성과 도덕적 우월성을 갖는다.

그러나 '한반도 피해자 의식'은 작금의 시점에서 역지사지의 시각에서 재성찰되어야 하며, 허구적이고 위선적 요소들은 정제될 필요가 있다. 예를 들어, 한국은 위안부 및 강제징용 문제와 관련 일본의 사과와 배상을 요구하고 있지만 정작 미 육군감사관실이 한국군이 자행한 것으로 추정하는 베트남 양민학살 등 전쟁악행에 대해서는 사실상 침묵하고 있다.[14] 국가 차원의 사과나 배상이 국가의 명령에 따라 참전한 한국군의 명예를 훼손하고 그에 따르는 정치적 손익에 영향을 주게 되겠지만, 이 문제가 정당한 방법으로 해결되지 않는다면 일본의 범죄행위와 관련된 한국의 주장과 요구가 국제사회에서 얼마나 큰 설득력을 가지게 될지 의문시된다. 나아가, 경제강국이자 최고 수준의 민주주의 국가인 한국은 다른 나라의 주민과 사회에 이기적이고 부당한 행위와 요구를 하고 있지는 않은지 살펴보아야 한다. 예를 들어, 한국은 한미 간 주둔군지위협정(SOFA)이 불평등하다고 개정을 요구하고 있지만, 한국이 동티모르, 키르기스스탄, 아프가니스탄 등 한국군이 주둔하고 있는(있던) 나라와 체결한 SOFA는 한미 SOFA에 비해 너무도 이기적이고 "제국적"이지 않은가라는 질문을 스스로에게 던질 필요가 있다. 물론 한미 간 SOFA는 불공정하고 불평등하므로 개정되어야 한다. 그러나 필자의 문제의식은 한국은 피해자 의식에 사로잡혀 그 시각에서 한반도 문제를 보고 있지는 않은지 성찰할 필요가 있다는 것이다. 이는 규범의 문제이기도 하지만 사실 국가상(國家象), 그리고 그에 따른 문제해결 능력의 측면에서 볼 때 지극히 현실적이고 실용주의적 문제라 할 것이다.

'자각과 성찰의 마인드 셋'은 한국이 자기도취도, 자기비하도, 그리고 피해망상적 국수주의(國粹主義)도, 위선적 이기주의도 의식적으로 경계할 것을 요구한다. 자신의 능력과 정체성의 변화를 자각하고 그에 걸맞는 외교야말로 소기의 국가목표를 달성하고 국가이익을 제고할 수 있는 수단이 될 수 있다는 관점이 필요하다는 말이다. 그렇게 될 때에야 비로소 한국은 외교적 운신의 폭을 최적화하는 가운데 그에 따르는 국제적 책임과 의무를 효과적으로 이행할 수 있을 것이다.

2. 한국의 딜레마와 전략적-실용주의

『조선이 한국에게 보내는 편지: 한반도의 국제정치』는 정책과 관련하여 국제정치의 구조적 제약을 의식하면서 변화되고 지속적으로 움직이는 역동적 현실을 반영하는 주체중심의 '탈-탈냉전적 마인드셋'과 '자각과 성찰의 마인드셋'을 포괄한다. 필자는 이러한 국제체제중심적 동인과 주체중심적 마인드셋을 동태적이고 체계적으로 종합한 관념적 틀로서 '전략적-실용주의'를 제시하고자 한다. 이 관념적 틀은 이익과 가치 간의 충돌 내지 그 갈등적 측면에 유의한다. 예를 들어, 개인의 자유를 중시하는 미국과 국가 간 관계에서 국가의 자유를 강조하는 중국 간의 대립과 경쟁은 이익과 가치 간의 충돌과 직간접적으로 연동되어 있는 갈등적 구조의 외적 표현이다. 유사한 맥락에서, 필자는 한반도의 평화와 북한의 인권 개선 간의 딜레마와 그 잠재적 해법에 주목해야 할 필요성을 강조한다. 필자는 전략적-실용주의가 이러한 딜레마를 해결할 수 있는 영감과 통찰력을 제공할 수 있다고 생각한다.[15] 상세히 후술하겠지만, 여기서는 전체적 조망을 간단히 제공하기로 한다.

실용주의는 "실질적, 결과적 이익"을 강조하는 가치관이다. 국가 간 관계에서 특정 국가가 실용주의적인가의 여부는 그 국가가 타국가와의 상호작용에서 자신의 실질적 국가이익을 결과적으로 증가시키려 했는가에 달려 있다. "정치적 현실주의자(political realist)"로도 불리는 한스 모겐소(Hans Morgenthau)는 이런 맥락에서 전형적인 실용주의 국제정치학자였다. 그는 명저『국제정치(*Politics among Nations*)』에서 외교를 성공시키기 위해서는 외교 주체가 "십자군적 정신(crusading spirit)"을 탈피해야 하고, 현실과 유리되어서는 안되며, 외교안보정책의 목표를 "실질적 이익의 내용(substance of real advantage)"의 관점에서 정의해야 한다고 역설하였다.[16]

그러나 필자의 원칙은, "가치중립적" 실용주의와는 거리가 있다. 전략적-실용주의는 민주적 원칙과 인본주의적 가치를 모든 외교안보정책이나 공공정책의 기본이자 시발점으로 간주한다. 다만 필자는 축적된 실용주의적 성과들이 "서로 협력하여," 장기적이고 포괄적인 관점에서 민주주의, 자유, 인권 등의 실현과 촉진에 기여한다는 면에서 원칙과 가치에 밀접하게 연결되어 있다는 점을 강조하고자 한다. 혹자는 국익과 가치를 동시에 취해야 한다고 주장할 수 있다. 북핵문제와 북한 인권문제를 동시에 해결해야 한다는 식이다. 그러나 "과자를 갖고 있으면서 먹을 수는 없다(You cannot have a cake and eat it too)"는 서구의 속담이 말해주듯 이러한 접근법은 성공하기 어렵다. 특히 두 주체 사이에 불신이 팽배해 있는 상태라면 더욱 그렇다. 이는 동시행동원칙과는 구분되어야 한다. 협상은 문제해결을 위한 로드맵을 산출할 수 있고, 이를 이행하는 과정에서 동시행동이 오히려 바람직한 해법이 될 수도 있다. 그러나 가치와 세계관은 오랜 역사에서 형성/유래된 통치체제의 근본 기반이며, 국가적/민족적 자존심에 예민하게 연관되어 있으며, 그 변화를 검증하기도 어렵기 때문에 흥정, 즉 주고받기의 대상이 되기 어렵다. 필자의 접근은 이슈들에 대한 우선순위 부여, 그리고 현재 가능한 것과 미래에만 가능한 것을 구분할 수 있는 분별력과 판단력을 중요하게 생각해야 한다는 것이다. 이 접근은, 다시 말해, 현재에는 해결 불가하게 보이는 문제들이 작은 실용주의적 성과들이 집적/축적되었을 때 미래에는 훨씬 용이하게 해결될 수 있다는 지혜를 강조한다. 요컨대, 필자의 접근은 실용주의적 성과들의 체계적 축적이 결국 상위적 가치를 실현한다는 점을 강조한다는 차원에서 실용주

적이면서 동시에 "전략적"이다.[17]

3. "만들어지고 있는 역사(history in the making)"

필자는 위에서 한국의 외교안보노선에 관한 '한반도의 국제정치'라는 접근법을 제시하면서 국제체제중심의 관점과 주체중심의 시각이 체계적으로 교직되고 주체적 역동성과 성찰성이 새겨진 관념적 틀의 현재적 타당성에 대해 설명하였고, 특히 외교정책적 지도개념이자 상위개념을 제시하고 그것이 가지는 정책적 함의 및 논쟁 가능한 부분에 대해 논의하였다. 필자는 이러한 논의의 중요성을 염두에 두고 한국의 외교를 역사적으로 조망하면서 현재와 미래의 시점에서 영향력을 지속적으로 행사하고 있거나 하게 될 주요 주체나 사상, 격변적 사건이나 그로부터 도출된 외교관념 등을 살펴보고자 한다. 이를 진행함에 있어 필자는 역사를 시간 순에 따라 단순히 나열하기보다는 그러한 역사적 조망에 현재와 미래의 한국의 외교와 관련된 논쟁들을 적절하고 타당한 맥락에서 결부시키고 연계함으로써 역사가 현재진행중임을 상기하고 부각하고자 한다. 그렇게 함으로써 우리는 한국 외교의 역사가 단순한 과거가 아니라 "만들어지고 있는 역사", 즉 "현재적 역사(current history)"라는 사실을 직시하고 외교안보노선과 정책의 현실부합성을 제고하는 데 기여할 수 있을 것이다.

필자는 조선의 외교부터 논의를 시작하고자 한다. '한반도의 국제정치'의 주요 지향점이 한국의 현재적, 미래적 외교안보 문제에 대한 넓고 깊은 이해와 합리적 해법 제시라 할 때, 조선의 외교는 그에 대한 직접적 적실성과 함의를 가진다. 조선 이전의 외교도 조선의 외교에 영향을 주었기 때문에 본 연구의 대상에 포함될 가치가 있지만, 지면의 한계라는 제약을 감안할 때, 현실적으로 가능한 접근은 선택과 집중, 즉 전략적 접근이며, 나아가 현재와 미래의 역사에 대해 가지는 적절성(relevance)과 영향력의 밀도 면에 있어 조선 이전과 이후는 불연속적이라 할 만큼 큰 차이를 가진다는 점이 고려될 수 있을 것이다. 이것이『조선이 한국에게 보내는 편지: 한반도의 국제정치』가 조선의 외교를 논의의 기점으로 삼는 주요 이유이다.

현재 '만들어지고 있는 역사'는 '조선의 외교'에서 유래한다 할 때 이 책은 '조선이 한국에게 보내는 편지'와 같다. 어떤 현인의 말처럼, 역사는 "게으르고 탐욕적이며 겁 많은 인간들"[18]이 야망, 만행, 실패의 시행착오를 끊임없이 반복하는 과정처럼 보일 수 있지만 실제로는 수많은 사람들이 치열하게 살았던 삶의 누적이고, 그러한 사람들이 우리에게 보내는 '편지'와도 같다. 그때 그렇게 했기 때문에 그러한 일이 일어났다는 내용을 담은 그 '편지'는 지금 우리가 고민하는 문제의 원인을 짚어주고, 해결의 단초를 제공한다. 이제부터 우리는 때론 의욕과 기대를, 때론 고뇌와 체념을, 때론 좌절과 회한을 담은 조선에서 오는 편지들을 읽어보기로 한다.

조선의 외교

1. 사대외교와 사대주의외교

고려조는 원(元)이 물러나고 명(明)이 중원을 장악한 후에도 명분과 의리를 위해 친원반명책을 고수하였다. 그러나 이내 친원 기득권 세력은 신흥세력인 친명파에 의해 도전받게 되었다. 명분이나 의리보다 현실을 주장한 신흥세력의 대표자 격인 이성계(李成桂)는 위화도에서 회군하고 역성혁명(易姓革命)에 성공하여 조선을 개국하였다. 그는 유교를 국교로 삼고 상국(上國) 명에 대해 사대외교를 천명하였다. 성리학적 이상국가를 지향하였던 조선의 주체세력은 유교적 원칙에 입각하여 종주국 명을 섬기는 것이 마땅하다고 보았지만, 다른 한편 수퍼파워인 명과 맞서는 것은 현실적으로 불가능한 것이기 때문에 천자(天子)인 명 황제의 충실한 "제후국"으로 처신하면서 스스로의 안전보장을 추구하였던 것이다.

명과의 책봉(冊封) 및 조공(朝貢) 관계를 통한 사대외교에 대한 이해는 중국의 천하관, 화이질서(華夷秩序), 중화사상에 대한 지식을 필요로 한다. 황하 연안을 포함한 하남(河南) 일대에서 농경에 정착한 화하(華夏)족은 주(周) 왕조를 세우고 천명사상(天命思想)을 발전시켰다. 그들은 천을 조상신으로 모시면서 그들의 통치자를 천의 아들 즉 천자로 승화시켜 신격화하였다. 이 천하관에 따르면 천명수여의 대상은 유덕자로서 수신과 교육을 통해 육덕/육행(六德六行, 주대 봉건귀족들이 구비해야 할 교양과 지식)을 갖춘 존재이다. 이는 중국 민족 외의 민족은 천명을 받을 수 없다는 것을 전제하는 선민사상으로서『예기』(禮記, "하늘에는 두 태양이 없고, 지상에는 두 왕이 없다")와『맹자』(孟子, "하늘에는 두 태양이 없고, 백성들에게는 두 왕이 없다")에서 보듯이, 천의 유일한 대행자로서 다른 지배자의 출현을 거부한다. 천자가 천명에 따라 다스리는 천하라는 개념은 주대의 자료인『역경(易經)』에서 최초로 사용된 바,『시경(詩經)』에서는 "하늘 아래 모든 지역은 주왕의 지배영역이 아님이 없고, 사해에 사는 모든 백성은 주왕의 신민이 아님이 없다"는 화이망라(華夷網羅)로 표현된다. 천하관은 유학의 정치사상으로 전승되어 한(漢)에서는 유학일존(儒學一尊)의 국학으로 채택되는 등 역대왕조의 통치이념으로 확립되었다.[1]

천하관에 입각한 천하질서는 유교적인 '세계적 가족제도'와 같은 동아시아의 독특한 국제질서였다. 그것은, 예를 들어, 조선은 약소국으로서 형식적으로 중국을 종주국으로 섬기면서 실리를 얻고, 중국은 그의 위신과 위엄을 "속국"인 조선으로부터 인정받는 관계로서 한 가족의 형제 또는 부자관계가 확대된 예(禮)의 국제질서였다. 나라를 의미하는 국가(國家)의 철자도 가족이나 가정를 지칭한다고 할 때 국제질서는 외번(外藩, 국경 밖에 있는 중국의 속지)의 가족이나 가정들이 천자의 덕과 위엄, 은혜로 하나로 연결된 세계적 가족제도에 조응하는 관계인 것이다. 그리고 천자는 세계 만방의 민족들에게 덕을 가지고 교화하고 예를 가르치는 신적 존재로서 로마 가톨릭의 교황이나 이슬람의 칼리프와 유사한 성격을 갖고 있었다 할 것이다.[2]

천하관은 화이관과 별도로 논의될 수 없다. 화하족은 화하를 천하의 중심이라 여기며 수렵, 채집, 목축에 종사하는 사방의 "오랑캐"를 동이(東夷), 서융(西戎), 남만(南蠻), 북적(北狄)이라 폄하하여 불렀다. 그들에 따르면 이들 사이(四夷, 중국을 중심으로 사방에 흩어져 있는 민족들) 야만인들은 문화는 없고, 무력으로 제하(諸夏) 세계, 즉 문명 세계를 침입, 약탈하였다. 춘추전국시대에 광범위하게 퍼진 이러한 인종주의적 규범은 이적만이를 금수시하고 배격하는 화이관으로 심화/확대되었다.

화이관에 따르면 화하족은 국가, 농경, 청동기, 문자, 예제문화를 발달시켰으나 이적만이는 음식 언어 습관이나 생활방식 경제생활 그리고 예의범절 등에서 야만적이었다. 문화적으로 열등한 이적만이는 "굴 속에 거주하고, 동물가죽을 입고, 생식을 하는 원시적 생활상태"[3]에 머물러 있는 인면수심의 동물로 비하되기도 했다. 화이관은 그 자체로 정서적 심리적 의미를 갖는 것이기도 했지만, 더욱 중요하게는 중화민족의 존립과 지배 근거를 강화해주는 필수불가결의 존재로서 위협적인 이민족을 상정하고 차별과 멸시의 대상으로 설정한 민족주의적 인종주의적 정치담론이기도 했다. 그러나, 화이관은 이적만이라 하더라도 중국문화를 흠모하고 동화하려는 민족들은 중국인으로 수용하기도 했다. "미개인들"을 품고 보살핀다는 포용적 관념은 소위 왕화사상(王化思想, 왕도사상)이다. 유사한 맥락에서 화이사상을 뒤집어 놓은 것을 권계주의(勸戒主義)라 한다. 권계주의는 제하국(諸夏國, 주나라 때 분봉(分封)된 제후국)이라도 예법과 윤리 도덕 등의 인륜에 어긋나는 행동하면 이적으로 간주한다는 원칙/규범이다.[4] 이를 거꾸로 말하자면 이적이 중국의 문화를 존중하고 예법에 따르면 중국인으로 받아들이는 포용성을 발휘할 수 있다는 것이다. 조선의 송시열(宋時烈)이 남만 출신 주희(朱熹)가 공자 맹자를 잇는 성현이 되었다고 주장한 데는 이러한 배경이 있었다. 그럼에도 불구하고 역권계주의는 예외이고, 화이관의 중심은 선민의식이었다.

중국인들은 천하관 화이관에 입각해 모든 민족과 국가를 외번(外藩), 외신(外臣)으로 간주하고 천자를 정점으로 한 천하일국의 보편국가 수립을 추구하고 이념화하였다. 이와 같이 천자의 덕치와 왕치를 통해 주변을 중국문화로 흡수/통일하려는 중국 특유의 문명적 가치관이 이념화된 일련의 규범체제는 중화사상이라고도 불리는데, 이는 민족주의적인 정치적 문화적 이념이기도 하고 인종주의적 선민주의적 제국주의적 프로파간다이기도 하다. 중화사상은 중국의 역사적 경험에서 연유한 이른바 '100년의 수모(아편전쟁부터 중화인민공화국 성립까지의 수난의 100여 년)'라는 정치적 개념과 함께 현대 중국의 정치적 정체성과 대외정책의 동기(motive)를 부분적으로 구성한다. '중국적 예외주의(exceptionalism)'의 관념적 기초가 되는 중화사상과 '100년의 수모'는 '미국적 예외주의'의 가치관적 문명적 기초가 되는 '산중의 도시(city upon a hill)'와 '명백한 운명(manifest destiny)'이라는 개념과 대비되고 충돌할 수 있는 잠재성을 가진 것으로서 21세기 미중 간 패권경쟁이나 그에 따른 세계질서의 변동 가능성과 관련하여 핵심적인 관념 변수로 간주된다. 필자는 이러한 예외주의 문명론 간의 국제정치적 긴장과 대립의 문제에 대해 "'중국특색적 자유주의국제질서' 하의 예외주의 정치문명의 충돌?"(2020)에서 상세히 다루고 있지만,[5] 여기서는 중화사상이 갖는 현대 국제정치적 함의의 중요성에 대해 주의를 환기하고자 한다.

이 책에서의 우리의 관심사로 되돌아 가서, 책봉과 조공이라는 개념이나 제도의 의미는 위에서 언급된 중국의 정치적 문화적 이념과 가치관의 맥락에서 접근될 때 더 정확하고 타당하게 이해될 수 있다. 천명을 수행하는 천자는 일정한 지역을 독자적으로 다스릴 수 있는 권한을 제후들에게 배분하였다. 그는 제후에게 봉작(封爵)을 주면서 칙서, 즉 책문(冊文)을 내렸다. 그는 이 책문을 선독(宣讀, 공식적으로 낭독)한 후 인새(印璽)를 찍어 봉작을 받는 자에게 주었는데, 이것을 책봉이라고 하였다. 책봉을 받은 제후는 정기 또는 부정기적으로 천자를 알현(謁見)하고 임무수행에 대해 보고하였다. 제후가 천자를 알현할 때는 자기 관할 지역에서 생산된 특산물을 예물로 가지고 가는데 이를 조공이라 하였다. 천자는 조공에 대한 답례로 회사(回賜)를 베풀어 제후가 원하는 문물 등을 하사하였다.

주왕(周王)과 제후들 간의 위계적 관계를 규정하는 절차이자 제도인 책봉과 조공은 중국과 이민족과의 외교관계로까지 확장/정착되었다. 말하자면 소국의 군주는 대국을 섬기는 사대(事大)를 하고, 천자는 소국을 자식처럼 돌보는 자소(字小)의 의무가 제도화된 것이었다. 소국은 사대의 표현으로 중화의 책봉을 청하며 천자가 요구하는 신하의 예를 갖추어 조공하고 칭호, 복식, 의례, 연호, 책력 등 각종 의무를 수행하는 한편, 천자는 이에 상응해 이적의 군주를 책봉하고 관작(官爵)을 수여해 정통성과 지위를 보장하고 조공에 대한 답례를 "베풀고" 무역을 "허락했다." 따라서 천하관의 관점에서 보면 책봉과 조공의 시행은 중국과 주변국들 간의 주종관계 또는 군신관계를 전제하는 것이었다.

그러나 책봉과 조공이라는 불평등한 국제제도는 형식과는 다른 실제를 내포하고 있었다. 다시 말하면, 책봉과 조공에 대해 중국이 부여하는 의미는 주변국들의 자발적인 형식적 복속에 따른 천자의 정치적 도덕적 권위와 중화의 문명적 우위의 확인, 위계적인 국가 간 관계가 제공하는 국제정치적 안정과 중국 자신의 안전보장 등 정치적이고 국제정치적인 것이었고, 근대국제체제와 자본주의의 산물인 식민지적 지배–피지배, 착취관계의 성격을 가진 것은 아니었다. 특히 전자는 명의 특별한 관심사였다. 명의 영락제(1402-1424)는 환관인 정화(鄭和)로 하여금 동남아시아와 인도양 원정에 나서도록 했다. 그가 엄청난 규모의 원정을 실시한 이유 중 하나는 이민족국가들로부터 조공을 받기 위한 것이었다.[6] 정화는 1405년에서 1433년까지 총 일곱 차례의 해상 원정을 통해 남중국해와 인도양 전역에 명나라의 힘을 과시하고 30여 나라로부터 조공의 약속을 받아냈다. 왕화사상의 관점에서 보면 이적이 중국 천자의 덕을 동경하여 예를 받들면 화하의 일원이 될 수 있는데, 이적인 주변국이 책봉을 받고 조공을 바쳐 중화의 일원이 되는 사례가 많아지면 천자의 덕이 높음이 입증되는 것이다.

사대외교의 국가안보적 국제정치적 측면은 중국이 사방(四方)의 이적, 즉 주변 국가들에게 "사이(四夷)를 통한 방어"[7] 또는 '사이책(四夷策, defense through siyi)',[8] 즉 '기미지술(羈縻之術)'을 썼다는 사실에서 드러난다. 중국은 중원 지역과 습속이 다르고 사나워서 동화나 융합이 어렵고, 지리적으로도 거리가 멀리 떨어져 있어 실질적인 지배를 할 수 없는 경우에 기미부절책(羈縻不絶策)을 구사했던 것이다. 『사기』에 따르면 기미는 "이적과의 관계를 단절하지 않는 것(蓋聞天子于夷狄也, 其義羈縻勿絶而已)"이고, 『한관의(漢官儀)』에 따르면 "사이(四夷)를 소나 말을 제압하듯이 하는 것("'馬云羈, 牛云縻' 言制四夷如牛馬之受羈縻也)"이며 『구당서(舊唐書)』에 따르면 "이적을 다 없앨 수는 없으므로 위세와 은혜로써 다루는 것(蓋夷狄不可盡, 而以威惠羈縻之)"을 의미한다. 책봉과 조공은 기미지배의 주요 방식이었다. 이를 통해 천자는 주변 민족의 수장을 신임한다는 메시지를 보내 혐의나 악의를 품지 못하게 하고 동시에 조공 사신의 알현을 제도화함으로써 소통과 교류 및 정치적 결속을 통한 우호적이고 안정적인 국가 간 관계를 보장하려 했던 것이다. 주변국들과 싸우는 틈에 주적인 몽골족이 다시 흥기하면 명나라가 순식간에 망할 수도 있다는 두려움을 가지고 있었던 명의 홍무제(洪武帝) 주원장은 '부정지국(不征之國)'을 열거하며 유훈을 남길 정도로 주변국들과 쓸데없이 전쟁하는 것을 경계하였다.

책봉국의 입장에서는 형식적 예만 갖춰주면 중국으로부터의 군사적 공격을 피할 수 있고, 출병을 요구받을 수 있으나 피침 시 원병을 요청할 수 있었다. 요컨대 사대외교는 안보를 보장받기 위한 불가피한 조치였고, 군사동맹의 의미도 갖는 것이었다. 못지 않게 중요한 것은 약소국들이 사대외교를 통해 선진 중국과의 무역을 증진하여 국부를 늘릴 수 있었다는 점이다. 명의 태조 홍무제는 1371년 조공을 제외한 무역을 금하였다. 해금(海禁)의 배경에는 왜구에 대한 방위책, 외세와 국내세력 간의 결탁 방지 등 다양한 이유가 제시되고 있으나 외국들을 조공체제로 편입시키기 위한 조치로서의 의미가 강하였다.[9] 따라서 조공체제에 편입되어 있는 책봉국은 그렇지 않은 나라에 비해 대중국 무역에서 특권과 특혜를 누림으로써 막대한 상업적 이익을 얻을 수 있었고, 나아가 책봉국들 간의 인가된 무역이 활성화됨에 따라 이익이 배가될 수도 있었다. 사대외교는 또한 중국의 권위를 빌려 책봉국 군주의 정치적 정당성과 그에 따른 국내정치적 안정을 꾀할 수 있는 수단으로 사용되기도 했다. 마스탄두노, 레이크, 아이켄베리(Michael Mastanduno, David A. Lake and G. John Ikenberry)와 같은 국제정치학자들은 사대외교의 이러한 국내정치적 측면과 효과를 현대 국제정치의 맥락에서 재해석하면서 "외교적 승인(diplomatic recognition)"과 같은 이른바 "외적 인증(external validation)"의 국내정치적 중요성을 강조하고 있다.[10] 그러나 사대외교가 일방적 시혜적 효과만을 가지는 것은 물론 아니었다. 홍무제의 이성계 책봉 거부나 만력제의 광해군 책봉 거부에서 보듯 중국으로부터의 '외적 인증'의 결여는 조선 군주의 정치적 정당성에 타격을 주어 국내정치적 불안정의 요인이 되기도 했다. 그러나 분명한 것은 사대외교는 양방향적이었다는 것이고, 그 중요한 일부가 책봉국의 의지와 의도가 담겨 있는 생존과 번영을 위한 현실주의적이고 실리주의적 국가전략의 일환이었다는 사실이다. 뒤집어 말하자면, 중국에 대한 조선의 사대외교는 지배, 약탈, 착취로 요약될 수 있는 유럽의 제국주의국가와 식민지 간의 관계와는 질적으로 다른 성격이었고, 어떻게 보면 필요한 이익을 얻기 위해 적정 비용을 치르는 물적인 상호주의의 관점에서 보면, 조선과 같은 약소 주변국들에게 유리한 불평등교환의 양자적 (또는 다자적) 국제제도였다.

중국이 사대외교를 펼치던 조선을 사실상 자신의 피지배국이나 속국 또는 식민지로 보지 않았다는, 또는 조선의 국내정치에 간섭하거나 주권 침해 행위를 함부로 하지 못하였다는 증거로서 위에서 언급한 명 태조 주원장의 유훈이 제시될 수 있다. 그는 자신의 뒤를 이을 황제들이 반드시 지켜야 할 광범위한 정무적 원칙과 정책들을 『황명조훈(皇明祖訓)』에 낱낱이 적었다.[11] 주원장은 홍건족 출신으로 학문이 부족했지만 호국지책에 대해서는 이해의 수준이 상당하였다. 그는 『황명조훈』에 황권을 위협할 수 있는 승상제도 폐지, 황족들의 위법 행위 엄금, 백성들에 대한 가혹한 처벌 금지 등을 담았는데, 외교안보정책과 관련해서는 '부정지국'을 열거하며 '사이책' 또는 기미책의 전략적 중요성을 강조하였다. 그가 절대 공격해서는 안 된다고 경고한 국가는 열다섯 개였다.[12] 그중 조선이 첫 번째였다. 그만큼 명은 조선을 두려워했다.[13] 따라서, 조선의 외교안보정책의 대강(代講)이 '조선과 전쟁을 벌여서는 안 된다'는 나라를 사대하는 것이었다는 사실은 역사의 아이러니라 하지 않을 수 없다.[14] 어쨌든, 『황명조훈』의 '부정지국론'은 명과 조선 간에 전쟁이 일어날 수 있다는 경계심과 우려를 드러낸 것으로서 조선이 명의 식민지나 속국이 아니었다는 방증이라 할 수 있다.

조선의 '사대외교'는 '사대주의'와는 구별되어야 한다. 사대주의라는 말은 사대외교와는 달리 주체의 자주적 의도나 목적 의식을 결여한 채 중국의 문화와 가치를 대국이기 때문에 우월하다고 보고 맹목적으로 흠숭하는 태도나 가치관, 즉 모화적(慕華的) 가치관을 일컫는 개념으로서 사실 조선에서 만들어진 용어가 아니라 일본 제국주의자들이 조선 식민화를 정당화하기 위해 고안해낸 식민사관(植民史觀)의 정치적 인종주의적 프레임의 일부로서, 조선인들의 정체성(停滯性)과 타율성(他律性)은 시간을 초월하여 보편적인 속성이라는 주장을 담고 있다. 그러나 이러한 포악한 용어가 의도적으로 만들어진 것이라 해서 사대주의라는 가치관이 조선의 엘리트들에 엄존했었다는 사실을 부인할 수는 없다. 사대외교를 펼친 조선의 태조 때부터 모화적 요소가 상당 부분 존재했었고 조선 중후기로 갈수록 사대외교의 주체성은 쇠하고 재조지은(再造之恩), 소중화(小中華), 존주대의(尊周大義), 위정척사(衛正斥邪) 등 사대주의의 세계관이 엘리트들의 사고방식(마인드셋)을 지배하게 되었다.

배불숭유(排佛崇儒)를 택한 조선의 태조와 그의 사대부 지지세력(유교적 지식계급)은 가치관에 있어 모화적이었지만 사대가 생존과 번영을 위한 의도적인 실리주의 국가전략임을 잘 알고 있었다. 고려의 우왕(禑王)이 군 일부의 반대에도 불구하고 새롭게 중원을 차지한 명의 랴오둥 정벌을 밀어붙이려 하자 원정군의 우군 도통사 이성계는 "작은 나라로서 큰 나라를 섬기는 것은 나라를 보전하는 도리임(以小事大保國之道)"이라는 실리주의적 소신을 목숨을 걸고 간언하였다.[15] 우왕이 '4불가론'을 수용하지 않자 이성계는 위화도에서 회군하여 역성혁명을 시도했고 성공하였다. 그는 명에 사신을 보내 자신의 즉위를 승인해줄 것을 요청하면서 화령(和寧)과 조선 중 하나를 선택해줄 것을 청하였다. 명의 권위를 빌려 역성혁명을 정당화하려 했던 것이다. 명은 조선을 선택했음을 통보했다. 그러나 이 성계의 즉위 승인은 유보하였다. 천자의 고명과 인신을 받은 조선 최초의 국왕은 이성계의 다섯째 아들인 태종이었고 이로써 책봉 조공 관계가 제도화되었다. 조선은 일년삼사(신년을 경하하는 정조사, 천자의 생일을 축하하는 성절사, 황태자의 생일을 축하하는 천추사)로 조공하였지만 뒤에는 연말의 동지에 보내는 동지사를 포함 일년사사를 시행하였다. 실리주의 사대외교를 강화한 셈이다. 사신들은 천조(명조)에 입조한 기행록을 작성했는데 이를 조천록(朝天錄)이라 했다. 후일 명을 정복한 여진족의 청에 다녀온 사신들은 청을 천조라고 부르기를 꺼려 여행기록을 연경(燕京, 베이징)에 다녀온 기행록이라 해서 연행록(燕行錄)을 작성하였다. 태조의 사대외교는 태종, 세종에 의해 계승되었고, 명나라도 물론 이러 사실을 잘 알고 있었으며 관계의 현상유지에 동의하였다.

2. 사대주의와 현대 한국의 대미국외교

배불숭유를 국시화한 조선에서 유학이 국가적 세계관이 되고 사류(士類, 유학도들)가 정치와 행정을 주도하게 되면서 정치담론적 세력균형이 사대외교에서 사대주의로 이동하였다. 1592년 7년전쟁(임진왜란)과 명의 파병 이후 "조선인들은 나라를 새로 지어준 명의 천자의 은혜에 보답해야 한다"는 이른바 '재조지은'이라는 담론적 규범은 조선 엘리트들의 사대주의의 극치였다. 이 재조지은이라는 사대주의적 정치 관념은 1945년 해방과 3년간의 미군정, 1950년 한국전쟁과 미국의 참전, 그리고 상당 기간 동안의 미국의 대한 군사/경제 원조라는 역사적 경험 속에서 상당수 한국인들의 외교안보적 세계관에 지배적 요소 중 하나로 확고히 자리잡게 되었다. 단지 재조지은의 대상이 중국에서 미국으로 바뀌었을 뿐이다. 누군가가 한미 간 방위비분담과 관련해 550% 인상을 요구하는 "트럼프 대통령이 다소 무리하기는 하지만 우리나라를 구해준 미국이 경제 사정이 어려우니 우리가 도와야 한다"고 말한다면 이는 대미 재조지은이 그의 사고방식과 사리판단에 지대한 인식적 가치관적 영향을 미치고 있다는 사실을 드러내주는 방증이라 할 수 있다. 명나라나 미국의 개입으로 풍전등화에 처한 나라가 망하지 않은 것은 엄연한 사실이다. 그리고 그에 대해 감사의 마음을 가지는 것은 당연하다 할 수 있다. 그러나 동시에 명나라나 미국의 관점에서 개입과 참전에 대해 생각해보는 것은 국가 간 관계의 논리와 동학에 대한 객관적 이해의 폭을 넓혀 한국이 일국적 일방적 관점에서 벗어나 글로벌하고 체계적인 시각에 서게 함으로써 사고와 판단에 합리성과 객관성을 제고하는 방법이 될 수 있다. 예를 들어, 7년전쟁과 한국전쟁에 명과 미국이 왜 개입하고 참전했는지를 묻는 것은 이 맥락에서 적절하고 유익하다.

주지하듯, 명이 파병을 결정한 이유는 조공국에 대한 종주국의 의무를 다함으로써 동아시아의 조공체제를 유지하고 천자의 위엄과 능력을 과시해야 하는 정치적 도덕적 필요와 관련이 있었고, 특히 일본이 정명향도(征明嚮導), 즉 명을 정벌하는 데 조선이 앞장서 줄 것을 요구했으나[16] 조선이 명에 대한 의리를 지키기 위해 이를 거부함으로써 조선을 공격했다고 보았기 때문에 조선을 돕지 않을 수 없었다. 또 다른 중요한 개입의 이유는 명의 안보와 관련이 있었다. 명은 조선에 대한 일본의 공격은 앞으로 있을 명·일전의 전초전이며 일본의 궁극적 목표가 명의 정복이라는 것을 잘 알고 있었다.[17] 명은 전쟁이 불가피하다면 자신의 영토에서 싸우는 것보다 조선에서 싸우는 것이 유리하다고 판단하였다. 특히 명은 자신의 군대가 조선에서 전투에 임함으로써 본토를 전장으로 만들지 않을 수 있을 뿐 아니라 군량이나 군수물자를 조선에서 조달할 수 있는 이점을 고려하였다.[18] 명은 이러한 배경 하에서 조선에 군대를 파견하여 결과적으로 일본군이 조선에서 철수하도록 만들었다. 그러나 명은 7년전쟁에 개입하고 물리력을 소진함으로써 만주의 여진족이 그 틈을 타서 흥성하는 것을 방치할 수밖에 없었고, 내부 문제가 겹치면서 "천자"가 자결하고 망국의 불운을 겪었다. 역사에 '만일(if)'은 있을 수 없지만, 명이 조선에 파병하지 않았으면 만주족에 의해 망하지 않았을 수도 있다. 그러나 그렇게 했다면 조선을 정복하여 강대해진 일본에 직면하게 되었을 것이다. 이와 같이 당시의 국제정치적 맥락에서 본다면 명의 멸망은 조선 파병에 따른 국력약화 때문만이라고 볼 수는 없게 된다. 어쨌든 7년전쟁에 대한 명의 무력 개입은 명 자신의 정치적 도덕적 국제정치적 안보전략적 이익을 계산한 조치였다. 중국의 역대 왕조가 속번(屬藩)을 위해 대군을 파견한 적이 없었다는 점은[19] 7년전쟁 개입이 조선이 아니라 자신을 위한 것이었다는 사실을 드러내주는 셈이다.

위에서 시도한 명의 참전 이유에 대한 분석은 국제정치의 일반적 논리 및 동학에 대한 이해와 한국 외교의 현실성과 합리성을 제고할 것이라는 측면에서, 그리고 특히 이익추구의 국제정치와 사대주의의 조선 간에 발생한 '미스매치(mismatch)'가 몇 번이나 국가적 재앙(정묘호란, 병자호란 등)을 초래했다는 점에서 국가전략 차원에서 시사하는 바가 크다 할 것이다. 사대주의적 재조지은은 아직도 면면히 살아 있는 역사적 개념이고 정치담론이며, 한국의 외교에 지대한 영향을 미치고 있다. 다만 이제 그 대상은 미국이다. 내용은 미국이 한국을 식민지에서 해방시켜줬고 자유주의 국가로 만들어 줬으며, 1950년 공산침략으로부터 구해주었고, 원조를 통해 나라를 다시 만들어 주었으며, 따라서, 한국과 한국인들은 그러한 은혜를 갚아야 한다는 것이다. 판단을 유보하고 우선 미국의 한국전 참전 경위에 대해 알아보자. 필자가 이미 다른 연구에서 제시한 바와 같이, 미국은 1950년 북한이 남침하기 전까지 한국에 대해 큰 전략적 가치를 부여하지 않았다. 미국은 만일 전쟁이 일어나면 소련이 무력이나 전술/전략적 측면에서 우위에 있는 유럽에서 시작할 것이고 이는 곧 3차대전일 것이기 때문에 잠재적 전장(戰場)에서 먼 거리에 위치한 한국은 전략적 가치가 높지 않고 어쨌든 방어불가한 국가가 될 것이라는 판단을 하고 있었다.[20] 이러한 판단에 따라 미국은 1949년 6월 500여 명의 고문관을 제외하고 모든 미군을 남한에서 철수시켰다. 그런데 전쟁이 발발하자 미국은 신속히 무력개입하였다. 미국의 조치에 대한 설명은 다양하나 정설은 몇 가지로 정리된다.[21] 첫째, 동맹국들에 대한 미국의 신뢰성을 확인하기 위한 조치였다. 미국 트루먼 대통령은 공산 북한이 남침했을 때 이를 신속히 물리치지 않으면 거대하고 막강해진 중소 공산세력이 공산화된 한반도를 교두보로 삼아 아시아에서 미국의 최대의 동맹국으로 떠오르고 있던 일본을 직접 위협할 것이며, 나아가, 한국을 잃고 일본을 위협에 빠뜨리게 되면 미국이 애써 신설한 북대서양조약기구(NATO) 동맹국들이 미국의 안보공약을 불신하여 각자도생(各自圖生)이나 소련과의 타협을 선택할 수도 있다고 우려하였다. 둘째, '뮌헨 증후군'이었다. 나치 독일에 대한 유화책의 결과에 따른 뮌헨 증후군은 1950년 당시 모든 정치지도자들의 기억에 남아 있었듯이 독재자의 도발에 대한 초동대처의 중요성을 강조하는 역사적 교훈으로 트루먼의 마음 속에 생생하게 살아 있었다.[22] 위의 두 가지 이유와 관련 트루먼에게 직접 들어보는 것이 유익할 것이다.

나의 세대는 강자가 약자를 침략한 것이 이번이 처음이 아니라는 것을 알고 있었다. 나는 만주, 에티오피아, 오스트리아의 사례를 떠올릴 수 있었다. 이는 20년 전, 15년 전, 10년 전에 발생했던 침략으로서 민주국가들은 행동하는 데 실패하여 일본의 군국주의자들, 무솔리니, 히틀러 등 침략자들을 고무하였다. 남한이 붕괴되면 미국 해안에 근접한 다른 국가들이 풍전등화가 될 것이었다. 지금 행동하지 않으면 미국과 세계는 결국 2차대전의 전철을 밟고 3차대전에 휘말리게 될 것이었다.[23]

셋째, 무력개입의 또 다른 이유는 미국의 국내 문제와 관련이 있었다. 1949년 10월 중국이 공산화되자 미국 공화당은 "누가 중국을 잃었나?(Who Lost China?)"라는 정치프레임으로 트루먼 정부를 맹공하고 있었다. 1950년 2월 9일 조셉 매카시 상원의원(Joseph McCarthy)은 미 국무부 내 용공분자들이 암약하고 있다며 트루먼의 민주당 정부를 비난하였다. 트루먼은 중간선거(1950년 11월 7일)를 앞두고 그와 민주당이 공산세력에 유약하지 않음을 과시할 필요가 있었다. 마침 공산세력이 "자유세계"를 침략했을 때 트루먼은 보란 듯이 자신의 강력한 반공성(反共性)을 보여주고자 했다. 넷째, 미국은 당시 경제불황에서 벗어나기 위한 정책적 노력을 기울이고 있었다. 트루먼 정부는 침체된 경제를 살리기 위해 이미 생산해 놓은 무기를 전장에서 신속히 소비하고, 더 많은 군사장비를 생산토록 하여 대규모 방산업체와 하청업체의 공장가동률을 높여 실업률을 낮추고, 이에 따라 증가된 유효수요를 바탕으로 경기 진작을 도모하였던 것이다. NSC-68은 재정지출(예를 들어, 군사비)을 늘림으로써 수요를 확대한다는 케인즈적 발상을 담고있었다. 트루먼은 1949년에 발생한 안보위협요인들을 중시하여 북한의 남침 전에 이미 한국의 전략적 가치를 재평가해야 할 필요성을 느끼고 NSC-68과 같은 국가안보재평가를 지시한 바 있었다.

위에서 보듯이 트루먼 정부는 미국이나 자신의 국제정치적 국내정치적 경제적 이익을 위해 그리고 자유진영의 안보, 신뢰, 결속을 지키기 위해 참전을 결정하였다. 물론 미국이 지키고자 했던 자유세계에 한국도 당연히 포함되었을 것이다. 그러나 국제정치라는 것은 본래 누구에게 은혜를 갚는다는 개념으로 설명하기에는 적절치 않은 존재이다. 정책결정자가 수많은 자국민을 희생시키고 때에 따라서는 정권적 국가적 존망을 걸어야 하는 참전을 결정할 때 자신이나 자신의 국가의 사활적 이익이 아닌 타국이나 타민족의 이익을 고려했다는 주장은 그의 판단 능력의 결핍 또는 극단주의적 광기에 의해서만 정당화될 수 있을 것이다. 그럼에도 불구하고 한국인의 상당수가 미국이 재조지은의 대상이 된다고 믿는다면 이는 미국을 정치적으로 이용하려는 한국 내 정치세력이 인위적으로 만들어낸 정치적 신화가 무비판적으로 수용된 결과라고 하지 않을 수 없다.

반복하건대, 백척간두에 놓여 있던 조선/한국은 강대국의 무력 개입으로 죽었다 살아났다. 조선/한국인들이 그에 대해 참전국에게 감사의 마음을 가지는 것은 당연하다. 그리고 그러한 감정에 따르는 예의를 갖추는 것은 강대국과의 유대와 협력을 제고하는 데 도움이 될 수 있다. 그러나 간과되어서는 안 되는 것은 한반도에서 피를 흘렸고, 목숨을 잃었으며 한국의 공산화를 막는 데 결정적으로 기여한 그 미국인들은 대부분 전장에 도착하기 전까지 세계지도에서 한국이 어디에 있는지 몰랐다는 사실과 미국이 미국의 국익을 위해 그들을 보냈다는 사실이다. 이는 국가 간 관계는 개인 간의 관계와는 다른 차원에서 다뤄져야 한다는 것을 의미한다. 개인적 수준의 도덕 윤리나 감정을 국가 차원으로 격상시키는 것은 국제정치의 논리에도 맞지 않고, 따라서 국제정치의 비즈니스를 정상적으로 할 수 없는 외계적 가치관으로 웃음거리가 될 수 있다. 물론 재조지은의 대상국은 한국의 이러한 생경한 국제정치윤리나 '의리주의'를 선택적으로 환영할 수 있다. 그러나 이러한 한국은 그 재조지은의 대상국뿐 아니라 국제사회 일반으로부터도 동등하고 평등한 국제정치적 주체로 인정받지 못할 것이다. 그것은 한국의 재조지은이 그 자체로 옳거나 옳지 않거나 하는 문제와는 관련이 없다. 문제는 한국의 재조지은의 자세가 국제정치의 무대에서 어떻게 받아들여지는가이다. 일전에 필자는 미국 브루킹스 연구소(Brookings Institution)에서 열린 세미나에 참석한 적이 있는데 청중 속의 한 한국인이 발표자인 전 미군장성에게 "미국은 한일관계에서 왜 일관되게 일본 편을 드는가"하고 질문을 던졌다. 그는 "태프트-가쓰라 밀약(1905년)은 조미수호통상조약(1882년)의 거중조정 조항을 위반한 배신행위가 아니냐"고 따졌다. 필자는 질문자의 어투가 미국적 관점에서 보면 세련되지 않았다고 생각했지만, 그의 논리는 정연했고 태도는 진지했다. 그러나 질문에 답을 한 전 합참의장 존 샬리카쉬빌리(John Shalikashvili)는 "나는 일본과 한국 중 누구를 더 사랑하느냐?(Who do you love more?)와 같은 질문에는 답하지 않는다"고 말했다. 샬리카쉬빌리는 아마도 태프트-가쓰라 밀약과 조미수호통상조약의 거중조정 조항에 대해 잘 알지 못했을 것이다. 미국인들 절대 다수는 이것들의 존재 자체를 알지 못한다. 그러나 이와는 별도로 샬리카쉬빌리의 "대답하는 태도" 또는 그가 "질문을 프레임하는 방식"은 수십 년간의 한국의 대미 재조지은이 미국인들의 마음 속에 만들어낸 "일방적으로 구애하는 딱한 한국"이라는 이미지와 무관하지 않다. 네덜란드나 벨기에의 지식인이 나치독일과 관련한 유사한 맥락의 질문을 했다면 샬리카쉬빌리는 한국 지식인에 대해 사용했던 "쁘띠(petty) 프레임(질문이 사소하고, 하찮고, 쩨쩨하고, 유치하다는 식의 프레임)"을 감히 사용하지 못했을 것이다. 필자는 프로페셔널로서의 그의 개인적 인식이나 가치관에 놀랐으나, 다른 한편 그가 그렇게 한 것은 한국의 재조지은이 자초한 면이 있다고 생각했다.

이 맥락에서 강조되어야 하는 것은 사대주의와 사대외교를 구분할 수 있는 한국의 지적 능력이다. 사대주의의 외양이 필요할 수도 있다. 그러나 그것은 그 자체가 목적이 될 수는 없으며, 오히려 주체성에 기초한 사대외교의 수단이자 도구로 간주되고 활용되어야 한다. 사대외교는 현실주의, 실리주의 외교이다. 미국 캘리포니아 대학의 패트릭 모건(Patrick M. Morgan) 교수는 필자의 졸고를 인용하며 "국제정치의 작동원리는 군사안보, 경제적 기회, 정치적 가치 등을 포함하는 국가이익에 기초하며, 동맹은 그러한 국가이익을 제고하는 수단 중 하나일 뿐"이라는 사실을 미국이 인정할 때에만 한미동맹의 합리적 관리가 가능하다고 지적하였다.[24] 즉 미국도 한국도 감사나 의리와 같은 감정이 아니라 국익기반의 소통과 협력을 증진할 때 양국 간 동맹을 포함해 전반적인 양자적 관계를 합리적으로 관리하고 견인할 수 있다는 말이다. 물론 한미관계는 역사적 특수성을 가지고 있으므로 그에 상응하게 관리되어야 한다. 윤리와 의리도 한국의 대미외교의 일부가 될 필요가 있다. 그러나 미국에 대접을 받기 위해서는 한국이 대접을 받을 만한 능력과 대접을 받을 만한 자주성과 주체성을 갖추어야 한다. '윤리적 개인' 간의 관계가 아닌 이익-기반의 국가 간 관계에서 한 국가가 자신을 특별히 대접하지 않아도 된다고 겸손해 한다면 구태여 그 국가를 동등한 관점에서 대접하려는 강대국은 이 지구상에 없을 것이다.

3. 광해군의 정치적 현실주의: 관념적, 이념적 차원의 재평가

다시 조선의 외교로 돌아가 보자. 재조지은이라는 정치담론으로 전쟁억지 실패, 그리고 패전과 파천(播遷, 도주)의 책임을 회피하고 국내정치적 이익을 도모하려던 선조(宣祖)를 승계한 이혼(李琿)은 조선의 외교안보노선과 관련하여 의미 있는 흔적을 남긴 국왕이었

다. 그의 외교안보정책은 현대 국제정치이론의 관점에서 보면 국제
정치적 실용주의 또는 "정치적 현실주의(political realism)"에 가까
운 당시로서는 파격적이고 혁신적인, 그리고 '재조지은이 지배하는
조선'이라는 '시대에 맞선 저항적 접근법'이었다.

정치적 현실주의는 『군주론』의 저자 니콜로 마키아벨리(Niccolò
Machiavelli)의 통치론, 그리고 그의 사상적 계승자(protégé)인 한스
모겐소의 외교이론과 불가분의 관계에 있다. 가장 중요한 점은 정
치와 도덕의 분리이다. 마키아벨리는 "'인간이 어떻게 살고 있는가'
는 '인간이 어떻게 살아야 하는가'와는 너무나 다른 문제"이며, "일
반적으로 행해지는 것을 행하지 않고, 마땅히 행해야 할 것을 행해
야 한다고 고집하는 군주는 권력을 잃기 십상"이라고 지적했다. 일
견 미덕으로 보이는 일을 하는 군주는 파멸할 수 있고, 일견 악덕으
로 보이는 일을 하는 군주는 결과적으로 자신의 안전과 번영을 도
모할 수 있기 때문에 "악덕 없이는 권력 보존이 어려운 때는 그 악
덕으로 인해 악명을 떨치는 것도 개의치 말아야 한다"는 것이다. 마
키아벨리에 따르면, "현명한 군주는 신의를 지키는 것이 그에게 불
리할 때, 그리고 약속을 맺은 이유가 소멸되었을 때, 약속을 지킬 필
요가 없으며, 지켜서도 안 된다. 군주는 "능숙한 기만자이며 위장자
가 되어야 하며," 현명한 군주라면 (국가생존과 같은 숭고하고 실존적
인) 목적을 위해서는 수단과 방법을 가려서는 안 되고, 냉정하고 담
대하게 처신해야 되는 것이다. 마키아벨리는 다른 여타 정치사상가
들과 마찬가지로 맥락을 고려하지 않고 이해될 수는 없다. 그가 자
신의 군주에게 『군주론』을 바칠 당시 피렌체는 권력경쟁을 하던 이
탈리아 도시국가들뿐 아니라 스페인, 프랑스 등 선진강국들의 침략

으로 그 운명이 백척간두의 위기 속에 놓여 있었다. 그는 그러한 시대적 맥락에서 군주는 국가를 보위하고 자신에게 위탁된 신민의 목숨과 재산을 보호하기 위해 당연히 "능숙한 기만자"이며 "위장자"가 되어야 한다고 역설한 것이었다.

마키아벨리는 권모술수의 대명사로만 오랫동안 알려져왔다. 사람들은 그가 목적이 수단을 정당화한다고 말했다고 여겨왔지만, 그는 결코 그렇게 말한 적이 없다. 목적이 수단을 정당화한다는 가치관은, 후술하겠지만, '도덕적 마키아벨리주의'라 할 수 있다. 마키아벨리가 말한 것은, 어떤 경우에든 목적이 수단을 정당화한다는 것이 아니고, 정당화되지 않는 수단이 정당화되는 특별한 경우가 있는데 이럴 때 국가지도자는 주저하지 말고 그러한 수단을 과단성 있게 사용해야 하고, 나아가 그것이 야기할 수 있는 도덕적 평판의 문제에 마음이 흔들릴 정도로 소심해서는 안 된다는 것이었다. 정치란 궁극적으로 사악하고 이기적인 이익을 둘러싼 투쟁이기 때문에 이겨야 하는 것이다. 목적이 숭고한 경우에—국가의 생존이나 통일 등—국가지도자는 "범죄적 미덕(criminal virtue)"을 발휘해야 한다. 사실 이러한 "범죄적 미덕"은 전적으로 악한 것도 전적으로 선한 것도 아니다. 그것은 구체적 시공간의 논리에 부합하는 행위나 정책의 "유용성(usefulness)"에 관한 것이다. 마키아벨리와 『군주론』의 '구체적 시공간'이란 프랑스, 스페인 등의 외침(外侵)과 분열된 이탈리아 도시국들 간의 상쟁(相爭)이었다. 따라서 『군주론』은 구국제민(救國濟民)의 리더십을 제시한 난세학(亂世學)이었다. 마키아벨리는 정치영역을 독립적인 탐구영역으로 설정하여 중세의 자연법사상(자연은 신의 창조물이고 따라서 자연이라는 개념 속에 신의 섭리가 포함되어 있다고 보는 세계관, 예를 들어, 원죄론)과 같은 중세적 사고방식과 결별하고, 다시 말해, 정치현상을 종교적 가치나 윤리적 고려를 배제하고, 조국 이탈리아의 분열과 후진성을 극복하기 위한 '국가이성(raison d'État, Staatsraison, 국가이익)'을 개인의 윤리보다 우선시한 근대적 정치사상가이자 분석가였다. 그리고 이와 같은 '권력정치(power politics)'의 담론을 담은 그의 『군주론』은 500년의 '시간의 심판'을 견뎌낸 전형적인 (국제)정치학적 고전이 되었다.

한스 모겐소는 마키아벨리와 같이 국가지도자의 핵심 덕목으로 정치와 도덕을 구분할 수 있는 능력을 꼽았다. 즉 개인 수준의 도덕과 국가 수준의 도덕은 동일 선상에 놓고 평가될 수 없으며, 역설적으로 말하자면, 국가지도자의 도덕은 개인 수준의 도덕에서 벗어나 "권력에 의해 정의되는 국가이익"을 냉철하게 판단하고 냉정하게 추구하는 데 있다는 것이다:

사적 개인은 그 자신을 위해 이렇게 말할 수 있다: '세상이 멸망할지라도 정의가 강물처럼 흐르게 하라(Fiat justitia, pereat mundus; Let justice be done, even if the world perish).' 그러나 국가는 자신이 보호해야 하는 국민의 이름으로 그렇게 말할 권리를 갖지 못한다. 물론 개인과 국가는 자유와 같은 보편적인 도덕적 원칙을 기준으로 정치행위를 판단해야 한다. 그러나 사적 개인은 그러한 도덕적 원칙을 위해 자신을 희생할 수 있는 권리를 갖고 있지만 국가는 자유 침해에 대한 자신의 도덕적 반대가 성공적인 정치행위를 방해하도록 해서는 안된다. 국가의 성공적인 정치행위는 국가생존(national survival)이라는 도덕적 원칙에 의해 고무되는 것이다. 분별력

(prudence)이 최고의 정치적 도덕이다. 도덕적으로 보이는 행위의 정치적 결과가 무엇인가가 핵심인 것이다. (정치적) 현실주의는 분별력—여러 정치행위들의 결과를 저울질 하여 가성비가 가장 높은 대안을 선택할 수 있는 능력—을 정치의 최고 덕목으로 간주한다… 링컨은 다음과 같이 말했다: '나는 내가 아는 한 모든 것을 바쳐 최선을 다한다. 결과가 좋으면 나에 대한 비판은 아무 의미도 갖지 못한다. 그러나 결과가 좋지 않으면 열 천사(ten angels)가 내가 옳은 일을 했다고 위로해줘도 달라지는 것은 없다.'

사실 국가이익을 최우선시하는 실용주의 외교노선은 모겐소보다 훨씬 앞선다. 대표적인 실용주의 외교 실천가는 17세기 프랑스의 루이 13세 시절 제1외교장관을 지낸 리셸리외(Armand Jean du Plessis, Duke of Richelieu) 추기경이다. 그는 세계 최초로 프랑스에 외교부를 설치한 인물이었다. 그는 정책을 중앙에서 조율하고 대사들을 통제하여 국가이익(the raison d'état)을 추구하기 위해 외교부를 만들었던 것이다. 그는 대외정책이 왕조나 국왕의 기대나 바람, 명예욕 등에 따라 이뤄져서는 안 된다고 보았다. 그는 국가는 윤리 도덕 종교에 대한 고려 등 모든 것들을 초월해서 오로지 국가이익 추구에 충실해야 한다고 믿었다. 이런 의미에서 리셸리외는 현대 국제정치학자들이 통치술(statecraft) 또는 경세론의 기본원리로 인정하는 외교의 원칙을 설파한 대표적인 실용주의 외교주체였다. 리셸리외의 국가이익에 기초한 실용주의 외교는 30년간의 종교전쟁에서 가톨릭 국가인 프랑스가 개신교 국가들과 연합하여 프랑스의 가장 강력한 라이벌인 신성로마제국 타파에 나서게 하였다. 1648년 베스트팔렌조약은, 리셸리외가 원했듯이, 신성로마제국을 약화시키고 프랑스의 권력을 강화시켰다. 영국 외교장관 팔머스턴(Henry John Temple, 3rd Viscount Palmerston)은 1848년 하원 연설에서 "영원한 우방도, 영원한 적도 없다. 오직 영국의 이익만이 영원하고, 우리의 의무는 그 이익을 지키는 것이다"라고 설파했다.[25] 2차대전 후 일본의 안정과 부흥을 도모하기 위해 미일동맹 내에서 정경분리의 외교를 강조했던 요시다 독트린이나, 미국, 중국, 러시아의 동시적 구애를 안보와 내적 발전으로 연결지은 인디아의 만모한 싱 정부의 대외정책은[26] 리셸리외나 모겐소류의 실용주의로 파악될 수 있다. 광해군도 마키아벨리나 모겐소와 같이 도덕이나 의리보다는 "실질적 이익의 내용"을 중시한 정치적 현실주의자였고, 리셸리외나 팔머스턴과 같은 실천가 정치인이었다. 그리고 그의 정치적 현실주의는 시대에 맞선 저항적 외교안보철학이기도 했다. 명분과 의리가 다였던 조선의 외교안보적 패러다임에 대한 하나의 대안으로서 제시된 그의 외교안보노선의 유용성을 논하기 위해서는 당시의 구체적인 국제정치적 배경 설명이 필요하다.

여진(女眞)[27]은 12세기 초에 금나라를 세우고 약 100년동안 중원을 지배했으나 13세기 초 몽골제국에 의해 쫓겨난 후 만주 땅 곳곳에 흩어져 살았다. 흑룡강과 연해주 지역에는 야인(野人) 여진, 송화강 유역에는 해서(海西) 여진, 그리고 목단강 유역에서 백두산 일대에는 건주(建州) 여진이 살았고, 몽골을 중원에서 몰아낸 명나라는 이 셋을 이이제이, 즉 서로 반목시켜 다스렸다. 16세기 말에 은을 매개로 지구적 규모의 교역망이 형성되는 가운데 명의 상업경제는 호황을 누리게 되었고, 그 영향은 만주에 파급되어 변경 교역을 활성화하였다. 교역량이 늘어나면서 이익이 커지자 여진족 수령들은 명나라가 발급한 칙서를 두고 쟁탈전을 벌였다. 이 과정에서 건주 여진의 아타이(阿台, 꾸러성 두목)가 랴오둥 변경을 약탈하자 명은 1583년 니칸 와일란(尼堪外蘭, 건주여진의 투룬성 두목)의 도움을 얻어 아타이를 제압했다. 고무된 니칸 와일란은 건주 영도권을 쥐기 위해 명을 부추겨 누르하치(愛新覺羅努爾哈赤)의 조부와 부친을 살해토록 하였다. 누르하치는 니칸 와일란을 제거한 후 명에 항의하였다. 명은 누르하치에게 유감을 표명하고 그를 건주좌위 도독첨사로 임명했고, 교역칙서 30장을 교부했다. 명에 대해 조공관계를 수립한 누르하치는 인삼/모피 전매를 통해 막대한 수익을 전취하고 급성장하였다. 누르하치는 이때부터 여진족 통일에 나서 5년 후인 1588년경에는 건주 여진을 대부분 장악하였다. 명은 강성해지는 누르하치를 견제하려 했지만 1592년 발발한 임진왜란은 오히려 누르하치에게 날개를 달아주었다. 누르하치의 부상에는 도요토미 히데요시(豊臣秀吉)가 있었던 셈이다. 누르하치는 1592년 9월과 1598년 1월 조선에 구원군을 보내 주겠다고 자청하는 지경에까지 이르렀다. 조선은 파병 제의를 거절했지만, 그간 조선의 벼슬을 받기 위해 서로 싸우던 여진족이 새롭게 대륙의 강자로 등장했음을 실감하게 되었다.[28]

명과 조선이 임진왜란에 대처하느라 겨를이 없던 사이 세력을 강화한 누르하치는 과거 여러 여진부족들이 자신에 대항하도록 교사한 죄와 자신의 조부와 부친을 죽게 한 책임을 묻는 7대한(七大恨)을 열거하고 1618년 명에 선전(宣戰)을 포고(布告)했다. 조선에는 명을 위해 출병하지 말 것을 요청하는 외교문서를 보냈다. 명은 임진왜란 때 조선을 살려줬으니 원정에 동참하여 은혜를 갚으라고 요구했다. 광해군은 왜란의 후유증이 가시지 않은 경제적 군사적 현실과 일본의 재침 가능성을 우려했다. 그는 훈련되지 않은 농민들을 호랑이 굴 속에 몰아넣을 수 없다며 파병은 불가하다고 생각했다. 그러나 그는 동시에 명의 분노를 의식하지 않을 수 없었고 또한 재조지은을 갚기 위한 파병을 촉구하던 고위 신료들의 압박을 무시할 수 없었다. 광해군은 파병을 결정한 후 어전통사(御前通事; 왕의 직속 통역관)를 역임하여 중국어에 능통한 문관 강홍립을 도원수에 임명하였다. 조선의 군대가 명 장수의 작전통제 하에 있을 것이기 때문에 파병사령관이 전술적 자율성을 확보하기 위해서는 의사소통이 원활해야 한다고 생각했기 때문이다. 그는 출정에 앞서 강홍립에게 "대의명분상 어쩔 수 없이 출병하는 것이니 형세를 보아 향배를 결정해야 하며(觀形向背, 관형향배)," "명군 장수의 말을 따르지만 말고 오직 전투에서 패하지 않도록 힘쓰라"는 밀명을 내렸다.[29] 강홍립은 1619년 3월 4일 심하(深河)의 부차(富車)[30] 들판에서 벌어진 전투에서 명군이 후금군의 매복에 걸려 전멸하자 "조선군의 출병이 부득이하여 이루어진 사실"을 적진에 통고한 후 군사를 이끌고 후금에 투항했다. 이는 현지에서의 형세를 보아 향배를 정하라는 광해군의 밀명에 따른 것이었고, 이는 결과적으로 후금의 대조선 보복을 막는 데 기여하였다.[31] 후금은 투항 이듬해인 1620년 조선 포로들을 석방하였지만 강홍립은 계속 억류하였다. 그는 적진에 볼모로 있었지만 밀지를 보내 후금의 상황을 광해군에게 계속 보고하였다.

강홍립이 투항하는 모습

4. 쿠데타와 사대주의 외교의 복귀, 그리고
재앙과 논쟁

강홍립이 투항했다는 소식이 전해지자 조선의 조야는 크게 동요
했다. 사대부들은 강홍립을 매국노라고 성토했고, 이복동생을 죽이
고 대비를 유폐시킨데다 경덕궁(후일 경희궁으로 명칭 변경)을 짓는
과정에서 인심을 잃은 광해군에 대해서도 강한 불만을 숨기지 않았
다. 1623년 쿠데타가 일어났다. 쿠데타의 주체들은 인목대비(仁穆大
妃)의 반정 교서를 통해 광해군의 죄명으로 폐모살제(廢母殺弟), 궁
궐건설/백성도탄과 함께 재조지은 배신을 들었다. 그들은 광해군이
강홍립에게 고의로 투항을 지시하여 명을 배신하고 오랑캐에게 만
주를 넘겨주었다고 정죄하였다. 쿠데타 세력에 의해 옹립된 인조(仁
祖)는 향명배금(向明排金)을 대외정책의 기조로 삼았다.

아이신 구룬(金國)의 한위(汗位)를 물려받은 황타이지(愛新覺羅 皇太極)는 미제로 남겨진 랴오둥에서의 한인(漢人) 지배를 추진하였다. 그는 명을 공격하기로 결심하고 배후를 위협하는 조선을 일단 무력화할 필요를 느꼈다. 그는 명과 조선이 대금 경제제재를 단행하자 행동에 들어갔다. 그는 인조가 배금정책을 표방하고, 랴오둥을 수복하려는 명의 장군 모문룡(毛文龍)의 군대가 평북 철산의 가도(椵島)에 주둔하는 것을 허락하고 군사원조했다는 이유를 적시하며 1627년 조선을 공격하여 정묘호란을 일으켰다. 황타이지는 모문룡 제거는 실패했지만 조선 국왕과 '형제 관계'를 맺고, 제재를 폐하고, 오히려 교역의 루트를 확보하였다. 그는 만리장성을 넘어 약탈에 나섰고 계속 성장하면서 내몽고의 차하르(察哈爾, 찰합이) 부(部)마저 꺾고 몽골제국을 계승한 제국 다이칭 구룬(大淸國, 1636)의 군주를 자처했다.

한편, 정묘호란 이후에도 명에 조공을 바치던 인조의 조선으로서는 '아이신 구룬(金國)'의 황타이지를 인정할 수는 있었지만 '대청 제국의 황제' 황타이지는 인정할 수 없었다. 조선은 황제를 추대하는 데 동참하라는 요구를 무시했다. 결과는 1636년에 시작된 병자호란이었다. 청이 신속히 남진하자 신료들 간에 논쟁이 벌어졌다. 죽더라도 명분과 의리를 위해 싸우자는 척화파와 죽은 다음에 명분과 의리가 무슨 소용이며, 치욕을 견디고 후일을 도모하자는 주화파가 항복을 놓고 격렬히 다투었다. 척화파의 홍문관 부교리 윤집(尹集)은 주화파인 이조판서 최명길(崔鳴吉)의 죄를 논하며 왕에게 오랑캐에 대해 결사항전할 것을 아래와 같이 청하였다:

"화의가 나라를 망친 것은 어제 오늘의 일이 아니고 옛날부터 그러하였으나 오늘날처럼 심한 적은 없었습니다. 명나라는 우리 나라에 있어서 부모의 나라이고 노적은 우리 나라에 있어서 부모의 원수입니다. 신자된 자로서 부모의 원수와 형제의 의를 맺고 부모의 은혜를 저버릴 수 있겠습니까. 더구나 임진년의 일은 조그마한 것까지도 모두 황제의 힘이니 우리 나라가 살아서 숨쉬는 한 은혜를 잊기 어렵습니다. 지난번 오랑캐의 형세가 크게 확장하여 경사(京師)를 핍박하고 황릉(皇陵)을 더럽혔는데, 비록 자세히 알 수는 없으나 전하께서는 이때에 무슨 생각을 하셨습니까? 차라리 나라가 망할지언정 의리상 구차스럽게 생명을 보전할 수 없다고 생각하셨을 것입니다. 그러나 병력이 미약하여 모두 출병시켜 정벌에 나가지 못하였지만, 또한 어찌 차마 이런 시기에 다시 화의를 제창할 수야 있겠습니까."[32]

최명길은 생각이 달랐다. 그는 명분과 의리를 지키려다 왕과 백성이 도륙을 당하고 국토가 피폐해지는 것보다는 어떻게든 나라를 지켜 후일을 도모해야 한다고 생각했다. 최명길이 동생 최혜길(崔惠吉)에게 보낸 편지에 이러한 뜻이 담겨 있었다:

신종(神宗)이 임진왜란 때 끼친 유택(遺澤)을 비록 잊을 수는 없다 하더라도 또한 태조께서 창업하신 신령스러운 이 터전 역시 차마 망하게 할 수는 없는 것, 이것이 큰 의리이다. 그리고 해동 사람이라면 이미 동국의 신민인즉 우리 임금을 위해 우리나라를 망하지 않도록 하는 것이 옳지 않겠는가? 명나라를 위해 우리 임금에게 권해 나라를 망하게 하는 것이 옳은 것인가?[33]

　최명길이 말하고자 했던 것은 국가적 생존을 위해 '변통(變通)'
과 '권도(權道)'를 사용하자는 것이었다. 변통이란 현실 여건에 맞
게 우회하고 응용하는 방법이고 권도는 상황에 맞는 행위, 즉 적시
성(適時性)이 있는 행동을 뜻한다. 예를 들어 맹자는 "남녀가 물건을
주고받을 때 직접 손을 맞대지 않는 것이 예의이고, 형수가 물에 빠
졌을 때 손을 잡아 건져주는 것은 권도이다"라고 했는데, 이처럼 권
도란 단순한 편법이 아닌 예외적이고 특수한 상황에서 정당성을 갖
는 행위를 의미하는 것이다. 최명길의 손자로서 영의정의 자리에 오
른 최석정은 "고립된 성은 포위를 당하고 적세는 빙릉하여 8도의
백성이 다 죽게 되고, 묘사, 대군이 모두 강화도에 있으며 찬참은 수
비를 하지 못하여 화변이 그지 없었으니, 지난 번에 군신 상하가 한
갓 일체의 마음만 지키고서 권도를 마련할 계책을 생각하지 않았더
라면, 그것이 종묘사직에 어떻게 되었겠습니까?"라며 자신의 조부
의 권도를 정당화하였다.[34]

　최명길은 1623년 인조반정에 가담했던 1등 정사공신(靖社功臣)
으로서 "조정에 이 문서를 찢어버리는 사람도 없어서는 안 되고 그
것을 주워 맞추는 사람도 마땅히 있어야 한다"며[35] 현실적인 힘의 논
리를 받아들이면서도 변통과 권도로 후일을 기약하는 '작전상' 투
항은 왕과 국가를 위한 실리주의적 선택이라고 주장했다. 인조는 한
때는 "이제 오랑캐가 천자의 칭호를 몰래 일컬으며 우리 나라를 모
욕하니 내가 '천하대의(天下大義)'를 위해 그 사신을 거절하였다. 이
때문에 환란이 일어나서 지금 임금과 신하 아래위 모두가 한 성을

지키고 화친을 거절하였으니 오직 싸울 뿐이다"라며 척화를 주장했지만, 결국 국제적 권력정치의 현실을 인정하고 주화로 돌아섰다.

인조는 마지막 순간의 주화로써 망국과 백성의 도륙을 막았지만, 굴욕과 수치를 면할 수는 없었다. 그는 청의 요구에 따라 용포(龍袍)를 벗고 남색 옷으로 갈아 입었다. 그리고 죄를 지은 자는 정문으로 통과할 수 없다는 청의 주장에 따라 세자와 함께 서문을 통과하여 삼전도의 단상 아래에서 용상(龍床)에 앉아 있는 청 태종에게 신하의 예를 갖추며 세 번 절하고 아홉 번 머리를 조아리는 '삼배구고두례(三拜九叩頭禮)'를 행하였다. 아들을 천연두에 잃은 적이 있는 황타이지는 조선에서 천연두 감염 우려가 고조되자 귀국을 서둘렀다.[36] 청은 소현세자와 봉림대군을 인질로 삼고 척화를 주장하였던 김상헌, 홍익한, 오달제, 윤집을 데리고 심양으로 돌아갔다.

조선은 삼전도에 대청황제공덕비를 세워야 했다. 그러나 아무도 비문을 작성하지 않으려 하였다. 왕은 이경석, 장유, 이희일에게 비문 작성을 명했다. 청은 이경석의 글을 채택하였다. 이후 삼전도비는 조선이 소중화(小中華)임을 자부하던 조선 사대부들에게 치욕의 상징처럼 여겨졌다. 조선은 이제 명과의 관계를 단절하고 1895년 청일전쟁이 종료될 때까지 청나라의 책봉을 받으며 조공을 바쳐야 했다. 전기했듯이, 광해군을 몰아낸 쿠데타 세력은 그의 죄목 중 하나로 군부(君父)인 명의 황제에 대한 배신을 들었다. 그러나 삼전도 이후 조선의 정치에서 재조지은에 대한 배신의 문제는 사실상 거론되지 않게 되었다. 삼전도에서 인조가 광해군보다 훨씬 더 심각하게 명을 배신했기 때문이다.[37]

청군은 철수하면서 노동력 군사력 증강을 위해 수만 명의 조선인들을 강제 징발해갔다. 조선에 돌아온 환향녀(還鄕女)들은 '화냥녀'이라 불리며 순결을 지키지 못했음을 비난받아 이혼을 당하거나 자살을 하기도 하였다. 국가가 지키지 못해 외국에 끌려가 온갖 고초를 당하고 돌아온 환향녀는 돌아온 것 자체가 '고고한' 사대부의 가풍을 더럽히는 것이라는 비난에 다시 한번 치욕과 수모를 당해야 했다:

> "충신은 두 임금을 섬기지 않고 열녀는 두 남편을 섬기지 않으니, 이는 절의가 국가에 관계되고 우주의 동량(棟樑)이 되기 때문이다. 사로잡혀 갔던 부녀들은, 비록 그녀들의 본심은 아니었다고 하더라도 변을 만나 죽지 않았으니, 절의를 잃지 않았다고 할 수 있겠는가. 이미 절개를 잃었으면 남편의 집과는 의리가 이미 끊어진 것이니, 억지로 다시 합하게 해서 사대부의 가풍을 더럽힐 수는 절대로 없는 것이다."[38]

1644년 이자성(李自成)이 이끄는 농민 반란군이 베이징을 점령하였다. 명의 숭정제는 자살했다. 이때 '다이칭 구룬(大淸國)'의 섭정 도르곤(愛新覺羅 多爾袞)은 승부수를 던졌고 베이징에 입성하였다. 자금성에서 새로운 수명천자(受命天子)인 순치제(順治帝)의 즉위식이 이뤄졌다.

병자호란 후 조선은 표면적으로는 사대의 예를 갖추었으나, 실제로는 숭명배청의 사상을 고수하였다. 볼모로 잡혀 있다 8년 만에 귀국하여 1649년에 즉위한 효종(孝宗)은 강한 배청사상을 근간으로 청의 지배가 아직 확고하지 않으므로 북정하면 한인(漢人)의 내응을 얻어 성공할 수 있다며, 10년간의 준비와 10만 명의 북정군 양성을 주장했다. 그러나 효종의 북벌론(北伐論)은 전시 국왕의 전제 권력 강화를 우려한 신료들의 견제와 사회적, 경제적 조건의 미비, 그리고 한때 북벌을 제창하던 유림의 수장 송시열 등이 군사행동보다는 관념적이고 이념적인 북벌론이라 할 수 있는 춘추대의론(春秋大義論)[39]을 내세우면서 동력을 잃게 되었고, 이 같은 상황 속에서 1659년 효종이 급사함으로써 좌초되었다.

실학(實學派)파의 연암(燕巖) 박지원(朴趾源)은 숭명배청을 외치던 북벌론자들을 대놓고 조롱하였다. 그는 『열하일기』에 담긴 '호질문(虎叱文)'과 '허생전(許生傳)'에서 매점매석으로 큰돈을 번 허생이 그에게 벼슬을 권하러 온 어영대장 이완에게 세 가지 조건을 내세우는 상황을 유머스럽게 묘사했다. 그 조건은 제갈량 같은 인재를 천거할 테니 임금(효종)에게 여쭈어 삼고초려할 것, 명의 망명 정객에게 국혼(國婚)을 주고 대신들의 집을 징발해줄 것, 명문의 자제들을 뽑아 머리를 깎고 되놈 옷을 입혀 유학생이나 상인으로 청나라에 보내 간첩의 사명을 완수하게 할 것 등이었다. 청나라를 치자고 외치면서도 실제로는 딴청을 하는 위선적인 북벌론자들을 매도한 것이었다.[40]

5. 광해군이 보내는 편지와 현대 국제정치의 논쟁

우리는 위에서 조선의 외교사에서 유난히 도드라지는 광해군의 대강대국 전술/전략의 시대적 의미와 정책적 함의에 대해 논하였다. "세계적" 패권세력이 교체되는 구체적인 역사적 권력정치적 맥락에서 약소국 조선의 국가이익을 극대화하기 위해 실리주의 또는 정치적 현실주의를 선택한 광해군의 결정은 현대의 한국인들에게 몇 가지 논쟁거리를 제공한다. 그가 우리에게 보낸 편지는, 첫째, 백성/국민의 생명과 재산에 대해 책임을 지는 국가지도자는 개인 수준의 도덕이나 윤리에 따라 행동해서는 안 된다고 강조한다. 공권력이 부재하여 자구(自救, self-help)가 기본 규범인 냉혹한 국제정치의 장에서 개인 수준에서 통용되는 가치를 관철하려 하는 국가지도자는 파멸적인 국가적 결과를 가져올 수 있기 때문에 국민적 칭송의 대상이 아니라 오히려 세상 물정 모르는 무책임한 몽상가로 비난받아야 마땅하다는 것이다. 거꾸로 말하자면, 개인적 차원의 몰염치를 감수하면서 국가 수준의 도덕과 윤리, 즉 "권력으로 정의되는 국가이익"을 냉철하게 추구할 수 있는 지도자가 국민적 존경의 대상이 되어야 한다는 것이다. 물론 정치적 현실주의는 무조건적이고 무제한적인 이익의 추구를 정당화하는 것은 아니며 단지 국가 생존과 같은 사활적 국가이익의 추구가 개인적 수준의 가치나 이념에 의해 방해받거나 지배되지 않도록 해야 한다는 점을 강조하고 있을 뿐이다.

주어진 국제정치의 권력적 상황에서 국가이익을 극대화하고자 했던 광해군의 외교안보노선은 당시로서는 가히 예외적인 것이었다. 척화삼학사(斥和三學士)의 한 사람인 홍익한(洪翼漢)은 심양에서 청태종의 심문을 받으면서 "내가 지키는 것은 대의(大義)일 따름이니 성패와 존망은 논할 것이 없다"고 하면서 오랑캐의 불의에 항거하다가 순절하였다. 그는 1636년 청나라가 조선을 속국시하는 모욕적인 조건을 내걸고 사신을 보내오자, 제호(帝號, 황제의 칭호)를 참칭한 죄를 문책하고 그 사신들을 죽임으로써 모욕을 씻자고 상소한 장본인이었다. 조선은 1686년 이조판서와 충정(忠正)이란 시호를 내려 그의 춘추대의를 기리고자 했다. 홍익한과 그를 지지한 조선의 집권세력은 "세상이 멸망할지라도 정의가 강물처럼 흐르게 하라"고 외친 셈이다. 이는 정치적 현실주의가 가장 금기시하는 비현실적 외교안보노선이었지만 조선은 그것의 윤리적 가치를 높이 평가했던 것이다. 어쨌든 홍익한의 외침은 국가의 생존이 중요한가 대의를 지키는 것이 중요한가의 문제로 귀착된다. 조선 중후기의 사대부 정치세력은 사대주의적 명분과 대의를 중시했다. 사실 병자호란이 일어난 애초의 이유도 제호를 사용한 청의 국서(國書)를 조선의 가치관에 맞지 않는다고 무시한 태도와 관련이 있었다. 대상을 달리하여 같은 일이 반복되었다. 메이지 일본은 1868년 사절단을 보내 일본에서 왕정이 복고된 사실을 알리는 외교문서를 조선에 전달하였다. 그러나 흥선대원군 집권 하의 조선은 일본이 "황조(皇祚)", "황상(皇上)"과 같은 중국의 천자만이 쓸 수 있는 용어를 사용한 점 등을 문제 삼아 접수하지 않았다. 이는 메이지 정권의 정한론자들의 명분과 입지를 강화해주었고, 후일 조선은 "국제법을 모르는 몽매한 야만국이어서 문명국 일본의 보호와 교육이 필요하다"는 일본제국주의자들의 침략적 담론을 정당화하는 데 사용되었다.

중화와 이적을 분별하는 화이론과 은혜를 베푼 문명 상국을 섬기는 의리론은 조선 말기에 이르러 서양과 일본의 제국주의적 침략세력을 '사(邪)'로 규정하고 조선의 중화문명적 전통을 '정도(正道)'로 인식하는, 이른바 '위정척사론'으로 이어졌다. 구체적으로, 위정척사파는 군주의 개화정책을 사(邪)로 규정하고 자신들의 반대활동을 정(正)으로 규정함으로써 당시 상황을 정학과 사학의 대립구조로 논리화했다. 고종은 위정척사파의 비판을 충성과 반역의 논리로 프레임하여 역공했다. 위정척사파는 국왕이 정치적 반대자들을 처벌했음에도 목숨을 걸고 개화정책에 반대하였다. 조선의 사대부들은 자신들의 생명과 재산을 보호하는 국권보다는 문명인의 예와 도리를 설교하는 중화의 주자성리학을 지키는 것이 그들의 이상과 부합하는 더 고상하고 가치 있는 행동이자 의무라고 보았던 것이다.

광해군 이후 조선의 경직된 사대주의 외교안보정책은 양차 호란과 일본의 침략에 의한 망국이라는 국가적 재앙을 초래하였다. 물론 필자는 조선의 집권세력이 인식했던 사대주의적 예와 의리를 시공간적 맥락과 상관없이 현대적 관점에서 비성찰적 공론(空論)으로 폄하하지는 않는다. 당시의 사대부들은 사대주의를 보편적 가치로 보았을 것이며, 이를 추구하는 것은 현대적 시각에서 보았을 때 원대(遠大)한 정치가(statesmen)의 역할에 비견될 수도 있겠다. 그리고 중국의 중화문명을 중심으로 하는 천하질서 하의 조선의 사대부들은 서양에서 유래된 근대적 개념인 국가주권이나 국가이익의 의미를 자각하지 못했을 공산이 크다. 그래서 필자는 조선의 사대주의자들을 맥락없이 매도하는 것은 '허수아비 때리기'가 될 수 있다고도 인정한다. 나아가 필자는 도덕이나 이상 그리고 보편적 가치를 단순한 실리의 잣대로 평가하지 않는다. 오히려 근본적인 관점에서 국가의 정책은 도덕이나 이상을 지향하기 위한 수단이라고 볼 측면도 분명히 존재한다고 본다. 그리고 보편적 가치의 추구가 국격을 높여 사실상 그리고 결과적으로 국가이익을 제고한다는 현실적 의의도

간과될 수 없는 것이다.

　그러나 사대주의를 당시의 이상주의로 본다 하더라도 그것은 또 다른, 그리고 보다 근본적인, '구체적인 국제정치적 시공간'의 현실 과 조건에서 벗어나는 순간 공론이 되고 경우에 따라서는 참담한 국가적 재앙을 가져온다는 사실이 분명히 지적되어야만 한다. 가치 냐 생존이냐. 강조하건대 국가지도자의 입장에서 그 어떤 도덕이나 이상도 국가의 존망이 걸린 사활적 이익보다 더 우선시될 수는 없 다. 국가가 생존해야 가치도 존재하는 것이다. 상대적으로 진보적이 고 상대적으로 이상주의적인 조 바이든 미국 대통령 이야기를 해보 자. 2021년 미얀마의 쿠데타 세력은 자국 국민을 학살하고 있다. 바 이든 대통령은 레토릭으로 대응하다 학살자들의 극악무도함이 부 각되자 경제제재를 들고 나왔다. 집권한 지 얼마 되지 않은 상태에 서 경기회복, 팬데믹 퇴치, 인종차별 문제 등을 동시에 처리해야 하 는 바이든 정부나 미국에게 미얀마는 사활적으로 중요하지는 않기 때문일 것이다. 그리고, 미얀마 군부를 전략적 차원에서 지지하는 중국과, 이슬람교가 불교를 탄압할 것이라며 로힝야족 학살의 군부 주범들을 참된 신앙인으로 칭송하는 미얀마 불교민족주의자들의 세력을 고려할 때 인도주의적 무력개입이 미국을 베트남전과 같은 늪으로 끌어들일 가능성 또한 무시할 수 없었을 것이다.

6. 광해군의 기미책과 21세기 한국의 외교안보 패러다임: 전략적-실용주의

필자는 광해군의 정치적 현실주의를 모화적 사대주의와 비교/대조하면서 관념적 이념적 차원의 재평가를 시도하였다. 아래에서는 각도를 달리하여 광해군의 현실주의적 실리외교가 한국의 외교안보정책이라는 측면에서 어떠한 함의를 갖는지, 그리고 필자가 전략적-실용주의라고 이름붙인 접근법은 대안적 패러다임이 될 수 있는지에 대해 논의해보기로 한다.

의리를 지켜야 하지만 쇠퇴하고 있는 명과 오랑캐이지만 막강해지고 있는 후금 간의 충돌과 전란이 이어지는 가운데 광해군이 선택한 정책은 기미자강에 기초한 것이었다. 그는 광해 11년(1619년) 12월 22일 군국기무(軍國機務)를 관장하는 비변사(備邊司)에 기미책과 자강책의 시행을 촉구하였다:

> 원조하는 의리에 있어서는 나도 조금 숙맥(菽麥)을 분변하는 사람으로 그것을 알고 있은 지 오래되었다. 다만 생각건대, 우리 나라의 인심과 병력이 할 만한 형세가 안 되니 어찌해야 한단 말인가? 아뢴 말 중에 '우리 나라도 저들을 늦추는 계책을 쓰지 않으면 안된다'고 하였는데, 이것은 바로 기미하자는 뜻이다. 다만 상하가 서로 버티면서 지금까지 결정하지 못하고 있어 종묘 사직으로 하여금 위망의 지경에까지 이르게 하고 있는 것에 대해 그 죄를 누가 질 것인가? 대개 한편으로는 기미책을 쓰고 한편으로는 자강책을 쓰는 것은 진실로 장구한 계산으로 한 가지도 폐지해서는 안 된다. 그러

나 생각건대, 이 두 가지 계책이 모두 착실하게 시행되지 않고 있으
니, 내가 매우 가슴 아프게 여기는 바이다.[41]

자강책은 어느 국가이든 생존을 위해 당연히 그리고 불파기하게
추진해야 하는 안보정책이다. 광해군은 임진왜란 후 약화된 군사력
을 통탄하면서도 "스스로 힘을 기르기" 위해 화포를 제작하고 염초
(焰硝; 화약의 재료)를 확보하기 위해 노력하였다. 동시에 그는 후금
등 주변 국가의 동향을 탐지하기 위한 정보 수집, 반누르하치 여진
부족 포섭, 여진어 역관 양성, 조선의 정보 유출 방지 등 군사적 내
공을 뒷받침하기 위한 국가 정보 능력 제고를 위해 진력하였다. 그
러나 당시 조선의 경제적 상황을 고려할 때 자강책은 시간을 필요
로하는 프로젝트였다. 따라서 광해군은 명과 후금 사이에서 나라를
보존하고 자강을 하는 시간을 벌기 위한 방편으로서 기미책이라는
대후금 외교정책을 선택하였다.

기미책은 한무제(漢武帝) 이후 특히 후한(後漢)의 주된 외교안보
정책이었다. 기미(羈縻)란 '말의 굴레와 소의 고삐'를 가리키는 것
으로 '통제/견제하면서 단절하지 않을 따름이다(羈縻不絶而已)'라
는 구절이 기미책의 핵심이다. '단절하지 않을'이란 말은 흉노와 같
은 오랑캐와 교류 관계를 유지한다는 의미이고, '따름이다(而已)'라
는 말은 '단절' 이상의 정복이나 지배와 같은 적대적 공격적인 조치
를 취하지 않는다는 뜻이다.[42] 달리 말하면, "주변 민족이나 국가를
중국화(中國化)하지도 않으며 적국화(敵國化)하지도 않는다"는 것이
다.[43]

광해군의 결정은 당시 조선이 직면해 있던 구체적인 정치적 경

제적 군사적 조건을 반영한 것이었다. 임진왜란이 끝난 지 겨우 10
년, 조선은 처참한 피해를 입은데다 그 후유증이 가시지 않은 상태
였고, 떠오르는 강국과 또 다시 전쟁을 해야 하는 경우 망국이 우려
되는 상황에 있었다. 그로서는 국가적 생존을 위해 모험을 피해야
했고, 따라서, 명분과 의리를 제쳐두는 몰염치를 무릅쓰고, 명과 후
금 사이의 갈등 속으로 휘말려드는 것을 힘을 다해 피하려 했다. 광
해군은 기미책이야말로 주어진 국제정치적 조건과 조선의 능력을
고려한 현실적으로 가능한 대안들 중 그나마 피해가 가장 적을 것
으로 예상되는 고육지계라고 판단했을 것이다.[44]

광해군의 기미책은 외교안보정책, 특히 한국의 외교안보정책과
관련하여 중요한 성찰과 토론의 기회를 제공해주고 있다. 먼저 한
국의 대전략(grand design)에 대해 논해보자. 한국은 세력균형을 추
구해야 하는가 아니면 편승전략을 취해야 하는가? 양분법적 접근은
어떤 문제가 있는가? 한국은 양분법적 접근을 지양하면서 양자를
섞는 하이브리드전략을 추구할 것인가? 이 전략이라면 어떤 상황에
서 어떤 방식으로 균형과 편승을 섞을 것인가? 그것은 얼마나 현실
적으로 가능한가? 이론과 역사는 국가들이 어떤 책략을 사용했는지
를 보여준다. 한스 모겐소는 "세력균형과 세력균형정책은 불가피할
뿐만 아니라 주권국가들의 사회에서 본질적인 안정화 요인"이며,
주요 국가들의 세력균형책은 국제적 안정을 가져올 것이라고 말했
다. 그에 따르면, 제1차세계대전 발발의 국제정치적 원인은 유럽 내
동맹체계의 경직성, 그리고 그것과 연결되어 있는 세력균형 체계의
붕괴에 대한 우려와 관련이 있다. 다시 말해, 제1차세계대전의 원인
은 유럽에서의 세력균형이 와해될 수 있다는 강대국들의 공포심과

직결되어 있었다는 말이다. 전쟁으로 치닫던 시기에 유럽에는 두 개의 거의 대등한 세력이 팽팽히 대치하고 있었다. 독일, 오스트리아-헝가리, 이탈리아를 포함하는 3국동맹(Triple Alliance)과 영국, 프랑스, 러시아를 구성원으로 하는 3국협상(Triple Entente)은 발칸반도 지역에서 적대적 세력이 지배력을 확보한다면 이는 유럽 전체의 세력균형에 결정적인 부정적 영향을 미칠 것으로 보았다. 이러한 공포심은 1914년 7월 오스트리아-헝가리로 하여금 발칸 문제로 대립하던 세르비아와의 한판 승부를 통해 자신의 안보 우려를 영원히 해소하고자 하는 동기를 부여하였다. 그리고 이러한 공포심은 독일이 동맹국 오스트리아-헝가리를 "무조건적"으로 지지하게 된 핵심적 요인이기도 하였다. 상대방도 마찬가지였다. 발칸에서 3국동맹에게 우위를 빼앗기면 유럽 전체를 내줄 수 있다는 3국협상의 공포는 러시아가 세르비아를 그리고 프랑스 및 영국이 러시아를 지원하게 된 배경이 되었다. 구조주의적 현실주의(structural realism)의 창시자인 케네스 월츠(Kenneth Waltz)도 국제정치는 세력균형으로 설명할 수 있다고 보았다. 그에 따르면 체제적 안정을 가져오는 세력균형은 두 가지 조건만 충족되면 성립된다. 첫째는 국제질서가 무정부적일 것, 둘째는 생존하기를 원하는 단위들(국가들)이 그 안에 존재할 것이다.[45] 인류가 내다볼 수 있는 미래에 세계국가나 세계정부가 만들어질 가능성이 없다고 가정하면 세력균형의 유일한 조건은 국가가 생존을 추구해야 한다는 것인데 이는 사실상 당연한 국가의 존재이유이므로 국제정치는 세력균형으로 설명될 수밖에 없다는 것이다. 월츠에 따르면 국제정치에서 국가들은 자율성과 독립성, 즉 생존을 최우선시하기 때문에 국내정치의 주체들이 선호하는 바와는 달리 편

승(bandwagoning)이 아니라 균형화(balancing)를 선택한다. 그를 직접 인용하자면,

국내적 차원에서는 예를 들어 대통령 후보 선출을 위한 당내 경선에서 패한 후보자들이 승자와 운명을 함께하는 쪽으로 방향을 선회한다. 모든 사람들은 누군가가 승리하기를 바란다. 즉, 자신이 지지하는 후보가 아니더라도 지도자가 선출되어야 한다는 사실에는 합의하고 있는 것이다. 지도자가 되기 위한 경쟁에서 '강자에의 편승'은 현명한 행위인데, 이유는 패자에게도 이익이 돌아올 가능성이 있고, 그리고 패배가 패자의 안전에 대한 위협을 의미하지는 않기 때문이다. 국제적 차원에서는 국가들이 국력증강을 위해 보다 열심히 노력하며(내적 균형) 때로는 다른 나라들과 동맹을 맺기도 한다 (외적 균형). 이 경우에는 지도국이 되기 위한 경쟁에서 '균형을 이루려는 행위'가 현명하다. 이유는 한 동맹이 다른 동맹을 누르고 승리했을 경우 이 승리한 동맹의 약자들은 (편승에 따른 이익은 얻을 수 있을지언정) 같은 동맹의 강자들에 복속(at the mercy of the stronger ones)되기 때문이다. 어느 국가도 특정 국가의 승리를 바라지 않는다. 즉, 강대국들은 자신의 편 가운데 특정 국가가 지도국으로 부상하는 것을 바라지 않는다… 무정부상태에서 안보는 지고의 목적이다. 일차적으로 생존이 보장된 뒤에 평화, 이익, 힘 등의 문제가 고려될 수 있는 것이다. 힘은 수단이지 목적이 아니므로 국가들은 두 개의 동맹 중 약한 쪽에 참여한다. 국가들은 힘을 하나의 유용한 수단으로 취할 뿐 궁극적인 목적으로 삼을 수 없다. 국제체계가 국가들에게 힘이 아닌 안보를 그들의 목적으로 취하도록 하는 것이다…

만일 국가들이 힘의 극대화를 원한다면 그들은 강한 쪽의 동맹에 가입할 것이고, 결과적으로 국제정치의 장에서는 세력균형보다는 세계적 패권체제가 형성될 것이다. 실제로 이러한 세계적 패권체제는 일어나지 않았으며, 그 이유는 국제체계가 '강자에의 편승'보다는 균형을 형성시키는 행위를 유도하기 때문이다.[46]

요컨대, 국가들의 제일차적 목표는 힘의 극대화가 아니라 그들의 체제 내 위치를 유지하는 것이다. 비강대국들은 선택의 여지가 있다면 약한 쪽을 편들 것이다. 왜냐하면, 자신들의 자율과 독립을 위협하는 것은 강한 쪽이기 때문이다. 약한 쪽 편을 들게 되면, 첫째, 자기들이 가입한 것이 기존의 회원국들에게 도움을 베푸는 것이 되며, 둘째, 새롭게 가입한 동맹이 적들의 공격을 억제하는 동맹에 가입하지 않은 상태보다 더 안전하다. 투키디데스가 기록한 바와 같이, 펠로폰네소스(Peloponnesian)전쟁 당시 그리스의 군소 도시국가들은 강력히 부상하는 아테네를 독재자로 생각했으며 (상대적으로) 쇠퇴하는 스파르타를 그들의 해방자로 보았다.[47] 워너 재거(Werner Jaeger)에 따르면, 투키디데스는 이것을 "그 환경 하에서 지극히 당연한 것"이라고 생각하였으나, "이런 국가들에 있어서 독재자와 해방자는 영구불변의 도덕과 일치하는 것은 아니고 세력균형에 변화가 일어나게 되면 어느날 갑자기 변화할 수 있는 단순한 가면일 뿐이다."[48] 국가들은 상황이 어떻든 늘 독재자에 맞서 해방자 편에 섬으로써 균형과 생존을 추구했다.

국가들이 세력균형이 아닌 편승을 선택한다는 이론가들도 적지 않다. 랜들 쉬웰러(Randall Schweller)는 국제정치학자들은 대체로

세력균형론을 지지하지만 외교안보 실무자들은 국가들이 "이윤이 크게 나는 편승(bandwagoning for profit)"이 균형이 못지않게 자주 나타난 동맹정책이라고 본다는 점을 지적하였다.[49] 그에 따르면 균형화는 생존만을 위한 보수적인 대처법이다. 편승은 탐욕적이고 포식자적 목표를 가진 전략으로서 외적 위협을 조건으로 하지 않으며 물질적 보상, 즉 이윤을 기대하는 행위이다. 쉬웰러는 이러한 사례로서 이탈리아전쟁(1494-1517), 루이 14세의 전쟁(1667-1679), 그리고 나폴레옹전쟁(1806-1813) 등을 제시하였다. 쉬웰러는 강대국에 대한 "이익을 위한 편승"은 현대 국제정치에서도 자주 일어났다고 주장하였다. 그에 따르면, 제2차 대전에 앞서 독일의 부상을 위협이 아닌 기회로 판단한 이탈리아와 일본은 삼국동맹을 맺은 후 이익 확보를 위해 주변국에 대한 팽창정책을 시도하였다.[50]

역사학자 쉬뢰더(Paul Schroeder)는 무정부적 상태에서 국가들이 위협에 대처하는 방식은 균형이나 자구만이 아니라며 유럽근세사에서는 편승이 더 자주 나타난 동맹정책이었다고 지적하였다. 그에 따르면, "국가들은 때로 몸을 낮춰 위협으로부터 숨기도 하고, 상황의 정의를 바꿔 위협을 초월하기도 하며, 때로 강자에 편승하여 생존을 추구하고 이득을 꾀하기도 하는 등 편승이 더 자주 나타났다. 약소국의 경우는 특히 그러하다."[51]

국가들이 '어떻게 하는가'에 못지않게 '어떻게 해야 하는가'도 중요하다. 이론과 정책은 항상 교직되고 상호작용하기 때문이다. 이와 관련된 통찰력을 제공하는 인물은 마키아벨리이다. 그는 중립외교나 편승은 하책이고 세력균형책이야말로 상책이라고 강조했다:

군주는 주저하지 않고 다른 군주에 반대하여 한 군주를 지지하면 대단한 존경을 받는다. 승자는 당신에게 위협적 존재가 될 수도 있고, 그렇지 않을 수도 있다. 그러나 둘 중 어느 경우에나 당당하게 전쟁에 개입하는 것이 항상 보다 현명한 정책이 된다… 왜냐하면 우선 서로 싸우는 군주들이 당신에게 위협적 존재인 경우, 만약 당신이 입장을 밝히지 않으면, 당신은 승자에게 파멸될 것이다. 당신의 파멸은 패자도 기쁘게 할 것이다. (당신은 기회주의로 인식될 것이기 때문이다.) 이 경우 당신은 무방비 상태가 되고, 이 같이 우방이 없는 상황에 처하게 된 것은 자업자득이다. 왜냐하면 승자는 자기가 곤경에 처했을 때 자기를 돕지 않았던 신뢰하기 어려운 자를 동맹으로 원하지 않을 것이고, 패자는 당신이 그를 돕지 않아 공동 운명의 위험을 감수하지 않았기 때문에 어떠한 호의도 베풀지 않을 것이기 때문이다… 우유부단한 군주는 현재의 위험을 피하기 위해서 대부분 중립으로 남아 있고 싶어하는데, 이는 파멸의 원인이다… 당신이 승자 편에 섰다면, 승자는 그가 강력해졌고 당신은 그의 처분에 맡겨졌지만, 그는 당신에게 신세를 졌기 때문에 우호적으로 대하게 될 것이다. 결코 그러한 상황에서 그토록 배은망덕하게 당신을 공격할 만큼 파렴치한 인간은 없다. 게다가 승자가 제멋대로 행동해도 무방할 정도로, 결정적인 승리는 없다. 반면에 패자 편에 섰다면 그는 당신을 보호하려 할 것이고, 당신은 다시 도래할 수 있는 행운의 동반자가 될 것이다… 두 번째 상황, 즉 서로 싸우는 군주들 중 누가 이겨도 당신에게 위협이 될 수 없는 경우에도 여전히 개입하는 것이 훨씬 더 현명하다. 왜냐하면 당신은 한 군주의 도움을 받아 다른 한 군주를 몰락시키는 셈이기 때문이다. 그런데 만약 한 군주가 현명했더라면 (세력균형을 위해) 다른 한 군주를 그대로 두었을 것이다. 어떻든 당신이 힘을 합쳐 이김으로써, 당신의 도움을 받은 군주는 당신의 처분에 따를 것이다.

요컨대 상황에 의해 강요되지 않는 한 강력한 세력과는 자발적 동맹을 맺어서는 안 된다. 당신은 승자의 수중에 들어가게 된다. 군주는 다른 세력의 처분에 맡겨지는 사태를 피하기 위해 최선을 다해야 한다… 선택을 할 때 차악을 선으로 받아들여라. 안전한 정책은 의심해야 한다… 하나의 위험을 피하려고 하면 으레 다른 위험에 직면하기 마련이다. 지혜란 다양한 위험을 평가하는 방법을 알고, 따라야 할 올바른 대안으로 가장 해악이 작은 대안을 선택하는 것이다.[52]

이와 같이 국가들이 세력균형이나 편승 중 어떤 것을 선호하는가, 또는 국가들은 어떤 것을 선택해야 하는가의 문제는 국제정치 이론뿐 아니라 중요한 국가전략이나 외교안보적 주제가 된다. 국가가 대전략을 구상할 때 그리고 국가의 사활적 이익을 규정/정의할 때 중요한 판단기준이 되기 때문이다. 많은 국가들이 균형화를 선호한다면 정복(conquest)은 보상이 크지 않다. 그리고 공약(commitments)을 지키기 위한 개입은 불필요할 뿐 아니라 상당한 역효과를 야기할 수 있다. 모든 국가들이 정복의 주체에 대항하여 힘을 합해 저항할 것이기 때문이다. 반대로, 많은 국가들이 편승을 선호한다면 강대국은 자신의 사활적 이익이 걸려 있지 않은 멀리 떨어져 있는 군소국가들조차 방어/보호하는 것이 비용이 들더라고 더 이득이라고 판단할 것이다. "편승국들이 굴러들어올 것이고 도미노들이 넘어지게 될 것이다."[53] 마치 사람들이 음악대에 몰려든 사람을 보고 다시 모여들어 큰 흐름을 이루듯이 군중심리가 발동될 것이다. 국제 정치이론가들은 대체로 균형화에 무게를 싣고 있다. 그러나 적지 않은 이론가들이나 역사가들은 편승의 시대가 반드시 예외적인 것은 아니라고 주장하고 있다. 정책이나 결정과 관련해 많은 실천가들은 유사시 중립이 아닌 동맹이 이익이라고 보는 반면, 또다른 많은 실천가들은 정책적 결정이 반드시 양분법적으로 이뤄지는 것은 아니고, 또 그렇게 되어서도 안 된다고 보고 있다.

6.1. 양분법적 프레임의 지양

한국의 대전략이나 사활적 이익을 구상/정의하는 데 필요한 전략적 선택에 관한 논의가 일정한 의미를 갖겠지만, 필자는 여기서 우리가 은연 중에 빠질 수 있는 양분법적 프레임이 갖는 비현실성이나 역생산성에 주목해야 할 필요성을 느낀다. 그리고 광해군의 기미책도 이러한 탈양분법적 관점에서 조명되어야 한다는 점을 아울러 강조하고자 한다. 두 개의 카테고리 사이의 범주나 스펙트럼, 즉 흑과 백 사이에 널려 있는 "회색지대"(shades of gray)의 존재를 부인하거나 간과하는 접근법이나 정책은 현실을 왜곡하여 위험하기조차 하다. 여기서 양분법의 문제와 해결책에 대해 좀 더 깊이 토론해보자. 필자는 "양분법적 사고의 외교안보정책적 함의와 대안으로서의 전략적−실용주의: 미국 신보수주의 대북한정책의 사례"(2020)에서 양분법적 접근의 위험성을 다음과 같이 지적한 바 있다:

'양분법적 사고(dichotomous thinking)'는 흑/백, 선/악, 전부/전무(all or nothing) 등 세상을 두 개의 절대적인 카테고리로 구분하는 인지적(cognitive) 경향이라 할 수 있다. 이러한 심리적 경향은 인간 삶의 다양한 영역에서 광범위하게 만연되어 있다. 일반체계이론의 창시자인 경제학자 케네스 볼딩(Kenneth Boulding)은 "세상에는 두 종류의 인간들이 있다. 세상의 모든 것을 양분하는 사람들과 그렇게 하지 않는 사람들이 있는 것이다"라고 '자기지시적(self-referential)'인 해설을 한 적이 있다.[54] 이는 양분법이 인간의 사고를 지배하고 있으며, 인간은 극도로 주의하지 않으면 그로부터 벗어나기 어렵다는 의미일 것이다. 한국의 외교안보통일정책도 양분법적 사고/논쟁의 대상이 되어왔다. 진보 대 보수, 동맹파 대 자주파 등의 구분과 대립이 전형적인 사례이다. 한국이나 한반도의 안보에 직접적 이해관계를 갖고 있는 동맹국 미국의 외교안보정책도 유사한 맥락에서 논쟁의 대상이 되어왔다. 이른바 신보수주의(neoconservative) 또는 스트라우스주의(Straussianism)가 강조하는 양분법적 선악관이 그 뿌리라 할 수 있다.[55] 중요한 것은 "우리 편이 아니면 우리의 적(You are either with us or against us)"[56]이라는 양분법은 '허위적 딜레마의 오류(fallacy of false dilemma)에 빠져 있을 뿐 아니라, 그에 기초한 시야가 좁은 '경주마적 시각(blinkered racehorse' view)'은 모호하고 복합적인 (국제)정치적 현실에 대한 정확한 인식과 이해를 방해하고, 때에 따라서는 중대한 국가적 손실이나 인류적 재앙을 야기할 수 있다는 점이다.

 이러한 협애한 시야와 독선주의적 인지 프레임을 가진 사람들이 국가정책을 수행하는 경우 국가와 국민에 심각한 해악을 끼칠 수 있다. 첫째, 정책이 포괄적 합리성(comprehensive rationality)을 잃을 수 있다는 점이다.[57] 도구적(instrumental)인 차원에서 합리성이란 목표의식이 있는 의사결정자가 그러한 목표를 달성하기 위한 가장 효율적인 수단을 선택하며, 그러한 선택에 따른 결과를 미리 주관적으로 인지한 경우를 지칭한다. 양분법적으로 협애한 시야는 가장 효율적인 수단을 선택하기 위해 제시되는 정책대안의 폭과 범주를 좁힐 뿐 아니라, 독선주의는 현실적으로 가능하고 잠재적으로 유용한 대안들을 특정 가치관이나 이념적인 잣대로 배제함으로써 정책의 포괄적 합리성을 방해한다. 몇 안 되는 대안들 중에서 비합리적 선택이 이루어진다는 말이다.

둘째, 양분법적 사고는 충동적 결정이나 도박적 선택을 강제할 수 있다. 양분법적 사고의 주체들은 두 개의 박스 중 어느 것에도 속하지 않는 많은 문제나 도전들을 이해할 수 없기 때문에 속수무책이 되고, 무기력에 따른 좌절감에 빠질 수 있다. 특히 이들이 성공 아니면 실패라는 결과론적 양분법을 고수하여 '부분적 성공'이나 '부분적 실패'라는 현실을 인정하지 않는 경우, '희망적 사고(wishful thinking)'에 기초한 비현실적 판단에 이를 수 있다. 이 경우 특히 문제가 되는 부분은, 모겐소 등이 제시하였듯이, "권력으로 정의된 이익"이라는 보편적 개념을 매개로 진행되는 국가 간 전략계산이 무력화되고, 커뮤니케이션이 중단되며, 결국 "해일 매리(Hail Mary, '성모님께 맡깁니다')"가 야기된다는 점이다. 정책이 성공하더라도 "피루스의 승리(Pyrrhic victory)"가 될 수 있다.[58]

셋째, 양분법적 사고는 고정관념을 강화한다. 국제정치 주체들의 정체성은 내부적 진화(evolution)와 외부적 적응(adaptation)이나 사회화를 통해 변화하지 않을 수 없다. 따라서 국가의 목표도 일정한 지체가 있을 수는 있으나 변하는 환경과 구조에 상응하게 달라질 수밖에 없다. 그러나, 양분법적 사고는 상대나 적의 존재적 의미를 가변적인 과정이 아닌 불변적인 '본질로서 파악하는 경향(essentialist)'을 가진다. 그러다 보니 양분법론자들은 이동하는 과녁에 명중시킬 수 없는 포수와도 같이 정책의 소기의 목적을 달성하기 어려울 수 있다. 더구나, 이들은 자기 자신을 포함해 사회적 가치나 규범이 변하고 있는 현실을 파악하지 못해, 자신이 서 있는 '움직이는 발사대'를 감안하지 못하여 과녁을 크게 빗나갈 뿐 아니라 국내적으로 위험한 오발탄을 날리는 포수가 될 수도 있다.

이와 유사한 맥락에서, 신앙 수준의 양분법적 신념은 '인지적 부조화'에 따른 문제를 발생시킬 수도 있다. 광신적 종교 집단에 소속된 사람들의 인지경향성을 연구한 레온 페스팅어(Leon Festinger)는 지구가 대홍수에 의해 파괴될 것이라고 믿는 핵심신도들에게 홍수가 일어나지 않았을 때 어떤 일이 일어나는지를 관찰하였다. 페스팅어에 따르면, 일반신도들은 자신들이 "바보스런 생각을 했구나"하며 현실감을 찾으려는 경향이 있었으나, 신앙을 위해 집과 직장을 모두 버린 광신도들은 그들이 절대 틀리지 않았음을 증명하기 위해 증거를 재해석하는 경향—지구가 홍수에 의해 파괴되지 않은 이유는 자신들의 독실한 신앙심 때문이라는 등—을 보였다.[59] 그는 강력한 신념이나 고정관념이 객관적 현실을 견강부회적으로 재해석하게 할 위험성을 지적한 것이다.

넷째, 양분법적 사고는 일방주의(unilateralism)를 낳을 수 있다. 시야가 좁고 자기 확신이 강한 주체는 경쟁 또는 도전하는 상대(opponent)를 적(enemy)이나 악(evil)으로 간주하고, 협상이나 타협이 아닌 파괴나 박멸을 추구하는 경향이 있다. 이들은 상대의 반응이나 대응은 자신의 태도나 정책에서 비롯된다고 생각하지 않으며,[60] 상대는 변치 않는 악이기 때문에 오로지 그들을 굴복시키거나 파괴해야 한다고 믿는다. 그들은 "선에 대한 악의 핍박을 격퇴해야 한다"[61]는, 즉 "신이 그걸 원하신다(deus vult)"는 신앙적 소명에 자신이 응답했다는 '임무완수(mission accomplished)' 의식을 중시한다. 그들은 그렇게 함으로써 자기중심적인 정의감(sense of justice)을 충족시킨다. 이러한 일방주의는 상대의 적대감과 경직성을 강화하고, 결과적으로 소통과 외교의 실패로 이어지며, 국가 간 관계는 통제불능으로 이어져, 무력에 의한 혈전의 가능성을 높이게 된다.

다섯째, 양분법적 사고는 '자기실현적 위기(self-fulfilling crisis)'를 초래할 수 있다. 이는 인간적인 하자인 자기중심적 오인·오식·오판의 문제와 관련이 있기도 하다. "인간은 누구나 자신에 대해서는 선의로 해석하고, 타인에 대해서는 악의적 성향을 전제로 한다"는 명제는 칸트의 '영구평화론'에서부터 저비스(Robert Jervis)의 '오인 모델'에 이르기까지 오랫동안 운위(云爲)되어 왔다. 칸트는 이러한 인간의 경향성은 불신을 야기한다고 보았고, 저비스는 '최악의 경우(the worst-case scenario)'에 대한 대비(對備)가 결국 '자기실현적 예언'으로 이어질 수 있다고 경고한 바 있다.[62] 문제는 이러한 인간적인 하자가 양분법적 사고와 결합하고, 그에 따른 맹목성이 더욱 경직화되고 증폭된다는 데 있다. 한 주체의 강력한 독선주의적 확신은 상대에게 그러한 불신과 혐오가 전이되고 악순환을 거침으로써 결과적으로 해당 주체는 자신의 확신이 옳았음이 증명되었음을 다시 한번 확신하게 된다. 양자 간의 대화나 타협은 의미를 잃고 상대를 부인하고 제거하는 일만이 의미를 갖게 된다.

여섯째, 양분법적 사고는 논리적 비약을 야기하는 경향이 있다. '미끄러운 경사면의 오류(fallacy of slippery slope)'로 불릴 수 있는 이 논리적 비약은 냉전기의 '도미노 이론'과 같이 타당한 인과관계의 제시 없이 '소망되는 결과'를 상정한다. 세상이 선과 악으로만 이뤄져 있다고 보는 주체는 "선한 자신"을 위협하는 "사악한 상대"를 이해할 수 없기 때문에 상대의 이해관계와 관련된 다양한 전술/전략에 주목하기보다는 상대의 본질과 성격을 의심하고, 급기야는 자신만의 관점에서 상대의 본질과 성격이 비이성적이고 위협적이라는 판단을 내리게 된다. 그러나, "사악한 자는 비이성적으로 행동한다"는 판단은 논리적 비약이다. 이것이 논리적 비약임은 사악함이—이것이 잔인함을 의미할 수는 있겠지만—곧 목표를 달성하기 위한 최적의 수단을 강구할 수 있는 능력, 즉 도구적 합리성 유무의 판단기준이 될 수 없기 때문이다. 과거 미국 등 서방의 일부 정치인이나 언론은 "사악한" 북한의 지도자들을 묘사할 때 "미친(crazy)" 또는 "제정신이 아닌(insane)"이라는 용어들을 자주 사용하였다.[63] 예를 들어, 그들에게는 북한 주민의 인권을 극악하게 탄압하는 "사악한 김정일"이 미치지 않고서는 세계 최강국에 대해 무력으로 위협할 수는 없는 것이기 때문이었을 것이다. 그러나 김정일은 "사악하지만 국익계산을 치밀하게 할 줄 아는 이성적 주체"였다.[64] 양분법적 사고의 논리적 비약은 "선한 서방"에 전략적 불이익을 초래했을 뿐 아니라, 인류적 관점에서의 재앙을 가져올 수 있는 의도되지 않은 위험과 위협을 동반하였다. 즉, "사악한 독재자는 제정신이 아니고, 제정신이 아닌 북한의 의사결정자는 어떤 짓도 할 수 있다"
는 추론은, 그것의 전제가 비현실적이었음에도 불구하고, 미국이나
서방의 방어태세를 과대하게 자극하였을 뿐 아니라, 김정일이 "비
이성적이라는 평판(reputation)"을 쌓는 데 일조함으로써 북한의 대
미 협상력을 증대시킨 의도하지 않은 결과를 야기하였던 것이다. 보
다 위험스러운 함의는 이러한 논리적 비약이 억지전략(deterrence
strategy)을 무력화할 가능성을 높인다는 점이다.[65] 행위 주체의 합리
성에 기초한 억지전략은 제정신이 아닌 대상에 적용할 수 없기 때
문에 경우에 따라서는 선제적(preemptive) 또는 예방적(preventive)
무력공격이라는 일방적이고 극단적인 선택이 불가피할 수 있기 때
문이다.

일곱째, 권모술수(權謀術數)의 정당화와 전체주의적 사고이다.
강력한 가치관적 신념과 독선주의에 따른 양분법적 사고는 목적이
수단을 정당화하는 "도덕적 마키아벨리주의"[66]에 빠질 수 있다. 양
분법적 독선주의자들 또는 스트라우스주의자(레오 스트라우스 추종
자들)들은 자신들의 "숭고한 (도덕적) 목적"은 "숭고하지 않은 수단"
의 선택을 정당화할 수 있는 도덕적 권리를 갖는다고 간주하는 경
향성이 있다는 말이다. 그들은 숭고함을 정의하는 주체를 자처하며
"대중조작(mass manipulation)" 등 객관적으로 비판받을 수 있는 행
동에 대해 '자신들이 정의한' 숭고한 목적을 위해 불가피한 선택이
라고 강변한다. 그들은 북한 공산주의와의 협력이나 화해가 대한민
국 생존에 위협이 된다고 본다면 자신의 정부의 훈령을 조작할 수
도 있고, 중공(中共)이나 북한을 신뢰할 경우 미국이 위험에 빠지게
될 것이라고 본다면 그들은 베이징 주재 미국대사관이 국무부로 보

낸 외교전문을 왜곡/편집할 수도 있을 것이다. 국제관계의 역사는 이러한 '자의적인' 이중기준(double-standard)의 적용과 대중조작이 국내적 갈등을 야기하고 국제적 신뢰를 저해한 사례들을 무수히 보여주고 있다. 그럼에도 불구하고, 이러한 독선적 주체들이 자신들의 자의성, 편의성, 위선의 문제를 성찰하기보다는 오히려 그에 대한 문제제기를 진실과 정의에 대한 도전으로 보면서 자신들의 '숭고한 목적'이 끊임없이 위협받고 있다고 믿는다는 점은 학문적, 정책적으로 흥미로운 부분이다. 그들은 그들의 목적이 소중한 만큼이나 불안하게 지켜지고 있기 때문에 무슨 수단으로든 이러한 악마적 위협과 위험에 대처해야 할 성스러운 의무와 임무가 자신들에게 있다고 본다. 이들 '헌신적인 비관주의자들'은 사회구성원들에게 '큰 도덕'을 위해 '작은 도덕'은 희생될 수 있다며 전체주의적 사고를 강권하면서, 세계 도처에 숨겨진 위협과 위험을 찾아내고, 그들이 보기에 '임박한 위협'을 '선제적'으로 제거하기 위해 온갖 수고를 마다하지 않는다.[67]

6.2. 전략적–실용주의

6.2.1. 중도론의 빈곤과 위험

정책의 현실성과 합리성을 저해하는 자기중심적이고 독선적인 양분법적 시각에 대한 하나의 대안으로서 이른바 중도론이 제시될 수 있으나, 이러한 접근법의 문제는 그것이 상대주의적 개념(relational concept)으로서 정의상 '수동적인(reactive)', 그리고 '산술적인 평균'으로 귀착될 위험성을 내포하고 있다는 데 있다. 즉 이러한 유형의 중도론은 양 극단이 주어져야 비로소 정체적(正體的) 좌표가 결정될 수 있다는 내재적인 수동성을 갖고 있다는 것이다. 나아가, 중도론은 양비론, 불가지론, 기회주의, '대안 없는 허론(虛論)', '어젠다가 없는 정부 기술자론(government technician with no agenda)'으로 그 가치가 폄하되기도 한다. 철학이 없고, 따라서 정치력도 없다는 것이다.

요컨대 중요한 것은 양분법의 극단을 초월하면서, 다른 한편, 기계적 중립이나 평균 또는 타협, 절충, 혼합이 아닌 새로운 지평에서 패러다임 자체의 정합성과 자율성을 확보하고, 나아가 그에 기초한 분명하고 소상한, 작동 가능한(workable) 정책을 제시하는 것이다. 보다 구체적으로 말하자면, 양분법적 극단주의를 극복하기 위해서는 정책주체들이 자신들의 인식·사고 체계에 잠복해 있는 인지적 제약과 그들의 시공간이 부과하는 일정한 집착이나 고정관념이 존재하고 있음을 인정하고, 이로부터 해방되려는 의식적 노력을 기울여야 한다. 특히 한국의 정책주체들은 기계적 중도론의 위험성을 인식하고, 수동적인 반응주의에서 벗어나기 위해 한반도의 평화적 통일, 동아시아 평화를 위한 외교우선주의 등 타협될 수 없는 기본가치에 대해 사회구성원들의 공감과 동의를 확보하고, 이러한 경계/범주 내에서 우선순위가 체계적이고 분별 있게 배분된 현실적이고 실용적인 정책을 보편적 가치와 부합하는 '목적지향적(purpose-driven)'인 관점에서 능동적이고 선제적으로 추구할 수 있어야 한다.

6.2.2. 전략적-실용주의의 전제: 자성(self-exam)과 자각(self-awareness)

전략적-실용주의의 전제는 가치 선택지(value options)의 '순화(醇化)'와 관련이 있다. 가치는 정책이 추구하는 목적이기도 하고, 정책적 선택을 추동하는 관념적 원동력이기도 하다. 인간이 추구하는 가치는 이해관계, 의무감, 정의감, 정신적 만족 등의 여부에 따라 그 종류와 정도가 다양하다. '이상형(pure type)'이 아닌 구체적 현실과 실제의 관점에서의 가치의 범주는 불변이거나 고정된 것이 아니므로 중도라고 하는 것은 그 범주가 수축/확장될 때마다 수동적으로 따라 변할 수밖에 없다. 이런 경우, 앞서 말한 바와 같이, 중도는 정체성의 결여, 기회주의로 비판받을 수 있다. 전략적-실용주의는 정책의 선택과 관련하여 타협불가한 보편적 가치에 관한 기본원칙을 능동적이고 선제적으로 설정하고 있다. 오래 전 칸트가 "개인적 자유야말로 모든 다른 가치들을 파생시키는 기본 가치이며, 이는 국가의 존재와 국가에 대한 국민들의 인정의 근본적 조건이 된다"고 제시한 바와 같이, 전략적-실용주의도 인간의 자유와 존엄성을 기본적 가치로 전제하고, 이러한 가치에 위배/충돌하는 가치는 선택하지 않는다. 인간의 자유와 존엄성으로부터 파생되는 가치들인 한반도의 안전보장과 평화적 통일, 동아시아 평화를 위한 외교우선주의 등이 전략적-실용주의의 가치관적 틀 속에 포함된다.

'가치 선택지의 순화'가 이루어지면 몇 가지 방법론적 전략이 고려될 수 있다. 첫째, 성찰주의이다. 이는 위에서 제시한 기본 가치를 포함하여 특정 주체가 추구하는 특정 가치가 보편성을 결여한 주관적 신념에 기초해 있지 않은지를 지속적으로 의심하며 시각과 관점을 독선주의 독단주의로부터 보호하는 의식적인 안전 장치(safeguard)라 할 수 있다. 다시 말해, 사람들은 자신이 양분법적 사고를 하고 있을 수 있다는 자성(自省)이나 자각(自覺)이 필수적이라는 점을 알아야 한다는 것이다. 왜냐하면 양분법적 사고는 잠재의식(subconscious) 속에 존재하고 있기 때문에 사람들은 자신이 양분법적으로 사고하고 있으면서도 그 사실을 인식하기 어렵기 때문이다. 따라서 중요한 것은 잠재의식 속의 양분법적 가치관이나 사고를 의식적 사고의 영역으로 불러내어 의심과 성찰의 대상이 되도록 해야 한다는 점이다. "자신이 모른다는 것을 깨닫는 것"이 중요한 만큼이나 "자신이 의식하지 못하는 영역에서 왜곡되어 있다는 것"을 깨닫는 것도 중요하다.

성찰주의의 중요성은 현상학이나 구성주의의 관점에서 정당화된다. 가치관이 인식을 매개로 현실을 구성하거나 생성한다고 보기 때문이다. 북한의 변화에 대한 준거점이 하나의 의미있는 사례가 된다. 한국의 대북정책의 효과와 관련하여 일부 관찰자들은 최근의 북한의 변화를 인정하지만, 다른 관찰자들은 그것을 의미있다고 판단하지 않는다. 이는 준거점이 다르기 때문인데, 그것은 그들의 서로 다른 가치관에서 비롯된다. 기준을, 예를 들어, 핵폐기로 잡는다면 그에 미치지 못하는 모든 변화는 의미가 없고, 경우에 따라서는 전술적 기만적 변화로 의심받기도 한다. 과거와의 단순한 차이를 변화로 보는 경우는 반대로 실제에 대한 과장 왜곡이라는 비판을 받는다. 중요한 것은 준거점, 즉 평가기준이 판단주체가 주관적으로 원하거나 소망하는 기준인지 아닌지 여부를 성찰하는 일이다. 이런 성찰주의적 시각에서 보면 변화의 정도를 질적 양적 시간적 관점에서 평가하는 것이 중요하다. 이 경우, 한국의 대북정책으로 인해 북한이 시장경제와 어느 정도 가까워졌는가, 그리고 과거에 비해 변화의 범위와 속도가 상당한가 등이 적확하고 타당한 질문이 될 것이다.

6.2.3. 인식의 틀(conceptual framework), 그리고 비판적 검토

필자는 흑백의 양분법과 기계적 중도론을 전향적으로 극복하는 방법론적 전략으로서 탈양분법인 실용주의와 선후 경중을 구분하여 변통(變通)하는 시간적 요소(temporal component)를 인식의 틀 속에 도입하였다. 실용주의의 실리성에 대해서는 앞서 상세히 논의했으므로 간단히 재요약하자면 그것은 "실질적 결과적 이익"을 강조하는 가치관이다. 국가 간 관계에서 특정 국가가 실용주의적인가의 여부는 그 국가가 타국가와의 상호작용에서 자신의 '실질적' 국가이익을 '결과적'으로 증가시키려 했는가에 달려 있다. 마키아벨리, 모겐소, 리셸리외, 팔머스턴 등이 주요 사상가이자 실천가였다.

그런데 여기서 주목을 요하는 것은 한국의 "실질적 국가이익"은 현재(그리고 미래)의 한국이라는 구체적인 시공간의 맥락에서 파악되어야 한다는 점이다. 그렇게 되어야만 이론적, 정책적 현실성이 담보되기 때문이다. 필자는 "유익하고 흥미로운 삼각관계 이야기"(2019)에서 다음과 같이 지적하였다:

중요한 것은 국가전략에 동반되는 암묵적 전제들에 대한 보다 구체적인 논의가 필요하다는 점이다. 국가전략은 국가이익을 극대화하는 방편이고, 민주국가에서의 국가이익은 국민의 이익이다. 문제는 외교·안보의 이슈라 하더라도 절대다수의 국민이 지지하는 국가이익은 제한적이라는 사실이다. 예를 들어, 북한 문제와 관련한 한국의 국가이익은 무엇인가? 한국인들의 일부는 통일을 원하지 않는 반면, 또 다른 일부는 통일을 원한다. 통일을 원하는 구성원들 간에도 평화통일만을 인정하는 세력과 평화를 전제로 하지 않는 세력도 있다. 국가이익의 내용이 절대다수에 의해 공유되지 않고 있는 것이다. 사실 방법론적인 논쟁은 이러한 국가이익 내용에 대한 이견에서 비롯되는 경우가 많다. 보다 구체적 현안을 예로 들어, "'탈북 돕기'는 한국의 국가이익인가?"라는 문제가 있을 수 있다. 찬성론자와 반대론자 간의 논쟁은 국내정치적 이해관계를 일단 논외로 하면, 국가이익의 내용에 대한 이견에서 비롯된다고 할 수 있다. 찬성론자는 인권이라는 보편주의적 가치를 추구하는 과정에서 불가피하다면 비평화적 접근도 무방하다고 보는 반면, 반대론자는 (아마도 더 큰 가치, 따라서 더 큰 국가이익이라고 할 수 있는) 한반도의 평화와 안보를 위해서는 결국 '폭력의 수단'을 독점하는 북한의 정치적 실체를 인정하고, 그러한 정치적 실체가 위협으로 느낄 만한 행동(예를 들어, '탈북 돕기')을 자제하며, 대화와 교류·협력을 통해 인권상황 개선 등 북한체제의 근본적 변화를 유도하는 것이 합리적이라고 주장하는 것이다.

국가이익의 내용과 국가목표를 공유한다는 전제는 방법론상의 논쟁을 가능케 하는 필수조건이 된다. 다른 말로 하면, 이러한 전제가 성립하지 않는 경우, 모든 방법론적 논쟁은 "두 사람이 같은 것에 대해 이야기하고 있다고 믿으며 사실은 서로 다른 주제에 대해 이야기하고 있는 상황(talking past one another)," 또는 '사과와 오렌지'를 비교하는 상황과 같다고 할 수 있다. 국가이익은 존재한다. 국가전략은 국익을 증진하는 방법론이다. 그러나 못지않게 중요한 것은 국가전략에 관한 토론은 국가이익의 내용이나 국가목표가 공유되고 있는지 파악될 때 비로소 그 전략에 대한 '현실성을 담보한' 분석과 비판이 가능해진다는 점을 이해하는 일이다.

한 걸음 더 들어간 이슈로서, 국가전략이 정책적 실현 가능성을 담보하기 위해서는 제안자가 국가이익의 내용을 체계적이면서도 동태적인 관점에서 파악해야 한다는 점이 지적될 수 있다. 즉, 국가이익의 내용은 고정되거나 주어진 것이 아니고, 다른 국제적 주체들과의 경쟁과 협력 속에서 지속적으로 재정의되며, 국제적 구조 및 해당 국가의 정치적 정체성의 변동에 조응하여 역동적으로 변화한다는 시각은 분석가로 하여금 '여러 관계 속에서 끊임없이 변동하는' 국제정치의 현실을 직시하고, 현장감 있는 전략을 제시할 수 있게 한다.

예를 들어, "남한이 북한과 경제적으로 협력하는 것이 한국의 국가이익인가?" 하는 문제가 있을 수 있다. 그렇지 않을 수도, 그럴 수도 있다. 만일 협력의 과실을 분배하는 과정에서 북한이 "상대적으로 더 큰 이득(relative gains)"을 취하고, 이것이 축적이 되면, 지속적 협력은 남한의 국가이익을 저해할 뿐 아니라, 생존의 위협으로 이어질 수도 있다. 그러나 남북 간에 협력이 이뤄지지 않는다면 남한으로서는 상대적 이득에서 초래되는 문제는 없지만, (비록 불균등하고 불리한 배분이지만) 남북경협의 과실을 이용하여 동북아의 다른 국가들과의 경쟁에서 우위에 설 수 있는 기회를 상실하게 되는 문제가 발생할 수 있다. 더구나, 남한이 제외된 상태에서 타국들이 북한과 협력하여 그 과실을 자신들끼리만 분배할 경우 남한이 치러야 하는 경제·안보적 비용은 더욱 증폭될 것이다. 따라서, 한국의 국가이익은 타국들과의 관계의 맥락에서 분별력 있게 정의되고 기민하게 조정되어야 한다는 관점에서 제시되어야 할 것이다.

국가이익은 또한 동태적 시각에서 접근되어야 한다. 즉 국제구조의 변동과 내부적 정체성의 변화는 국가의 전략적 득실구조를 바꾸어 놓게 된다는 점이 인식되어야 한다는 것이다. 냉전의 종식, 한반도에서의 세력균형의 변화, 중국의 부상, 그리고 한국의 정치적 민주화, 경제적 발전, 사회적 세대교체 등은 한국의 국가전략의 대전환을 야기한 사변적 사건들이다. 세상과 나 자신이 변하고 있는데 특정 국가를 변수가 아닌 상수로 보는 시각은 목적론의 위험성을 내포할 뿐아니라, 현실과 전략 간의 '불일치'로 인한 정책적 생산성의 빈곤을 초래할 수 있다.

실용주의의 또 다른 핵심은 역지사지(易地思之)이다. 모겐소는 실질적 국익을 중시하는 실용주의 외교안보책이 성공하려면 역지사지가 필수적이라고 말했다. 모겐소의 외교 9원칙에 따르면,

외교는 십자군적 정신으로부터 벗어나야만 한다… 외교는 정치적 상황을 타국의 관점에서 보아야 한다. 자기본위(self-partiality, 自己本位)의 극단처럼, 그리고 타국이 자연스럽게 희망하거나 두려워하는 것에 대한 고려의 결핍처럼 국가에게 치명적인 해는 없다.[68]

모겐소는 정치력과 영향력을 최대화하는 길은 일방적 힘의 사용

이 아니라 자국 목표의 합리적 자제/제한에 있다고 주장했고, 타협을 가능케 하는 역지사지의 원리를 강조했으며, 권력투쟁이 이익추구라는 사실을 망각한 채 절대진리를 위한 선악의 투쟁이라고 생각하는 십자군적 정신의 위험성을 엄중히 경계했던 것이다. 앞서 언급한 필자의 논문에서 말했듯이, 역지사지의 중요성은 서양뿐 아니라 동양에서도 성공적 거버넌스의 핵심 덕목으로 간주되었다:

> 내가 남을 그토록 사랑했는데, 사랑해준 그가 나를 친하게 생각치 아니 하면 나의 인(仁)을 반성하라. 내가 사람을 다스렸는데 다스려지지 아니 한다면 나의 지(智)를 반성하라. 내가 남에게 예를 다했는데, 그가 나에게 응당한 보답을 하지 않으면 나의 경(敬)을 반성하라. 행하여 내가 기대한 것이 얻어지지 않을 때는 항상 그 원인을 나에게 구하라(愛人不親反基仁 治人不治反基智 禮人不答反基敬 行有不得者 皆反求諸己).[69]

맹자는 치수(治水)에 성공한 우(禹), 그리고 농업의 신으로 숭배되는 후직(后稷)을 논하면서 "우 임금은 천하에 물에 빠지는 이가 있으면 자기가 치수를 잘못해서 그가 물에 빠졌다고 생각했고, 후직은 천하에 굶주리는 자가 있으면 자기의 잘못으로 그가 굶주린다고 생각해서 백성 구제를 급하게 여겼다"고 말했다. 자기중심주의에서 벗어난 "내 탓이요"는 진정한 역지사지이다. 자기중심주의로부터의 탈피, 즉 성찰적 역지사지는 문제 해결의 근본이 될 수 있다는 것이다.

여기서 유의해야 하는 것은 역지사지가 단순히 '나를 상대방의 입장에 놓아 보는 것'이 아니라는 점이다. 즉 '내가 그라면 이렇게 행동할 것'이라는 예측에는 중요한 단서가 있다는 말이다. 판단하는 내가 얼마나 합리적인지의 문제이다. 내가 나의 경험과 판단기준에만 의존하여 타인도 그러리라고 생각하고 그의 행동을 예측하는 것은 '의사적(擬似的) 역지사지' 또는 '유사(類似) 역지사지'라고 할 수 있다. "돼지의 눈으로 보면 모든 것이 다 돼지같이 보이고 부처의 눈으로 보면 다 부처로 보이는 것"이라는 말은 이러한 자기중심적 사이비 역지사지의 위험성을 드러내주는 혜언(慧言)이라 할 수 있다. 진정한 역지사지는 나에서 벗어나 그의 위치에 들어가 생각해 보는 것이다.

역지사지에 기초한 실용주의 외교안보책의 잠재적 힘을 보여준 주요 역사적 사례는 '북한문제'를 해결하기 위해 제시된 미국 클린턴 정부의 '페리 프로세스(Perry process)'이다. '페리 프로세스'의 정책적 핵심은 북미관계정상화를 북한의 비핵화/탄도미사일 통제와 교환할 수 있다는 내용이었다. 그러나 사실 이보다 더 중요한 것은 당시 북한과 미국은 자신들 간의 협상이 의미가 있으려면 일방이 타방의 안보를 위협하지 않아야 한다는 사실을 공히 인정했다는 점이었다. 이러한 맥락에서 1999년 클린턴 대통령과 의회에 제출된 '페리 보고서'는 아래에 적시된 바와 같이 그야말로 사실과 현실에 기초한 실사구시책이었다:

미국의 정책은 미국이 원하는 북한(as the U.S. might wish it to be)이 아니라, 있는 그대로(as it is)의 북한을 대상으로 해야 하며, 상호위협감축(mutually reducing threat)의 개념에 기초해 북한과 협

상을 시작해야 한다.[70]

    윌리엄 페리가 제시한 "있는 그대로의 북한"과 "상호위협감축"이라는 개념은 전형적인 역지사지에 기초해 있었다. 특히 후자는 미국의 외교정책이나 북미관계의 역사를 되돌아 볼 때 진정으로 획기적인 개념이었다. 1630년 윈스롭(John Winthrop) 목사가 아벨라(Arbella) 선상에서 처음 주창한 이래 케네디, 레이건, 오바마 등 정치지도자들은 신약성서의 산상수훈에 나오는 "산중 도시(city upon a hill)"라는 개념을 모범적 평화애호국 미국의 정체성을 담은 정치적 상징으로 간주하고, 큰 의미를 부여하였다. "하나님이 보시기에 타에 모범이 되는 미국"은 결코 타국을 위협하는 주체가 될 수 없다. 그러나 클린턴이 승인한 페리의 "상호위협감축"이라는 개념은 미국은 북한을 위협하지 않지만, 그러나, 북한이 미국으로부터 위협을 느낄 수 있다는 점을 인정함으로써 미국의 외교 전통과 규범에 일대 혁신을 가져온 것이었고, 이러한 역지사지로의 전환은 북미관계를 효율적으로 관리할 수 있는 관념적 수단이 되었다.[71]

    이와 같이 결과를 중시하고 수단으로서 역지사지의 의미를 강조하는 실용주의는 정책주체가 십자군적 양분법에서 벗어나도록 함으로써 운신의 폭을 넓히고, 다양한 옵션에 대한 고려를 가능케 하며, 득실구조를 투명하게 함으로써, 결과적으로, 불신의 관계에 있는 상대와의 소통을 강화하면서 실질적 이익의 관점에서 외교적 성과를 낼 수 있는 장점을 가지고 있다.

    그러나, 실용주의는 목적 자체가 가시적 물질적 이익으로 정의되어 있기 때문에 보편적 인류적 가치의 실현과 증진이라는 도덕적 비전을 결여할 수 있다는 비판에 직면하기도 한다. 강조하건대, 필자의 전략적-실용주의는 "가치중립적" 실용주의와는 거리가 있다. 전략적-실용주의는 민주적 원칙과 인본주의적 가치를 모든 외교안보정책이나 공공정책의 기본이자 시발점으로 간주한다. 필자는, 전략적-실용주의 안에서는 모든 가치가 동시에 추구되어 결과를 만들어 내는 것이 아니라, 시간을 두고 선택적으로 행해지고 축적된 실용주의적 성과들이 "서로 협력하여" 장기적이고 포괄적인 관점에서 민주주의, 자유, 인권 등의 실현과 촉진에 기여하는 결과를 낳는 방식으로 원칙과 가치에 밀접하게 연결되어 있다는 점을 강조하고자 한다. 선후 경중을 구분하여 변통(變通)하는 시간적 요소가 중요한 변수인 것이다. 이에 대해 독일 철학자 프리드리히 헤겔(Georg Wilhelm Friedrich Hegel)의 '양-질의 변증법(the quantity-quality dialectic)'을 빌려 설명할 수도 있다. 헤겔은 양적 변화가 누적되어 일정 단계에 도달하면 질적 변화가 일어난다고 보았다. 그가 든 예시는 온도의 양적 증가로 인해 고체가 액체로, 액체가 기체로 변하는 현상이었다. 물은 섭씨 99도에서도 끓지 않는다. 100도가 되는 순간 끓기 시작한다. 수증기가 되어 액체에서 기체로, 즉 질적으로 변하는 것이다. 여기서 중요한 사실은 100도가 될 때까지 열을 계속 가해 물이 끓도록 했다는 점이다. 만일 중간에 가열을 중단하면 물은 뜨거울 뿐 끓지도 수증기가 되지도 않는다. 질적으로 변하지 않는 것이다. 헤겔에 따르면 질적 변화는 오로지 양적 변화의 누적에 의한 것이다.[72]

그러나, 전략적-실용주의는 양적 변화의 누적이 자동적으로 또는 언젠가는 질적 변화로 이어진다는 '만만디(慢慢的) 낙관론'을 허용하지 않는다. 단순한 이론이 아닌 현실을 바꾸는 전략이나 정책은 변화의 법칙을 방해하는 요인을 사전에 차단하고, 나아가, 바람직한 결과 도출을 용이하게 하는 정책적 촉매를 기민하고 순발력있게 사용해야만 한다. 이 맥락에서 변통이라는 개념에 대해 생각해 볼 수 있다. 물론 명분과 실리를 다 얻을 수 있다면 그것은 최선이다. 하지만 "과자를 갖고 있으면서 먹을 수는 없다(You cannot have a cake and eat it too)." 특히 한 국가의 가치와 세계관은 오랜 역사에서 형성/유래된 것이고, 통치체제의 근본 기반이며, 국가적/민족적 자존심이 자극될 수 있으며, 그 변화를 검증하기도 어렵기 때문에 흥정, 즉 주고받기의 대상이 되기 어렵다. 중요한 것은 선택을 어떻게 하는가이다. 전략적–실용주의는 '안 되면 되게 하라'보다는 '지금 안 되면 돌아서 가라'라는 사고방식을 채택한다. 그것은 양분법적 관점에서 명분과 의리를 중시하여 대쪽 같고 고고하며 강직한 김상헌보다 국가존망의 실존적 위기 하에서 국가와 백성을 살리고 후일을 도모하고자 한 실리 변통의 최명길이 국가지도자로서 또는 최고외교관으로서 더 바람직하다는 것을 시사한다. "떠나기보다는 지키기 위해" 현실 여건에 맞게 응용하고 우회하며 궁극적으로 정도(正道)를 실현시켜 나가야 하는 것이다. 앞서 언급했지만, 변통과 유사하지만 보다 체계적인 유학적 개념으로서 권도(權道)가 있다. 유가는 행위의 정당성을 판단하는 기준으로 규범과의 일치를 묻는 규범성과 행위가 상황에 적절했는가를 따지는 적시성을 중시한다. 경상(經常)이나 예의(禮義) 등이 상도(常道)로서 보편적 규범성과 관련된 개념이라면 권도는 그 상황성을 중시하는 개념이다. 최명길의 손자로서 영의정의 자리에 오른 최석정은 "지난번에 군신 상하가 한갓 일체의 마음만 지키고서 권도를 마련할 계책을 생각하지 않았더라면, 그것이 종묘사직에 어떻게 되었겠습니까?"라며 자신의 조부의 권도를 정당화하였다.[73]

변통과 권도의 영감과 통찰력을 수용하고 포괄하는 필자의 전략적-실용주의는 이슈들에 대한 우선순위 부여, 그리고 현재 가능한 것과 미래에만 가능한 것을 구분할 수 있는 판단력을 중요하게 생각한다. 이 접근은, 다시 말해, 현재 해결불가하게 보이는 문제들이 작은 실용주의적 성과들의 집적과 축적에 의해 훨씬 용이하게 해결될 수 있다는 지혜를 강조한다. 그러한 실용주의적 성과들의 양적 누적은 적극적인 촉매책을 매개로 더욱 역동적으로 질적 변화를 추동할 수 있을 것이다. 요컨내, 필자의 접근은 원칙과 목표의식이 분명한 한 실용주의의 유연성과 유용성이 보장되어야 한다고 보며, 이러한 실용주의적 성과들의 체계적 축적이 결국 상위적 가치를 실현한다는 면에서 원칙과 가치에 우회적으로 그러나 밀접히 연결되어 있다. 필자의 접근법은 이러한 의미에서 실용주의적이면서 동시에 전략적이다.[74]

칸트는『영구평화론』에서 "정치적 도덕주의자(political moralists)"와 "도덕적 정치가(moral politicians)"를 구분하면서 후자는 점증주의(gradualism)의 원칙에 따라, 그러나 궁극적 목적의식을 잃지 않고 신중하게 정치에 처신한다고 보았다. 그에 따르면 "도덕적 정치가는 현재의 조건이 이상적이지 않다는 것을 잘 알고 있으면서도, 변화를 지나치게 강하게 추진할 경우 부정의(unjust)할 뿐 아니라 파괴적(counterproductive)인 결과가 야기될 수 있다는 것을 잘 인지"한다. 칸트는 결론적으로 "모든 정치는 인간의 권리(right) 앞에 무릎을 꿇어야 한다. 그렇게 함으로써 정치는 정치가 불멸의 영광으로 빛나는 국면에 서서히 당도할 수 있다는 소망을 가질 수 있다."[75]며 세계의 영구적 평화를 위한 '전략적' 방법론을 적시하였다. 전략적-실용주의는 작금의 국제/국내정치적 현실과 조건 하에서 실사구시와 역지사지의 실용주의적 성과들의 축적이 결국 인류적 가치의 실현이라는 "불멸의 영광으로 빛나는 국면에 서서히 당도할 수 있다는 소망"을 가질 수 있다고 제시한다.

　이 맥락에서 주의를 요하는 것은 전략적-실용주의의 주체는 한국의 외교안보정책을 추진하고 관리하는 국가행위자에 한한다는 점이다. 즉 한국의 외교주체에만 해당한다는 것이다. 예를 들어, 외교주체가 아닌 또는 아니어야 하는 법원이나 법관은 전략적-실용주의와는 무관할 뿐 아니라 오히려 그것을 배척해야만 한다. 그들이 외교주체를 자처하고 행동한다면 오히려 국가적 평판과 국격을 파괴하여 근본적인 국가 목표 달성에 위해를 가할 수도 있고, 보다 중요하게는 국가의 존재 이유 중 하나인 삼권분립이라는 민주적 가치를 훼손할 수도 있다. 아마도 가장 중요한 것은 그러한 행위가 인권과 정의라는 인류적 가치를 수호하는 법관 고유의 숭고한 책무이자 특권을 한 국가나 특정 정부의 단기적 외교적 이익에 복무하는 데 사용되는 '쁘띠정치권력(petty political power)'으로 환원시킬 수 있다는 점일 것이다.

　한국의 전략적-실용주의 외교안보노선을 제안하면서 이에 대한 비판이나 오해에 대해 간단히 논의할 필요가 있다. 필자가 "미중관계의 미래와 한반도의 통일: 전략적 실용주의의 관점"(2012)에서 언급했듯이,

첫째, 한국이 자체의 외교전략, 특히 실용주의 외교를 펼 수 있는 조건 하에 있는가 하는 문제이다. 한국은 냉전기 동안 독자적 외교전략을 가지지 않았다. 신생 분단 자본주의 국가인 한국은 서방(西方)의 맹주인 미국을 '북극성'으로 삼아 대외정책의 방향을 설정했으며, 분단이나 북한 문제는 대미관계의 종속변수로 간주하였다. 이는 미국의 피보호국으로서의 한국의 위상을 정치적으로 반영하는 것이었고, 동시에 대북관이나 대북관계에서의 득실구조를 미국과 공유한 데 따른 것이었다.[76] 그러나 냉전 후 국제정치에서 "냉전적 일치(Cold-War consensus)"의 논리가 해체되었고, 사회주의 패권을 놓고 대립하였던 러시아(소련)와 중국이 우방으로서 밀착하고, 이른바 "주석" 북한의 위협이 감소하는 등 한반도의 세력균형이 변화하면서 한국은 자신의 독자적 이익을 반영하는 외교전략을 시험하기 시작하였다. 정치적 정통성을 결여하던 권위주의 정부가 일소되고 민주주의가 착근하면서 외교안보정책결정과정에 국민이 직간접적으로 참여하게 되고, 특히 일제시대, 전쟁 경험 및 왜곡된 반공주의 교육에서 상대적으로 자유로운 서구가치지향적 세대가 사회적 발언권을 갖는 주요 세력으로 부상하면서 그러한 독자적 외교전략의 구상에 발상적 동력을 제공하고 정치적 탄력을 부여하였다.

그러나, 한국의 국력을 고려하면 실용주의적 독자노선은 현시점에서 시기상조라는 비판이 있을 수 있다. 이러한 비판은 국제정치체제에서의 세력의 배분을 고려할 때 한국의 실용주의 외교는 득보다는 실이 많다는 현실주의적 판단에 따른 것으로 보인다. 이는 한국에게 외교안보의 문제가 생존이 걸린 실존적 문제라는 점을 강조하는 보수적, 안정지향적 시각으로서 적지 않은 사회구성원들의 지지를 받고 있다. 그러나, 다른 한편, 이러한 비판가들은 국제정치에서 이익 추구가 정상적인 활동이고 한국은 이제 국제관계에서 정상적인 행위주체로 성장하였다는 사실, 그리고 이전의 대리인(agent) 또는 초병 역할은 필요에 의한 잠정적인 것이었다는 사실을 인식할 필요가 있다.[77] 유사한 맥락에서, 이른바 일관되게 과거지향적인 '위험회피적(risk-averse)' 외교적 관성은 한국과 한국인들의 삶에 지대한 영향을 미치는 중국의 급부상이라는 객관적 현실, 새로운 한반도 세력 구도, 새로운 사회적 주체의 등장 등 안보환경과 정치적 조건의 주요 변화를 반영하지 않는 비현실적, 비합리적 정책판단을 초래할 수 있다. 이러한 관점에 기초한 외교전략은 변화하는 현실을 따라가지 못한다는 면에서 반시대적이며 한국의 주체적 이익을 소홀히 한다는 차원에서 반국가적이라고 비판받을 수 있다.

한국인들의 상당수는 한국을 일제로부터 해방시켜주고 건국 과정에서 결정적 역할을 했으며, 나아가, 한국전쟁으로 파멸될 모국을 구해주었고, 이후 한미동맹과 미군주둔 및 경제원조를 통해 한국의 생존과 번영을 가능케해준 장본인은 미국이라는 확고한 인식을 가지고 있다. 한국인들의 이러한 신념은 과거 권위주의 시대에 북진통일론이나 멸공통일론이 아닌 "평화통일론은 북괴를 이롭게 하고, 북괴를 이롭게 하는 것은 주한미군과 미국을 해롭게 하는 것이므로 반미주의이다"라는 정치담론이 국내적으로 일정한 설득력을 갖게 한 하나의 정서적, 문화적 배경이 되었고, 그러한 국민적 신념과 정치담론은 서로에게 시너지를 제공하면서 상호강화적 관계를 지속하였으며, 특정 역사적 단계에서는 패권적 정치문화의 위상을 행사하기도 했다. 무엇보다도 공산주의자 김일성의 남침에 따른 한국전쟁의 트라우마는 현재는 물론이고 내다볼 수 있는 미래까지 한미동맹과 주한미군을 한국의 생존 여부를 결정하는 절대적 존재로 인식되도록 만드는 원인 중 하나라 해도 과언이 아닐 것이다.

물론 주한미군이나 미국에 대한 한국인들의 인식은 객관적 실제와 유리되어 있는 환상적 측면을 가지고 있다고 인정된다. 앞서 말했듯이, 여기에는 한국의 국내정치가 일익을 담당해오고 있다. 그러나, 다른 한편, 한미동맹과 주한미군의 필요성이 신성시되어서는 안되지만 정치담론의 영역을 넘어 작금의 국제정치적 제약 하에서 한국의 안보, 한반도의 안정과 평화, 또는 그 이후를 내다볼 때 현재로서는 한미연합능력은 한국으로서는 대체불가한 외교안보적 대안이다. 따라서 한국과 한국인들은 미국의 위선적 대외정책이나 한반도 평화를 위협하는 자기중심적 행태를 비판할 수는 있으나 한미동맹과 미군주둔에 반대해서는 안 된다. 합리적 선택의 관점에서, 예상되는 이득이 잠재적 손실을 크게 상회하기 때문이다.

우리는 이러한 기본 전제 하에서 한국의 실용주의 외교에 대해 토론하는 것이 현실적이다. 문제는 한국의 실용주의 외교가 반미주의로 흐를 수 있다는 우려가 국내적으로 상당하다는 점이다. 정체되어 있는 또는 변화가 더딘 정치문화, 그리고, 관성에 의한 양분법적 사고가 그러한 우려의 원인일 수 있겠지만 필자는 실용주의 외교가 반미와는 거리가 멀다는 것을 명확히 하고자 한다. 영국 수상 윈스턴 처칠은 베트남 파병을 요구한 미국에 대해 다음과 같이 말한 바 있다:

"영국인들은 동남아시아의 정글에서 일어나고 있는 일에 의해 쉽게 영향받지 않는다. 그러나, 그들은 이스트 앵글리아(East An-glia)에 막강한 미군기지가 있다는 사실과 중국과의 전쟁은 중소조약을 통해 영국에 대한 소련의 수소폭탄 공격을 야기할 수 있다는 사실을 잘 알고 있다."[78]

처칠은 소련의 수소탄이 주영미군기지에 떨어질 수 있다는 논리로 동맹국 미국의 파병요구를 거부한 것이다. 그러나, 이와 같이 영국의 국익 추구에 철저했던 처칠은 미국 내에서조차 반미로 규정되지 않는다. 오히려 역사상 가장 친미적인 영국 수상으로 기억되고 있다. 미국이 처칠과 영국을 신뢰하고 그 입장을 존중하기 때문일 것이다. 따라서 중요한 것은 국가 간 정치적 신뢰이다. 미국의 중요 이익을 거부하는 경우에도 신뢰가 있다면 크게 문제될 것이 없는 것이다. 그렇기 때문에 한국의 실용주의 외교도 미국과의 정치적 신뢰만 있다면 문제될 것이 없다. 뒤집어 얘기하면, 한국의 실용주의는 미국과의 신뢰 속에서만 추진할 수 있는 대안이다.

그러나, 한국의 실용주의와 미국의 신뢰는 충돌하는 개념이 아니다. 잘 알려진 바와 같이, 국가 간 정치적 신뢰는 지배/종속관계가 아닌 상호이익 추구 과정에서의 충돌, 그리고, 그에 대한 합리적인 협상 및 해결 과정에서 형성된다. 나아가, 특정 국가에 대한 국제적 신뢰나 존경은 그 국가가 내외적으로 국제사회와 동질적인 가치를 추구하는가 여부에 크게 달려 있다. 물론, 그간 지속되었던 외교적 관성에 의해 미국이 한국의 실용주의 외교안보노선에 대해 실망이나 분노할 수 있다. W. 부시 정부의 미국이 한때 그런 적이 있다.[79] 그러나 이는 일시적인 것이다. 미국도 적응할 시간이 필요하다. 다른 한편, 미국도 한국의 제고된 국가적 능력과 독특한 지정경학적 입장을 고려할 때 한국적 실용주의 외교를 배척하며 양단간에 결정하라 할 수 있는 입장이 아니다. 미국은 여느 나라와 마찬가지로 집권세력에 따라 외교안보노선이 달라진다. 동맹을 중시하고 다자주의적인 관점을 가진 바이든 정부는 한국에 자신의 입장을 일방적으로 강요거나 힘으로 위협하는 노골적 '레알폴리틱(Realpolitik)'을 거부하는 성찰 능력을 가지고 있다고 판단된다. "미군 철수라는 무모한 협박으로 한국을 갈취하지 않을 것"이라는 바이든의 선언은 이를 방증하는 적절한 사례이다. 사실, 바이든 정부뿐 아니라 대부분의 미국의 전략가들은, 한반도 내부 문제 해결을 위해 북한 및 중국과 협상/협력해야 할 태생석 필요성을 가지고 있는 한국이 중국을 겨냥한 준동맹으로 간주되는 '쿼드(Quad)'에 적극 가담하기 어렵다는 점을 잘 알고 있다. 역사 등의 문제로 심각하게 갈등하고 있는 일본의 보수 정권이 참여하고 있기에 더욱 그렇다는 점도 역시 잘 이해하고 있다. 정작 우려되는 것은, '한국이 미국의 외교적 이니셔티브에 참여하지 않으면 배신자로 낙인찍혀 큰 화를 입게 될 것'이라는 한국 사회 일부의 근거없는 공포와, 그 공포가 야기할 수 있는 한국에 대한 미국의 오인이나 오판이며, 이로 인해 파생될 수 있는 한미간 불필요한 갈등과 한국의 대미협상력 저하이다. 요컨대, 한국의 실용주의 외교와 반미는 구분되어야 하고, 실용주의 외교의 성패는 국가 간 특히 미국과의 정치적 신뢰 여부에 달려 있다. 미국이라는 국가와 사회의 합리성을 전제할 때 자유, 인권, 민주주의 등 인류의 보편적 가치의 측면에서 "정치적으로 성숙"한 한국의 예측 가능하고 일관성 있으며 전략적 마인드를 가진 실용주의 외교는 오히려 미국의 존경과 신뢰를 형성/촉진하게 될 것이다.

비슷한 맥락에서, 한국의 실용주의 외교는 '분별력(prudence)'을 생명으로 한다는 점이 강조되어야 한다. 한국은 자신의 실익을 추구해야 하지만 오랜 동맹대국인 미국의 '사활적 이익'에 배치되는 '낭만적 민족주의'는 결국 의도된 결과를 산출하지 않는다는 것을 알아야 한다. 나아가 한국은, 미국과의 정치적 신뢰를 강화하면서도 남북관계의 안정이나 개선을 도모해야 하지만, 북한, 중국, 러시아가 정치적, 전략적으로 긴밀히 연결되어 있는 상태에서 섣부른 독자적 실용주의 외교가 한국을 고립에 빠뜨릴 수도 있다는 점을 간과해서는 안 된다. 전략적-실용주의는 외교의 복합성, 역동성, 그리고, 연동성을 이해하는 분별력과 신중성을 생명으로 한다.

전략적-실용주의는 국내정치결정주의에 유의한다.[80] 외교안보 정책이 국내정치에서의 이익을 얻기 위한 수단으로 악용되는 것을 경계해야 한다는 것이다. 인기영합적(人氣迎合的)인 대외 정책은 상대에게 신뢰감이 아닌 모욕감과 경멸감을 줄 수 있고, 관계 전반에 걸쳐 부정적인 효과를 미친다. 한편, 다원주의 민주사회에서 대통령은 선거에 의해 권력을 획득하고 여론의 지지로 권력을 실질적으로 유지할 수 있기 때문에, 모든 정책의 결정에 있어 "표"와 "여론"을 의식하지 말고 국가이익에만 충실하라고 한다면 이는 비현실적인 주문이 된다. 그러므로 현실적으로 바람직한 것은 국내정치가 대외 정책을 "지배"하지 않도록 하는 것이며, 나아가 국내정치적 이익이 중장기적인 시각에서 고려되도록 하는 일이다. 중장기적인 관점에서의 대외 정책은 성공할 가능성이 보다 높고, 따라서 정권 차원의 이익도 국익을 해치지 않으면서 자연스럽게 보상될 수 있을 것이다.

7. 다시 사대주의로

　중후기로 갈수록 조선 외교의 주체성은 쇠하고 재조지은, 소중화, 존주대의, 위정척사 등 사대주의의 세계관이 정치엘리트들의 사고방식을 지배하게 되었다. 소중화라는 개념은 조선의 정체성을 중화에 버금가는 문명국가로 설정하고 일본과 여진 등 여타 민족들을 이적으로 간주하며 차별하는 의식으로서 화이론적 천하관에 그 이론적 토대를 두고 있었다. 조선이 '작은 중화'라는 자부심은 고려시대 이전부터 그 흔적을 찾아볼 수 있지만 소중화 의식이 보편적 세계관으로 자리잡게 된 것은 유학이 지배적 국가이념으로 정착한 이후인 조선 시대부터라 할 수 있다. 조선 왕조는 창립 시부터 16세기 말까지 자신을 스스로 문화국가라고 자부하며 '중화-소중화-이적'이라는 문명적 위계질서에서의 차급자적 위상을 자처하고 그 바탕에서 중화인 명에 사대하고 이적인 일본 및 여진 등에 대해서는 교린하며 동아시아 국제관계를 영위하였다.

　'소중화론'은 이적인 여진족의 청이 중화인 명을 파괴하고 기존의 동아시아 질서를 붕괴시키면서 조선 중후기에 본격적으로 부상했다. 이제 조선은 과거 자신이 명 바로 다음의 문명국이라는 자부심 차원을 넘어 중화가 이적의 지배 하에 들어가 더 이상 존재하지 않는 상황에서도 중화의 문명을 계승하는 유일한 적통(嫡統)을 자처하게 된 것이었다. 이러한 소중화론을 주도했던 인물은 서인의 주류인 노론(老論)의 영수 송시열이었다. 그는 화이의 구분이 문명 수준에 달려 있다고 주장하며 중국 남만의 복건(福建)에서 활동한 주희(朱熹)가 공자와 맹자의 도통을 이은 성현이 되었듯이 조선도 중화의 적통이 될 수 있다고 역설했다. 앞서 언급했듯이, 중화사상의 관점에서 보면 화이관의 권계주의(勸戒主義)의 이면에는 중화를 흠모하고 중화에 동화하려는 "예를 아는 이적"에 대한 관대한 수용성이 존재하였고, 송시열은 조선이 이에 해당한다고 본 셈이다.

송시열을 비롯한 조선의 소중화론자들은 이적이 점령한 중원에서는 중화의 흔적을 찾아볼 수 없으며, 따라서, 중화의 예악, 기풍, 풍속을 간직하고 있는 조선만이 이제 문명의 중심지가 되었다고 강조함으로써 반청운동의 사상적 명분을 고취하는 동시에 문명국 조선의 독자적 발전을 도모하고자 한 측면이 있었다. 조선은 중화의 정통성은 자신에 있다는 소중화의 의식 하에 명의 사신을 맞이할 때는 그들과 창화(唱和, 시조를 한쪽에서 부르고 다른 쪽에서 화답함)하고 이를 책으로 간행하였지만 청의 사신의 경우 이러한 의식을 행하지 않았다.[81] 효종의 북벌론은 호란에 대한 복수 의식과 소중화론이 군사안보적으로 표출된 반청주의 책략이었다.

그러나 노론의 소중화론은 사대의 대상이 없는 관념적 사대주의로서 국제정치의 현실과 유리된 시대착오적 공론(空論)이자 조선 문화는 중국 문화를 받아들여야만 의미를 지니는 것에 불과하다는 자기비하적 선민의식을 노정한 타율적이고 폐쇄적이며 자기중심적 사상이었음을 부인할 수 없을 것이다. 송시열은 1689년 사사(賜死)될 때 제자들에게 명의 만력제(임진왜란 시 파병)와 숭정제(망국 직전 자살)를 위한 사당을 짓고 제사 지내라는 유지를 남겼고, 권상하 등은 멸망한 지 59년이나 된 명나라의 황제를 위한 만동묘(萬東廟; 충신의 절개는 꺾을 수 없다는 말)[82]를 세워 제사를 지냈다. 이후 만동묘는 유생들의 집합장소가 되어 그 폐단이 서원보다 더욱 심했다.

1705년에는 숙종이 관학유생 160명의 청원을 받아들이는 절차를 거쳐 청나라와의 외교적 마찰을 무릅쓰고 창덕궁 내에 대보단(大報壇; 명나라의 은혜에 크게 보답한다는 의미)을 세워 망한 명황제들에 대한 제사를 아예 공식화했다. 왜란·호란 이후의 숭명반청운동을 총정리한『존주휘편(尊周彙編)』의 간행도 같은 취지에서 이뤄졌다.

조선 후기는 주자학 유일사상의 시대였다. 송시열이 "하늘이 공자를 이어 주자를 냈음은 진실로 만세의 도통(道統)을 위한 것이다. 주자가 난 이후로 현저해지지 않은 이치가 하나도 없고 밝아 지지 않은 글이 하나도 없다"라고 말한 것처럼 주자학은 "다른 생각들을 용납하지 않는" 무오류의 사상체계이자 통치이론으로 받아들여졌다.[83] 무오류의 주자학적 유교이념은 조선 엘리트들의 양분법적이고 위계적인 사고방식을 정당화하고 강화하는 데 쓰였고, 그 결과 통치이념의 취지나 용도보다 그 존재 자체가 신성시 물신화(物神化)되었다. 조선 후기 유교엘리트들은 국가의 존망에 대한 집착보다 대의를 지키는 것이 근원적 가치를 갖는 것으로 생각했다. 춘추대의를 저버린 생존은 의롭지 못한 것이고, 가치가 없는 것이었다. 대의를 지켜 죽임을 당한다면 영원한 생명을 얻게 되는 것이었다. 만주족의 침략에 저항하던 소중화의 대의론은 조선 말기에 이르러 서양과 일본의 제국주의적 침략에 저항하는 정치담론화하기도 했다. 소중화론은 그들을 '사(邪)'로 규정하고 조선의 역사적 전통을 '정도(正道)'로 인식하는, 이른바 '위정척사론(衛正斥邪論)'으로 이어졌다.

8. 외부 충격

8.1. 아편전쟁과 천하질서의 붕괴

춘추대의 명분론의 신조와 세계관 하에 추상적인 성리학적 고담준론(高談峻論)을 즐기던 조선 후기의 정치엘리트들은 이역에서 발생하고 성장하여 이제 천하질서를 근본부터 위협하게 된 서양 제국주의의 의미를 19세기 중반 중화가 아편전쟁에서 패하고 나서야 비로소 깨닫게 되었다. 아편전쟁은 천하질서라는 예외주의적 개념에 기초한 중국의 대외 관념과 제도가 해체되는 과정의 출발점이었을 뿐 아니라, 그러한 유기적 질서의 핵심구성원이었던 조선으로 하여금 유사한 강제적 개방과 그에 따른 내외적 갈등과 투쟁, 그리고 망국의 국면으로 진입케 한 전대미문의 주요 국제정치적 사건이었다.

18세기 이래 영국에서는 차(茶)에 대한 수요가 급증하였다. 당시 유일한 차 생산국은 중국이었다. 영국은 중국으로부터 차를 수입하느라 결제수단인 은(銀)이 대량으로 유출되어 수지적자 재정적자를 우려하게 되었다. 영국은 이에 대처하기 위해 인도의 영국령 벵골 지역에서 재배한 아편을 중국에 수출하고자 하였다. 당시 청나라에는 관료의 부패로 인한 고통으로부터 도피하려는 백성들의 수가 많아지고 따라서 아편 소비가 증가하고 있었던 것이다.

1839년 3월 린쩌쉬(林則徐, 임칙서)가 천자의 특명을 집행하는 흠차대신(欽差大臣)으로 임명되어 아편 단속에 나섰다. 영국은 자유무역주의를 내세우며 중국에 대해 무력행사를 결정했고 1940년 5월 파병하였다. 청은 영국의 강력한 물리력에 굴복하여 1842년 8월 29

일 치욕적 난징조약에 서명하지 않을 수 없었다. 취약해진 청나라는 열강의 요구를 거부할 수 없었고, 1844년 미국과 왕샤(望廈, 망하)에서, 프랑스와 황푸(黃埔, 황포)에서 각각 불평등 조약을 체결하였다. 아편전쟁은 이것으로 끝나지 않았다. 영국은 개항장으로 제한된 무역에 만족할 수 없었고, 특히 산업혁명 이후 영국 산업을 주도해왔던 면 산업이 생산과잉에 빠지자 이를 해소하기 위해 중국의 내륙시장을 공략하고자 하였다. 1853년 러시아와 크리미아전쟁을 개시하여 여력이 없었던 영국은 1856년 전쟁이 끝나자 다시 중국에 주목하였다. 특히 외교장관 시절 아편전쟁을 주도하였던 팔머스턴 수상은 중국 공략을 국가 정책의 우선순위에 놓고 있었다. 영국은 '애로우(Arrow)'호 사건이 일어나자 대러시아 크리미아전쟁에서 협력한 바 있는 프랑스와 함께 중국을 공격하였다. 톈진이 위협받게 되자 결국 청조는 톈진조약(1858년 6월 25일)을 체결하여 사실상 항복하였다. 아편전쟁의 막대한 전비와 배상금은 백성에게 전가되어 사회적 불만이 팽배해져 갔으며, 1850년 12월 발생한 "태평천국의 난(후일 태평천국운동으로 개칭, 太平天國運動)"의 여파로 청의 국력은 극도로 소진되었다.

아편전쟁으로 천하질서가 붕괴된 상태에서 흥선대원군 하의 조선은 쇄국정책으로 일관하였다. 조선에게 개방의 압력을 가한 나라는 메이지 일본이었다. 1854년 3월 30일 가나가와(神奈川)에서 일미화친조약(日米和親條約, Treaty of Peace and Amity between the United States of America and the Empire of Japan)을 맺으면서 대외개방을 통해 새로운 국가전략을 추진하게 된 메이지 일본은 자본주의의 발달과 함께 제국주의적 해외 진출에 관심을 가지기 시작하였다. 우선 1876년 강화도조약을 통해 조선을 강제적으로 개국시킨 일본은 당시 중국의 세력권 내에 있던 조선을 점령하기 위해서는 청과의 일전이 불가피하다고 판단하였다. 1894년 조선에서는 수탈적 체제를 거부한 갑오농민봉기가 발발하였다. 1884년 갑신정변이 청에 의해 진압된 후 청의 대조선 종주권이 강화된 상태에서 조선 조정은 봉기 진압을 위해 청에 원병을 요청했다. 일본은 청이 조선에 출병할 경우 상호 통지한다(行文知照)는 1885년의 톈진조약(갑신정변 실패의 결과) 제3조를 근거로 조선에 출병하였다. 결국 청일전쟁이 시작되었다. 부패하고 쇠락한 청은 일본의 적수가 되지 못하였다.

참패한 청은 1895년 시모노세키조약(1895년 4월 17일 체결)을 통해 조선이 완전한 자주독립국임을 인정하고, 랴오둥반도와 포모사(타이완, 臺灣) 및 펑후다오 등을 일본에 할양하며, 일본에 배상금 2억 냥(당시 가격으로 3억 1천만 엔, 일본 예산의 4배)을 지불하고, 청국의 사스(沙市), 충칭(重慶), 쑤저우(蘇州), 항저우(杭州)의 개항 등을 약속하였다. 일본은 전쟁배상금으로 관영 야와타(八幡) 제철소(현재는 新日本製鐵이 운영)를 짓고, 방적시설을 확대하며 '일본판 산업혁명'에 힘을 불어넣었다.

8.2. 일본의 메이지 유신과 정한론

일본인들이 '구로후네(黑船, 흑선)'라고 명명한 서양의 배들은 16세기부터 일본 근해에 출몰하였다. 1543년 포르투갈은 인디아 남서부에서 개척한 식민지 고아(Goa)에서 나가사키를 연결하는 교역로를 구축했는데 일본에 들어오는 포르투갈 배들이 검은 색이었다.

1639년 군사정부인 도쿠가와 막부(德川幕府)는 서양 가톨릭교의 영향을 받은 시마바라 반란(島原の乱, 1637-1638)을 진압한 이후 쇄국정책을 실시하였다. 이 쇄국의 시대에 일본이 유일하게 서양에 마련해준 교역지대는 나가사키의 데지마(出島) 섬이었다. 포르투갈은 시마바라 반란에 연관되었다는 혐의로 인해 일본에서 축출되었다. 네덜란드는 막부에 화약과 대포를 제공하여 반란 진압에 공헌하였다. 또한 네덜란드는 스페인으로부터 독립한 후 개신교의 나라가 되어 가톨릭 교회의 영향으로부터 자유로운 상태에서 포교가 아닌 상업적 이익에만 관심을 표명한 것이 주효하여 일본과의 독점적 교역권을 부여받았다. 따라서 일본은 4개의 항구를 개항한 셈이 되었다. 일본은 홋카이도 남쪽의 마쓰마에는 아이누족, 사쓰마는 유구국, 쓰시마는 조선, 나가사키의 데지마는 청나라 · 네덜란드와 교류하도록 허가했다.

1853년 7월, 미국 동인도함대 사령관 페리(Matthew Calbraith Perry) 제독의 함대가 난데없이 에도만(현 도쿄만)에 출현했다. 페리는 미국 대통령 밀러드 필모어(Millard Fillmore)의 국서를 들이밀며 통상과 개항을 요구했다. 미국은 일본을 통상 대상국으로 보지는 않았다. 미국은 알래스카로 진출한 러시아의 남진을 저지하기 위해 일본을 개항시켜 대러 세력균형에 편입하고자 했다. 그것은 영국과 일치하는 미국의 전략적 이익이었다. 더 중요한 것은 통상국가 미국의 대중국 상업적 이익이었다. 당시 미국은 멕시코와의 전쟁에서 이겨 국토를 태평양 연안으로까지 확장하였다. 1844년 이미 중국과 왕샤 조약을 체결한 미국은 자연히 태평양 너머의 중국 시장을 놓고 서양열강들과 경쟁할 수 있는 조건을 갖추고 있었다. 그러나 태평양을 건너기 위해서는 연료·식량 등의 물자를 보급받을 수 있는 기항지가 필요했고 미국은 일본이 그러한 역할을 할 수 있다고 판단하였다. 놀란 일본은 허둥대었다. 페리는 국서에 대한 일본의 답을 듣기 위해 다시 돌아오겠다는 말을 남기고 중국 해안으로 떠났다. 에도(도쿄)에서 막부를 창립한 이후 270년을 통치하던 도쿠가와 정권은 1854년 페리가 다시 찾아와 무력시위를 하자 아편전쟁과 같은 재앙을 피하고자 했고, 결국 가나가와조약(神奈川条約)을 체결함으로써 시모다(下田)와 하코다테(函館) 2개 항구를 개항하고 시모다에 미국 영사의 주재를 허용한다는 데 동의함으로써 쇄국정책을 포기하였다. 이후 막부의 다이로(大老, 비상시 쇼군 아래의 총리) 이이 나오스케(井伊直弼)는 1858년 7월 29일 고메이(孝明) 덴노의 칙허 없이 14개조의 미일수호통상조약을 체결했다. 시모다와 하코다테 외에 가나가와와 나가사키, 그리고 니가다(新潟)와 효고(兵庫)를 추가로 개방하고 에도와 오사카(大阪)에 외국인 상인들이 일시적으로 거주하는 것을 허용한다는 등의 내용이었다. 하지만 힘에 밀려 체결한 조약이다 보니 일본 내 미국인의 치외법권은 인정한 반면 일본은 미국으로부터 관세자주권은 물론 최혜국대우조차 인정받지 못했다. 이이 나오스케는 조약 체결이 부당하다는 국내 반발에도 불구하고 네덜란드, 러시아, 영국, 프랑스와 연이어 수호통상조약을 체결했다. 이에 고메이 덴노가 조약 체결에 불만을 표시하는 칙령을 내렸다. 쇼군은 엄연히 덴노의 신하였다. 그런 그가 덴노에게 형식적 예우마저 하지 않은 것이었다. 그동안 막부의 영향 아래 있던 지방의 각 번(藩)도 '존왕양이' 기치를 내세워 굴욕적 불평등조약에 반기를 들고 반막부파를 형성했다.

이런 상황에서 병약한 쇼군을 승계하는 후계자 문제가 불거졌다. 이이 나오스케는 쇼군과 혈연적으로 가까운 도쿠가와 요시토미(德川慶福, 쇼군이 된 후 이에모치로 개명)를 제14대 쇼군으로 옹립하고자 했다. 그러나 그간 권력에서 소외돼왔던 막부 내 비판세력들은 명망이 높던 히토츠바시 요시노부(一橋慶喜)를 지지했다. 그러나 이이는 요시노부의 친부가 막부 정책을 비판하고 있다는 등 거부감을 드러내며 요시토미 옹립을 밀어붙였다. 반대파들은 에도성에 몰려 들어 항의했다. 그러나 이이는 이들이 성에 허락도 받지 않고 들어 왔다며 처벌했다. 도쿠가와 시대 통틀어 사상 최대 정변인 '안세이 대옥(安政の大獄, 안세이는 당시 일본의 연호)'이 시작된 것이었다. 막부의 이 같은 상경 조치는 무사들의 격렬한 반발을 불러왔다. 더구나 무사들은 이질적인 외국인이 일본의 중심 도시를 활보하는 것을 보면서 무기력한 막부에 대한 반감을 노골적으로 표하였다.

오랜 쇄국과 급작스러운 강제 개방은 일본을 혼란에 빠뜨렸다. 당시 일본에는 막부의 통제 하에 다이묘(だいみょう, 大名, 대명)라는 지체 높은 무사가 다스리는 봉토라 할 수 있는 270여 개의 번이 있었다. 번의 크기는 차이가 있었는데 대개는 한국의 군(郡)보다 약간 컸다. 후일 막부를 타도하는 조슈(長州, 오늘날 야마구치 현) 번, 사쓰마(薩摩, 오늘날 가고시마 현) 번, 그리고 이들 간의 동맹을 성립시킨 사카모토 료마(坂本龍馬)의 도사(土佐藩, 오늘날 고치 현) 번은 상대적으로 규모가 큰 번들이었다. 조슈 번은 여러모로 주목의 대상이 되는 번이었다. 조슈는 나가사키와 지리적으로 가까워 서양문물을 상대적으로 용이하게 접할 수 있었다. 조슈는 또한 막부에 대해 원한을 가진 번이었다. 조슈의 다이묘인 모리 데루모토(毛利輝元)는 도요토미 히데요시 사후 그의 가문을 지지하면서 서군의 총수로서 도쿠가와 이에야스가 총수인 동군과 패권전쟁을 벌였으나 1600년 세키가하라전투(関ヶ原の戦い)에서 패하여 본거지인 히로시마 일대에서 벽지인 조슈의 하기(萩)로 쫓겨났다. 고쿠다카(石高) 130만 석의 경제 기반도 37만 석으로 축소됐다. 같은 서군에 속했던 사쓰마의 시마즈 요시히로(島津義弘)는 고쿠다카 73석에 본거지 가고시마를 유지하여 형편이 나은 편이었다. 일본을 통일한 쇼군 도쿠가와는 막부의 통치체제 구성에서 200여를 헤아리는 다이묘들을 세 부류, 즉 도쿠가와 일족은 신판(親藩, 친번), 동군 편에 선 다이묘들은 후다이(譜代, 보대), 서군 편에 섰던 다이묘들은 도자마(外樣, 외양)로 구분했다. 그리고 도자마에게는 막부 정치에 관여할 기회를 주지 않았다. 영지를 빼앗기고 정치적으로 소외된 도자마 번은 힘이 없어 막부의 명령을 따랐지만 태생적으로 에도 막부에 대한 반감을 품을 수밖에 없었다. 250여 년이 지난 1853년 페리 제독의 구로후네의 도래로 정치적 동요가 일어났을 때, 조슈, 사쓰마, 도사 등 도자마가 도쿠가와 막부 타도에 앞장선 것은 우연이 아니었다. 조슈는 도막파(倒幕派, 에도 막부 타도)의 주도세력이었다.

조슈에서는 개명한 선각자 요시다 쇼인(吉田松陰)이 쇼카손주쿠(松下村塾, 송하촌숙)에서 젊은 개화 지도자들을 길러내고 있었다. 그는 무능한 막부를 타도하고 일본 신토(神道) 신앙의 수뇌인 덴노를 중심으로 일본을 신속히 근대화해야 한다는 담론을 제시하였다. 엔도 긴스케, 이노우에 마사루, 이토 히로부미(伊藤博文), 이노우에 가오루(井上馨), 야마오 요조 등 '조슈 5걸(長州五傑)'은 런던 대학(University College London)에서 유학했고, 양이파였던 조슈 번을 개방정책으로 이끈 주역이 되었다.

이토는 1885년 메이지 일본에 내각 제도가 만들어지자 초대 총리대신에 올랐다. 이노우에와 이토 외에도 기도 다카요시(木戶孝允), 오무라 마스지로, 다카스기 신사쿠, 야마가타 아리토모(山縣有朋) 등이 메이지 정부의 요직을 차지하였다. 러일전쟁 때 만주군 총사령관(元帥)으로 펑톈회전(奉天會戰, 봉천회전)에서 알렉세이 크로파트킨의 대군을 격파한 오야마 이와오(大山巖), 쓰시마해전에서 러시아의 발틱함대를 궤멸시킨 도고 헤이하치로(東鄉平八郎) 등도 조슈 출신 무인이다. 가쓰라 다로(桂太郎), 데라우치 마사타케(寺內正毅·초대 조선총독), 전후엔 아베 총리의 외조부인 기시 노부스케(岸信介)와 그의 동생인 사토 에이사쿠(佐藤榮作), 그리고 아베 총리 등도 조슈 출신이다.

1861년 덴노는 '안세이 대옥'으로 악화된 조정과 막부 간의 관계를 회복한다는 공무합체론(公武合體論)의 차원에서 '양이실행(攘夷実行)' 약속을 조건으로 14대 쇼군인 도쿠가와 이에모치에게 이미 다른 남자와 약혼한 자신의 여동생을 강가(降嫁, 지체 높은 집안의 여식을 그보다 못한 집안의 남성에게 시집 보냄)시켰다. 쇼군은 10년 안에 외국과의 조약을 파기하겠다고 교토 황실에 약속하고, 외국과는 양항(新潟, 니가다; 兵庫, 효고)의 개항 연기를 교섭하여 성공했다. 그러나, 도쿠가와 이에모치는 덴노에게 약속한 양이(攘夷)이행은 지킬 수 없었다. 대외적으로 일본을 대표하여 조약을 체결한 그가 국내에서는 덴노를 상대로 양이실행을 거듭 약속하는 행동은 명백한 모순이었다. 그는 어물쩍거렸다.

1862년 사쓰마 번주의 아버지인 시마즈 히사마쓰가 막부 개혁을 촉구하러 병력을 이끌고 에도로 상경했다. 따라서 황궁이 있는 교토에는 조슈의 존왕양이파가 득세하게 되었다. 칙허 없이 미국과 통상조약을 맺은 막부에 반감을 가지고 있던 조정은 이들과 의기투합하였다. 1863년 초에 이르러 존왕양이파는 폭주했고, 교토는 무법천지가 되었다. 고메이 덴노는 쇼군에게 양이를 거듭 요구했다. 이는 이미 세계 각국과 조약을 맺고 외교관까지 주재하는 상황에서 말이 안 되는 요구였다. 쇼군은 6월 25일까지 양이를 단행하겠다고 약속했다. 쇼군이 전전긍긍하던 중 조슈만이 양이를 실행에 옮겼다. 시모노세키 해협을 통과하던 미국 상선을 포격하고 해협을 봉쇄했던 것이다. 교토를 장악한 조슈 세력은 더욱 과격해져 갔다. 그들은 덴노가 양이를 위해 친정에 나서야 한다는 의견을 개진했다. 군 경험이 전무한 고메이는 뒷걸음질치기 시작했다. 조슈파가 자신의 신하들을 암살하고 추가 병력이 입성하자 덴노는 태도를 바꿨다. 사쓰마도 조슈를 견제할 필요를 절감했다. 1863년 8월 사이고 다카모리(西鄕隆盛)가 이끄는 사쓰마 군이 아이즈 번 군의 협력을 얻어 조슈군을 교토에서 내쫓았다. '8.18 정변'으로 알려진 궁중 쿠데타였다. 이로써 조슈 번과 존왕양이파는 몰락했다. 조슈는 사쓰마에 대해 원한을 품게 되었다. 조슈는 1864년 8월 황궁을 점거하기 위해 반란을 일으켰으나 사쓰마·아이즈 연합군에 의해 진압되었다. 긴몬의 변(禁門の変)이었다. 조슈는 이제 역적(朝敵, 조적)이 되었다. 이 와중에 미국, 영국, 프랑스, 네덜란드 연합함대는 일본의 양이실행을 보복하는 차원에서 시모노세키를 포격하여 파괴했다. 조슈 번은 무기력하게 패배하고 무력에 의한 양이노선을 포기했다 그리고 개방을 통한 서구 열강의 새로운 지식과 기술을 도입하는 근대화 노선으로 정책을 전환했다. '조슈 5걸'이 역할을 하였다.

같은 해 쇼군 도쿠가와 이에모치는 긴몬의 변을 일으킨 책임을 묻기 위해 칙명을 받들어 35개 번, 15만의 병사를 이끌고 조슈 정벌에 나섰다. 조슈는 사실상 항복했다. 막부는 권위를 회복하는 차원에서 제2차 조슈 정벌에 나섰으나, 사쓰마는 참전하지 않았다. 도사번 출신 사카모토 료마는 철천지 원수지간이었던 조슈와 사쓰마가 화해하도록 도왔다. 그는 1866년 조슈의 이와쿠라 도모미(岩倉具視)와 사쓰마의 오쿠보 도시미치, 사이고 다카모리가 비밀리에 '삿초동맹(薩長同盟)'을 맺고 '도막운동(倒幕運動, 에도 막부를 무력으로 무너뜨리려는 정치 운동)'에 합류하도록 하는 데 성공했던 것이다. 이것을 모르던 막부는 조슈 정벌에 실패했고, 결국 마지막 쇼군인 도쿠가와 요시노부는 통치권을 덴노에게 반납하는 대정봉환(大政奉還)에 동의했다.

대정봉환 이후에도 쉽게 권력을 이양하지 않던 막부는 결국 도막파의 도발에 대항하기로 결정하고 1868년 1월 1일 교토 조정에 토살표를 올려 선전을 알림과 동시에 각 번에 대해 거병에 참가할 것을 호소하였다. 도막파도 '오늘에 이르러 싸우지 아니하면 황국의 일은 물거품이 될 것'이라며 결전에 나섰다. '보신전쟁(戊辰戰爭)'이 발발한 것이었다. 도막군보다 3배나 군사가 더 많았던 막부군은 백성의 지지를 확보하지 못한데다 다이묘들이 관망하면서 결국 패퇴해야 했다. 도막군의 입장에서 보면 덴노의 금기(金旗)를 내세운 전략이 승리의 원인 중 하나였다. 막부 연합군은 덴노와 싸울 수는 없었다. 못지 않게 중요한 것은 무기였다. 소총을 가진 도막군은 칼을 들고 싸우는 막부군을 손쉽게 도륙하였다. 사이고의 사쓰마 군대는 오사카 상인들의 지원과 외국 열강들의 지지를 얻어내며, 쇼군이 있는 에도 성을 공격하였다. 그런데 총공격 직전, 막부군의 대표이자 사쿠마 쇼잔(佐久間象山)의 문하생이었던 가쓰 가이슈(勝海舟)와 사이고 간의 회담이 에도의 사쓰마 번택에서 성사 되면서, 평화적인 무혈 입성이 이루어졌다. 이로써 막부의 통치는 막을 내렸고, 덴노를 중심으로 하는 그러나 사쓰마 번과 조슈 번 출신의 인물들이 정국을 주도하는 메이지 체제가 성립하였다.

1868년 7월 존왕양이의 도막파 지도자들은 에도(江戸)를 동경(東京, 도쿄)으로 개칭하고 수도로 정하였다. 동쪽의 교토(京都)라는 의미였다. 그들이 도쿄로 천도한 이유는 친막부 세력이 주로 간토(關東)와 도호쿠(東北) 지역에 자리 잡고 있었기 때문에 이들에 대한 지배력을 확고히 하는 데는 멀리 떨어진 교토보다 도쿄가 유리했기 때문이다. 게다가 700년 가까이 유명무실했던 덴노가 이젠 국민 통합의 상징이라는 사실을 전국에 알리는 데도 도쿄가 지리적으로 적당한 위치에 있었다.

메이지 체제의 행정부는 총재(황족), 의정(議定, 기조오, 도막파의 공경, 번주/리더들), 참여(參與, 사이고, 이와쿠라, 오쿠보 등 거사에 참여한 지도급 번사들)의 3직으로 구성되었는데 실권은 사이고 다카모리 등 참여가 장악했다. 메이지 체제의 정치 지도자들은 중앙집권화를 위한 통치 기반을 서둘러 마련해야 했다. 국가 능력의 핵심인 토지는 각 번의 다이묘들이 소유하고 있었다. 군대도 가지고 있지 않았다. 조슈와 사쓰마 군이 전부였다. 이러한 상황에서 열강이 일본을 공격할 것이라는 위기의식이 국민들 사이에서 팽배하였다. 이러한 역사적 맥락에서 개화사상가 후쿠자와 유키치(福澤諭吉)의 『서양사

정(西洋事情)』이 엄청난 지적 영향력을 발휘하였다. 그가 미국과 유럽을 다녀온 후 1866년 출간한 이 책의 취지는 일본이 유럽 제국주의에 대항해 독립을 유지하기 위해서는 힘이 필요한데 국력을 배양하려면 일본이 문명화되어야 하며 그러기 위해서는 서양의 문물, 제도, 문화를 이해하고 배워야 한다는 것이었다. 이 책은 초편이 25만부 이상 팔리는 베스트셀러가 되었다. 그는 후속작을 원하는 독자들의 요구에 따라 1868년과 1870년 외편과 2편을 출간했다.[84] 후쿠자와 유키치의 책은 신정부의 지도자들에게 큰 감명을 주었다. 1871년 신정부는 유럽과 미국에 '이와쿠라' 사절단을 보내 서양 문물을 견학토록 하였다. 메이지 정부는 1873년 이후 학제·징병령·지조개정(地租改正), 신분제 폐지, 헌법과 의회 설치 등 일련의 개혁을 추진하고, 부국강병을 목적으로 하는 국가주도의 근대화에 박차를 가하였다. 여기서 주목되는 것은 메이지 일본의 개혁 모델이었다. 메이지 정치 주체들은 열강의 무력 시위, 강제 개항, 그리고 불평등 조약들을 일본의 폐쇄성과 전근대성, 그리고 그에 따른 국가적 취약성에서 비롯된 결과라고 보았다. 그들은 일본의 생존과 안보를 위해 국방, 중공업, 교육 부문에 집중하고자 했다. 그들이 처음 고려한 근대화모델은 당시 아시아에서 가장 큰 영향력을 갖고 있던 영국과 미국의 모델이었다. 1870년대 메이지 정부는 영어를 구사하는 영미권 '외국인 초빙사(오야토이가이코쿠징, お雇い外国人)들'을 대거 고용하였다. 그런데 1877년 메이지군과 사쓰마군 간에 일어난 '세이난전쟁(西南戦争)'은 정부군의 무력함과 선진적 훈련의 필요성을 부각시켰다. 이는 헌법과 관련한 논쟁과 함께 프로이센 모델에 대한 관심을 고조시킨 주요 원인으로 작용했다. 메이지 정부는 1880

년 경 영미 모델 대신 프로이센 모델을 채택했다. 프로이센은 일본과 같이 황제국이었고, 수십 개의 소국들이 통일된 국가였으며, 후발주자로서 근대화를 이룩한 일본과 공통점이 많고 배울 점이 많은 모델이었다. 특히 메이지 주체들은 철혈 재상 비스마르크(Otto von Bismarck)가 독일을 통일하고 프랑스까지 무력으로 제압한 것(프랑스-프로이센 전쟁, 1870-1871)을 보고 큰 감명을 받았다. 1881년 10월 12일 메이지 정치지도자들은 헌법을 프로이센 식으로 추진할 것을 결정하였고, 1889년 2월 11일 일본 제국 헌법을 공포했다. 프로이센형 메이지 헌법은 일본국을 "현인신(現人神)"이 통치하는 "천황제 국가"로 규정하고, 천황제가 표상하는 전통 가치를 강조하였다. 헌법은 메이지 덴노에게 "주권"을 주었고, 육·해군 통수권, 중의원과 내각 해산권 등 막강한 권력을 쥐어줬다. 말이 입헌군주국이지 일본은 이제 사실상 전제군주국이 된 것이었다. 1890년 10월 30일에는 교육칙어가 선포되었다. 덴노가 신민(臣民)들에게 분부한 12가지 기본 규범을 담은 교육칙어는 충(忠)과 효(孝)라는 유교적, 봉건적 덕목을 빌려 덴노에 대한 충성의 의무를 역설하였다.

메이지 유신은 일본 내에서 정한론[85]이 다시 대두하는 계기가 되었다. 일본이 조선을 정복해야 한다는 주장은 메이지 유신 과정에서 본격적으로 제기되었지만 그 뿌리는 시간을 거슬러 8세기 이른바 '쟁장(爭長) 사건'까지 올라간다. 쟁장이란 당(唐) 조정에서 외국 사신들 간에 좌석 배치를 둘러싸고 일어난 외교적 갈등이다. 753년 당의 조정은 서반(西班)의 서열 1위에 토번(吐蕃) 사신, 2위에 일본 사신을, 동반(東班)의 서열 1위에 신라 사신, 2위에 대식국(大食國) 사신을 배치했다. 그런데 일본 사신은 신라는 일본에 조공하는 나라인데 좌석배치에서 일본 보다 우위에 놓는 것은 이치에 맞지 않는다고 항의했다. 당은 일본의 상석(上席) 요구를 받아주었다. 이 사건은 하정조회가 아닌 연회에서 일어난 돌발 상황이었으며, 당은 하정의례를 무사히 마치려는 차원에서 그 자리에서 일본 사신의 요구를 받아들인 것이었다. 그러나 이때부터 일본은 신라와의 관계가 주종관계이며 당이 이를 승인했다고 주장하기 시작했다. 조선은 임진왜란 이후 1811년까지 통신사를 12차례나 파견했는데 덴노를 만날 수 없었던 것은 근원적으로 이런 역사적 배경에서 비롯된 것이었다. 조선은 자신은 중국에 버금가는 문명국이고 일본은 야만국으로 취급했고, 반면 일본은 스스로 중국과 대등한 제국이고 조선은 나약한 중국의 속국이며 필요에 따라 정벌할 수 있는 대상이라고 생각했다.

정한론은 메이지 시대에 본격화되었다. 그리고 그 한가운데에는 조슈의 요시다 쇼인이 있었다. 앞서 말했듯이, 미국의 페리 제독은 1854년 무력시위를 하며 일본과 가나가와조약을 체결함으로써 일본의 오랜 쇄국정책을 붕괴시켰다. 자체 모순으로 이미 분열 중이던 막부는 외세의 침략을 방어할 능력이 부족했고, 백성들의 지지를 받지도 못했다. 이제 막부 대 반막부 간에 치열한 갈등이 벌어졌다. 혼슈의 조슈 번과 규슈의 사쓰마 번에 소속된 하급무사들이 존왕양이의 기치를 내걸고 반막부 전선을 형성했다. 천황제 이데올로기의 원조이며,『유수록(幽囚錄)』등을 통해 일본의 팽창을 역설하면서 조선 등의 구체적인 지역과 전략까지 제시한 핵심 인물은 조슈 번의 하기(萩)에 기반을 둔 요시다 쇼인이었던 것이다. 여기서 존황파 사상가이자 교육자로 메이지 일본의 설계도를 그린 선각자로 꼽히는 요시다 쇼인의 정치사상과 국제정치적 구상을 간략히 살펴보자.

요시다 쇼인(본명은 寅次郎, 요시다 토라지로)은 조슈 번의 하기 근교에서 하급무사의 차남으로 태어났다. 그는 5살 때 병학(兵学)사범이던 숙부의 양자가 되었지만 그가 사망하면서, 또 다른 숙부인 다마키 분노신(玉木文之進)의 사숙이었던 쇼카손주쿠(松下村塾)에서 병학훈련을 받으며 성장했다. 병학에 재주가 있었던 요시다 쇼인은 1850년 서양의 군사학을 배우기 위해 규슈(九州)로 유학하였으며, 이듬해에는 에도로 가 사쿠마 쇼잔 문하에서 난학(네덜란드학)과 주자학을 수학하였다. 요시다 쇼인은 존왕양이에 관심을 갖기 시작했다. 그는 하급 무사로서 신분적 한계에 불만족했고, 반막 정서가 팽배하던 조슈 번의 정치 상황을 알고 있었으며, 존황 사상의 필요성을 역설한 국수주의 유학자 아이자와 세이시사이(会沢正志斎)의 『신론(新論)』(1821)에 감동했고,[86] 양학(洋學)의 중요성을 설파하던 사쿠마 쇼잔 등의 영향을 받아 존왕양이 사상이 시대적 요구라고 판단하게 되었다.

1854년, 이른바 '흑선의 내항'을 계기로 막부가 서양 열강에 굴욕적인 조약을 맺자, 요시다 쇼인은 동료인 가네코 시게노스케(金子重之助)와 함께 '일본의 미래를 위한다'는 명분 하에 외국 유학길에 오르기로 결심했다. 당시 외국에 나가는 것은 중대한 범죄였다. 그럼에도 불구하고, 요시다 쇼인은 과감히 도항을 시도했지만 뜻을 이루지 못하고 유배형을 선고받았고, 그의 스승인 사쿠마 쇼잔 역시 형벌을 받았다. 요시다 쇼인이 감옥에 있을 때 집필한 『유수록』은 이 시절 일본에 퍼진 사상을 체계적으로 정리한 것이었다. 『유수록』의 이른바 '개국진취론'[87]은 한반도와 동아시아를 대상으로 하는 요시다 쇼인의 일본 제국주의 구상을 명료하게 담았다:

"무력 준비를 서둘러 군함과 포대를 갖추고 즉시 에조(蝦夷, 홋카이도)를 개척하여 여러 다이묘들에게 봉토를 주고 틈을 봐서 캄차카, 오호츠크를 탈취하고 류큐(琉球, 오키나와)도 타일러 내지의 제후와 마찬가지로 참근시키고 회동시키지 않으면 안 된다. 또 조선을 책하여 옛날처럼 조공을 하게 만들고, 나아가, 조선을 정벌해 원래 일본의 영토를 되찾아야 한다. 북으로는 만주를 점령하고, 남으로는 타이완, 루손(지금의 필리핀)의 여러 섬을 우리 수중에 넣어 옛날의 영화를 되찾기 위한 진취적인 기세를 드러내야만 할 것이다… 무역에서 러시아와 미국에게 입은 손해는 조선과 만주의 토지로 보상받아야 한다."[88]

요시다 쇼인은 또한 울릉도(그는 이를 다케시마로 불렀다) 개척의 견서를 써서 명륜관 사범 시절의 제자인 기도 다카요시(훗날 메이지 유신의 3대 영웅)에게 보냈다. 그는 "다케시마를 개척하면 해외(러시아 등)의 사변에 대응하거나 조선과 만주에 진출할 때에도 일본의 거점으로 쓸 수 있어 크게 이익이 된다"고 썼다.[89]

요시다 쇼인은 당시 서양 열강이 일본을 병합할지도 모른다는 위기감을 느끼고 있었다. 그리고 그는 이러한 긴박한 국제정세 하에서 위기를 극복할 방법은 타국의 탈취라고 생각했던 것이다. 특히 그의 "조선 진출론"은 과거 일본이 조선을 지배했다는 역사관, 바로 '조선 번국관'에서 그 근거를 두고 있었다. 즉 조선은 고대 일본의 신공왕후가 신라를 정벌해 조공을 바치던 속국이었으며 다시 한 번 조선을 침략해 인질을 보내게 하고 과거에 그랬던 것처럼 조공을 바치게 할 필요가 있다는 것이었다. 그는 조선을 발판으로 만주로 진출할 길을 모색하였다. 요시다 쇼인의 정한론은 이후 후쿠모토 기료(福木義亮)의 대동아공영권으로 이어졌다. 후쿠모토는 태평양전쟁이 한창일 때 저술한『요시다 쇼인의 대륙·남진론(吉田松陰大陸·南進論)』의 서론에서 이 책의 요점을 다음과 같이 정리하고 있다:

"쇼인 선생은 오랑캐의 정세를 살피지 않으면 어떻게 오랑캐를 다룰 수 있겠는가 하면서 결연히 해외로 도항해 단신으로 적지에 들어가 오랑캐의 정세를 탐사해야 한다는 것이었다. 그리고 작금의 대동아공영권에 더욱 가세하여, 인도, 아프리카, 호주로 일본이 진출해야 하며 이러한 국책 완수를 위해 장래 가공할 만한 적국은 미국, 러시아라고 단언할 수 있고, 한시라도 빨리 고도 국방 국가를 만들라고 외친다. 이러한 쇼인의 대륙·남진론이 곧 이 책이다."[90]

책 제목에서 알 수 있듯이, '요시다 쇼인=대륙·남진정책'이라는 등식이 성립할 정도로 후쿠모토 기료는 요시다 쇼인을 '해외 영토 확장론'의 주창자로 설정하고 있다:

"돌이켜 보면 쇼인 선생의 대륙·남진론도 이것을 단적으로 요약하면, 우리 조국(일본)의 대정신인 일본제국 부동불역의 국시국책으로 일본, 한, 만주, 중국이 일심일체가 되어 그 총력을 기울여 남양, 인도, 아프리카, 호주에 이르는, 소위 대동아공영권의 확립이었다… 쇼인 선생도 "잘했다"고 하며 구천(九泉) 아래, 미소를 띠며 우리 조국의 앞길을 축복하시고 있을 것이다."[91]

1857년, 28세의 요시다 쇼인은 자택에 은거한다는 조건으로 출옥했다. 이후 그는 숙부가 운영하던 쇼카손주쿠를 인수하여 자신의 사숙으로 운영하게 된다. 이때 그는 공자의 "가르침은 있으되 차별은 없다"는 정신에 따라 신분과 계급에 상관없이 수많은 제자들을 수용하였다. 원래대로라면 관직의 근처에 다가갈 수도 없었던 신분의 이토 히로부미와 야마가타 아리토모 등은 신분에 관계없이 그들을 받아준 요시다 쇼인 덕분에 출세의 기회를 얻을 수 있게 된다. 1859년 요시다 쇼인은 반막부 인사 100여 명을 숙청한 '안세이의 대옥(安政の大獄)' 사건에 연루되어 심문을 받게 되고, 그를 포함한 양이파는 "분에 넘치는 정치행동을 했다"는 이유로 결국 사형에 처해졌다.[92]

요시다 쇼인은 요절했지만 그가 쇼카손주쿠에서 가르쳤던 이토 히로부미, 야마가타 아리토모 등은 스승의 정한론을 행동으로 옮기며 조선 침략의 주체들이 된다. 요시다 쇼인의 영향력은 오늘날에도 현재 진행형에 가깝다. 그래서 그의 무덤과 그를 기리는 신사는 성역화되어 있다. 그는 '요시다토라지로후지 와라노리카타노미코토(吉田寅次郎藤 原矩方命)'라는 신의 이름으로 불리며 추앙받고 있다.

한편, 메이지 유신을 단행한 일본 신정부는 1868년 1월 23일 그들의 왕정복고를 쓰시마(對馬島)를 통해 조선 정부에 통고하고 양국의 국교 회복을 청하였다. 그러나 조선의 대원군 정권은 이들이 가지고 온 서계(書契)에 종래와 달리 '황(皇)'이나 '칙(勅)'이라는 용어를 사용한 격외국서(格外國書)라는 이유로 접수를 거부하였다. 이후 일본 정부는 조선과의 외교를 전담해 오던 대마도로부터 그 직임을 회수하고, 1869년 8월, 1870년 1월, 그리고 1872년 7월 외무성에서 직접 관리를 조선에 파견하였다. 그러나 조선은 개수를 요구하며 서계의 수리를 거부하였다. 이로써 조일관계는 사실상 단절되었다. 대원군은 나름 이유가 있었다. 그는 청으로부터 일본이 조선을 정벌할 가능성이 있다는 설을 들은 바 있었고, 베이징에 다녀온 동지사로부터 일본은 신복지국(臣服之國)이 아니기에 청 황제에 대해 칭신하지 않는 것 같다는 이야기를 들었다. 더구나 그의 머리에는 병인양요(1866), 제너럴 셔먼호 사건(1868), 오페르트의 대원군 부친의 묘 도굴 사건(1868), 그리고 신미양요(1871) 등이 위협으로 자리하고 있었다. 그는 주화는 매국이라는 신념 하에 외양(外洋)은 일체이기 때문에 일본에 대해 극히 경계하고 있던 차였다. 청국 정부는 일본의 서계를 수리할 것을 조선에 권하였다. 청은 당시 일본의 역량을 잘 알고 있었기 때문이다.[93] 그러나 조선은 이를 받아들이지 않았다.

서계 문제로 조선과 갈등이 심화되자 일본 조야에서는 정한론이 강하게 일어났다. 정한론자들은 도요토미 히데요시의 유업을 계승해 대륙을 공략해야 한다고 주장했다. 이는 1차적으로 조선을 제압함으로써 당시 서구 제국의 압박을 받고 있던 자신들의 처지에서 벗어나기 위함이고, 동시에 메이지 정부를 향한 국내의 불평불만을 나라 밖으로 돌리기 위한 것이기도 했다. 메이지 유신의 지도자 중 하나이자 요시다 쇼인의 명륜관 제자였던 기도 다카요시(木戶孝允)는 1869년 "조선을 정벌하면 일본의 국위를 세계에 떨치고, 국내의 인심을 국외로 향하게 할 수 있다"며 정한론을 주장했다.[94] 그러나 기도 등의 조선원정 계획은 조선이 냉대하고 모욕했다는 일본의 국서가 조선 측에 도착되기도 전이었다. 그의 계략은 반막부 내란(1868)이 끝나 '미대의 폐(尾大之弊, 꼬리 쪽이 머리보다 큼)'가 될 우려가 있는 각 번의 병사들을 외정에 투입하여 그 힘을 약화시키면서 신정부의 권위를 강화하려 한 것이었다.[95]

후쿠자와 유키치의 『서양사정』이 국민과 정치인들의 주목을 끌면서 메이지 정부는 서양에 대한 체계적이고 대대적인 실사의 필요성을 느끼게 되었다. 오쿠보 도시미치를 정점으로 하는 메이지 정치 주체들은 1871년 네덜란드계 미국인 선교사이자 엔지니어인 기도 벨벡(Guido Verbeck)의 권유에 따라 러시아의 피터 대제(Peter the Great, 표토르 1세)의 1697년 대사절단(大使節團, grand embassy)[96]을 일부 모방하여 당시 일본이 통상조약을 맺고 있던 국가들에 사절단을 파견하기로 결정하였다. 재무장관인 대장경(大藏卿) 오쿠보 도시미치는 우대신(右大臣)이자 외무경(外務卿)인 이와쿠라 도모미를 특명전권대사로 하고 자신은 부전권대사를 맡아 이른바 이와쿠라 사절단을 꾸렸다. 총 107명의 이와쿠라 사절단은 1년 10개월에 걸쳐 미국과 유럽, 총 12개 국가를 순회했다. 기도 다카요시(참의), 이토 히로부미(공업운수 장관)도 이 사절단에 참여하였다. 이와쿠라 사절단의 목적은 신정부의 정당성 확인, 불평등조약 개정을 위한 협상 분위기 형성, 그리고 선진국들의 산업화 경험 학습/전수(傳受) 등이었다.[97]

오쿠보 도시미치, 기도 다카요시 등이 해외에 나가 있는 사이 제번 사병(私兵)의 해산 등 개혁이 진행되자 무사족의 불만이 고조되었다. 메이지 정부의 참의이자 근위도독(衛都督)인 사이고 다카모리는 '내란을 바라는 마음을 밖으로 돌려 나라를 흥하게 할 원략'으로서 조선 및 타이완 정벌을 제안하였다. 기도 다카요시 등의 정한론에 반대하던 그가 이제와서 외정을 주장하고 나선 것이었다. 사이고는 메이지 정부가 사신을 보내 국서를 수리하지 않는 조선의 무례함을 꾸짖으면 조선은 그를 죽일 것이고 그렇게 되면 정한론의 정당성이 부각될 것이라고 생각했다. 이는 1875년 운요호(雲揚號) 사건의 전략적 논리와 일치하는 것이었다. 그가 정한론을 주장한 이유는 기도처럼 무사족의 힘을 약화시키려는 것이 아니었다. 그는 전쟁을 일으켜 메이지의 징병제로 일자리와 사회적 지위를 잃은 무사들의 역할을 찾아주려 한 것이었다. 나아가 그는 무사족의 힘을 북돋우고 무사족 중심의 군사정권수립의 가능성을 외정에서 구하려 했다.[98] 사이고는 1873년 5월 일본인의 밀무역을 단속하는 부산의 지방관의 포고문에 일본을 모욕하는 자구가 있다 하며 정한론을 강력히 주장했다. 사이고 다카모리, 이타가키 다이스케(板垣退助), 외무경 대행 소에지마 다네오미(副島種臣) 등 강경 정한론자들은 사이고가 스스로 조선에 가서 외교적 타결을 시도하고 여의치 않으면 이를 빌미로 조선에 파병하여 무력행사를 하기로 결정하였다. 그러나 이와쿠라·오쿠보 세력은 이와쿠라 사절단이 귀국할 때까지 결정을 미루자며 시간을 끌었다.

1873년 9월 이와쿠라 사절단이 귀국했다. 이들 내치파는 시기상조론을 내세우며 정한론에 반대하였다. 출병이 국내 개혁을 지연 또는 중지시킬 것을 우려한 것이다. 청과의 충돌도 염려 사항 중 하나였다. 사이고의 죽마고우인 오쿠보 도시미치는 "일본은 산업화와 군비확충 그리고 조선 정복을 동시에 추진할 수 있는 여건을 갖추지 못했으며" 만일 조선 정복을 실행에 옮긴다면 영국, 러시아, 중국이 가만 있지 않을 것이므로 일본은 때를 기다려야 한다고 주장했다.[99] 메이지 덴노는 '전쟁을 불허한다'는 결정을 내림으로써 '내치파'의 손을 들어주었다. 정한론이 좌절되자 정한파의 다섯 참의는 각료직을 사퇴했고, 사이고 다카모리는 고향인 사쓰마에 돌아가 무사들이 자급자족할 수 있는 자치 시스템을 구축하려 했다. 중앙 정부는 1874년, 국민개병제를 본격 시행하기 위해 무사들을 강제로 해산시켰다. 무사들에게 지급되던 급여도 지급하지 않았고, 군인과 경찰 이외에는 칼을 찰 수 없도록 한 '폐도령'도 시행하였다. 사이고 다카모리는 결국 '불평사족(不平士族)'이 된 사무라이들 60만을 규합해 메이지 정부에 대항하는 반란을 일으켰다. 그러나 1877년의 세이난전쟁은 사이고 다카모리의 할복자살로 종료되었다. 그러나 그의 자살이 정한론의 폐기처분을 의미한 것은 아니었다. 내치파와 정한파는 조선 원정에 대해, 그리고 "청한종주권 문제를 빌미로 삼아야"한다는 데는 모두 동의하였다. 그들의 대립은 시기 문제를 둘러싼 싸움이었던 것이다. 이들은 1875년 운요호를 조선에 보내 조선군의 포격을 유도했다. 그들은 이를 통해 조선의 개항이라는 단기적 목적을 달성했다. 기도, 사이고 등의 정한론이 시차를 두고 실행된 것이었다.

8.3. 젊은 그들: 조선의 개화주의자들

1868년 9월 일본 덴노는 연호를 메이지로, 수도를 교토에서 도쿄로 옮긴 다음 본격적으로 근대화 산업화의 시대를 열어가기 시작했다. 청국에서도 변화가 일어나고 있었다. 태평천국과의 전쟁을 치루던 1860년 영불연합군의 공격으로 함풍제(咸豊帝)가 열하(熱河)로 몽진한 것을 계기로 청조가 '유경파'와 '열하파'로 나뉘고 유경파가 영·불과 협상하는 과정에서 양무파(洋務派)를 중심으로 서양의 앞선 과학·기술과 제도를 받아들여 중국을 근대화시킴으로써 중국의 체제를 보존하자는 자강운동(自强運動)으로서 양무운동이 태동하게 되었던 것이다.[100] 조선에서도 제너럴 셔먼호 사건 당시 평양감사로 있던 박규수(朴珪壽) 등이 주도하는 이른바 개화파가 형성되고 있었다.

조선의 개화사상은 18세기 말 박지원, 박제가(朴齊家) 등의 실학/북학과 맞닿아 있는 이념이었다. 이들은 조선 사회에 팽배하던 화이론/명분론을 현실과 괴리된 위선적 공리공담이라 비판하고 사물을 잘 써서(利用) 삶을 풍요롭게(厚生) 한다는 이용후생론과 실사구시의 학문적 방법론을 제시하였다. 박지원은『열하일기』를 통해 당시에 풍미하던 숭명배청의 풍조, 소중화주의, 북벌론 등의 허구와 위선을 신랄하게 풍자하며, 선진 청나라로부터 배우자고 역설했다. 당시 조정은 겉으로만 청나라에 사대하였고, 속으로는 오랑캐라고 얕보아 그들의 문물을 배우려 하지 않았다. 북학이라는 말은 박지원의 제자 박제가 청나라의 풍속과 제도를 시찰하고 돌아와 1778년에 간행한 견문록인『북학의』에서 비롯되었다. 박제가는 박지원과 마찬가지로 청나라를 본받아 상공업을 발전시켜 민부(民富)를 증대해야 한다고 주장했다. 당시 사농공상(士農工商)의 엄격한 유교적 신분구조를 고려할 때 상공업의 중요성을 지적한 그의 구상은 가히 혁명적이었다. 연장 선상에서 그는 "놀고 먹는" 유한계급(有閑階級)인 양반을 상업에 종사시켜 "날마다 이익을 도모하도록 만들어야 한다"고 주장했다.[101] 주목되는 것은 박제가가 유교적 이상국가 조선에서 검소함을 미덕으로 삼던 유교적 가치관과 그에 기초한 경제

운용의 원칙, 즉 금사론(禁奢論)을 비판하고, 대안으로서 수요경제학(demand side economics)이라 할 수 있는 용사론(容奢論)을 제시했다는 사실이었다. 그는 검소의 강조는 소비 억제를 조장하여 결국 경제 활동 자체의 위축을 가져온다며 수요의 확대가 이를 막을 수 있는바 이를 위해서는 선진 문물의 습득과 보급이 절실하다고 주장했다. 그는 "재물이란 우물에 비유할 수 있다. 퍼내면 늘 물이 가득하지만 퍼내기를 멈추면 물이 말라버리는 것과 같다. 그래서 화려한 비단 옷을 입지 않으면 나라에 화려한 비단을 짜는 사람이 없어지고, 길쌈과 바느질을 하는 여인들의 기술이 떨어지거나 사라진다"[102]고 지적했다. 박제가는 가난한 나라 조선이 부유해지는 길은 '문명화'에 있으며 문명화의 수단은 선박과 수레, 화폐 등의 도구들이라고 보았다. 수레는 국내의 물류를 소통시키는 도구요, 선박은 중국의 문명과 정보를 입수하는 도구이기 때문이다. 그는 이런 도구들을 당시 '문명의 중심지'인 청나라에서 들여와서 조선을 '중국화'해야 한다고 생각했다. 그는 문명을 신속히 도입하기 위해서는 조선이 중국의 언어를 사용해야 한다고 제안했다. 그는 "중국어가 세계 이해의 근원이므로 온 나라 사람이 조선말을 버린다 해도 불가할 것이 없고,""중국어를 공용화하고 중국과 통상하여 이익을 구하라"고 역설하였다.[103] 박제가의 북학론은 일면 극단적 실용주의라 할 수도 있겠으나 조선 후기의 고루하고 침체된 시대착오적 고립주의에 대한 강한 반감을 가진 진보적 지식인의 고민의 흔적이라 볼 수 있을 것이다.

실학과 북학론은 19세기 중후반 조선의 위기를 개혁과 개방으로 극복하려던 젊은 지식인들을 격려한 지적 원천이 되었다. 이들 선각적 지식인들이 대두한 국제정치적 배경에는 태평천국의 난 및 제2차 아편전쟁과 관련이 있었다. 태평천국의 난이 한창이던 1856년 제2차 아편전쟁이 발발했고, 청은 버티지 못하고 1개월 만에 수도 베이징을 점령당했다. 청의 황제는 황망히 만리장성을 넘어 북으로 몽진하여 열하로 피난했다. 이 소식을 접한 조선인들은 충격을 받았다. 중국이 서양 오랑캐에게 굴욕을 당했고 천하질서는 붕괴하고 있던 것이다. 일부 지식인들은 화이론/소중화론에 입각한 조선의 세계관이 일관되게 허구이고 공론이었음을 깨닫게 되었다. 중화인 명이 사나운 오랑캐인 청에게 멸망했고, 대국 청은 힘센 서양의 오랑캐에게 무릎을 꿇었다는 사실은 유교적 도덕주의와 중화중심의 명분론과 의리론에 심각한 문제를 제기한 것이었다. 그들은 세계 최강인 중국을 굴복시킨 서양의 열강이 머지 않아 조선에도 손을 뻗치게 될 것으로 예견하였다. 이러한 역사적 맥락에서, 서양 열강의 위협으로 조성된 국가적 위기와 전근대적인 구조적 모순에 따른 체제적 위기를 실사구시의 객관적 시각으로 인식하고, 이러한 위기를 극복하기 위한 방책을 고민하는 '젊은 그들'이 세력을 형성하게 된 것이었다.

개화의 국가적 중요성을 절실하게 인식한 인물 중 하나는 중국어 역관 오경석(吳慶錫)이었다. 오경석은 1853년 10월 처음으로 조선이 중국에 매년 파견하는 사행의 통역으로 베이징에 가게 되었다. 이때 청조는 태평천국의 난을 진압하기 위해 영국군을 차병하여 남방에서 전투를 벌이고 있었다. 그는 중국인들과 대화하며 이러한 국가적 혼란이 조선에 미칠 수 있는 영향에 대해 고민하였다. 그는 1860년 8월 영불동양함대 연합군이 베이징을 점령한 사건이 일어난 직후인 그해 10월 정례적인 동지사의 역관으로 베이징에 갔다. 청국황제는 열하에 피난 중이었다. 중국은 1860년 10월에 굴욕적인 베이징조약을 체결하여 외적을 철수시켰지만 정치, 경제, 사회적 후과는 다대하였다. 중국의 의식 있는 우국(憂國) 지식인들은 구국의 방편을 담은 신서(新書)를 간행하기 시작했고, 오경석은 이런 서적들을 구입하여 귀국한 후 자신도 읽고 친구인 유홍기(劉鴻基)에게도 일독을 권하였다. 이들은 박지원 박제가 등의 실학/북학론과 신서들에 담긴 지식과 방책을 결합하고 연구하여 1861년경 조선에서 처음으로 '개화사상'을 형성하였다.

오경석과 유홍기는 중인이었다. 당시의 신분제도 하에서 그들은 정치를 논할 수 있는 입장이 아니었다. 그들은 양반 영재들을 모아 개화사상을 가르치고 그들로 하여금 조선의 정치를 개혁하길 원했으나 이러한 신분적 제약이 발목을 잡았던 것이다. 그들은 양반 신분의 개화주의자가 필요하였다. 여기에 박규수가 등장하게 된다. 박규수는 조선 후기 실학자 연암(燕巖) 박지원의 친손자로서 영불연합군의 베이징점령사건과 관련해 조선조정이 1861년 1월 베이징에 위문사절단을 파견할 때 부사로 임명되어 다녀온 적이 있었다. 박규수도 오경석과 마찬가지로 서양열강의 침략 아래 있는 베이징에서 중국의 실상을 직접 관찰하고 충격을 받았으며 귀국할 때는『해국도지(1844; 영국을 비롯한 세계 각국의 지리와 역사, 국방, 병기기술 외에 민주적 선거제도 등에 관한 해설서)』,『영환지략(1850; 세계 5대양, 6대주별 지리해설서)』등 신서들을 구입해 가지고 돌아왔다. 박규수는 이 신서들을 읽어 가며 1861년부터 스스로 '개화사상'을 형성하게 되었다. 박규수는 1866년 3월 평안도관찰사로 임명되어 평양에 부임해 있던 중 그 해 8월 제너럴 셔먼호의 도발을 받고 이를 화공으로 격침시켰다. 박규수는 대동강에 가라앉은 제너럴 셔먼호의 엔진과 기선장치와 병기 등을 건져 올려 서울로 보내어 대원군으로 하여금 실험케 하였다. 박규수는 3년 후인 1869년 4월에 한성부윤으로 임명되어 서울로 상경하였고, 6월에는 형조판서까지 겸직하게 되었다. 오경석은 중국에 통역관으로 파견되었다가 1869년 12월 귀국하여, 유홍기와 함께 박규수를 방문해 개화사상 교육의 필요성을 강조하고 박규수의 지도를 청하였다. 박규수는 그들과 공감했고 1870년 초부터 북촌(北村, 양반 거주 지역)의 양반 자제들 중에서 영재로 알려졌던 김옥균(金玉均), 박영교(朴泳敎), 홍영식(洪英植), 유길준(俞吉濬), 박영효(朴泳孝), 서광범(徐光範) 등을 일차로 발탁하여 그의 사랑방인 제동사랑에서 『연암집(燕巖集)』을 비롯한 실학 서적들과 중국의 신서들을 함께 읽게 하고 조선의 국가전략에 대해 토론하도록 하였다. 여기서 이들이 『연암집』을 독회하였다는 사실은 조선의 사상의 계보와 관련하여 의미심장한 것이었다. 개화사상이 사상사적으로 실학/북학과 맞닿아 있었다는 점을 말해주기 때문이다. 물론 양자 간에는 질적 차이가 있다. 후자는 봉건/유교적 가치를 벗어나지 못한 역사적 한계를 가지고 있었고, 전자는 이러한 한계를 넘어 근대국가를 지향하는 분명한 정치의식을 가지고 있었다. 그럼에도 불구하고 실사구시와 평등사상에 입각해 관념질서의 현상타파를 도모하던 실학/북학파의 문제의식은 개화주의 정치사상의 모색과 형성에 다대한 지적 동력을 제공했다는 것은 부인할 수 없는 사실이었다. 개화주의자들이 된 이들 양반 자제들은 신분을 넘어 제동사랑을 출입하던 오경석과 유홍기의 직접적인 지도를 받게 되었다. 오경석이 청나라에서 가져온 서적들은 지금까지 사서삼경 등의 유교 서적이나 읽었던 젊은 그들에게는 충격적이고도 경이로운 것들이었다. 그들은 '우물 안 개구리'로 살아왔던 것에 대해 자괴감에 빠지기도 했다. 박영효가 1873년 4월 임금의 사위로서 금릉위(錦陵尉)에 봉해지고, 1872년 장원급제한 김옥균이 1874년 청요직(淸要職)인 홍문관 교리로 임명되어 관계에 진출하게 되자 이들 개화주의자들은 정치세력화할 수 있는 발판을 마련하게 되었다. 인접 국가인 청국은 양무운동을 펴고, 일본은 메이지 유신을 선포하여 근대화에 박차를 가하고 있을 무렵 조선에서도 개화파 '젊은 그들'이 개혁과 개방을 통한 변화를 도모하게 된 것이었다.

그러나 조선의 국가적 대외관이나 정책 치원에서는 변화가 없었다. 대원군은 쇄국정책을 고수하고 성리학자들은 유교적 가치와 전통을 수호하는 이른바 위정척사론을 내세우며 여전히 지배세력으로 군림하고 있었다. 변화가 있었다면 국내정치에서였다. 민비는 1873년 11월 시아버지인 대원군을 하야시키고 남편인 고종의 친정 체제를 구축하였다. 1874년 왕실의 후사를 탄생시킨 주인공이 된 민비는 민씨 척족들을 요직에 앉히며 권력기반을 확대해 나갔다. 민씨 세도정치와 정치투쟁은 조선 백성들의 불만을 고조시키면서 사회적 불안정을 야기하였다. 한편 만만치 않은 척왜론자 대원군이 실각했다는 소식이 일본에 전해지고, 이는 정한론을 일시 연기한 메이지 주체들의 팽창주의적 구미를 자극하였다. 수년간 지체되어 있던 사이고 다카모리의 전술/전략이 현실화된 것이었다. 일본의 정한론자들은 군함 '운요호'를 강화도 근해에 보내 조선의 무력 반응을 유도하고 이를 빌미로 조선 정복을 위한 발판을 마련하고자 했던 것이다.

8.4. 조선의 강제 개방

19세기 중후반은 열강들이 포함을 앞세워 지정학적 지경학적 이익을 위해 식민지를 개척/확장하던 전 세계 차원의 제국주의의 시기였다. 일본도 1854년 미국의 포함외교에 굴복하여 개국할 수밖에 없었다. 메이지 유신으로 급속히 산업화한 일본은 정한론 차원에서 자신도 제국주의적 포함외교에 나서고자 하였다. 일본은 영국에서 도입한 근대식 군함인 운요호를 조선에 사용하기로 했다. '조선 서해안에서 청국 뉴촹(牛莊, 우장)에 이르는 항로에 대한 연구'라는 명목상의 임무를 띤 운요호는 1875년 8월 19일 나가사키를 출항해 1875년 9월 20일 강화도 부근 난지도에 도착하였다. 일본군 수십 명이 예고도 없이 조선의 해안포대가 있는 초지진에 접근하였으므로 조선군은 발포하였다. 운요호는 초지진에 함포사격을 가했다. 상당수 일본군은 영종진에 상륙하여 조선군과 격전을 벌였고 주민을 살육하고 퇴각하였다. 당시 조선은 제너럴 셔먼호 사건, 병인양요, 신미양요를 겪은 터라 일본의 불법 영해/영토 침범에 민감하게 대응할 수밖에 없었다. 그러나 이 사건은 조선이 메이지 일본이 놓은 덫에 걸린 것이었다. 이 모든 것은 사쓰마 파를 중심으로 하는 메이지 일본 해군의 계획된 행위였다. 일본 제국 육군의 원수이자 내각총리대신을 두 번 지낸 인물로서 "일본 군국주의의 아버지"로 일컬어지는 야마가타 아리토모는 자신의 전기에서 다음과 같이 썼다:

조선 문제의 해결은 1873년 사이고 다카모리의 조선견사론(朝鮮遣使論)의 결렬과 그의 사직 때문에 중단되었지만 해군성 내의 사이고 파에 속하는 사쓰마 파 군인들 중에는 이에 승복하지 않고 계속 정한론을 주장하면서 때가 오면 조선 문제를 해결해 보려고 계획하는 자들이 있었다. 1875년 조선 근해에서의 운요호 함장 이노우에 해군소령의 해군연습은 기와무라 스미요시 해군 제독과의 묵계 하에 이뤄진 시위기동이었다. 이에 앞서 1875년 9월 이노우에 소령은 조선 서해안에서 청국 뉴챵에 이르는 해로를 연구한다는 명분으로 은연중 조선에 대한 시위기동에 참가하라는 취지의 해군성으로부터의 내훈을 받고 있었다. 따라서 강화도 사건의 정보가 도쿄에 도달하였을 때 사쓰마 파를 중심으로 구성되어 있는 해군 당국으로서는 예정계획이 실행되었다는 것으로서 놀라운 것은 되지 못했다.[104]

교전의 결과로 조선에서는 보수파와 개화파 간의 논쟁이 발발하였다. 조정은 청과 협의했고, 청은 전쟁을 피할 수 있는 방법은 수교라는 입장을 취했다. 유럽 열강의 침략에 시달리고 있던 청은 문제 확대를 원치 않았던 것이다. 조선 조정 내에서도 박규수는 개항과 통상의 필요성을 제기하였다. 그는 평안도 관찰사로서 제너럴 셔먼호를 격침한 장본인이었지만, 1872년 사신으로 청에 다녀온 후 생각을 바꾼 상태였다. 그는 청의 양무운동에 영향을 받아 양이를 위해서는 그들의 기술을 습득/이용하는 것이 필요하다고 생각했다. 당시는 대원군이나 최익현 등 보수주의자들이 세력을 떨치지 못하는 상황이었기 때문에 박규수 등 개화파의 의견이 수용되었다. 조선은 1876년 2월 일본과 조일수호조규(강화도수호조약)를 체결했다. 이

조약은 조선은 자주 국가로 일본과 동등한 권리를 보유하며, 일본인들은 개항장 내에서 치외법권의 지위를 가지며, 일본은 무관세로 상품을 수출하고, 조선 곡물을 무제한 수입할 수 있다는 내용을 담았다. 핵심은 이 조약이 조선에 대한 청의 종주권을 부인함으로써 일본의 조선 침략 시 청의 무력 개입을 불법화하는 국제법적 효력을 제공할 것이라는 점이었다. 프랑스가 1874년 베트남과의 조약에서 청을 배제하기 위해 사용한 방법과 같은 것이었다. 일본은 부산, 원산, 인천 등 개항장에 거류상인들의 조차지를 설정하였다. 이러한 공격적 행위는 일본이 청이 이리(伊犁) 분쟁에 휘말려 있어 수고 없이 조선 진출 제약 요인들을 제거할 수 있을 것으로 보았기 때문이다.

8.5. 이리(伊犁) 분쟁과 조선

19세기 초반 영국과 합작하여 프랑스의 나폴레옹을 타도한 러시아는 강대국으로 부상하여 부동항을 찾아 남진정책을 채택하였다. 영국은 러시아가 자신의 제국적 이익을 위협한다고 보고 대러 억지/봉쇄전략을 추진하였고 그 결과는 유럽협조체제(Concert of Europe)에서 지속된 오랜 평화를 깬 크리미아전쟁(1853-1856)이었다. 패배한 러시아는 1861년 대마도에 정박지를 구축하려 했으나 영국군의 무력시위로 인해 실패했다. 이후 러시아는 조선의 영흥만과 거문도에 관심을 갖게 되었으나 당분간 신중한 자세를 취하게 되었다. 러시아는 이 시기 알래스카를 미국에 매도하였다(1867년 3월 30일). 러시아는 크리미아전쟁 이후 영국군이 캄차카 반도를 침공하는 등 위협인식이 고조되어 있는 상태에서 영국령 캐나다와 접하고 있

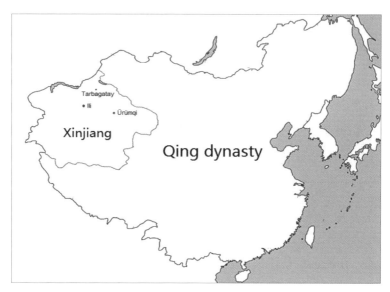

청나라 당시 신장 내의 이리

는 알래스카를 미국에 판매함으로써 영국령 캐나다를 미국과 함께 협공할 수 있도록 만들겠다는 생각이었다. 이후 러시아는 눈을 돌려 청국령 투르키스탄을 점령하여 이리 분쟁을 촉발하였다. 1864년 청조가 태평천국의 난을 진압하느라 정신이 없을 때 투르키스탄과 샨시, 그리고 간수 성에서 봉기와 반란이 연이어 일어났다. 이때 (우즈베키스탄의) 코칸트(Kokand)의 야쿠브 벡(Yakub Beg)이 북투르키스탄에 무슬림 왕국을 건립했다. 친영화된 야쿠브 벡 왕국은 러시아에게는 남진 정책의 걸림돌이 되었다. 러시아는 전략 요충지인 이리를 점령코자 했다. 러시아는 1871년 7월 자국민 보호를 위해 군대를 파견한다며 중국이 질서를 확립하는 대로 철군할 것임을 선언했다. 중국은 1866년 태평천국의 난을 진압한 후 1873년 샨시와 간수 성의 무슬림 봉기를 제압하고 4년 여의 전투를 거쳐 결국 야쿠브 벡의 왕국을 무너뜨렸다. 그러나 러시아는 약속했던 군대 철수를 지연시켰고 이로 인해 1879년 청·러분쟁이 발발하였으며, 이는 1881년까지 지속되었다.

청·러 간 이리 분쟁은 조선을 정복하려는 일본 제국주의자들에게는 절호의 기회를 제공하였다. 그렇지 않아도 조선에서 대원군이 실각한 상태에서 청이 조선에 대한 종주권을 내세우며 무력 개입할 여력이 없는 상황이 발생했기 때문이다. 일본은 1876년 강화도조약을 체결한 후 류큐를 병합하고 오키나와로 개칭하였다. 한편, 영국은 일본으로 하여금 그 진출 방향을 타이완으로부터 한반도로 돌리게 만들었다. 그렇게 하면 일본이 러시아의 남하를 막는 데 기여할 수 있다고 본 것이다. 주청 영국공사 웨이드(T. F. Wade)는 "일본이 타이완이 아니라 조선으로 진출한다면 열강의 지원을 받을 것"이라며 제국주의적 세력균형책을 메이지 정부에 권고하였다.

8.6. 『조선책략』

강화도조약을 체결하여 개국한 조선은 일본의 요구를 받아들여 김기수(金綺秀)를 수신사(修信使)로 파일하여 20일간 일본을 시찰하도록 하였다. 그는 일본의 과학기술과 신식군대의 발달상을 보고 충격을 받았고 이를 조정에 보고하였다. 1880년 조선은 김기수에 이어 김홍집(金弘集)을 수신사로 파일했다. 그는 주일 청국대사관 공서참찬(公署參贊) 황쭌셴(黃遵憲)이 쓴 이른바 『조선책략(朝鮮策略)』을 건네받아 국왕과 조정에 제출하였다. '광동황준헌사의(廣東黃遵憲私擬, 광동 출신 황쭌셴이 개인적으로 생각을 정리하다)'라는 이 건의서의 제목은 청의 북양대신 리훙장(李鴻章)의 의도를 은폐하기 위한 측면이 있었지만 외교관 황쭌셴(그리고 그의 보스인 주일청국공사 허루장)의 개인적인 청국국가전략관을 반영하는 것이기도 했다.[105] 리훙장은 러시아와 일본을 같은 수준으로 두려워하였지만, 황쭌셴과 허루장(何如璋), 그리고 주영대사 정찌저(曽紀澤) 등 고위 외교관들은 일본을 중대 위협으로 간주하지 않았다. 어쨌든 『조선책략』의 초점은 러시아의 팽창주의를 억지하기 위한 동북아 세력균형체제에 조선이 참여하도록 하는 데 맞춰져 있었다. 청은 당시 러시아의 남진에 대한 공포가 대단하였다. 러시아는 십 수년 전 청나라가 태평천국의 난과 제2차 아편전쟁에 시달리고 있는 것을 기회로 이용해 청의 전권대사 이산(奕山)을 협박헤 1858년 아이훈조약을 맺게 하였다. 이 조약은 헤이룽강 좌안을 러시아령(領)으로 하고, 우안의 우수리강에 이르는 지역을 청국령으로 하며, 우수리강에서 바다에 이르는 지역을 양국 공동관리하에 두도록 정하였다. 청은 1860년 제2차 아편전쟁을 종료한 베이징조약을 영국, 프랑스, 러시아 등 3국과 개별적으로 체결하였다. 11월 러시아와 체결한 조약은 청국과 영국/프랑스 간의 강화를 러시아가 알선한 이유로 러시아 요구를 청이 받아들인 것으로서 이제까지 아이훈조약에 의해 공동관리하던 연해주가 러시아에게 할양되었다. 러시아는 이 조약으로 동아시아 진출을 위한 핵심 전략요충지인 연해주 일대를 단숨에 손에 넣게 되었고 청나라는 연해주를 러시아에 넘겨주면서 대륙 본토에서 동해로 나아갈 수 있는 통로를 상실하게 되었다. 러시아는 이를 계기로 본격적인 이주를 시작하면서 자그마한 어촌이던 블라디보스토크를 시로 승격시켰으며, 점차 연해주 지방의 행정 중심 도시로 키워나갔다. 연해주를 빼앗긴 중국은 러시아를 주적으로 볼 수밖에 없었다. 여기에 앞서 언급한 이리 분쟁이 발발하여 청의 공아증(恐俄症)이 격화되었다. 야쿠브 벡의 왕국을 무너뜨린 청은 1879년 러시아군의 철수를 요청하기 위해 상트페테르부르크에 사절단을 보냈다. 사절단장 총호우(崇厚)를 통해 러시아와 체결한 리바디아조약(Treaty of Livadia, 1879년 10월)은 청 조정의 입장에서 보면 사기였다. 이 조약은 이리를 청에게 반환하는 것처럼 되어 있있지만, 정작 이리의 거의 3/4에 달하는 지역을 사실상 러시아가 지배하도록 했고, 7개의 핵심 거점지역에 러시아가 영사관을 설립할 수 있도록 했으며, 청이 러시아에게 5천만 루블의 전쟁배상금을 지급하도록 했기 때문이다. 내용을 입수한 청 조정은 전쟁을 준비하였고, 러시아 함대는 중국 해안에서 무력시위에 나섬으로써 일촉즉발의 위기가 발생했다. 물론 러시아-오스만터키전쟁(1877-78)에서 피해를 입었고, 산스테파노조약(1878년 3월)이 베를린회의(1878년 7월)에서 무효화되는 굴욕을 겪은 러시아가 물러남으로써 상트페테르부르크조약(1881년)에 의해 위기가 해소되었지만 청의 공아증은 더욱 심화되었다. 이러한 상황 하에서 청은 조선이 러시아의 세력권 내에 들어갈까봐 극도로 경계하였다. 사실 청의 공러의식은 영국과 미국이 부채질한 결과이기도 했다. 미 해군장교 슈펠트(Robert W. Schufeldt)는 리훙장과의 면담에서 "러시아가 영흥만을 점령하려 한다"며 겁을 주었다. 주청 영국공사 웨이드(Thomas Wade)는 "청의 입장에서 조선은 교역 면에서는 크게 기대할 것이 없지만 조선의 상실은 청에게 중대한 타격이 될 것"이라고 위협하였다.[106] 영국은 러시아와 '그레이트 게임'을 벌이고 있는 와중이었다. 영국은 러시

地球之上有莫大之國焉曰俄羅斯其幅員之廣跨有三
洲陸軍精兵百餘萬海軍巨艦二百餘艘顧以立國在此天
寒地瘠故殷殷思啟其封疆以利社稷自先世彼得王以來
新拓疆土既踰十倍至於今王更有囊括四海並吞八荒之志在
中亞細亞四鄰咸部處蠶食鯨吞天下皆知其志之不少徃徃合縱而
相距芒其一國俄久欲逞之以英法合力維持俄卒不得逞其志
方今泰西諸大善德芙英君奧善意乃謀處之以虎視眈眈不
可尺寸之土以與人俄既不能西畧乃得黃龍江之東於中國又屯戍
千餘年来浮諸太洲於日本得黃龍江之東於中國又屯戍國
州江口據高屋建瓴之勢其経之螢之不遺餘力者欲志

황쭌셴의 『조선책략』

아가 영흥만이나 부산항을 얻어 조선 땅에 교두보를 구축하고 대해
군국으로 발전할 경우 아시아에서 자국의 활동이 크게 제약받게 될
것을 우려하였다. 미국은 세계전략 차원에서 영국과 보조를 맞추고
있었다. 청은 일본도 경계의 대상이지만 러시아의 남진이 더 큰 위
협이므로 일본과의 분쟁을 일단 피하고 일본의 힘을 활용할 수 있
는 책략이 필요했다. 결론은 조선으로 하여금 대러 세력균형책에 참
여하도록 하는 것이었다.[107]

　『조선책략』은 '균세(均勢, 세력균형, balance of power)'를 조선의

이익으로 설명하였다:

"대의가 밝혀지고 성원이 절로 커지면, 러시아 사람은 그(조선
의) 형세가 외롭지 않음을 알고, 조금은 머뭇거리고 기피함이 있을
것이다… 이들이 무사하게 보전하고자 하면 반드시 너무 약하지도
않고 너무 강하지도 않은 채 서로 세력을 유지한 뒤에야 가능하다.
만일 한 나라가 다른 나라를 병합하면 세력이 강대해지고, 세력이
강대해지면 다른 나라도 또한 능히 스스로 보전하지 못한다… 서양
제국(諸國)이 조선과 맹약을 맺으려는 것은 러시아 혼자서 차지하
려는 세력을 빼앗아서 천하와 더불어 상호균형을 유지하려는 것이
다. 조선을 보전하는 것이 곧 그들 스스로를 보전하는 길이니, 이는
그 자신만의 독선을 누리려는 것은 아니다."

『조선책략』에 따르면 균세는 개방을 전제로 하는 것이었다:

"지금 지구 위에는 대소국을 막론하고 천을 헤아리는 많은 나라
가 있되, 능히 관문을 닫고 외국인을 거절할 수 있는 나라는 하나도
없다… 이 기회를 지나쳐 버리면 알거나 모르거나, 친숙하거나 소원
한 5대 부족이 모두 조선을 위태롭게 여기는데, 조선은 절박한 재앙
을 도리어 알지 못하니, 이야말로 처마의 제비가 불붙는 것도 모른
채, 아무 근심없이 즐겁게 지저귀는 것과 무엇이 다르겠는가(處堂之
燕雀 遨遊以嬉乎)?"

『조선책략』은 결론적으로 조선의 국가외교안보전략으로서 '친

(親)중국, 결(結)일본, 연(聯)미국'을 권고하였다. 친중국은 주종론에 관한 것이었다. 청은 조미수호조약 체결 시 조선이 중국의 '속방'이라는 표기를 원했으나 미국이 반대하여 목적을 달성하지 못한 바 있었다. 청은 주종관계의 유지를 원하였다. 결일본은 제아책(制俄策)의 하나로 제시되었다. 그러나 일본에 대한 시의와 경계가 완전히 해소된 것은 아니었다. 가장 중요한 연미국은 원교근공 및 이이제이 책략인 동시에, 신뢰할 수 있는 강대국인 미국을 끌어들임으로써 러시아의 남진을 봉쇄할 수 있다는 청의 희망을 담은 것이었다: "유럽을 멀리 하고 아시아를 친근히 하며 남의 나라를 침략하는 것을 미워하는 미국이 있어 가히 화친할 수 있다." 리홍장은 미국의 먼로 독트린에 감명을 받았다. 미국 대통령 먼로(James Monroe)는 1823년 12월 2일 미국의회에 보낸 국정연설문에서 "우리는 유럽국가 자신들이 관련된 문제로 인한 유럽 국가들의 전쟁에 참전한 적이 없거니와 그러한 전쟁에 참전하는 것은 우리 정책에 부합되지도 않는다"고 주장하면서 유럽국가는 남북 아메리카에 새롭게 식민지를 건설해서는 안 되고 또한 그들의 내정에 개입/간섭해서도 안되며 미국도 유럽의 문제에는 관여하지 않겠다고 선언하였다.

김홍집은 귀국하여 『조선책략』을 국왕에게 올렸다. 다음은 고종과 영의정 이최응이 나눈 대화이다:

> [왕이] 하교하기를, "일본 사람과의 문답 중에 러시아(俄羅斯)의 일은 우려됨이 없지 않았다"하니, 이최응이 아뢰기를, "러시아가 근래에 자못 강성하여 중국에서도 능히 제어하지 못합니다"하였

다. 하교하기를, "중국이 오히려 이와 같은데 하물며 우리나라는 더 말할 것이 있는가?" 하니, 이최응이 아뢰기를, "몇 년 전에 미야모토 고이치(宮本小一)가 연향 때에 바싹 다가앉아서 러시아 문제를 언급하였는데 그것은 진정이었습니다. 그런데도 우리나라 사람들은 과연 의심하였으니, 이번 수신사 편에 청 나라 사람이 보낸 책자를 보면 그 실정을 증명할 수 있습니다" 하였다… 하교하기를, "우리나라 사람들은 공연히 믿지 않고 근거 없는 말을 많이 한다" 하니, 이최응이 아뢰기를, "성교(聖敎)가 지당합니다" 하였다. 하교하기를, "수신사 편에 가지고 온 책자는 청나라 사신이 전한 것이니, 그 후한 뜻이 일본보다 더하다. 그 책자를 대신도 보았는가?" 하니, 이최응이 아뢰기를, "일본이 오히려 이처럼 성의를 다하는데 청나라 사람이야 더 말할 나위가 있겠습니까? 반드시 들은 것이 있었기 때문에 우리나라로 하여금 대비하게 하는 것입니다. 우리나라의 인심은 본래부터 의심이 많아 장차 그 책을 덮어 놓고 연구하지도 않을 것입니다" 하였다. 하교하기를, "그 책을 보니 과연 어떻던가?" 하니, 이최응이 아뢰기를, "신이 과연 그 책을 보았는데, 그가 여러 조항으로 분석하고 변론한 것이 우리의 심산(心算)과 부합되니, 한 번 보고 묶어서 시렁 높이 얹어둘 수는 없습니다. 대체로 러시아는 먼 북쪽에 있고 성질이 또 추운 것을 싫어하여 매번 남쪽을 향해 나오려고 합니다. 다른 나라의 경우에는 이득을 보려는 데 지나지 않지만 러시아 사람들이 욕심내는 것은 땅과 백성에 있으며, 우리나라의 백두산 북쪽은 바로 러시아의 국경입니다. 비록 큰 바다를 사이에 둔 먼 곳이라도 한 척의 돛단배로 순풍을 타면 오히려 왕래할 수 있는데, 하물며 두만강을 사이에 두고 두 나라의 경계가 서로 접한다면 더 말할 것이 있겠습니까? 보통 때에도 숨 쉬는 소리까지 서로 통할 만한데 얼음이 얼어붙으면 비록 걸어서라도 건널 수 있을 것입니다. 바야흐로 지금 러시아 사람들은 병선 16척을 집결시켰는데 배마다 3,000명을 수용할 수 있다고 합니다. 만약 추워지게 되면 그 형세는 틀림없이 남쪽으로 향할 것입니다. 그 의도를 진실로 헤아릴 수 없으니, 어찌 대단히 위태롭지 않겠습니까?"하였다. 하교하기를, "일본 사람들의 말을 보면, 그들이 두려워하는 바는 러시아로서 조선이 대비하기를 요구하는 듯하지만, 사실은 조선을 위한 것이 아니라 그들 나라를 위한 것이다"하니, 이최응이 아뢰기를, "비록 그렇더라도 우리나라야 어찌 러시아 사람들의 뜻이 일본에 있다고 핑계 대면서 심상하게 보고만 있겠습니까? 지금 성곽과 무기, 군사와 군량은 옛날만 못하여 백에 하나도 믿을 것이 없습니다. 마침내 비록 무사하게 되더라도 당장의 방비를 어찌 조금이라도 늦출 수 있겠습니까?"하였다. 하교하기를, "방비 대책은 어떠한가?"하니, 이최응이 아뢰기를, "방비 대책에 대하여 우리 스스로가 어찌 강구한 것이 없겠습니까마는, 청나라 사람의 책에서 논한 것이 이처럼 완벽하고 이미 다른 나라에 준 것은 충분한 소견이 있어서 그런 것입니다. 그중 믿을 만한 것은 믿고 채용해야 할 것입니다. 그러나 우리나라 사람들은 틀림없이 믿지 않을 것이니, 장차 휴지가 되고 말 뿐입니다. 지난 6월에 미국(米利堅) 사람들이 동래부에 왔었는데 본래 원수진 나라가 아니었으므로 그들이 만약 서계(書契)를 동래부에 바친다면 동래부에서 받아도 잘못될 것은 없으며, 예조에 바친다고 한다면 예조에서 받아도 역시 괜찮았을 것입니다. 그러나 서양 나라라고 해서 거절하고 받지 않았기 때문에 이내 신문지상에 널리 전파되어 마침내 수치가 되고 모욕을 당하게 된 것입니다. 미국에 대해 무슨 소문을 들은 것이 있어서 원수진 나라라고 하겠습니까?" 하였다. 하교하기를, "우리나라의 풍습이 본래부터 이러하므로 세계의 웃음거리가 된다. 비록 서양 나라들에 대해 말하더라도 본래 서로 은혜를 입은 일도 원한을 품은 일도 없었는데 애당초 우리나라의 간사한 무리들이 그들을 끌어들임으로써 강화도와 평양의 분쟁을 일으켰으니, 이는 우리나라가 스스로 반성해야 할 바이다. 대체로 양선(洋船)이 우리 경내에 들어오기만 하면 대뜸 사학(邪學)을 핑계 대는 말로 삼지만, 서양 사람이 중국에 들어가 사는데도 중국 사람들이 모두 사학이라고 말하는 것은 아직 들어보지 못하였다. 이른바 사학이란 배척해야 마땅하지만 불화가 생기게까지 하는 것은 옳지 않다"고 하였다.[108]

이전까지 개화에 적극적이지 않았던 고종은 김홍집의 보고와 개화승 이동인(李東仁)의 설명을 듣고 개화의 필요성을 절감했다. 고종은 『조선책략』에 따라 '연미국'을 추진하고자 하였다. 서구열강과의 수호조약 및 외교통상은 근대 외교이므로 그것을 담당할 새로운 정부조직이 필요했다. 그뿐만이 아니라 '친중'과 '결일'을 담당할 정부조직도 필요했다. 1880년 12월 20일, 고종은 유학생 파견, 군 개혁, 외교 문제 등을 전담할 통리기무아문(統理機務衙門)을 설립하였다. 청나라의 '총리각국사무아문'을 모델로 했다. 1881년부터 본격화된 고종의 개화정책은 바로 이 통리아문을 중심으로 추진됐다. 영선사 파견,[109] 신사유람단 파견,[110] 별기군 설치, 미국 등 서구열강과의 수호조약 체결 등이 통리아문의 주도로 추진된 개화정책이었다.

8.7. 위정척사파의 저항

대부분의 지방 양반·관료는 개화정책에 반대하였다. 이는 서울(京華)과 지방(鄕村)의 정치·경제·문화적 격차가 심화되는 '경향분기(京鄕分岐)'의 흐름을 반영하는 것이기도 했다. 조선 후기 한성은 청과 일본을 통해 선진문물을 직접, 그리고 빠르게 받아들였으나 당시 통신 및 지리적 제반 여건의 미비로 지방은 그렇지 못하였다. 그 결과 한성을 중심으로 대대로 거주하는 경화사족(京華士族)이 정치권력을 독점하고 지방에 거주하는 재지사족(在地士族)은 정치에 소외되었으며, 한성의 북촌을 중심으로 하는 경화사족은 점차 실용적인 학문을 수용하게 된 반면 영남을 중심으로 하는 재지사족은 성리학적 명분론에 집착하는 경향을 보이게 되었다. 경화사족은 향촌 사회나 농민, 민중의 동향을 소홀히 하였으며 반면 재지사족은 위정척사운동을 펴면서 한성 중심의 개화운동에 냉소적이고 노골적으로 반감을 드러냈다. 이러한 경향분기 현상은 후일 개화파 특히 급진 개화파가 세를 규합하지 못하고 개혁의 동력을 충분히 만들어내지 못한 원인 중 하나로 작용하게 된다.[111] 1880년 10월 1일 병조정랑 유원식(劉元植)이 반대 상소문을 올렸다. 유원식은 김홍집 처벌과 더불어 서원 복설(復設)을 요구했다. 사학(邪學) 천주교를 옹호하는『조선책략』을 배척하지 않고 받아와 왕에게 올린 김홍집은 처벌받아 마땅하며, 조선의 국시(國是)이자 정학(正學)인 주자성리학을 부흥시키기 위해서는 서원 복설이 필요하다는 이유에서였다.[112] 위정척사파는 고종의 개화정책을 사(邪)로 규정하고 자신들의 반대활동을 정(正)으로 규정함으로써 당시 상황을 정학과 사학의 대립구조로 논리화했다. 그 같은 위정척사파의 공격에 대해 국왕 고종은 충성과 반역의 논리로 대항하였다. 즉 자신의 개화정책에 찬성하는 것은 충성이고 반대하는 것은 반역이라는 논리를 내세웠던 것이다. 그 같은 논리에서 고종은 유원식을 반역으로 처벌하여 유배를 보냈다. 국왕과 국가의 위력으로 위정척사파의 반대를 제압하고 개화정책을 추진하기 위해서였다. 하지만 조선양반들은 왕권보다는 주자성리학을 더욱 중요하게 생각했다. 유원식 처벌 이후에도 개화정책에 반대하는 위정척사파의 상소문이 줄을 이었다. 고종이 개화 반대 상소를 올리는 양반·관료들을 엄벌하자 위정척사파는 만인소(萬人疏)로 대응했다. 위정척사파의 만인소는 영남에서 시작됐다. 1880년 11월 1일 안동 도산서원의 유생 모임이 영남만인소의 도화선이었다. 그날 안동 유생들은 개화정책에 반대하는 척사통문(斥邪通文)을 각 고을의 서원·향교 등에 발송하면서 11월 25일 영남유림의 회합을 개최한다고 알렸다. 그 척사통문에 따라 유생 800여 명이 안동향교에 모였다. 그들은 퇴계 이황의 후손인 이만손을 소두(疏頭)로 추대하는 등 만인소 작성에 필요한 업무를 분담했다. 1881년 2월 18일 소두 이만손을 필두로 하는 300여 명의 영남 유생은 한성에 도착했고, 다음 날부터 복합(伏閤)해 만인소 접수를 요구했다. 소문을 듣고 온 타 지역의 유생들이 가담함으로써 유생의 수는 400여 명으로 늘었다. 2월 26일, 고종은 영남만인소를 봉입하라고 명령했다. 유생들은 상소문에서 『조선책략』을 패륜망덕의 악랄한 불온문서로 단정하고 그 이유를 다음과 같이 제시하였다:

"일본은…수륙요충을 점령하였나이다. 저들이 날뛰는 날이면 어찌 마음대로 침입할 기회가 없겠나이까. 만일 지방마다 방비를 하지 않았다가 저들이 산돼지처럼 함부로 돌진해 오면 전하께서는 장차 어떻게 이를 제어하시겠나이까… 미국이란 우리가 본래 모르던 나라이옵니다…만일 저들이 우리의 헛점을 엿보고, 우리의 빈약함을 업신여겨서, 들어주기 어려운 청을 강요하고, 감당하지 못할 책임을 지운다면, 전하께서는 장차 어떻게 이에 대응하시겠나이까… 러시아는 본래 우리와는 혐의(嫌疑)가 없는 나라이옵나이다. 공연히 남의 이간을 듣고 우리의 위신을 손상시키거나 원교를 핑계로 근린을 배척하오면, 행동과 조치가 전도(顚倒)되고 허(虛)와 정(靜)이 앞뒤가 뒤바뀌게 될 것이옵나이다. 만일 이것을 구실삼아 분쟁을 일으킨다면, 전하께서는 장차 어떻게 이를 구제하시겠나이까. 더욱 분통한 것은 저 황준헌이라는 자는 중국 태생이라 말하면서 일본의 연사(演士)로 행세하고 예수를 선한 신이라 하였으니 사문난적(斯文亂賊)의 효시가 되었습니다. 아마도 지난번 사악한 패거리와 비적들이 강화도에서의 패배에 분개하여 병력으로는 이길 수 없다는 것을 알고 요행수로 차츰차츰 먹어 들어가려는 욕심을 부려 점차로 우리를 물들이려는 간계가 아니겠습니까. 만약 그렇지 않다면 감언이설로 꾀어 내는 것이 극도에 이르렀고 위협하는 말로 두렵게 하는 것이 심한 것입니다. 또 어찌 '전교(傳敎)가 무해하다'라는 말을 끝머리에 붙였겠습니까. 그 의도는 사교를 우리나라에 퍼뜨리려는 것에 불과합니다. 삼가 바라건대, 깊이 생각하시고 판단해서 그런 말을 하는 사람은 모두 쫓아 버리고 그 책은 물이나 불 속에 집어 던져 좋아하고 싫어함을 분명히 보이고, 중외(中外)에 포고하시어 온 나라 백성으로 하여금 전하의 뜻이 무엇인가를 분명히 알게 하고, 주공과 공자, 정자와 주자의 가르침을 더욱 밝혀 사람들이 모두 위와 친하여 어른을 위해서 자신의 목숨을 기꺼이 바치는 백성이 의리로 성(城)을 이루어 비류와 사당이 간악한 짓을 하는 것을 용납하지 않는다면 우리나라의 예의를 지키는 풍속을 장차 천하 만대에 자랑하게 될 것입니다."

고종은 개화정책 취소와 주자성리학 보위(保衛)를 요구하는 만인소를 받아보고, 뜻을 알겠으니 공부에 진력하라는 비답(批答)을 내렸다:

"간사한 것을 물리치고 바른 것을 지키는 일(闢邪衛正, 벽사위정)에 어찌 너희들의 말을 기다리겠는가. 다른 나라 사람의 『사의조선책략』은 애당초 깊이 파고들 것도 없지만, 너희들도 또 잘못 보고 지적함이 있도다. 만약 이를 빙자하여 또다시 번거롭게 상소하면 이는 조정을 비방하는 것이니, 어찌 선비로 대우하여 엄하게 처벌하지 않을 수 있겠는가. 너희들은 이 점을 잘 알고 물러가도록 하라."[113]

그러나 영남 유생들은 계속 복합하며 자신들의 요구를 수용하라고 주장했다. 고종은 이들을 회유하기도 했지만 결국 이만손 등을 유배형에 처했다. 그런데 1881년 4월, 영남만인소에 자극받은 전라도·충청도·경기도·강원도 유생들까지 복합해 만인소를 올렸다. 1881년 5월 15일, 고종은 사학(邪學) 천주교를 배척하고 정학 주자성리학을 보위하겠다는 척사윤음(斥邪綸音)을 반포했다. 고종의 충성과 반역 논리가 위정척사파의 정학과 사학 논리에 굴복한 셈이었다. 그럼에도 불구하고 위정척사운동은 더욱 격화하였다. 1881년 7월 6일에 강원도 유생 홍재학 등이 올린 상소문에서는 고종을 무식한 왕이라고 비난하기까지 했다. 고종이 무식해서 개화정책을 주장하는 무리들에게 놀아난다는 조롱조의 비난이었다. 고종은 홍재학을 범상부도(犯上不道)로 몰아 사형에 처했다. 고종과 위정척사파는 타협점을 찾기 어렵게 되었다. 위정척사파는 고종을 폐위함으로써 상황을 반전시키고자 했다. 이를 위해 그들은 대원군과 손을 잡고 쿠데타를 감행하려 했다. 그러나 군사력 및 자금이 미흡함을 인식한 대원군은 이를 없던 일로 해버렸다. 쿠데타 성공 시 대원군이 왕으로 옹립하려던 고종의 이복형 이재선만 토왜반정음모사건(討倭反正陰謀事件)의 희생양이 되어 사형에 처해졌다.

조선의 양반들은 충성과 반역보다는 정학과 사학이라는 논리에 더 호응했다. 정학이라는 논리에는 조선의 문명적 자존심과 가치관적 주체성이 내재됐지만, 충성이라는 논리에는 당시 고종 정권이 초래한 정치 경제적 현실에 비추어 그에 상당한 정당성이 존재하지 않았던 것이다. 위정척사파의 만인소는 서세동점의 격랑기 우국지사들이 왕의 무능무책을 정면으로 공격한 정론이기도 했고, 다른 한편, 국제정세에 어두운 선비들의 고리타분하고 시대착오적인 완미(頑迷)한 주장이기도 했다.

8.8. 조선, 미국과 관계를 맺다: 조미수호통상조약(1882)

고종은 『조선책략』이 가장 무해하고 잠재적으로 바람직한 동맹 대상으로 적시한 미국과 통상조약을 체결하고자 했다. 미국은 1876

년 조일수호조규가 체결되자 조선 진출 가능성을 일본에 타진한 바 있었다. 일본은 소극적이었다. 그러자 청이 조선과의 협상을 알선하 겠다고 나섰다. 청은 일본이 류큐를 오키나와 현으로 병합하고 러시 아가 이리 분쟁을 계기로 청을 압박하는 상황에서 러시아의 남하를 막고 조선에 대한 일본의 야심을 견제하기 위해서는 조선에게 미국 등 구미 여러나라와 수교할 것을 적극 권장하는 것이 필요하다고 판단한 것이었다. 1882년 5월 22일 제물포의 화도진에서 전권대사 신헌(申櫶)과 미국의 슈펠트(Robert W. Schufeldt)가 체결한 조미수 호통상조약(Treaty of Peace, Amity, Commerce and Navigation)은 불 평등 조약이었지만, 제1조의 "선위조처(善爲調處)" 또는 "거중조정 (居中調停)" 조항을 포함함으로써 조선으로서는 조선에 대한 미국의 안전보장을 담은 것으로 판단하였다:

조미수호통상조약 제1조: 若他國有何不公(약타국유하불공) 만일 제3국이 부당하게 대하거나 업신여기는 일이 輕蔑之事(경멸지사) 벌 어졌을 경우 一經照知(일경조지) 통지를 받는 대로 必須相助(필수상 조) 반드시 서로 도와야 하며 從中善爲調處(종중선위조처) 거중조정 을 함으로써 以示友誼關切(이시우의관절) 우의를 보여야 한다.

미국 측 영문본 제1조: If other Powers deal unjustly or oppressively with either Government, the other will exert their good offices, on being informed of the case, to bring about an amicable arrangement, thus showing their friendly feelings. (만 일 제3국이 일방국을 부당하게 또는 억압적으로 대우할 경우, 타방국은 그

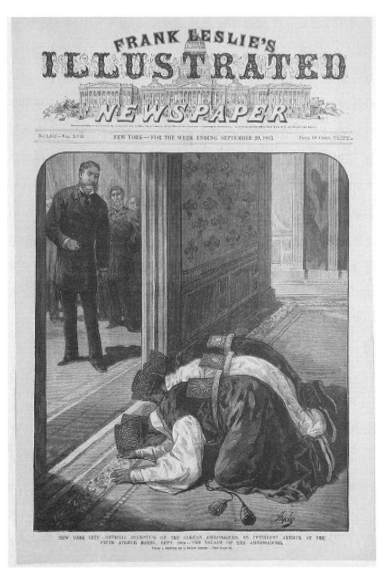

1883년 조미수교 1주년을 맞아 미국을 방문한 민영익(1860~1914) 등 보빙사 일행이 체스터 아서 미국 대통령에게 큰절을 올리고 있다. 미국 뉴욕의 한 언론매체가 삽화로 그렸다.

사건에 대해 통지 받는 대로 원만한 합의에 도달하도록 거중조정에 힘써 우의를 보여야 한다.)

조미수호통상조약의 비준(1883년 1월 9일)에 따라 1883년 5월 12일 초대 미국전권공사 푸트(Lucius H. Foote)가 조선에 입국했다. 고종은 "초대 조선 주재 미국 공사의 격이 동경과 베이징 주재 공사와 동격으로 결정되자 뛸듯이 기뻐했다."[114] 푸트는 고종을 배알하는 자리에서 체스터 아서(Chester A. Arthur) 대통령이 사절단 파견을 환영한다는 의향을 전했고, 고종은 여기에 쾌히 동의하여 1883년 7월, 미국에 보빙사(報聘使, 보빙은 '답례로서 외국을 방문하는 일')를 파견하였다.

조선의 바람과는 달리 미국은 조선에 대해 큰 관심을 가지고 있지 않았다. 1884년 7월 7일부터 한국에 있는 전권공사의 자리는 변리공사 겸 총영사로 격하되었다. 미국은 조선에 진출한 주요국 중 수도 이외 지역에 공관을 설치하지 않은 유일한 나라였다.[115] 고종과 조선에게는 설상가상으로 조미조약 제1조인 선위조처 또는 거중조정의 약속은 결코 지켜지지 않았다. 이 조항이 미국이 분쟁 당사국 사이에 개입하여 그것을 원만히 해결하도록 알선해야 한다는 것을 의미한다고 했을 때 조선이 부당한 사유로 위급한 사태에 빠졌는데도 그때마다 조약의 당사국으로서 미국은 조약의 의무를 다하지 않았다는 말이다. 고종은 청일전쟁 발발 직전 주미공사 이승수(李承壽)에게 조미조약의 제1조인 거중조정 항목의 정신에 입각하여 전쟁이 일어나지 않도록 미국이 개입할 것을 요구했으나 미국은 불개입의 입장을 고수했다. 또한 고종은 러일강화조약이 일본의 한국

보호권을 승인하는 것으로 결정되자, 미국인 헐버트(Homer B. Hulbert)를 1905년 10월 미국 대통령에게 보내 친서를 전달했다. 1882년 조미조약 제1조의 거중조정 조항에 의거하여 미국이 나서서 한일의정서(韓日議定書) 파기를 도와주고 열강의 공동보호를 통해 일본의 침략을 견제해달라는 요청이었다. 일제의 강압으로 을사늑약(乙巳勒約, 1905년 11월 17일)이 체결된 직후인 11월 26일에는 미국에 있던 헐버트에게 늑약은 무효라는 긴급 전문을 보냈고, 12월 11일 미국무장관 루트(Elihu Root)를 면담하게 하였다. 그러나 루트는 "한국은 1904년 2월의 한일의정서와 8월의 이른바 고문협약(顧問協約) 체결로 사실상 일본의 보호국 상태가 되었으므로 미국은 어떠한 협조도 할 수 없다"고 대답하였다. 전 주한미국공사 알렌(Horace N. Allen)도 고종으로부터 운동자금 1만 달러와 황제의 어새가 압인된 친서 등을 전달받고 미국 정부를 상대로 교섭을 벌였으나 미국은 고종의 호소를 모두 묵살하였다.

고종은 조미수호통상조약 제1조의 거중조정 조항을 철석같이 믿었지만 미국 국무장관은 그 존재 자체를 모르고 있었다.[116] 루즈벨트 대통령은 그것을 알고 있었다 해도 그가 고종을 위해 움직인다는 것은 상상할 수 없는 것이었다. 그렇지 않아도 친일적(親日的) 가치관을 가지고 있었던 그는 이미 부통령 시절 일본이 조선을 보호국화하는 것이 바람직하다고 보았다.[117] 그는 의화단 봉기를 미군 등과 함께 진압하던 일본군이 미군이나 유럽국가들의 군대보다 훨씬 낫다는 미군 측 보고를 받고 "쪼꼬만 일본놈들, 참으로 대단하다"[118]며 경탄한 반면 조선 조정의 무기력함에는 진저리를 쳤다. 루즈벨트는 1900년 독일인 측근에게 "일본이 조선을 취하는 것이 마땅하다"

고 말했다.[119] 1901년 대통령이 되어 러일전쟁을 중재한 공로 등으로 1906년 노벨 평화상을 받게 되는 그는 러일전쟁이 막바지에 이르던 1905년 8월 28일 존 헤이(John Hay) 국무장관에게 보낸 편지에서 이렇게 썼다: "조선인들은 자신들을 위해 주먹 한 번 휘두르지 못했다… 조선인들이 자신을 위해서 스스로 전혀 하지 못한 일을, 자기 나라에 아무런 이익이 되지 않음에도 불구하고 조선인들을 위해 대신 해주겠다고 나설 국가가 있겠는가?"[120] 고종은 미국의 태도가 의아하고 원망스러웠다. 그러나 그가 할 수 있는 일은 없었다. 미국은 조선과의 조약에도 불구하고 일본이 조선을 강제 합병하는 상황을 저지하기는커녕 오히려 기여하였다. 고종의 측근으로 을사늑약 무효화 외교에 나섰던 헐버트는 1916년 3월 5일 자『뉴욕타임즈』기고문에서 자신이 몇 주 전에 신문사에 보낸 편지 내용을 공개하면서 "윌슨 대통령이 벨기에에 대한 독일의 공격에 항의하지 않았다고 비난하고 있는 시어도어 루즈벨트는 정작 일본이 한국을 보호국화할 때 1905년 조미수호통상조약상의 의무를 지키지 않은 후안무치한 사람으로서 도덕적 책임에서 벗어날 수 없다"고 일갈하였다.[121]

현대의 대다수 한국 사람들은 고종이 그랬던 것처럼 미국이 조약의 의무를 다하지 않은 것을 원망하거나 그것에 대해 분개할 것이다. 일부는 이러한 미국을 지금도 신뢰할 수 없다고 생각할 수도 있다. 약속을 지키는 것은 그 행위의 결과에 구애됨이 없이 행위 그것 자체가 선(善)이기 때문에 무조건 그 이행해야 한다는 칸트적 도덕론에 따르면 그 어떤 이유에서든 약속을 지키지 않은 시어도어 루즈벨트나 당시의 미국은 비판받아 마땅하다. 임마누엘 칸트에 따르면 "도덕적 정치가는 국가정략의 원리들을 도덕과 양립할 수 있게끔 취하는"사람이고, 자연법에 부합하는 정략을 고민하는 것을 의무로 알고 그들의 이기심을 희생시켜서라도 그리한다. 반면에, "정치적 도덕주의자는 정치가의 이익이 유리하게 보는 바대로 도덕을 마름질하는"사람이다. 정치적 도덕주의자들은 다음과 같이 말한다:

> (권력을) 독점으로 점취하기 위한 유리한 기회를 잡아라. 정당화는 행위가 있은 후에 훨씬 더 쉽게 그리고 그럴 듯 하게 이뤄질 수 있고, 폭력도 미화될 수 있다… 뻔뻔함 자체가 행위의 정당성에 대한 내적 확신의 모종의 외관을 주며, '행운[의 결과] 신'이 나중에 최선의 변호인이 된다… 네가 이웃 국가를 점령한 경우에도, 그것은, 인간이 타인에게 폭력으로 선수를 치지 않으면, 확실히 타인이 그에게 선수를 쳐서 그를 점령하게 될 것을 계산할 수 있는 인간의 자연본성의 탓임을 주장하라… 분할하라 그리고 지배하라. 분열시키고 이간하라. 그리고 더 큰 자유를 주겠다고 현혹하라. … 무릇 강대한 권력들은 일반 대중의 판단에 대해서는 부끄러워하는 일이 없고, 단지 한 강대 권력은 다른 강대 권력들 앞에서만 부끄러워할 뿐이며, 저 원칙들과 관련해서도, 그것들이 폭로되는 일이 아니라, 단지 그것들의 실패만이 그들을 부끄럽게 할 수 있다. 그리하여 그들에게는 언제나 그들이 확실하게 의지할 수 있는 정치적 명예, 곧 그것이 어떤 방법으로 얻어진 것이든 간에 그들 권력의 확대만이 남는다.[122]

칸트의 입장에서 보면 조선은 약속을 지키지 않은 정치적 도덕주의자에 대해 비판할 권리를 가진다. 그러나 정치적 도덕주의자의 "궤변"은 궤변일 뿐인가? 우리는 도덕적 정치가의 시각만으로는 이 이슈의 전체를 파악하고 이해하는 데 부족함이 있다는 것을 안다. 의무와 도덕은 개인 수준과 국가 수준에서 같은 잣대로 평가하기 어려운 면이 있기 때문이다. 개인 루즈벨트와 국가를 대표하는 루즈벨트는 다른 기준으로 평가받을 필요가 있다는 뜻이다. 칸트와 마찬가지로 시간의 심판을 견뎌낸 다른 관점의 고전들을 들여다보자. 앞서 이미 언급한 바와 같이, '국가이성(raison d'État, Staatsraison)'을 개인의 윤리보다 우선시한 근대적 정치 사상가 니콜로 마키아벨리는 "현명한 군주는 신의를 지키는 것이 그에게 불리할 때, 그리고 약속을 맺은 이유가 소멸되었을 때, 약속을 지킬 필요가 없으며, 지켜서도 안 된다"고 역설했다. 왜냐하면 인간이란 사악하여 강제되지 않는 한 약속이 그것이 옳기 때문에 지켜야 한다는 도덕심은 없기 때문이라는 것이다. 그는 평화조약과 약속이 파기되고 무효화된 역사가 자신의 주장을 정당화한다고 주장했다. 미국의 현대 국제정치이론을 대표해온 한스 모겐소 역시 개인과 국가 수준의 윤리와 도덕은 전혀 다른 것이라는 논리를 펼치고 있다. 그에 따르면 단순한 정치인(politicians)이 아닌 국가지도자들(statesmen)은 국가이익의 관점에서 사고하고 행동해야 하는 "공식적 의무(official duty)"와 개인적인 도덕적 가치와 정치적 원칙들을 전 세계에서 실천하는 것을 의미하는 "개인적 바람(personal wish)"을 구별하는 사람들이다. 그리고 국가지도자가 갖춰야 할 덕목은 바람직한 것(desirable)과 가능한 것(possible)을 구분할 수 있는 분별력(prudence)이다. 그는 지도자들이 시공간을 초월해서 보편적으로 바람직한 것들, 즉 추상적인 가치들을 추구해야 하지만 동시에 그것들 중 구체적 시공간의 환경과 맥락에서 현실적으로 가능한 것들을 추려내어 실현시키도록 노력해야 한다는 것이다. 요컨대 그는 보편적 도덕은 구체적 현실적 조건이라는 필터를 통과할 경우에만 정책의 영역에 포함될 수 있다고 주장하고 있는 것이다. 왜 그런가? 그는 개인이 아니라 국가로서 행동하기 때문이다. 그는 개인은 세상이 멸망할지라도 정의가 강물처럼 흐르게 하라"라고 말할 수 있지만 국가는 자신이 돌봐야 하는 국민의 이름을 빌려 그렇게 말할 권리를 갖지 못한다는 것이다. 모겐소에 따르면 정의나 도덕이 아닌 국익을 계산할 수 있는 분별력이야말로 국제정치에서의 최고의 덕목이다.

시어도어 루즈벨트는 당시 대부분의 국가지도자들이 그러했듯이 세력균형이야말로 상식적인 국제정치적 책략이라고 믿었다.[123] 강자의 부상은 위협이 되는 것이고 그것을 미연에 방지하려면 세력균형책으로 강자의 출현을 막아야 하기 때문이었다. 당시 국제정세는 복잡하고 불안정하게 전개되고 있었다. 영국 등에 의해 지중해 진출이 좌절된 러시아는 1891년 3월 시베리아횡단철도를 기공하여 1904년 6월 완공함으로써 동북아로의 세력확장을 기도하고 있었다. 독일 비스마르크의 고립전략을 벗어나려는 프랑스는 독/러재보장조약 연장을 거부한 독일을 대체할 동맹국을 찾고 있던 러시아와 전략적 이해관계를 같이 하면서 1894년 동맹조약을 체결하였다. 영국은 '그레이트 게임'의 일환으로 일본과 1902년 동맹조약을 맺었고, 독일의 빌헬름 2세는 비스마르크의 유럽중심 전략을 버리고 제국의 이익을 동북아에 투영하고 있었다. 미국은 중국 시장을 선점한 유럽국가들에게 무차별주의를 주장하는 문호개방정책(Open Door policy)을 추진하고 있었다. 루즈벨트는 미국 외교안보의 급선무는 중국 시장에 접근하기 위해 영국 등 유럽국들과의 관계를 안정적으로 유지하면서 러시아의 세력팽창을 억지하는 것이라고 보았다. 그는 메이지 유신 이후 급성장하고 있던 일본이 러시아의 야망을 저지할 수 있는 잠재력이 있다고 판단했다. 그러나 일본은 러시아의 적수가 되지는 못했고, 따라서, 일본이 조선을 병합하길 원한다면 그것은 세력균형의 논리나 미국의 국익 차원에서 타당하고 바람직하다고 생각했다. 위에서 언급한 조선의 개입(거중조정) 요구 거부나 나아가 태프트-가쓰라 밀약(1905년 7월)도 이와 같은 국제정치적 셈법에 의한 것이었다.

루즈벨트가 세력균형가였다는 사실은 일본이 러일전쟁(1904년 2월 8일-1905년 9월 5일)에서 승리한다면 미국을 불안케할 수 있는 거대한 세력으로 부상하게 될 것이라고 예상하며 경계했다는 점을 통해서도 알 수 있다. 그는 미국이나 유럽국가들이 일본을 강대국으로 대우하지 않는다면 일본은 서방에게 위험한 나라가 될 것이라고 우려했다. 따라서 그는 동아시아에서 강자가 된 일본을 강국으로 인정하면서도 일본이 미국의 대중국 문호개방정책을 위협할 수 있다고 보고 해군력 증강[124] 등 세력균형책을 구사하기 시작하였다. 루즈벨트는 그의 이러한 이중 전략이 극동의 세력균형에 장기적인 안정성을 가져올 것이라고 생각했다.[125] 그러나 그의 전략구상은 "무기력한 약소국" 조선에게는 절망을 가져다 주었다.

한국은 약속을 지키지 않은 시어도어 루즈벨트에 대해 도덕적 윤리적인 관점에서 비판할 권리가 있다. 그러나 한국은 그것이 미국의 국익과 세력균형책에 따른 전략적 선택이었다는 점도 이해해야 한다. 당시 미국의 대통령이 시어도어 루즈벨트가 아니었어도 같은 선택을 했을 가능성이 높다는 점은 마키아벨리나 모겐소가 지적하듯 의무와 도덕은 개인 수준과 국가 수준에서 같은 잣대로 평가하기 어렵다는 국제정치의 현실주의적 관점에 대해 한국이 깊히 성찰해볼 문제라는 뜻이다. 이러한 관점에서 한미관계를 보면 19세기 말/20세기 초의 한미관계와 21세기의 한미관계는 연속성과 불연속성을 동시에 가지는 것으로 파악된다. 권력의 관점에서 정의되는 국가이익의 추구라는 국제정치의 논리가 변하지 않았다면 연속적인 면이, 그러나 한국이나 미국이 서로에 대해 갖고 있는 정치적 정체성이나 전략적 가치가 변했다면 불연속적인 면이 부각될 것이다.

8.9. 보수파-개화파 투쟁

『조선책략』을 채택한 고종이 조미수호통상조약을 체결한 지 불과 한 달도 되지 않아 조선에서는 보수파 대 개화파의 투쟁이 본격화하였다. 보수파의 공격은 1882년 6월 9일 임오군란(또는 임오군변)에서 시작했고, 개화파는 1884년 12월 4일 갑신정변으로 반격하였다. 강화도조약이 동반한 조일수호조규(1876년 2월), 수호조규부록(7월, 일본화폐사용), 조일무역규칙(7월, 쌀·잡곡 등 무제한 수출) 등은 곡물가격을 급등시키며 도시 하층민들의 불만을 고조시켰다. 팽배해져가고 있던 조선인들의 반일감정을 폭발시킨 것은 구식 군인에 대한 조선 정부의 홀대와 관련이 있었다. 조선은 1881년 4월 그간 한성과 그 외곽을 방어하던 5군영을 무위영과 장용영의 2영으로 개편하고, 무위영 소속으로 신식 군대인 별기군을 창설하였다. 왜

별기(倭別技)라고도 불린 이 신식 군대에서는 일본군 소위가 교관이 되어 양반 자제 수십 명에게 사관생도 교육을 실시했다. 조선 정부는 구조조정 당한 구식 군인들에 대한 대책은 없이 별기군만 급료/보급 등에서 우대하였다. 구조조정에서 그나마 살아남은 군인들은 13달 동안 봉급미를 받지 못해 불만이 높아갔다. 선혜청(宣惠廳) 관리들의 착복이 주요 원인이었다. 그들은 마침내 한 달 치의 봉급미를 받게 되었으나, 그것마저 선혜청 고지기의 농간으로 양이 턱없이 부족한데다 모래가 반 넘게 섞여 있었다. 성난 군인들은 선혜청 당상(堂上) 민겸호(閔謙鎬) 등을 살해하고 일본공사관을 습격하여 불태웠다. 민씨 세도정치의 핵심인 민비는 장호원으로 피신했다. 사태가 통제불능에 빠지자 고종은 "지금부터 크고 작은 모든 일은 대원군이 품결(稟決)한다"는 왕명을 내렸고, 민비에 의해 실각했던 대원군이 다시 정치 전면에 나서게 되었다.

주체성이 있는 대원군의 권력장악은 조선의 대외정책에 개입하고 있던 청을 당황시켰다. 청은 민씨 척족들이 당시 영선사로 청나라에 체류 중이던 김윤식 어윤중을 통해 파병을 요청하자,[126] 3,000여 명의 군대를 파견했다. 청군이 조선에 도착해 행한 첫번째 조치 중 하나는 대원군의 납치였다. 우창칭(吳長慶) 등 청의 장수들은 1882년 7월 13일 운현궁에서 대원군을 예방하고 청군영으로 답방을 요청하였다. 14일 청군 막사에서 대원군과 필담을 나누던 리훙장의 외교보좌관 마지엔충(馬建忠)은 느닷없이 동행을 명령했다.[127] 대원군은 청나라 함대가 정박해있던 남양의 마산포(오늘날 경기도 화성의 송산면에 있는 마산포)로 강제 이송되었다. 마지엔충은 필담 중 대원군이 연행되어야 하는 이유를 다음과 같이 적시했다:

왕이 황제의 책봉을 받았으면, 일체의 정책과 법령이 응당 왕에게서 나와야 하는데, 그대는 6월 9일의 변란에서 제멋대로 대권을 훔쳐, 자기와 생각이 다른 사람은 주살하고 자기와 사사로운 관계에 있는 사람을 끌어다 썼으며, 황제의 책봉을 받은 왕은 물러나 왕부(王府)를 지키게 했다. 왕을 속인 것은 실로 황제를 경시한 것이니, 그 죄가 용서받을 수 없는 것이다. 다만 왕과는 부자의 관계가 있어 너그러운 조치를 고려하겠다. 신속히 가마에 올라 마산 나루로 가서 군함을 타고 톈진에 가서 조정의 조치를 기다림이 좋을 것이다.[128]

이는 한 마디로 하자면 조선 국왕은 청 황제가 책봉했는데 당신이 스스로 대권을 잡아 황제를 능멸했으니 상국 조정의 결정을 구하도록 하라는 것이었다. 청의 의도는 분명했다. 조선이 자신의 속국임을 확인하려 했던 것이다. 청은 배신(陪臣, 제후가 천자를 상대하여 자기를 낮추어 이르던 일인칭 대명사)의 황제의 권위에 대한 도전을 황제가 직접 징치(懲治)하고 있다는 점을 밝히고자 했던 것이다. 대원군 납치에 대한 청의 효유문(백성들을 타이르는 글)에 대해 조선의 사관이 기록한 바는 아래와 같다:

"오늘 오후에 대원군이 청 나라 군영에 가서 답례 방문을 하고 사의를 표한 다음 병선을 타고 중국으로 떠났다. 황제의 명을 받고 조선의 사변을 처리하는 효유문(曉諭文)의 대략에, '조선은 중국의 속국으로서 본래부터 예의를 지켜왔다. 근래 이래로 권신들이 실권을 잡아 나라의 정사가 사가(私家)의 문에서 나오더니 마침내 올해 6월의 변고가 있게 되었다. 지난번 이 변고가 황제께 보고되자 황제께서는 장수들에게 명하여 군사를 파견하였다. 먼저 대원군을 중국에 들어오게 하여 일의 진상을 직접 물으시고, 한편으로 죄인들을 잡은 뒤에는 엄하게 징벌하되, 그 수괴는 처단하고 추종한 자는 석방하여 법을 정확히 준수하도록 하였다. 이제 정(鄭) 제독이 잠시 대원군과 함께 바다를 건너서 황제께서 계신 곳으로 갔다. 남의 혈육지간의 일에 대하여 은정을 온전하게 하고 의리를 밝히는 것은 우리 대황제께서 참작해서 알맞게 잘 처리하실 것이요, 너희 대원군에게는 반드시 대단한 추궁을 하지는 않으실 것이다. 그런데 행차가 갑자기 있었으므로 혹시 너희들 상하 신민들이 이 뜻을 알지 못하고 함부로 의심과 두려움에 사로잡혀 원 나라에서 고려의 충선왕과 충혜왕을 잡아간 전례와 같은 것으로 생각한다면 황제의 높고 깊은 뜻을 저버리는 것이다. 이밖에 지난번 난을 일으킨 무리들이 혹시 다시 음모를 꾸민다면, 지금 대군이 바다와 육로로 일제히 진출한 것이 벌써 20개 영(營)이나 되니 너희들은 화와 복을 깊이 생각하고 일찌감치 해산할 것이며, 그릇된 악감을 고집하여 스스로 죽음을 재촉하지 말라. 아! 대국과 너희 조선은 임금과 신하의 관계이므로 정의(情誼)가 한 집안과 같다. 본 제독은 황제의 명령을 받고 왔으니, 곧 황제의 지극히 어진 마음을 체득하는 것이 군중(軍中)의 규율이다. 이것을 믿을 것이다. 특별히 절절하게 타이른다.'"[129]

청은 대원군 연행이 청 황제의 권리행사의 일환이라고 주장했지만 속내는 보다 복잡했다. 청은 『조선책략』에서 제시되었듯이 대러 억지책으로서 "결일본"이 필요했다. 따라서 일본의 요구를 거부하는 대원군을 제거함으로써 조일간 문제를 해결하고자 했던 것이다.

또한 청에게 더욱 중요한 것은 고종/민씨 척족의 조선에 대한 종주권을 확실히 하는 일이었다. 청은 고분고분한 민씨 세도가들에게 "우리가 대원군을 처치하여 나라를 구해 너희들에게 다시 주었으니 청을 더 열심히 섬기라"는 이른바 재조지은의 메시지를 확실히 전달하고자 했다. 마지엔충은 리훙장에게 다음과 같이 보고했다:

> 헌대(憲臺, 李鴻章)께서 처음 주장하신 바대로 하는 것보다 더 좋은 계책은 없을 것이니, 하응(대원군)을 중국에 억류해서 그 부귀를 끝까지 누리게 한다면 은혜와 의로움을 모두 보전할 수 있을 것입니다. 이미 진헌(振憲, 장수성)께 아뢰어 상의 드린 바와 같이, 주청(奏請)하여 하응을 중국에 안전하게 두시기를 비오니, 만약 반정(反正, 고종의 복위)이 이뤄지기만 하면 그 국왕은 반드시 분발해서 떨쳐 일어나려 더욱 노력할 것이니, 재조(再造)의 국면을 헌대가 아니면 누가 더불어 주관하겠습니까?[130]

임오군란 진압의 책임을 맡았던 우창칭 군영의 막료들이 출간한 조선견문록인 주가록(周家祿)의 『오이조선삼종(奧簃朝鮮三種)』에 따르면,

> "광동수사(廣東水使) 제독 오장경에게 삼천의 군사를 인솔하여 등주(登州)에서 조선으로 가게 하였는데, 이를 '수호지사(授護之師)'라 칭하였다. 7월 4일에 배를 타고 3일 후에 조선에 도착하였으며, 10일 후에 그 죄인을 잡아 톈진으로 보내었다. 이어서 병사들을 나눠 남은 잔당들을 체포하고 왕비가 돌아와 종묘사직이 보전되어 온

나라가 기뻐하며 중국의 재조지공(再造之功)을 칭송하였다.”[131]

주지하듯이, 재조지은은 임진왜란 때 명나라가 파병하여 일본으로부터 조선을 구해주었다는 정치담론이었다. 조선은 권력관계의 비대칭성 때문에 청에 사대할 수밖에 없었지만 이념적으로 도덕적으로 청과는 완전한 위계관계를 인정하지 않았던 터라 청은 이 기회에 고종과 민씨 세력에게 반청 감정의 근본이었던 재조지은의 논리를 현실화하고자 했던 셈이다. 청은 고종의 친정을 복구하여 민씨 척족 정권을 다시 수립하였다. 청은 실질적 속방관계를 강화하기 위해 우창칭, 위안스카이(袁世凱) 등이 지휘하는 군대를 서울에 주둔시켜 조선 군대를 통제하고, 마지엔충뿐 아니라 묄렌도르프(Paul Georg von Möllendorff) 등 30여 명의 외국인을 정치 외교 고문으로 보내 내정과 외교에 간섭하기 시작했다. 청은 조선과 1882년 8월 23일 조청상민수륙무역장정(朝淸商民水陸貿易章程)을 체결했다. 이에 따라 청 상인은 치외법권의 위상과 내지통상권을 확보했고 조선의 상인 역시 베이징에서 교역할 수 있게 되었다. 장정 체결의 근본적 이유는 정치적이었다. 조선이 청의 속방임을 문서로써 분명히 하고 조선을 실질적으로 청에 예속시키기 위한 것이었다.[132] 통상조약이 아니라 무역장정이라는 용어는 종주국과 속방 사이에는 조약이 체결될 수 없다고 청이 주장했기 때문에 사용되었다. 이후 조선은 청에 대해 중국이라는 용어 대신 천조, 혹은 상국 등의 칭호만 사용해야 했다. 사대자소(예로서 대국을 섬기고 덕으로써 소국을 사랑한다)는 파괴되었다.

권력을 회복한 민씨 척족은 친청으로 정책을 변경했지만 청의 간섭과 압박이 심해지자 때마침 조선에 입국한 러시아 외교관 칼 베베르(Karl Waber)와 합세하여 1884년 7월 7일 조러수교통상조약을 체결하였다. 청의 리홍장은 이처럼 민씨 일파의 조선 정부가 러시아로 기울어 조선의 번속(藩屬) 관계를 고수하는 데 불리해지자, 톈진의 보정부(保定府)에 3년 2개월 동안 억류하던 대원군을 조선으로 송환하여 친러파를 견제하기 위한 수단으로 사용하고자 했다.

한편 일본은 대조선 영향력 감퇴를 만회하기 위한 조치를 강구하였다. 일본은 피해 보상과 거류민 보호를 내세우면서 하나부사(花房義質) 공사를 다시 조선에 파견하면서 병사들을 동반시켰다. 일본의 출병에 당황한 조선정부는 1882년 8월 30일 제물포조약(수호조규속약 포함)을 체결하여 일본에 배상금을 지불하고 일본 공사관원 및 상인들의 행동구역을 확대했다. 이 조약은 "일본공사관에 병사 약간을 두어 경비하게 한다"는 조항을 포함해 일본군 주둔을 인정한 법적 근거가 되었다. 군란 직전에 일본에 갔던 개화파 김옥균과 서광범 등은 하나부사와 같은 배에 탑승하여 귀국했다. 이는 중국에 체류하고 있던 김윤식과 어윤중이 귀국할 때 중국의 군함에 탑승한 것을 연상시켰다.

당시 조선의 정치는 대략 다섯 개의 세력이 경쟁하는 구도였다. 민씨 수구파와 대원군 수구파가 투쟁하는 가운데 어디에도 속하지 않는 위정척사파가 존재했다. 이들을 모두 배척하고 개화라는 대안을 모색하던 상대적으로 젊은 지식인/관료들은 온건파와 급진파로 나뉘어 있었다. 김홍집과 김윤식의 온건개화파는 동도서기론(東道西器論)을 내세웠다. 1880년대 초 온건개화파와 급진개화파가 분기되기 전 조선의 개명지식인들은 이미 자기의 도를 지키면서 다른 나라의 우수한 과학기술을 받아들이자는 동도서기론을 거론하였다. 개항 이전의 박규수도 유사한 생각을 가지고 있었다. 그러다가 1876년 개항 후 일본과 서양의 문물이 본격적으로 들어오게 되자 1880년대 초부터 신기선(申箕善), 곽기락(郭基洛) 등이 동도서기론을 제창했다. 동도서기론은 중국의 중체서용론(中體西用論)이나 일본의 화혼양재론(和魂洋才論)의 조선판이라 할 수 있는 개념이자 사상이었다. 김옥균, 박영효가 주도하는 급진개화파는 청국과의 종속적인 사대관계를 청산하고 완전한 자주독립을 지향하였고, 일본의 메이지유신을 그 개혁의 모델로 삼았다. 그들은 청과 대립하던 일본의 지지를 배경으로 민씨 척족의 수구세력을 제거하고 군주제를 유지하면서도 정치, 법, 경제, 외교 등 조선 사회전반의 제도들을 위에서부터(from above) 근본적으로 개혁하는 소위 변법개화를 모의하게 되었다. 이들의 모의는 갑신정변(1884년 12월 4일)으로 이어졌다.

친청으로 돌아선 고종과 민씨 척족세력이 일본을 견제하기 시작하자 일본의 지지를 기대하고 체제 혁신을 모의하던 변법개화파는 악화되는 국내정치적 세력균형을 되돌리기 위해 모종의 조치를 필요로 하게 되었다. 문제는 자금이었다. 당시 만성적 재정난을 겪고 있던 조선은 마땅한 재원을 마련하지 못해 화폐를 남발하고 있었다. 개화당은 재정난을 완화하고 자신들의 정치자금을 확보하기 위해 일본으로부터의 차관을 고종에 설득했고 그의 허락을 얻어냈다. 1882년 10월 수신사 박영효를 수행하여 방일한 김옥균은 일본 정부의 주선으로 국책외환은행인 요코하마쇼킨은행(橫濱正金銀行)으로부터 17만 엔의 차관을 얻을 수 있었다. 조선에게 매우 불리한 조건 하에서 확보된 이 자금은 50여 명의 유학생 학비 등 주로 개화를 위한 기초사업에 투입되었다.

민씨 측은 리홍장이 천거하여 조선의 외교고문 역할을 하던 묄렌도르프의 조언에 따라 소재 금속가치가 명목가치에 못 미치는 악화인 당오전(當五錢)을 발행하도록 고종을 압박했다. 개화당이 물가고를 지적하며 반대하자(당오전 동전 한 개의 명목가치는 상평통보 동전의 다섯 배였으나 시중에서는 상평통보 한 개와 동일한 가치로 통용되었다), 고종은 그들이 원하던 차관 또한 허락했다. 김옥균은 고종의 위임장을 갖고 300만 엔의 국채 모집을 위해 1883년 6월 일본을 방문하였다. 그는 어떻게 해서라도 이 일을 성공시켜야만 했다. 국왕의 신뢰를 받기 위해 필요하고, 또 나라를 개화의 궤도로 올려놓는데 이 자금이 필수적이라고 생각했기 때문이다. 그러나 김옥균을 맞이한 일본 관료들은 난색을 표명했다. 세 가지 이유가 있었다. 첫째, 임오군란 이후 이노우에 가오루(井上馨) 외상은 청과의 대결을 피하기 위해 조선에 대한 불간섭정책을 고수하고 있었다. 그에게 대조선 대규모 차관은 외교적으로 껄끄러운 사안이었다. 둘째, 임오군란 이후 부임한 일본공사 다케조에(竹添進一郞)는 김옥균이 조선 정계에서 주변적 인물이라고 이노우에에게 보고하였다. 셋째, 일본도 300만 엔이라는 거금을 타국에 빌려줄 수 있는 여력을 갖고 있지 못했다. 300만 엔은 일본의 1년 조세수입의 1/22에 달하고 조선의 정부수입의 2년치에 해당하는 거금이었다. 메이지유신에 따라 국가주도 산업화에 매진하고 있던 일본은 대규모 차관을 조선에 공여할 수 있는 입장이 아니었다. 일본은 김옥균이 빙험(J.A. Bingham) 주일 미국공사의 소개로 한국 진출에 관심을 갖고 있던 요코하마 거주 미국인 사업가(American Trading Company의 제임스 모르스)와 차관 교섭을 시도하자 그것마저 방해하여 무산시켰다. 김옥균은 차관 확보에 실패한 후 멘토인 후쿠자와 유키치(福澤諭吉)에게 다음과 같이 한탄했다:

"자금이 없으면 무슨 일에도 착수할 수 없음은 말할 필요도 없다. 이번에 빈손으로 귀국하게 되면 평소 옥균(玉均)을 질시해 사지(死地)에 몰아넣으려는 민씨 일파의 사대당은 반드시 비난과 중상을 해 어떤 궁지에 빠뜨릴지 알 수 없다. 옥균의 일신(一身)은 어떻든 간에 이 결과로 우리 독립당의 동지는 대타격을 받고 개혁의 계획은 모두 좌절되며 조선은 점차 지나(支那)의 속국으로 될 것이다. 이제 우리 일파와 사대당은 도저히 양립할 수 없는 세(勢)에 절박해 온 것이니 불가피한 경우에는 최후의 결심을 하지 않으면 안 될지도 모른다."[133]

김옥균은 1884년 5월 3일 빈손으로 귀국했다. 정치자금을 확보하지 못한 개화당은 낙담했다. 그러나 뜻하지 않은 기회가 그들에게 찾아왔다. 1883년 시작된 청불전쟁이 악화되자 청 정부는 전국에서 병력을 차출했다. 랴오둥 지역의 병력도 차출됐다. 리훙장은 랴오둥의 안보공백을 메꾸기 위해 1884년 5월 23일 주조선 청군 3,000명 중 절반을 이 지역으로 재배치하였다. 나머지 주조선 청군도 대기 상태에 들어갔다. 1884년 8월 푸젠함대(福建艦隊)가 프랑스 함대에 의해 궤멸되는 등 전쟁 상황이 청국에게 불리하게 전개되자 김옥균 등 개화당은 정변을 일으킬 시기가 왔다고 판단하였다. 냉담했던 일본 공사 다케조에가 김옥균에게 접근하였다. 그는 조선 내 청의 무력 수준이 우려할 정도가 아니며 정변이 발생하면 한성 주둔 일본 군을 동원하여 돕겠다고 거사에 대한 지지를 표명했다. 미국공사 푸트(Lucius H. Foote)도 불간섭을 표방하였다.

개화당은 1884년 12월 4일 광주(박영효)와 함경도 북청과 함흥(윤웅렬)에서 양성한 군대를 동원하여 쿠데타를 일으켰다. 유학군(유키치가 세운 게이오기주쿠[慶應義塾]에서 일본어를 배우고 도야마[戶山] 육군하사관학교에서 유학하다 귀국한 청년들)도 합세했다. 쿠데타를 성공시킨 개화파는 고종의 만류에도 불구하고 국왕의 측근 관료들을 척살하였고, 이어서 조선의 자주권 확립 및 문벌 타파, 조세제도 개혁 등 근대 국가 수립을 위한 14개 정강(政綱)을 발표했다. 그러나, 개화정권은 오래 가지 않았다. 개화파는 정변을 일으킨 후 국왕 내외를 규모가 작아 방어가 용이한 경운궁으로 옮겼으나 배신감과 불안감을 가지게 된 고종과 민비가 규모 커 수비가 어려운 창덕궁으로의 귀환을 요구하자 다케조에의 조언에 따라 이에 응하였다. 민비의 구원 요청에 따라 청군이 진압에 나서자 개화군과 유학군은 역부족이었고, 200여 명의 일본군은 김옥균에게 한 약속과는 달리 방관하거나 제대로 싸우지 않은 채 퇴각하였다. 일본은 밀정들의 중국 현지 군사 상황 보고를 입수하고 이미 조선 문제에 개입하지 않기로 결정하고 있었던 것이다. 개화당의 집권은 '3일천하'였다. 김옥균, 박영효, 서광범, 서재필 등은 일본으로 피신하였다. 김옥균의 멘토 유키치는 "아시아의 나쁜 친구들은 사절이다… 일본은 문명국이지만, 이웃의 조선과 청은 야만국"이라며 '탈아론(脫亞論)'을 발표했다.

일본은 갑신년의 쿠데타 실패 후 조선의 백성들이 일본 공사관을 불태우고 거류민들을 죽인 데에 대해 무력시위 차원에서 7척의 군함과 2개 대대의 군사를 인천에 파견했다. 고종은 한성조약(1885년 1월)을 체결하고 일본에 사죄하고 배상금을 지불했다. 쿠데타 실패로 청과의 경쟁에서 불리해진 일본은 이토 히로부미를 청국에 보내 리훙장과 톈진조약(1885년 4월)을 맺고, 양국 군 철수, 장차 조선에 군대를 파견할 경우 사전에 공문을 보내 서로에게 알릴 것을 약속했다.[134] "공문으로 상호통지(行文知照)해야 한다"는 조항은 후일 청일전쟁(1894) 발발의 빌미가 된다.

메이지 유신을 모델 삼아 조선의 근대적 개혁을 추구한 개화파의 정변이 실패한 이유는 실행계획이 치밀하지 못했을 뿐 아니라 무력을 외세에 의존했고 특히 일본의 태도 변화를 간파하지 못했다는 점을 들 수가 있다. 그러나 못지않게 중요한 정변 실패의 정치적 함의는 소수의 경화사족 엘리트들이 민중의 지지를 확보하려는 의지가 없었고, 따라서 청의 군사 개입을 막을 수 있는 기층적인 물리적 동력을 갖추지 못했다는 점일 것이다. 마키아벨리는 이미 오래전에 자주적 물리력의 중요성을 역설하였다. 군대가 없으면 운명에 의존할 수밖에 없다는 의미였다. 군대가 있더라도 용병은 위험하다고 했다. 자기의 일이 아니기 때문에 상황이 불리해지면 발을 뺀다는 것이었다. 그는 "타인의 무기와 갑옷은 당신의 힘을 떨어뜨리거나, 몸을 압박하거나, 아니면 움직임을 제약할 뿐"이라며 정변 과정뿐 아니라 그것이 성공한 이후에 일어날 수 있는 불편한 상황에 대해서도 언급했다. 어쨌든, 쿠데타는 실패했다. 일본의 무력에 기댄 것이 '젊은 그들'의 '개혁개방의 꿈'이 실패한 결정적 이유였다.

1884년 갑신정변이 실패로 끝난 후 청의 간섭과 압박이 심해지자 조선의 조정은 급속히 러시아에 접근하였다. 조선 국왕이 밀사를 파견하여 러시아로부터 보호를 요청하고 보호의 대가로 영흥만 조차를 허용하는 조·러밀약을 체결한다는 소문까지 나돌았다. 조선과 러시아가 밀착할 조짐을 보이자 '그레이트 게임'의 일환으로 아프가니스탄에서 러시아와 충돌하고 있던 영국도 민감하게 반응하였다. 특히 인디아 방위를 위해 아프가니스탄을 세력권 하에 둬야 했던 영국은 러시아가 아프가니스탄의 국경 요지인 판제(Panjdeh) 지방을 장악하자 러시아가 동북아로 남하하는 것을 막는 차원에서 조선의 거문도를 무단으로 점령한 것이었다. 영국 동양함대사령관 도웰(William Dowell) 제독은 일본 나가사키 항에서 군함 6척을 거느리고 출발하여 4월 15일 거문도를 점령하였다. 러시아의 해군기지 블라디보스토크항을 봉쇄/공격할 수 있는 거점을 확보하기 위한 조치였다. 거문도 점거와 관련한 역사적 배경을 잠시 살펴보자면, 영국의 해군 함장 에드먼드 벨처(Edmond Belcher) 경은 1845년 거문도를 측량한 후 당시 해군장관이었던 해밀턴(W. A. B. Hamilton)의 이름을 따서 이 섬을 해밀턴 기지(Port Hamilton)라고 명명하였다. 헨리 세인트존(Henry St. John) 제독은 "이 섬의 항구야말로 접근이 용이하고 천연요새의 요소를 구비하고 있으며, 수심도 적당하여", "어느 강국의 대규모 함대도 수용할 수 있는 능력과 전략적 요충지로서의 이점도 갖췄다"고 판단하였다. 러시아의 푸티아틴(Euphimius Putiatin) 제독도 거문도를 수차례 다녀갔고 1857년에는 저

탄소(貯炭所) 건설에 대해 주민들의 동의를 받았다. 그러나 사할린으로부터의 석탄 수급이 어려워지자 그의 계획은 무산되었다. 주일 영국공사 해리 파크스(Harry Parkes)는 영국 외교장관에게 러시아가 언젠가는 다시 거문도로 돌아올 것이라고 우려하면서 해밀턴 기지를 영국이 선점함으로써 이와 같이 중요한 전략적 요충지를 다른 강국이 점취하는 것을 막아야 한다"고 건의했다.[135] 그러나 외교장관 더비(Edward Henry Stanley, 15th Earl of Derby) 경은 "영국이 불법행위의 선례를 남겨서는 안 된다"며 파크스의 제안을 받아들이지 않았다.[136] 영국이 거문도를 점령하기로 결정한 것은 앞서 말했듯이 판제 지역을 점령한 팽창적인 러시아의 남진을 저지하고, 러시아를 극동에서 반격할 수 있는 거점을 마련해야 할 필요성이 급증했기 때문이다.

점령 1달 후에야 사실을 알게 된 조선 정부는 영국에 항의하였다. 그러나, 영국은 이를 묵살한 채 청에게 철수 조건으로 러시아를 비롯한 다른 열강으로부터 조선의 영토를 점령하지 않겠다는 약속을 받아낼 것을 당부했다. 대러 교섭을 청에 위임한 것이었다. 청의 리홍장은 거문도사건으로 인해 러시아와 일본이 제각기 조선 내의 영토 할양을 요구하고 나설 경우 국제분쟁으로 비화할 것을 우려하여 영국의 거문도 조차에 대해 강력히 반대하고 있던 터였다. 그런데 4월 말부터 러시아가 아프가니스탄을 공격해 발생한 판제사건 (Panjdeh incident) 문제에 대한 영·러의 협상이 개시되어 긴장이 완화되었고, 9월 아프가니스탄 협정이 체결되었다. 이제 영국의 거문도 점령은 명분을 상실하였다. 영국 해군도 과거와는 달리 거문도가 군항 내지 급탄소로서 적당하지 않다는 결론을 내렸다. 영국 외교장관 로즈베리(Archibald Primrose, 5th Earl of Rosebery)는 1886년 3월 청나라가 다른 나라들로 하여금 거문도를 점령하지 못하게 하겠다는 보장을 해주면 거문도에서 철수할 의사가 있음을 재차 밝혔다. 리훙장은 같은 해 8월 28일과 9월 2일 주청 러시아 공사 라디젠스키(M. Ladygensky)와 회담하고 영국이 거문도에서 철수한다면 러시아는 조선 영토로 진출하지 않겠다는 3개조의 약속을 받아내었다. 거문도 사건은 해결되었다. 영국의 거문도 점령은 러시아의 남진, 보다 구체적으로, 러시아의 조선 침투에 제동을 건 사건이었다. 그러나 이는 동시에 조선의 허약한 국제적 지위를 단적으로 드러낸 사건이었고, 문제를 해결한 청이 조선의 내외정에 대한 간섭을 심화한 계기가 된 사건이었다.

9. 동학혁명과 청일전쟁, 그리고 삼국간섭

1894년 1월 전라북도 고부에서 봉건적 수취체제의 모순에 대항하는 농민 봉기가 일어났다. 동학의 지도자들은 농민군을 조직하고 "탐관오리의 숙청과 보국안민을 위해 일어서자"는 내용의 창의문을 발표했다. 세력화한 동학군은 '제폭구민(除暴救民), 축멸왜이(逐滅倭夷), 진멸권귀(盡滅權貴)'라는 혁명적 표어를 사용하며 1894년 6월 1일 한성으로 진격할 태세를 갖추었다. 민씨 일파가 장악한 조선 정부는 청에 파병을 요청했고,[137] 청은 3,000여 명의 병력을 파견하면서 갑신정변 직후 체결한 톈진조약에 따라 일본에 파병 사실을 통보했다. 일본은 6월 8일 청과의 전쟁을 염두에 두고 7,000여 명의 병력을 제물포에 상륙시켰다. 청일 양군이 한성에 진주하자 전주를 점령했던 동학농민군은 6월 11일 정부와 전주화약을 맺고 자진 해산했다. 조선 정부는 외국 군대의 철수를 요구했다. 청도 일본에 철병을 제안하였다. 그러나 일본은 공동으로 조선의 내정개혁을 추진하자고 청에 역제의하였다. 내정개혁을 통해 조선의 정치가 혁신되지 않는 한 또 동란이 일어날지 모르므로 동양의 평화를 위해서도 이를 실시해야 한다는 것이었다. 그리고 내정개혁을 위해서는 일본군의 한성 주둔이 절대적으로 필요하다고 주장했다.[138] 청은 일본이 조선 내정에 관여할 경우 조선에 대한 자신의 종주권 상실을 우려하여 거절했다. 일본은 청이 이렇게 나올 것을 이미 예상하고 공격적인 자세를 취했다. 전운이 감돌자 위안스카이는 변장을 하고 한성을 탈출했다. 조선 정부는 7월 16일 신임 주조선 일본공사 오오토리 게이스케(大鳥圭介)가 제시한 내정개혁방안강목(內政改革方案綱目)의 수용을 거절하며 일본군 철수를 요구하였다. 조선 정부는 리훙장의 권유에 따라 개혁은 독자적으로 실시할 것임을 일본에 통보하였다. 이날 일본은 영국과 영일통상항해조약을 체결했다. 일본은 마지막까지 합의점에 도달하지 못하였던 모자와 사탕의 관세 문제에서 과감하게 양보를 하고 서둘러 조약 체결을 마무리했던 것이다. 일본은 청과의 전쟁에 앞서 영국의 지지를 확실히 하기 위해, 그리고 영국은 러시아를 견제하기 위해 내린 결정이었다.[139] 이에 힘입어 일본군은 전격적으로 경복궁을 점령하고 조선군을 무장해제하였으며, 고종을 유폐하고 대원군을 앞세워 민씨 일파를 제외한 친일 내각을 수립토록 하였다. 7월 25일 일본군은 아산만에 정박해 있던 청국의 군함을 공격하여 격침시킴으로써 청일전쟁을 일으켰다. 일본 덴노

는 개전 후 다음과 같이 선전포고하였다:

"일본은 조선에 출병하여 내정을 개혁하고 독립국의 권리를 완전케 할 것을 요청했다. 조선은 승낙했으나 청은 뒤에서 방해했다… 청은 더 많은 병사를 한국에 보내 우리 함대를 한국 해상에서 요격했고 그 난폭함은 극에 달했다… 일본이 솔선해 독립국으로 대우했던 조선의 지위도 조약도 무시됐고, 일본 제국의 권익을 손상시켜, 동양의 평화도 보장되지 않는다. 청은 정말이지 애초부터 평화를 희생시켜서 분에 넘치는 바를 이루려 한 것이라 하지 않을 수 없다. 사태는 이미 이 지경에 이르렀다. 짐은… 공식적으로 선전포고하지 않을 수 없다."[140]

일본이 전쟁을 일으켰는데도 영국뿐 아니라 미국도 수수방관하였다. 전쟁의 무대가 조선 국토가 된 사실에 고종은 전쟁 직전 주미공사 이승수에게 조미수호통상조약 제1조의 거중조정 항목의 정신을 강조하며 미국이 개입해줄 것을 요청했으나, 앞서 언급한 바와 같이, 미국은 불개입 원칙을 고수하였다. 주조선 일본 공사는 조선에 대해 전쟁 중 일본군에 대한 군수 지원/협조를 요청하였으나 조선 지방관리들이나 백성들은 이를 거부하였다. 일본 공사관은 일본군을 동원하여 산성 근교의 주요 도로에서 우마(牛馬)를 강제 차출하여 군용으로 충당하였다.[141] 한편, 일본군은 개전 이틀 전인 1894년 7월 23일 조선의 왕궁을 공격하고 점령하였다. 1894년 7월 25일 『도쿄아사히(東京朝日)』 신문에 실린 사건의 제1보 호외는 "한국 병사가 오늘 아침 갑자기 북한산 중턱의 성벽에서 발포했다. 우리 병사는 응전하여 즉시 한국 병사를 물리쳤다"고 보도했다. 무쓰 무네미쓰(陸奧宗光) 외상의 회상록인『건건록(蹇蹇錄)』에도 "왕궁 근방에서 갑자기 한국 병사가 먼저 발포했으므로 우리 군은 이를 추격하여 성문을 밀어젖히고 성내로 침입하였다"고 되어 있다. 그러나이는 허위로 드러났다. 청일전쟁 연구의 대가인 나카쓰카 아키라(中塚明) 나라여자대학(奈良女子大学) 명예교수가 1990년 중반 후쿠시마 현립도서관에서 일본 참모본부의 청일전쟁 공식전사 초고를 발견했는데, 거기에는 "(일본군이) 불시에 일어나 왕궁을 침입하여 한국 병사를 쫓아내고 국왕을 보호하고 지키게 한다"는 작전을 계획해서 실시했다고 기록돼 있다.[142]

대원군은 청국에 구원병을 요청하는 친서(1894년 7월 28일자)를 작성하였다. 이 친서는 10월 일본군이 평양성 점령 후 탈취한 전리품에서 발견/압수됨으로써, 이후 이노우에 가오루 공사가 대원군의하야를 압박하는 데 근거로 사용되었다.[143]

일본은 청에 대한 도발행위를 정당화하고 조선의 내정에 간섭하며, 조선에서의 일련의 이권, 즉 경부·경인 간 철도 부설권 및 전신선 설치·관리권, 목포항 개항 등을 취하기 위해 일본의 대청 선전포고 이후인 8월 20일 조일잠정합동조관(朝日暫定合同條款)을 조선과체결했다. 8월 26일에 체결된 조일양국맹약(朝日兩國盟約)은 대청전쟁을 수행하는 데 조선과 일본 양국이 '공수상조(攻守相助)'한다는 내용의 군사동맹이었다.

개전 직후 조선의 내정개혁을 주관할 기관으로 군국기무처라는회의기관이 설치되어 이른바 제1차 갑오개혁이 반포되었다. 갑오경장(甲午更張)이라고 알려져 있는 이 개혁안은 영의정 김홍집 등 반청 개화세력이 단행한 것으로서 1894년을 개국 503년이라고 명시함으로써 조선의 정치적 주체성을 확인하였고, 문벌과 반상제도(班常制度)의 혁파, 문무존비(文武尊卑)의 차별 폐지, 공사노비법(公私奴婢法)의 혁파, 역인(驛人)·창우(倡優)·피공(皮工) 등 천인의 면천, 죄인연좌법(罪人緣坐法)의 폐지, 조혼 금지 및 과부재가 허용 등을 담았지만, 일본인 고문관 및 군사교관의 초빙, 일본화폐의 조선 내 유통 허용, 방곡령(防穀令) 반포 금지 등 일본에 의해 사실상 강제된 조치들을 포함하였다. 이들 개화파 정부는 동학농민군을 '비도(匪徒)'로 규정하고 일본군과 합세하여 그들을 진압하였다.

일본은 평양에 머물고 있던 청군과 비밀리에 연락하고 동학농민군과도 접촉하던 대원군을 제거하고, 일본에 망명 중이던 박영효를 불러들여 김홍집을 총리대신으로 하는 연립내각을 수립하여 고종으로 하여금 청나라와의 절연(絶緣), 국왕의 친정(親政)과 법령의 준수, 왕비와 종친의 정치간여 배제, 내정개혁의 실시 등을 골자로 하는 홍범14조(洪範十四條)를 반포하게 하였다. 이것은 1차개혁을 재확인하는 제2차 갑오개혁이었는데 신분제 폐지가 주목되었다. 신분제 폐지는 농민군의 폐정개혁 요구를 수용하는 것이었지만 개화파의 개혁 구상을 실행한 것이기도 했다. 일본도 신분제 폐지를 내정간섭에 대한 조선인들의 반발을 무마할 수 있는 카드로 보았다. 갑오개혁은 조선의 개화파 세력이 주도한 것이었지만 일본이 준비했던 요구 사항을 대거 반영한 것이도 했다. 이는 일본이 주문한 정치제도 개혁안이 군국기무처가 설립된 지 3일 만에 심의/가결된 것을 보면 알 수 있다. 조선에서의 일본 화폐 사용 허용, 도량형 개정 통일 등은 일본의 자본주의가 침투할 수 있는 길을 닦은 것이었다.

청일전쟁의 승자는 놀랍게도 일본이었다. 청의 패전의 이유는 다양하지만 최근 연구 결과들은 군사전략이나 무기의 성능 이외의 요인들, 예를 들어 병력 특히 장교들의 훈련 부족이나 청의 정치적 비효율성 등에 초점을 맞추고 있다. 군의 나태와 부패, 해군에 대한 투자 부족도 한몫하였다. 사실 청군은 상당한 군사 역량을 갖고 있었다. 영국의 전쟁국(British War Office)의 기록에 따르면 니예시청(聶士成, 섭사성) 휘하의 청군은 의화단 사건과 관련해 8개국연합군의 진격을 저지했을 뿐 아니라 한번은 2만에 달하는 연합군 병력을 거의 초토화시킬 정도로 강력하였다.[144] 그러나 페어뱅크(John K. Fairbank) 교수 등이 지적했듯이 문제는 청의 정치적 후진성이었다.[145] 2014년 중국 통신사 신화는 청일전쟁 120주년을 맞아 패전의 원인을 분석한 30명의 인민해방군 전략가들의 글을 실었는데, 이 글들을 요약하면, 청의 패배의 근본원인은 군사 역량에 있었던 것이 아니라 시대착오적이고 부패한 국가체제와 해군전략의 부재에 있었다. 한 전략가는 일본의 전승은 서구화를 지향한 메이지유신 덕분이라고 보았고, 다른 한 전략가는 중국의 개혁이 수박 겉핥기였기 때문에 내실 있는 개혁에 성공한 일본에 졌다고 분석했다. 또 다른 전략가는 군의 나태와 부패를 들었다. 그에 따르면 전쟁 전의 평화가 북양함대가 모든 무기와 장비를 갖췄음에도 나태와 부패의 덫에서 벗어나지 못하게 하였다. 한 해군전략가는 패배의 원인을 청의 해군전략의 부재에서 찾으면서, 청은 전통적으로 지상군을 중시하였고 해군은 상대적으로 소홀히 하였음을 지적했다. 물론 이는 중국의 오래된 해금정책(海禁政策)과 직결되는 문제였다.[146]

　　패전한 청국의 리훙장 전권변리대신은 3월 23일 일본 시모노세키에서 일본의 이토 히로부미와 강화조약을 체결하였다. 청국은 그간 자신이 종주권을 소유한 것으로 간주하던 조선국이 완전한 자주독립국임을 인정하며, 랴오둥반도와 타이완 및 펑후섬(澎湖島) 등을 일본에 할양하고, 전쟁배상금 2억 냥을 일본에 지불하기로 했다. 전쟁배상금은 청국의 1년 세입의 두 배에 달하는 액수였다. 양국 대표는 전쟁배상금을 영국 파운드화로 결제하기로 했는데 이는 이후 일본의 국제적 금본위제 참여를 위한 기금과 군비확장의 재원이 되었다. 일본은 청일전쟁의 승리로 조선 침략의 발판을 마련했고, 대륙 침략의 거점을 확보했으며, 타이완을 취하여 비백인국가로서는 유일하게 식민지를 영유하는 제국주의 국가가 되었다.

청일 간 시모노세키 강화조약이 체결된 지 얼마 되지 않아 러시아가 반발하고 나섰다. 러시아는 청일전쟁에 대해 소극적으로 방관한 바 있었다. 그것이 조선을 둘러싼 투쟁이라고 보았기 때문이다. 그러나 전쟁의 결과가 조선뿐 아니라 랴오둥반도에까지 영향을 미치게 되자 공격적 자세로 전환하였다. 일본이 남만주를 점유한다면 자신이 탐내는 부동항인 뤼순과 다롄을 이용할 수 없고, 극동 진출의 길이 막힐 것을 우려한 것이었다. 그러나 주일 러시아 공사가 일본의 외무성 차관 하야시 다다스(林董)에게 수교한 각서에 의하면, 러시아는 일본이 랴오둥반도를 소유하면 청국의 수도를 위협할 뿐 아니라 조선의 독립까지도 유명무실화할 수 있기 때문에 극동의 평화를 위해 일본이 랴오둥반도 영유를 포기할 것을 바란다며 일본에 대해 노골적으로 압력을 행사하였다.[147] 프랑스는 동맹국으로서 전통적으로 러시아와 긴밀한 관계에 있어 왔고, 아시아 진출이 뒤처진 독일제국은 이를 만회하기 위해, 그리고 러시아의 관심을 유럽 밖으로 돌리기 위해 러시아와 협력하기로 하였다.[148] 영국은 여론을 구실로 러시아가 주도하는 대일 '삼국간섭(Triple Intervention)'에 참가하지 않기로 결정했다. 미국은 일본에 우호적이었지만 중립을 지켰다. 러시아는 고베에 군함을 파견해 무력시위를 벌였다. 청일전쟁에서 국력을 소진한 일본은 굴복할 수밖에 없었다. 일본은 5월 5일 랴오둥반도 환부 회답서를 3국의 공사들에게 전달하였다. 이로써 삼국간섭이 종료되었다. 일본은 중국 진출을 위한 전략적 요충지인 뤼순항을 잃었다. 3년 후 러시아는 뤼순항을 25년간 조차하여 군사요새화하였다. 삼국간섭은 일본에게 치욕적 사건이었다. 일본 여론은 와신상담의 분위기로 가득 찼다. 일본은 군비확장을 서둘렀다. 머지않아 러일전쟁이 발발하게 될 것이었다.

10. 고종의 러시아 공사관 망명과 러일전쟁

일본이 러시아의 힘에 밀려 퇴각하는 조짐을 보이자 조선 조정은 인아거일(引俄拒日), 즉 일본을 배척하고 삼국간섭의 주체인 러시아를 끌어들이는 정책방향을 취하였다. 일본이 약속한 엔화 차관이 지체되는 과정에서 반일감정이 고조된 것도 인아거일책의 한 원인이었다.[149] 민비와 그 척족이 배일친러에 앞장섰고, 민비는 개화파 박영효를 축출하고 친러파인 이범진, 그리고 친미파라 할 수 있는 이완용과 박정양 등을 내각에 기용하였다. 민비는 그동안 일본인이 훈련시킨 훈련대의 해산을 시도하였다. 러시아에 의해 굴욕을 당한 일본은 감정적으로나 전략/정책적으로나 크게 자극받았다. 일본은 민비를 살해하기로 하고 왕비와 대원군과의 갈등을 쿠데타의 원인인 것처럼 위장하기로 했다. 1895년 8월 20일 미우라 고로(三浦梧樓) 공사의 지휘 하의 일본 민간인들이 왕비를 시해하였다. 친러파의 수장인 민비가 제거되자 일본은 곧바로 친일적인 김홍집 내각을 출범시켰다. 고종은 10월 10일 김홍집 내각의 권고에 따라 을미사변에 대한 처리에서 일본인의 개입을 부정하였고 도리어 민비의 잘못을 열거하면서 폐후(廢后)한다는 조칙(詔勅, 임금의 명령을 일반에게 알릴 목적으로 적은 문서, Imperial decree)을 발표하였다. 이에 대해 열강은 관심을 표하지 않았고, 러시아만 항의하였다. 주조선 임시대리공사 알렌은 일본을 규탄했지만 미국은 내정 불간섭의 원칙을 지킨다고 천명했다.

일본은 훈련대를 해산하고 친위대를 설치했고 이를 일본인이 지휘하도록 하였다. 국모가 살해됐다는 소식을 들은 조선의 백성들은 이른바 을미의병을 일으켰다. 일본은 이를 진압하기 위해 친위대를 지방에 파견했다. 이렇게 되자 고종은 1896년 1월 러시아의 보호를 요청하였다. 주조선 러시아 공사관도 조선에 군대를 파견할 것을 본국에 요청하였으나, 러시아 정부는 일본과의 충돌을 우려하여 군대 파견을 승인하지 않았다. 2월 2일 고종은 이범진을 통해 러시아 공사관으로의 이어(移御) 의사를 전달하였다. 알렌과 베베르는 회동하고 이를 받아들이기로 했다. 아관파천(俄館播遷)으로 알려져 있는 조선 국왕의 대러 망명은 1896년 2월 11일부터 1897년 2월 20일까지 계속되었다. 고종은 김홍집, 유길준, 정병하, 조희연 등 친일 대신들을 역적으로 규정하고 살해 명령을 내렸으며 새 내각에 이범진, 이완용, 박정양 등 친러/친미파를 대거 등용했다.

조선에서 득세한 러시아는 군사교관과 재정고문을 조선에 파견했다. 조러은행이 설립됐고 재정고문 알렉세이에프(Karl Alexeiev)는 탁지부 고문 및 해관 총세무사가 되어 조선의 재무를 장악했다. 일본은 세력균형책으로 나왔다. 그 결과 베베르-고무라 각서가 교환되었다. 이에 따라 조선 국왕의 환궁은 자유재량에 맡겨지고 아관파천은 합법화되었다. 그리고 양국 군대는 조선에 주둔할 수 있게 됐다. 야마가타 아리토모는 양국 군이 충돌하지 않도록 북위 38도선을 경계로 북과 남으로 나뉘어 주둔하자고 제의했으나 우월한 지위를 차지하고 있던 러시아는 이를 거절하였다.

조선의 정정이 불안정해지자 열강의 이권 침탈이 난무하였다. 러시아는 아관파천 기간 동안 광산 채굴권과 삼림 채벌권을, 미국은 노다지 광산으로 알려진 운산 금광 채굴권을 1895년에 이미 확보했고, 영국과 독일도 금광 채굴권을 획득하는 등 조선은 이권을 노리는 열강의 사냥터가 되었다. 알렌은 후일 수탈과 침략의 도구가 될 철도부설권을 미국인 자본가에게 돌아가도록 브로커 역할을 하였다. 경인철도 부설권을 획득한 미국인 자본가는 자금 조달에 실패하여 일본에 권리를 양도하였다. 인천을 노량진과 연결하는 경인선은 1899년 일본에 의해 개통되었다. 일본은 1898년 경부철도 경의철도 부설권을 획득하였다. 러일전쟁 기간 중 한반도 지배 및 대륙침략을 위한 기본 동맥이 만들어졌다.

대일 삼국간섭의 주체 러시아, 프랑스, 독일은 자신들이 일본으로 하여금 청국의 영토를 반환케 했으니 상응하는 이권을 달라고 청에게 요구하였다. 러시아는 1898년 부동항인 랴오둥반도의 뤼순과 다롄을 조차했다. 러시아는 1903년을 완공 목표로 한 시베리아

횡단철도의 지름길인 동청철도의 부설권을 이미 1897년에 차지한 바 있었다. 러시아는 뤼순, 다롄과 하얼빈을 연결함으로써 T자형 동청철도를 건설하는 계획을 수립했다. 독일은 산둥반도의 자오저우만을, 프랑스는 광둥을 조차했고, 영국은 산둥반도의 웨이하이웨이(威海衛, 위해위)를 해군기지로 조차함으로써 러시아를 견제하고자 했다.

일본은 세력 약화를 만회하기 위해 러시아와 교섭에 나서 니시-로젠 협정을 체결했다. 이에 따라 러시아는 조선에서의 일본의 경제적 활동을 방해하지 않고, 양국은 한국의 내정에 간섭하지 않게 되었다. 러시아는 군사 및 재정 고문을 자진 철수하고 조러은행을 스스로 폐쇄했다. 영국과 일본 간의 동맹을 막으려는 의도와 뤼순 및 다롄을 조차함으로써 한국보다 만주가 더 중시된 결과였다. 소위 '만한교환'이 이루어진 것이었다. 그러나 러시아가 한국을 포기한 것은 아니었다. 러시아는 1899년 블라디보스토크와 뤼순을 연결하는 지점에 해군기지를 건설하기 위해 마산의 토지를 조차하려 했다. 일본은 마산 일대의 토지를 일본 민간인 명의로 매입함으로써 대응했다. 러일 간 긴장이 고조되었다.

이때 청국에서 의화단 사건이 발발했고 이는 조선을 두고 러시아와 일본이 다시 충돌하는 계기가 되었다. 의화단 운동은 청일전쟁 이후 서구 열강들이 이권을 탈취하고 영토를 분할/조차하자 부청멸양을 구호로 신흥 종교단체인 의화단원들이 봉기한 사건이다. 이를 진압하기 위해 조직된 8개국연합군에는 러시아군과 일본군이 포함되어 있었다. 러시아는 진압 후에도 군을 계속 주둔시킴으로써 영국의 반발을 샀다. 이는 영일동맹(1902)의 한 원인이 되었다. 일본과 미국도 러시아의 철군을 요구했다. 러시아는 철병을 약속했으나 지키지 않고 목재저장소로 이용하고 있던 용암포를 1903년 불법 점령하여 군사기지화 하면서 이의 조차를 조선에 요구했다. 고종은 일본의 요구를 받아들여 러시아와의 조차협정을 거부했다. 이후 러시아와 일본 간에 조선의 영토분할을 둘러싼 협상이 전개되었다. 러시아는 북위 39도선 이북의 땅을 중립지대화하자고 제안했다. 앞서 언급했듯이, 1896년에는 일본이 38도선으로 양국의 세력범위를 분할하자고 했는데 러시아가 거절한 바 있었다. 이번에는 고종을 회유/압박하여 주도권을 잡은 일본이 거절하였다. 전쟁은 그 발발 시기만이 남아 있는 듯했다.

러일전쟁이 임박했던 1904년 1월 21일, 1897년에 대한제국을 선포했던 고종 황제는 밀사를 중국 지부(芝罘)에 파견, 전쟁발발 시 대한제국은 국외중립을 지킬 것임을 외부대신 명의로 선언토록 하였다.[150] 동맹조약을 강박하는 일본에 대한 의사표시였다. 이후 영국, 독일, 이탈리아 등 일부 열강은 대한제국의 중립선언에 지지를 표명하였다. 그러나 이후 영국은 압록강 개방 문제로 대한제국의 중립선언을 의심하게 되었다. 이는 러일전쟁의 원인들 중 하나였기 때문에 간단한 배경 설명을 필요로 한다. 청국의 의화단 사건이 만주로 확산되면서 러시아가 건설 중이던 동청철도가 파괴되기 시작했다. 1900년 7월 중순에는 청군이 헤이룽강을 항행 중이던 러시아 기선에게 포격을 가했고, 아이훈 건너편의 러시아 도시 블라고베시첸스크를 공격했다. 러시아는 파병하여 만주 전역을 점령하였다. 러시아는 베이징에서 철수한 병력을 만주에 주둔시킴으로써 주둔군은 12,000여 명에 달하게 되었다. 영국과 미국은 러시아군 철수를 요구했고 일본도 이를 지지했다. 그러나 러시아가 철군하지 않자 일본은 영국과 동맹 체결을 서둘렀고 성공하였다. 러시아에서는 온건파가 대두하여 만주철병을 결정하고 1기 철수 약속을 이행했다. 그러나 러시아는 2기 철수는 이행하지 않고 도리어 펑톈 성 남부와 지린 성 전역을 계속 점령하였다. 러시아에서는 당시 동청철도와 뤼다 지선(뤼순-다롄 지선)이 거의 완공됨으로써 철도의 보호라는 측면에서 철군을 해서는 안 된다는 의견이 강력히 대두했던 것이다. 러시아는 2기 철병 만료일인 4월 8일 만주를 사실상 러시아의 보호 하에 두려는 이른바 7개항을 청국에 요구하였다. 그러나 영미일 등이 이에 항의하자 청국도 러시아의 7개항을 거절했다. 그러자 러시아는 1903년 4월 5월 만주를 러시아의 세력권으로 설정하고, 5월 신의주의 외항인 용암포에 수군 수십 명을 압록강의 삼림 보호 명목으로 파견하여 9월 중순부터는 군사기지화하기 시작했다. 영국, 일본 등의 반대로 러시아의 용암포 군사기지화는 결국 무산되었다. 영국은 대한제국이 압록강을 외국에 개방하여 러시아의 침투를 견제할 수 있길 희망했다. 그러나 대한제국은 압록강 개방을 불허하였다. 이로 인해 영국은 대한제국의 중립국 선언도 의심하게 되었다.[151] 대한제국이 용암포를 통상구안(通商口岸)으로 선언한 시점은 한일의정서가 체결된 이후인 1904년 3월 23일이었다. 한편, 러시아의 만주 점령을 의식한 일본은 모종의 조치를 강구하기로 결정했다. 야마가타, 가쓰라, 이토, 고무라 등 대러 강경파는 회동하여 전쟁의 기본구상을 마련했다.

1904년 2월 1일 러시아의 황제는 동궁에서의 한 식사 자리에서 "전쟁은 없을 것"이라고 말했다. 영국과 프랑스는 극동에서 전쟁이 일어날 시 중립을 지킬 것임을 선언했다. 일본은 2월 4일 대러 전쟁을 공식적으로 결정하고, 전쟁이 길어질 경우 미국에게 거중조정, 즉 중재를 요청하기로 결정했다.

　청일전쟁에서 승리했지만 러시아가 주도한 삼국간섭의 치욕을 가슴에 담고 있던 일본은 군비증강과 영일동맹 및 미일관계의 진전으로 자신감을 얻어 드디어 복수전을 실행에 옮겼다. 1904년 2월 6일 국교단절 전보를 러시아 측에 발신한 일본은 2월 8일 제물포항에 정박 중인 러시아 군함 2척과 뤼순항의 군함 2척을 불시에 격침시키고 병력을 남양 만과 백석포에 상륙시킴으로써 러일전쟁을 일으켰다. 2월 9일 일본은 러시아가 만주를 병탄할 위험이 있으며, 그 결과 한국의 영토보전이 위태롭다는 명분을 내세우며 한성에 군대를 진주시켰고, 다음날 뒤늦은 선전포고를 하였다. 2월 12일 주한 러시아공사 파블로브(Aleksandr Pavlow)가 공사관원과 함께 러시아 병사 80명의 호위 아래 한성을 탈출했다. 19일에는 일본군 제12사단이 한성을 완전히 점령하였다. 일본은 이미 1903년 12월 30일 "왕년의 청일전쟁의 경우에서와 같이 공수동맹이나 혹은 다른 보호적 협약을 체결하면 가장 편의하다"는 기본요강을 결정한 바 있었다. 일본은 일본군 사단장 이하 장교들이 황제를 알현하는 등 군사적 위력 과시를 통해 공포 분위기를 조성하면서 한국에 한일의정서 체결을 요구하였다.[152] 고종은 1904년 1월 24일 외부대신 이지용에게 의정서 조인을 승인하지 않을 것임을 분명히 했다. 그러나 일본은 2월 9일 일본군을 서울에 진주시킨 상태에서 보부상의 핵심인 길영수, 육군참장 이학균, 육군참령 현상건 등을 연금한 뒤 2월 23일 한국 정부를 압박하여 한일의정서를 체결토록 하였다. 2월 25일 일본은 고종의 측근이자 반일 친러파로서 의정서 체결에 반대하던 탁지부대신 이용익(李容翊)을 연행하여 일본에서 만유(漫遊, 한가로이 이곳저곳을 두루 다니며 구경하고 놂)토록 하였다. 전문 6조의 한일의정서(1904년 2월 23일)는 아래와 같다:

제1조: 한·일 양 제국은 항구불역(恒久不易)할 친교를 보지(保持)하고 동양의 평화를 확립하기 위해 대한제국정부는 대일본제국정부를 확신하고 시정(施政)의 개선에 관하여 그 충고를 들을 것.

제2조: 대일본제국정부는 대한제국의 황실을 확실한 친의(親誼)로써 안전·강녕하게 할 것.

제3조: 대일본제국정부는 대한제국의 독립과 영토 보전을 확실히 보증할 것.

제4조: 제3국의 침해나 혹은 내란으로 인해 대한제국의 황실 안녕과 영토 보전에 위험이 있을 경우 대일본제국정부는 속히 임기응변의 필요한 조치를 행하며, 대한제국정부는 대일본제국정부의 행동이 용이하도록 충분히 편의를 제공할 것. 대일본제국정부는 전항(前項)의 목적을 성취하기 위해 군략상 필요한 지점을 임기 수용할 수 있을 것.

제5조: 대한제국정부와 대일본제국정부는 상호의 승인을 경유하지 않고 훗날 본 협정의 취지에 위반할 협약을 제3국간에 정립(訂立)할 수 없을 것.

일본은 이어서 3월 11일 한국임시파견대를 한국주차군(韓國駐箚軍)으로 개칭, 사령부를 한성에 두고 영구 주둔을 결정하였고, 8

월 22일에는 한일의정서의 "시정의 개선(내정개혁)"을 구실로 황제에게 결재를 청하기 전 재정고문의 동의를 필수적으로 받도록 하고 외교 문서 역시 사전에 동의를 받도록 하는 제1차한일협약(1904년 8월 22일)을 조선으로부터 받아내었다. 이로써 "고문정치체제"가 확립되었다:

1. 대한정부는 대일본정부가 추천하는 일본인 1명을 재정 고문으로 하여 대한 정부에 용빙하고, 재무에 관한 사항은 일체 그의 의견을 물어 실시할 것.
2. 대한정부는 대일본정부가 추천하는 외국인 1명을 외무 고문으로 하여 외부에 용빙하고, 외교에 관한 요무는 일체 그 의견을 물어 실시할 것.
3. 대한정부는 외국과의 조약 체결이나 기타 중요한 외교 안건, 즉 외국인에 대한 특권 양여와 계약 등의 처리에 관해서는 미리 대일본정부와 토의할 것.

국권 피탈을 염려한 고종은 전 주미한국공사 조민희(趙民熙)로 하여금 주미한국공사관 고문 찰스 니담(Charles W. Needham, 禮罩)을 통해 구제를 호소하라고 명했다. 이리하여 조민희는 고종의 밀지와 그 자신의 구제호소를 담은 1904년 9월 30일 자 사신(私信)을 주일한국공사관을 통해 조지 워싱턴대학 총장인 니담에게 발송한 것이다. 구제호소 부탁을 받은 니담은 1904년 12월 22일 헤이 국무장관을 방문, 고종의 밀지와 조민희의 서한을 전달하면서 한국문제에 개입해줄 것을 촉구했다. 고종은 밀지에서 일본이 한국 주권을 유린

하고 있음을 폭로하고 미국의 도움을 간곡히 청하였다:

"로일전쟁(露日開戰) 1개년이 지나면서 로병(露兵)이 점차 한국 국경으로부터 멀어짐과 동시에 일본의 한국에 대한 압제(壓制)의 도가 날로 가중되고, 병권에서 재정에 이르기까지 일본이 장악, 이를 좌우할 뿐만 아니라 관리까지도 임면출척(任免黜陟)을 자행하고 있어서 전연 한국의 주권을 횡탈(橫奪)하고, 공법을 무시하면서 그 폭려(暴戾) 극에 달하고 있다. 그러므로 일병을 구축(驅逐)하고 일본의 폭려를 준거(峻拒)하는 방책을 세워주기를 절망(切望)한다."[153]

헤이는 냉담한 반응을 보였다. 니담에 따르면, 헤이는 자신의 '거중조정역(居中調停役)' 간청을 일언지하에 거절하면서 "나는 무엇 때문에 한국이 이곳에 공사관을 보지(保持)하고 있는지 그 이유를 모르겠다. 한국공사관은 전적으로 아무런 쓸모가 없으며, 무용지물(無用之物)이다"라고 말했다.[154]

10.1. 독도의 시마네 현 편입

전기했듯이, 한국은 1904년 1월 23일 러시아와 일본이 무력충돌할 시 중립을 지킬 것임을 선언하였다. 일본은 이를 무시하였다. 같은 해 2월 9일 한국에 상륙한 일본군은 한성을 점령하고 이윽고 한반도 전역을 일본의 지배하에 두었다. 일본은 제물포에서 러시아 전함을 격침한 직후인 2월 23일 대한제국과 한일의정서를 체결하여 "대일본제국정부가 군략상 필요한 지점을 임기 수용할 수 있을 것"

등을 늑약(勒約)하였다. 나아가 일본은 한 어부가 독도를 자신에게 대여해줄 것을 청원한 것을 계기로 1905년 2월 22일 "무주지(無主地) 다케시마"를 점유하여 시마네 현으로 편입한다고 고지하였다:

시마네 현 고시 제40호

북위 37도 9분 30초, 동경 131도 55분, 오키시마(隱岐島)에서 서북으로 85해리 거리에 있는 섬을 다케시마(竹島)라고 칭하고 지금 이후부터는 본현(本縣) 소속의 오키 도사의 소관으로 정한다.

메이지 38년 2월 22일
시마네 현 지사 마츠나가 다케요시(松永武吉)

일본이 독도를 강제 점취(占取)한 이유는 주로 군사전략적인 것이었다. 러일전쟁 중 러시아 함대의 동해 종단을 감시하는 데 필요하기 때문이었다. 원래 시마네 현의 한 수산업자는 독도의 강치잡이를 목적으로 한국 정부에 독도 이용 독점권을 요청할 계획으로 그 절차를 일본의 관료들과 의논하였다. "한국령으로 보이는 독도를 일본 영토로 편입할 경우 제국주의적 침탈 야욕을 의심받을 수 있다"고 청원을 기각한 내무성과는 달리 외무성은 "독도에 망루를 세우고 무선 또는 해저 전선을 설치하면 적함을 감시하는 데 좋지 않겠는가?"라고 하며 영토로 편입할 것을 주장하였다.[155] 일본 정부는 1905년 1월 28일 '무인도 소속에 관한 건'으로 독도를 "다케시마로 호칭하고 시마네 현 소속 오키의 도사(島司)가 관할한다"고 결정하였고, 이어 2월 22일 '시마네 현 고시 제40호'로 이를 고시한 것이었다.

그러나 독도는 무주지가 아니었다. 대한제국은 이미 1900년 10월 25일 칙령 제41호를 통해 울릉도를 울도로 개칭하고 강원도에 편입하면서, 강원도 군수에게 독도 등을 관할할 것을 명한다는 고시를 발표하였다. 따라서 당시 독도는 무인도였을지는 몰라도 일본이 주장한 무주지가 아니었기에 국제법적으로 일본의 영토가 될 수 없는 것이었다. 이는 조선이 오래 전부터 취해오던 수토정책(搜討政策)의 일환으로 울릉도를 포함한 주변 섬을 비워 관리하였을 뿐, 일본이 해석한 공도정책(空島政策)이 아니었기 때문이다. 그러나 일본은 1905년 당시 독도가 대한제국의 섬일 것이라는 점을 알고 있었음에도 불구하고 시마네 현의 독도 편입 사실을 대한제국에 알리지 않았으며, 도쿄 주재 외국공관에도 통보하지 않았다. 이는 1876년에 오가사와라 제도(小笠原諸島, The Bonin Islands)를 일본 영토에 편입하기 이전 도쿄에 있는 미국, 프랑스, 독일 공관에 그 사실을 통보한 것과는 대조적일 뿐만 아니라,[156] 일본의 독도 무주지선점론이 허구임을 드러내주는 증거였다. 어쨌든 일본이 독도를 편입했다는 것을 중앙 정부의 관보에 싣거나 이해관계 당사국인 대한제국 정부에 알리지 않았기 때문에 대한제국 정부는 1년이 지나도록 이 사실을 모르고 있었고, 이후 울주군수 심승택의 보고로 사태를 파악했으나 외교권이 박탈된 상태에서 어떤 조치도 취하지 못했다. 1905년 5월 쓰시마 해전에서 일본 함대가 러시아 함대를 격파하여 전세는 일본으로 기울었고, 이 과정에서 독도의 전략적 가치가 부각되었다. 일본은 1905년 7월 독도에도 망루를 건설하여 울릉도, 독도를 거쳐 일본 시마네 현의 마쓰에로 연결되는 군용 통신선 체계를 완성하였다.

10.2. 발틱함대와 영일동맹

1904년 2월 8일 시작된 러일전쟁은 일본의 급습으로 처음부터 일본에게 유리하게 시작되었다. 여기에 영일동맹이라는 군사적 변수가 사실상 결정적으로 작용하여 러시아를 더욱 곤궁에 빠뜨렸다. 영국은 전쟁이 발발하자 엄정 중립을 선언하였지만, 자신이 보기에 중립의무에 위반되지 않는 범위 내에서 일본을 지원을 하였다. 영국은 미국과 함께 일본의 전비 조달을 위해 상당한 규모의 차관을 제공했다. 일본은 이탈리아에서 건조된 아르헨티나 소유 2척의 군함을 매입하였는데 이 함정들이 일본에 도착하도록 보호해 준 것도 영국 해군이었다. 전쟁이 발발하면 중립을 지키겠다고 공언했던 미국의 루즈벨트 대통령은 만일 "독일과 프랑스가 삼국간섭 당시처럼 개입할 경우, 즉각 일본 편에 가담하겠다"고 말하였다.[157]

러시아는 뤼순전투에서 패한 이후 펑텐전투 패전으로 패색이 짙어지는 가운데 국내외 상황이 악화되어가자 결국 최후의 보루인 유럽 방위용 발틱함대를 극동의 전장으로 파견하기로 결정했다. 정상적이고 계획된 항로는 함대가 발틱해에서 나와 북해 및 영국해협을 통과한 후 지중해에 진입하고 이집트의 수에즈 운하를 통과하여 홍해 그리고 인도양을 거쳐 일본 방향으로 가는 것이었다. 그러나 1904년 10월 21-22일 밤 발틱함대는 북해의 도거 뱅크(Dogger Bank) 앞바다에서 조업중인 영국 어선단을 일본의 어뢰정으로 오인

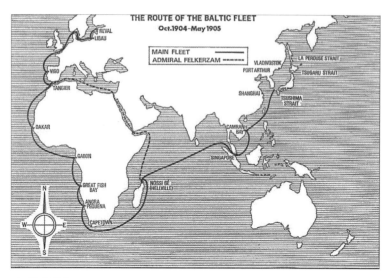

발틱함대 항해도

하여 공격함으로써 사망자가 발생했다. 그렇지 않아도 일본을 암암리에 돕고 있던 영국은 비등한 반러 여론을 등에 업고 발틱함대의 수에즈 운하 통과를 불허했을 뿐 아니라, 영국이 통제하고 있던 항구들에서 발틱함대가 연료(석탄) 공급을 받는 것 또한 불허하였다. 러시아는 영국과 전쟁을 불사하지 않는 한 발틱함대의 항로를 변경하지 않으면 안 되었다. 함대는 아프리카 대륙 남단까지 가서 인도양으로 진입한 후 일본으로 가게 되었다. 연료도 프랑스가 지배하던 아프리카 동쪽의 마다가스카르에 가서야 비로소 얻을 수 있었다. 발틱함대는 무려 3만 7,000km를 9개월에 걸쳐 항해하여 최악의 상태에서 비밀리에 동해(일본해)로 진입하려 했다. 발틱함대의 계획은 일본 해군에 들키지 않고 블라디보스토크 군항에 도착하여 전열을 정비하고 뤼순 피습 때 살아남은 함정들과 합세하여 일본 해군과 한판 승부를 벌이는 것이었다. 함대는 발각될 가능성을 최소화하기 위해 정규 상선 해로를 우회하여 항해했다. 그러나 비밀 항해는 길지 못했다. 최상의 상태로 진해만에서 대기하던 일본의 연합함대는 기다렸다는 듯이 발틱함대를 궤멸시켰다. 쓰시마 해전(1905년 5월 27-28일)은 러일전쟁의 결정적 분기점이었다.

쓰시마 해전 직후 일본은 계획했던 대로 미국에 중재를 부탁했다. 일본은 전기한 바와 같이 결정적 승기를 잡은 후 미국에 중재를 의뢰하기로 이미 결정한 바 있었다. 일본은 더 이상 전쟁을 할 수 없는 입장에 있었다. 일본은 재정 면에서 이미 엄청난 수준의 초과 지출을 하고 있던 터라 더 이상의 지출은 감당하기가 어려웠다. 나아가, 일본은 러시아가 주력부대를 하얼빈에 집결시켜놓고 기회를 보고 있다는 것을 알고 있었고, 펑톈전투 이후 자신의 전력이 사실상 고갈 상태에 빠져 있다는 것도 알고 있었다.

영국도 러일전쟁의 종료를 원했다. 영국은 유럽대륙에서 패권을 추구하며 강력히 대두하던 독일제국을 의식하여 러시아가 군사적으로 약화되는 것을 원하지 않았던 것이다. 영국과의 전쟁을 우려하여 러일전쟁에서 편을 들지 않았던 프랑스도 마찬가지였다. 미국도 일본이 완승하여 동아시아의 지역패권을 쥐게 되는 상황을 바라지 않았다.

러시아는 국내 정치 상황이 악화되어 전쟁을 지속하기 어려운 형국에 처하게 되었다. 1905년 1월 22일 그렇지 않아도 물가 폭등, 저임금으로 생활고에 시달리던 노동자들은 전쟁으로 인한 무거운 세금을 부담하게 되자 러시아 정교 신부 게오르기 가퐁(Georgy Gapon)을 앞세워 노동자의 법적 보호, 러일전쟁의 종료, 헌법의 제정, 기본적 인권의 확립 등을 황제에게 청원하기 위해 궁전으로 몰려갔다. 당시 니콜라스 2세 황제는 부재했고, 경찰청장이 시위자들을 향해 발포하도록 명령했다. 100여 명이 죽고, 수백 명이 다쳤다. 이것이 알려지자 많은 도시에서 파업, 농민봉기, 군사반란이 일어났다. '피의 일요일' 시위는 전쟁 중인 정권을 위협하는 지경에 이르렀고, 황제는 전쟁의 종료에서 탈출구를 찾을 수밖에 없었다. 러시아와 일본은 6월 8일과 6월 10일 각각 루즈벨트의 평화 제의를 수락하였고, 루즈벨트는 12일 강화를 알선할 것임을 발표했다.

10.3. 태프트-가쓰라 밀약

전쟁이 종료될 기미를 보이자 열강들은 제각기 종전 이전에 자신들의 이익을 확보하기 위해 바쁘게 움직였다. 1905년 7월 24일 러시아의 니콜라스 2세와 독일의 빌헬름 2세는 뵈르케(Björkö)에서 만나 상호방위를 약속한 밀약을 맺었고, 영국은 일본과의 동맹조약을 개정했으며, 미국의 루즈벨트는 전쟁부 장관 태프트를 도쿄에 보내 한국을 일본에 넘겨주는 대신 필리핀에 대한 지배권을 확보하고자 했다. 태프트-가쓰라 밀약은 한국의 운명을 일본과 미국이 흥정한 결과물이었다.

사실 미국은 러일전쟁이 발발하기 수년 전부터 만주지역에서의 러시아 우세를 우려하고 있었지만, 일본이 필리핀의 마닐라 만을 공격할 가능성도 있다고 보고 이 또한 걱정하고 있었다. 미국이 중국 진출을 위한 발판으로 1898년 필리핀을 영유하자, 러시아가 미국의 마닐라만 철수를 강력히 요구하면서 일본에게 필리핀을 차지하도록 권유했기 때문이다. 따라서 미국은 1905년 5월 27-28일 쓰시마해협에서 벌어진 전투에서 일본 해군이 큰 전과를 거두면서 전승을 눈앞에 두고 있었고, 러시아도 이미 시어도어 루즈벨트 대통령의 강화 권고를 받아들인 상황에서 러일전쟁 이후의 동아시아 정세에 관해 일본과 소통할 필요를 느끼게 되었다. 안건에는 당연히 필리핀의 미래가 포함될 것이었다. 일본은 미국과의 소통을 환영하면서 러일전쟁의 자연스러운 결과로서 조선에 대한 자신의 권리를 주장한다는 계획을 세웠다. 일본의 내각총리대신이자 임시외무대신인 가쓰라 다로(桂太郎)와 미국의 전쟁부장관 윌리엄 태프트(William Howard Taft)는 1905년 7월 29일 도쿄에서 회동하여 미국과 일본의 지정학적 이익을 교환하는 태프트-가쓰라 비밀각서를 주고 받았다. 이 각서의 내용은 오랫동안 공개되지 않았다. 그러다 1924년 미국의 외교사가인 타일러 데닛(Tyler Dennett)이 시어도어 루즈벨트 대통령의 문서들을 연구하다가 발견해『커런트 히스토리(*Current History*)』지에 발표하면서 그 실체가 드러났다. 아래는 일본 측 자료에 따른 각서의 내용이다:

제1. 태프트는 필리핀을 앞으로 미국과 같은 강국의 우호적인 국민이 통치할 것이며, 이 섬을 자치하기에는 아직 적당치 않은 토착인이나 비우의적인 유럽의 어느 강국에게도 맡기지 않을 것임을 밝혔다. 가쓰라는 이 점에 관하여 태프트의 견해가 지극히 정당하다는 것을 강도 높게 확인했다. 또한 일본은 필리핀에 대해 어떠한 침략적 야욕도 갖고 있지 않으며, 모든 황화론(黃禍論)은 일본을 모함하는 악랄하고도 저열한 유언비어에 불과하다고 부언했다.

제2. 가쓰라는 극동에서 일반적 평화의 유지를 일본 국제정치의 근본 원리로 삼고 있다고 말했다. 그래서 가쓰라는 이 원리를 보증하기 위한 가장 효과적인 방책에 대하여 태프트와 의견을 교환할 것을 열망했다. 가쓰라의 의견에 의하면, 이상의 목적을 달성하기 위한 최고의, 그리고 실현 가능한 유일한 방책은 이 탁월한 원리에 공통의 이익을 가지고 있는 일·영·미 3국의 우호적 이해를 획득해내는 것이었다… 미국이 타국과 위와 같은 성질의 형식적 동맹을 체결하는 것이 불가능하다는 것을 충분히 인정했다. 그러나 자기들의 공통적 이해에 비추어볼 때, 적어도 극동 문제에 관한 한 3국은 동맹을 체결할 수 있다고 생각했다… 태프트는 여하한 사건이 발생할 경우 미국은 일·영 양국과 보조를 같이할 것이며, 이는 미국이 조약에 규정된 의무를 행하는 것이나 마찬가지라고 확신해도 된다고 말했다.

제3. 가쓰라는 대한제국 문제에 관해 다음과 같이 밝혔다. 대한제국은 대(對)러시아 전쟁의 직접적 원인이므로 전쟁의 논리적 결과로서 대한제국 문제를 완전히 매듭짓는 것은 일본에게는 절대적으로 중요하다. 전후에도 그대로 방치해둔다면 대한제국은 그 관습에 따라 타국과 협약이나 조약을 체결할 것이고, 그렇게 되면 전전(戰前)에 존재했던 바와 다름없는 국제 분쟁이 야기될 것이다… 태프트는 가쓰라의 이런 인식이 정당함을 충분히 확인하고, 개인적으로는 일본이 무력을 통해 '일본의 허락 없이 대한제국은 어떤 대외 조약도 체결할 수 없다'는 요구를 할 수 있을 정도의 '보호'를 획득하는 것은 대러 전쟁의 논리적 귀결이며 이는 극동의 항구적 평화 유지에 공헌하리라 생각한다고 말했다.[158]

태프트와 가쓰라가 나눈 밀담 중 한국의 미래에 영향을 준 것은 세 번째이다. 가쓰라는 한국이 일본의 허락 없이 타국과 조약을 체결하지 못하도록 해야겠다는 입장이었고, 그 이유는 그렇게 하는 것이 극동의 영구적 평화에 기여할 것이기 때문이라는 것이었다. 태프트는 "절대적으로 동의한다는 언급을 가쓰라에게 전하라"는 루즈벨트 대통령의 훈령을 받고 그대로 실천하였다. 일본으로서는 이것이 공식조약은 아니지만 대한제국 보호국화에 대한 미국의 충분한 동의를 얻었다고 믿을 만한 것이었다. 그러나 이 각서는 즉시 공표되지 않았다. 주권국가들을 나눠먹는다는 비난을 우려했던 것이다. 특히 당시 대한제국의 보호국화에 반대하던 주일 미국공사 그리스컴(Lloyd Carpenter Griscom)의 귀에 들어가면 난처하게 될 것을 의식한 조치였다. 그러나 3개월 후 이 밀약은 가쓰라 정권의 국내정치적 이익과 연동되어 일본 언론에 발표되었다. 그리스컴이 어용 언론인 『고쿠민신문(國民新聞)』에 보도된 미일 간 합의를 둘러싼 소문에 관해 워싱턴에 전문을 보낸 것을 보면 밀약의 실체가 세간에 공개된 것임을 알 수 있다. 가쓰라 정권은 처음에는 비난 여론을 의식했지만 일본이 러일전쟁에서 승리하고도 포츠머스 강화조약에서 배상금도 못받았다는 일본 국민들의 불만이 고조되자 이 미일 간 밀약을 미일동맹이라도 되는 것처럼 과장하여 그러한 국민적 불만을 무마하려 했던 것이다.[159] 하여간 미국과 일본 간의 이 밀약은 한국에 대한 미국의 거중조정의 가능성을 일소하였을 뿐 아니라, 한국 문제를 이제 유럽 열강의 간섭 밖으로 밀어내었고, 국제적 승인과 축복 하에서 일본만이 한국의 미래를 자신의 입맛에 맞게 요리할 수 있게 하였다.

COREANS AT OYSTER BAY.

ENVOYS OF THE PEOPLE.

They Have a Memorial for the President—Visitors at Sagamore.

[BY TELEGRAPH TO THE TRIBUNE.]

Oyster Bay, N. Y., Aug. 3.—The Rev. P. K. Yoon and Syngman Rhee, special envoys from the Corean people to the President of the United States, are in Oyster Bay to-night awaiting an audience with Mr. Roosevelt. They bear a memorial which they are jealously guarding, and expect to lay it before the President to-morrow morning.

"We wish it distinctly understood that we are not representatives of the Emperor," said Mr. Yoon, the spokesman, "for our Emperor does not now represent the best interests of the people of Corea. There has been a wonderful awakening in Corea within the last few years, but it has all taken place among the lower classes. The officials are tainted with the influence of Russia. A great society with many thousands of members is growing rapidly throughout the empire, and one of these days will take hold of affairs and conduct the government. The name of this society is Il Chin Hoi, which, translated, means 'The Daily Progress.' As the representatives of this great society we have been delegated to call on the President and lay a memorial at his feet. The people of Corea want the friendship of the American people and the American government. The American government was the first power to make a treaty with the Corean government, and that treaty, made in 1880, still stands. The Corean people feel that unless the American government continues to be their friend the Russians and the Japanese will grind them to pieces like grain between the millstones. If the American President will use his good offices our imperilled territory will be saved and we will be able to continue on the upward path of progress."

In further conversation Mr. Yoon declared that the protectorate exercised over Corea by Japan was obtained by trickery through an incorrect translation of the language of the original treaty. Still, as between the Japanese and the Russians, they would have little hesitancy in choosing the former for masters.

"The Russians have ever been the enemies of our people," said Mr. Yoon. "They stand for everything that is hateful and deceitful, and we rejoice that the Japanese are winning in this war."

Acting Secretary Barnes received the Corean envoys late this afternoon and promised to try to arrange an appointment for them with the President. They neglected to write for such an appointment before coming to Oyster Bay, and when they arrived this afternoon it was impossible to send them to Sagamore Hill, for the President was engaged with a large party of invited guests. Mr. Barnes said that he believed it likely that the President would receive them to-morrow morning before the arrival of Count Witte and the Russian Ambassador, who are due early in the afternoon.

The President received a number of important callers to-day, including Sir Henry Mortimer Durand, the British Ambassador; Lieutenant Commander W. Sims, of the navy; Judge W. J. Calhoun, the special commissioner to Venezuela; W. W. Russell, the new Minister to Venezuela; William Seymour Edwards, a distant connection of the Roosevelt family, and Alvin H. Sanders, of Chicago, chairman of the reciprocity convention which is to meet in Chicago the latter part of the month.

Ambassador Durand assured the newspaper men that his coming had nothing whatever to do with the pending peace negotiations. He had merely run down from Lenox to see the President on a matter that could be discussed personally better than by letter. Messrs. Calhoun and Russell came to talk with the President about Venezuelan problems before starting on their journey to South America, and the rest of the callers were on social missions.

President Roosevelt will receive M. Witte, the principal envoy of the Emperor of Russia to the Washington peace conference, informally to-morrow. Baron Rosen, the Russian Ambassador and associate envoy, will accompany M. Witte to Oyster Bay. They will be guests of the President and Mrs. Roosevelt at luncheon. They will arrive on the 12:20 train and will probably leave here at 4:20.

『뉴욕 데일리 트리뷴』의 기사

태프트-가쓰라의 도쿄 회동 직후 한국인 이승만은 배재학당 동문이며 하와이에 거주하던 윤병구 목사와 함께 시어도어 루즈벨트 미국 대통령을 만나기 위해 뉴욕주 오이스터 베이(Oyster Bay)의 사가모어 언덕(Sagamore Hill)에 있는 그의 자택이자 여름 휴양지를 찾았다. 『뉴욕 데일리 트리뷴(*New York Daily Tribune*)』의 1905년 8월 4일 자에 실린 "오이스터 베이의 한국인들"이란 제목의 기사에 따르면,

"한국인들이 보낸 특사인 윤병구 목사와 이승만은 '우리는 코리아의 황제가 보낸 사절이 아니라는 사실을 확실히 해두고자 한다. 우리 황제는 코리아 백성들의 최선의 이익을 더 이상 대변하지 않기 때문이다. 코리아에서는 지난 수년 동안 놀라운 자각이 있었다. 그러나 그러한 자각은 하층계급에서 일어난 것이다. 관리들은 러시아의 영향권 안에 들어가 있다. 수천 명

의 위대한 조직이 제국 전반에 걸쳐 신속히 성장하고 있다. 이 조직은 곧 국무를 쥐고 정부 역할을 하게 될 것이다. 이 조직의 이름은 일진회(Il Chin Hoi)로, '매일 진보한다'는 의미로 번역될 수 있다. 이 위대한 조직의 대표들로서 우리는 대통령 각하를 방문하고 청원서를 제출하고자 한다'고 말했다… 윤병구는 코리아에 대한 일본의 보호국화는 일본이 원 조약의 언어를 부정확하게 해석한 농간에 의해 이뤄진 것이라 하면서도 일본과 러시아 중 하나를 주인(masters)으로 선택하라면 한국인들은 망설이지 않고 일본을 택할 것이라고 역설했다.[160] 그는 '러시아가 주장하는 모든 것들이 악의적이고 기만적이라서 우리는 이 전쟁에서 일본이 승리하고 있음에 환호한다'고 말했다."

『뉴욕타임즈』의 "루즈벨트에게 한국인들을 보호해달라고 청원할 작정(Will Ask Roosevelt to Protect Korea)"이라는 기사는 추가적인 정보를 제공해준다:

"사절단의 대표인 윤병구 목사는 자신들은 루즈벨트 대통령이 곧 있을 평화회의에서 한국의 권리를 보호해 달라는 청원을 하기 위해 한국인들을 대표하여 방문한 것이라고 말했다. 그는 자신들은 한국의 국왕이나 정부를 대변하지 않고 한국의 일반 백성들을 대변하며, 한국의 '진실을 추구하는 마음들'의 신임을 받고 있다고 주장했다. 그는 작금의 위기는 '진실을 추구하는 마음들'로 하여금 자각하도록 만들었다고 토로하면서 전쟁의 장소가 한국이지만 러시아나 일본 어느 쪽도 한국에 대한 종주권을 주장할 권리를 갖지 못한

WILL ASK ROOSEVELT TO PROTECT KOREANS

The Odd Mission of Two Envoys of "True-Seeking Hearts."

THEY ARE AT OYSTER BAY

Have a Memorial Not from Their King, but an Awakened People— Point to Our Treaty.

Special to The New York Times.

OYSTER BAY, Aug. 3.—On the eve of the official reception to be tendered the peace envoys of Russia and Japan, two diminutive, unassuming Koreans, bent on one of the oddest diplomatic missions in history, appeared, unannounced, in Oyster Bay this afternoon.

There was no Presidential equipage at the railroad station to whirl them off to Sagamore Hill. Quietly they entered one of the public conveyances and demanded to be driven to the leading hotel. There is only one place in the entire Summer capital of the United States deserving of the name hotel. Upon arrival there the clerk-bartender looked the would-be guests over critically, and it was only after a great deal of persuasive eloquence on the part of the two Korean emissaries that they were permitted to register at all. Then they put their names down as "P. K. Yoon and Syngmin Rhee, Seoul, Korea."

Mr. Yoon, who heads the Korean delegation, will seek an audience with President Roosevelt to-morrow to present to him a memorial and voice a fervent plea on behalf of the Korean people that Mr. Roosevelt constitute himself the guardian of Korea's rights in the coming peace negotiations.

In the unpretentious parlor of the village hotel Mr. Yoon for an hour discussed in broken English, but with almost tearful earnestness, the hopes and fears of the people of Korea, for whom the outcome of the war means so much. He explained that he did not in any way represent the King of Korea or the Korean Government, but had been intrusted with his odd mission by the "true-seeking hearts" in the hermit kingdom.

"We are not the accredited representatives of the Korean Government," said Mr. Yoon. "We represent the common people of Korea, and it is on their behalf we have come to see your President. Among the 'true-seeking hearts' of my country the present crisis has brought about an awakening, and the same is true about the 8,000 Koreans who reside in Hawaii. It is those people I represent.

"Though Korea has been the seat of war, neither Russia nor Japan has any right to claim suzerainty over Korean territory. All the common people of Korea and those who are residents of this country stand together for the preservation of the integrity of Korean territory and the maintenance of her absolute independence."

"Were you not correctly reported, then, in San Francisco, when you were quoted as saying that you hoped for Korea's ultimate independence?" Mr. Yoon was asked.

"No," he replied. "Korea is independent now. True, we have made a treaty with Japan since the war began. This treaty has been misunderstood by the world. It was written in Chinese characters. In it was used the word meaning 'protection.' That word has been translated to read 'protectorate.' As I understand it, 'protectorate' in English

---

다고 역설했다. 그는 한국인들이 한국의 영토적 주권과 절대적 독립 유지를 위해 단결하고 있다고 말했다. 윤 목사는 또한 한국이 일본과 조약을 맺기는 했는데 조약 내용에 대한 오해가 있다고 지적했다. 그는 조약문이 중국어로 쓰여 있는데 거기에는 보호라는 중국어의 의미는 보호국을 뜻하지 않는다고 주장했다. 보호(protection)는 결코 통제를 동반하는 보호(protection with control)가 아니라는 것이다. 한편 기자가 만일 한국이 독립을 상실하게 되는 경우 한국은 러시아의 통치와 일본의 통치 중 어느 쪽을 선호하는가라고 묻자 이승만이 '잠깐만요' 하며 개입했다. 이승만은 '비교하지 말라'고 말했다. 그는 '러시아는 극동에서 모든 고대 인종의 공공의 적으로 되어 있다. 만일 러시아의 통치에 저항해야 한다면 아시아의 황인종으로 불리는 사람들은 하나의 단위로 함께 투쟁할 것이다. 하지만 한국 정부는 제안 받은 친러시아 학문을 넌지시 알리고 있는 중이다. 그리고 부패한 러시아 '외교'가 황제의 조언자들 사이에서 받아들여지고 있다. 그러나, 한국의 일반인들은 러시아와 러시아인의 모든 것을 반대한다'고 말

『뉴욕타임즈』의 기사

했다."[161]

태프트–가쓰라 밀약 직후인 1905년 8월 12일 제2차 영일동맹조약이 체결되었다. 이 조약은 일본이 인도 독립투사들의 방일을 묵인하고 있다는 영국의 의심을 해소하는 차원과 러일전쟁에서 승리한 일본이 청국과 한국에 대해 특수이익을 지속적으로 관철할 수 있도록 보장한다는 차원에서 이루어졌다. 1902년의 제1차 영일동맹조약에서는 청국과 함께 '한국의 독립과 영토 보전' 조항이 담겼지만, 제2차 영일동맹에서는 이 조항 대신 "일본은 한국에서 정치상·군사상·경제상 특별한 이익을 가지고 있으므로 영국은 일본이 이 이익을 옹호 증진하기 위하여 정당하고 필요하다고 인정하는 지도·관리감독·보호 조치를 한국에서 취할 권리를 인정한다"는 것으로 바뀌었다. 제2차 영일동맹은 영국과 일본이 자신들의 제국주의적 이익을 상호 인정하는 가운데 약소국인 한국에 대한 일본의 침략적 구상을 방조/지지한 국제조약인 셈이었다. 그 뒤 일본은 1905년 11월 17일 제2차 한일협약, 즉 을사늑약을 체결하여 한국을 식민지로 만들기 위한 수순을 밟아 가는데 그 전에 그러한 디자인을 국제정치적으로 보장하는 단계를 거치게 된다. 러일전쟁을 종료하고 러시아를 한반도의 세력 각축장에서 축출한 포츠머스 강화조약이 그 단계였다. 이 조약은 보다 큰 국제정치적 함의를 가진다. 이로 인해 일본의 군국주의 팽창주의의 상징인 관동군이 설치됨으로써 중일전쟁과 태평양전쟁이 촉발되었기 때문이다.

10.5. 러일전쟁의 종료와 포츠머스 강화조약

1905년 8월 9일 러일전쟁을 공식적으로 끝내기 위해 미국 뉴햄프셔 주에 있는 군항도시 포츠머스에서 강화회의가 개최되었다. 한국에 대해 거중조정의 의무를 다하지 않은 시어도어 루즈벨트 대통령은 일본과 러시아의 요청을 받아들여 러일 간에 거중조정의 역할을 기꺼이 수행한 것이었다. 그는 강화조약을 중재/성사시킨 공으로 1906년 노벨평화상을 받게 된다. 12번의 회의 끝에 9월 5일 러일강화조약이 체결되었다. 조약의 핵심은 아래와 같다:

제2조: 러시아는 일본이 한국에서 최고의 정치, 군사, 경제적인 권익(paramount political, military and economical interests)을 가지고 있음을 인정하고, 또 한국에 대해 지도 보호 통제(guidance, protection and control)에 필요한 조치를 취할 수 있음을 인정한다.

제3조: 러일양국은 랴오둥반도 이외의 만주지역에서 철수하며 만주에 있어서의 청국 주권과 기회균등 원칙을 준수한다. (추가 약관: 양국은 만주 지역의 철도를 보호하는 데 필요한 수비대를 둘 수 있는 권리를 갖는다. 그 수는 1킬로미터당 15명을 넘지 않도록 한다.)

제5조: 러시아는 청국의 동의 하에 뤼순항 조차권, 다롄과 그 주변 해역을 일본에게 양도한다.

제6조: 러시아는 청국의 동의 하에 창춘-뤼순 간 철도, 그 지선, 그리고 이와 관련된 모든 권리, 특권을 무보상으로 일본에 양도한다.

제9조: 북위 50도 이남의 사할린과 그 부속도서를 일본이 영유한다.

이 조약으로써 일본은 러시아를 한반도에서 구축하는 데 성공하였다. 러시아는 동북아 진출이 좌절되자 중앙아시아와 발칸 지역으로 눈길을 돌렸다. 러시아의 중앙아시아 진출은 독일의 팽창을 억지하려던 영국과 이해관계가 일치하여 1907년 영러협정(레발협정)을 통해 평화적으로 조정되었다. 그러나 발칸 반도의 진출은 열강의 이해가 쉽게 조정될 수 없어 진전이 이뤄질 수 없었다. 한편 루즈벨트가 중재하여 타결된 포츠머스 조약은 아이러니하게도 1868년 메이지 유신에서 시작된 미일 간 협력의 시대를 사실상 마감하는 분기점이 되었다. 태평양에서의 양국 간 경쟁이 대두하였기 때문이다. 오히려 조약을 계기로 러일관계가 개선되기 시작했다.

일본은 포스머스 조약 제3조에 따라 러시아의 조차지인 랴오둥 반도를 인수하여 관동주(關東州)를 만들고 관동도독부를 두었다. 일본은 또한 포스머스조약 제6조에서 창춘·뤼순 간 철도의 권익을 획득한 후 1906년 12월 7일 남만주철도주식회사(약칭 만철)를 설립하여, 광대한 철도 부속지를 포함하는 만주 침략을 위한 국책회사로서 운영하게 하였다. 이는 원래는 러시아가 1898년의 랴오둥반도 조차조약에 의해서 취득한 부설권에 따라 동청철도의 지선으로 건설하였으며, 1901년에 개통되었다. 일본은 조약 제3조의 추가 약관을 통해 만철 연선에 1km당 15명, 총 14,419명의 수비병을 둘 수 있게 되었다. '황군(皇軍)'을 자처한 관동군은 여기에서 연원되었다.

한편 일본은 한국에서 주차군을 철수시키기는커녕 만주에 주둔하던 제13사단과 제15사단을 각각 원산과 인천에 상륙시켜 군사 점령을 강화하였다. 앞서 언급했듯이 위기의식을 갖게 된 고종은 1905년 10월 미국의 '선위조처'를 요청하기 위해 "대한제국은 한일의정서를 파기하고 미국 등 열강의 공동보호를 원한다"는 밀서를 헐버트를 통해 보냈다. 그는 11월 17일 워싱턴에 도착해 국부무에 황제의 친서를 접수했으나 국무장관 루트는 25일 자로 헐버트에게 사신을 보내 협조 불가를 통보하였다. "미한 양국 간에는 정당한 대표자를 교환하고 있으므로 이 건과 같이 정당한 방법에 의하지 않은 건에 대해서는 조치하지 않아도 된다"는 것이었다. 국무부는 주미일본공사에게 이 건에 대해 즉각 통보하였다.

11. 망국의 길

11.1. 을사늑약

1905년 4월 '한국보호권 확립의 건'을 의결한 바 있는 일본 내각은 포츠머스 조약이 체결되자 10월 하순 '한국보호권 확립 실행에 관한 건'을 의결하고 이내 이 결정을 실행에 옮기려 하였다. 특사로 임명된 이토 히로부미는 11월 10일 황제를 알현하여 "짐이 동양 평화를 유지하기 위해 대사를 특파하니 대사의 지휘를 일종(一從)하야 조치하소서"라는 일본 덴노의 친서를 전했다. 11월 16일 이토는 한국 대신들을 모아 보호조약 체결을 요구했다. 그러나 결과는 거부였다. 11월 17일 하야시 공사는 한국 대신들을 공사관에 초치하여 조약 체결을 압박하였다. 그러나 대신들이 이를 거부하고 황제가 있는 중명전으로 가자 하야시도 동행했다. 고종과 대신들의 태도가 완강하자 이토가 나섰다. 그는 저녁 6시 무렵 완전무장한 일본 군인들로 궁궐을 포위한 상태에서 퇴궐하려던 대신들을 붙잡아 군신회의를 열도록 하였다. 이토의 제안은 거부되었다. 그는 다시 황제를 알현하고 일본 덴노의 요구를 들이대었다. 고종 황제는 "불필요견이오 출거하야 정부대신과 협의하라"고 답했다. 그때까지도 그는 '희망사고(wishful thinking)'에 빠져 미국의 거중조정을 기다리고 있었다. 참정대신(부총리) 한규설은 이토의 요구를 끝까지 거부했다. 『황성신문』 11월 20일 자에 따르면,

"나는 몸으로 순국하더라도 결코 이 조항은 인준치 못하겠노라 한즉, 이토 대사가 노하여 가로되 만약 폐하의 칙명으로 허하라 하여도 따르지 않겠는가. 참정 가로되 차사(此事)에 대해서는 칙명도 따르지 않으리라 한대, 이토 대사가 크게 노하여 가로되 그러면 불충한 신하라 하고 퇴거하여서 궁내대신 이재극 씨를 초청하여 천폐(天陛)에 상주하도록 하여 가로되 참정이 칙명도 따르지 않는다 하니 이는 불충한 신하이라 즉시 파관하소서 하고 또 외부대신 박에게 명하여 외부의 인을 가지고 오라고 하여 참정의 불날장(不捺章)은 무관하다 하고 나머지 대신만 날장하였으니 그 조건이 무릇 5개조라 하는데 여좌하다."[162]

이토는 대신들을 다시 집결시켰고, 그들을 위협하여 새벽 12시 30분경 '을사오적'이라고 알려지게 되는 학부대신 이완용, 군부대신 이근택, 내부대신 이지용, 외부대신 박제순, 농상공부대신 권중현의 찬성을 받아낸 후 황제의 윤허도 받지 않고, 스스로 외부인을 탈취하여 조약문에 날인하였다. 한규설과 탁지부대신 민영기, 법부

대신 이하영은 불가 입장을 고수했다. 고종은 "이와 같이 중요한 조약을 그와 같이 용이하게 급격히 체결을 보게 된 것은 천재의 유한"이라 하며 "대신 등의 무능 무기력은 심외에 견딜 수 없다"고 개탄했다. 대신들이 퇴궐하자 "각 대신은 일본과 동복이 되어 짐을 협박하여 조약을 조인했으니 짐의 적자는 일제히 일어나 차비를 함께 하라"고 명하였다.

1905년 11월 17일 대한제국의 외부대신 박제순과 일본의 특명 전권공사 하야시 곤스케가 서명한, 명칭을 결여하여 을사늑약(또는 을사보호조약)으로 불리게 된 합의의 내용은 아래와 같다:

일본국 정부와 한국 정부는 양 제국을 결합하는 이해 공통의 주의(主義)를 공고히 하고자 한국의 부강의 실(實)을 인정할 수 있을 때에 이르기까지 이 목적으로써 다음의 조관을 약정한다.

제1조: 일본국정부는 재동경 외무성을 경유하여 금후 한국의 외국에 대한 관계 및 사무를 감리, 지휘할 것이며, 일본국의 외교대표자 및 영사는 외국에 재류하는 한국의 신민(臣民) 및 이익을 보호할 것이다.

제2조: 일본국정부는 한국과 타국 사이에 현존하는 조약의 실행을 완수하는 임무를 다하고, 한국정부는 금후에 일본국정부의 중개를 경유치 않고서 국제적 성질을 가진 하등의 조약이나 또는 약속을 하지 않기를 상약한다.

제3조: 일본국정부는 그 대표자로 하여금 한국 황제폐하의 궐하에 1명의 통감을 두고 통감은 오로지 외교에 관한 사항을 관리하기 위하여 경성(서울)에 주재하고 친히 한국 황제폐하에게 내알(內謁)하

는 권리를 가진다. 일본국정부는 또한 한국의 각 개항장 및 일본국 정부가 필요하다고 인정하는 지역에 이사관을 둘 권리를 가지되 이 사관은 통감의 지휘 하에 종래 재한국 일본 영사에게 속하던 일체 의 직권을 집행하고 아울러 본 협약의 조관을 완전히 실행하기 위 하여 필요로 하는 일체의 사무를 장리(掌理)할 것이다.

제4조: 일본국과 한국 사이에 현존하는 조약 및 약속은 본 협약에 저촉되지 않는 한 모두 다 그 효력을 계속하는 것으로 한다.

제5조: 일본국정부는 한국 황실의 안녕과 존엄을 유지하기를 보증 한다.

고종은 11월 26일 청국의 지푸에 있는 콜브란 보스트윅(Collbran and Bostwick)사[163]의 통신망을 이용하여 미국에 체류중이던 헐버트 에게 친서를 보냈다:

> "짐은 총칼의 위협과 강요 아래 최근 한일 양국 간에 체결된 소 위 보호조약이 무효임을 선언한다. 짐은 이에 동의한 적도 없고, 금 후에도 결코 아니할 것이다. 이 뜻을 미국정부에 전달하기 바란다."

고종의 친서는 12월 11일 미국 국무부에 전달되었으나 묵살되 었다.[164] 미국 정부의 입장은 특명전권의 위임을 받지 못한 헐버트의 친서는 수용 불가라는 것이었다. 이는 미국의 편의적 주장이었다. 왜냐하면 1905년 7월 태프트나 가쓰라 모두 전권위임을 받은 상태 가 아니었어도 서로를 인정하고 도쿄 회담을 진행한 예가 있기 때 문이다. 미국은 친서 전달 건을 일본에 대해 비밀로 해달라는 요청도 수용하지 않았다. 물론 이도 미국이 이중잣대를 들이댄 것이었다. 왜냐하면 태프트-가쓰라 밀약 또는 각서도 비밀외교의 결과였기 때문이다. 미국은 한일의정서(1904년 2월)와 제1차 한일협약(고문초빙협약, 1904년 8월)으로 대한제국은 사실상 일본의 "보호" 상태이며, 이 두 협약을 대한제국이 인정한 이상 지금에 와서 미국의 협조를 요청하는 것은 타당하지 않으며 일관성이 없는 행위라고 보았다. 더구나, 대한제국은 11월 17일 새로운 조약을 통해 외교권을 일본에 "자발적"으로 이양하였으니 조미조약상의 선위조처 조항은 더 이상 효력없다는 입장을 고수하였다. 이 역시 미국의 일방적이고 궁색한 해석이었다. 왜냐하면 한일의정서는 대한제국의 독립과 영토보전을 약속한 문서였고, 나아가, 대한제국이 고빙한 고문은 과거부터 한둘이 아니었기 때문이다. 미국은 11월 24일 어느 국가보다 먼저 주한 공사관 철수 훈령을 내렸다. 주미 한국공사관은 이완용의 훈령에 따라 12월 16일 미국에 철수를 통보하였다.

고종은 1906년 1월 29일 "자신은 을사조약에 도장을 찍지 않았으므로 일본이 그 조약을 근거로 벌이는 모든 행위는 인정할 수 없으며, 앞으로 5년간 열강국의 보호통치를 희망한다"는 내용을 담은 국서를 비밀리에 영국 『트리뷴(*The Tribune*)』지의 더글라스 스토리(Douglas Story) 기자에게 전달했고, 『트리뷴』은 이를 1906년 12월 1일자로 게재하였다. 『트리뷴』이 실은 이 문건에는 대한제국의 국새가 날인되어 있었다.

국내에서도 『대한매일신보』가 1907년 1월 16일 자로 밀서를 전재(轉載)했다. 통감부는 밀서라는 문건이 가짜라고 주장했다. 스토리 기자가 보도한 밀서는 1년이 넘게 영국, 한국, 일본, 중국의 신문

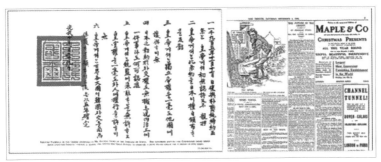

을사조약 체결 직후 작성된 고종 황제의 을사조약 무효선언서와 이 국서를 보도한 영국 『트리뷴』지(1906년 12월 1일 자).

에 보도되었을 정도로 오랜 파장을 남겼다.

　을사늑약으로 대한제국의 외교권을 앗아간 일본은 한성 주재 외국 공관들이 철수한 후인 1906년 2월 1일 통감부를 설치하고 이토 히로부미를 초대 통감에 임명했다. 이완용은 5월 22일 의정부 참정 대신으로 임명되었다. 고종은 헤이그 만국평화회의에서 을사늑약이 불법적으로 체결되었다는 사실을 폭로하고 대한제국 독립에 대한 지지를 호소하기 위해 특사를 보내고자 했다. 러시아 황제 니콜라이 2세가 주창하여 1899년 실현된 이 만국평화회의의 제2차 회의는 1904년 시어도어 루즈벨트가 제안했으나 러일전쟁으로 열리지 못했다. 전쟁이 끝난 후 의장국인 러시아는 1907년 6월 15일부터 제2차 만국평화회의를 개최한다고 발표했다. 고종은 "헤이그에 대한제국 대표를 초청해 달라"는 친서를 보냈다. 러시아는 "대한제국 대표를 초청한다"라고 답신했다. 이는 러시아가 한국을 위해서라기보다는 당시 진행 중이던 일본에 대한 협상력을 높이기 위한 전략적 카드였다. 결렬 위기를 맞았던 러일 비밀협상은 평화회의가 개막되면서 타결의 실마리를 찾았다. 대한제국 특사의 헤이그 도착 전날인 6

『대한매일신보』가 고종의 밀서를 1907년 1월 16일자로 전재(轉載)했다.

월 24일, 러일 양국은 핵심 쟁점에 대해 극적으로 합의했다(7월 30일 제1차 러일협약 체결). 만주에 진출하려는 미국을 양국이 협력하여 봉쇄하고 그 지역을 "나눠 먹자"는 내용이었다. 어쨌든, 그 즉시 러시아 정부는 평화회의 의장 넬리도프(Alexander Nelidov)에게 "한국 특사의 회의장 입장을 거부하라"라는 새 훈령을 보냈다. 넬리도프는 훈령을 실행에 옮겼고, 일본에게 한국 밀사 건을 통보했다. 평화회의는 한국의 참가가 배제된 채 10월 18일까지 지속되었다. 6월 27일 고종이 전권위임장을 준 이상설, 이준, 그리고 이위종은 회의장 입장이 거부되자 공고사(控告詞, 성명서)를 발표했다. 특사 세 명의 이름으로 된 공고사('한국을 위한 호소, A Plea for Korea')는 "회의에 참석할 가능성을 박탈당한 데 대해 심히 유감으로 생각한다"며 일본을 규탄하는 세 가지 이유를 댔다.

1. 일본인들은 황제의 재가 없이 한일협상조약(을사늑약)을 체결했고,
2. 그들의 목적을 달성하기 위해 대한제국의 조정에 대하여 무력을 행사했으며,
3. 모든 국법과 관례를 무시하고 행동했다.

고종으로부터 또 다른 특사의 임무를 받은 사람은 헐버트였다. 헐버트는 1907년 5월 8일 고종의 친서를 지니고 서울을 출발하여 시모노세키 등 일본을 거쳐 배로 블라디보스토크로 갔다. 일본 외무대신 하야시는 네덜란드 주재 일본공사 사토(佐藤愛麿)에게 헐버트가 "제2회 평화회의를 이용하여 어떻게든 한국을 위해 일하려고 한다는 풍설"이 있다며 그의 행동에 주의를 기울여 알맞은 조처를 취하라고 지시하였다. 헐버트는 영국의 저명한 언론인인 윌리엄 스테드(William Stead)가 편집인을 맡고 있던 『평화회의보(*Courrier de la Conference de la Paix*)』 1907년 6월 30일 자에 "왜 대한제국을 제외시키는가"라는 제하의 공고사 전문을 게재하고, 특사들을 위한 기자회견을 마련하여 이위종이 프랑스어로 '한국의 호소문'을 낭독하는 데 기여했다.[165] 1907년 7월 5일 자 『평화회의보』는, 회식을 즐기고 있는 사람들에게 죽음의 허무를 일깨워 주기 위하여 잔칫상에

해골 하나를 놓아두는 이집트인들의 관습을 상기하면서, 회의장의 닫힌 문 앞에 앉아 있는 이준 열사 일행이 옛날 이집트 해골의 현대 판이 되고 있다고 지적하면서, "학식이 깊고, 수개 국어를 말하며, 철저하고도 강인한 생명력으로 충만한 인물"이라고 묘사한 이위종 과의 인터뷰를 게재하였는데, 그 일부를 발췌하면 아래와 같다:

"무슨 말을 하려는 것인가?"

"우리는 헤이그에 있는 법과 정의의 신의 제단에 호소하고 이 조약이 국제법상 유효한 것인지에 대한 판단을 요청하고자 한다."

"하지만 우리가 여기서 무엇을 할 수 있겠나?"

"그렇다면 이 세상에 정의란 없다는 얘기인가, 여기 헤이그에서 조차도."

"당신은 일본이 강대국임을 잊고 있다."

"그렇다면 당신들이 말하는 법의 신이란 유령일 뿐이며 정의를 존중한다는 것은 겉치레에 지나지 않는다. 왜 대한제국이 희생되어야 하는가? 대한제국이 약자이기 때문인가? 도대체, 무엇을 위해서 정의, 권리 그리고 법에 대해 말할 수 있는가? 왜 대포가 유일한 법이며 강대국들은 어떤 이유로도 처벌될 수 없다고 솔직히 시인하지 않는가?"

"그렇지만…"

"정의에 관해서 나에게 이야기하지 마라. 당신은 소위 평화주의자가 아닌가? 대한제국은 무장하지 않은 나라였다. 대한제국은 평화롭게 그리고 조용히 살아갈 것만을 원했다. 우리는 당신들 평화론자들이 전도하는 것을 실천했다. 그런데 지금 우리는 어떻게 되어 있는가? 내가 여기 이 문 앞에 앉아 있다는 사실은, 자신의 칼을 신뢰하는 대신에 법과 정의와 평화의 신에게 신뢰를 갖고 있는 모든 나라들을 기다리는 운명의 표시에 지나지 않는다."[166]

만국평화회의 참가가 실패로 돌아가자 이위종은 아버지인 주러 공사 이범진의 뜻에 따라 러시아 연해주에서 이범윤, 최재형(崔在亨), 안중근 등과 함께 동의회(同義會)를 조직하여 항일투쟁에 참가하였다. 한편 헤이그 사건을 접한 통감 이토는 1907년 7월 7일 총리대신 사이온지 긴모치(西園寺公望)에게 전보를 보내어, 고종의 밀사 파견은 한국이 일본에 대해 공공연히 적의를 표현한 것으로 이는 명백히 조약 위반이므로 일본은 한국에 선전포고할 명분이 있다고 주장하며, 대한제국 정부 총리대신 이완용과는 이미 고종 양위문제를 거론했다고 보고했다. 결국 일본은 헤이그 평화회의 특사 파견을 구실로 그들의 침략에 방해가 되는 고종 황제를 군대로 위협하여 강제로 퇴위시켰다.[167]

11.2. 을사늑약의 무효원인

을사조약은 강압에 의한 늑약이었다. 늑약이 체결된 직후 프랑스 파리대학교의 국제법 학자 프란시스 레이(Francis Ray) 교수는 『국제공법(*Revue Générale de Droit Internationale Public*)』이라는 학술지에 1905년 11월 17일의 조약은 무효라는 의견을 담은 논문을 게재하였다. 그는 "전권대사의 인격에 대하여 행사된 강박은 조약을 무효로 하는 '동의의 하자'에 해당한다는 사법상의 원리가 공법에도 적용된다"고 주장했다. 강제라도 전쟁 등 국가에 대한 것은 이전부터 용인되었지만, 대표 개개인에 대해 가해진 강제는 이와 구별되어 이전부터 금지되었다는 것이다. 아래는 그의 핵심 논지이다:

이 조약은 두 가지 무효원인(deux causes de nullite)으로 인해 무효이다. 무효원인은 한국정부 측의 동의의 하자와 일본이 한국에 대해서 취했던 보호의무의 위반이다. (첫째 무효원인에 대해 말해보자.) 극동의 소식통에 따르면 이 11월 조약은 일본과 같은 문명국이 도덕적으로 비열한 방법과 물리적인 강박(une violence)을 써서 한국정부에 강요하여 체결되었다. 이 조약의 서명은 전권대사인 이토 후작과 하야시가 일본군대의 호위를 받는 압력 아래에서 대한제국황제와 대신들로부터 얻었을 뿐이다. 이틀 동안 저항한 후, 대신회의는 체념하고 조약에 서명하였지만, 황제는 즉시 강대국 특히 워싱턴에 대표를 보내 가해진 강박에 대하여 맹렬히 이의를 제기하였다.

서명이 행하여진 특수한 상황을 이유로 우리는 1905년 조약이 무효라고 주장하는 데 주저하지 않는다. 강대국이 약소국에 대하여 행사하는 강제와는 달리, 전권대사의 인격에 대하여 행사된 강박은 조약을 무효로 하는 동의의 하자에 해당한다는 사법상의 원리가 공법에 적용된다는 것은 실제 인정된다.

영국과 러시아가 1905년 일본에게 한국에서의 자유로운 활동권을 주었음은 중요하지 않다. 한반도에서 일본에 유리함이 있을지 모르는 수정에 대한 이 강대국들의 동의는 일본의 한국에 대한 정책에 관하여 그들이 어떠한 이의도 제기하지 않겠다는 것을 도쿄정부에게 보장할 수 있을 뿐이었다; 한국만이 자신의 운명을 처분할 수 있다는 원칙을 아무도 무시할 수 없다. 일본인에 대한 (한국)국민의 끊임없는 봉기와 한국정부의 이의 제기는 일본에 대한 국민과 그 대표자들의 감정의 명백한 표현이다.

1905년 조약의 두 번째 무효원인은 일본의 이전의 약속(engage-ment) 때문이다. 1894년 이래 4개의 국제조약에서 일본이 한국의 독립을 대외정책의 기초로서 지나해(중국해)에서의 세력균형에 필수불가결하다고 간주했음을 중시하지 않을 수 없다. 조약에서 엄숙히 반복되고 기재된 이 확인 앞에서 다른 국가들은 한국의 독립이 일본정책의 변경할 수 없는 부분(un article intangible, an article inviolable)이라고 생각하였다; 그 독립을 침해하는 다른 강대국의 모든 시도는 떠오르는 태양의 제국(일본)의 완강한 반대에 부딪힐 것임이 경고되어 있었다.

불충분한 이 선언에서 판단하더라도, 일본은 한국에 대하여 1904년 2월 23일의 의정서에서 이 국가의 독립을 보장하였다. 이 약정은 1905년 보호조약에 의한 한국에서의 보호관계의 설정과 어떤 관계에 있나? 보호관계는 독립과 양립할 수 없다. 왜냐하면 그것은 피보호국에게 대외적 주권, 좀더 정확히 말하여 그 독립의 포기를 초래하기 때문이다. 거기에는 절대적인 모순이 있다. 아마도 하나의 조약은 만들었고, 다른 조약은 파괴했다고 말할 수 있다… 한국의 독립을 보장하기로 약정한 일본은, 이 약정에 구속되고, 사실상 완전히 일본에게 종속되어진 이 국가의 독립을 박탈할 목적을 위한 어떠한 조약도 더 이상 체결할 수 없었다. 보호조약은 피보호국과 보장국의 의무를 포함한다. 만일 피보호국이 자신에게 주어진 조건을 양심적으로 이행하면, 보장국 측은 피보장국에게 한 약속을 충실히 이행해야 하고, 그 첫째 의무는 보장국이 보장한 독립과 안전을 침해하는 모든 행위를 삼가는 것이다. 보장국은 만일 피보장국의 독립이 제3국의 공격에 의해 위험에 처하면 개입하여야 한다; 그 자신이 그것을 침해할 수는 없는 것이다.

사람들은 러시아와 일본이 오랫동안 탐낸 한국이 전쟁의 목적물 중의 하나이고, 큰 희생을 치룬 일본이 러시아에 대해 보인 관용 후에 승리로부터 자존심의 만족 이상을 얻으려 하는 것을 충분히 예상하여야 한다고 아마도 주장할 것이다. 이러한 순수히 정치적인 질서의 고찰은 법률적 영역을 벗어난다. 일본은 오직 러시아에 대해서만 자신의 나쁜 운명의 결과를 부담할 것을 청구하여야만 할 것이다; 두 교전국에 대하여 똑같은 혐오감을 느끼었으며 또한 중립을 존중받기에는 너무 약했기 때문에 전쟁을 겪었을 뿐인 한국이 그것을 부담할 수는 없다. 문명국의 실천에 의하여 인정된 규칙에 따라 조직된 일본의 한국에 대한 보호관계는 비록 피보호국의 동의라는 외양을 갖추기 위하여 조약이라는 허울을 쓰고 있지만 법률의 위반에 기인하고 있음은 유감이 아닐 수 없다. 이 조약은 무엇보다도 먼저 일본 측의 정치적 과오를 드러내주고 있다.[168]

을사늑약이 무효라는 국제법 학자들은 프란시스 레이뿐만이 아니었다. '하버드 보고서'가 그 중 하나였다. 1927년 미국 국제법학회는 하버드 법대에 국제조약법 제정에 따른 법률안 기초를 의뢰하였다. 48명의 저명한 국제법 학자들로 구성된 자문위원회는 1935년 『미국 국제법학지(*American Journal of International Law*)』(1935년 29권)에서 "조약 성립의 본질적 조건은 '당사자 간의 자유의사에 의

한 동의'라고 강조하였다. 강박이 허용되는 유일한 예외는 승전국이 패전국에 부과한 평화조약뿐이라는 것이었다. 요컨대, 그들은 국가 간 조약은 평등의 원리에 따른 자유로운 선택이어야 하며, 공포에 의해 동의가 조장되어서는 안 된다"고 지적하였다. '하버드 보고서'는 강박이 사용되어 늑약된 경우로서 아래 사례들을 들었다.

1. 1773년 러시아군이 폴란드 의회를 포위하고 체결한 폴란드 분할 조약,
2. 20세기 초 대표적인 예로서, "이미 몇 차례 인용된바, 일본 전권 공사가 일본 군대를 동원하여 1905년 11월 17일 조약을 체결하기 위해 대한제국 황제와 대신들에게 가한 강압,"
3. 1939년 보헤미아 및 모라비아를 독일의 보호 하에 두는 조약에 체코 대통령 및 외무대신이 서명하도록 하기 위해 히틀러 정권이 사용한 고문.

'하버드보고서'의 내용은 이후 1963년 UN 법사위원회의 'UN 보고서'에도 그대로 이어져 제35조에 '조약 체결 과정에서 국가를 대표한 개인에게 위협이나 강박이 가해지면 설사 동의를 얻었더라도 아무런 법률적 효력이 없다'는 문구로 정리돼 국제법상의 확고한 이론으로 정립됐다.

11.3. 한일기본조약(1965)의 '전략적 모호성'

그러나 레이 교수, '하버드 보고서', 'UN 보고서'를 통해 정립된

국제법적 이론은 1965년 한일기본조약에서 전혀 반영되지 않았다. 한일기본조약 제2조의 내용은 "1910년 8월 22일 및 그 이전에 대한제국과 대일본제국 간에 체결된 모든 조약 및 협정이 이미 무효임을 확인한다(It is confirmed that all treaties or agreements concluded between the Empire of Japan and the Empire of Korea on or before August 22, 1910 are already null and void)"이다. 한국은 "애당초 무효"라는 용어를 한일 양국이 채택할 것을 주장했다. 나아가 한국 측은 1905년 전후 일본이 대한제국을 무력으로 불법 강점했기 때문에 위법한 군사점령에 대해 사과와 배상을 요구했다. 일본은 "이미 무효"를 '이제는 무효(もはや無)'라고 옮기고, 위 조약들은 정당한 절차를 거쳐 체결된 것이기 때문에 원래는 효력이 있었지만, 1948년 8월 15일 한국 독립으로 효력이 상실되었고, 그 결과 1965년 시점에는 무효가 되어 있는 것이라고 주장했다.

한국과 일본이 "이미 무효"라는 모호한 용어 사용에 합의한 것은 '전략적 모호성의 전략(Strategy of strategic ambiguity)'에 양측이 합의한 것이었다. 이는 협상 양측이 합의 자체의 현실적 필요성 때문에 서로가 양보할 수 없는 사안에 대해 해석의 여지를 일부러 남겨두어 각자가 국내정치적으로 유리하게 활용할 수 있도록 묵시적으로 합의하는 경우이다. 미국과 중국은 1972년 2월 27일 '상하이 공동성명(the Shanghai Communique)'을 발표했는데 미국 측은 "미국은 타이완해협의 양측에 있는 모든 중국인들이 중국은 하나밖에 없으며 타이완은 중국의 일부라고 주장하고 있다는 점을 인식(acknowledge, 认识, 認識)한다. 미국 정부는 이 같은 입장에 이의를 제기치 않는다. 미국은 중국인들 자신에 의한 타이완 문제의 평화적 해결을 다시 한번 지지한다"는 입장을 명시했다. 미국이 사용한 용어는 인식(acknowledge)이었고, 인정(admit)이 아니었다. 미국의 각 정부들은 용어에 대한 다른 해석을 중국을 압박하는 데 사용해왔다. 또한 미국은 "타이완 문제의 평화적 해결"이라는 내용, 그리고 추후 미국 의회가 제정한 '타이완관계법(Taiwan Relations Act)'을 사용하여 중국이 타이완에 대해 비평화적 수단을 사용하여 모종의 목적을 달성하려면 미국의 강력한 반대에 직면할 수도 있음을 암시해오고 있다. 미국은 타이완이 중국에 도발적인 행위를 하지 못하도록 하는 데도 이 '전략적 모호성의 전략'을 사용해오고 있다. 전략적 모호성의 전략은 2000년 한국과 북한이 합의한 남북공동선언 제2항에서도 사용되었다. 이에 대해서는 아래에서 상술하기로 한다.

어쨌든 1965년 한일 양국은 몇 가지 요인에 의해 전략적 모호성의 전략을 사용해서라도 협상의 타결을 도모하고자 하였다. 미국은 1964년 10월 중국이 핵실험에 성공하여 냉전이 격화되는 상황에서 한미일군사협력을 강화하려 했고, 그 일환으로 한일협정을 양국에 재촉하였다. 또한 미국은 1964년 11월경부터 베트남전에 심각하게 연루되기 시작하면서 한국에 제공하던 경제원조를 일본이 부담하도록 할 필요성을 절감했다. 그러려면 한일협정이 필요했다. 5.16 쿠데타로 정권을 잡은 박정희는 정통성 결핍과 공산주의 활동 전력 탓에 미국의 눈치를 봐야 했다. 그의 정부는 또한 정통성 결핍을 메꾸기 위해 경제성장을 최우선 과제 중 하나로 채택했는데 그러기 위해서는 외자도입이 절실했다. 당시 유일한 외자도입선은 일본이었다. 그러나 당면한 문제만을 모면하기 위한 전략적 모호성의 전략은 식민지화의 합법성을 둘러싼 끊임없는 한일 간 갈등의 빌미를 후대에 남겼다. 2018년 강제징용 사건에 대한 한국 대법원의 판결은 이후 한일관계가 교착상태에 빠지게 된 주요 원인이 되었다. 대법원은 한일협정과 함께 체결된 한일청구권협정이 "식민지의 불법성"에 대해 다루지 않았기 때문에 강제징용 피해자 개개인들은 이 협정의 조문에 적용되지 않는다고 본 반면 일본은 일한 간 제 조약이 합법이었기 때문에 한일협정문에서 불법성 문제를 다루지 않았던 것일 뿐 한국과 일본의 국가든, 피해자 개인이든 모두 한일청구권협정의 적용을 받는다고 보았다. 이 문제는 한국의 대일외교 및 한일관계의 핵심쟁점이므로 상세히 후술하기로 한다.

11.4. 을사늑약 이후

헤이그에서 제2차 만국평화회의가 열리고 있던 1907년 7월 24일 을사늑약에 이어 정미조약이라 알려진 한일신협약이 체결되었다. 이는 일본이 한국의 내정권을 탈취토록 한 합의로서 일체의 경제권을 통감이 사실상 장악하도록 한 것이었다. 통감 이토는 대한제국 군대를 해산하기 위해 일본어로 초안을 잡고 한국으로 번역한 후 7월 31일 한국 황제의 어새를 찍어 반포토록 하였다.[169] 그는 이미 황제의 어새를 탈취하여 갖고 있었기 때문에 공문서 위조를 하는 데 아무런 문제가 없었다. 그러나, 8월 1일 군대가 해산됨에 따라 각지에서 무장 항일운동이 전개되었다. 이토는 한국인들의 저항을 누그러뜨리기 위해 1909년 1월 4일 순종으로 하여금 지방을 순행하도록 하였다. 그는 통감부가 작성한 순행 조칙문에서 "태자태사 통감공작 이등박문은 짐의 나라를 정성을 다해 짐의 몸을 보도하고 지난 여름 한참 더운 때에 나의 동궁의 학식을 넓히기 위해 그 노령의 병구를 아끼지 않고 일국(日國) 각지에 배순한 노고는 짐이 늘 깊이 감사하는 바이라, 지금 짐의 이 행차에 특별히 배호(陪扈)를 명하여 짐의 지방 급무를 애써 도와 근본을 튼튼히 하고 나라를 편안케 하여 어려운 국면을 속히 구제하려고 있으니 너희들 대소 신민은 모두 반드시 이를 알도록 하라"고 말했다. 한국인들의 저항은 이토의 바람과 달리 쉽게 사그라지지 않았다. 그는 책임을 지고 6월 통감직에서 사임하고 귀국했다. 헤이그 사건과 한국 내 대일 저항운동에 영향을 받아 일본 내에서는 강경론이 확산되고 한국병합론이 본격적으로 대두하였다. 시간이 걸리더라도 가능한 한 무리없이 "합법적"으로 한국을 병합하자는 "주도면밀한 문치파(文治派) 이토 히로부미의 점진주의 노선(gradualist approach)"[170]이 힘을 잃고 "미개하고 무도한 한국인들에게 그러한 문명적 접근은 의미가 없다"는 강경한 무단파(武斷派)가 득세했다. 일본은 7월 6일 각의를 통해 '한국병합에 관한 건'을 확정하고, "적당한 시기"가 올 때까지 만반의 준비를 하기로 결정하였다.

그러나 일본의 "적당한 시기"는 한국의 의병 안중근(安重根)이 이토 히로부미를 국제도시화된 청국의 하얼빈(哈尔滨)에서 사살함으로써 앞당겨졌다. 그는 이토가 만주지역 러시아 재무장관을 만나러 이 도시에 온다는 정보를 입수하고 행동에 나섰다. 이토가 하얼빈을 방문한 배경은 당시 동북아 국제정치를 이해하기 위해 알 필요가 있다. 1907년경부터 러일관계가 크게 변하였다. 변화의 동력은 독일제국으로부터 발생하였다. 독일의 빌헬름 2세는 1890년 유럽중심 외교를 오랫동안 추진하던 재상 비스마르크를 퇴진시키고 본격적으로 제국주의를 지향하였다. 유럽에서 독일이 신흥 강국으로 대두함에 따라 이에 맞서기 위해 전통적인 라이벌이었던 영국과 프랑스가 손을 잡기로 하고 1904년 4월 8일 '영국·프랑스화친조약(Entente Cordiale)'을 체결하였다. 영국은 독일의 패권적 위협을 강조한 '크로우 외교노선(1907년 1월)'을 채택하고,[171] 전통적인 적수인 러시아와의 관계개선에 나서 1907년 8월 31일 '레발협정(the Reval Agreement)'이라 불리는 영러우호협력협정을 체결했다. 이로써 영국, 프랑스, 러시아가 힘을 합치는 삼국협상(Triple Entente) 체제가 성립하였다. 이는 동북아 국제정치에 직접적 영향을 미쳤다. 일본은 영일동맹의 당사국으로서 러시아와의 관계를 개선하는 방향으로 외교노선을 변경하게 된 것이었다. 1907년 7월 30일 제1차 러일협약이 체결되었다. 제2차 만국평화회의 당시 러시아가 대한제국에 대한 태도를 바꾼 이유가 바로 이 때문이었다. 그러나 1908년 이후 러시아 내부에서는 제1차 러일협약에 대한 비판론이 제기되었으며 대안으로 미국을 끌어들여 일본의 팽창을 저지하는 방안이 모색되기도 하였다. 러시아는 극동 문제를 재검토하기 위해 재무장관인 코코프초프(Vladimir Kokovtsov)를 만주로 파견하였다. 일본은 이러한 러시아의 분위기를 감지하고 코코프초프를 만나 러시아를 회유하기 위해 이토를 하얼빈으로 보낸 것이다. 일본이 러시아와 협력관계를 강화해야 할 이유는 미국으로부터도 발생하였다. 일본은 러일전쟁의 결과로 한국을 보호국화하고, 남만주 일대의 지배권을 확립하는 가운데 만주시장을 독점화해 나갔다. 일본의 남만주독점화정책은 미국의 태프트 정부를 자극하였다. 미국이 러일전쟁에서 일본을 후원한 부분적 이유는 만주를 독점하려던 러시아에 반대하고 문호개방, 곧 시장개방을 밀어부치기 위한 것이었다. 그런데 일본이 이제 와서 만주를 독점하려는 태도를 보이자 미국이 반발한 것이었다.[172] 일본은 러일전쟁 직후 미국의 철도왕 해리만(Edward Henry Harriman)과 일본수상 가쓰라 다로가 합의한 남만철도공동관리안을 취소했고 미국자본의 만주 진출을 계속 저지하였으며, 1908년 11월 미국 국무장관 낙스(Philander Chase Knox)가 제시한 만주철도중립화안을 거부한 바 있었다. 일본은 철도를 기반으로 팽창을 추구하고 있었으므로 같은 구상과 이해관계를 갖고 있던 러시아와 함께 미국의 제안에 반대하였던 것이다.[173]

이러한 상황 하에서 이토는 북만주는 러시아, 남만주는 일본의 세력범위로 획정하고, 러시아는 외몽고에서 특수이익을 인정받는 대신 한국에 대한 일본의 사실상의 지배를 인정한 1907년의 러일협약의 정신을 확인코자 하였다. 그는 또한 만주에 있어서 양국의 특수 이익을 보호하기 위한 상호협력을 강화하는 동시에 미국의 만주 진출에 대응하는 공동전선을 구축하기 위해 러시아의 주무 관료를 만나러 하얼빈까지 오게 된 것이었다.

이토 히로부미를 실은 특별 열차는 1909년 10월 26일 오전 9시 하얼빈에 도착하였다. 이토는 출영 나온 재무장관 코코프초프와 열차 안에서 약 30분간 모종의 회담을 한 뒤 9시 30분경 플랫폼에 모습을 드러냈다. 항일의병단체인 동의회(同義會)의 참모중장(參謀中將) 안중근은 이토를 저격하고 '코레아 우라(대한 만세)'를 외쳤다.

한국인이 이토를 암살했다는 소식이 한국에 전해지자 전국 각지에서 친일파들이 준동하였다. 사과 성명을 발표한다든지 도일사죄단(渡日謝罪團)을 조직한다든지 하면서 법석을 떨었다. 이러한 소동의 한가운데에서 일진회는 합방 청원운동을 전개하였다. 순종실록 3권 1번째 기사에 따르면 일진회장(一進會長) 이용구(李容九)는 100만 회원의 연명으로 된 일한합방성명서(日韓合邦聲明書)를 중외(中外, 안과 밖에)에 발표하였다:

갑오년(1894)에 일본은 일청전쟁을 일으켜 거액의 전비를 소모하고 수만 명의 군사를 희생시켜 가면서 청 나라의 굴레에서 벗어나게 하고 우리 한국의 독립을 확고히 해주었다. 그런데도 정사를 어지럽히고 호의를 배격하여 이 만대의 기초를 능히 지키지 못한 것은 우리 한국 사람들 스스로가 초래한 것이다. 마침내 일로전쟁의 인과를 초래하여 일본의 손해는 갑오년의 10배나 되었으나 우리를 러시아 사람들의 범 아가리에 한 덩어리의 고기로 먹히게 되는 것을 면하게 하고 온 동양 판도의 평화를 유지하는 데에 노력하였다. 이런데도 불구하고 이 선린주의에 즐거이 따르지 않고 도리어 이 나라에 붙었다 저 나라에 붙었다 하는 폐단을 만들어내어 마침내는 외교권을 남에게 넘겨주고 보호조약을 체결함에 이른 것도 또한 우리 한국 사람들 스스로가 초래한 것이다. 일본과 한국의 관계가 이미 밀접해졌으니 감정을 풀고 기술을 배우며 문명의 모범을 점차 조금씩이라도 받아들여야 하겠는데 도리어 헤이그 문제를 만들어내어 일대 정국의 변동을 일으키고 (정미)7조약을 계속하여 체결하게 된 것도 우리 한국 사람들 스스로가 초래한 것이다.

이토오 태사(太師)가 백성들을 보살펴주고 동궁(東宮)을 이끌어주며 우리 한국을 위하여 수고를 다한 것은 잊기 어려운 것이다. 그런데도 해외의 하얼빈에서 변괴가 생긴 것으로 인하여 일본 전국의 여론이 물끓듯하여 한국에 대한 정책을 근본적으로 해결해야 한다고 주장하고 혹은 어떠한 위험을 불러일으킬지 모르게 된 것도 우리 한국 사람들 스스로가 택한 것이다.

아! 우리 2천만 국민의 머리 속에 충만된 조국 정신을 떨쳐내어 큰 소리로 외쳐서 지금 일본의 여론이 주창하는 근본적으로 해결해야 할 문제에 대하여 그 파란을 안정시키면서 우리 황제 폐하와 일본 천황 폐하가 하늘까지 통할 하나로 뭉친 정성으로 애달프게 호소하여 우리 황실을 만대에 높일 수 있는 기초를 공고히 하고 우리 백성들에게 일등 대우의 복리를 누리게 하며 정부와 사회가 더욱더 발전하게 할 것을 주창하여 일대 정치적 기관(機關)을 이룩하도록 하는 것이 곧 우리 한국을 보호하는 것이다.

일진회는 이어서 상소를 올렸는데 그 상소문에,

일본이 이미 제창한 독립이라는 말을 듣기는 하였지만 우리 땅에는 한 부대의 육군도 바다에는 한 함대의 해군도 없으니 이것을 놓고 어찌 나라라고 부를 수 있겠습니까? 마땅히 한뜻으로 일본의 요구를 들어주어 다시 일신하는 일을 시작해서 기어이 독립을 실현하도록 하여야 하겠는데 일을 이렇게 하지 않고 도리어 일본이 이랬다저랬다 하는 것으로 의심하고 있습니다. 일본 천황 폐하는 너그럽고 어진 마음과 큰 도량으로 우리를 성토하지 않고 형제처럼 우리를 어루만지고 있는데 우리는 모든 일에서 신의를 잃고 있을 뿐 아니라 태조 고황제의 훌륭한 훈계를 무시하고 오직 그 외교의 궤변만을 믿고 있습니다… 그래서 국모의 변고를 가져와서 산하가 분노하고 억울해하게 되었으니 이것이 또한 누구 때문이겠습니까? 혹은 자기 나라를 나라로 여기지 않아서 조계지(租界地)에 있는 러시아의 공사관으로 피난하기도 하고 혹은 중립을 선언하고 교묘한 외교를 좋아한 관계로 일로화평조약이 먼저 체결되어 우리가 거기에 복종하게 되었으니 우리가 외교권을 박탈당한 것이 또한 누구 때문이겠습니까?

그러나 조정의 신하들은 깨닫지 못하고 여러 번 속임수를 써서 만일의 경우에 요행으로 위기를 모면하자고 하다가 결국 헤이그사건이 도발하는 데에 이르러 부득이 임금의 자리를 물려주고 정사를 위임하게 되었으니 어느 것이나 예의와 신의를 잃어서 스스로 도적을 불러들인 것입니다.

참으로 이와 같다면 외부의 여론이 끓어오르고 있는 중에 일본과 한국이 나라를 합쳐서 하나의 큰 제국을 새로 만들어야 한다는 의논이야말로 2천만 동포로 하여금 죽을 곳에서 살아날 구멍을 새로 얻게 된다는 것을 비로소 알게 하는 것입니다.

우리나라가 청나라에 망하지 않은 것이 어찌 천황의 덕이 아니며 우리나라가 러시아에 먹히지 않은 것이 또한 어찌 천황의 인덕이 인한 것이 아니겠습니까? 그런데도 불구하고 우리나라에는 아직도 왜인을 배척하는 기풍이 없어지지 않고 있어서 매번 은덕에 원망으로 갚으면서 일본을 배척하는 것만 일삼고 있으니 돌이켜 생각해본다면 어찌 짐승 같은 마음이 아니겠습니까?

또 통감 소네 아라스케(曾禰荒助)에게도 청원서를 내었는데 중외의 인심이 격분하여 술렁대었다.

이토의 암살이 알려지자 일본 내에서 한국을 병합해야 한다는 여론이 비등하였지만,『도쿄 마이니치(東京每日)』와『아사히』등 일본의 주류 언론매체는 12월 한국의 일진회가 일본 정부에 제출한 합방청원서에 대해 반대하거나 적어도 유보적인 태도를 취하였다. 일본은 합방으로 인한 비용을 감당할 수 없다는 내용이었다. 후쿠자와 유키치의『지지신보(時事新報)』는 사설을 통해 "우리는 일진회가 왜 이러한 청원을 하게 되었는지는 이해하지만 그것은 한국인 대다수의 의견이라 할 수 없다. 우리는 미래를 알 수 없지만 당분간 현상 유지를 희망한다"며 일한합방에 대한 반대입장을 표명했다.[174] 그러나 1910년 7월 데라우치 마사다케(寺內正毅)가 통감에 취임하면서 일한합방은 급물살을 타게 되었다.

11.5. 일한병합조약의 불법성

일한병합조약은 일본 조슈 출신으로 육군 대신을 역임한 데라우치 마사다케가 1910년 7월 제3대 통감으로 취임하여 '한국병합준비위원회(1910년 6월 일본 정부 유관국실 및 통감부 실무진으로 구성)'가 미리 준비한 문건들을 한국의 총리 대신 이완용에게 하나씩 내놓으면서 실행에 옮겨졌다. 8월 22일 기이한 일이 벌어졌다. 통감 데라우치가 건네준 '통치권 양여에 관한 조칙안'을 총리 대신 이완용이 받아 바로 그 통감 데라우치에게 승인을 요청했고, 데라우치가 그것을 승인한 것이었다. 이는 순종이 이완용에게 전권을 위임한다는 조칙이었다. 이들의 압박을 2시간이나 버티던 순종은 결국 이 위임장에 국새를 찍고 서명하였다.

이완용은 순종 명의의 위임장을 들고 통감의 관저로 가서 데라

이완용에 전권을 위임한다는 내용을 담은 이 문건에 대한국새가 찍히고 그 위에 순종의
이름자(坧)가 친필로 서명되어 있다.

우치가 내놓은 조약문에 직함과 성명을 쓰고 날인하였다. 이때 통감
은 두 나라 황제가 신민들에게 병합을 알리는 조칙을 미리 준비하
여 함께 반포한다는 내용의 각서도 내놓았다. 이 조칙은 나라가 없
어지면 비준의 주체도 없어지므로 비준을 대신하는 의미를 갖는 문
건이었다. 통감은 8월 27일 본국 총리 대신과 외상에게 대한제국 황
제의 조칙에 대한 의견을 전문으로 문의하여 재가를 받은 후 29일
에 반포되도록 하였다. 그러나 한일 양측의 조칙은 동일하지 않았
다. 일본의 조칙에는 덴노의 어새가 찍혔고, 그 위에 덴노의 친필서
명이 보태진 것과는 다르게, 한국의 조칙(칙유[勅諭]라고 명칭이 바뀌
었음; 칙유는 임금의 말씀이나 그것을 적은 포고문; Imperial instructions)
에는 전권위임의 조칙에 찍혔던 '대한국새'가 아니라 황제가 행정
적으로 사용하던 '칙명지보'가 찍혔다. 통감부는 이미 내대신 박영
효로부터 이 칙명지보를 탈취하여 보관하고 있었고, 이때 순종의 의

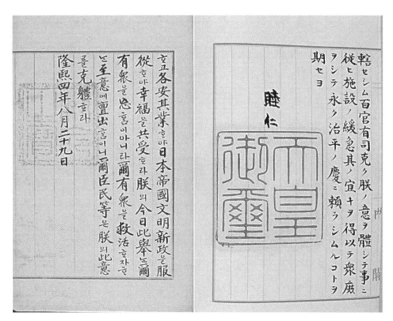

병합을 알리는 조칙. 덴노가 일한병합을 공포한 조서에는 국새(天皇御璽)가 찍혀 있고 '睦仁(일왕 메이지의 본명. 무쓰히토)'이라는 이름이 서명되어 있지만 대한제국 순종황제가 같은 날 반포한 조서(칙유) 원본에는 국새가 찍히지 않았고 '척(拓)'이라는 이름도 서명되지 않았다. 그 대신 행정적 결재에만 사용하는 '칙명지보'가 날인돼 있다.

사와는 무관하게 사용한 것이었다. 역시 이 병합을 알리는 조칙에는 전권위임 조칙에 있던 순종의 이름자도 없었다. 순종 황제는 운명하기 전 곁을 지키고 있던 조정구에게 조칙은 "강린(힘센 이웃)과 역신의 무리가 제멋대로 한 것으로 내가 한 것이 아니라"는 유조를 구술로 남겼다:

일명을 겨우 보존한 짐은 병합 인준의 사건을 파기하기 위하여 조칙하노니 지난 날의 병합 인준은 강린(일본)이 역신의 무리와 더불어 제멋대로 해서 제멋대로 선포한 것이요, 다 나의 한 바가 아니

라. 오직 나를 유폐하고 나를 협제(脅制)하여 나로 하여금 명백히 말을 할 수 없게 한 것으로 내가 한 것이 아니니 고금에 어찌 이런 도리가 있으리오… 지금 나 ― 경에게 위탁하노니 경은 이 조칙을 중외에 선포하여 내가 최애최경하는 백성으로 하여금 병합이 내가 한 것이 아닌 것을 요연히 알게 하면 이전의 소위 병합 인준과 양국(讓國)의 조칙은 스스로 파기에 돌아가고 말 것이리라. 여러분들이 노력하여 광복하라. 짐의 혼백이 명명한 가운데 여러분을 도우리라.[175]

일한병합조약은 한일 양국본이 모두 같은 용지에 같은 필체로 작성되고 역시 같은 끈으로 묶여 있다. 강제의 증거이다.[176]

일한병합조약(1910년 8월 22일)의 내용은 다음과 같았다:

한국 황제폐하 및 일본국 황제폐하는 양국 간의 특별히 친밀한 관계를 돌아보아 상호 행복을 증진하며 동양평화를 영구히 확보하기 위하여 이 목적을 달성하고자 하면 한국을 일본국에 병합하는 것이 낫다고 확신하여 이에 양국간 병합조약을 체결하기로 결정하니, 이를 위하여 한국 황제폐하는 내각총리대신 이완용을, 일본국 황제폐하는 통감 자작 데라우치 마사타케를 각각 전권위원으로 임명함. 이에 위 전권위원은 회동 협의하여 아래의 여러 조관을 협정함.

제1조 한국 황제폐하는 한국 전체에 관한 일체의 통치권을 완전히 그리고 영구히 일본국 황제폐하에게 양여함.
제2조 일본국 황제폐하는 전조에 게재한 양여를 수락하고 또한 완전히 한국을 일본제국에 병합함을 승낙함.

제3조 일본국 황제폐하는 한국 황제폐하, 태황제폐하, 황태자전하와 그 황후·황비 및 후예로 하여금 각각 그 지위에 따라 상응하는 존칭, 위엄 및 명예를 향유케 하고 또 이를 유지하기에 충분한 세비를 공급할 것을 약속함.

제4조 일본국 황제폐하는 전조 이외의 한국 황족 및 후예에 대하여 각각에 상응하는 명예 및 대우를 향유케 하고 또 이를 유지하기에 필요한 자금을 제공할 것을 약속함.

제5조 일본국 황제폐하는 공훈이 있는 한국인으로서 특히 표창하기에 적당하다고 인정되는 자에 대하여 작위와 은사금을 수여함.

제6조 일본국 정부는 앞에서 기술한 병합의 결과로 완전히 한국의 시정(施政)을 맡아 해당 지역에서 시행되는 법규를 준수하는 한국인의 신체 및 재산을 충분히 보호해 주고 또한 그들의 복리 증진을 도모함.

제7조 일본국 정부는 성의 있고 충실하게 새 제도를 존중하는 한국인으로서 그에 상응하는 자격이 있는 자를 사정이 허락하는 범위에서 한국에 있는 제국 관리에 등용함.

제8조 본 조약은 한국 황제폐하 및 일본국 황제폐하의 재가를 거친 것이니 공포일로부터 이를 시행함.

이상 8조로 이루어진 일한병합조약의 체결로 대한제국은 일본의 식민지로 전락하였다. 황족은 안위가 보장되었고 친일파들은 작위와 은사금을 받았다. 예를 들어 이완용은 1910년 "수고했다"는 의미의 은사금과 백작의 작위를, 1920년에는 후작의 작위를 받았다. 그의 손자는 작위를 물려받아 광복 직전까지 중추원 참의를 지냈다. 그러나 무고한 2천만 일반 한국인들은 일본의 억압과 압제 하에서 갖은 수모와 고초를 겪어야 했다. 강제징용이나 성노예 문제는 아직까지도 해소되지 않은 식민지의 주요 유산이고, 독도 등 영토 문제 역시 같은 역사적 연원을 가지고 있다.

일본은 8월 29일 한국과 수교했거나 최혜국대우를 받고 있던 독일, 미국, 오스트리아-헝가리, 벨기에, 청국, 덴마크, 프랑스, 영국, 이탈리아, 러시아에 대해 일본이 한국을 병합했음을 알리는 내용을 담은 선언문을 발표했다. 그 전문은 아래와 같다:

일본과 한국의 정부가 1905년 협정 이후 한국 행정부의 개혁을 위한 진심어린, 심혈을 기울인 노력에도 불구하고 한국 정부의 기존 체제는 공적 질서와 안정을 유지해야 하는 의무를 다하지 못했을 뿐 아니라 불신과 불안이 한반도 전체를 지배하고 있다.

한국에서의 평화와 안정을 유지하고 한국인들의 번영과 복리를 촉진하기 위해, 그리고, 동시에, 한국 내 거주하는 외국인들의 안전과 안식을 보장하기 위해 통치의 근본적인 변화가 절대적으로 필요하다는 점이 분명하게 확인되었다.

일본과 한국의 정부는 상황이 요구하는 바에 조응하는 개혁 도입과 미래를 위한 충분한 보장을 제공해야 하는 긴급한 필요성을 확신하여, 일본제국의 천황과 대한제국의 황제의 재가 하에 그들의 전권대사들을 통해 대한제국이 일본제국에 흡수병합됨을 인정하는 조약을 체결하였다.

일한병합조약으로 35년간의 일제강점기가 시작되었으나 이 조약이나 그 이전의 조약문은 수많은 법리적 결함을 가진, 따라서 법적 효력을 가지지 않는 불법 문건에 지나지 않는다. 몇 가지 이유가 있다.[177] 첫째, 앞서 논한 바와 같이 을사조약이 무효이므로 이에 근거한 병합조약 또한 무효이다. 둘째, 통감 데라우치는 병합조약의 일본측 대표가 될 수 없기 때문에 일본 대표로서 그가 서명한 조약문은 무효이다. 통감은 일본이 국제법적 효력을 갖는다고 본 을사조약에 의해 "한국 황제폐하의 관하에서 외교에 관한 사항을 관리하는" 직책으로서, 이와 같이 한국의 외교권을 맡은 이 직책이 일본을 대표하여 조약에 기명/조인하는 것은 논리적으로 모순이자 결함이다. 통감은 특히 정미조약을 통해 한국의 내정에 대해서도 '섭정'의 역할까지 겸한 상태에서는 더욱 일본을 대표하는 존재가 될 수 없다. 셋째, 병합을 알리는 한국 황제의 조칙문을 통감이 초안을 잡고 그것을 다시 일본 정부 책임자의 손을 거쳤다는 사실은 이 조약이 일본이 원하는대로 일방적으로 진행되었다는 증거이다. 전기한 바와 같이 데라우치 통감은 27일 가쓰라 수상과 고무라 외상에게 초안을 보냈다. 그리고 그는 "일한병합에 관한 한국 황제의 조칙문은 별지와 같이 결정하여 오늘 재가를 거쳐 오는 29일 병합조약과 함께 발표케 할 것"이라는 명령을 실행에 옮겼다. 이들 간에 오간 전문은 일본인들끼리 북 치고 장구 치고 다 했다는 물증이다. 넷째, 역시 앞서 언급했지만, 병합을 알리는 한국 황제의 조칙문에는 국새는 찍히지 않았고, 황제의 이름자 서명이 빠졌다. 통감부는 1907년 11월 18부터 공문서 재가 형식을 일본식으로 황제가 직접 이름자를 서명하고, 그 아래 어새 또는 국새를 찍는 것으로 하였다.[178] 한국 황제의 조칙문에 이름자 서명이 빠진 이유는 그가 이 조칙문을 직접 보지 않았거나 보았어도 그가 서명을 거부하였다는 것으로밖에 해석할 길이 없다. 국새가 아닌 어새가 찍힌 이유는 일본이 급했기 때문이었다. 조약은 위임장을 가진 전권위원들이 조약문에 서명하고 주권자가 비준하면 정당성을 갖고 효력을 발생시킨다. 그런데 일본의 문제는 병합조약 제8조가 "공포한 날로부터 시행된다"고 규정하였으므로 조약의 공포로 당사국 한쪽이 없어지는 상황이 되어 비준 절차가 정상적으로 이뤄질 수 없었다는 데 있었다. 따라서, 일본은 이 문제를 조약 공포일에 황제의 조칙을 발표하여 해결하기로 하였다. 그런데 국새를 가지고 있던 순종 황제는 그것을 내주지 않았고, 또한 이름자 서명도 하지 않았다. 그런데 일본은 미국, 영국 등에 조약 공포일을 이미 통보한 상태였기 때문에 연기할 수 없었다. 국가 간 조약에 필요한 국새를 갖고 있지 않았던 일본은 이미 한국의 내부대신으로부터 탈취해 보관하고 있던 행정결재용 어새만을 찍어 조칙을 내보낼 수밖에 없었다. 따라서 이러한 하자들을 고려할 때 조약은 무효일 수밖에 없다.

대한민국 임시정부와 항일투쟁

일본이 한국을 식민지화하기 위한 군사적 조치의 일환으로 1907년 8월 1일 대한제국 군대를 강제 해산하자,[1] 해산당한 군인들 일부와 각계각층의 한국인들은 전국에서 봉기하였고, 이러한 항일의병 운동은 전국적으로 확산되었다. 의병부대는 독립군으로 발전하였다.[2] 독립군은 국외에서도 형성되었다. 이와 관련해 특기한 만한 것은 1910년 전후 서북간도에 한민족의 집단 이주 계획이 추진되었다는 것이다. 황해도의 안명근(안중근의 사촌동생) 사건과 신민회의 양기탁(梁起鐸) 사건, 그리고 '105인 사건' 등이 이러한 계획에 대한 일본의 대처의 결과였다. 양기탁 사건에 대한 일본 법원의 판결문을 보면 이는 한국인들의 독립전쟁론을 구현하기 위한 것이었다는 점이 드러난다:

서간도에 집단적 이주를 기도하고 조선 본토에서 상당한 자력

(자금력)이 있는 다수 인민을 동지에 이주시키어, 토지를 구매하고 촌락을 만들어 신영토로 삼고 새로이 다수의 교육 있는 청년들을 모집하여 동지로 보내어, 민단(民團)을 일으키고 학교 및 교육을 배설하고, 진(진출)하여 무관 학교를 설립하고 문무쌍전교육을 실시하여, 기회를 타서 독립 전쟁을 일으켜 구한국의 국권을 회복하고자 하였다.[3]

한편 제1차 세계대전이 종결되고 미국의 우드로 윌슨(Woodrow Wilson) 대통령이 전쟁의 뒷처리를 하기 위해 파리평화회의에 참석하면서 "각 민족은 정치적 운명을 스스로 결정할 권리가 있다"는 "민족자결주의(Self-determination)"를 주창하였다. 그는 이미 1918년 미국 의회에서 14개조 원칙을 발표하는 가운데 "새롭고 정의로운 국제질서" 구축을 위해 민족자결주의를 강조한 바 있었다. 민족자결주의는 한국인들에게 해방/독립의 희망을 안겨주었고 1919년의 3.1운동에 정치적 동력을 제공하면서 흩어져 있던 여러 임시정부들을 통합시켰다. 블라디보스트크의 대한국민회의(1919년 2월)와 한성의 한성임시정부(1919년 3월 17일)는 1919년 4월 11일 상하이에서 대한민국 임시정부가 수립되자 얼마되지 않아 이에 흡수되었다. 미국에 체류하고 있으면서도 한성임시정부의 집정관총재(執政官總裁)에 추대된 이승만은 워싱턴에 구미위원부[4]를 설립하고 외교활동을 전개하였다. 그는 필라델피아의 한국통신부와 파리위원부를 구미위원부에 흡수하여 파리에서 돌아온 김규식으로 하여금 위원장을 맡게 했다. 구미위원부는 선전용 간행물을 발행하고 강연회를 개최하는 외교활동 이외에 동포사회에서 행정기관으로서의 역할도 수행하였다. 그러나 이승만은 군사노선이 아닌 외교노선을 독립방책으로 채택하였기 때문에 간도의 독립군 세력과는 긴밀하게 협력할 수 없었다.[5] 그는 독립군을 침투시켜 국내 질서를 교란시키기보다 연통제(임시정부와 국내와의 비밀연락망 조직)에 의한 평화적인 자금염출 방법을 쓰는 것이 더 현명하다고 믿었으며, 군사행동으로 독립을 쟁취하는 것보다 파리강화회의나 국제연맹에 호소하는 것이 열강의 더 큰 동정과 지지를 얻어낼 수 있다고 생각했다. 미국에 거주하던 이승만은 1919년 3월 파리강화회의에 참석하기 위해 신청한 여권이 발급되지 않자 미국 윌슨 대통령에게 한국을 국제연맹의 위임통치를 받도록 해달라는 청원서를 제출했다:

> "저희들은 자유를 사랑하는 일천오백만 한국인의 이름으로 각하께서 여기에 동봉한 청원서를 평화회의에 제출하여 주시옵고, 또 이 회의에 모인 연합국 열강이 장래에 조선의 완전한 독립을 보장한다는 조건하에 현재와 같은 일본의 통치로부터 조선을 해방시켜 국제연맹의 위임통치 아래에 두는 조치를 취할 수 있도록 하는 저희들의 자유 염원을 평화회의 석상에서 지지하여 주시기를 간절히 청하는 바입니다. 이것이 이루어질 수 있다면 한반도는 모든 나라에 이익을 제공할 중립적 통상지역으로 변할 것입니다."[6]

이 사실이 상하이 임정에 알려지자 독립운동가들은 이승만을 매국노라며 성토하였다. 자기들은 목숨을 걸고 독립을 위해 투쟁하고 있는데 이승만은 식민 주인을 일본에서 사실상 미국으로 바꾸려 한다는 생각에서였다. 독립운동단체인 '동제사(同濟社)' 출신의 신채

Washington, D. C.

February 25, 1919.

The President of the United States.

Sir:

The undersigned have been authorized by the Executive
Council of the Korean National Association, which represents
1,500,000 Koreans residing in America, Hawaii, Mexico, China
and Russia, to present to you the following memorial:-

We, the Koreans of America, Hawaii, Mexico, China
and Russia, voicing the sentiment of 15,000,000 of our country-
men in Korea, lay before you the following facts:

Japan established her protectorate over Korea, after
the Russo-Japanese war, in direct violation of her treaty
obligations to Korea. It is a matter of diplomatic record
that Korea formed an alliance with Japan at the beginning of
the Russo-Japanese war to aid the latter power to win the
struggle. This was done in consideration of a definite
guarantee by Japan of the political independence and territorial
integrity of Korea. Taking Korea as a prize of war was a
breach of covenant and of faith on the part of Japan. Neither
the people, nor the Emperor, nor the responsible Prime Minister
ever sanctioned the protectorate and subsequent annexation of
their country. It was perpetrated at the point of the sword,
as sheer might over right.

Since the Japanese occupation of Korea, the country
has been mis-ruled, from the standpoint of the Korean people.
Natural resources are being developed, but they are exploited

국제연맹의 위임통치를 청원한 이승만의 편지

호(申采浩)는 "이승만은 위임통치를 제창하던 자이므로 국무총리로
신임키 불능하다"며 "이승만은 이완용보다 더 큰 역적이다. 이완용
은 있는 나라를 팔아먹었지만, 이승만은 아직 나라를 찾기도 전에

팔아먹은 놈"이라고 강하게 비난하였다. 그럼에도 불구하고 이승만 박사가 임시정부 초대 대통령에 추대되었다. 그러나 '위임통치 청원' 사건은 임정의 외교노선에 대한 불신뿐만 아니라 임정 자체의 권위를 추락시키는 결과를 가져왔다.

한편 윌슨의 민족자결주의는 한국 임정의 입장에서는 위선이었다는 것이 드러나게 되었다. 미국은 민족자결주의는 전쟁에서 승리한 연합국들의 식민지에는 해당되지 않았기 때문이다. 미국 의회가 이 문제를 다루는 과정을 보면 민족자결주의란 윌슨주의자들의 단순한 정치적 이상이었고, 국제정치적 현실이나 미국의 국가이익은 그와 거리가 멀었다는 것을 보여주었다. 찰스 토마스(Charles Thomas) 상원의원은 동료 의원인 피터 제리(Peter Gerry)가 영국으로부터 독립하려는 아일랜드를 민족자결주의에 따라 지지해야 한다고 하자 한국도 같은 원칙에 의해 독립이 주어져야 한다고 주장했다. 그러자 몇몇 동료 의원들은 "그렇다면 알제리, 모로코, 튀니지, 도데카네스 제도, 필리핀도 독립시켜줘야 한다는 말이냐"며 토마스 의원을 비난했다. 토마스는 물러서지 않고 "본 의원은 한국이 공정과 권리의 국민적 정서에 호소할 수 있는 특별한 위상을 갖고 있다고 생각한다"고 항변했다. 그는 1882년의 한미수호조약을 상기시키면서 시어도어 루즈벨트 대통령이 조약의무를 방기하지 않았다면 한국은 오늘날 독립을 유지하고 있을 것이라며, 아일랜드가 독립해야 한다면 한국 역시 마찬가지로 독립해야 한다고 말했다. 데이비드 월시(David Walsh) 의원은 민족자결주의가 한국에 적용되어야 한다는 토마스 의원에 공감을 표시하면서도 한국 독립안에 찬표를 던지지는 않았다. 그는 만일 한국 독립안이 아일랜드와 무관하게 단독법안으로 올라왔다면 찬표를 던졌을 것이라며 연합국 영국을 의식한 발언을 하였다. 의원들 몇 사람은 제리나 토마스가 "관심을 받고자 하는 정치적 의도"를 갖고 있다며 비난했다. 토마스의 안은 결국 찬성 34, 반대 46(기권 16)으로 부결되었다.[7] 민족자결주의의 제창자 윌슨마저도 한국의 독립문제에 냉담한 태도를 보여 면회신청을 한 이승만을 만나주지조차 않았다. 임정의 외교노선은 한계를 여실히 드러내었다.

임정의 외교노선을 비판한 주요세력은 의열단(義烈團)이었다. 임정의 권위가 추락하는 가운데 김원봉이 단장을 맡은 의열단(1919년 11월 9일 설립)은 '조선혁명선언'을 채택하였다. 선언문을 작성한 단재 신채호는 기존의 방책을 비판하였다. 그는 이승만 등의 외교노선을 "평화회의와 국제연맹에 대한 과신" 때문에 "2천만 민족의 분용 전진의 의기를 덮어끄는 매개"가 되고 말았다고 개탄하였다. 그는 또 안창호의 준비론에 대해서도 외교론 못지않게 위험한 전략이라 비판하였다. 즉 "과거 산림유생들은 춘추대의에 성패를 불계(사정을 가려 따지지 아니하다)하고 의병을 모집하여 관 쓰고 도포 입고 화승대를 몰아 조일전쟁의 전선에 나섰는데" 오늘의 신지식인들은 용기가 없어 지금 "곧 일본과 전쟁한다는 것은 망발이다. 총도 장만하고 대포도 장만하고 돈도 장만하고, 장교나 사졸감까지라도 다 장만한 뒤에야 일본과 전쟁"하려 하는 격이라 조소했다. 그는 대안으로서 무력투쟁론을 제시하면서 "조선민중이 한편이 되고 일본 강도가 한편이 되어 네가 망하지 아니하면 내가 망하게 된 외나무다리 위에선" 이 마당에서 "우리 2천만 민중은 하나가 되어 폭력 파괴의 길로 나아갈지어다"라고 외쳤다.[8] 1920년 홍범도 대한독립군의 봉오동

전투, 김좌진 북로군정서군의 청산리 전투, 그리고 경신참변(봉오동, 청산리 전투에서의 패배에 대한 일제의 무자비한 보복)은 간도군사단체의 통일 기운은 북돋았고 그 결과 1921년 4월에 베이징 군사통일회가 개최되었다. 그런데 이 군사통일회는 임정 지지를 선언하기보다 도리어 임정 불신임결의문을 채택하여 임정의 외교노선에 일대타격을 주었다. 1925년 3월 18일 임시정부와 임시의정원(의회)은 1919년 이후 줄곧 미국에 있으면서[9] 대통령직을 연임하여 온 이승만을 탄핵하였다. 국제연맹에 한국을 위임통치하게 해달라던 대미청원이 주요 문제였다. 또한 6년 동안의 대통령 재임기간 중 이승만이 상하이에 머문 기간은 몇 개월뿐이었다는 점, 그리고 그가 임시정부의 주요 재정원인 하와이 동포들의 인구세와 애국금을 대통령 재임기간 동안 줄곧 미국에 머물면서 독점한 것도 국무위원들의 불만의 원인이었다. 최근 발견된 『독립신문』 호외는 "대통령 이승만 면직", "신대통령을 선거", "신대통령 박은식 취임식 거행", "국무원 동의안 통과" 사실을 알리고 있다. 같은 해 단행한 헌법개정(국무령제)과 만주독립군 지도자 이상룡과 양기탁의 국무령 추대는 임정의 군사노선으로의 급선회를 입증하는 것이었다.

1931년 일본이 만주사변을 일으켜 대륙침략의 첫발을 내딛게 되면서 한국인들의 항일투쟁이 전기를 맞이하게 되었다. 이전부터 만주 지역의 항일투쟁은 한인 공산주의들이 주도하였다. 만주에는 1백만에 이르는 한국인들이 거주하고 있었는데 이들은 토지를 소유할 수 없었고, 법의 보호를 받기도 어려웠다. 그러므로 그들은 피지배계급의 이익을 옹호하는 공산주의 사상에 쉽게 빠져들 수밖에 없었다. 중국공산당 만주성위원회가 구성되기 1년 전인 1926년에 이

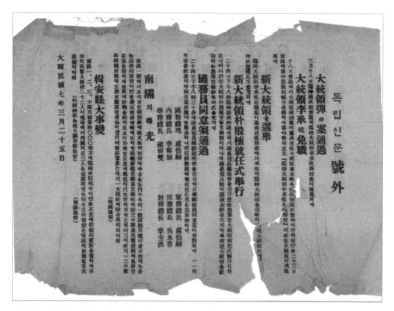

대통령 이승만의 면직을 알리는 『독립신문』 호외

미 조선공산당 만주총국이 결성되었을 정도이다. 이들은 코민테른의 일국일당 원칙에 따라 중국공산당에 가입하여 활동하였다.[10] 그러나 만주의 한인들은 중국 공산주의자들에게 핍박을 당하기도 했다. 일본이 꼭두각시 정권인 만주국을 세운 후 만주지역의 한국인들 일부는 1932년 지역 한인들의 생활안정과 자치를 내세우며 친일 반공단체인 민생단을 조직하였고, 일본이 예상과는 달리 호응하지 않자 별 성과 없이 해산하였다. 그러나 중국인 공산당원이 민생단 혐의를 받고 있던 한 한국인 당원에게 살해되자 중공당은 물론이고 항일유격대 내부까지 반민생단투쟁이 파급되어 민생단에 가입했던 무고한 한인들은 테러와 린치의 대상이 되었으며 이 과정에서 처형된 한인의 수는 500여 명에 달하였다.[11] 김일성도 처형의 위기에 처하기도 했다. 코민테른과 중공당의 긴급 개입으로 반민생단투쟁은 중지되었다.

한편 1929년 4월 남만주 일대의 군소 독립 단체들을 통합해 조직된 국민부는 동년 12월 20일 정당적 성격의 조선혁명당을 결성하고 산하에 조선혁명군을 설치했다. 북만주에서는 한국독립당 군사부의 독립군이 중국군과 연합하여 항전하였다. 1932년 윤봉길은 한인애국단과 임시정부의 김구의 지령을 받고 상하이를 점령한 일본이 홍커우 공원에서 덴노의 생일을 맞아 축제를 열었을 때 단상에 폭탄을 투척하여 일본군 장교들을 살상하였다. 이는 만보산 사건으로 악화된 한국인에 대한 중국인들의 악감정을 크게 누그러뜨렸을 뿐 아니라, "중국의 백만 군대가 하지 못한 일을 한국의 한 의사가 해냈다"는 장제스의 칭송을 이끌어냈다. 1935년 7월 5일에는 민족혁명당이 난징에서 설립되었다. 그런데 무장투쟁세력은 얼마 되지 않아 재편을 겪게 되었다. 민족혁명당 이탈자들(조소앙, 이청천 등)과 한인애국단장 김구가 연합하여 1937년 한국광복운동단체연합회를 결성하였던 것이다. 이에 대항하여 임정해체를 주장한 김원봉의 의열단 계열의 투사들과 민족혁명당 급진파는 조선민족해방동맹·조선청년전위동맹·조선혁명자동맹 등과 연합하여 조선민족전선연맹을 발족시켰다. 민족전선은 조선의용대를 조직하여 장제스 정부의 승인을 받았다. 이를 의식한 임정은 1940년 9월 17일 충칭(重慶, 중경)에서 광복군 창설을 공표했다. 1940년 3월 임시정부 국무위원회 주석에 취임한 김구는 "광복군은 1919년의 임시정부 군사조직법에 의거하여 중국총통 장제스의 특별허락을 받아 조직되었으며, 중화민국과 합작하여 우리 두 나라의 독립을 회복하고 저 공동의 적인 일본제국주의자들을 타도하기 위하여 연합군의 일원으로 항전을 계속한다"고 선언하였다. 임시정부는 1907년 8월 1일, 즉 "적이 우리 국군을 해산했던 날이 바로 광복군 창설의 날"이라는 점을 분명히 하였다.[12] 그러나 민족전선의 조선의용대는 이내 붕괴되고 말았다. 조선의용대는 임정보다 앞서 충칭에 와 있었으나 대다수의 대원이 1940년 말부터 1941년에 걸쳐 중국공산당 치하의 옌안(延安, 연안)으로 이탈해 감으로써 심각한 위기에 빠지게 된 것이었다. 김무정, 최창익, 이유민 등은 1941년 10월 10일 옌안에서 화북조선청년연합회를 조직하고 충칭에까지 대표를 보내어 반일민족전선의 결속을 호소하였다. 화북조선청년연합회는 1942년 7월 10일 조선독립동맹으로 이름을 바꾸어 그 무장단체로서 조선의용군을 창군하였다. 이들은 근거지가 연안이었기 때문이 후일 연안파로 불리게 된다.[13] 조선의용대 병사들이 대거 화북으로 이탈한 것은 이러한 연안의 움직임에 자극된 점도 있었지만, 그동안 지원을 해주던 중국의 장제스 국민당 정부가 항일투쟁보다는 중국공산당 토벌이 먼저라면서 '선안내 후양외(先安內後攘外, 국내를 안정시킨 후 외적과 싸운다)'를 내세웠기 때문이다. 조선의용대의 주력부대는 조선의용군에 합류했고, 김원봉을 포함하는 일부는 광복군에 편입되었다. 중국의 장제스 정부는 자신이 지원하던 조선의용대가 공중분해하여 그 일부가 광복군에 흡수되자 당연히 광복군을 원조하게 되었다. 중국공산당을 의식했기 때문이다. 이제 한국인들의 무장투쟁세력은 김구의 광복군, 연안/화북의 김무정의 조선의용군, 그리고 만주에서 김일성이 이끄는 조선인민혁명군으로 정리되었다. 1940년대에 접어들면서 만주에서 활동하던 한중연합의 동북항일연군이 일본군의 공격을 피해 연해주로 근거지를 옮겼다. 소련령에 들어온 동북항일연군은 '동북항일연군교도려(東北抗日聯軍教導旅)'란 이름으로 있다가 1942년 하바로브스크 근교에 있는 소련 극동군 제88독립보병여단으로 편입되었다. 소련은 일본군과 전투가 벌어질 경우 한/중 지리에 밝고 유격투쟁의 경험이 있는 이들이 정찰활동 등에서 유익할 것으로 보았다. 이 부대에는 최용건, 김일성, 김책 등 지휘관 포함 290여 명의 한인이 있었다.[14]

한편 임시정부는 1941년 11월 19일 '원조한국광복군판법'에 따라 중국군으로부터 정식으로 군사원조를 받게 되어 그 동안에 겪었던 재정적 곤란을 타개할 수 있게 되었다. 그러나 얼마 되지 않아 광복군이 직제를 갖추고 훈련에 돌입하자 중국은 한국광복군 행동준승9항(行動準繩九項)을 제시하며 재정 지원을 미끼로 한국광복군의 행동을 속박하고 작전권을 행사하고자 했다. 임시정부는 논의를 거듭한 끝에 '행동준승'을 받아들였다.

중국은 1937년 7월 중일전쟁 발발 이후 선전포고도 하지 않은 채 4년 5개월 동안이나 일본군의 공격에 사실상 무방비 상태에서 당하기만 하다가 미국이 '진주만 기습'을 계기로 1941년 12월 8일 대일선전포고를 하자 그 이튿날인 12월 9일 선전포고를 하였다. 한국의 임시정부도 그 다음 날인 12월 10일에 대일선전포고문을 발표하였다. 선전포고문은 아래와 같았다:

본 정부는 3천만 한인을 대표하여 중, 영, 미, 소, 가, 호 및 기타 제국의 대일선전을 축하하는 바이다. 일본을 격패함이 동아를 재조하는 가장 유효한 수단인 까닭에 이에 특히 아래와 같이 성명한다.

1. 한국 인민은 반침략진선에 참가하여 일개 전투단위가 되어 공동 항일할 것을 원한다.
2. 1910년의 한일합병조약 및 기타 일체 불평등조약의 무효와 반침 략국가의 한국에 있어서의 합리적 기득권익을 거듭 선포한다.
3. 왜구를 중국과 한국 및 태평양 지역에서 완전히 구축하기 위하여 최후 승리를 거둘 때까지 혈전한다.
4. 일본의 난익에서 조성된 동북 및 남경 괴뢰정권을 승인치 않을 것을 서약한다.
5. 루·처(루즈벨트·처칠) 선언의 각항이 한국독립 실현에 적용되기 를 견결히 주장한다.

대한민국 23년 12월 10일
대한민국 임시정부 주석 김 구
　　　　　　　　　외무부장 조소앙

　광복군은 중국에 주둔하고 있던 미국 합참 소속 정보부대인 OSS (Office of Strategic Services)와도 합작하여 국내진공작전을 계획 추진하였다.[15] OSS와의 합작은 연합군의 일원으로 참전하려는 광복군 측의 의도와 한국인들을 대일전쟁 첩보활동에 이용하려는 미국 측의 이해관계가 맞물려 이루어졌다. 광복군과 OSS의 합작은 독수리 작전(Eagle Project)으로 구체화되었다. 독수리작전이란 광복군 대원들을 선발하여 첩보훈련을 실시하고, 이들을 한반도에 침투시켜 적 후방공작을 전개한다는 것이었다. 그러나 이 프로젝트는 일본의 항복으로 실현되지 못했다.

한편 대한민국 임시정부는 1945년 1월 29일 행동준승을 폐기하기 위해 '관어한국광복군 중한양방 상정판법'을 제시하였다. 이를 중국이 수락한 것은 1945년 4월 4일, 해방 넉 달 전이었다. 광복군이 작전권을 회수하고 군사원조를 차관으로 변경한 것은 수확이었지만, 중국을 거쳐 차관을 받도록 되어 있어 임시정부의 대외 권한이 제한되고 나아가 광복군의 경상비가 매일 지급된다는 것은 군운용의 안정성에 문제를 야기할 수 있는 불안요소였다.[16] 임정은 화북의 조선의용군과 한만 국경에서 활약하던 조선인민혁명군을 의식하여 "정치·경제·교육의 평등을 보장하는 삼균주의를 주장하였다. 또 3.1 독립선언에 입각하여 수립된 임시정부는 민족 자력으로 이민족의 전제를 물리치고 5천년 군주정치의 낡은 껍질을 벗겨 새로운 민주제를 확립하고 사회계급을 타파함을 목적으로 한다"는 건국강령을 발표하였으며, 임시정부만이 정당성과 군사적 역량을 갖춰야 한다는 당위성을 다음과 같이 강조하였다:

우리 당과 배치되는 주장을 가진 집단이 전한 무장세력의 중추부대가 될 위험이 있으며 우리와 부동한 배경과 명칭으로 중·미·소 및 내지 각 지역에서 봉기할 각종 군대를 통일 지휘할 위험이 있기 때문에 이에 대비하여 임정은 광복군을 전한 무장세력의 중심부대로 확인하고 이를 확대·강화하여야 한다. 또 광복군 내부의 한독당 당원을 통하여 대중에 민족적 혁명의식을 환기하고 대한민국 임시정부를 열렬히 옹호·지지하도록 유도하여야 하며 광복군의 실력을 확후하게 하고 상당한 전적을 표함으로써 한국이 국제공관(국제공동관리) 하에 놓이거나 또 유사 정부기구가 대두하지 않도록 방지·

극복하여야 한다.[17]

그러나 '8.15 해방'은 임시정부의 기대와는 크게 다른 결과를 산출하였다. 1945년 2월의 얄타회담과 같은 해 7월의 포츠담회의는 중국 대신 소련의 발언권을 강화시켜주었다. 중국 내 전선에서는 큰 변화가 없는 상태에서 일본 관동군의 위력을 과대평가한 미국이 소련의 대일참전을 유도하기 위해 소련에게 유인제를 대거 주었기 때문이다. 그 결과 소련은 일본과의 중립조약을 조기에 파기하면서 대일참전을 단행하여 38선 이북을 차지했고, 미국은 이남을 점령함으로써 임시정부가 우려했던 최악의 사태, 즉 한국의 사실상의 분단이 초래되었다.

임시정부 요인들은 해방된 한국에 개인자격으로 입국하였다. 미국이 임정을 인정하지 않았기 때문이다. 한편, 임시정부와 관계를 개선한 이승만은 임시정부 주미외교위원부(駐美外交委員部) 위원장으로서 트루먼 대통령에게 보내는 서한을 통해 위원부의 목표는 "대한민국 임시정부의 국제적 승인을 획득함으로써 연합국의 일원으로 대일전쟁에 공식 참전하는 것"이라 밝혔다. 그러나 미국은 부정적이었다. 1945년 6월 8일, 태평양전쟁 직전까지 주일대사를 지냈고 미국의 일본점령정책과 관련하여 대표적 친일그룹인 '일본로비(Japan Lobby)'를 주도하던 당시 미 국무장관 대리 조셉 그류(Joseph Grew)는 5월 15일 자 이승만의 서한에 답하는 방식으로 "미국은 한국 임시정부를 인정하지 않는다"는 미국의 입장을 명확히 하였다. 그는 "임시정부가 한국의 어느 부분에 대해서도 실효적 지배권을 행사한 적이 없으며, 오늘날 한국인들을 대표한다고 볼 수도 없고, 망명 중인 한국인들로부터도 전폭적인 지지를 받고 있지 못하다"며, "미국은 한국인들이 원하는 정부의 형태와 지도자들을 한국인이 선출할 권리를 침해하고자 하지 않는다"고 제시하였다.[18] 그러나 그의 언급은 미국의 독립년도인 1776년 미국에도 실효적 지배권을 행사한 정치 주체가 없었다(미국 정부 수립은 1789년)는 미국의 역사와 배치되는 것이었다. 미국은 한국 임시정부의 자격 요건보다는 미소관계가 더 중요하다고 보고 있었다. 미국은 한국의 임시정부가 마오쩌둥의 공산당이 아니라 장제스의 국민당 정부의 통제를 받고 있다고 보았다. 따라서 미국은 "(반공주의) 임시정부를 승인하면 향후 미소관계가 복잡하게 될 것이라 우려"하였던 것이다. 미국은 국민당 정부에게도 한국의 임시정부를 승인하지 말고, 전후 한국 상황에 신축적으로 대할 것을 권고하였다.[19] 이와 같이, 미국이 전시 대한민국 임시정부를 인정하지 않음으로써 일제 하에서 독립을 위해 투쟁했던 한국인들은 한국의 미래를 결정하는 과정에서 주인의 역할을 할 수 없게 되었다.

해방과 미군정, 그리고 이승만

일본이 패망하고 소련군은 한반도의 북쪽을, 미군은 남쪽을 각각 점령했다. 주한미군사령관에 임명된 하지 장군(John R. Hodge)은 9월 8일 인천에 도착했다. 그가 도착하기 전 한반도의 치안을 유지하던 건국동맹을 모태로 조직된 건국준비위원회, 그리고 건준이 모태가 되고 이승만이 주석을 맡은 조선인민공화국 대표자들이 그를 맞이했다. 그러나 하지는 조선인민공화국을 상대하지 않았다. 그는 군정의 출범을 용이하게 하기 위해 오히려 조선총독 아베 노부유키(阿部信行)가 정부 수반 직을 잠정적으로 유지한다고 선언했는데, 게다가 그는 일본인 관리들도 그들의 직(職)을 잠정적으로 유지하되 곧 미국인으로 교체되고, 그리고 나서야 궁극적으로 조선인들로 대체될 것이라고 발표하였다. 한반도와 한국의 미래를 정치적, 경제적, 군사적, 문화적, 관념적, 가치관적으로 주조(鑄造)한 미군정은 이렇게 시작되었다.

미국은 일본이나 북한의 경우와는 달리 한국에서 직접통치를 실시하였다. 반면에 소련은 북한에서 직접 통치를 피하고 5도 임시인민위원회를 조직하여 간접통치를 실시했다. 북에서는 공산당 세력이 우세했기 때문에 직접통치의 필요성을 느끼지 않았던 것이다.[1] 미국은 한국 내 공산주의자들을 제압하기 위해 직접통치를 선택했지만, 한국의 정치, 경제, 문화 전반에 대한 지식을 갖고 있지 못하였다. 미군정은 한국을 "새로 만드는," 한국인들로서는 사활적 이익이 걸린, 정치적, 경제적 과정을 주도하면서 한국의 미래적 주소를 상당 부분 결정하였다.

아마도 한국에게 가장 중요한 부분은 미군정이 의도했든 의도하지 않았든 한국인들의 가치관과 세계관에 미친 영향일 것이다. 이화여대 진덕규 교수는 한국에 대한 미군정의 영향에 대해 "그 속에 모든 사상이 침몰됨으로써 그것이 가지고 있는 성격을 문제 삼으려는 관념조차 빼앗겨 버리고 말았다"고 표현하였다.[2] 한국인들이 자신들의 과거, 현재, 미래를 자주적, 자율적, 비판적으로 생각할 수 있는 능력을 갖지 못하게 했다는 의미이다. 미군정의 강제력 때문이라기 보다는 그것이 가졌던 압도적인 관념적 영향력 때문이었을 것이다. 어쨌든, 진 교수에 따르면, 이렇게 한국인들에게 스며든 친미적 세계관이자 패권적 관념은 이승만 체제 하에서 미군정에 대한 비판은 '반미,' '반미는 반국가'라는 극단적 양분논리가 강력한 지배력을 갖게 된 배경이 되었다. 미군정 하의 일부 자유당 정치엘리트들이 그들의 권력과 정당성을 유지하기 위해 '반미=반국가'라는 단색의 관념을 유포했고 미군정 하에서 친미/패권적 가치관에 포섭된 국민은 그것을 그대로 수용했다는 것이다. 당시 다수의 한국인들

은 자신들을 일본의 압제에서 해방시켜준 구세주이자 새로운 국제
정치의 실력자인 미국의 지도를 따르는 것이 옳고 유리하다고 생각
했다. 그들의 이러한 숭미적이고 메시아적인 가치관은 미국이 참전
하여 '한국을 공산주의로부터 구해준 사건'인 한국전쟁을 거치면서
확고해졌고, 그 결과 현대판 재조지은(再造之恩)이 한국 사회에 깊
게 뿌리를 내리게 되었다. 이러한 가치관적 토대는 한국이 민주화되
기 전까지 한국의 다수 반민주적인 정치인들이 자신들의 국내정치
적 이익을 손쉽게 관철할 수 있는 비옥한 관념적 토양으로 작용하
였으며 나아가 미국의 이익이 한국 국내외적 정치의 현주소를 결정
하도록 용인하게 하였다. 이는 또한 통일의 대상인 북한과의 대화나
협상 시도조차 금기시함으로써 강대국의 '이한제한(以韓制韓)'을 무
방비적으로 허용하는 등 한국의 사활적 국익 추구를 저해하는 '제
국적인 가이드라인'으로 작동하였다. 한국의 발전을 위해 필요하다
면 반미든 친미든 무방하며, 오히려 '맹목적' 친미주의자는 반국가
적일 수 있다는 정치담론이 한국인들 사이에서 논쟁의 대상이 되기
까지는 오랜 세월을 기다려야만 했다.

　그러나 미군정이 한국인들의 이익에 복무해야 했었다는 주장은
국제정치적 현실에서 유리된 설득력이 없는 주장이다. 미군정은 한
국인들이 아닌 미국의 국익에 따라 실시되었기 때문이다. 한국인들
은 미국을 해방자라고 보았지만 미국은 일본의 영토를 점령했다는
의식이 더 강했다. 이것이 미군정을 점령군의 시각에서 보아야 하는
이유이다. 이러한 맥락에서 우리는 군정의 성격을 정확히 개념정리
할 필요가 있다. 군정은 군이라는 힘의 행사를 통해 권력을 장악한
결과이기 때문에 '대등성'이나 '경쟁성'이라는 개념을 갖고 있지 않

다. 따라서 권력행사 과정에서도 국민적 '합의'보다는 '강요'와 '효율성' 위주가 될 수밖에 없었다.[3] 정치결과에 대해서도 '책임'의 소재에 대한 명시성을 결여하고 있었다. 군정은 주민을 지배 대상으로 하고 있기 때문에 군림적, 절대적 지위를 향유하며 군정당국자는 '지배자'이지 '지도자'가 아니고 대표자는 더욱 아니었다. 요컨대, 군정이란 한 국가가 다른 국가에 대해 그 국가의 이익추구를 위한 한 방편으로 실시되는 것이었다. 더구나 군정은 잠정체제이기 때문에 장기적 측면에서의 효과나 발전을 염두에 두기 어려웠다.

위와 같은 성격과 동기를 갖고 있던 미군정 당국은 한국을 통치하기 위해 식민지적 유제를 당분간 유지하기로 결정했다. 예를 들어 총독 아베 노부유키가 형식상 미군정을 보좌하고, 각 국장들은 해임된 후 행정고문으로 잔류토록 하였으며, 여운형의 건준(建準)의 치안대는 해산하는 대신 일본인 경찰관을 포함한 이전의 경찰관은 직을 유지시켰다. 군정은 한국인들의 불만을 무마하기 위해 민정장관이라는 직책에 안재홍을 임명했고, 미군정청은 행정권의 민정이양을 위해 "북위 38도 이남 조선을 통치하는 입법, 행정, 사법 부문 등 재조선미군정청조선인기관"인 남조선과도정부를 설치하였다. 정권인수 과정이 안정적으로 진행되면서 군정당국은 각부 부장에 한국인을 임명하여 군정의 한국화를 꾀하기도 했다. 조병옥, 김병로, 정일형 등 영어를 구사할 수 있는 기독교 신자이면서 행정능력을 갖춘 인물들이 중용되었으며, 좌우 양극단의 세력은 배제되었다.

그러나 미군정의 통치과정은 몇 가지 문제를 드러내었다. 목표의 불확실성이었다. 한국을 민주적 독립국가로 발전시키기 위한 구체적인 로드맵이 결여되어 있었다. 예를 들어, 미군정 당국은 좌우합작파를 지지하는데 미국 국무성은 이승만을 지지하였다. 둘째, 식민지 통치구조를 잔존시켰고, 친일 부역 한국인 관료들이 활동할 수 있는 공간을 내주었다. 셋째, 즉흥성에 따른 비효율성이 노정되었다. 한국 내 전 재산의 70%에 해당했던 '적산(敵産, 歸屬財産)'에 대한 불하나 관리권 인정 문제는 미군, 통역, 모리배의 야합에 의해 좌우되었다.[4] 미군정은 친일파 처리에 무관심했고 경우에 따라서는 비호를 하기까지 했다.[5] 친일파의 온존이 가능했던 주요 부처는 경찰이었다. 미군정 당국은 늘어난 각종 범죄와 정치적 대립 등으로 인해 경험이 많고 유능한 경찰을 필요로 한바, 현실적 제약상 총독부 시대의 경찰로 수요를 충당했던 것이다. 그러나 친일파 경찰의 온존은 한국 내 공산세력이 대중을 선동할 수 있는 소재가 되었다.

미군정을 정치사적으로 평가하자면 먼저 한국 발전의 타율적 지향성이 강화된 점이 지적될 수 있다. 특히 군정이 한국인의 주체적이고 자발적인 정치적 발상을 저해하여 한국의 미래를 '미국의 이미지에 따라 주조한' 측면은 의미심장하다 할 것이다. 군정이 친미적 보수우파 인사, 기능주의적 기회주의자들을 대거 등용하고 친일 부역자들을 방치하여 민족 지도자들이 한국의 정치과정에서 주도적 역할을 할 수 있는 기회를 박탈함으로써, 이승만 정권에서 보듯, 결과적으로 미국과 일본에 의존하는 한국의 정치적 권위주의를 제도화한 점 또한 정치사적으로 간과할 수 없는 유제이다. 나아가, 군정은 분단을 전제로 하고 미국의 냉전적 국익을 우선시했기 때문에 이승만의 남한단정론의 명분을 지원하면서 이후 한동안 한국 내에서 남북 대화나 평화통일론이 금기시되는 데 일역을 담당하였다.

1. 한국 독립을 위하여: 모스크바 삼상회의

1945년 12월 16-25일 미국, 영국, 소련 3개국의 대표들이 전후 문제 처리를 위해 모스크바에서 회동하였다. 여기서 결정된 사항은 한국을 민주적 독립국가로 재건설하고 일본의 식민 통치의 잔재를 신속히 청산하기 위해 민주주의 임시정부(a provisional democratic government)를 수립하며, 연합국이 한국 임시정부의 수립을 원조·협력할 방안은 한국의 민주주의적 정당·사회단체들과의 협의를 통해 미소공동위원회가 작성하고, 5년 이내를 기한으로 하는 미영중소 4대 강국에 의한 신탁통치의 협정은 한국 임시정부와의 협의를 거쳐 결정한다는 것이었다.

삼상회의 합의 내용이 전해지자 신탁통치 반대 시위가 전국화하였다. 임시정부 수립에 대한 내용은 무시된 채 신탁통치 문제만 부각되어 전해졌기 때문이다. 당시 국내의 중요 정치쟁점이던 친일파 처리와 토지문제 해결방안은 뒷전으로 밀렸으며 친일세력은 반탁운동에 참여함으로써 '애국자'로 둔갑하게 되었다.[6]

모스크바삼상회의의 결정에 따라 한국의 임시정부 수립을 논의하기 위해 미소 양국의 점령군 대표자회의인 미소공동위원회가 1946년 3월 20일 서울에서 개최되었다. 그러나 공위는 시작부터 협의대상인 정당 및 사회단체의 선정을 둘러싸고 난항을 거듭했다. 소련이 반탁운동을 편 단체나 개인을 초청 대상에서 제외해야 한다고 주장했고, 미국은 의사 표시의 자유를 존중해야 한다고 맞받아쳤다. 소련은 이승만, 김구를 반대했다. 미국은 박헌영(朴憲永) 조선공산당 당수 등 좌파 인물들을 반대했던 것이다. 미군정은 소련이 반대하지 않는 여운형과 김규식 등을 중심으로 좌우합작을 시도했다. 그러나 미소 양측은 반탁투쟁위원회에 소속된 단체의 참여 문제에 대해 합의하지 못해 결국 미소공동위를 무력화하고 말았다. 온건 세력을 친미세력으로 키워 임시정부의 중심이 되도록 한다는 구상이었다. 특히 온건 좌파인 여운형을 지원함으로써 급진 좌파인 박헌영을 고립시킬 수 있다는 고려가 있었다. 군정 당국의 합작 노력에도 불구하고 한국의 좌우 양 세력은 토지개혁, 친일파 제거, 신탁통치 문제로 격렬히 충돌하였다. 이 틈을 타서, 이승만은 남한 단독정부 수립의 필요성을 강조하는 '정읍 발언(1946년 6월 3일)'을 했고 이는 좌우합작을 지원하던 미군정을 놀라게 하였다. 미군정이 그의 안을 수용하지 않자 이승만은 1946년 12월 미국으로 건너가 국무부를 상대로 로비를 하였지만 성과를 내지는 못했다.

2. 냉전의 시작과 한국 문제의 UN 상정

1946년 "3차대전이 불가피하다"는 스탈린의 '2월 연설'을 기점으로 냉전이 시작된 가운데 미소공동위가 실패로 끝나자 미국은 소련과의 협력이 어렵다고 판단하였다. 한국인들의 좌우합작도 어려웠다. 미국은 한국문제를 결국 UN에 상정하기로 결정했다. 미국의 냉전적 진영적 외교 노력이 성과를 내어 UN 총회는 "한국의 독립 달성과 점령군 철수를 촉진하고 원활히 하기 위해" 임시위원단을 한국에 파견하였다. 우여곡절 끝에 1948년 5월 10일 UN임시위원단의 감시하에서 한반도 남쪽에서만 제헌국회를 구성하기 위한 총선이 실시되었다. 김구, 김규식 등 통일세력은 선거를 보이콧하였다. 자신의 지역구(동대문)에서 무투표 당선된 이승만은 초대 의회가 제정한 헌법에 따라 국회에서의 간접선거 방식을 통해 대통령에 당선되었다. 1948년 8월 15일에는 헌법기초위원회의 결정에 의해 대한민국(大韓民國)을 국호로 하는 이승만 정부가 출범하였다. 소련은 '38선' 이북에 대한 UN임시위원단의 방문을 거부했고, 김일성은 남조선이 통일정부의 가능성을 저버리고 단독정부를 수립했다며 같은 해 9월 9일 조선민주주의인민공화국 정부 수립을 선포하였다.

UN 총회는 1948년 12월 12일 제3차 총회를 열고 "코리아의 독립 문제(the problem of the independence of Korea)"에 대해 논의하고 임시위원단의 선거감시 보고서에 기초하여 결의안 195III(A/RES/195(III))을 채택하였다. 찬성 48, 반대 6(소련, 우크라이나, 벨로루스, 체코슬로바키아, 폴란드, 유고슬라비아), 기권 1(스웨덴)로 채택된 이 결의안의 내용은 다음과 같다:

총회는 1947년 11월 14일의 한국 독립 문제에 관한 결의안 112(II)호와 UN한국임시위원단 보고서 및 그와 협의한 과도위원회의 보고서를 고려하며, 임시위원단의 보고서에서 언급된 어려움들로 인해 1947년 11월 14일 결의안의 목적이 아직 완전히 달성되지 않았다는 사실과, 특히 한국의 통일이 아직 달성되지 않았다는 사실을 염두에 두면서 다음과 같이 선언한다. ① 임시위원단 보고서의 결론을 인정한다. ② 임시위원단이 감시·협의할 수 있었고 전체 한국인의 대부분이 살고 있는 한국 영토의 일부에 효과적인 통치와 관할권을 갖는 합법적 정부가 수립되었다. 이 정부는 한국의 그 지역 유권자의 자유로운 의사의 유효한 표현이었던 선거에 기초하고 있다. 이것이 한국(Korea)에 있는 유일한 그러한 정부이다.

대한민국에서는 이 UN총회의 결의안을 둘러싸고 오랫동안 논쟁이 지속되었다. 필자가 『국제관계사: 사라예보에서 몰타까지』(2021)에서 상술한 바와 같이, 논쟁의 핵심은 UN이 1948년 출범한 대한민국 정부를 한반도 전체에서 유일한 합법 정부로 인정했는가, 아니면 한반도 남쪽에서의 유일하게 합법적인 정부로 인정했는가의 문제였다. '대한민국정부유일합법론자들'에 따르면, 결의안의 "한국(Korea)에 있는 유일한 합법 정부"라는 마지막 표현이 결론을 담은 것으로서 UN은 대한민국 정부를 한반도 전체에서 유일 합법 정부로 인정하였고, 북한에 성립된 정부는 불인정하였다. 이 해석에 반대하는 학자들은 결의안 마지막 부분을 제외하고 "한국의 한 부분(part of Korea)"이라는 표현이 사용되어 있으므로 대한민국 정부는 자기 지역(남한 지역)에서 합법성과 정당성을 갖춘 유일한 정부일 뿐이지, 한반도 전체에서 유일한 합법 정부라고 해석해서는 안 된다는 입장이다. 이들은 해당 결의안이 한반도 북쪽과 그 지역의 정부에 대해 언급하지 않았고, "공백"으로 남겨두었다고 보는 것이다.

결의안 195(III)호의 문장은 상이한 해석의 여지가 없지 않으나, 그 결의안이 채택된 과정을 살펴보면 힘에 기초한 미국의 외교적 노력이 성공하여 그 의도대로 채택되었음을 알 수 있다. 물론 결의안 채택 과정이 정당성을 갖느냐, 또는 더 근본적으로, 그것이 UN의 설립 목적에 부합하느냐 하는 문제에는 논쟁의 여지가 있다. 그러나 이것은 그러한 문제점을 인정한다 하더라도 현실과 이상 간의 괴리의 문제일 뿐 1948년 당시 UN총회가 대한민국 정부를 한반도 전체에서 유일한 합법 정부로 인정했다는 사실에는 하등의 영향을 주지 않는다. 따라서 이러한 맥락에서 결의안 195(III)호는 다음과 같이 해석되어야 한다:

한반도 남쪽 지역에서만 UN의 감시와 협의가 가능했고, 이 지역에 한국인들 대부분이 살고 있었으며, 이 지역에서 그들의 자유의사에 따라 투표가 이뤄졌고, UN임시위원단이 이를 관찰했다. 그리고 이는 사실(fact)이다. 역시 사실인 것은 소련이 UN총회의 결정에 불복해 UN임시위원단의 방북을 불허했고, 따라서 UN총회의 목표와는 달리 남쪽 지역에서만 선거가 가능했다. 결론적으로, UN총회의 결정에 승복해서 절차를 지켜 탄생된 대한민국 정부는 UN의 선거 감시 및 협의의 대상인 한반도 전체에서 유일한 합법 정부이다. UN임시위원단이 선거를 직접 관찰하지 않았는데 어떻게 보지 않은 곳에 대해 언급할 수 있나? 그러나 UN임시위원원단은 소련이 UN총회의 결정에 불복하여 북쪽에서 실시되어야 하는 선거를 못 보게 했기 때문에 보지 못했을 뿐이다. 달리 말하면, UN총회는 자신의 결정의 집행이 소련의 '완력에 의해 무력화된 건(件)'에 대해서도 UN총회의 권위를 인정하고 결정에 따른 결과, 즉 남쪽에서의 선거 결과와 그것이 동반하는 법적 정통성을 '그대로 적용한다'는 유권해석을 내린 것이다.[7]

물론 UN총회 결의안 195(III)호를 "국제사회가 정당한 절차를 거쳐 대한민국을 한반도 내 유일 합법 정부로 인정했다"고 해석하기는 어렵다. 우선 미국이 "기계적 다수"를 확보하고 있던 당시의 UN총회가 국제사회 전체의 "자유의사"를 대변한다고 보기는 어렵다. 나아가 미국이 안보리가 담당해야 하는 "실질적(substantive)" 문제인 한국 문제를 안보리를 우회하여 총회에 회부하고, UN한국임시위원단의 설립과 파견을 표결로 성사시키며, 자신이 주도하여 설치한 과도위원회에서 추가적 결의안을 채택하도록 하고, 이들을 종합한 결정으로서 195(III)호 결의안을 이끌어 내는 일련의 과정에서 UN의 절차뿐 아니라 그 취지와 근본정신을 위반하였다고 볼 소지가 있었다. 특히 주목해야 할 부분은 UN헌장에 따르면 총회는 심의, 토론, 권고, 안보리의 주목을 요구할 권한만을 가지며(헌장 10조 및 11조), 행동(구속력)을 필요로 하는 "실질적 문제"는 반드시 토론 전 또는 후에 안보리에 회부하도록 되어 있다는 점이다. 따라서 UN총회가 대한민국 정부를 유일·합법정부라고 선언한 것은 UN헌장상 법적 구속력이 없는 정치적 '선언'으로 보아도 무방할 것이다. 여기서 'UN'과 'UN총회'는 구분하여 인식할 필요가 있다. 즉, UN총회가 대한민국을 한반도 전체에서 유일한 합법정부로 인정했다는 점은 엄연한 역사적 사실로 인정되어야 한다. 그러나, 안보리를 포함하는 'UN'이 1948년 대한민국을 한반도 전체에서 유일한 합법정부로 인정했는가 하는 질문에는 '그렇지 않다'는 것이 사실에 기초한 합리적인 답변이다. 반복하건대, 'UN총회'가 대한민국을 한반도 전체에서 유일한 합법정부로 인정했는가 하는 질문에는, 국제법이나 국제윤리의 차원과는 별도로, 사실의 측면에서 '그렇다'가 맞는 답이다.

대한민국은 이후 한반도 북부를 "불법 점령하고 있는 북괴(北

傀)"를 고립시키기 위해 총력 외교전을 펼쳤다. 대한민국은 서독의 '할쉬타인 원칙(Hallstein Doctrine)'을 원용하여 자신만이 자유선거에 의한 정부를 가진 한반도 내 유일·합법 국가이므로 북괴를 승인하는 나라와는 외교관계를 맺거나 유지하지 않는다는 입장을 고수하였다. 그러나 한국은 냉전의 종식이 임박했던 1988년 7월 남북한 자유왕래 및 한국과 사회주의권 간의 관계개선 및 협력 등을 주요 골자로 하는 '7.7선언'을 발표하여 정책적 전환을 추진하였고, 냉전이 종식된 1991년 9월 18일 제46차 UN총회에서 조선민주주의인민공화국(Democratic People's Republic of Korea)과 함께 별개의 의석으로 UN에 가입하였다. 이로써 UN총회는 대한민국만을 한반도 내 유일 합법 정부로 인정한 지 43년 만에 한반도에서 양측의 정통성 및 합법성을 둘러싼 논쟁에 종지부를 찍었다.

3. 반민특위 활동과 와해

한국은 일제에서 해방되자 민족반역자/친일분자 숙청을 시도하였다. 미군정 당국은 1946년 5월 6일 제1차 미소공동위원회가 무기휴회되자 김규식, 여운형 등 온건한 좌우파의 지도자들에게 좌우합작을 적극 알선하는 한편, 이들을 중심으로 과도입법기구를 구성하였다. 1946년 8월 24일 창설된 남조선과도입법의원(南朝鮮過渡立法議院)은 한국민의 대표기관은 아니었지만 모스크바삼상회의 협정에 의한 통일임시정부가 수립될 때까지 정치적·경제적·사회적 개혁의 기초로 사용될 법령 초안을 작성하는 임무를 맡았다. 남조선과도입법의원은 '민족반역자·부일협력자·모리간상배에 관한 특별법'을 제정했으나 미군정은 이의 공포를 거부하였다. 미군정 당국은 점령정책을 수행할 인재가 부족했기 때문에 일제 하에서 관공리로 복무했던 자들을 행정요원으로 사용하고자 했기 때문이다. 1948년 8월 5일 제헌국회는 제40차 본회의에서 헌법 제101조의 "1945년 8월 15일 이전의 악질적인 반민족행위를 처벌하는 특별법을 제정할 수 있다"는 조항에 의거, '반민족행위처벌법 기초특별위원회'를 구성하자는 김웅진 의원의 동의를 압도적 표차로 가결시켰다(103 대 6).[8] 친일세력은 풍부한 재력을 동원하여 반민법 제정 반대 운동에 나섰고, 주도 의원들을 공산주의자로 매도하였다. 1948년 8월 23일 다음과 같은 협박을 담은 전단지가 서울 시내에 대량으로 살포되었다:

> 대통령은 민족의 신성이다. 절대 순응하라. 민족을 분열하는 반민족 처벌법안을 철회하라. 민족처단을 주장하는 놈은 공산당의 주구이다. 인민은 여기에 속지 말고 가면의원을 타도하라. 한인은 지금 뭉쳐야 한다.
> 대한민국 30년 8월 23일 행동위원 일동[9]

가장 열렬한 반대자는 『대동신문(大東新聞)』 사장 이종형(李鍾榮)이었다. 그는 1920년대 일제강점기에 만주의 의열단에 위장 가입하여 밀정으로 활동했고, 밀정 조직인 초공군(剿共軍) 사령부에서 독립운동가들을 체포, 투옥하는 데 앞장 섰던 인물이었다. 그는 1941년엔 조선총독부 경무부 촉탁으로 독립운동가들을 밀고 체포하였다. 이종형은 1948년 8월 27일, "친일파를 엄단하라고 주장하는 자들은 빨갱이"라고 쓴 전단지를 살포하였다. 9월 22일 이승만 대통령에 의해 반민법이 공포되었으나 한국반공단 단장 이종형은 서울운동장(후일 동대문운동장)에서 '반공구국총궐기 정권이양 대축하 국민대회'를 열어 "국회에서 통과한 반민법은 일제시대 반장이나 동장까지 잡아넣을 수 있도록 되어 있어 온 국민을 친일의 그물로 옭아매는 망민법(網民法)"[10]이라고 말했다. 그리고 "이런 민족분열의 법을 만든 소장파 국회의원들은 공산당 프락치"라고 주장했다. 대회장에서는 국무총리가 참석한 가운데 이승만 대통령의 축사가 낭독되었다.

10월 23일, 반민족행위 특별조사위원회가 발족하였다. 그러나 국내정치 기반이 미흡한 상태에서 위협적인 민족주의자 김구와 한민당 내 라이벌인 김성수를 의식했던 이승만은 자신의 정치세력을 확대하고 정부 행정력을 확보하기 위해 반민법 무력화를 시도했다. 그는 1949년 1월 10일 첫 담화에서 악질 친일경찰 노덕술의 석방을 종용했으나 특위는 이를 거부했다. 이승만은 2월 2일 '반민법실시에 대하여'라는 두번째 담화에서 "특위 활동은 헌법위반(3권분리위배)"이며 "좌익반란분자들이 살인, 방화 등 지하공작을 하고 있어 경험있는 경관의 기술이 필요한데, 그런 경관을 마구 잡아들이는 것은 부당"하다고 주장했으나, 특위 부위원장 김상돈(金相敦)은 반박성명을내고 이 대통령의 시각을 비판했다. 이승만은 2월 15일, 반민법개정의 필요성을 강조하는 담화를 발표했으나 초대 대법원장이자 반민특위 특별재판부 재판부장으로 선임된 김병로(金炳魯)는 반민특위 활동은 적법하다고 결정하였다. 국민계몽협회는 "반민특위는 빨갱이며, 공산당과 싸운 애국지사를 체포한 자들은 공산당"이라며 연일 시위를 주도했다. 특위는 경비를 의뢰했으나 경찰은 이를 묵살했다. 그러자 특위는 시경 사찰과장 최운하를 6월 4일 구속했다. 이에 대해 서울시경 산하 전 사찰경찰들이 반발하였다. 이들은 반민특위의 "특경대를 해산키 위해 행동할 것"이라고 선언했다. 결과로서 이른바 '6.6사건'이 발생했다. 중부서장 윤기병은 6월 6일 경찰 40명을 이끌고 반민특위사무실에 도착하여 출근하는 위원들을 유치장에 수감하였다.

반민특위 습격사건의 배경에는 이승만이 있었다. 그는 미국 통신사 AP와의 회견에서 "내가 특별경찰대를 해산시키라고 경찰에게 명령한 것이다… 헌법은 행정부만이 경찰권을 가지는 것을 허용하고 있기 때문이다"라고 말했다.[11] 그러나 그의 발언은 헌법과 법률이 부여한 반민특위의 권한을 부인하는 것이었다. 5월 18일, 정부에 비판적인 소장파 국회의원 3인이 국가보안법 위반혐의로 구속되는 사건이 발생했다. 결국 현역 국회의원 13명이 UN한국위원단에 외국군 철수와 군사고문단 설치에 반대하는 진언서를 제출한 행위가 남조선노동당 국회프락치부의 지시에 의한 것이라는 혐의를 받고 기소되었다. 당시 미국 트루먼 정부는 한국 주둔 미군의 철수를 이미 결정한 바 있었다. 한국인들이 뒤늦게 미군 철수를 요구한 것이 범죄행위가 된 것이었다. 법원은 1950년 3월 14일 신빙성이 의심되는 암호문서를 근거로 국회의원 13명에게 모두 유죄를 선고했다. 서울지방법원 부장판사 사광욱(史光郁)은 김약수 등의 행위는 국가와 민족에 대한 반역이요 이적행위라고 단정하고 다음과 같이 판시했다:

"유엔한위에 대하여 남로당이 주장하는 미군 철퇴를 진언하고 선전하는 것은 …… 대한민국을 중대한 위기에 봉착케 하고 국가의 변란을 야기하여 마침내는 공산독재정권을 수립하려고 함에 그 의도가 있었다고 볼 것이며…….'[12]

국회에서 정부에 비판적인 소장파 의원들이 제거됨으로써 국회의 대정부 견제기능은 현저히 약화되었고, 이 때문에 1950년 9월까지였던 반민족행위처벌법의 공소시효를 1949년 8월 말까지로 대폭 단축시키는 개정안이 1949년 7월 국회에서 통과되었다. 반민특위가 좌초된 것이었다. 한국외국어대 교수 김정기에 따르면 국회프락치사건은 "이승만 대통령이 총기획하고 오제도 검사 등이 조작한 한 편의 음모극"이었다.[13] 그러나 국회프락치사건은 반민특위와 민족반역자/친일분자 숙청 시도를 좌절시키는 데 충분하였다.

반민특위의 물적 실체는 1949년 사라졌지만 그것의 정당성에 관한 논쟁은 끝나지 않았다. 2019년 한 유력 정치인은 "해방 후 반민특위로 인해 국민이 무척 분열했던 것을 모두 기억하실 것이다"라고 말했다. 그는 압도적 표차로 국회를 통과한 반민법과 반민특위가 심각한 국론분열을 일으켰다고 본 것이었다. 이에 대해 한국역사연구회·역사문제연구소 등 29개 주요 역사 학회·단체들은 공동으로 성명을 내 "반민특위에 대한 망언은 민주주의에 대한 부정"이라고 비판했다:

반민특위, 반민족행위특별조사위원회는 무엇인가. 제헌의회가 일제강점기에 벌어진 반민족행위를 조사·처벌하기 위해 만든 헌법기구이다. 일본 제국주의의 식민 지배에 부역하고 우리 민족의 독립과 평화를 위한 노력을 저버린 행위에 대해 진상을 규명하고 죄를 묻기 위한 기구였다. 이승만 정권의 방해로 반민특위가 좌초되고 반민족행위자 처벌이 무산된 것을 국민 대다수는 한스럽게 생각하고 있다. 친일 부역자들이 오래도록 권력자로 군림하며 우리 사회를 민주적 공동체로 다시 세우려는 노력을 욕보였기 때문이다. 그런데 반민특위가 국민을 분열시켰다고 주장하는 자가 속한 나라는 과연 어디란 말인가. 반민특위를 부인하는 것은 곧 민주주의를 부정하는 것이다. 반민특위의 노력에 대한 부인은 민주주의에 대한 부정이며, 우리 사회의 역사적 경험을 소중하게 기억하고 정확하게 기록하여 민주적 공동체의 자산으로 삼고자 하는 역사학의 존립 근거를 허무는 일이다.

한국전쟁 그리고 한미동맹

일본군의 무장해제를 주요 목적으로 한반도의 남과 북에 진주한 외국군은 1948년(소련군)과 1949년(미군)에 각각 철수하였다. 대한민국 대통령 이승만은 "점심은 평양에서, 저녁은 신의주에서"라고 호언하며 북진통일론을 공공연히 주도하였다. 그러나 남과 북의 물리력은 북의 우세였다. 소련군은 철수하면서 무기와 군사장비를 북에 두고 갔지만 미군은 이승만의 북진통일론이 자신을 전쟁에 휩쓸리게 할 것을 의식하여 500여 명의 비무장 고문단만 남긴 채 철수했기 때문이다.

남조선해방을 꿈꾸던 북한의 김일성은 1950년 4월 스탈린을 방문하여 그의 전쟁계획을 설명했다. 요는 다음과 같다:

① 인민공화국의 군사력이 남조선의 군사력을 압도하고 있다, ② 지리산 빨치산이 동참할 것이다, ③ 20만 남로당원이 봉기를 지

도할 것이다, ④ 전쟁은 3일 만에 끝날 것이다, ⑤ 따라서 미국이 개입할 시간이 없을 것이다.

스탈린은 김일성의 전쟁계획을 사실상 승인하였다. 스탈린은 중화인민공화국의 마오쩌둥과 협의하고 도움을 받을 것을 제안했고, 김일성은 스탈린이 자신의 계획을 승인했다며 마오의 미온적인 동의를 얻어내었다.

1950년 6월 25일 새벽 북한은 기습 남침하였다. 한국은 물론이고 미국도 허를 찔린 것이었다. 북한이 남침하자 미국의 트루먼 대통령은 신속히 무력개입하였다. 앞서 언급했듯이 트루먼이 제일 먼저 한 것은 만주, 에티오피아, 오스트리아에 대한 침략을 떠올리는 것이었다. 그는 민주국가들이 일본군국주의자들, 무솔리니, 히틀러에 맞서지 않았기 때문에 간이 커진 그들이 결국 세계대전이라는 재앙을 일으켰다고 생각했다. 국내정치도 영향을 미쳤다. 특히 '매카시의 마녀사냥'에 따른 '역공안정국'의 상황이 위협적이었다. 그 외에도 동맹국들에 대한 미국의 신뢰성 확인, 그리고 이제 막 만들어진 UN의 권위 등이 중요 요소였다.

대한민국의 이승만 대통령은 개전 초기에 군통수권자인 자신에게 부여된 한국군에 대한 일체의 "지휘권(command authority)"을 UN군사령관에게 이양하는 서신을 7월 14일 미국 대사를 통해 맥아더에게 보냈다:

대한민국을 위한 UN의 공동군사협력에 있어 한국 내 또는 한국 근해에서 작전 중인 UN의 모든 부대는 귀하의 통솔하에 있으며 또한 귀하는 그 최고사령관으로 임명되어 있음에 감하여, 본인은 현 작전상태가 계속되는 동안 일체의 지휘권(command authority)을 이양하게 된 것을 기쁘게 여기는 바이오며, 여사한 지휘권은 귀하 자신 또는 귀하가 한국내 또는 한국근해에서 행사하도록 위임한 기타 사령관이 행사하여야 할 것입니다.

한국군은 귀하의 휘하에서 복무하는 것을 영광으로 생각할 것이며 또한 한국국민과 정부도 우리들의 사랑하는 국토의 독립과 보전에 대한 비열한 공산침략에 대항하기 위하여 힘을 합친 UN의 모든 군사권을 받고 있는 고명하고 훌륭한 군인인 귀하의 전체적 지휘를 받게 된 것을 영광으로 생각하며 또한 격려되는 바입니다.

귀하에게 심후하고도 따뜻한 개인적인 공경을 표하나이다.[1]

이승만의 메시지를 무쵸 대사를 통해 수신한 맥아더는 7월 16일 무쵸를 통한 회신에서 군수·인사 등을 포함하는 "일체의 지휘권" 대신 한국군에 대한 "작전지휘권(operational command authority)" 전환에 동의하였다.

전쟁 초반에 밀리던 미군과 한국군은 미군증원군과 UN군이 합류하고 인천상륙작전이 성공하면서 38선을 넘어 압록강을 향해 진격하였다. 중국은 미군이 더 이상 북진하지 말라고 경고하였다. 그러나 미군은 중국의 경고를 묵살하였고, 1950년 10월 중국은 인민지원군의 형태로 "항미원조 전쟁"에 참전하였다.

마오쩌둥은 미국의 한국전쟁 개입을 중국을 위협하기 위한 의도에서 비롯된 것으로 보았다. 첫째, 그는 애치슨 라인이나 코널리 상원의원의 발언[2] 등에서 미국의 불개입 의도를 읽었는데, 그와는 달리 미국이 신속히 개입함으로써 미국의 말과 행동이 다르고, 따라서 미국의 진짜 목표는 북한군 퇴치보다는 중국 공격이나 위협일 개연성이 높다고 보았던 것이다. 둘째, 그의 이런 의심은 트루먼이 6월 27일 제7함대를 타이완해협으로 급파함으로써 강화되었다. 마오쩌둥은 6월 28일 "트루먼이 1월 5일 미국은 타이완에 개입하지 않을 것이라 말했지만, 지금 그의 행동은 그가 말한 것이 거짓이었음을 증명하고 있다"고 말했다.[3] 물론 마오는 남침을 승인한 스탈린도 의식하지 않을 수 없었다. 자신이 패전의 책임을 뒤집어쓸 가능성이 농후하였기 때문이다. 그러나 사회주의 연대도 중요했다. 그리고 인민공화국 붕괴 시 김일성과 그의 추종세력, 그리고 수많은 난민이 만주의 안정을 위협할 수도 있었다. 하지만 그에게 가장 중요한 것은 미국과 서방의 제국주의자들이 이제 갓 국가형성/건설을 시작한 취약한 중화인민공화국을 남쪽(장제스의 타이완)과 동쪽(미국의 북한 정복)으로부터 협공하여 전복하려 할 가능성이었다. 그는 명이 정명향도를 외치며 북진하던 일본을 저지하기 위해 자신의 영토가 아닌 조선 땅에서의 전투를 선택했던 것처럼, 중국을 파괴하려는 미군의 북진을 저지하기 위해 만주가 아닌 한반도에서의 전투를 선택하였던 것이다.

맥아더 UN군 사령관이 지휘하는 연합군과 한국군은 한반도 최북단까지 진격하였으나 중공군의 참전으로 후퇴한 후 결국 38선 부근에서 공산 적들과 한동안 공방을 벌였다. 전쟁이 소강상태에 들어가면서 휴전협상이 시도되었다. UN총회는 1950년 12월 14일 13개 아프리카 및 아시아 국가들이 발의한 결의문을 채택하고, 이란, 캐나다, 인도로 "3인 위원회"를 구성하여 조속한 시일 내에 휴전 방안을 마련할 것을 권고하였다. 그러나 이 방안은 미국과 중국의 입장 차이로 큰 진전을 보지 못하였다. 그러나 1951년 중반부터 미국과 UN은 휴전협상에 보다 적극적인 태도를 취하였고, 6월 1일 트리그브 리(Trygve Lie) 사무총장은 "만약 38선을 따라 휴전이 이루어지면 안보리 결의문의 주된 목표가 달성될 것"이라고 선언함으로써 공식적으로 휴전협상을 제안하였다. 6월 말에는 소련이 협상에 임할 의사를 표명했다. 1951년 6월 23일 말리크(Yakov Malik) 주 UN 소련대사는 라디오 연설을 통해 "정전과 38선으로부터의 상호 군대 철수를 규정하는 휴전을 위해 교전국 간에 논의가 시작되어야 한다"고 말했고, 미 국무부는 "만약 말리크 씨의 방송이 공산주의자들의 침략 행위 중단을 의미한다면 미국은 전투 행위를 종식시키는 데, 그리고 전투 행위의 재개를 방지하는 데 일역을 담당할 자세가 되어 있다"며 호응했다. 6월 27일엔 북한이 "적을 남해까지 밀고 나간다"던 이전까지의 주장을 "적을 38선 이남으로 축출한다"고 수정하면서 휴전 수락 가능성을 암시하였다. 1951년 7월 1일 베이징 방송은 북한과 중국이 "군사행동의 중지와 평화의 수립에 관한 회담을 위해 UN군사령부의 대표를 만나는 데 동의"하며 7월 10~15일 사이 개성에서 회합하길 원한다고 전했다. 회담은 순조롭게 진행되지 않았다. 입장 차이가 컸고, 한국의 이승만 정부는 UN 측 휴전안에 반대하였다. 이승만 대통령은 7월 22일 기자회견을 열고 휴전회담은 소련에 이로울 뿐이지 자유세계에 유익한 결과를 가져오지 못할 것이라고 주장했다.

휴전협상의 타결이 임박한 상황에서 이승만은 27,000여 명의 반공포로를 석방하였다. 그는 "제네바 협정과 인권정신에 의하여 반공한인포로는 벌써 석방시켜야 할 터인데, UN당국과 또 이 포로를 석방하는 것이 옳은 것으로 우리의 설명을 들은 분들은 동정상으로나 원칙상으로 동감을 가진 것으로 내가 믿는 바이다. 그러나 국제상 관련으로 해서 불공평하게도 그 사람들을 너무 오래 구속했던 것이다. 지금 와서는 UN 측이 공산 측과 협의한 조건이 국제적 관련을 더욱 복잡하게 해서 필경은 우리 원수에게 만족을 주고 우리 민족에게 오해를 주는 현상을 일으킬 염려가 있게 되었다. 그러므로 이 협상한 결과를 피하기 위하여 내가 책임을 지고 반공한인포로를 오늘 6월 18일 자로 석방한다"고 선언한 것이었다. 반공포로 석방은 휴전협상을 방해할 목적뿐 아니라 한미상호방위조약 체결을 위한 포석이기도 했다. 어쨌든 포로 송환 문제는 휴전협정의 타결에 관건이었던 것으로서 휴전협상에서 가장 큰 논란의 대상이었기 때문에, 이승만의 이러한 일방적 조치는 휴전협상에 중대한 위기를 초래하였다. 6월 18일 미국의 덜레스(John Foster Dulles) 국무장관은 한국 정부의 조치에 대해 다음과 같은 성명을 발표하였다:

나는 북한포로를 석방함에 있어서 대한민국이 취한 단독행동에 대하여 대통령과 협의하였다. 이 행동은 대한민국이 동의하고 있던 UN군사령부의 권한에 대한 침해이다… 아이젠하워 대통령은 이러한 뜻을 이 대통령에게 통고하였다.[4]

이승만은 이에 대해 UN군 당국이 "휴전 조건에 관해서 적과 제휴하고 있는 것처럼 보인다"며 "현재 타결되고 있는 휴전을 받아들이는 것은" 한국인에게는 "사형집행영장"을 받는 것과 같다고 강조했다. UN군사령관 클라크는 6월 21일 성명서를 발표하여 한국 정부의 반공포로 석방 조치를 비난했다. 그는 그러한 행위는 UN군사령관으로서의 자신의 권한을 직접적으로 침해하는 것이라며, UN군 측은 최근 판문점에서 체결된 포로에 관한 협정을 회피하거나 폐기하기 위해 한국 정부와 공모한 적이 없기 때문에, 만일 일이 잘못된다면 책임은 전적으로 이승만 대통령과 한국 정부에 있다고 말했다. 결국 정전협정은 1953년 7월 27일 조인되었다. 이 대통령은 당일 자신은 정전이 공산 측에 유리하다고 생각하여 반대해왔으나, 이 협정이 조인되었으므로 한국은 "한국의 해방과 통일문제를 평화리에 해결하기 위하여 일정한 시간 정치회담이 개최되고 있는 동안 정전을 방해치 않을 것"이라는 성명서를 발표했다. 정전협정의 핵심 내용은 다음과 같다:

제1항: 군사분계선을 확정하고 쌍방이 이 선으로부터 각기 2km씩 후퇴함으로써 적대 군대 간에 비무장지대를 설정한다. 비무장지대를 설정하여 이를 완충 지대로 함으로써 적대행위의 재발을 초래할 수 있는 사건의 발생을 방지한다.

제24항: 군사정전위원회의 전반적 임무는 본 정전협정의 실시를 감시하며 본 정전협정의 어떠한 위반사건이든지 협의하여 처리하는 것이다.

제41항: 중립국감시위원회의 임무는 본 정전협정 제13항 (ㄷ)목, 제13항 (ㄹ)목 및 제28항에 규정한 감독, 감시, 조사 및 시찰의 기능을 집행하며 이러한 감독, 감시, 조사 및 시찰의 결과를 군사정전위원회에 보고하는 것이다.

제60항: 한국문제의 평화적 해결을 보장하기 위하여 쌍방 사령관은 쌍방의 관계 각국 정부에 정전협정이 조인되고 효력을 발생한 후 3개월 내에 각기 대표를 파견하여 쌍방의 한 급 높은 정치회담을 소집하고 한국으로부터의 모든 외국군대의 철수 및 한국문제의 평화적 해결 등의 문제들을 협의할 것을 건의한다.

앞서 말했듯이, 이승만은 반공포로 석방을 한미상호방위조약 체결을 위한 압박수단으로도 생각했다. 그는 한미상호방위조약이 체결되지 않은 상태에서 정전협정이 체결되면 한반도에 또 다시 전쟁이 일어날 것이라고 우려했다. 미국은 정전협정이 체결되고 나면 한미상호방위조약 체결을 위한 회담이 곧 바로 개시될 것이라고 약속하고 이승만을 설득했다. 미국은 정전협정 체결 이전에 한미상호방위조약을 체결할 경우 공산 측이 정전협상을 중단할지 모른다고 우려하였던 것이다. 이승만은 1953년 6월 6일 아래와 같이 제안하였다:

"대한민국은 한미상호방위조약의 선 체결을 조건으로 공산군과 UN군의 동시철수를 제안한다. 상호방위조약은 다음 3개 조항을 포함해야 한다. 1) 한반도가 외국(들)에 의해 피침될 경우 미국은 자동적이고 즉각적으로 대한민국의 편에 서서 개입한다. 2) 한국의 전쟁에 참여하는 미국인들의 부담을 덜기 위해 미국은 무기, 탄약, 군수품을 한국에 제공하여 자위 능력을 제고한다. 3) 또 다른 피침을 방지하기 위해 미국의 해공군은 한국군의 능력이 적당한 수준에 이를 때까지 현재 위치를 유지한다. 이와 같은 제안이 수용되지 않는다면 한국은 전쟁을 지속할 수밖에 없고 미국은 이를 받아들여야 한다. 한국은 분단을 인정하는 정전협정이나 평화 대신 싸움을 계속할 것이다. 우리가 가장 원하는 것은 우리의 우방이 우리 곁에서 우리의 싸움을 지원하는 것이다. 그러나 그것이 더 이상 가능하지 않다면 우리는 현재의 문제에 결론을 내기 위해 자결(self-determination)이라는 우리의 본질적인 권리를 행사할 수 있기를 바랄 수밖에 없다. 하여간 우리는 더 이상 분단의 교착상태를 받아들일 수 없다."[5]

미국이 정전 성립 '이전에' '미일안보조약'에 준하는 상호방위조약을 체결해 줄 것을 기대한 이승만은 미국이 자신의 요구를 받아들이게 할 목적으로, 앞서 언급했듯이, 정전협상의 최대 이슈 중 하나였던 포로 송환 문제를 지렛대로 사용하였다. 이 조치는 정전협정을 반대하는 동시에 한미상호방위조약을 이끌어내려는 이승만의 다목적 '벼랑 끝 전술'이었다.[6]

한미상호방위조약은 정전협정 조인 직후인 8월 8일 가조인되고 10월 1일 체결되었다. 핵심 쟁점은 한국 피침 시 미국의 자동개입 조항 삽입 여부였다. 이승만의 강력한 요구에도 불구하고 미국은 조약은 상원의 비준을 받아야 하는데 상호방위조약에 자동개입 조항이 포함될 경우 비준이 어려울 것이라며 난색을 표명했다. 결국 한미상호방위조약은 자동개입 조항 없이 체결되었다. 이 조약에 따라 전쟁 직전 한국에서 철수했던 미군은 한국에 재주둔하게 되었다. 한미상호방위조약(Mutual Defense Treaty Between the United States and the Republic of Korea, 1954년 11월 18일 발효)의 내용은 아래와 같다:

본 조약의 당사국은 모든 국민과 모든 정부와 평화적으로 생활하고자 하는 희망을 재인식하며 또한 태평양지역에 있어서의 평화기구를 공고히 할 것을 희망하고 당사국 중 어느 일방이 태평양지역에 있어서 고립하여 있다는 환각을 어떠한 잠재적 침략자도 가지지 않도록 외부로부터의 무력공격에 대하여 그들 자신을 방위하고자 하는 공통의 결의를 공공연히 또한 정식으로 선언할 것을 희망하고 또한 태평양지역에 있어서 더욱 포괄적이고 효과적인 지역적 안전보장 조직이 발생될 때까지 평화와 안전을 유지하고자 집단적 방위를 위한 노력을 공고히 할 것을 희망하여 다음과 같이 합의한다.

제1조

당사국은 관련될지도 모르는 어떠한 국제적 분쟁이라도 국제적 평화와 안전과 정의를 위태롭게 하지 않는 방법으로 평화적 수단에 의하여 해결하고 또한 국제관계에 있어서 국제연합의 목적이나 당사국이 국제연합에 대하여 부담한 의무에 배치되는 방법으로 무력에 의한 위협이나 무력의 행사를 삼가할 것을 약속한다.

제2조

당사국 중 어느 일방의 정치적 독립 또는 안정이 외부로부터의 무력침공에 의하여 위협을 받고 있다고 어느 당사국이든지 인정할 때에는 언제든지 당사국은 서로 협의한다. 당사국은 단독적으로나 공동으로나 자조와 상호원조에 의하여 무력공격을 방지하기 위한 적절한 수단을 지속하여 강화시킬 것이며, 본 조약을 실행하고 그 목적을 추진할 적절한 조치를 협의와 합의하에 취할 것이다.

제3조

각 당사국은 타 당사국의 행정관리하에 있는 영토 또한 금후 각 당사국이 타 당사국의 행정관리 하에 합법적으로 들어갔다고 인정하는 영토에 있어서 타 당사국에 대한 태평양지역에 있어서의 무력공격을 자국의 평화와 안전을 위태롭게 하는 것이라고 인정하고 공통한 위험에 대처하기 위하여 각자의 헌법상의 수속에 따라 행동할 것을 선언한다.

제4조

상호합의에 의하여 결정된 바에 따라 미합중국의 육군, 해군과 공군을 대한민국의 영토내와 그 주변에 배치하는 권리를 대한민국은 이를 허여(許與)하고 미합중국은 이를 수락한다.

제5조

본 조약은 대한민국과 미합중국에 의하여 각자의 헌법상의 절차에 따라 비준되어야 하며, 그 비준서가 양국에 의하여 워싱턴에서 교환되었을 때에 효력을 발생한다.

제6조

본 조약은 무기한으로 유효하다. 어느 당사국이든지 타 당사국에 통고한 일년 후에 본 조약을 종지시킬 수 있다.

미국은, 이승만이 자신의 통일의지를 관철하기 위해 한국군을 UN군의 통제에서 이탈시킬 수도 있다고 경고한 바를 의식하여, "대한민국은 상호협의에 의하여 그렇게 하는 것이 상호적, 개별적 이익에 가장 유리하기 때문에 변경하는 경우가 아니면 UN군사령부가 대한민국의 방어를 책임지는 동안 한국군에 대한 UN군사령부의 작전통제를 유지하도록 하는 데 동의한다"는 조항을 1954년 11월 7일 체결된 '경제 및 군사 문제에 관한 한미합의의사록(Agreed Minute Relating to Continued Cooperation in Economic and Military Matters)'에 포함시켰다. 미국으로서는 상호방위조약과 합의의사록을 통해 북한의 남침과 남한의 북진 모두를 억지하는 이른바 '이중억지(dual deterrence)'를 시도한 것이었다. 1954년 11월 17일 발효된 양 조약은 이후 한미동맹관계를 규율하는 법적 근거가 되었다.

샌프란시스코 체제

한국전쟁 중 미국은 격화되는 냉전 체제 하에서 전범국 일본을 지역적 에이전트로 활용하기 위해 1951년 9월 일본과 평화조약 및 군사동맹조약을 각각 체결하였다. 일본은 1945년 11월 평화조약 문제에 대해 내부적으로 논의하였다. 연합군최고사령부는(GHQ)는 일본에 직접 군정을 펴지 않고 사령관인 맥아더가 일본 정부에 지령과 권고를 전하는 간접통치정책을 실시하였다. 미군 점령 하에서도 일본인이 총리 및 각 대신의 직을 맡아 역할을 수행하였던 것이다. 이러한 분위기에서 평화조약 이야기가 간헐적으로 수면으로 올라온 것이었다. 평화조약 이슈는 1949년에도 대두한 바 있었다. 그러나 미국 군부가 강하게 반대하고 나섰다. 당시는 서독과 일본을 부흥시켜 유럽과 동북아 지역의 "거점(workshops)"으로 사용한다는 조지 케넌(George Kennan)의 대소 경제봉쇄책이 힘을 잃고 군사적 억지전략이 유력한 대안으로 부상하던 시점이었다. 그 배경에는 1949년 소련의 핵실험 성공과 중국의 공산화가 있었다. 미 군부는 이에 대처하기 위해 일본 내 미군기지에 대한 무조건적 접근권이 필수적이라고 보았던 것이다. 트루먼 대통령도 자칫 잘못하다가는 평화조약 협상 과정에서 이러한 미국의 권리가 제한되거나 무력화될 수 있다고 판단하였다.[1]

미국은 1950년 말 그간의 대일본 '역진정책(Reverse Course, 역코스)'이 성공적이었고, 특히 한국전쟁의 특수로 일본의 경제가 호황을 누리게 되자 생각을 바꾸게 되었다. 평화조약을 체결할 시점이 된 것이라 판단했던 것이다. 즉 미국은 경제적으로 강력해지고 정치적으로 민주적이며 친미적인 '새로운 일본'을 동맹국으로 만들어 세계 수준에서 팽창하는 공산위협을 억지하는 것이 군정을 지속하는 것보다 정치적, 경제적 군사전략적으로 유리하다는 판단을 내리게 된 것이었다. 따라서 미국은 일단 평화조약을 체결하여 사실상의 "식민지"였던 일본을 "독립"시키고, 그 다음 주권국가 일본이 미군에게 사실상의 무조건적 기지사용권을 제공하도록 하는 안보조약을 같은 날 체결하게 되었다.

1. 한국은 초대되지 않았다

한국과 북한은 평화회의에 초대되지 않았다. 중국도 초대되지 않았다. 미국은 한국전쟁에서 UN군과 교전 중이며 UN이 침략자로 규탄한 공산 중국을 결코 인정할 수 없었고, 봉쇄정책에 따라 중국을 국제사회에서 고립·축출하고자 하던 터였다. UN이 침략자로 규정했고 UN군과 교전 중이며 정치적 정당성을 갖지 못한 북한이 평화회담에 초대되지 않은 것도 역시 당연하다고 볼 수 있었다. 그러나 미국과 UN이 한반도 전체에서 "유일하고 합법적인 정부"로 인정한 한국이 초대받지 못한 것은 영국이 반대했고 일본이 방해했으며 미국도 애초에는 초대에 긍정적이었으나 영국 및 일본과 소통하는 과정에서 결국 마음을 바꾸었기 때문이다. 미국은 한국의 참가가 자신이 냉전적 관점에서 세심하게 설계한 평화조약의 디자인을 손상시킬 수 있다고 판단하였다. 그러나 한국이 평화회담에 초대되지 않은 공식적 이유는 한국이 태평양전쟁 중 일본의 식민지로서 일본과 함께 연합군에 대항해 싸웠다는 것이었다. 영국이 이 문제를 처음 제기하였다. 덜레스의 부관인 존 앨리슨은 1951년 3월 21일 런던에서 영국 외무차관 로버트 스코트를 만나 중국과 한국의 참가 문제를 논의하였다. 스코트는, 중국은 영국이 승인한 합법정부이므로[2] 초대해야 하고, 한국은 일본의 식민지로서 2차대전 중 연합군에 대항하여 전쟁을 수행했다며 초대해서는 안 된다고 말했다.[3] 그러나 영국의 속내에는 북한은 제외하고 한국만을 참가시키면 소련이 반발하여 회담에서 철수할 수 있고, 그렇게 되면 국제적 조약 자체의 정당성이 훼손될 수 있다는 우려가 있었다. 영국은 "소련이 외교적 승인을 부여하지 아니한 대한민국이 평화조약에 참가하는 것은 소련에게 평화조약을 방해할 중요한 기회를 부여하는 것으로 절대적으로 회피되어야 한다"는 입장이었다. 미국의 덜레스는 이미 한국의 장면(張勉)에게 북한 공산주의자들과 전쟁을 수행하고 있는 한국 정부의 국제적 지위를 향상시키기 위해 미국은 한국의 대일평화조약 참가를 적극 지지할 것이라고[4] 말해놓았기 때문에 난감한 지경에 빠졌다. 앨리슨과 스코트는 이 문제를 추후에 다시 논의하기로 하였다.

미국은 한국 참가 문제와 관련하여 영국을 설득하지는 못했지만 일본은 초기엔 어려움이 있었지만 결국 설득하는 데 성공했다. 덜레스는 1951년 4월 23일 일본의 요시다 시게루 총리 등과 면담하고 공산주의에 맞서 싸우는 한국 정부를 격려할 필요가 있다고 말했다. 그러나 요시다는 '한국과의 평화조약'이라는 메모를 제출하며 한국은 일본과 교전 상태에 있지 않았기 때문에 대일평화조약에 참가할 수 없으며, 한국이 조약 서명국이 된다면 재일교포들은 연합국 국민으로 간주되어 연합국 국민에 상응하는 권리를 향유하게 될 것인데 대부분의 재일교포들은 공산주의자이기 때문에 이 공산주의자들에게 승전국 국민의 특권을 부여하는 것은 불합리하다고 주장했다.[5] 덜레스는 요시다 총리의 말이 맞지만 한국의 국제적 지위를 향상시킬 필요성을 재차 강조하면서 재일교포들을 연합국 국민으로 대우하지 않겠다고 약속하면서 일본의 협력을 촉구했다. 일본은 결국 입장을 변경하여 "일본 정부는 재일교포가 연합국 국민의 지위를 획득하지 않는다는 확고한 보장을 받는다면 한국이 평화조약에 서명국이 되는 것에 반대하지 않는다"고 물러섰다.[6]

영국과 미국은 4월 25일 워싱턴에서 회담을 열었다. 이 회담이 끝난 후 미국의 태도가 돌변하였다. 영국이 버티자 미국이 이를 수용하여 한국 참가 불가로 선회했던 것이다. 미국은 1951년 7월 9일 양유찬 주미 대사에게 한국 참가 불가를 공식 통보했다. 영국과 일본의 주장을 미국의 이름으로 한국에 전달한 셈이었다.

미국의 태도 변화에는 한국 정부에 대한 불신도 한몫하였다. 앞서 언급되었듯이 한국이 판을 깰 수 있다는 걱정이 있었던 것이다. 당시 대부분의 미국 국무부 관리들은 한국은 "화해보다" 일본으로부터 "돈을 뜯어낼 생각만 하고 있다"고 보았다. 그들은 "절제되지 않은 한국의 민족주의"는 "도자기 가게의 거친 황소(a bull in china shop)"처럼 미국이 면밀하고 세밀하게 축조하고 있는 평화조약과 그에 기초한 새로운 국제질서에 악영향을 끼칠 것이라고 판단한 것이었다.[7] 이승만의 이중성도 우려의 대상이었다. 이승만은 1951년 1월 12일 미국이 일본을 무장시키고 일본군을 한국전선에 파병할 것이라는 보도에 대해 "나는 이번 기회를 빌려 세계에 말하고자 한다. 한국은 중공군을 쫓아내기 전에 일본군과 먼저 싸울 것이다"라고 말했다. 덜레스는 이 발언이 미국의 국익과 정면충돌한다고 보았을 뿐 아니라, 이승만이 술수에 능한 정직하지 못한 인기영합적인 정치인이라고 믿게 되었다. 이승만은 당시 일본을 포함하는 지역적 반공 군사동맹 창설을 시도하고 있었기 때문이다.

가장 중요한 이유는 미국의 대소냉전전략에서 중요한 위치를 차지하고 있는 일본을 보호하기 위한 것이었다. 당시 미국은 군점령 종식이 지연되거나 평화조약이 징벌적으로 인식되는 경우 일본인들의 반미주의가 폭발할 것으로 우려했다. 미국은 이러한 반미주의가 일본의 자생공산주의자들과 합세하면 미국의 지역적 이익에 치명적인 손상을 입힐 것으로 보고 평화조약과 안보조약을 신속히 체결하는 것이 절대적으로 필요하다고 판단했다. 더구나 당시는 한국전쟁이 진행 중이었고, 일본이 미군의 군사/보급기지의 역할을 수행하고 있었기 때문에 일본의 정치적, 경제적, 군사적 안정과 성장이 미국의 최우선 과제였다. 미국이 보기에 한국은 일본에게 껄끄러운 존재였고, 일본에게 껄끄러운 것은 자신에게도 껄끄러운 것이었다. 미국은 한국을 초대하여 긁어 부스럼을 만들 필요가 없다고 판단했다. 회담 날짜가 다가오자 국무부의 한 관리는 한국이 옵저버로 참가할 수 있도록 하자는 안을 제시했다. 그는 "순수하게 도덕적인 관점에서 볼 때 40년 넘게 일본인들로부터 고통받은 한국인들은 어떤 형태로든 이 회의에서 대변되어야 하며, 그것이 공평한 일일 것이다"라고 권고하였지만, 미국 측 대표였던 덜레스는 "한국의 입장에서는 그것이 옳을 수 있지만, 우리는 후회하게 될 '판도라의 상자'를 결코 열지 않을 것이다"라고 답했다.[8]

이승만은 자신에 대한 부정적 국내여론을 무마하기 위해 미국에 한국의 참관인이 회담에 참석할 수 있도록 협조해달라고 요청하였다. 미국은 한국과 국제적십자사를 참관인으로 초청했다. 이승만 정부는 8월 25일 한국이 평화회담에 참관인 자격으로 참가한다고 발표했다. 그러나 9월 8일 조약이 48개국 대표들에 의해 서명되었을 때 한국 정부는 불참함으로써 무관심을 그대로 드러내었다.[9] 9월 4일 오후 6시 현재 참가국 리스트(List of Participants)에는 국제적십자사만이 참관인으로 참석했다고 기재되어 있었다.

샌프란시스코 조약의 제1조는 평화 조항으로서 일본과 각 연합국은 전쟁 상태를 종료하고(a), 일본의 영토와 영해에 대한 일본 국민의 주권을 인정한다(b)는 내용이다. 일본의 의무는 제2조에 규정되어 있는데 제2조 제1항은 "일본은 한국의 독립을 인정하고 제주도·거문도 및 울릉도를 비롯한 한국에 대한 일체의 권리와 소유권 및 청구권을 포기한다"고 되어 있다. 일본이 마땅히 해야 할 일 중 첫 번째가 한국과의 문제를 해결하는 것으로 적시되어 있는 것이다.

이와 같이 샌프란시스코 평화조약의 핵심이 한국에 대한 일본의 의무와 관련된 것인데 정작 일본이 그 의무를 수행해야 하는 대상국이 회담에서 배제된 것은 이 조약이 일본에게는 "관대한 평화"였고, 전쟁의 피해국과 국민들에게는 "불의한 평화"였다는 것을 방증하였다. 샌프란시스코 평화회의는 동아시아의 참혹했던 과거를 직시하고 잘못에 대한 응분의 책임을 묻는 자리가 되어야 했다. 그러나 실제로는 미국과 일본이 밀착하여, 정작 일본의 사과를 받고 그 책임을 물어야 할 가장 중요한 두 당사자인 중국과 한국을 배제한 채, 역사와 인권을 냉전전략의 하위개념으로 왜곡·폄하하고, 미국의 특정 동맹국에게 면죄부를 교부하는 위선적이고 미국편의적인 요식(要式)의 행사장이 되고 말았다. 그러나 냉전적 관점에서 국가/국제안보를 고려했던 당시의 미국, 영국 등은 정의보다는 이익을 우선시했고, 부담스러운 약소국 한국보다는 쓸모 있는 잠재적 강대국 일본의 이익을 우선시하였다. 그들은 그것이 어쩔 수 없는 그리고 자연스러운 국제정치의 논리라고 보았다.

2. 독도 문제와 한국의 '창조외교'

앞서 언급한 바와 같이 한국은 1904년 1월 21일 러시아와 일본이 무력충돌할 시 중립을 지킬 것임을 선언하였다. 일본은 이를 무시했고, 같은 해 2월 8일 한국에 상륙한 일본군은 한성을 점령하고 한반도 전역을 일본의 지배하에 두었다. 일본은 제물포에서 3척의 러시아 전함을 격침한 직후인 2월 23일 대한제국과 한일의정서를 체결하여 "제3국의 침해나 혹은 내란으로 인해 대한제국 황실의 안녕과 영토 보전에 위험이 있을 경우 대일본제국정부는 속히 임기응변의 필요한 조치를 행하며, 대한제국정부는 대일본제국정부의 행동이 용이하도록 충분한 편의를 제공할 것, 그리고 대일본제국정부는 전항(前項)의 목적을 성취하기 위해 군략상 필요한 지점을 임기수용할 수 있을 것" 등을 늑약(勒約)하였다. 나아가 일본은 한 어부가 독도를 자신에게 대여해줄 것을 청원한 것을 계기로 1905년 2월 22일 "무주지(無主地) 다케시마"를 점유하여 시마네 현으로 편입한다고 고지하였다.

그러나, 앞서 언급했듯이, 독도는 무인도였을지는 몰라도 무주지가 아니었다. 따라서 독도는 국제법적으로 일본의 영토가 될 수 없는 것이었다. 그러나 일본은 1905년 당시 독도가 대한제국의 섬이라는 점을 알고 있었음에도 불구하고 시마네 현의 독도편입 사실을 대한제국에 알리지 않았으며, 도쿄에 있는 외국공관에도 통보하지 않았다. 일본은 독도를 몰래 자신의 영토로 편입하였고, 대한제국은 이에 대해 어쩔 도리가 없었다.

샌프란시스코 평화조약문에 독도 문제가 포함될 것임은 분명한 것이었다. 전쟁을 공식 종료하려면 패전국 일본이 과거 강탈한 영토를 되돌려주는 규정이 있어야 했기 때문이다. 미국은 오래 전에 이 작업을 시작하였다. 미 국무부가 작성한 제1차 초안부터 시작하여 제2차(1947년 8월 5일), 제3차(1948년 1월 8일), 제4차(1949년 10월 13일), 제5차 초안(1949년 11월 2일) 모두는 리앙쿠르암(독도)을 한국령으로 명시하였다. 그런데 이 시점에서 친일 미국인 고위관료인 윌리엄 시볼드(William J. Sebald)가 개입하여 미 국무부의 논의의 흐름을 180도 반전시켰다. 시볼드는 1925년 주일 미국대사관 무관으로 근무하면서 일본인과 결혼하였고, 개인적으로 텐노의 가족들과 친분을 유지하고 있던 인물로서 1947-1952년 동안 국무부 파견 일본 정부 정치고문 등 민간인이 맡을 수 있는 최고위 직책 3개를 겸직하였다. 그는 일본 총리 요시다를 높이 평가하여, 그를 "일본의 윈스턴 처칠"이라 부르며 존경심을 표하기도 하였다.

시볼드는 미 국무부의 평화조약 초안들을 살펴보며 독도에 관한 조항에 문제가 있다고 보았다. 그는 1949년 11월 14일 국무장관에게 다음과 같이 이 조항에 대한 재고를 요청하였다:

> 우리 측 초안 제3항에 리앙쿠르암이 일본령임을 구체적으로 명시할 필요가 있음.
>
> 이 섬들에 대한 일본의 소유권 주장은 오래되었고, 타당한 것으로 판단되며, 이것이 한국의 해안에서 가까운 섬들이라는 주장은 받아들이기 어려움. 이 섬들에 기상/레이더 기지를 건설한다면 안보적 관점에서 미국의 이익에 부합할 것임.[10]

미 국무부가 시볼드의 건의를 어떻게 처리했는지에 관한 자료는 현재까지는 발견되지 않았다. 그러나 1949년 12월 8일 제시된 제6차 초안에는 리앙쿠르암(독도)이 일본령으로 표기되었다. 그리고 우여곡절 끝에 제14차 초안에는 "일본은 한국의 독립을 승인하면서, 제주도, 거문도, 울릉도를 포함하여 한국에 대한 모든 권리, 권원, 청구권을 포기한다"라고만 표기됨으로써 독도에 대한 언급이 사라졌다. 이를 접한 한국 정부는 제14차 초안에 대해 수정을 요구했으나 미국 정부는 첫째, 리앙쿠르암은 한국의 일부로 취급받은 적이 없고 1905년경 이래로 일본 시마네 현의 관할하에 있어 왔으며, 둘째, 미국은 한국이 제안한 대로 일본이 한국에 반환하는 영토들을 평화조약에서 확인할 필요성을 느끼지 않고, 셋째, 미국은 일본의 1945년 8월 9일 자 항복문서조항들이 그 자체로서 이 문제에 관한 공식적이고 최종적인 결정을 구성한다고 보지 않으며, 넷째, 미국은 포츠담선언에 대한 일본의 수용이 그 선언에서 처분된 영토들에 대해 일본의 주권이 공식적이고 최종적으로 포기되었다는 주장(연합국 지도자들은 카이로 회담에서 일본이 "폭력과 탐욕"으로 탈취한 영토에서 축출될 것이라는 원칙에 합의하였다. 포츠담선언은 카이로선언을 재확인하였다.)을 인정하지 않는다고 답했다.[11]

결국 샌프란시스코 평화조약 제2조 a항에는 "일본국은 한국의 독립을 승인하여 제주도, 거문도 및 울릉도를 포함하는 한국에 대한 모든 권리, 권원 및 청구권을 포기한다"고 명기되었다. 독도 문제는 아예 언급을 회피한 것이었다. 독도에 관한 영유권 문제를 모호하게 처리한 이 조항은 향후 한일 간 정치적 갈등을 간헐적으로 고조시키며, 샌프란시스코 체제의 정당성을 위협하는 중대 요인 중 하나로 발전하였다.

샌프란시스코 조약 체결 이후 독도 문제를 논쟁화한 것은 일본이었다. 이승만 대통령은 1952년 1월 18일 '대한민국 인접해양의 주권에 대한 대통령 선언' 일명 평화선을 공표하였다. 이 선은 오늘날의 배타적 경제수역과 비슷한 개념으로서 한일 간 평화 유지를 목적으로, 대한민국과 주변국가 간의 수역 구분과 자원 및 주권 보호를 위한 경계선으로 설정된 것이었다. 평화선 선언은 1945년 9월

28일 트루먼 대통령의 행정명령 2667호가 미국의 대륙붕의 자원은 미국에 속한다고 선언한 이른바 트루먼 선언(Truman Proclamation)에 영향을 받은 것이었다. 평화선을 선포한 직후부터 한국에 항의하던 일본은 1953년 7월 13일 '다케시마(竹島, 죽도)에 관한 일본 정부의 견해'라는 장문의 각서를 한국 정부에 보냈다. 역사적 사실과 국제법의 두 측면에서 일본의 독도 영유권을 주장하는 이 각서에 대해 한국 정부는 1953년 9월 9일 그 내용을 반박하는 장문의 각서로 답했다. 이후 양국은 수차례에 걸쳐 외교각서를 교환하며 논쟁을 벌였다. 이 과정에서 일본 정부는 자체 모순을 드러내었다. 일본은 애초에 '무주지 선점론'을 내세웠었다. 그런데 일본은 3차 각서부터 일본의 고유영토였던 독도를 근대법 절차에 따라 영토 편입 절차를 다시 밟았다고 주장을 바꾸었다. 한국 정부는 이 점을 파고들어 '무주지 선점론'과 '고유영토론'이 서로 모순된다고 지적했다. 고유영토였다면 무주지라는 말이 성립되지 않고, 그의 역도 마찬가지라는 것이었다.

독도 영유권과 관련한 일본의 도전과 한국의 반박은 끊이지 않고 지속되었다. 최근 일본은 방위백서 등을 통해 "우리나라(일본) 고유 영토인 북방영토(쿠릴 4개 섬의 일본식 표현)와 다케시마의 영토 문제가 여전히 미해결 상태로 존재한다"고 주장했고, 한국은 "일본 정부가 발표한 방위백서를 통해 역사적 · 지리적 · 국제법적으로 명백한 우리 고유의 영토인 독도에 대해 부당한 영유권 주장을 되풀이한 데 대해 강력히 항의하며, 이의 즉각 철회를 촉구한다"고 반박했다.

독도 문제는 일본이 한국에 대해 전쟁을 하지 않는 한 현상이 유지될 수밖에 없다. 한국이 독도에 대해 실효지배를 하고 있기 때문이다. 한국의 입장에서 실효지배라는 용어는 사실 어폐가 있는 말이다. 실효지배라는 용어가 독도가 한국의 영토가 아니고 분쟁지역임을 암시한다고 해석될 여지가 있기 때문이다. 한국의 영토라면 '실효'라는 용어를 쓸 이유가 없는 것이다. 따라서 한국의 외교관은 이 용어를 사용할 때 맥락(영토주권에 관한 법리적 사안인지 아니면 국제정치에서의 권력정치적인 사안인지 여부)을 항상 유념해야 한다. 어쨌든 일본의 도전과 한국의 반박은 일상적인 외교행태가 된 면이 있다. 독도 문제는 한일 간 문제이기도 하지만 더 정확하게 말하자면 한미일 간의 문제이다. 샌프란시스코 조약을 통해 미국이 문제를 만든 측면이 있을 뿐더러, 한일 간 독도 논쟁은 미국, 더 구체적으로 말하면, 한미동맹의 차원에서 '접근될 수 있고', 한국의 입장에서 보면, 한미동맹 차원에서 '접근해야 할 필요'가 있는 문제이기 때문이다. 박근혜 정부는 "창조경제를 통한 국민행복과 희망의 새 시대 실현"을 비전으로 하고, '창조와 혁신을 통한 새로운 일자리와 시장 창출', '세계와 함께하는 창조경제 글로벌 리더십 강화', '창의성이 존중되고, 마음껏 발현되는 사회구현' 3대 목표를 제시한 바 있었다. 박근혜 정부가 만약 외교에서도 '창조외교'라는 개념과 구상을 갖고 있었다면 2014년 4월 미국의 오바마 대통령이 방일 후 방한했을 때 당시 일본이 오바마 대통령에게 한 것과 똑같이 했었을 것이다. 오바마는 일본 방문 시, 일본이 실효지배하고 있는 센카쿠에 대한 공격은 미일동맹의 발동조건이 된다고 말했다. 한국 정부는 그 논리가 한국이 실효지배하고 있는 독도에도 적용된다는 것을 오바마의 입으로 말하도록 했어야 했다. 필자는 아래에서 제

시된 접근법이 작금에도 한국에 유리한 창조적인 '독도 전략'이라고 판단한다:

　　오바마 대통령은 지난달 일본 방문에서 한국의 영토주권과 관련해 의미심장한 발언을 했다. "미국은 센카쿠 섬들의 영유권과 관련해서는 어떠한 입장도 갖고 있지 않다. 그러나 이들 섬은 역사적으로 일본의 행정관리하에 있어 왔으며, 미국은 이것들이 일방에 의해 변동될 수 없다고 생각한다. 미일 안보조약은 일본의 행정관리하에 있는 모든 영토를 포함하며, 이는 미일동맹의 일관된 내용이다." 아베 총리는 "센카쿠에 대한 일본의 행정권을 저해하는 어떠한 일방적 행동도 조약 제5조에 따라 미국의 반대에 직면할 것이라는 데 양국이 합의했다"고 말했다.

　　"행정관리하에 있는 모든 영토를 포함한다." 이는 한국의 외교안보 담당자들에게 매우 익숙한 구절이다. 한국 안보의 초석이라 할 수 있는 한미 상호방위조약 제3조가 "각 당사국은 타 당사국의 행정관리하에 있는 영토, 또한 금후 각 당사국이 타 당사국의 행정관리하에 합법적으로 들어갔다고 인정하는 영토에 있어서 타 당사국에 대한 태평양지역에 있어서의 무력공격을 자국의 평화와 안전을 위태롭게 하는 것이라고 인정하고 공통한 위험에 대처하기 위하여 각자의 헌법상의 수속에 따라 행동할 것을 선언한다"고 되어 있기 때문이다.

　　센카쿠가 일본의 행정관리하에 있기 때문에 미일 안보조약의 대상이 된다면, 자연스럽게, 독도는 한국의 행정관리하에 있기 때문에 한미 상호방위조약의 대상이 된다. 독도가 한국의 영토임을 입증하는 다양한 역사적·법적 증거가 있지만 일본은 이를 인정하지 않고 있다. 인정할 수 없는 정치적 입장이 있다는 것이 더 정확한 설명일 것이다. 그러나 일본은 한국이 오랫동안 독도를 실효적으로 지배해왔다는 사실을 부인하지는 않는다. 최근 시마네 현 마쓰에지검은 지난해 8월 한국 정치인들이 독도를 방문한 것이 불법입국에 해당한다는 일본 정치단체 등의 고발사건을 불기소로 처리했는데, "다케시마는 한국에 실효지배되고 있어서 죄를 물을 수 없다"고 결론 내렸다. 일본의 입장에서, 영유권을 인정한 것은 아니지만 행정권은 한국에 있음을 명확히 인정한 것이다.

그럼 오바마, 아베, 마쓰에지검의 논리를 종합해 이를 독도 문제에 대입하면 어떻게 될까? 센카쿠가 일본의 행정관리하에 있어 왔기 때문에 미일 안보조약의 적용 대상이고, 그 사실이 이번 기회에 미국 대통령의 입을 통해 최초로 확인될 수 있었던 것이라면, 독도 또한 한국의 행정관리하에 있어 왔기 때문에 한미 상호방위조약 적용 대상이고, 이번 기회에 미국 대통령의 입을 통해 최초로 확인될 수 있었던 것이다. 그런데 일본은 했고, 한국은 하려 하지 않았거나 할 수 없었다.

한국의 영토주권과 안보이익의 관점에서 보면 우리 정부는 이번에 절호의 기회를 놓쳤다. 일본이 힘을 행사할 가능성은 높지 않더라도 불특정 대상에 대한 '만일(if)'을 상정한 미 대통령의 대한(對韓) 안보공약 재확인은 대일 억지 및 독도 주권을 강화할 좋은 기회가 될 수 있었던 것이다.

우리 정부가 오바마가 '거절할 경우' 발생할 불이익을 미리 계산해 전략적으로 행동했다면 그러한 가정은 국제정치적 현실을 정확히 반영한 것일까? 우리 정부는 아직도 한국이 "등 터지는 새우"라는 시대착오적 외교관념에서 헤매고 있나? 그래서 미국의 중요성만 강조하고, 한국이 미국에 대해 갖는 전략적·정치적·경제적 가치는 고려조차 하기 어려운 것인가? 또 국제법과 국제규범을 강조하는 세계의 지도자인 오바마 대통령이 며칠 사이로 같은 상황에 대해 서로 다른 잣대를 들이대지는 않았을 것이라고 기대한다면 너무 순진한 것일까? 미국이 난처하지 않도록 한국이 배려했다면, 그에 따른 외교적 이익과 한국의 영토주권 강화에 따른 안보이익은 어떻게 비교될 수 있을까? 오바마를 난처하게 하지 않으면서도 일본의 외교수완을 한국적으로 활용할 수는 없었을까? 우리 정부는 '창조경제'를 통해 국가의 미래를 개척하고자 한다. 우리 정부에 '창조외교'에 대한 관심과 의지는 있는 것일까?[12]

박근혜 정부는 미국이 일본에 대해 적용하는 논리를 한국에게도 똑같이 적용할 것을 요구하지 않았거나 하지 못했다. 사활적 국가이익 추구를 방기한 것이었다. 정부가 하지 않았거나 못한 것을 비정부주체는 할 수 있었을까? 한국 언론이 역할을 할 수 있었을 것이다. 오바마 대통령에게 질문을 던지면 되는 것이었다. 그러나 그런 질문을 던진 기자는 없었다.

이 맥락에서 한국 기자들의 '치욕의 날'을 상기할 필요가 있다. 오바마는 2010년 11월 12일 G-20 서울 정상회의 마지막 날 기자회견을 열었다. 미국 대통령은 한국 기자에게 질문해달라고 "애원했다." 그러나 한국 기자 누구도 손을 들지 않았다. 많은 것을 시사하는 광경이었다:

오바마 대통령: 한국 언론사 기자분께 먼저 질문을 받아야 할 것 같습니다. 제가 한국에 있는 동안 호스트 역할을 너무도 잘해 주셨으니까요. 어느 분부터 할까요? 여기 이 남자분 -- 손 드셨죠? 이 분밖에 질문하시겠다는 분이 없네요. 네, 질문하시죠. 그런데 한국어로 질문하신다면 제가 통역이 필요하겠군요. 실은, (대답하는 제가 한국어를 못하니) 어쨌든 통역이 꼭 필요한 상황입니다. (웃음)

기자: 애석하게도, 대통령님을 실망시켜드리고 싶지는 않습니다만, 저는 중국인 기자입니다. (웃음)

대통령: 아 네, 반갑습니다.

기자: 제가 (한국 기자는 아니지만) 아시아권을 대표해서 질문할 수 있다고 생각합니다.

대통령: 물론이지요.

기자: 우리는 모두 이 지역에 속한 한 가족이니까요.

대통령: 일단, 기자님 영어가 제 만다린(중국어) 실력보다 나은 건 확실하네요. (웃음) 하지만, 어쨌든 공정하게 해야 하니, 제가 한국 언론에 질문할 우선권을 드리겠다고 이미 말을 하지 않았습니까? 그러니 기자님은 잠깐 기다려주시기 바랍니다.

기자: 그렇다면, 동료 한국 기자 여러분, 제가 여러분 입장에서 질문을 하는 것을 허락해 주시면 어떨까요? 찬성하시나요, 반대하시나요?

대통령: 그것은 질문하실 한국 기자분이 한 분이라도 계신지 아닌지에 따라 결정될 것 같군요. 질문하실 한국 기자분, 정말 없으세요?

(청취 불가)

대통령: 이게 이렇게까지 복잡한 상황이 될 거라곤 생각지 못했네요. (웃음)

기자: 오바마 대통령님, (한국 기자는 아니지만) 아시아인 기자에게서 아주 짧은 질문 하나만 받아주세요.

대통령: 그럼, 어… 제가 말씀드렸다시피 제가 원래는 한국 기자분에게 먼저… 어쩔 수 없군요, 질문하세요. 하지만 한국 기자분에게도 여전히 질문 기회가 있다는 걸 다시 한 번 분명히 말씀드립니다.

이렇게, 오바마 미국 대통령이 200명 이상의 한국 기자들과 300명 이상의 외신기자들 앞에서 30초 넘게 "애원"했으나 한국 기자들 중 질문자는 없었다. (결국, 중국 기자가 질문할 기회를 얻었다.) 원로 기자 양동희는 "이것은 TV 생방송의 재앙이라 불릴 만한 사건이었으며, 그보다도, 한국 언론 역사에 있어 누구도 부정할 수 없는 수치스러운 순간으로 남게 되었다"고 개탄하였다.[13]

3. 한일기본조약과 '전략적 모호성의 전략'

한국은 샌프란시스코 조약의 서명국은 아니지만, 그리고 서명국이 아니었음에도 불구하고, 그 조약이 한국에 대해 일본이 쌍무적으로 행해야 할 의무를 명시했기 때문에, 그리고 미국의 강력한 권유에 따라, 조약 체결 한 달여 만에 한일 협상에 임하게 되었다.[14] 이승만의 입장에서도 한일협상은 하루 속히 성사되어야 하는 것이었다. 그는 샌프란시스코 평화조약이 미국의 상원에서 비준된다면 일본은 한국과의 외교적인 접촉에 있어서 보다 유리한 입장에서 강경하게 나올 것이라고 전망하고, 한일 간 분쟁의 소지가 되고 있는 청구권과 맥아더라인[15] 등 긴급한 현안을 미국이 평화조약의 비준 과정을 통해 일본에 영향력을 행사할 수 있는 기간 중에 해결하는 것이 유리하다고 판단했던 것이다.[16] 그러나 한국과 일본 양측이 협상에서 다루고자 한 현안은 크게 달랐다. 한국은 청구권과 어로수역을 다루려 했지만, 일본은 "바람직하지 않은 재일교포" 송환 문제를 다루려했다. 결국 미국이 중재하여 양국은 재일교포 문제를 중심으로 협상하기로 하고 한국전쟁이 진행 중이던 1951년 10월 20일 첫 예비회담을 열었다. 도쿄의 미군정 당국의 회의실에서 개최된 이 회의에는 양유찬 주미대사와 이구치 사다오(井口貞夫) 주미대사가 한국 및 일본을 각각 대표하여 참가했다. 회의 진행은 윌리엄 시볼드가 맡았다. 회담장에서 일본 측은 가해자의 입장이 아니고 한국이라는 식민지를 경영한 주인의 자세를 보여주었다. 시볼드에 따르면 양 대사는 40년간의 일본의 만행을 규탄했고, 일본이 파산할 정도로 고액인 배상금을 요구하면서도 구원을 털고 "화해합시다(let us bury the hatchets)"라고 말했다.[17] 이구치는 "뭐에 대해 화해하자는 것입니까?"라며 일한합병은 한국이 원해서 했던 것이라는 일본의 일관된 입장을 간접적으로 드러냈다.[18] 격앙된 일본 측 대표는 시볼드에게 회의 중단을 요구했다. 한국 측 대표의 발언이 기사화되면 일본 정부에게 큰 타격이 될 것이라는 것이었다. 시볼드는 회의를 지속하는 것이 일본에 유리하다고 이구치를 설득했다. 일본이 "성실하게(in good faith)" 회담에 임하는지 앞으로 협상하게 될 다른 아시아 국가들이 보고 있다는 것이었다.[19] 1953년 10월 6일 제3차 회담에서 구보다 간이치로 일본 측 대표는 "일본은 36년간 한국에 많은 이익을 주었다"며 "만약 일본이 (한국에) 진출하지 않았다면 중국이나 러시아에 점령돼 더욱 비참한 상태에 놓였을 것"이라는 악명 높은 망언을 남겼다.[20] 그는 외교나 협상이 목적이 아닌 듯 행동했다. 오카자키 가쓰오 일본 외상은 "구보다 발언은 당연한 것을 당연하게 말한 것일 뿐"이라고 말하며 일본 정부의 공식입장을 분명히 하였다. 이후 4년 반 동안 한일협상은 열리지도 못했다.

1961년 1월 존 케네디(John F. Kennedy)가 미국 대통령에 취임하면서 상황이 달라지기 시작했다. 미국이 그간의 대한국원조정책을 재검토하게 된 것이었다. 케네디 정부는 미국이 대한민국 정부수립부터 한국전쟁을 거치면서 막대한 원조를 제공했음에도 한국의 경제성장 및 정치적 민주화에 별 진전이 없고, 오히려 경제성장 면에서는 북한에도 한참 처진다고 판단하여 효율적 원조를 위한 대책을 마련하고자 했던 것이다. 그러나 미국은 원조정책을 효율화 해도 문제가 해소될 것으로 보지 않았다. 그렇지 않아도 만성 적자에 시달리던 미국의 경제가 침체국면에 들어가면서 원조액 자체를 줄일 수밖에 없었기 때문이다. 미국은 자신과 함께 원조부담을 나눌 수 있는 파트너를 찾았고, 그것은 일본이었다. 일본은 미국의 안보 지원과 한국전쟁의 특수로 인해 고도성장를 거듭하며 당시 미국의 제2의 무역상대국으로 부상할 만큼 상당한 경제역량을 갖추고 있었다. 오히려 일본은 고도성장에 따른 과잉생산 문제를 해결하기 위해 해외시장을 찾고 있었고 한국시장 진출을 기대하고 있었다. 일본의 외환보유고 팽창은 대외자본수출을 불가피하게 만들고 있었고,

일본 기업들은 한국시장에 대한 접근을 가능케 하는 한일조약에 기대하고 있었다.[21] 미국의 입장에서는 한일관계정상화가 '누이 좋고 매부 좋은' 위기타개책이었다. 주한 미국대사관은 이 점을 강조하며 한국이 경제개발계획을 성공시키기 위해서는 한국에 자본과 시장을 제공할 수 있는 일본의 역할이 절대적으로 필요하다고 본국에 보고하였다.[22]

1961년 7월 한일관계정상화를 추동하는 국제정치적 사건이 발생하였다. 북한이 소련 및 중국과 각각 상호방위조약을 체결한 것이었다. 북한은 쿠데타에 성공한 박정희 정부가 군사비를 늘리고 북한을 공격할 수 있다고 우려했다.[23] 미국은 반대로 생각했다. 케네디 정부는 북방삼각동맹체제를 자신과 한국 및 일본이 결합된 남방삼각동맹체제로 억지해야 할 필요성을 절감하게 되었다. 이후 베트남전의 상황이 악화되던 1962년 후반, 케네디 정부는 한일회담이 더 이상 표류되는 것을 방치할 수 없다고 판단하고 타결을 위해 한일 양국에 강한 압력을 행사하였다.

쿠데타를 성공시킨 박정희는 국가재건최고회의 의장으로서 자신의 정치적 정당성의 결핍을 신속한 경제성장을 통해 채우기 위해 경제발전을 국시로 내걸고 갈급한 마음으로 자금원을 찾고 있었다. 최적의 대상은 일본이었다. 이런 상황에서 미국은 한국이 협상에 더 적극적으로 임하게 하기 위해 한국이 회담 타결에 적극 나서지 않을 경우 경제원조를 동결하거나 삭감할 것이라는 경고장을 보냈다.[24] 일본도 어차피 관계를 정상화해야 한다면 반일적인 이승만이나 민주적인 장면 정부보다 일본을 절실히 필요로 하면서 국민에 대해서는 상대적으로 자율적인 군사정부와 상대하는 것이 훨씬 수월하고 경제적일 것으로 보았다. 박정희는 민주군관학교(1940-1942)와 일본 육군사관학교(1942-1944)에서 훈련을 받았고, 관동군(1944-1945)에서 해방 직전까지 복무하였다. 일본은 박정희가 실권을 가지고 있을 때 속히 협정을 체결하는 것이 유리하다는 인센티브를 갖게 되었다.

이러한 배경 하에서 한일관계정상화를 위한 회담이 재개되었고, 협상의 핵심 쟁점은 청구권 문제였다. 그러나 한일 간의 입장 차이가 커서 좀처럼 진전을 이루지 못했다. 이러한 와중에 1962년 당시 김종필(金鍾泌) 중앙정보부장은 오히라 마사요시(大平正芳) 일본 외상과 두 차례 단독회담을 하고 김종필·오히라 각서를 작성하였다. 그들은 이 비밀 각서에서 소위 '청구권 자금'의 규모에 대해 합의하고 양국 수뇌부에 건의할 것을 결정하였다. 일본의 언론은 무상 3억 달러, 차관 2억 5천만 달러로 합의가 이뤄졌다고 보도했지만, 김종필은 정부 훈령에 따라 회담 직후 "합의한 사실은 없고 쟁점에 대해 토의를 한 사실만 있다"고 밝혔다. 1964년 초 박정희의 한국 정부가 국민의 요구를 제대로 반영하지 않고 밀실에서 졸속으로 처리했다는 국민적 비판이 드세지자 정부는 비밀각서를 공개한다고 했지만 결과적으로 내용 전체를 공개하지 않았다는 의혹에 휩싸였고,[25] 그 결과 이른바 6.3사태를 촉발하였다. 김종필-오히라 각서는 한일회담이 타결될 때까지 일종의 가이드라인 역할을 하였다. 경제발전자금 확보를 최우선시한 박정희 정부는 굴욕외교를 비판하는 시위대를 비상계엄으로 진압한 후 1965년 6월 22일 도쿄 일본총리 관저에서 '한일협정'에 서명함으로써 일본과의 관계를 정상화하였다. 한일기본조약의 핵심 내용은 다음과 같다:

제2조

1910년 8월 22일 및 그 이전에 대한제국과 대일본제국 간에 체결된 모든 조약 및 협정이 이미 무효임을 확인한다(It is confirmed that all treaties or agreements concluded between the Empire of Japan and the Empire of Korea on or before August 22, 1910 are already null and void).

제3조

대한민국 정부가 국제연합총회의 결의 제195(III)호에 명시된 바와 같이, 한반도에 있어서의 유일한 합법 정부임을 확인한다.

제2조는 전략적 모호성의 전략의 산물이었다. 미국의 요구에 부응해야 하고, 당장 자금이 필요했던 박정희 정부는 한일병합과 그 이전에 체결된 한일 간 제 조약들에 대해 "애초에 성립하지 않았다"는 문구 대신 "1948년부터 무효"라는 일본의 주장에 타협하여 모호하게 "이미 무효"임을 확인한다는 데 합의했던 것이다. 일본에게 '이미'라는 표현은 자신이 제2차 세계대전에서 패하였고, 그 결과 한국이 독립하였기 때문에 한일병합 조약이 폐기된 것임을 의미하는 것이었다. 즉 1910년의 한일병합 조약은 합법적인 것이었으나 전쟁의 패배로 인해 어쩔 수 없이 무효화되었다는 뜻이었다. 한일 양국은 합의 자체의 현실적 필요성 때문에 서로가 양보할 수 없는 사안에 대해 해석의 여지를 일부러 남겨두어 각자가 국내정치적으로 유리하게 활용할 수 있도록 묵시적으로 합의한 것이었다.

박정희 정부가 1965년 계엄령까지 동원해서 맺은 한일기본조약에는 청구권과 관련된 부속협정이 있었는데 그 주요 내용은 일본이 한국에게 3억 달러에 상당하는 "일본의 생산물과 일본인의 용역"을 10년 이내에 분할 무상공여(배상금이 아니다) 한다는 것이었다(제1조). 일본은 3억 달러 무상 공여를 대외적으로는 과거사 청산용이라고 주장했고, 자국민에게는 경제협력 자금이라고 홍보했다. 추가적 2억 달러는 차관이었다. 한국과 일본은 부속협정 제2조 1항에 "(개인 법인을 포함한 일체의 재산, 권리 및 이익, 그리고 청구권 등에 관한 문제가) 완전히 그리고 '최종적'으로 해결된다는 것을 확인한다"는 조항을 넣었다.[26] 일본이 이 문구를 포함시킨 이유는 제11차 수석대표회담 일본 측 대표의 발언에서 드러났다. 일본 측은 "한일 간의 제 문제의 전면적 해결의 방침" 아래 재산 및 청구권 문제의 완전하고도 최종적인 해결을 목표로 했음은 제11차 수석대표회담에서 일본 측이 "일본 정부로서는 협정 체결 이후에 청구권에 관련된 법적 문제가 다시 제기되고 또한 재판 문제 같은 것이 발생하지 않도록 하기 위하여 문제점을 사전에 명백히 하고 넘어가려는"것이라고 밝혔다.[27] 아이러니하게도 2015년 12월 박근혜 정부의 한일 외무장관 "일본군 위안부" 합의에도 "최종적"이며 "불가역적"이라는 문구가 포함되었다.

베트남전쟁, 박정희, 그리고 김일성

1. 한국군의 베트남 파병

1965년 1월 26일 대한민국 국회는 일부 의원들(야당인 민정당 소속 30명)이 퇴장한 가운데 106 대 11, 기권 8로 정부가 제출한 '월남 공화국지원을 위한 국군부대의 해외 추가파견에 관한 동의안'을 가결시켰고 대통령 박정희는 담화문을 통해 "우리나라가 월남자유투쟁에 참여하는 것은, 적게는 우리의 국가안전과 적극적인 반공투쟁을 강화하는 길이며, 크게는 자유세계의 대공방위전선을 정비/강화하고, 자유에 봉사하며 평화에 기여하는 영예로운 일"이라고 말했다. 한국은 1964년 9월 22일 군사원조단 140명(의료부대, 태권도 교관)을 파월하였는데, 이제 본격적으로 베트남전에 개입하기로 결정한 것이었다. 1965년 2월 비둘기부대 제1진 500명을 시작으로 9

월 25일엔 맹호부대(육군 수도사단), 10월 9일엔 청룡부대(해병 제2사단), 1966년 9월 5일엔 백마부대(육군 제9사단)가 베트남에 도착했다.

박정희 정부가 베트남에 파병하기로 한 데는 국내외적 배경이 있었다. 국내적 배경을 보자면 1963년 대통령 선거가 중요하게 작용했다. 박정희는 미국의 압박으로 선거를 할 수밖에 없었지만,[1] 쿠데타 이후 비밀리에 조직되고 1961년 6월 정식으로 설립된 중앙정보부[2]가 암약했음에도 불구하고 그야말로 간발의 차이로 승리할 수 있었다. 그 차이는 한국 대선 역사상 1위와 2위 간 득표차 중 최소인 15만 표였다. 이에 긴장하게 된 박정희와 그의 정치참모들은 이전 두 정권이 경제 부진으로 몰락했다는 점을 감안하여 반공과 함께 경제발전을 국시로 내세웠다. 그러나 문제는 한국의 경제가 미국의 원조에 의존하고 있는 상태에서 케네디 정부는 이를 감축했고, 그를 승계한 존슨 정부는 베트남전 개입에 따라 대한원조액 축소 및 주한미군 감군을 발표했다는 데 있었다. 요컨대 박정희는 쿠데타로 인한 국내정치적 불확실성, 경제 침체, 미국의 원조 감액 및 주한미군 감축으로 인해 상당한 압박감을 느끼고 있었다. 그는 미국을 도와 파병한다면 국내적 문제 해결에 도움이 될 것으로 보았다.

한편 국외적 배경을 보자면 프랑스가 철수하면서 발생한 인도차이나에서의 권력공백을 도미노 이론에 따라 자신이 메꾸기로 결정한 미국은 시간이 갈수록 늪에 빠져들어갔고 급기야 1964년 5월에는 '더 많은 국기 캠페인(More Flags Campaing)'의 일환으로 한국을 포함한 25개국 정부에 베트남전 지원을 요청하게 되었다. 미국은 4월 이후 동남아조약기구(SEATO) 각료이사회와 북대서양조약기구

(NATO) 15개국 각료이사회를 통해 국제경찰군의 지원을 공작, 설득했다. 그러나 프랑스 등의 반대로 이 계획이 좌절되자, 미국 단독으로 25개국 정부에 지원 요청을 하게 된 것이었다. 그러나 호응한 국가는 태국, 오스트레일리아, 뉴질랜드, 그리고 한국뿐이었다. 존슨 정부는 1964년 8월 통킹만 사건 이후 기회를 보다가 1965년 2월 베트남민족해방전선의 게릴라들(베트콩)이 플레이꾸(Pleiku)의 미군 헬리콥터 시설(Camp Holloway) 등을 기습공격하자 3월 2일 '플레이꾸에 대한 보복' 차원에서, 그리고 확전의 길목에서 잠정적으로 방향을 잡은 듯, 북베트남의 전략시설을 항공기로 장기간 지속적으로 타격하는 '뇌성(雷聲, Rolling Thunder, 롤링썬더) 작전'을 실시하였다. 그리고 미국은 같은 달 해병 제9원정여단을 다낭에 상륙시켰다. 이는 베트남에 파견된 최초의 미군 전투부대였다. 이로써 베트남전은 대규모 전쟁으로 확대되었고, 미국은 동맹국이나 우방국의 지원을 더욱 필요로 하게 되었다.

사실 한국은 1954년부터 한국군의 베트남전 참전을 미국에 제의한 바 있었다. 그러나 아이젠하워 대통령은 디엔비엔푸(Dien Bien Phu; 북베트남군에 의한 프랑스군의 참패) 사태에도 불구하고 이승만 대통령의 제안을 받아들이지 않았다. 아이젠하워는 북진통일론자인 이승만이 한국이 1개 사단을 베트남에 파병할테니 미국은 한국의 5개 사단 창설을 지원해달라고 하자[3] 그가 증강된 군사력으로 북한을 공격할 가능성을 우려했고, 또한 "미군은 한국 방어를 위해 한국 내에 주둔하고 있는데 한국군은 베트남을 방어하기 위해 한국을 떠난다"는 이상한 논리가 미국 국내정치에서 역화와 반발을 일으킬 가능성을 의식하였던 것이다. 이승만에 이어 박정희도 1961년 11월 미국을 방문했을 때 케네디 대통령에게 미국의 요청이 있으면 파병하겠다고 제안하였다. 케네디 역시 한국 대통령의 제안을 "아직은 괜찮다"며 정중하게 거절하였다. 그는 베트남 전황이 한국군을 필요로 할 정도로 악화되지 않을 것이라고 보았다. 그러나 박정희는 1962년 미국에게는 알리지 않고 파병 가능성을 타진하기 위해 조사팀을 남베트남에 파견하였다.[4] 1964년 박정희는 케네디 암살 후 대통령직을 승계한 린든 존슨(Lyndon Johnson)에게 2개 사단 파병을 제안했다. 존슨은 비전투병 파견에 동의하였다. 그러나 1965년, 앞서 언급했듯이, 존슨이 베트남전을 확대하면서 정치/군사적 상황이 급변하자 미국은 동맹국의 군사적 지원을 절실히 필요하게 되었고, 박정희가 그러한 필요를 충족시키겠다고 나섰던 것이다. 그렇게 해서 1965년 말 전투부대인 맹호부대, 청룡부대, 백마부대 등이 앞다퉈 베트남에 상륙하게 되었다.

미군은 한국군들에 대해 작전통제권을 행사하려 하였다. 그것이 전술/전략상 필요하기도 했지만, 한국 내 한국군에 대해서도 이미 미군 장성인 UN군 사령관이 작전통제권을 행사하고 있었기 때문이다. 그러나 한국은 파병군이 용병으로 인식될 수 있다며 우려했고, 미국의 제안에 난색을 표하였다. 결국 한국군은 한국군 사령관이 직접 작전통제하지만, 자유세계군사원조정책위원회(Free World Military Asistance Council)의 정책지침을 따르는 선에서 문제가 정리되었다.[5]

한국군은 상당한 전과를 냈다. 그러나 중대한 부작용도 있었다. 베트남 공산군의 구정 공세가 시작된 지 2주가 채 되지 않은 상태에서 한국군에 의한 베트남 민간인 학살로 추정되는 사건이 일어났던 것이다. 1969년 12월 12일 미 국무장관은 주베트남 미국대사관에 전문을 보내 한국군이 1968년 2월 12일 남베트남 양민을 학살했다는 주장이 있다며 이를 조사해야 할 필요성을 제기하였다. 1969년 12월 23일 미 육군의 감사관(Inspector General)은 미 제3해병상륙군 사령부가 작성한 1968년 2월 18일 자 보고서를 참고하여 육군 참모총장에게 이 사건의 전모를 담은 보고서를 제출하였다. 이 보고서의 내용은 다음과 같았다:[6]

이 보고서의 목적은 한국 해병에 의해 저질러졌다고 주장(alleged)되는 전시악행(atrocities) 중 첫 번째에 대해 총장에게 전모를 알리는 데 있음. 한국 해병을 동행한 미 해병과 태평양함대 소속 병사들의 진술 및 랜드(RAND) 연구소의 보고서에 따르면,

퐁니 마을의 주민들은 3개의 그룹으로 나뉘어 집결된 후 사살된 것으로 보임. 희생자들은 비무장 민간인들로서 대다수는 살려달라고 애원한 여성과 아이들이었음. 많은 희생자들은 사살되기 전 칼에 찔렸음. 한 젊은 여인은 가슴이 도려내져 있었음. 퐁니와 퐁넛에서 69명의 민간인이 사살되었음. 퐁니 마을은 불타고 파괴되었음. 한국 해병의 행위는 사전에 계획된 작전(planned operation)이었음. 한국 해병은 사후 인위적으로 사건 은폐를 시도하였음.

한국 해병 2여단 1대대의 행정장교는 이 사건 이후 지역지휘관(District Chief)을 방문하여 생존자들과 사상자들의 친척들을 위무하기 위해 사과(sorry)하고, 마을 주민들을 위해 쌀 30포대를 두고 떠났

음. 한국 해병은 2여단 1대대 1중대가 퐁넛 지역에서 작전 중 11:05, 15:30에 소총 사격을 받았고 1명의 경미한 부상자(friendly Wound-ed In Action)가 발생하였다고 진술하였음.

미 해병대원들의 진술의 정확성은 확신할 수는 없으나 아래의 사항은 정확한 것으로 인정될 수 있다고 판단됨.
- 한국군은 소총과 대포로 사격하였음.
- 한국 해병 중대는 민간인 사상자가 발생한 지역에서 작전을 수행했으며, 중요한 사안으로서, 이 부대는 당일 밤 내내 퐁니 마을 북쪽 600m의 지역에 머물렀음.
- 한 미국 해병대원은 이 사건에 대해 누설하지 말라는 경고를 받았고, 이에 한국 해병 2여단에 배속된 미 해병 연락부대는 무엇인가 잘못되었음(something was amiss)을 직감하였음.

주베트남 미군사령부의 해니펜(T. J. Hanifen) 대령이 미 대사관의 피커링(Laurence Pickering) 작전협력관에 보낸 1969년 12월 28일 자 전문에 따르면, 한국 해병 2여단장 김연상 준장은 지역지휘관에게 "자신은 이 사건에 대해 면밀히 조사하였고, 그에 따라, 사상자는 베트콩의 포사격으로 인해 발생하였다고 판단한다"고 통보하였다. 이 전문에 따르면, 주베트남 미군사령관 웨스트모어랜드 장군은 1968년 4월 29일 주베트남 한국군 사령관 채명신 장군에게 다음과 같은 내용의 전문을 발송하였다:

미국은 제네바협정의 서명국으로서 전쟁범죄 행위가 발생했다고 추정되는 경우 조사에 임해야 하기 때문에 사령관인 본인은 모든 미군에 대한 이와 같은 상시명령을 수행해야 하는 입장임. 미 제3해병상륙부대(III Marine Amphibious Force)는 1968년 2월 12일 퐁니와 퐁넛 제2마을에서 발생한 것으로 추정되는 사건을 조사하였음. 미군은 이 조사를 진행하면서 한국이 제네바 협정 서명국이므로 한국에게 이 문제를 알리고 조사를 이관하는 것이 합리적이라 판단하였고, 미군은 조사를 중단하였음. 이 문제가 가지는 함의의 중대성을 고려할 때 본관은 한국이 이 사건에 대해 조사하고 그 결과를 통보해줄 것을 요청하는 바임.

채명신 사령관은 1968년 6월 4일 "한국 해병 중대는 퐁니 마을에는 결코 들어가지 않았고," "학살은 이를 기획하고 무자비하게 수행한 공산군의 소행"이라고 답하였다. 1969년 12월 23일 자 미 육군 감사관의 보고서는 채명신 사령관의 답신에 대해 의문을 제기하였다. 첫 번째는 그 내용이 미 해병, 태평양함대 병사들, 남베트남 군무원들의 진술 및 증언과 괴리가 있다는 것이고, 둘째는 한국 해병 중대의 이동 경로와 시간에 대해 매우 모호하게 기술하고 있다는 것이었다. 특히 이 보고서는 채 사령관이 부대이동을 기술하면서 한국군의 조사보고서 이외의 자료를 사용한 것이 틀림없어 보인다고 평가하면서, 그 근거로서 채 장군은 부대가 어떤 방향으로 이동했는지에 대해 구체적으로 밝히고 있지 못하다고 지적하였다.

한국은 베트남전에 파병함으로써 박정희가 의도하고 예상했듯이 상당한 경제적 이익을 획득할 수 있었다. 1950년 도산 직전까지 갔던 일본의 주요 제조기업들이 한국전쟁을 통해 회생하였듯이 한국 기업들도 이른바 "베트남전 특수(特需)"를 누릴 수 있었던 것이다. 한국의 '베트남전 수입'은 해외수입의 40%를 상회한 적도 있었다. 한국은 이렇게 마련된 자금으로 수출주도산업화 등을 목표로 하는 경제개발5개년계획을 성공시킬 수 있었다. 1964년-1973년 기간 동안 한국의 수출액은 4배, GDP는 3배 증가하였다. 박정희 정부와 일부 한국인들은 한국이 미국을 도와 자유세계를 지키기 위해 목숨을 걸었다며 자부심을 느꼈다. 그러나 일부 베트남인들은 한국이 제국주의 미국을 도와 베트남의 자주 독립을 방해하였다고 생각했다.

2. 베트남전쟁과 북한

한국은 대규모 파병으로 베트남전에 개입하였지만, 북한은 지상군은 파견하지 않았고(호치민이 북한의 제안을 수용하지 않았다), 일정량의 군수물자, 군사장비, 경제원조 등을 제공했고, 첩보요원(한국군 능력 파악), 심리전요원(포로 심문) 및 87명의 공군 조종사들을 파견하였다. 이러한 지원은 당시 북한의 물질능력을 감안하면 북한이 성의를 다한 것이었다. 김일성은 또한 '북베트남 동무들'의 의로운 반제국주의 민족해방 투쟁을 격려하는, 물질적 지원으로 표현되지 않는, 강력한 연대와 지지의 메시지를 전달하였다. 북한이 북베트남을 도와 베트남전에 적극적으로 개입하려 했다는 사실은 한국이나 미국의 입장에서 간과할 수 없는 중요한 정치적, 군사적, 전략적 함의를 가진다. 현재까지 공개된 자료에 따르면 북한이 베트남전에 개입한 동기와 의지는 네 가지 정도로 요약될 수 있다.

첫째, 북한의 김일성은 '사회주의 국제주의(Socialist internation-alism)' 노선을 고양하기 위한 수단으로 '사회주의 북베트남 지원'을 실천하고자 했다. 그는 1956년부터 본격화된 소련과 중국 간의 이념분쟁을 비판하며 사회주의권의 단결을 호소하면서 북한의 북베트남 지원을 사회주의 국제주의 노선의 시범 케이스로 삼고자 했다. 김일성의 국제주의는 1958년 11월 28일~12월 2일간의 북베트남 방문 기간에 극적으로 표명되었다. 그는 하노이에서 열린 한 군중대회에서 "베트남 통일 만세, 조선반도 통일 만세, 사회주의 만세, 세계 평화 만세"를 외쳤고, 베트남 군중들은 열광적인 박수와 환호로 그의 노선에 동의하였다.

　1965년 3월 27일 자 『로동신문』은 김일성의 국제주의 노선과 관련한 대문짝만한 헤드라인을 담았다: "조선인민은 베트남 인민을 위해 무기를 포함해 모든 종류의 지원을 아끼지 않을 것이다. 요청이 온다면 인민지원군도 파견할 것이다." 이 헤드라인은 정부의 공식 발표문에 기초한 것이었다.[7] 이것은 김일성이 외국에게 군사지원을 공개적으로 제의한 첫 번째 경우였다. 『로동신문』은 "원베(북베트남을 돕기 위한)" 인민지원군을 모집하는 기사를 거의 한 달 동안이나 실었다. 이는 중국공산당이 항미원조 전쟁에 보내기 위해 인민지원군을 모집하던 것과 매우 유사한 방식이자 기법이었다. 마오쩌둥이 한국전쟁을 이용해 자신의 영구혁명론을 정당화했듯이 김일성은 자신의 국제주의 노선을 정당화하기 위해 베트남전쟁을 활용한 셈이었다.

　1965년 여름 김일성은 평양을 방문한 북베트남 부수상이자 정치국원인 레타인 응이(Le Thanh Nghi)를 만난 자리에서 "우리는 베트남을 지원할 자세가 되어 있으며, 이는 공화국에게 큰 부담이 되지 않는다"며 "설사 공화국의 경제계획에 차질이 빚어진다 해도 베트남이 미제를 구축하도록 최선을 다하겠다"고 말했다.[8] 김일성의 약속은 실제로 이뤄졌다. 평양 주재 동독대사는 "조선민주주의인민공화국 정부는 북베트남에 자금을 송금하기 위해 공화국 노동자들의 임금에서 1,000원을 제하였다"고 본국에 전했다.[9] 레타인 응이는 김일성과의 면담 후 "조선민주주의인민공화국의 지도자들은 매우 정직하고 개방적이었다; 그들은 우리와 전적으로 의견을 같이했다; 그들의 지원 의지는 매우 분명했고, 정직했으며, 이타적이었다"고 북베트남 지도부에 보고했다.[10]

　이 맥락에서 주목할 만한 것은 1965년 7월 16일 체결된 북한의 대 북베트남 경제 및 기술 지원에 대한 양국 간 협정이다. 북베트남 정부의 수상 팜 반 동(Pham Van Dong)은 김일성에게 보낸 지원 요청 문서에서 북베트남은 미국의 전쟁 확대로 인해 사회주의 건설을 하면서 동시에 미국과 싸워야 하는 절박한 상황이라 군사적·경제적 요구가 급격히 늘었으며, 따라서, 북베트남은 이를 타개하기 위해 최대한 노력하는 한편 사회주의국가들의 지원을 요청하게 되었다고 말하면서, 그는 특히 특히 북한이 과거부터 현재까지 조국통일 사업에서 항상 북베트남을 정신적, 물질적으로 지지해 왔다고 강조하였다. 북베트남이 북한에 요청한 물자를 금액으로 산정하면 8백만 루블이었다.[11] 그런데 김일성은 북베트남이 요청한 사항들을 대다수 수용했을 뿐 아니라 요청한 금액보다 4백만 루블을 더 지원했다.

　김일성은 1965년 10월 10일 조선로동당 창건 스무돐에 즈음하

여 행한 연설에서 다음과 같이 사회주의 국제주의 노선의 의미를
부각하였다:

"웰남 인민은 자기 조국의 완전한 해방과 독립을 위하여 영용하
게 싸우고 있을 뿐 아니라 사회주의 진영을 보위하여, 아세아와 세
계 평화를 위하여 피흘려 싸우고 있습니다. 우리는 미제국주의자들
의 침략을 반대하고 웰남 인민을 지원하는 데서 힘을 합쳐야 할 것
입니다. 이것은 국제적 반제전선을 강화하고 싸우는 웰남 인민에게
더욱 큰 힘을 줄 것이며 나아가서는 우리 대열의 진정한 통일단결
의 길을 열어 놓을 것입니다."[12]

북한은 사회주의 양대세력의 이기주의에 문제를 제기했다. 김일
성은 1966년 당대표자대회에서 베트남전쟁의 중요성을 지적하면서
당시 북베트남에 대한 사회주의 진영의 지원이 미비하다고 비판했
다. 그는 북베트남을 지원하는 데 있어 사회주의국가들의 '의견 상
이'가 존재했고, '기회주의적 립장'과 '민족이기주의'가 팽배했다고
비난하였는데, 이는 소련과 중국 모두를 겨냥한 것이었다.[13]

둘째, 이와 같은 김일성의 사회주의 국제주의 노선에는 '사회주
의 동무들'을 위한 순수 이념적, 혁명적 측면도 있었지만, 북한의 북
베트남 지원이 공화국의 안보이익을 증진시킬 수 있다는 전략적 고
려도 있었다. 북한이 사회주의 북베트남을 지원해야 한반도에서 만
일의 사태가 발생할 경우 사회주의국가들에게 도움을 요청할 수 있
는 권리가 생길 것이기 때문이다. 1965년 7월 레타인 응이와의 회
담에서 김일성은 사회주의국가들의 베트남 문제에 대한 태도는 사

회주의국가들의 한반도 문제에 대한 태도가 될 것이고, 따라서 북한은 사회주의국가들의 베트남에 대한 태도에 큰 관심을 가지고 있다고 말했다.[14] 즉 북한은 베트남 문제에 대한 사회주의국가들의 태도는 한반도 문제에 대한 태도와 지원에 결정적 영향을 준다고 인식했던 것이다. 그는 모범을 보이기 위해 적극적으로 북베트남 지원에 나섰고, 사회주의국가들도 일치단결하여 동참할 것을 호소하였다. 따라서 그는 베트남 지원에 관한 중국과 소련의 불화는 북베트남뿐 아니라 자신의 문제이기도 하다고 생각했다.

또 하나의 전략적 고려가 있었다. 이른바 인도차이나의 도미노가 자신과 북한을 향해 역행할 수 있다는 김일성의 우려였다. 도미노 이론은 미국의 트루먼 및 아이젠하워 정부가 공산주의 팽창을 저지하기 위해 사용한 전략적 은유로서 자유진영의 한 국가가 초동대처를 못하여 공산침략에 무너지면 공산진영의 강화된 힘에 의해 이웃국가들이 차례로 무너지게 된다는 경고를 담고 있었다. 미국이 베트남전에 개입하고 확전을 불사한 이유도 도미노 이론과 관련이 있었다. 미국은 남베트남이 무너지면 인도차이나 반도 전체, 그리고 태국, 말레이시아, 인도네시아, 필리핀이 위협받게 되며, 이것이 방치되면 일본과 한국, 나아가 서태평양 전체가 공산진영의 위협에 노출될 것으로 보았다. 김일성은 아이러니하게도 역도미노 가능성을 우려했다. 즉 그는 북베트남이라는 도미노가 무너져 그 여파가 북한에게까지 미칠 것을 걱정했던 것이다. 1967년 5월에 작성된 소련의 외교 문건에 따르면 "조선의 동지들은 베트남전이 자신들에게 어떤 파장을 낳을 것인지에 대해 골몰하고 있다… 조선은 자신의 안보, 미제의 전아시아에 걸친 확전 가능성, 남조선에서의 혁명의 전망이 베트남전이 어떻게 되느냐에 크게 달려 있다고 생각하고 있었다."[15] 이러한 소련의 관찰은 타당한 측면이 있었다. 김일성은 중국에 "미국이 베트남에서 패배하면 그것은 아시아에서 미제의 종말의 시작"이라고 말한 바 있었다. 그는 1965년 8월 중국의 우호사절단에게 "미제가 베트남에서 패배하면 아시아 전체에서 축출될 것이며, 우리는 베트남전쟁이 우리의 전쟁인 것처럼 생각하고 베트남을 지원하고 있다. 베트남이 요청하면 우리는 자체의 경제발전계획에 차질이 생긴다 해도 그들의 필요를 충족시켜주기 위해 노력할 것이다"라고 말했다.[16]

김일성은 북베트남이라는 도미노가 무너지지 않게 하기 위해 북베트남을 적극 지원하는 동시에 북베트남의 적들의 전쟁수행능력을 저해하고 전략적 관심을 분산시키려는 노력도 병행하였다. 소위 한반도의 '1968년 안보위기'는 그러한 맥락에서 발생하였다. '1968 안보위기'는 1.21사태와 푸에블로호 나포 등 1968년에 한반도에서 발생한 북한의 일련의 무력도발을 총칭한다. 북한은 1월 박정희 대통령을 살해하기 위해 유격대원 31명을 남파하였다.[17] 이 제124군 부대는 1967년 4월 조선인민군 총참모부 정찰국이 대남적화전략의 일환으로 조직한 것이었다. 이 유격대원들은 대부분 사살되었으나 유격대원 김신조는 생포되었고 1명은 탈출하여 월북하였다. 1.21사태는 결과적으로 한국의 반공의식과 국가안보 최우선주의를 강화하는 등 국내 정치에 엄청난 파장을 야기했고, 박정희는 보복 차원에서 김일성 암살을 목적으로 북파공작부대를 창설했는데 이 중 하나가 공군 산하에 조직된 제684부대였다. 이들은 후일 '실미도사건'의 주체가 된다. 이 외에도 한국은 북한의 비정규전에 대비하기 위해 1968년 4월 1일 향토예비군을 창설했고, 고등학교와 대학교에서 교련 교육을 실시하게 되었다. 이러한 조치들은 1.21청와대 습격 사건이 한국의 안보불안감을 극적으로 격화시킨 결과였다. 김일성이 역도미노를 막기 위해 무력도발을 감행했다면 그는 소기의 목적을 달성했다. 안보위협에 직면한 한국은 추가 파병을 하지 못했다.

김일성은 또한 미국이 베트남전에 힘을 증강/투사하는 시도를 방해하였다. 북한은 1.21청와대 습격사건 이틀 뒤인 1월 23일 원산항 앞 공해 상에서 작전 중이던 미해군 정보수집함 푸에블로호(USS Pueblo)를 초계정 4척과 미그기 2대로 위협하며 나포하였던 것이다. 미국은 일전을 불사한다는 의지를 보여주기 위해 항공모함 엔터프라이즈호와 제7함대의 구축함 2척을 출동시켜 무력시위를 벌였다. 그러나 베트남과 한반도에서의 동시적 전쟁을 원하지 않았던 미국은 군사조치가 북한의 전략에 말려드는 것이라고 판단하고[18] 승조원의 송환을 위해 푸에블로호의 북한 영해침범을 시인·사과하는 요지의 승무원석방 문서에 서명하였다.

미국은 청와대 습격과 푸에블로호 나포 등 북한의 무력도발의 동기는 베트남전쟁과 연관되어 있다고 판단했다. 당시 CIA 국장은 푸에블로호 사건 발생 직후 북한의 동기에 대해 한국군이 베트남에 가는 것을 방해하고, 미국의 베트남전 수행을 방해하기 위한 것이라고 정리하였다.[19] 이러한 판단은 푸에블로호 사건 직후인 1968년 1월 30일 남베트남에서 공산군에 의한 '구정공세'[20]가 시작되자 설득력이 있어 보였다. 북베트남의 『인민군대신문』에 따르면, "베트남 인민들은 구정공세와 같은 최근의 남베트남 혁명에서의 승리로 아주 기쁜 분위기와 함께 조선에서 미국의 새로운 실패로 만족한 감정을 감추지 못하고 있으며, 미국을 엄히 징계한 조선인민군의 의견과 완전히 동의하고 있고, 또한 "항미공동전선에서의 조선과 베트남 형제국의 전공 및 승리는 서로 응원하고 연결하는 효과가 있다"고 평가하였다.[21] 그러나 푸에블로호 나포와 구정공세가 거의 동시에 발생했으므로 이것들이 북한과 북베트남의 공동모의에 의한 것이라 단정할 수는 없다. 북베트남은 푸에블로호 사건이 종결되자 그에 대한 관심을 표명하기보다는 오히려 북한의 동기를 의심하며 냉담한 태도를 취했기 때문이다. 당시 평양에 주재하던 루마니아 대사에 따르면, 민족해방전선과 북베트남 외교관들은 북한이 "전망도 없이, 적절한 혁명적 근거도 없는 우발적 행동(푸에블로호 사건)"으로 국제 여론의 관심을 끌어 동 시기 일어난 베트남전의 영향력을 약화시켰다"고 불평하였다.[22] 따라서 북한의 행동은 북베트남과의 긴밀한 공동작전계획이 아닌 북한의 독립적인 판단에 따라 이뤄진 것이라고 보는 것이 더 타당해 보인다. 그러나 김일성의 행동이 결과적으로는 북베트남의 이익을 저해했을 수는 있으나 그가 북베트남의 이해관계를 무시하고 자신의 이기적 목적을 달성하기 위해 "제2의 한국전쟁"을 위한 분위기를 탐색/조성하려 했다거나, 그가 북베트남을 지원하기보다는 오히려 국제적 관심이 베트남으로 향하는 것을 막고, 자신에게 집중되도록 하기 위해 도발했다는 식의 주장은 그의 사회주의, 국제주의 노선과 열정적인 지지/원조를 고려할 때 설득력이 높다 할 수 없다.[23] 그의 의도는 도미노가 북한 쪽으로 역행하지 못하도록 하는 데 있었다고 보는 것이 더 타당해 보인다.

한편, 당시 한국 정부는 북한의 무력도발을 김일성이 "남조선을 해방하기 위한", 즉 "적화통일"을 위한 조건 형성 차원에서 이뤄진 것이라고 해석하였다. 북한은 1960년대 산업생산, 농업생산, 1인당 GDP에서 한국을 능가하고 있었다.[24] 1.21청와대 습격을 시도하다 생포된 김신조에 따르면 "1968년은 힘의 관점에서 보면 북남관계에서 하나의 분기점이었다. 당시 북한은 남한에 비하자면 경제적으로 군사적으로 최고점에 달했었다."[25] 이러한 상태에서 한국의 주력부대가 해외에 파병되어 군사력의 공백이 생겼으니 북한이 이를 급격히 채우도록 하는 유인이 발생한 셈이었고, 특히 북한의 재침 방지를 위한 억지력으로서의 주한미군도 베트남에서 현재 진행중인 본국의 전쟁에 하시라도 동원될 수 있는 가능성이 있어 북한이 적화통일을 위한 적기라고 판단할 수도 있었다.

김일성은 정치적 조건도 성숙했다고 보았을 공산이 크다. 사실, 북한은 남조선의 인민들이 베트남전 동원에 대해 불만이 크다고 판단했다. 특히 당시 한국의 정치 상황은 이른바 6.3사태로 인해 불안정성이 극으로 치닫고 있어 북한의 이러한 기대 섞인 판단을 고무하였다. 주한미국대사관은 1964년의 한일협정 반대 시위는 1960년의 4.19 이후 가장 큰 반정부 데모로서 이로 인해 박정희 정권이 붕괴할 수도 있다고 보았다.[26] 김일성은 '베트남식 민족해방전쟁'을 위한 토양이 한국 내에서 마련되고 있다고 생각했다. 북베트남의 호치민은 1960년 남베트남의 공산주의/민족주의 게릴라군을 지도하고 남베트남 정권의 전복을 목표로 하는 정치조직인 '베트남남부민족해방전선(NLF)'을 설립하였다. 공산주의/민족주의자들 모두를 포함하는 이른바 항프랑스 우산조직인 베트민(베트남독립동맹)이 북베트남에서 성공을 거두자 이를 남부에 적용하려는 시도였다. 김일성은 한국 내에서 베트남 식 민족해방을 위한 내외적 조건이 성숙했다고 판단했다. 그는 1965년 4월 한 강연에서 "남조선혁명은 결국 남조선인민의 혁명세력으로서의 성장과 그 결정적인 투쟁에 의해서만 승리를 쟁취할 수 있다"고 역설하였다. 또한 그는 1966년 10월 열린 제2차 '조선로동당 대표자회'에서 "현재 단계에서 조선로동당의 가장 큰 임무는 조국통일 및 전국적인 혁명의 승리"에 있다고 강조했다. 당시 남베트남의 정치는 잦은 쿠데타와 민생고로 극히 불안정했고, NLF는 이 틈을 이용하여 활발히 움직이고 있었다. 김일성은 이를 벤치마킹하려 했다. 그가 보기에 1965년 남베트남 전 영토의 5분의 4와 1천만 명 이상의 주민들이 이미 NLF의 기치 하에 "해방"되었는데, 이러한 "승리"는 북한에게 거대한 고무적 모범이 되는 것이었다.[27] 김일성은 1965년 10월 10일 조선로동당 창건 스무돌 경축대회에서 베트남의 유격전쟁 경험을 배워야 한다고 말했다: "우리는 또한 다른 나라들의 혁명전쟁경험에서 배워야 하며 특히 지금 벌어지고 있는 웰남인민의 해방전쟁과 아프리카, 라틴아메리카 나라들의 혁명적 유격전쟁의 경험들을 잘 배워야 하겠습니다."[28] 실제로 이 시기에 북한의 지령과 자금을 받은 '통일혁명당'이 지하에서 조직되었다. 조직원 모두가 '조선혁명'을 목적으로 활동한 것은 아닐 수 있어도 김종태 등 핵심세력은 북한과의 교감이나 지원 속에서 반정부, 반미, 반체제적 저항 운동을 전개하고자 했다.[29]

요컨대, 북한의 북베트남 지원이나 개입은 '미국의 세계전략적 시각'과 '한국의 한반도 안보적 시각'으로 일정 정도 설명될 수 있다. 김일성의 의사결정 과정에 사회주의 국제주의와 역도미노 가능성이 크게 자리잡고 있었고, 또한 취약해졌다고 판단된 한국의 정치적, 군사적 조건을 과감하게 이용해야 한다는 모험주의적 자기강박이 있었기 때문이다. 물론, 전기한 바와 같이, 김일성이 북베트남의 이해관계를 무시하고 자신의 독자적인 이익을 관철하려 했던 것은 아니라고 사료된다.

여기서 중요한 것은 양 시각이 충돌하거나 대안적인 관계에 있는 것은 아니라는 점이다. 김일성과 북한의 입장에서 보면 양자는 충돌하지 않고 오히려 상보적인 관계에 있었다. 그는 자신의 베트남 개입 전략이 "소아병적" 중소분쟁을 비웃는 세계적 혁명가로서의 위엄과 권위를 자신에게 부여할 뿐 아니라, 미제가 북한으로 손을 뻗치는 역도미노 현상을 막을 수 있는 동시에 한반도의 세력균형을 북한에 유리하게 변화시킬 수 있고, 나아가 한국 국내정치의 불안정성을 이용하여 회심을 일격을 가할 수 있게 만들어주는 양수겸장책(兩手兼將策)이라고 생각했을 것이다. 다시 말해, 북한의 지원으로 북베트남이라는 도미노가 무너지지 않으면 미국이 자신을 공격할 수 있는 가능성이 줄어들 뿐 아니라, 미국과 한국이 베트남에서 힘을 소진하여 정작 한국 방어를 위한 양국의 군사력이 약화될 것임을 의미하는 것으로 북한이 한국에 대해 베트남의 NLF식 공세를 취할 수 있는 기회의 공간이 넓어짐을 뜻하는 것이었다.

북한이 베트남전에 개입한 세 번째 이유는 적화통일을 시도하려 할 때 필수적인 조치로서 한국군의 전투능력을 직접 평가하고, 나아가, 북한군으로 하여금 실전 경험을 쌓게 하려는 의도와 관련이 있었다. 이러한 추론을 정당화하는 증거로서 북한을 방문한 NLF의 응우옌 롱(Nguyen Long) 대표단장이 평양 주재 루마니아 외교관에게

한 말을 들 수 있다:

　　"남베트남에서 활동하고 있는 북한인들의 수는 상당하다. 그들
　　은 남한군의 작전지역에서 활동한다. 그들의 전술, 기술, 전투태세,
　　사기 등을 정탐하고, 그들로부터 얻은 정보를 남한사람들에 대한 선
　　전전에 사용하기 위해서이다. 북한은 더 많은 인원을 남베트남에 보
　　내고 싶어하지만 북한인들과 베트콩 간의 언어장벽이 소통을 방해
　　하고 있다."[30]

　북한은 제3세계에서 남한의 이미지를 실추시키기 위해 한국군
의 호전성을 부각시키고자 했다. 실제로 북한은 아프리카 국가들에
게 남한이 베트남에 파병한 이유는 3차대전을 일으키기 위한 것이
라고 선전하였다.[31] 그러나 북한에게 더 중요한 것은 베트남전이 한
반도에서의 전면전 없이 남한군의 역량을 파악/평가할 수 있는 기
회를 제공해준다는 점이었다. 베트남전은 북한의 군과 정보조직을
위한 유용한 리트머스 테스트 역할을 하였다.[32]

　네 번째 이유는, 아마도 김일성에게 가장 중요한 것으로서, 북한
의 국내정치와 관련이 있었다. 김일성은 베트남전과 북한의 개입을
북한 인민의 불만 해소와 자신의 권력 강화를 위한 선전수단으로
사용하였다. "국기 중심 단결 효과(rally around the flag effect)" 또는
안보결집 효과를 보려 한 것이었다. 사람들은 전쟁과 같은 실존적
위기가 발생하면 극도의 두려움에 빠지고 국가지도자와 자신의 상
황을 동일시하는 경향이 있다. 그렇게 되면 다른 이슈는 묻히고 불
만이나 비판의 목소리는 잦아들게 된다. 뉴스는 온통 전쟁 이야기뿐

인 상태에서 사람들은 안정을 추구하게 되고 현재의 권력(자)을 지지/응원하게 되는 것이다. 김일성의 국내정치적 책략은 1946년 2월 스탈린의 볼쇼이 극장(Bolshoi Theatre) 연설을 연상시켰다. 당시 스탈린은 소련 인민들에게 공포심을 불러일으켜 불만을 잠재우고 자신의 정책목표를 달성하고자 했다. 그는 2월 볼쇼이 극장에 모인 자신의 지역구 유권자들에게 소련이 강력한 물리력을 확보하고 있어야 제국주의 전쟁이 소련으로 이전되는 것을 막을 수 있다고 역설했다. 그는 소련이 약진에 의해 후진국에서 선진국으로, 농업국에서 공업국으로 탈바꿈했으며 미래의 위협에 대처하기 위해서는 또 한번의 약진이 필수적이라 말하였다. 스탈린이 말하는 약진은 소련 인민이 적군(赤軍)의 방위력 증대를 위해 다시 한번 총동원됨을 의미하였다. 이는 일반 소련 인민들에게는 큰 실망감과 좌절감을 가져다주었다. 지난 두 차례의 5개년경제개발계획 기간 동안 소련 인민 대다수는 극도의 긴장 속에서 국가재건과 방위력 증대를 위해 장시간의 노동에 시달리며 개인의 삶을 희생하였다. 그리고 전쟁에서 승리했다. 그러니 퇴역군인들이나 일반인들은, 스탈린이 1941년에 그리고 1945년 5월에 약속했듯이, 이제 전후 안정적 생활을 어느 정도 즐길 수 있을 것으로 생각했다. 그런데 스탈린은 1946년 2월 태도를 돌변하여 소련 인민들에게 다시 새로운 힘든 과제를 부과한 것이었다. 스탈린은 미국의 핵위협에 대처하기 위해 비용이 많이 드는 핵무기와 미사일 개발 프로젝트를 시작하려 했고, 따라서 인민들은 더 많이 일하여 더 많이 생산하여만 했다. 스탈린은 인민에게 핵무기, 미사일이 필요하니 더 일해야 한다고 말할 수는 없었다. 이 프로그램은 당연히 비밀 프로젝트였기 때문이다. 따라서 그는 인민의 희

생을 정당화할 수 있는 다른 이유를 필요로 하였던 것이다.[33]

김일성과 스탈린이 같은 이유로 공포심을 악용한 것은 물론 아니다. 그러나 그들이 자신의 목적을 위해 인민들의 공포심을 자극했다는 점은 매우 유사하다. 스탈린은 핵개발을 위한 비밀프로젝트를 염두에 두고 있었지만 김일성은 자신의 권력을 공고히 하기 위해 전쟁 위기의식을 확산시켜 인민들을 겁박한 것이었다. 보다 구체적으로, 김일성은 경제문제 등 북한 인민의 국내적 불만을 잠재우고 자신에 대한 충성심을 강화하기 위해 인민이 국가영도자인 자신을 중심으로 단결하지 않으면 "미제에 의해 도륙되는 베트남인들 꼴이 될 것"이라는 공포심을 부추긴 것이었다.[34]

1965년 5월 평양 주재 체코슬로바키아 대사는 베트남전이 북한 인민을 동원하고 국내문제에 대한 그들의 관심을 다른 곳으로 돌리고, 북한에서 김일성의 절대적 권위와 권력을 공고히 하는 데 크게 기여했다고 말했다. 그는 북한과 북베트남이 긴밀히 협력하던 기간 동안의 북한의 국내 사정을 언급하면서 "작업목표 달성을 위한 노력동원이라는 이슈는 묻히고, 모든 주목은 외교안보정책 문제, 전투준비태세, 아시아/아프리카 인민들의 단결이라는 이슈로 수렴되었다"고 북한 주재 동유럽국가 대사들에게 말했다. 그는 이러한 국가주도의 캠페인의 목적은 인민들의 관심을 난국에 빠진 경제로부터 외교안보 문제로 돌리는 데 있었으며, 전반적인 국내적 어려움에 따른 불만과 비판을 전쟁위기의식을 증가시킴으로써 무마/회피하는 데 있었다고 분석하였다.[35] 1965년 6월 평양 주재 동독 대사관의 문건에 따르면, 당시 "북한 인민들 사이에는 전쟁 노이로제가 점증하고 있었다. 예를 들어, 인민들은 전쟁이 임박했다며 탁자나 옷장 같은 것을 사면 안 된다며 지인들에게 충고하였다.[36] 북한 정부는 베트남전을 북한 사회에 공포심을 주입하는 수단으로 사용하였다. 이러한 공포심은 인민들로 하여금 자신들을 미제의 침략으로부터 보호하는 '경애하는 지도자 동지'를 중심으로 결속하도록 만들었다." 김일성의 아래와 같은 훈시는 스탈린의 1946년 2월 연설과 매우 닮았다. 그는 미제가 조국을 침략할 것이라는 공포심을 인민들 사이에 유포하고, 나아가, 조국을 지키기 위해서는 북한이 군사적으로 준비가 되어야 하므로 어려운 상황에서도 인민들은 모두 단결하여 자신의 전시 국방정책과 정치적 지도노선을 충실히 따라야 한다고 말했다:

조성된 정세에서 우리는 사회주의경제건설을 계속 추진시키면서 이와 병행하여 국방 건설을 더욱 강력히 진행하여야 하겠습니다. 우리의 방위력을 철벽같이 다져야 하며 원쑤들의 임의의 불의의 침공에 대처할 수 있도록 만단의 준비를 하여야 합니다. 물론 이렇게 하자면 많은 인적 및 물적 자원을 국방에 돌려야 할 것이며 이것은 우리 나라의 경제 발전을 일정하게 지연시키지 않을 수 없을 것입니다. 그러나 우리는 인민경제의 발전 속도를 좀 조절하더라도 조국 보위의 완벽을 기하기 위하여 응당 국방력을 강화하는 데 더 큰 힘을 돌려야 합니다.[37]

김일성은 1962년 조선로동당 중앙위원회 제4기 5차 전원회의에서 채택된 바 있는 '전군 간부화, 전군 현대화, 전민 무장화, 전국 요새화'의 4대 군사노선을 1960년대 중반부터 속도를 붙였고, 군사비도 크게 증액하였다. 그는 이러한 전시 정치구도 하에서 북한에 병영국가를 성립하였고, 1967년부터는 자신 중심의 유일지도체계를 확립해 나갔다. 북한 인민과 사회는 광범한 개인숭배 캠페인 속으로 빠져들어 갔다.[38] 그러한 대인민 캠페인이 유효한 만큼이나 베트남 전과 북한의 개입은 김일성의 권력 공고화와 확대에 유효하였다.

김일성은 북한군의 파병을 여러 차례 호치민에게 제의하였다. 그러나 호치민은 김일성의 지상군 파병 제안을 정중히 거절했다. 북한이 한국처럼 대규모 전투병을 파견하게 되면 미국이 자극을 받을 것이라고 우려한 때문이었다. 중국도 호치민에게 미국이 전쟁을 확대할 수 있는 빌미를 제공하지 말 것을 당부하고 있었다. 나아가, 호치민은 그렇지 않아도 국제화되어 가던 민족해방전쟁이 더욱 국제화되어 자신과 베트남의 명분인 독립과 자율성이 침해될 수 있다는 생각도 가지고 있었다. 그러나 호치민은 1965년 가을 북한으로부터 상당량의 건설 장비와 물자, 운송수단 등을 중국 철도를 이용하여 수용하였다.[39] 1966년 9월 북베트남은 공군을 파견하겠다는 북한의 제안을 수용하였다. 베트남 인민군의 공식 자료에 따르면, "북한의 제안은 조종사들은 중대 단위로 조직되어 베트남 공군의 연대의 일원으로 편성될 것이고, 베트남 군복을 입을 것이고, 베트남 공군의 활주로를 공동으로 사용하게 될 것"이라고 명시하였다.[40] 북한과 북베트남은 양국 간에 체결된 협정에서 "북한은 1966년 가을 베트남 공군의 미그17기 중대에서 복무하게 될 충분한 기술인력을 파견할 것"이며, "1966년 말에는 미그17기 중대의 항공기를 조종할 추가적 인원을 파견할 것"이고, "베트남이 충분한 항공기를 확보할 경우 공화국은 미그21기 중대에 소속될 기술인력을 1967년 추가적으로 파견할 것"이라고 명기하였다.[41] 87명의 북한 조종사들을 1967년-1969년초까지 전투를 수행하였다. 그중 14명이 전투 중 사망하였고, 박장(Bac Giang) 성의 묘역에 묻혔다.

북한의 베트남전 개입과 관련한 정보는 극히 제한적이다. 이는 북한의 베트남전 참전에 관한 정보 부족 때문일 수 있다. 시간이 지나 베트남이 더 많은 정보를 공개할 경우 북한의 개입 정도와 양국 간 협력의 범위가 더 정확히 파악될 수 있을 것이다. 그러나 정보 부족의 가능성 외에 북한이 수행한 역할 자체가 미미했을 가능성도 배제할 수는 없다.[42] 이러한 판단의 신뢰성은 북한의 개입 의지와는 별도로 북베트남이 북한의 지원을 원하지 않아 "김일성의 파병계획"이 불발되었을 가능성과 연관이 있을 수 있다. 따라서, 북한의 북베트남 지원 관련 정보가 거의 없다는 것은 정보가 공개되지 않았기 때문이라기보다는 북한이 이 전쟁에서 별 역할을 하지 않았다는 점을 말해주는 방증이 될 수도 있다. 두 가지 가능성이 상존하고 있지만 시간과 베트남 당국의 문서 공개 의지가 의문과 궁금증을 풀어줄 수 있을 것이다.

3. 베트남전쟁과 닉슨독트린, 그리고 한반도의 봄과 그 퇴행

1965년 대북베트남 융단폭격 등 확전에도 불구하고 미국의 입장에서 베트남전쟁의 전황은 더욱 악화되고 터널의 끝이 보이지 않았다. 이런 상태에서 자신의 정치적 기반 내에서도 불만과 저항이 노골화되자 존슨 대통령은 1968년 3월 대통령 후보 선출을 위한 민주당 경선에서 사퇴하였다. 베트남전에서의 "명예로운 철수(honorable retreat, peace with honor)"를 주요 공약으로 내세운 리처드 닉슨(Richard Nixon)은 1969년 1월 대통령에 취임하면서 출구를 모색하였다. 이러한 맥락에서 닉슨은 1969년 7월 25일 "베트남전의 베트남화"를 담은 이른바 '닉슨 독트린'을 공개하였다. 물론 닉슨의 조치는 그의 독창적인 작품은 아니었다. 존슨 정부 안보팀의 일부와 비둘기파 의원들에 의해 이러한 실용주의 노선이 논의된 바 있고, 1968년 대선 때 이미 이슈화된 것이었다.[43] 그러나 닉슨은 대통령이자 최고사령관으로서 중대 결정을 내린 것이었다.

닉슨 독트린의 핵심은 미국이 공산주의와 투쟁하는 세계의 우방들에게 군사적, 경제적 원조는 제공하지만 베트남전 식의 지상군 투입은 하지 않겠다는 내용이었다. 다시 말해, 미국은 이제 투쟁하는 당사국이 지상군을 자체 조달하고, 자신은 공군력과 군사 장비 및 교육, 경제 및 기술 지원 등을 통해 해당국의 안보를 돕겠다는 선언이었던 것이다. 주베트남 미군의 철수는 이미 1969년 6월부터 시작되었다. 반전여론이 격화되자 닉슨 정부는 1969년 12월 징병제를 추첨제로 바꾸었고, 철군도 속도를 내었다. 미국은 1971년 봄까지 베트남에 파병된 미군 50만 명 중 30만 명을 감축했다. 주한미군도 감축 대상이었다. 이때 한국은 1.21사태를 비롯한 울진·삼척 지구 무장공비 침투, 미 정보함 푸에블로호 피랍, 미 정찰기 EC-121기 피격, 국립묘지 현충문 폭파 등 북한의 노골적인 무력 도발로 준전시 상태에 있었기 때문에 주한미군 감축 소식은 불안한 국민들을 더욱 당혹하게 했다. 따라서 박정희 정부는 국군 현대화와 적절한 전력

증강이 이루어지지 않은 상태에서 미군 감축은 수용할 수 없다고 이를 강력히 반대했다. 그러나 닉슨 정부는 7월 초, 주한미군 감축 계획을 우리 정부에 통고했고 이미 비밀리에 감군을 진행시키고 있었기 때문에 물러서지 않았다. 주한미군 감축 협상은 결국 1971년 2월 6일, 한국군 현대화와 장기적 군원 제공, 주한미군 2만 명 감축과 휴전선 방위 한국 전담, 무력 침공 공동 대처, 연례안보협의회의 개최 등을 골자로 하는 공동 성명으로 마무리되었다. 이로써 동두천에 주둔하고 있던 주한미군의 중추인 제7사단 20,000여 명은 1971년 3월 27일 24년간의 한국 주둔을 끝내고 본국으로 철수했다. 주한미군 규모는 63,000명에서 43,000명으로 감축되었다.

닉슨은 자신의 베트남 전략을 구상할 때, 그리고 그 결과물인 닉슨 독트린을 추진하면서 자신과 미국의 목표가 미중관계의 미래에 이중으로 연동되어 있음을 확인하고 베트남 전략을 미국의 세계 차원의 국가안보전략의 일부로 다루게 되었다. 즉 미국은 '명예로운 철수'라는 목표를 달성하기 위해 교전 중인 북베트남의 협조를 필요로 하였고, 북베트남을 움직이려면 막대한 규모로 북베트남을 원조하던 중국과의 관계개선이 필요했다. 그렇게 되면 중국이 북베트남에 대한 군사·경제 원조를 줄이고, 파리평화협상에서 더 타협적으로 나오도록 압박하는 것이 가능해지기 때문이었다. 이것 못지않게 중요한 것은 당시 중소분쟁이 극으로 치닫고 있었기 때문에 미국이 중국과의 관계를 개선하면 미중소의 전략적 삼각관계에서 우위를 점함으로써 대소련 영향력도 증가하게 될 것이었다. 키신저의 말을 빌리자면, 미국은 "중소 양국을 예의주시하면서 '마오타이'를 계속 갖고 있으면서 '보드카'를 동시에 즐길 수 있을 것"이었다.[44] 사실 1950년대 열혈반공투사였던 닉슨은 이미 실용주의 전략가로 탈바꿈한 상태였다. 그가 자신의 안보철학적 전향을 공식화한 시점은 그가 『외교문제(*Foreign Affairs*)』에 "베트남전 후 아시아(Asia After Viet Nam)"라는 글을 게재한 1967년 10월이었다.[45] 여기서 그는 아시아의 반공주의 동맹국들에 대한 지원을 강조하고, 중국과의 관계정상화에 대해서는 반대입장을 분명히 했지만, 다른 한편, "미국은 오랫동안 중국을 국제사회 밖에 고립시켜 환상을 배양하고 증오에 이를 갈고 이웃국가들을 위협하도록 내버려둘 수는 없다. 이 작은 지구 상에 잠재적으로 가장 유능한 10억의 사람들이 '적대적 고립(angry isolation)' 속에 살아야 하는 공간은 없다"며 당시 공화당 지도자로서는 매우 전향적인 철학적 전환을 선언하였다. 닉슨은 1969년 1월 20일 대통령 취임사에도 "미국은 강대국 국민이든 약소국 국민이든 "적대적 고립" 속에서 살지 않도록 진정으로 개방적인 세계를 추구할 것"이라며 중국을 겨냥한 유화적이고 포용적인 메시지를 담았다. 마오는 위의 글들을 읽고 저우언라이에게 미국의 대중국 외교노선이 변할 조짐이 보인다고 말했다. 마오는 닉슨의 취임사 전문을 번역하여 『런민러바오(人民日報)』와 『홍치(紅旗)』에 게재하도록 하였다. 물론 신문 기사의 모든 내용은 제국주의 미국에 대한 비난 일색이었지만, 미국 대통령 취임사 전문을 당기관지에 게재토록 한 것은 특기할 만한 일이었다. 어쨌든 이제 닉슨 독트린은 '베트남전의 베트남화'를 넘어 세계 차원의 고도의 전략적 사고를 담게 되었고, 미국은 미중관계정상화를 상위 목표로 설정하고 이를 용이하게 할 수 있는 다각적인 외교조치를 동원하게 되었다.

닉슨 정부는 닉슨독트린에 따른 주한미군 철수를 현실화하기 위해 남북대화라는 가시적 긴장완화 조치를 필요로 하였다. 미국은 1971년 7월 키신저의 베이징 비밀방문 직후엔 미중대화를 위한 분위기 조성 차원에서 한국에게 북한과의 대화를 요청했다. 박정희는 급변하는 국제정세에 당황했지만 결국 미국의 요구에 따를 수밖에 없었다. 1971년 9월 이산가족 문제를 논의하기 위한 남북적십자 예비회담이 열렸다. 분단 이후 최초로 성사된 공식적인 남북대화였다. 제2의 한국전쟁이 우려되던 1968년의 상황에서 3년밖에 지나지 않은 시점이었다. 사실 닉슨 정부는 1969년부터 한국 정부가 공산권과 북한에 대해 좀더 유연하고 전향적인 정책을 수립할 것을 촉구하였다. 1971년 초 주한미국대사 포터는 "만약 한국 정부가 충분한 반응을 보이지 않을 경우, 미국은 직접 긴장완화의 가능성을 실현하기 위해 독자적인 조치를 취할 것이라고 한국 정부에 통보할 것을 제안한다"는 의견을 개진하였다. 여기서 후자의 조치는 "우리(미국)와 북한 사이의 비밀회담을 암시하는 것이 될 것이다."[46]

한편 닉슨 독트린과 미국의 새로운 대중정책에 따른 남북대화는 1972년 7.4공동성명으로 결실을 보았다. 남과 북은 평양에서 통일원칙에 대해 다음과 같이 합의를 보았다:

1. 쌍방은 다음과 같은 조국통일원칙에 합의를 보았다. 첫째, 통일은 외세에 의존하거나 외세의 간섭을 받음이 없이 자주적으로 해결해야 한다. 둘째, 통일은 서로 상대방을 반대하는 무력행사에 의거하지 않고 평화적 방법으로 실현하여야 한다. 셋째, 사상과 이념, 제도의 차이를 초월하여 우선 하나의 민족으로서 민족적 대단결을 도모하여야 한다.

2. 쌍방은 남북 사이의 긴장상태를 완화하고 신뢰의 분위기를 조성하기 위하여 서로 상대방을 중상비방하지 않으며 크고 작은 것을 막론하고 무장도발을 하지 않으며 불의의 군사적 충돌사건을 방지하기 위한 적극적인 조치를 취하기로 합의하였다.

3. 쌍방은 끊어졌던 민족적 연계를 회복하며 서로의 이해를 증진시키고 자주적 평화통일을 촉진시키기 위하여 남북 사이에 다방면적인 제반 교류를 실시하기로 합의하였다.

4. 쌍방은 지금 온 민족의 거대한 기대 속에 진행되고 있는 남북 적십자회담이 하루빨리 성사되도록 적극 협조하는 데 합의하였다.

5. 쌍방은 돌발적인 군사사고를 방지하고 남북한 사이에 제기되는 문제들을 직접, 신속 정확히 처리하기 위하여 서울과 평양 사이에 상설 직통전화를 놓기로 합의하였다.

6. 쌍방은 이러한 합의사항을 추진시킴과 함께 남북 사이의 제반 문제를 개선 해결하며 또 합의된 조국통일원칙에 기초하여 나라의 통일 문제를 해결할 목적으로 이후락 부장과 김영주 부장을 공동위원장으로 하는 남북조절위원회를 구성 운영하기로 합의하였다.

남과 북은 한반도 긴장완화에서 공동의 이익을 간파한 미국과 중국의 요청과 호소에 따라 잠정적으로 대화를 시작하였고 일정한 결실을 맺었지만 자신들의 이념적 의지와 국내정치적 이익에 반하는 이러한 노정에 지속적으로 동행할 수는 없었다. 남과 북은 1972년 10월 12일 개최된 남북조절위원회 제1차 회의에서부터 충돌했다. 게다가 1973년 8월 8일 '김대중 납치사건'이 발생했다. 중앙정보부가 일본에 체류하던 야당 정치인 김대중을 비밀리에 한국으로 압송하기 위해 벌인 사건이었다. 북한은 회의를 거듭하면서 남한이 받아들일 수 없는 사안을 들고 긴장을 조성하다가 이 사건이 발생하자 '김대중 납치 사건'의 주범인 남북조절위원회 서울 측 공동위원장이자 중앙정보부장인 이후락의 교체를 요구했고, 남북한 UN동시가입을 포함하고 있던 한국의 '6.23 외교정책선언'의 취소, 반공법과 국가보안법의 폐지, 복역중인 간첩들의 석방을 요구하였다. 남과 북은 대화가 진전할 수 없음을 알게 되었다. 사실 박정희는 남북대화에 할 수 없이 임했지만 국민들의 기대와 열망과는 달리 큰 의미를 부여하지 않았다. 2017년 7월 2일에 비밀해제된 CIA의 1급기밀 대통령 보고문건에 따르면, 박정희는 7.4남북공동성명을 남북관계의 개선이나 한반도 긴장완화, 나아가 평화적 통일을 위한 수단으로 생각하지 않았다. 그는 "하비브(Philip Habib) 주한 미국 대사와의 면담에서 이후락 부장을 다시 북한에 보낼 일은 없을 것이며, 공동성명을 통해 설치된 남북조절위원회는 고위급이 배제된 실무진 위주로 구성될 것이고, 그 기능도 남북적십자대화 지원과 비무장지대(DMZ) 충돌 방지 등에 머물 것이라는 점을 분명히 했다."[47] 다른 CIA 1급 기밀문건에 따르면, "김일성은 남북 간의 군사, 정치 문제를 토의하기 위해 박정희와의 정상회담을 공개적으로 제안"했으나, "박정희는 이것이 주한미군 철수와 UN사 해체를 염두에 둔 북한의 술책으로 판단"하고 응하지 않았다. CIA는 "박정희가 남북대화와 정상회담에 큰 미련을 갖고 있지 않은 이유가 거기에 있지만, 못지않게 중요한 것은 북한을 적대적 주체로 보는 그의 대북관에 있으며, 그의 정책의 초점은 북한의 위협에 대응하는 "공격적인 방어(militant defense)"에 맞춰져 있다고 판단하였다."[48]

박정희 대통령은 "강제된 남북대화"에 앞서 1971년 12월 6일 국가비상사태를 선포하면서 국가안보를 최우선시하고, 일체의 사회불안을 용납하지 않으며, 최악의 경우 국민의 자유의 일부도 유보할 결의를 가져야 한다는 등 6개항의 특별조치를 발표한 바 있었다. 그는 "최근 중공(중국)의 UN가입을 비롯한 국제정세의 급변과 이의 한반도에 미치는 영향 및 북괴가 남침 준비에 광분하고 있는 양상을 예의주시, 검토해 본 결과 현재 대한민국은 안전보장상 중대한 차원의 시점에 처해 있는 것으로 단정하기에 이르렀다"고 주장했다.

박정희는 장기 집권을 위해 1972년 10월 17일 대통령 특별 선언을 발표하면서 전국에 비상계엄을 선포하였다. 그는 '한국적 민주주의를 토착화 한다'는 명분을 내세워 국회를 해산하고, 정치 활동을 금지하였다. 그는 불과 3주 전 페르디난드 마르코스 필리핀 대통령이 계엄령을 선포하고 기존의 정치체제를 뒤엎었을 때 미국이 가만 있었다는 점을 예의주시하고 있었다. 마르코스와 박정희는 다 같이 미국의 역대 대통령들이 외교 분야에서 말썽이 일어나는 것을 꺼렸던 대선기간을 틈타 권력강화를 기도한 것이었다. 당시 국무부의 아시아통 마셜 그린 차관보에 따르면, '현실주의 외교(Realpolitik)'를 자랑하던 닉슨-키신저의 백악관은 정치적으로 곤란한 베트남 상황에 정신이 팔려 있었다. "그들은 한국 문제에 신경을 쓸 여유가 없었다."『워싱턴포스트』의 오버도퍼(Don Oberdorfer)에 따르면, 박정희는 북한과 협상하려면 국력을 결집할 필요성이 있다고 주장함으로써 자신의 유신체제를 정당화하려 했지만, 유신의 실제 이유는 1971년 제7대 대선에서 95만 표 차이로 김대중 후보를 겨우 이긴데다 5월 총선에서 야당의 약진, 국제정치에서의 긴장 완화, 그리고 장기 집권에 따른 국민의 불만이 강하게 표출되고 있던 데 있었다. 1972년 10월 27일 박정희는 헌법 개정안을 발표했고, 11월 21일 91.9%의 투표율과 91.5%의 찬성률로 유신헌법을 통과시켰다. 유신헌법은 대통령이 국민의 기본권을 유보할 수 있게 했고(긴급조치권), 국회가 대통령을 탄핵할 수 없도록 했으며, 대통령에게 국회해산권을 부여했다. 법관의 임명권도 대통령에게 귀속시켜 사법부도 무력화하였다. 국회의원의 3분의 1도 대통령 간선기구인 통일주체국민회의가 선출하도록 했다. 이들은 1900년 이토 히로부미가 만든 입헌정우회(立憲政友會)를 상기시키는 유신정우회(維新政友會)로 활동하며 박정희 정부를 위한 거수기(擧手機) 역할을 하였다.

주한 미국 대사 하비브는 박정희의 유신에 대해 불간섭 정책을 국무부에 제안했다:

그 같은 정책을 취하는 것은 곧 미국은 앞으로 한국의 정치상황이 어떻게 발전하든 영향력을 행사할 수도 없고 행사하려 해서도 안 된다는 사실을 받아들이는 것이다. 우리는 이미 한국에 대한 개입의 수준을 점진적으로 낮추는 과정에 돌입했다. 이 분리 과정의 속도를 높여야 한다. 우리가 제안하는 정책은 그런 분리 추세와 일관되는 것이며, 박 대통령의 행동이 그 과정에 기여하게 될 것이다.[49]

유신헌법 하에서 절대권력을 가지게 된 박정희는 1971년 대선과 같은 "위험스러운 민주적 절차"를 또 다시 경험하지 않고 영구적으로 집권할 수 있게 되었다. 박정희 정부가 계엄령과 '10월 유신,'

그리고 국민투표 실시 등 일련의 계획을 북한 측에 사전에 고지했을 것인가에 대해 미국 국무부는 상당히 단정적으로 답하고 있다:

어떠한 경우든 평양은 박정희의 국내정치적 움직임에 대해 신중하게 행동했다. 한국정부는 (아마도 미국에게 말하기 전에) 10월 17일 계엄령 발동에 대해 (북한에) 통보하였으며 아마 박정희 자신의 장기집권과 권력강화 전반의 계획에 대해서도 사전에 알렸을 것이다.[50]

박정희가 대한민국 헌정을 중단하고 유신독재체제를 출범하자 김일성도 "밀릴 수 없다"는 듯, 1972년 12월, 1948년에 제정된 '조선민주주의인민공화국 헌법'을 새로운 '사회주의 헌법'으로 대체하였다.[51] 김일성도 기존의 마르크스-레닌주의를 김일성 수령 유일영도체제로 바꾸면서 "통일과 민족적 독립"을 내세웠다. 김일성을 신격화한 이른바 "주체사상"의 '사회주의 헌법'은 결국 사회주의 이념과 대척점에 있는 봉건적 세습주의를 정당화함으로써 북한을 세계역사상 유례가 없는 "사교적(邪敎的)" 절대주의 정치체제로 전락시키는 데 일조하였다. 불과 2개월을 사이에 두고 벌어진 너무나 유사한 남한과 북한 집권자들의 행태는 두 정권의 관계가 '적대적 상호의존' 또는 '적대적 공생'으로 규정되는 주요 계기가 되었다.[52]

4. 박정희의 자주국방론과 핵무기 개발

박정희의 자주국방론은 '1968년 한반도 안보위기'에 대한 한미 양국의 관점 차이에서 비롯되었다. 박정희가 보기에 동맹국의 국가 원수를 암살하기 위해 특공대를 남파한 북한에 대한 미국의 반응은 실망을 넘어 배신감을 갖게 만드는 것이었다. 더구나 미국은 한국의 대북보복을 한사코 말렸고, 한국이 독자행동에 나선다면 협력할 수 없다는 입장을 분명히 하였다. 그러나 1.21사태 며칠 뒤 푸에블로호 피랍 사건이 발생하자 미국은 항공모함과 수백 대의 전투기로 무력시위를 하는 등 적극적으로 대처했다. 박정희는 미국의 자기중심적 태도에 분노했을 뿐 아니라 유사시 미국이 조약상 의무를 이행할지에 대해 의문을 갖게 되었다. 1969년의 닉슨 독트린과 1971년 주한 미군 제7사단 철수 등은 박정희의 대미 불신과 안보불안감을 증폭시켰다. 그는 1972년 10월 초헌법적인 비상조치로서 유신을 선포하고, 다른 한편으로는 "국방의 주체성"을 강조하는 자주국방론을 추진하기 시작했다. 박정희는 방위산업과 중화학공업 육성에 정책적 우선권을 부여했다. 그는 1974년 방위세법을 도입하고 군 전력 증강 사업인 '제1차 전력증강계획'(일명 율곡사업)을 시작했다. 이 사업은 핵무기 및 미사일 개발을 위한 비밀계획을 포함하는 것이었다.

1974년 11월 키신저가 포드(Gerald Ford) 대통령의 동북아시아 순방을 수행할 당시 국무부 정책기획실장 윈스턴 로드(Winston Lord)는 한국의 비밀 핵무기 개발 프로그램에 대한 긴급보고서에 서명하였다.[53] 이 보고서에 따르면,

박정희는 과학자들에게 1977년까지 핵무기를 개발할 것을 지시하였다. 그는 이미 북한의 도발을 응징할 목적으로 장거리 미사일 개발 의지를 표명한 바 있다. 한국은 폐연료봉에서 플루토늄을 추출할 수 있는 화학공장 건설을 위해 프랑스 원전기업과 접촉하였다. 미 정보당국은 한국이 (국제원자력기구, IAEA)핵안전조치협정을 위반하여 핵무기 개발에 나설 경우 1980년까지 핵장치(nuclear device)를 생산할 수 있을 것으로 예상했다. 미국은 한국이 핵무기를 개발하게 되면 미국이 관리하는 핵비확산체제와 동북아 안보 지형에 중대한 악영향을 미칠 것이므로 동맹국들과 초동 대처에 나서야 하며, 한국 정부에 대해 정치적 압력을 가할 필요가 있다.

핵무기개발을 시도한 인물은 박정희가 처음은 아니었다. 이승만 대통령은 1950년대 후반 핵무기프로그램을 포함하는 핵에너지연구 장기계획에 대한 재정투입을 지원하였다.[54] 박정희의 계획은 1971년 말에 구상된 것으로 추정된다. 박정희는 방위산업을 본격적으로 추진하기 위해 1971년 11월 10일 상공부 광공전(鑛工電) 차관보 오원철을 경제 제2수석비서관으로 임명하였다. 이렇게 신설된 경제 제2수석비서관실이 박 대통령의 지시에 따라 핵무기 개발 가능성을 적극적으로 검토하기 시작하였다. 이에 대해 경제 제2수석비서관실의 핵심참모였던 김광모 비서관은 아래와 같이 증언하고 있다:

오 수석에게 들은 얘기입니다. 박 대통령이 경제 2수석실이 만들어진 지 얼마 안 돼 오 수석을 부르더니 "주한미군 철수로 한국의 안보가 대단히 불안해. 미국한테 밤낮 눌려서 안 되겠어. 언제는 도와준다고 했다가 이제 와서는 철군해버리니 언제까지 미국한테 괄시만 받아야 하는지… 이제는 좀 미국의 안보우산에서 벗어나면 좋겠어. 약소국가로서 큰소리 칠 수 있게 뭐 없겠소. 인도와 파키스탄 같은 나라도 큰 소리를 뻥뻥 치고 있는데 말이야. 우리도 핵개발을 할 수 있는 것 아니요"라고 묻더랍니다.[55]

박정희의 '890 프로젝트'는 1974년 가을까지 비밀이 유지되었다. 사실 주한미국대사관은 그 이전부터 한국이 핵무기를 개발하고 있다는 "직감적인 느낌(visceral feeling)"을 갖고 있었다. 1974년 7월 대사관이 국무부에 보낸 전문에 따르면, 보고서 작성자들은 "국방에 관해 한국 정부가 독자성을 강조하고 미국의 방위공약 이행 가능성에 회의를 표하는 것" 등을 종합해볼 때 대다수의 한국 국방 기획자들은 궁극적으로 핵무기를 생산할 수 있는 능력을 확보하고자 하는 의지를 갖고 있다는 결론을 내리게 되었다." 한국과 프랑스 기업 간의 핵시설 구매 협상이 진행되면서 미국의 정보관과 외교관은 구체적 내용을 파악하였고, 1975년 1월 정보보고서는 한국이 핵/미사일 체계 생산 프로그램을 이미 진수했다고 판단하면서 한국은 이 프로그램이 평화적 목적에 따른 것이며 한국도 일본처럼 재처리기술을 확보할 권리를 갖고 있다고 주장한다고 지적하였다. 1975년 3월 미 국무부는 주한 미국대사관에 "한국의 핵개발은 지역 안정에 심각한 부정적 영향을 미칠 것이며 미국의 핵비확산전략에 도전하는 행위"이기 때문에 동맹국들과 협력하고 한국에 대해 정치적 압력을 가해 반드시 막아야 한다는 훈령을 내렸다. 리처드 스나이더(Richard Snyder) 대사는 미국 정부가 이 문제에 대해 "대충"

해서는 안 되고 "직접적이고 강경한 초동대처"에 나서야 한다며 국무부와 입장을 같이 하였다. 박정희는 1975년 6월 12일 『워싱턴포스트』지의 롤런드 에반스와 로버트 노박과의 인터뷰에서 "설사 미군이 한국에서 철수하더라도 한국 국민은 나라를 지키기 위해 끝까지 싸울 것"이라고 다짐하면서 "만약 미국의 핵우산이 철거된다면 한국은 독자적으로 핵무기를 개발할 것이다"라고 말하여 한국의 독자적 핵무기 개발 의지를 최초로 공식 선언하였다. 당시 한국은 프랑스 기업과 폐연료봉에서 플루토늄을 추출하는 화학적 분리 장비(재처리 시설) 도입 문제로 미국과 갈등 중인 상황이었다. 1975년 9월 8일 노신영 외교장관 직무대행은 재처리 시설 도입 계획을 취소하라는 미국의 요구에 항의하면서 "한국이 도입하려는 시설은 연구용이며 일본은 핵확산금지조약(NPT)에 가입하지도 않고 같은 작업을 하고 있다"고 주한 미국대사에게 지적했다.[56] 그는 계약 파기는 프랑스와의 신뢰를 파괴할 것이기 때문이 전혀 "불가능"하다고 강조했다. 스나이더 대사는 이에 대해 "한국은 고리 제2원자로를 위한 미국의 차관을 어렵게 만들고 있으며, 미래의 핵에너지 프로그램 역시 미국의 지지를 받기 어려울지도 모른다"고 경고하였다.

스나이더 대사는 1975년 9월 30일 국무부에 전문을 보내 자신이 한국의 고위관리들을 설득하는 데 어려움을 겪고 있다고 보고했다. 이 전문에 따르면, 한국 관리들은 미국의 요구에 대해 "분명한 거부 의사"를 표명했다. 스나이더는 미국의 조치가 차별적이지 않으며 워싱턴은 미래 협력을 위한 "건설적 당근"을 제안하고 있다고 말했으나 한국 관리들을 설득할 수는 없었다. 한국 관리들은 "일본은 프랑스로부터 훨씬 더 큰 재처리 시설을 구매하고 있는데 미국은 한국만 콕 찍어서 문제를 제기하고 있다며 불만을 표했다.[57] 최형섭 과기처 장관은 미국의 취소 요구는 한국에 대한 불신을 의미한다고 항의했다. 스나이더는 이 전문에서 "신뢰가 핵심 문제"이며 "한국과 일본에 대한 차별대우가 한국인들을 화나게 하고 있다"면서도 미국은 "박 대통령에게 직접 맞서 강력한 영향력을 행사할 필요가 있을을지도 모른다"고 결론 지었다. 1975년 10월 국무부 로버트 잉어졸 (Robert Ingersoll) 부장관은 함병춘 주미 한국대사와의 면담에서 한국의 재처리 시설이 연구용이라는 주장에 대해 그것은 "1년에 20킬로그램의 플루토늄을 생산할 수 있는 능력, 즉 1945년 8월 9일 일본의 나가사키에 투하된 21킬로톤의 핵무기인 '팻맨(Fat Man)' 3개를 생산할 수 있는 능력을 갖는 것으로 연구용이라 할 수 없다"고 말했다.[58] 함 대사가 한국에 대한 미국의 차별적 자세를 지적하자, 국무부 관리들은 "일본이 재처리 시설을 도입할 당시에는 그것의 영향에 대한 연구 결과가 상대적으로 긍정적이었으며, 한반도에 핵재처리시설이 반입된다면 전략적으로 중대한 문제가 유발될 것"이라고 말했다.[59] 1975년 10월 24일 스나이더 대사는 노신영 외교부장관 직무대행을 만나 한국이 핵프로그램을 취소할 수 없다는 입장을 밝힌 데 대해 깊은 실망을 표하며, 한국이 일본과 비교하여 차별대우를 받고 있다는 주장에 대해 "일본은 비무장지대(DMZ)에 놓여 있지 않으며, 미국은 중국, 소련, 북한의 반응을 고려하지 않을 수 없다"고 반박하였다.[60]

한국이 재처리시설 도입을 위한 계약뿐 아니라 원자로 구매 계약까지 시도할 수 있다고 본 키신저의 보좌관들은 문제해결을 위해 몇 가지 대안을 고려하였지만, 국무부가 선호한 대안은 캐나다와 프랑스 정부의 협력을 얻어 계약이 이뤄지지 않도록 하는 것이었다. 이 대안이 실패할 경우 플랜B로서 도입유예(moratorium)가 시도될 수 있을 것이었다. 이 옵션은 박정희의 체면을 살려주는 동시에 미국이 한국과의 협상을 위해 시간을 벌 수 있게 해주는 대안이었다.[61] 필립 하비브 국무부 동아태차관보와 윈스턴 로드 국무부 정책기획실장은 그들이 작성한 메모에서 두 가지 도입유예안 모두가 실패할 경우, 미국은 최소한 사찰과 안전조치 등을 통해 재처리시설에 대한 통제 강화를 추구해야 할 것이라고 적었다. 한국-프랑스 간의 협상에 대한 미국의 우려가 언론을 통해 알려지자 일본 정부가 미 국무부에 설명을 요청하였다.[62] 국무부 정치군사담당 부실장 제임스 굿비(James Goodby)는 캐나다의 역할 등 민감한 이슈는 언급하지 않은 채 한국이 추진하는 프로그램은 연구용이라고 하지만 "군사적 의미를 갖는 능력"을 가진 것이라며 한국-프랑스 간 재처리시설 협상에 대한 미국의 우려를 전달하였다. 굿비는 한국이 일본의 재처리시설을 매우 의식하고 있으며 워싱턴이 자신을 차별하고 있다는 불만을 갖고 있음을 일본이 인지할 필요가 있다고 말했다. 이 이야기를 들은 일본의 외교관은 놀라움을 표시하면서 "한국의 핵무기 개발 가능성은 일본에게는 심각한 문제가 될 것"이라며, 한국-프랑스 간의 협상이 얼마나 걸릴지에 대해 질문하였다. 굿비는 협상은 현재 진행중이라고 답하며 이 문제에 대해 미국과 일본은 진지하게 토론해야 할 필요가 있다고 강조하였다.

프랑스와 캐나다 정부에 대한 미국의 외교적 접근은 효과를 내었다. 프랑스 정부는 "적절한 보상"이 이뤄진다면 한국과의 협상을 중지할 용의가 있다는 입장을 피력했다. 캐나다 정부는 재처리시설

수출에 대해 심각하게 고민해왔으며, 미국의 접근을 강력히 지지한다고 밝혔다. 미국은 양 동맹국들의 협력 하에 한국의 재처리시설 도입 저지에 쐐기를 박기 위해 한국과의 핵협력협정 문안에 대한 해석을 보다 구체화하는 작업에 들어갔다. 주한미국대사관은 국무부에 보낸 1975년 8월 26일 자 전문에서 한국이 미국의 접근에 저항하고 있다는 내용을 담았다. 이 전문에 따르면, 한국 원자력연구소 소장 등은 "약간의 분노"를 표하면서 그들이 재처리기술을 확보하려는 이유는 핵연료가공과 관련하여 핵과학자들을 교육하기 위한 것이며, 재처리실험실은 "생산시설도 파일럿 시설도 아니"라고 말했다. 그들은 한국이 결코 미국을 속이지 않을 것이라고 강조했다. 그들의 일부는 "미국에게 한국의 평화적 핵이용과 관련한 정당한 정책행위를 막을 권리가 있는지에 대해 의문을 제기하였다."[63]

2005년 CIA가 공개한 비밀해제문건에 의하면 박정희는 미국과의 마찰을 우려하여 1976년 1월 프랑스로부터의 재처리기술 구매 협상을 중단시켰다.[64] 그는 1976년 12월 미국의 위협과 압력 하에 핵무기프로그램 폐기를 지시했다. 1976년 초 미국은 한국의 핵에너지프로그램에 대한 지원을 중단하겠다고 엄포를 놓았는데 이것이 '890 프로젝트' 종료에 결정타를 날린 셈이었다.[65] CIA는 1978년 6월 현재 아래와 같은 결론을 내렸다:

- 한국 내 현재 진행 중인 핵무기프로그램이 존재한다는 증거 없음.
- 한국이 우라늄농축능력을 확보하려 한다는 증거 없음.
- 재처리능력 확보를 위한 현재 진행 중인 프로젝트는 존재하지 않음.

- 핵분열성 물질 재고가 존재한다는 증거 없음.
- 핵무기 제조를 위한 작업이 진행 중이라는 증거 없음.[66]

그러나 한국의 핵무기프로그램은 폐기되지 않았다. 카터 정부가 박정희 정권의 인권탄압 등을 이유로 그간 한국 내에 배치되었던 핵무기 및 제2사단 철수를 공언했기 때문이다. 한국의 핵무기프로그램은 전두환에 의해 폐기되었다. 1980년 군사쿠데타로 집권한 전두환은 미국의 로널드 레이건(Ronald Reagan) 정부의 승인과 협조를 절실히 필요로 하였다. 그는 박정희가 핵무기개발을 위해 설립한 핵연료개발공단(Korea Atomic Energy Research Institute)을 한국에너지연구소(Korea Advanced Energy Research Institute)로 개칭하면서 그간 남아 있던 핵무기 및 미사일 개발 프로그램을 폐기처분하였다.[67]

5. 베트남전쟁의 종결과 남북한의 정치변동

1975년 4월 베트남의 공산군은 사이공을 함락시켰고 남베트남 정부는 항복하여 베트남전쟁이 종식되었다. 베트남전쟁은 공산/자유 진영 간의 이념적 투쟁이었을 뿐 아니라 한국과 북한이 진영적, 개별적 이익을 위해 군사적, 비군사적으로 깊이 개입하였으므로 그 종결과정은 양국의 정치과정에 중대한 결과를 남겼다. 한국과 북한은 베트남전쟁의 종식이 자신의 국가적 생존을 위협한다며 위기의식과 안보의식을 국내적으로 고취했고, 양국의 집권자들은 이 과정에서 독재체제를 공고히 할 수 있었다. 1972년 유신체제를 선포한 박정희는 반대세력의 집요한 저항과 도전에 직면하였으나, 절체절명의 생존위기를 극복하기 위해 헌법이 보장하는 국민의 자유와 권리를 잠정적으로 정지하는 긴급조치에 의한 통치가 불가피하다고 국민에게 호소하였다. 청와대 대변인은 인도차이나 정세는 한국의 안보와 직접적인 관련을 갖는 것이므로 한국에게 안보상 위태로운 상황을 조성했다며 그런 위기가 언제 한국에게 비화될지 모르는 급박한 상황이라고 말했다.[68] 그러나 유신헌법상 긴급조치는 아무런 사전적, 사후적 통제 없이 대통령 개인의 자의적 결정에 따라 국민의 기본권에 중대한 침해를 가져올 가능성을 열어두었다는 점에서 국가긴급권의 내재를 일탈하였으며, 실제 총 9차에 걸쳐 발동된 긴급조치 또한 헌법의 일반원칙과 국민의 기본권을 훼손하는 불법적 조치였다.[69] '개헌청원운동'에 대한 탄압조치로 발동된 긴급조치 제1호 및 제2호(1974년 1월 8일)는 헌법에 대한 논의를 전면적으로 금지하고 위반자를 비상군법회의의 재판에 의해 15년 이하의 중형으로 처벌함으로써 국민의 정치적 표현의 자유라는 본질적 내용을 침해하였다. '민청학련 사건'과 그 배후조직으로 지목된 '인혁당 재건위 사건'의 관련자들을 처벌하기 위해 발동된 긴급조치 제4호(1974년 4월 3일) 또한 일체의 반정부적 의사표현과 대학생들의 학내에서의 모든 행위를 금지함으로써 표현의 자유와 학문의 자유를 심각하게 침해하였다. 사회 전 부문에서의 반유신운동이 거세지면서 정권은 강경책을 잇따라 동원하였고 고려대에서 대규모 시위가 발생하자 긴급조치 제7호를 발동하여 학내에 군대를 진주시켰다. 1975년 4월 8일 긴급조치 7호가 선포되던 날 사상 최악의 사법 살인이라 불리는 '인혁당 재건위 사건' 관련자 8명은 유신체제의 대법원에서 사형 확정 판결을 받았고, 바로 그 다음날인 4월 9일 사형에 처해졌다. 긴급조치 9호가 발동된 이유는 아이러니하게도 "붉은 괴수" 김일성의 언동과 관련이 있었다. 김일성은 베트남과 캄보디아가 공산 세력에게 사실상 넘어간 1975년 4월 중국의 초청으로 베이징을 방문하여 남조선해방을 위해 중국의 지원을 요청했으나 중국 지도부는 이를 거부하였다. 그러나 당시 미국의 정보보고에 따르면 중국은 김일성을 "이례적으로 크게 환대하였다."[70] 그는 베이징에서 열린 환영 대회에서 "만일 남조선에서 혁명이 일어난다면 우리는 단일 민족이면서 같은 민족으로서 팔짱을 끼고 있지 않고 남조선 인민을 적극 돕겠다. 만일 적들이 무모하게 전쟁을 일으키면 단호하게 전쟁으로 대답하겠다. 이 전쟁에서 우리가 잃을 것은 군사분계선이요, 얻을 것은 조국의 통일"이라고 기염을 토했다. 한 달 전 2차 땅굴 발견으로 북한의 기습을 현실로 느끼게 된 한국 국민들로서는 그의 말이 단순한 엄포로 들리지 않았다.

박정희는 "크메르, 남베트남이 공산화되어 버리면 김일성도 엉뚱한 짓을 저지를 가능성이 충분히 있으므로 김일성의 중공방문 목적이 무엇인가를 관심 있게 봐야 하며, 김일성이 중공에 가서 무슨 짓을 하려고 하는지는 모르나 6.25 직전에도 스탈린을 방문해 전쟁 장비를 해온 일이 있다"라고 상기시키며,[71] 1975년 김일성의 중국방문이 한국전쟁 직전 김일성이 소련을 방문하여 스탈린의 동의를 구한 것과 유사하다고 강조했다. 박정희는 4월 29일 베트남의 공산화와 관련하여 국가 안보를 강조하는 '시국에 관한 특별담화문'을 발표했고, 베트남 패전 이후 국내에서는 반공/안보궐기대회가 연일 개최되었다. 박정희는 이 특별담화를 통해 "금년은 북한 공산집단이 무모한 불장난을 저지를 가능성이 가장 농후한 해이며, 이제는 북괴의 남침 위협이 있다 없다는 등의 정세분석과 토론을 할 시기는 지났다"며 "전 시민과 정부는 서울을 사수하고 대통령도 시민과 같이 수도를 사수하겠다"고 강조하였다. 박정희는 김일성의 방중 및 베이징 발언과 비무장지대 내에서 발견된 지하 땅굴을 증거로 북한의 남침을 기정사실화한 것이었다. 그러나 실제로 땅굴의 발견은 김일성의 중국 방문 이전에 이뤄졌으며, 전술했듯이, 이미 1972년부터 미국과 관계를 개선하고 있었던 중국이 김일성을 지원할 가능성은 낮았다. 어떻든 1975년 상반기 한국 사회에는 서울을 사수하자는 분위기가 조성되기 시작하면서 정부는 전국에서 안보궐기대회를 열어 학생과 시민을 동원했다. 전국 주요 거리와 관공서 건물에는 '총력안보' 구호가 내걸렸다. 마침내 박정희는 김일성의 공갈(恐喝)이 한 달이 채 안 된 5월 13일 긴급조치의 완결판[72]이라 할 수 있는 긴급조치 9호를 선포했다. 긴급조치 9호는 1979년 10.26까지 4년 6개월간이나 지속되면서 총 800여 명 구속이라는 대기록을 세웠다.

이에 대해 북한은 남조선이 반공의식을 강화하여 북남 간의 대결의식과 적대감을 발광적으로 고취하고 있다고 비난했다. 또한 박정희 정권이 있지도 않은 "남침위협"을 주장하는 것은 북한과 분열하려는 구호이며 전쟁의 구호라고 규탄했다.[73] 북한은 베트남에서의 미국의 실패로 남조선의 전략적 가치가 증대되었고, 미국은 "새전쟁 도발책동"[74]을 하고 있다고 지적했다. 그러나 이는 김일성의 역도미노론과 모순되는 주장이었다. 그는 이전에는 미국이 베트남전에서 승리하면 역도미노 현상이 발생하여 북한의 안보가 위협받을 것이기 때문에 미국의 승리를 막기 위해 열정적으로 북베트남을 지원해야 한다고 주장했었다. 그런데 이제는 미국이 패전했으므로 미국에게 남한이 더욱 중요해졌고 미국이 아시아에서 영향력을 유지하기 위해 남한을 부추겨 북한을 노골적으로 위협하게 되었다고 주장한 것이었다. 따라서 미국이 실패해도, 승리해도 북한에 안보위협이 된다는 주장은 그것이 국내정치적 구호임을 입증하는 것이었다. 그러나 김일성이 역도미노론을 강조할 때 예상하지 못했던 변수가 1974년부터 수면으로 떠오른 것은 의미심장한 사태였다. 북한은 1974년 말부터 미국과 남조선이 핵무기를 도입하여 핵전쟁을 준비하고 있다고 선전하기 시작했고, 1975년에는 선전전을 더욱 강화하였다. 미 제국주의자들이 박정희의 원자로 도입을 적극 지원하고 있고, 핵전쟁을 준비 중이라는 것이었다.[75] 그러나 우리가 위에서 보았듯이 미국은 박정희의 핵개발프로젝트를 적극적으로 방해하였다.

북한은 대미평화공세를 동시에 취하였다. 김일성은 1975년 10월 9일 당 창건 30주년 기념대회에서 "우리는 조선민주주의인민공화국과 미국 사이에 평화협정을 체결해야 합니다. 이는 조선에서 새 전쟁의 위기를 없애고 장기적인 평화의 담보를 마련하기 위한 것입니다. 조선민주주의인민공화국과 미국 사이에 평화협정을 체결해서 미군이 철수한 후, 남북의 군사적 대치상태를 없애기 위한 대책을 마련할 것입니다"라고 강조했다.[76] 사실, 북한은 1963년 9월 국가 창건 15주년 기념보고에서 평화협정을 언급하였고, 1969년 10월 UN비망록에도 남북 간 평화협정 체결을 그 내용에 포함하였다. 이어 1972년에는 김일성이 외신 기자들과의 인터뷰를 통해서 남북평화협정 체결을 주장하였고, 1973년 3월에 개최된 남북조절위원회의 제2차 회의에서 남북평화협정 체결을 제안하였다. 그러나 북한은 1974년부터 평화협정 체결 대상을 전환하여 한국이 아닌 미국에게 평화협정 체결을 제안하기 시작하였고, 이후 북한과 미국 간의 양자 평화협정 체결에 대한 입장을 고수하게 되었다. 박정희는 이미 1975년 6월 25일 '6.25동란 제25주년에 즈음한 특별담화문'을 발표, 북한침략주의자들에게 하루 속히 무력적화통일의 망상을 버리고 전쟁재발의 방지와 세계평화에 기여하기 위해 우리가 제의한 남북 상호불가침협정을 즉각 수락할 것을 거듭 촉구한다"고 밝히고 "비무장지대 내에 구축한 남침용 지하 땅굴을 비롯한 각종 군사시설을 즉시 철거 함으로써 휴전협정을 준수하고 한반도의 평화유지를 성의를 행동으로 표시할 것을 거듭 촉구한다"고 말한 바 있었다.[77] 한국과 북한은 서로의 정치적 정당성과 실체적 의미를 인정하지 않은 채 남과 북으로 구성된 한반도에서의 평화와 통일을 추구한다는 일방적이고 비현실적인 그리고 국내정치적인 구호를 양산하였다.

북방정책과 남북기본합의서

1. 북방정책

1979년 박정희는 자신의 심복 김재규 중앙정보부장에 의해 암살되었다. 권력공백기에 불법으로 정권을 탈취한 전두환이 7년여 동안 재임한 후 1979년 12.12 군사쿠데타의 주역 중 하나였던 노태우는 야권의 분열 속에서 대통령에 당선되었다. 영국 리즈(Leeds) 대학의 포스터-카터(Aidan Foster-Carter)는 그를 "한국판 고르바초프"라고 불렀다. 냉전이 종식되는 시점에 집권한 노태우는 서독 사민당 브란트 정부의 동방정책(Ostpolitik)을 본뜬 북방정책(Nord-politik)을 통해 한국 외교의 지평을 넓히고자 했다. 그는 1988년 2월 25일 취임사에서 북방정책을 정부의 대외정책 기조로 설정하였고, 7월 7일에는 '민족자존과 번영을 위한 특별선언(7.7선언)'을 발표하여 "남북 동포 간의 상호 교류를 적극 추진하고, 해외동포의 자유로운 남북 왕래를 위해 문호를 개방하고, 인도주의적 차원에서 이산가족의 생사·주소 확인, 서신왕래, 상호방문을 적극 주선·지원하며, 남북 교역의 문호를 개방하고 남북 간 교역을 민족 내부의 교역으로 간주하고, 민족경제의 균형 발전을 추구하고, 비군사적 물자에 대해 우방국들이 북한과 교역하는 것을 반대하지 않으며, 남북 간 소모적인 경쟁 및 대결 외교를 지양하고 남북 대표가 국제무대에서 자유롭게 만나 민족 공동이익을 위해 협력하고, 한반도 평화 정착을 위해 북한의 대미·대일 관계개선에 협조할 용의가 있으며, 남한 또한 중·소를 비롯한 사회주의 국가와 관계 개선을 추구하겠다"는 의지를 천명하였다.

7.7선언의 배경에는 전두환 정부 시절 정해진 서울올림픽을 성공적으로 개최하기 위해 공산권의 참여를 유인해야 한다는 필요성이 존재했다. 그러나 국가적 대전략의 차원에서 보면, 노태우 정부는 소련의 해체와 공산권의 몰락이라는 국제정치의 구조적 변동을 목도하면서, 코너에 몰린 북한을 교류협력을 통해 중국의 경우처럼 개혁개방으로 이끌고 그들의 체제를 변화시켜 한반도의 안정과 평화적 통일을 이룬다는 목표를 갖고 북방정책을 추진하고자 하였다. 노태우 정부는 이러한 전략적 목표를 달성하기 위해 북한의 후원자들과의 관계를 개선해서 북한의 변화를 압박한다는 대북고립전술[1]을 중요한 병행전략으로 채택/구사하였다. 노태우 정부가 소련과의 관계를 개선해 나가는 데 있어서 경제적 관계보다는 정치적 관계 개선을 우선시했다는 점은 이와 관련해 시사하는 바가 있다.

노태우 정부의 북방정책은 냉전의 승리에 고무된 미국 레이건 정부의 외교적 자신감과 도취감에 의해 탄력을 받았다. 조지 W. 부시 정부가 2002년 북일정상회담(9.17)과 평양선언(9.18)으로 급변하던 동북아정세를 고농축우라늄프로그램(HEUP)이라는 전략카드로 속도조절에 나선 것과는 달리 임기 말의 레이건 정부는 한국의 독자적인 외교적 이니셔티브를 단속/통제해야 하는 적극적인 이유를 발견하지 못했다.[2] 한국은 당시로서는 획기적인 대북정책을 담은 7.7선언을 발표 이틀 전에 미국에 통보했는데,[3] 이는 노태우 정부가 미국과 깊이 있는 사전 논의를 하지 않았을 가능성을 확인해주는 방증이라 하겠다. 북방정책은 국내정치적 동인도 가지고 있었다. 1988년 2월 출범한 노태우 정부는 7월 국회의원 선거에서 여소야대의 결과가 산출되는 등 정국을 주도하는 데 어려움을 겪고 있었다. 야당과 진보적 지식인들은 이러한 정치구도를 이용하여 대북/통일정책의 대전환을 요구하였다. 노태우 정부는 정치적 반대세력의 탈냉전적 이니셔티브에 대해 '의도적 동의(me too)' 전략으로 선수를 친 것이었다.

노태우는 1989년 대북관계 개선책의 일환으로 9월 11일 국회 본회의에서 특별연설을 통해 7.7선언을 계승한 '한민족공동체통일방안'을 제시하여 한국 정부의 공식적인 탈냉전적 통일방안을 발표하였다. 노태우 정부의 통일방안은 1987년 헌법의 정신을 실천에 옮긴다는 의미를 가지고 있었다. 1987년 개정 헌법은 처음으로 헌법에서 분단 현실을 인정하고 통일은 평화적으로 달성되어야 한다는 원칙을 담았다. 헌법 전문에서는 조국의 평화통일 사명을 천명하였고, 제4조에서 자유민주주의적 기본질서에 입각한 평화적 통일정책의 수립과 추진을 명시했다. 또한 제66조 3항에서는 대통령이 조국의 평화적 통일을 위한 성실한 의무를 진다고 규정하였다. 노태우 정부의 통일방안은 남북 간에 누적된 불신과 대결의식, 이질화 현상을 그대로 둔 채 일시에 통일을 이룩한다는 것은 현실적으로 어렵다는 점을 전제로 하고 있었다. 따라서 완전한 통일을 이룩하려면 남북 간의 교류와 협력을 통해 먼저 민족공동체를 회복 발전시키고, 이를 바탕으로 정치적 통일이 이루어질 수 있는 상태를 만들어 나가야 한다는 것이었다. 주요 내용은 다음과 같다.

① 통일의 원칙으로 자주·평화·민주를 제시하고 통일국가의 미래상으로는 자유·인권·행복이 보장되는 민주국가를 제시한다.
② 통일국가의 수립절차는 남북대화의 추진으로 신뢰회복을 기해 나가는 가운데 남북정상회담을 통해 민족공동체헌장을 채택한다.
③ 남북의 공존공영과 민족사회의 동질화, 민족공동생활권의 형성 등을 추구하는 과도적 통일체제인 남북연합을 건설한다.
④ 통일헌법이 정하는 바에 따라 총선거를 실시하여 통일국회와 통일정부를 구성함으로써 완전한 통일국가인 통일민주공화국을 수립하는 것이다.
⑤ 남북연합단계에서는 민족공동체 헌장에서 합의하는데 따라 남북정상회의·각료회의·평의회·공동사무처 등을 두기로 규정한다.

2. 남북기본합의서

남북한은 1990년 9월 분단사상 최초로 총리를 수석대표로 하는 남북고위급회담을 개최하였고, 1991년 9월 UN에 동시 가입하였으며, 1991년 12월 역사적인 '남북한 사이의 화해와 불가침 교류·협력에 관한 합의서(남북기본합의서)'와 '한반도비핵화에 관한 공동선언'을 채택하였다. 1992년 2월 19일 발효된 남북기본합의서에 따르면, "남과 북은 분단된 조국의 평화적 통일을 염원하는 온 겨레의 뜻에 따라, 7.4남북공동성명에서 천명된 조국통일 3대원칙을 재확인하고, 정치 군사적 대결상태를 해소하여 민족적 화해를 이룩하고, 무력에 의한 침략과 충돌을 막고 긴장 완화와 평화를 보장하며, 다각적인 교류·협력을 실현하여 민족공동의 이익과 번영을 도모하며, 쌍방 사이의 관계가 나라와 나라 사이의 관계가 아닌 통일을 지향하는 과정에서 잠정적으로 형성되는 특수관계라는 것을 인정하고, 평화 통일을 성취하기 위한 공동의 노력을 경주할 것을 다짐하면서, 다음과 같이 합의하였다."

제1조 남과 북은 서로 상대방의 체제를 인정하고 존중한다.

제2조 남과 북은 상대방의 내부문제에 간섭하지 아니한다.

제3조 남과 북은 상대방에 대한 비방·중상을 하지 아니한다.

제4조 남과 북은 상대방을 파괴·전복하려는 일체 행위를 하지 아니한다.

제5조 남과 북은 현정전상태를 남북 사이의 공고한 평화상태로 전환시키기 위하여 공동으로 노력하며 이러한 평화상태가 이룩될 때까지 현군사정전협정을 준수한다.

제9조 남과 북은 상대방에 대하여 무력을 사용하지 않으며 상대방을 무력으로 침략하지 아니한다.

제11조 남과 북의 불가침 경계선과 구역은 1953년 7월 27일자 군사

정전에 관한 협정에 규정된 군사분계선과 지금까지 쌍방이 관할하여 온 구역으로 한다.

제12조 남과 북은 불가침의 이행과 보장을 위하여 이 합의서 발효후 3개월 안에 남북군사공동위원회를 구성·운영한다. 남북군사공동위원회에서는 대규모 부대이동과 군사연습의 통보 및 통제문제, 비무장지대의 평화적 이용문제, 군인사교류 및 정보교환 문제, 대량살상무기와 공격능력의 제거를 비롯한 단계적 군축 실현문제, 검증문제 등 군사적 신뢰조성과 군축을 실현하기 위한 문제를 협의·추진한다.

제13조 남과 북은 우발적인 무력충돌과 그 확대를 방지하기 위하여 쌍방 군사당국자 사이에 직통 전화를 설치·운영한다.

남과 북은 '부속합의서'에서 불가침 경계선 및 구역에 대해 아래와 같이 합의하였다:

제9조 남과 북의 지상불가침 경계선과 구역은 군사정전에 관한 협정에 규정한 군사분계선과 지금까지 쌍방이 관할하여온 구역으로 한다.

제10조 남과 북의 해상불가침 경계선은 앞으로 계속 협의한다. 해상불가침구역은 해상불가침경계선이 확정될 때까지 쌍방이 지금까지 관할하여온 구역으로 한다.

제11조 남과 북의 공중불가침 경계선과 구역은 지상 및 해상불가침 경계선과 관할구역의 상공으로 한다.

또한 남한과 북한은 '남북교류·협력'과 관련하여 다음과 같이 합의했다:

제15조 남과 북은 민족경제의 통일적이며 균형적인 발전과 민족전체의 복리향상을 도모하기 위하여 자원의 공동개발, 민족 내부 교류로서의 물자교류, 합작투자 등 경제교류와 협력을 실시한다

제17조 남과 북은 민족구성원들의 자유로운 왕래와 접촉을 실현한다.

제18조 남과 북은 흩어진 가족·친척들의 자유로운 서신거래와 왕래와 상봉 및 방문을 실시하고 자유의사에 의한 재결합을 실현하며, 기타 인도적으로 해결할 문제에 대한 대책을 강구한다.

제19조 남과 북은 끊어진 철도와 도로를 연결하고 해로, 항로를 개설한다.

남북기본합의서는 '무력 불사용,' '불가침,' '분쟁의 평화적 해결' 등을 약속하고, '불가침의 경계선'을 정전협정에 규정된 군사분계선으로 하기로 합의하고, 또한 비무장지대를 평화적으로 이용하고 군사력을 단계적으로 감축하는 문제도 원칙적으로 합의한바, 현 정전협정을 대체하여 장차 체결될 것으로 기대되는 한반도의 평화협정에 담아야 할 내용의 대강을 이미 포함하고 있는 체계적이고 충실하게 작성된 전향적인 남북 간 합작의 결과라 할 수 있다. 이는 "전두환의 쿠데타 동료에서 민주주의에 적응한 인물"인 노태우가 한반도 거주민들에게 남긴 의미 있는 성과로 간주될 수 있다. 남북기본합의서는 북한의 입장에서 보면 냉전의 종식과 자신의 공산 후

원자들의 몰락에 따라 불가피하게 받아들여야 하는 생존전략의 일환이었을 뿐 아니라, 외교노선이 군사노선에 적어도 잠정적으로 승리했던 북한 국내정치의 한 결과이기도 했다.

1991년 12월 31일 발표된 한반도비핵화에 관한 공동선언의 내용은 다음과 같다:

1. 남과 북은 핵무기의 시험, 제조, 생산, 접수, 보유, 저장, 배비, 사용을 하지 아니한다.
2. 남과 북은 핵에너지를 오직 평화적 목적에만 이용한다.
3. 남과 북은 핵재처리시설과 우라늄 농축시설을 보유하지 아니한다.
4. 남과 북은 한반도의 비핵화를 검증하기 위하여 상대측이 선정하고 쌍방이 합의하는 대상들에 대하여 남북핵통제공동위원회가 규정하는 절차와 방법으로 사찰을 실시한다.
5. 남과 북은 이 공동선언의 이행을 위하여 공동선언이 발효된 후 1개월 안에 남북핵통제공동위원회를 구성, 운영한다.

이 공동선언은 남북기본합의서와 함께 통일로 가는 중요한 두 개의 기둥으로서의 의미를 갖는 것이었다. 이 선언은 북한이 주장해 오던 '한반도 비핵지대화'론에서 주한미군 철수, 미국의 대한 핵우산 제거, 주변국 보장 등 쟁점 부분을 제외함으로써 사실상 북한으로 하여금 '비핵지대화' 방안을 철회시킨 것이었다. 공동선언은 비핵화 검증을 위한 상호동시사찰 등 합의사항의 구체적 실행조치를 남북 핵통제공동위원회에서 협의하도록 하였으며, IAEA와의 핵안정조치협정 서명과 국제핵사찰을 수용케 하는 계기로 작용하였다.

3. NLL과 대통령의 외교

한편, 남북기본합의서의 부속합의서에서 합의된 불가침 경계선
("쌍방이 지금까지 관할하여온 구역", 서해북방한계선, NLL)은 후일 한
국 내에서 정치 논란을 불러일으켰다. 2012년 10월 대선을 목전에
두고 한 정치인이 존재 여부도 확인되지 않았던 '2007 남북정상회
담 회의록'을 거론하며 2007년 남북정상회담 당시 노무현 대통령이
김정일 국방위원장에게 "NLL을 주장하지 않겠다"는 취지의 발언을
했다고 주장하였다. 또 다른 정치인은 12월 14일 부산 유세장에서
노무현 대통령이 김정일 위원장에게 한 말이라며 문건 하나를 낭독
했다:

"국민 여러분, 다음에 제가 드리는 말씀은 전 국민이 현재 최고
의 관심을 갖고 있는 노무현 대통령이 김정일에게 가서 한 굴욕적
발언에 대해서 제가 오늘 대한민국 대표로 이 자리에서 공개하겠습
니다. 노무현 전 대통령이, 만나지 않겠다고 하는 김정일을 억지로
애걸복걸해서 만나서 하는 말이, 대한민국의 대통령으로서는 도저
히 해서는 안 될 말을 했다는 것이 알려져서 그 내용이 무엇인지 전
국민이 궁금해 하고 있습니다. 노무현 대통령이, 대한민국의 노무현
대통령이, 북한의 김정일에게 한 말입니다.

'그동안 외국 정상들의 북측에 대한 얘기가 나왔을 때 나는 북측의 대변인 또는 변호인 노릇을 했고 때로는 얼굴을 붉혔던 일도 있습니다. 남측에서도 군부가 뭘 자꾸 안하려고 해서 이번에 군부가 개편되어서 사고방식이 달라지고 평화협력에 대한 전향적인 태도를 가지고 있습니다. NLL 문제는 국제법적인 근거도 없고 논리적 근거도 분명치 않습니다. 남측에서는 이것을 영토로 주장하는 사람도 있습니다. 헌법 문제라고 주장하는 사람도 있는데 헌법 문제 절대로 아닙니다.'

여러분, 잘 들으셨습니까? 여러분, 지금 제가 말씀드리는 기가 막힌 내용을 대한민국의 대통령 노무현이가 북한의 김정일에게 가서 한 말입니다! 여러분 기가 막히지 않습니까 여러분! 제가 여러분 앞에 이 내용을 낭독한 것은 너무나 북받쳐서 제대로 읽지 못했습니다. 여러분, 대한민국이 이렇게 돼서야 되겠습니까! 이건 막아야 합니다. 대한민국을 구하기 위해서 친북좌파 세력이 이 나라의 정권을 잡는 것을 목숨을 걸고 막아야 합니다 여러분! 감사합니다.

NLL은 정전협정 체결 직후인 1953년 8월30일 한반도 해역에서 남북 간 우발적 충돌 예방을 위해 당시 클라크 UN군사령관에 의해 설정됐다. 1951년 7월10일 이후 2년여간 이어진 정전협상 과정에서 UN군 측과 공산군 측이 지상에서의 군사분계선(Military Demarcation Line, MDL)과는 달리 연해수역에 대해서는 이견을 좁히지 못해 해상경계선 합의에 실패했기 때문이다. 서해상 NLL은 백령도, 대청소, 소청도, 연평도, 우도 등 서해 5개 도서와 북한 지역과의 중간선을 기준으로 한강하구로부터 서북쪽으로 12개의 좌표를 연결해 설정됐다. 비교적 해안선이 단조로운 동해의 NLL은 지상의 MDL 연장선을 기준으로 설정됐다. 따라서 서해상의 NLL은 남북의 영해를 나누는 국경선이 아니다.

국제법적으로는 분쟁수역(disputed water)인 NLL 수역은 1970년대 이후 북한의 잦은 무력화 시도로 긴장 속에 놓여 있었고, 1999년 6월 15일(연평해전)과 2002년 6월 29일(서해교전)에는 북한 경비정이 NLL을 넘어, 남북 해군이 무력충돌하는 일까지 발생했다. NLL에 대한 한국 정부의 입장은 NLL은 정전협정의 안정적 관리를 위해 설정된 선으로 지난 50여 년간 한국이 실효적 지배를 해왔으며 해상군사분계선의 기능과 역할을 해왔기 때문에 남북 간의 '실질적' 해상경계선이라는 것이다. 남북기본합의서 제11조에도 "남과 북의 불가침 경계선과 구역은 1953년 7월 27일 자 군사정전에 관한 협정에 규정된 군사분계선과 지금까지 쌍방이 관할해온 구역으로 한다"고 규정하고 있다. 다만 기본합의서 불가침부속합의서 제10조에서 "남과 북의 해상불가침 경계선은 앞으로도 계속 협의한다"면서도 "해상불가침 구역은 해상불가침 경계선이 확정될 때까지 쌍방이 지금까지 관할해온 구역으로 한다"고 되어 있다. 이에 따라 한국 정부는 남북기본합의서에서 언급된 남북군사공동위가 구성/가동돼 새로운 해상불가침 경계선을 협의/확정하기 전까지는 지금까지 쌍방이 관할해온 구역의 경계선인 NLL이 해상불가침 경계선이라는 입장이다.

만일 북한이 남북기본합의서 체제로 복귀한다면 NLL 문제는 협상의 대상이 된다. 그런데 북한이 역사상 가장 큰 위기 시에 체결한 남북기본합의서 체제로 되돌아올지는 미지수이다. 아울러, 남북기본합의서 체제 하에서 남과 북이 NLL에 관한 협상을 한다 해도 남한 내부에서의 저항과 반발은 이 과정이 순탄치 못할 것을 예고할 뿐 아니라, 경우에 따라서는 한반도 평화체제 구축 과정 자체에 차질을 빚게 할 수도 있을 것이다.

NLL과 관련한 "기가 막힌" 내용이 "너무나 북받쳐서" 노무현을 비난했던 정치인은 2015년 6월 3일 자신의 발언에 대해 사과했다. 그는 노무현 전 대통령이 남북정상회담에서 NLL 관련 발언을 한 것을 비난한 데 대해 "김정일 앞에서 NLL에 훼손이 가는 어떠한 발언도 하면 안 된다는 것이 우리 생각으로, 선거 연설 때 비분강개해서 과하게 비판했던 것을 인정한다"고 말했다.[4]

대통령이 정상회담에서 비공개를 전제로 말한 바가 국내정치적으로 악용된 선례를 남긴 이 사건은 2019년 5월에 유사한 문제를 일으켰다. 한 정치인이 자신의 현직 외교관 지인을 통해 문재인 대통령과 트럼프 대통령의 전화통화 내용을 파악했다며 기자회견을 열었던 것이다. 정상회담에서 오고간 내용을 누설하는 행위는 정치 윤리의 문제와는 별도로 국가이익을 크게 훼손할 뿐 아니라 경우에 따라서는 국가의 생존에까지 지대한 악영향을 줄 수 있는 중대 범죄가 될 수 있다. 외교는 "상대가 내가 원하는 것을 하면서 자신은 자신이 원해서 하는 것이라고 생각하며 행동하게 하는 고도의 심리술"이라 한다면 군통수권자이자 최고외교관인 대통령은 타국의 정상과의 비공개 회담에서 상대를 즐겁게 하는 다소간의 과장이나 그를 심리적으로 강압하는 수사나 엄포를 사용할 수 있는 것이다. 그런데 그러한 외교적 발언이 공개되어 국내정치적으로 악용될 가능성을 그가 인지하고 있다면 그는 국내정치적으로 인기를 얻을 수 있는 포퓰리스트적인 발언을 하게 되고, 상대국의 지도자는 이를 모욕적으로 받아들이거나, 그 또한 포퓰리스트 발언으로 응수하게 되어 결국 정상회담은 막말의 경연장이 되어 외교성과는커녕 회담을 하지 않은 것보다 못한 결과를 초래하게 될 것이다. 정상회담이 국내정치적 이익을 위한 쇼로 전락할 수도 있다. 나아가, 정상회담의 내용이 일방적으로 누설되는 선례가 만들어지면 이는 미래의 회담 상대국의 불신과 경멸을 야기하여 대통령이 아예 외교를 수행할 수 없게 될 수도 있다. 국가를 대표하는 최고외교관의 입지를 자국의 국민이 선제적으로 잠식하여 협상력을 떨어뜨릴 뿐 아니라, 타국 정상이 정상 간 정상적인 비스니스에 진지하게 임하지 않을 수도 있는 것이다. 누설자는 단기적인 국내정치적 이익에 탐닉할 수 있겠지만, 조금만 멀리 보면, 그 같은 행위는 정치노선을 떠나 국격을 실추시켜 국가이익을 훼손할 뿐 아니라, 결과적으로 국민의 일원인 자신에게도 불이익이 된다는 사실을 깨달아야 할 것이다. 그러한 정치인은 정치적 적시타를 칠 수 있을지 모르지만, 그것의 효과는 결코 길지 않을 것이고 그 역화(blowback)는 심각할 것이다. 해당 정치인의 뒤늦은 후회와 사과는 이를 반영한 것으로 보인다.

NLL 문제로 다시 돌아오자면, 박근혜 정부의 국가정보원은 2013년 6월 24일 '국가안보에 심대한 영향을 미치지는 않는다'고 판단하고, 국론분열이 오히려 안보에 심각한 악영향을 초래할 수 있는 점을 우려하여 2급 비밀로 취급하던 '2007년 남북정상회담 회의록'을 일반문서로 재분류하여 국회 정보위원회에 전달하였다. 국회 정보위원회는 6월 25일 회의록 전문을 언론에 공개했다. 노 대통령이

NLL 관련하여 김정일 국방위원장에게 한 말은 다음과 같다:

> 대통령: 항상 남쪽에서도 군부가 뭘 자꾸 안할라구 합니다. 이번에 군부가 개편이 되어 사고방식이 달라지고, 평화협력에 대해 전향적인 태도를 갖고 있습니다만 그러나 군부라는 것은 항상.. 북측에서도 우리가 얘기 듣기로는 마찬가지 아닙니까?
>
> 김정일: 완고한 2급 보수라 할까요?(웃음)
>
> 대통령: 그것이 국제법적인 근거도 없고 논리적 근거도 분명치 않은 것인데… 그러나 현실로서 강력한 힘을 가지고 있습니다. 북측 인민으로서도 그건 자존심이 걸린 것이고, 남측에서는 이걸 영토라고 주장하는 사람들이 있습니다. 이 혼동이라는 것을 풀어가면서 풀어야 되는 것인데, 이 풀자는 의지를 군사회담에 넣어 놓으니까. 싸움질만 하고요… NLL은 바꿔야 합니다. 그러나 현실적으로 자세한 내용도 모르는 사람들이 민감하게 씨끄럽긴 되게 씨끄러요. 그래서 제안하고 싶은 것이 안보 군사 지도 위에다가 평화 경제 지도를 크게 위에다 덮어서 그려보자는 것입니다… 서해협력지대를 설치하기로 하고, 그것을 가지고 평화 문제, 공동 번영의 문제를 다 일거에 해결하기로 합의하고, 거기에 필요한 실무협의 계속해 나가면 내가 임기 동안에 NLL문제는 다 치유가 됩니다… NLL 가지고 이걸 바꾼다 어쩐다가 아니고… 그건 옛날 기본합의의 연장선상에서 앞으로 협의해 나가기로 하고 여기에는 커다란 어떤 공동의 번영을 위한 그런 바다이용계획을 세움으로써 민감한 문제들을 미래지향적으로 풀어나갈 수 있지 않겠느냐… 그런 큰 틀의 뭔가 우리가 지혜를 한 번 발휘하는 것이 필요하다고 보는 것이죠.

2013년 6월 26일 미국 경제일간지 『월스트리트저널』은 '2007년 남북정상회담 회의록'을 공개해 "정치권에 큰 파문을 몰고 온" 국가정보원을 "누설자"(Leaker)'로 표현하였다.[5] 6월 27일엔 북한의 대남기구인 조국평화통일위원회는 대변인 성명을 통해 "북측의 승인 없이 대화록을 공개한 것은 최고 존엄에 대한 우롱이자 대화 상대방에 대한 엄중한 도발"이라고 비난했다.[6]

한편 국가정보원이 공개한 남북정상회담 대화록이 조작 또는 편집되었을 가능성을 우려하던 일부 국회의원들은 국가기록원이 보관 중인 것으로 기대되던 원본을 공개할 것을 요구했다. 한국의 국회는 '2007년 남북정상회담 대화록' 원본과 부속자료 열람·공개를 위한 자료제출 요구서를 7월 2일 국회 본회의에서 재석의원 276명 중 찬성 257명, 반대 17명, 기권 2명으로 통과시켰다. 그러나 여야 열람위원단이 국가기록원에서 수일간 찾았지만 대화록 원본을 찾을 수는 없었다. 이들은 7월 22일 "국가기록원에 대화록이 없다"고 운영위원회에 최종보고하였다. 6월 29일 한국갤럽은 노 대통령의 남북정상회담 발언은 'NLL 포기가 아니라'는 응답이 53%, 'NLL 포기'라는 응답이 24%, 의견 유보가 23%라고 발표했다.[7]

4. 북방정책의 외교적 결실과 한계

남북기본합의서는 '가지 않은 길을 연(path-breaking)' 그 역사적 의미에도 불구하고 합의서 서명 직후 발생한 이른바 "북핵 문제"로 인해 사실상 사문화되었다. 북한은 현재 1991년의 남북기본합의서가 아닌 후술하게 될 2000년 6.15공동선언을 남북관계의 기본을 규정하는 최고의 문건으로 간주하고 있다. 남북기본합의서의 채택은 당시 냉전종식에 따른 북한의 피흡수(또는 붕괴)에 대한 두려움으로 이루어진 면이 컸다. 그러나 남북 간의 교류협력 확대 및 군비통제의 실시를 추구하는 이 문건이 북한의 체제 불안을 야기할 것이라는 북한의 자각은 이의 이행을 어렵게 하였다.

대북정책을 포함한 노태우 정부의 북방정책은 전반적으로 성공적이었다. 1989년 2월 헝가리와의 수교는 11월 폴란드, 12월에는 유고슬라비아, 그리고 1990년에는 소련과의 수교로 이어졌다. 중국은 북한과의 관계를 고려해야 했기에 타 공산국가에 비해 수교가 늦어졌다. 한중 양국은 1992년 8월 24일 국교를 수립하여, 40여 년 만에 적대관계를 청산하였다. 양국은 다음과 같은 공동성명을 발표하였다:

1. 대한민국 정부와 중화인민공화국 정부는 양국 국민의 이익과 염원에 부응하여 1992년 8월 24일자로 상호승인하고 대사급 외교관계를 수립하기로 결정하였다.
2. 대한민국 정부와 중화인민공화국 정부는 UN헌장의 원칙들과 주권 및 영토보전의 상호존중, 상호불가침, 상호내정 불간섭 평등과 호혜, 그리고 평화공존의 원칙에 입각하여 항구적인 선린우호협력 관계를 발전시켜 나갈 것에 합의한다.
3. 대한민국 정부는 중화인민공화국정부를 중국의 유일합법 정부로 승인하며, 오직 하나의 중국만이 있고 타이완은 중국의 일부분이라는 중국의 입장을 존중한다.

5. 중화인민공화국 정부는 한반도가 조기에 평화적으로 통일되는 것이 한민족의 염원임을 존중하고, 한반도가 한민족에 의해 평화적으로 통일되는 것을 지지한다.

노태우 정부의 북방정책의 주요 목표 중 하나는 중국과의 수교였다. 북한과 한반도 안정 및 통일과정에 대한 영향력을 가진 중국과의 수교는 한국의 안보를 증진하고, 나아가 분단체제 고유의 지정학적 리스크를 줄이며, 중국의 광대한 시장 진출 등 경제적 효과를 낼 수 있다는 점 등을 고려한 다차원적 포석이었다. 그러나 이 프로젝트는 개혁개방을 10여 년 동안 순조롭게 진행해 오며 자신감을 가지게 된 중국의 덩샤오핑이 타이완 고립, 한미일 간 사실상의 동맹관계의 이완, 경제교류협력 등 중국의 탈냉전적 이익 제고를 위해 추진하고 영도한 사업이기도 했다. 한중수교의 실무책임자였던 중국의 외교부장 첸치천(錢其琛)은 『외교십기』에 다음과 같이 기록해 놓았다:

그런 과정에서 중국과 한국의 관계에 큰 관심을 갖고 있던 사람은 덩샤오핑 동지였다. 1985년 4월 덩샤오핑 동지는 '중한 관계의 발전은 우리에게 필요한 일이며, 첫째 우리 중국이 한국과 교역을 해서 경제적으로 이점이 있을 것이고, 다음으로는 한국과 타이완의 관계를 단절시킬 수 있다'고 언급했다. 1988년 5월에서 8월에 이르는 기간에 덩샤오핑 동지는 외빈을 접견하면서 여러 차례 중국과 한국의 관계에 대해 언급했다. 그는 '중국의 입장에서 보면 우리가 한국과의 관계를 발전시키는 것은 이익만 있고 해로울 것은 없으며,

경제적으로는 쌍방에 유리할 것이고, 정치적으로는 중국의 통일에 유리하다'고 말했다. 또 다른 자리에서 그는 이런 말도 했다. '시기가 성숙했다. 한국과 경제, 문화적 관계를 발전시키기 위한 발걸음을 원래 생각보다 더 빨리, 더 넓게 해야 할 것이다. 중국과 한국의 민간관계를 발전시키는 것은 중요한 전략적 행동으로, 타이완문제, 대미관계, 대일관계, 한반도의 평화와 안정, 대동남아 관계, 모두에 중요한 의의를 지니는 일이다.' 이와 함께 덩샤오핑 동지는 이 일은 대단히 중요하면서도 미묘한 문제이므로, 신중히 처리해야 하며, 조선민주주의인민공화국의 양해를 얻어야 할 것이라고 말했다.[8]

『뉴욕타임즈』의 크리스토프(Nicholas D. Kristof)는 한중수교와 관련하여 "중국은 최근 몇 년 동안 공산주의 이념보다는 경제적 이익에 기초한 실용주의적 외교정책을 채택해오고 있다. 중국은 그간 정기적으로 비난해오던 이스라엘을 승인했고, 인도네시아와의 관계를 다시 정상화했다. 중국과 남아프리카공화국과의 관계도 긴밀해지고 있다. 중국과 남한은 정식으로 관계를 정상화하였다"고 적었다.[9] 한중수교는 공산주의자 덩샤오핑과 군부 출신 노태우의 실질적 필요에 따른 실용주의 외교의 결과였다. 그러나 한국은 중국의 요구로 중화민국(타이완)과 단교해야 했다. 노태우는 보수세력의 반발과 항의를 받았으나 정치적 비용은 크지 않았다. 한때 극우반공 매카시주의자였던 리처드 닉슨만이 1972년 "중공(Red China)"을 방문할 수 있었듯이, 한국 보수우파의 지도자였던 노태우도 유사한 역할을 할 수 있었다.

노태우 정부의 북방정책은 성과도 거두었지만 한계도 분명하였다. 소련 및 중국과의 수교는 한국이 탈냉전적 국제체제에 능동적으로 참여하게 된 계기가 되었지만, 한반도의 평화와 안정을 위해 필수적인, 1975년 헨리 키신저 국무장관이 처음 제의한 이른바 교차승인(cross-recognition)의 완성과 같은 국제 수준의 대북한 화해 및 협력을 유도/증진하지 못하였다.

5. 대통령 훈령 조작 사건

북방정책은 노태우 정부가 '의도치 않은 북한 고립'을 위한 수단으로 변질되기도 했다. 노태우 정부 말기 남북관계를 악화시킨 요인 중 하나는 소위 대통령 훈령 조작 사건이었다. 한국의 대표단이 북한 측과 이산가족상봉 관련 협상을 하던 중 국가안전기획부(중앙정보부 후신이자 국정원의 전신)의 이동복 부장특보(총리특보 겸직)가 대통령의 훈령을 조작하여 사업의 성사를 방해한 것이었다. 다음은 감사원이 1993년 12월 21일 발표한 '대통령 훈령조작의혹사건'의 감사결과 요지이다:

1. 감사실시개요.
1993.11.23부터 12.11까지 16일간 통일원, 국가안전기획부에 대한 실지감사와 제8차 남북고위급회담대표인 정원식 전국무총리, 임동원 전통일원차관, 이동복 전총리특별보좌관 등과 관계기관 직원 등 18명의 진술을 듣고 훈령의 요청, 보고 및 전달 등 처리과정과 회담의 지휘체계및 국가기밀관리 등에 중점을 두고 감사를 실시.

2. 감사결과.

가. 훈령의 조작여부 문제.

• 임동원 대표는 북측대표와 접촉해본 결과 이인모 노인의 송환이 보장된다면 판문점에 면회소를 연내 설치운영하도록 하고 이의 실현절차를 포함한 이산가족문제를 협의하기 위하여 남북적십자회담을 즉각 개시한다는 합의가 가능할 것이라고 수석대표에게 건의한 후 그 허락을 받아 1992.9.16 23:30경 서울에 청훈전문을 발송.

• 같은날 24:00경 이동복 대표는 평양상황실장으로부터 위 청훈사실을 보고받고 수석대표에게 임동원 대표의 청훈전문이 다음과 같은 문제가 있음을 보고.

- 이산가족 노부모방문단 및 예술단의 서울-평양 상호방문의 무조건이행 요구를 스스로 포기하고 있고,

- 위의 요구가 충족된 뒤 실현해야 할 ① 고향방문단 사업의 정례화 ② 판문점이산가족 면회소와 우편물교환소 설치 상설운영 ③ 동진 27호 선원송환 등 3가지 조건중 "판문점면회소" 부분만을 합의하는 것에 불과하며,

- 그 절차에 있어서도 기본훈령을 대폭 수정하려면 대표단협의 등을 거쳤어야 하나 이런 협의가 없었다.

• 위와 같은 문제점을 들은 수석대표는 또 다시 이동복 대표로 하여금 서울측의 입장을 분명히 받을수 있도록 하는 취지의 청훈전문도 발송하라고 지시.

• 1992.9.17 00:30경 이동복 대표는 3개 조건이 충족되어야만 협의할 수 있다는 기본방침고수 재확인을 요구하는 내용의 청훈전문을 서울에 발송.

- 같은날 02:30경 서울상황실은 2개의 상반된 청훈내용을 평양상황실에 문의, 이동복 대표는 그 청훈들을 동시에 보고하되 07:00 이전에 회신하여 줄 것을 요구.

- 같은날 07:15경 서울에서의 훈령이 접수되지 않은 상태에서 평양상황실장은 조찬대책회의를 대비하고 시간을 절약한다는 취지에서 〈기존지침고수〉 내용의 예비전문을 작성.

- 이동복대표는 훈령 도착 여부를 확인차 상황실에 들러 위 예비전문을 보고 "이것이 무엇인가"라고 묻자 평양상황실장은 "서울에서 온 전문이 아니고 다만 서울서 기본지침을 고수하라는 지시가 올 경우 사용할 예비전문"이라고 밝혔으나,

- 이동복 대표는 위 예비전문을 가져간 후 같은 날 07:30경 대표단에게 서울에서온 훈령이라고 발표.

- 이와 같이 예비전문을 서울에서 온 것처럼 대표단에 알림으로써 당초의 기본훈령으로 협상을 진행하게 된 결과를 가져왔음.

뒤늦게 "세 가지 조건 중 두 가지만 충족되면 남북적십자 접촉의 즉각 재개"를 북측에 약속해도 좋다는 대통령 훈령이 오후 5시쯤 도착했지만 상황은 모두 끝난 뒤였다. 이동복은 자신이 생각하는 국가이익, 그리고 조직과 개인의 이익을 위해 대통령이 강하게 원했던 남북이산가족 방문단 교환 프로젝트를 무산시켰다. 비판가들은 이동복보다는 안기부의 정치개입에 주목했다. 남북관계 개선이 특정 대통령 후보에게 불리하다는 안기부 일부의 판단이 있었다는 것이다. 레임덕에 빠진 노태우 정부의 통제력 상실은 국가안보와 한반도 평화 문제를 정치화하고 공직자들의 일탈을 조장한 한 요인으로 간

주될 수 있었다.

　한반도의 운명을 바꿔놓은 훈령 조작 사건은 미국의 고위관리에 의해 저질러지기도 했다. 장본인은 후일 미국의 이라크 침공을 설계한 '신보수주의의 화신' 폴 울포위츠(Paul Wolfowitz)였다. 1970년대 말부터 1980년대 중반까지 미국의 주중 부공사를 지낸 찰스 프리먼(Charles Freeman)에 따르면, 1980년대 초 덩샤오핑은 와인버거 미 국방장관에게 중국이 주선하고 미국이 참관하는 남북회담을 베이징에서 개최할 것을 제안했다. 프리먼 등 베이징 주재 미국 대사관 관리들은 그런 내용의 전문을 보내고 난 후에야 울포위츠 국무부 차관보가 덩샤오핑과 와인버거 사이에 오고간 대화 내용을 편집/누락했다는 사실을 알게 되었다. 그들에 따르면, 울포위츠는 오히려 그러한 내용을 "보거나 들은 적이 없다"고 우겼다. 게다가 그러한 내용은 애초에 언급된 적도 없다며 완강하게 부인하고 마치 "덩샤오핑이 그런 언급을 한 것마냥 그들이 꾸며댔다"고 비난했다. 당시 '워싱턴 사람들'은 중국이 한반도 문제에서 주도권을 행사하려 한다는 대사관의 보고를 접하고 의아해 했다는 것이다. 프리먼에 따르면, 1984년 조지 슐츠(George Schultz) 국무장관이 레이건 대통령을 동반해 중국을 방문했을 당시에도 중국은 또 다시 남북한 및 미국이 참여하는 회담문제를 꺼냈다. 슐츠 국무장관은 아서 허멜(Arthur Hummel) 대사를 통해 이 제안에 동의했다. 그러나 슐츠 국무장관이 베이징을 출발해 서울에 도착하는 사이 울포위츠 차관보는 또다시 이러한 내용의 메시지를 무력화시켰다. 프리먼은 당시 울포위츠가 4자회담에 반대한 이유로 두 가지를 들었는데, 하나는 그가 이념적으로 중국의 구상에 대해 의심하였고, 다른 하나는 그가 정치적으로 밀접히 연관되어 있는 공화당의 반공우파들의 반발을 의식했었다는 것이다.[10] 만일 중국이 당시 제안한 4자회담이 성사되어 교차승인이 이루어졌다면 남한과 미국 등이 "북한 문제"로 수십 년 동안 시달리지 않아도 됐을지 모를 일이었다. 특히 북한이 오랫동안 미국에 대해 요구해온 바가 북핵 폐기와 북미관계정상화의 교환이라는 점을 고려할 때 더욱 그러하다. 이는 한반도와 동북아의 안정이나 평화, 그리고 그에 따른 미국의 지역적 국익을 위한 미국의 실용주의 외교가 이른바 '반공주의 십자군(Crusaders)'에 의해 좌절된 역사적 사례로 기록될 수 있는 사건이었다. 울포위츠는 후일 1994년의 북미기본합의를 "망상(delusional)"이라고 비판하면서 존 볼튼(John Bolton) 등과 함께 이 역사상 최초의 북미 간 합의를 붕괴시키기도 하였다.[11]

한반도의 운명은 냉전이 종식될 당시 분기점에 놓여 있었다. 노태우 정부는 북방정책의 핵심적 결과인 남북기본합의서와 한반도 비핵화공동선언 등으로 정전체제를 보다 영구적인 평화체제로 전환할 수 있는 기회를 잡았었다. 그러나 평화와 통일이라는 열차를 궤도에서 이탈시킨 원심력은 도처에 널려 있었다. 이동복이나 울포위츠와 같은 '도덕적 마키아벨리주의자들'도 자기들이 생각하는 원칙을 위해 온갖 편법을 동원하며 "의롭게" 투쟁하였다.

1994년 여름의 한반도 전쟁 위기, 그리고 제네바 북미기본합의

권위주의 독재시대부터 민주화 투쟁의 선봉에 섰던 김영삼은 대북정책의 정치적 중요성을 인식하고 있었다. 김영삼 대통령은 집권 초기 노태우 정부가 기틀을 닦은 남북관계의 개선을 가속화하려는 의지를 갖고 있었으나 남북관계는 취임 전부터 악화하고 있었다. 노태우 정부는, 전기한 바와 같이, 1990년에 불거진 '북핵 문제'를 남북관계 개선과 연계하지 않고 별도로 병행하여 다루고자 했고, 일정한 성과를 내었다. 노 정부는 H. 부시 정부의 한반도 배치 전술핵무기 철수에 힘입고 다른 한편으로 한미연합방위체제를 유지하면서 대화와 핵문제 해결을 병행하여 유연하게 추진한 결과 한반도비핵화공동선언을 이끌어냈고, 북한으로 하여금 핵사찰을 수용토록 하는 데 기여하였다. 북한은 1991년 12월 서방의 자본과 기술을 도입하기 위해 '나진/선봉자유경제무역지대'를 설치하였다. 북핵 의혹과 관련한 문제는 북한이 1992년 1월 7일 IAEA와 핵안전조치협정 체결 의사를 공식 표명하고 한국과 미국이 1992년 팀스피리트 (Team Spirit) 훈련 중지를 발표함으로써 일단락되었다. 1992년 1월 22일 북한과 미국은 정전 후 최초의 북미 고위급회담을 개최하여 핵문제 해결과 북미관계 개선 문제를 논의하였고, 북한은 1월 30일 IAEA와 핵안전협정을 체결하였다. 그러나 같은 해 5월 26일 시작한 임시사찰(ad hoc inspection) 결과 '중대한 불일치' 문제[1]가 발견되어 1993년 2월 15일 북한에 대해 특별사찰(special inspection)이 요구 되었지만, 이는 주권 침해라는 이유로 북한에 의해 곧 거부되었다. 노태우 정부는 대통령 선거 직전인 1992년 10월 5일 조선노동당 사 건 관련 간첩 62명을 구속하였다고 발표했고, 10월 8일 제24차 한 미연례안보협의회는 핵사찰 문제에 진전이 없는 경우 1993년도 팀 스피리트 훈련을 재개한다고 결정하였다. 북한은 조선노동당 결성 이란 남쪽의 조작극일 뿐이며, 팀스피리트 훈련을 재개하겠다는 상 황하에서는 대화가 필요 없다고 반발하였다.

이와 같이 남북관계가 급속히 냉각되어 가던 중 1993년 2월 25 일 취임한 김영삼 대통령은 취임사에서 "어느 동맹국도 민족보다 더 나을 수는 없다"는 '자주적' 대북정책 노선을 선언하였고, 북한 은 한동안 대남비방 방송을 중단하였다. 그러나 강경파가 득세한 당 시 미국 측은 팀스피리트 훈련을 대북 지렛대로 사용하고자 하였고, '하나회' 숙청 후 군부와의 또 다른 갈등을 원하지 않았던 '문민정 부'는 이에 대한 대안을 찾지 못하였다. 그러자 북한은 3월 9일 준 전시 상태를 선포하였다. 남한이 3월 12일 이인모 송환을 발표했음 에도 불구하고 북한은 같은 날 핵확산금지조약(NPT) 탈퇴를 선언 하면서 미국과의 정치협상을 요구하는 한편 남한에게는 같은 해 5

월 25일 남북정상회담 개최와 현안 문제의 포괄적이고 고차원적인 협의를 위한 '부총리급 특사 교환'을 제의했다. 그러나 김 대통령은 뉴욕에서 제1단계 북미고위급회담이 열리던 1993년 6월 3일 "핵을 가진 자와는 악수를 할 수 없다"며 북미 협상에 거부감을 표하였고, 그나마 진행 중이던 특사교환을 위한 실무접촉도 1994년 3월 북측 대표 박영수의 '서울 불바다' 발언으로 결국 중단되었다.

미국의 클린턴 정부는 김영삼 정부가 북미대화에 반대하고 나서자 NPT 영구연장이 미국 국내정치에 미치는 영향을 고려하여 핵무기를 만들고 있는 것으로 간주되던 북한과 일괄타결을 모색하였다. 그러나 북미 협상은 원활히 진행되지 않았고, 후술하겠지만, 1994년 6월 전쟁위기에 직면하기도 했다. 그러나, 1994년 전 미국 대통령 지미 카터가 방북하여 김일성과 면담함으로써 위기는 해소되었다.

1. 김일성 조문파동

카터의 중재에 힘입어 남북정상회담이 7월 25일 예정되었지만 김일성이 7월 8일 사망함으로써 회담은 무산되었다. 김일성의 사망은 한국 내에서 소위 조문파동을 일으켰다. 한국 사회의 일부는 6.25침략전쟁의 주범이자 인권을 탄압하는 독재자인 김일성을 조문해서는 안 된다고 주장했고, 또 다른 일부는 한반도의 평화와 통일을 위한 외교 차원에서 냉전 사고에서 벗어나 조문을 해야 한다고 주장했다.

김일성 조문이라니(동아일보 사설, 1994년 7월 13일)

김일성 북한주석 사망에 대한 정부 조문사절 파견 또는 조의성명 발표 주장은 참으로 의아스럽다. 이 무슨 사려깊지 못한 발상들인지 귀를 다 의심하게 된다… 그들은 아마도 대화와 평화공존원칙을 지나치게 강조한 나머지 그런 논리로까지 비약했는지도 모른다. 외교적 이니셔티브를 쥐자는 뜻으로 좋게 보아줄 수도 있다. 그러나 나쁘게 보면 과거사를 모두 불문에 부치자는 사면논으로 들릴 수도 있음을 알아야 한다.

우리 정부조문사절단이 평양을 찾아가 김일성의 관앞에 고개를 숙인다거나 조의성명을 발표했을 경우를 가정해 보자. 필경 북은 「위대한 수령」의 죽음에 남반부정부와 인민들까지 슬퍼하고 있다고 선전할 것이다. 정말로 우리국민들, 특히 6·25희생자 및 이산가족들까지도 김일성의 죽음을 그토록 슬퍼하고 있는가. 김일성은 과연 그럴만한 인물인가.

사실 우리는 그동안 김일성에 대한 역사적 평가는 자제해 왔다. 부정적인 과거사를 들춰내어 6·25 전범운운으로 자극하는 것은 원만한 남북관계의 진전을 위해 결코 바람직한 일이 못되리라는 배려에서다. 일단 연기된 남북정상회담만 해도 정상들의 대좌로 과거를 불문에 부치자는 것은 아니었다. 남북의 실질적인 지도자들이 직접 만나 대화로 문제를 풀기로 한만큼 참고 있었을 뿐이다. 그러나 이제 조문논까지 일고 있는 마당에 그냥 계속 입을 다물고 있기도 어렵게 되었다.

이땅의 해방후사는 김일성의 전쟁도발 분단고착화 1인독재 숙청 인권탄압 대남국가테러로 점철돼 왔음은 누구도 부인할 수 없다.

앞으로 세상이 어떻게 달라진다 해도 그의 그런 역사적 책임은 면할 길이 없다. 그런 그가 남북정상회담에 응했다고해서 호전주의자가 하루아침에 평화주의자로 변신했을 것으로 생각한다면 그것은 착각이다.

시대흐름 못 잡는 '냉전' 의식(한겨레신문 사설, 1994년 7월 13일)

김일성 북한 주석이 사망한 뒤 한반도 남쪽에서 진행된 상황을 보면 시대가 크게 변하고 있으며, 정부가 그 변화를 제대로 따라가지 못하는 현실을 발견하게 된다. 정부의 첫 조처가 북한의 도발 가능성에 대비하는 전군에 내린 비상경계령이었으며, 뒤이어 열린 긴급 국가안전보장회의와 비상 국무회의는 '안보 치안 태세 만전'을 확인한 것으로 발표되었다. 국민의 비상한 관심을 모았던 남북 정상회담에 대해서는 사망 발표 다음날에 가서야 재추진 여부는 북한의 권력 승계작업이 완료된 이후 검토하겠다고 비쳤다가 또 하루가 지난 뒤 "다시 추진하겠다"고 밝혔다. 정부가 개인 김일성과의 정상회담을 합의한 것이 아니고 북한 주석과의 회담에 합의한 이상 '정상'이 누가 되든 그 합의가 '유효'하다는 것은 당연한 이치인데도 그 당연한 이치를 공식 확인하는 데만 이틀이 걸린 것이다. 반면에 나라 밖에서는 북한의 도발 가능성은 거의 없는 것으로 평가되고 있었다. 클린턴 미국 대통령은 즉각 주한 미군의 경계령을 내리지 말라고 지시했고, 김 주석에 대해 조의를 표하며 북미 회담의 재개를 희망하는 등 적극적인 대화 자세를 보였다. 중국은 바로 김정일 체제를 지지했고, 일본도 조문단의 평양파견을 논의하는 등 한반도 주변 강국들의 발걸음은 한결같이 '대화'쪽으로 재빨리 움직였다.

이번 김 북한 주석의 사망에 대한 정부의 느리고 소극적인 대응은 정부의 정보능력 및 예상 가능한 돌발사태에 대한 대비가 얼마나 허술했던가를 잘 드러냈다. 아울러 집권세력의 핵심부가 빠져 있다고 볼 수밖에 없는 냉전적 사고방식으로는 시대 상황의 변화나 국민의식의 성숙도를 제대로 따라갈 수 없다는 사실도 보여 주었다. 여기서 우리는 이미 바뀌고 있는 국민의식의 성숙도를 '북진통일' 식의 낡은 틀로 끌어들이려고 하는 일부 언론의 헛된 노력을 우려하지 않을 수 없다. 그들은 사람들이 '주석'이라는 북한의 직책명을 그대로 불렀다고 해서, 그리고 조의를 표해야 한다고 말했다고 해서 시비를 걸어 시대의 변화에 뒤처져 있음을 스스로 고백하고 있다.

김영삼 정부는 전군 비상경계령을 내렸을 뿐 아니라 러시아 정부와의 약속을 깨뜨리면서까지 한국전쟁 발발 과정에서 김일성, 스탈린, 마오쩌둥 간에 오간 러시아 측의 극비문서를 공개했다. 김일성, 스탈린, 마오쩌둥이 사전 협의해 한국전쟁을 일으켰다는 내용이었다. 이후 북한은 김영삼 정부 임기 내내 남북한 당국자 회담을 거부했다. 미국 국무부는 최근 비밀해제된 문서에서 김일성 사망 이후 김영삼 정부가 "김정일 정권은 오래 가지 못할 것이라고 판단하고 북한 정권의 붕괴를 촉진하는 정책을 추구"했고, 이에 맞서 김정일은 "김영삼이 권좌에 있는 한" 남한을 상대하지 않겠다고 결심하면서 남북관계가 후퇴하게 되었다고 분석했다.[2] 그러나 북한은 통미봉남이라는 한국의 우려를 확인해주듯이 미국의 클린턴 정부와 핵무기 협상을 진행하여 1994년 10월 스위스 제네바에서 결실을 보았다. 그러나 그 과정은 전쟁위기를 겪을 만큼 험난한 것이었다.

2. 한반도 전쟁 위기

냉전의 종식과 노태우 정부의 북방정책 등에 힘입어 남북관계
가 개선되고 미국이 남한 내 전술핵무기를 철수하자, 북한은 1992
년 1월 30일 IAEA와 안전조치협정에 서명하고, 그해 5월부터 임시
사찰을 수용했다. IAEA는 1992년 5월 25일부터 1993년 2월 6일까
지 6차례에 걸쳐 임시사찰을 실시했다. 그러나 이 과정에서 북한이
IAEA에 제출한 최초보고서(initial inventory report)와 IAEA의 사찰
결과 사이에 '중대한 불일치'가 드러났다. 핵심 쟁점은 플루토늄 추
출량과 그 시기, 그리고 2개의 미신고 시설의 성격 및 이에 대한 특
별사찰 문제였다. 북한 측은 "손상된" 연료봉을 통해 실험적으로
1989-1990년 1회 추출한 플루토늄 양이 90g이고 미신고 시설은 군
사시설이라고 주장했다. 그러나 IAEA는 1989, 1990, 1991년 세 차
례에 걸쳐 북한이 사용후 핵연료에서 수 kg의 플루토늄을 추출했
고, 2개의 미신고 시설 역시 핵폐기물 저장소라고 주장했다.[3] 불일
치 문제를 둘러싼 북한과 IAEA의 갈등은 2개의 미신고 시설에 대
한 특별사찰 문제로 귀결되었다. 북한은 2개의 미신고 시설이 군사
시설이기 때문에 특별사찰 수용 불가 입장을 고수했다. 특히 북한
은 IAEA의 추정치가 북한 핵 설비의 구체적 운영특성과 조건을 고
려하지 않은 착오와 무성의에서 비롯된 것이라며, IAEA의 편향성
에 강한 불만을 토로했다. 이에 대해 IAEA는 이 시설을 군사시설이

아닌 핵폐기물 저장소로 보고, 불일치 문제를 해소하기 위해서는 특별사찰이 필요하다고 맞섰다. 결국 IAEA는 1993년 2월 이사국들의 과반수 결의를 통해 특별사찰을 촉구하는 서한을 북한에 발송했고, 북한은 핵시설과 무관한 군사시설에 대한 특별사찰은 주권침해라며 IAEA의 요구를 거부했다.

북한의 플루토늄 추출량 및 2개 미신고 시설을 둘러싼 갈등이 해소되지 않으면서, 한반도 위기 지수는 급격히 높아져갔다. 미국 내에서는 국방부를 중심으로 한 강경론이 득세했고, 이를 반영하듯 1993년 3월 초 한미연합사의 팀스피리트 훈련이 실시되었다. 3월 12일에는 IAEA 이사회가 북한에게 특별사찰 수용을 촉구하는 결의안을 통과시켰고, 북한은 IAEA의 결의안과 팀스피리트 훈련을 강력히 비난하면서 NPT에서 탈퇴하겠다고 선언했다. 북한이 IAEA의 결의가 불공정하다고 주장한 근거는 IAEA가 제3자인 미국이 제공한 위성사진에 의거해 사찰을 실시함으로써 당사자 해결원칙을 위반했다는 것이다. 이에 대해 IAEA는 미국이 제공한 자료를 포함해 모든 가용한 정보를 이용할 권리를 갖고 있다고 반박했다.

북한의 NPT 탈퇴 예정일이던 1993년 6월 12일 직전인 11일 북미 간에 극적인 타협이 이뤄졌다. 북한과 미국은 미국의 안전보장 및 회담 지속 약속과 북한의 NPT 탈퇴 유보 등에 합의했던 것이다. 양측은 회담에서 북한이 IAEA와 핵 사찰에 대한 논의 의사를 피력하고, 북미 양측이 무기급 플루토늄 추출이 용이한 흑연감속로를 경수로로 대체하는 방안을 논의하기로 함으로써, 북미 간 핵 협상이 큰 진전을 이루는 듯 했다. 북한은 1993년 7.19 북미공동성명에 따라 7개의 신고된 핵시설에 대한 IAEA의 사찰을 수용한다고 밝혔고,

이듬해 3월 2일 IAEA 사찰단이 영변에 도착했다. 그러나 북한은 재처리 시설로 간주된 방사화학실험실의 사찰을 거부했고, IAEA는 3월 21일 북한에게 "IAEA의 완전한 사찰 수용과 안전조치협정의 완전한 이행을 촉구"하는 결의안을 채택했다. 사찰 문제를 둘러싸고 북한과 IAEA 사이의 대결이 좀처럼 해결의 실마리를 찾지 못한 채, 5월 들어 북핵 문제는 새로운 국면으로 접어들었다. 5월 19일 IAEA가 북한이 5MWe 원자로로부터 폐연료봉을 인출하기 시작했다고 발표한 것이다. 북한이 폐연료봉을 재처리하면 무기급 플루토늄을 추가로 추출할 수 있었기 때문에 IAEA와 미국 등 국제사회는 이를 중대한 사안으로 간주했다.

IAEA는 북한이 폐연료봉 인출을 공식 발표하기에 앞서 미국 정부에 이러한 내용을 통보했다. 갈루치(Robert Gallucci) 국무부 차관보가 크리스토퍼(Warren Christopher) 국무장관에게 보낸 메모에는 북한이 8천 개의 폐연료봉 가운데 900개를 인출했고, 폐연료봉 인출이 안전상의 이유라는 북한의 주장은 설득력이 없다고 적고 있다.[4]

6월 들어 북미관계는 5MWe 원자로의 연료봉 교체 문제로 극단적인 대결 국면으로 치닫기 시작했다. 1994년 6월 2일에 블릭스(Hans Blix) IAEA 사무총장은 북한이 IAEA의 감독 없이 연료봉을 원자로에서 대거 제거했다며, UN 안전보장이사회에 국제적 조치, 즉 대북 제재를 요청하는 서한을 보냈다. 당시 IAEA가 문제삼은 것은 북한이 폐연료봉을 재처리해서 군사용으로 사용하고 있는지의 여부를 규명하기 위해서는 시료 채취가 필요한데 북한이 이를 거부했다는 것이다. 그러나 북한은 연료봉 추출 및 봉인 작업에 IAEA의

"입회"를 허용한 것이지, 시료채취 등을 허용한 것이 아니기 때문에 IAEA의 요구는 당시 북미 간 및 북한과 IAEA 간의 합의를 넘어선 요구였다고 반발했다. 결국 IAEA는 북한의 핵 투명성을 규명하는 데에 "입회"로는 한계가 있다며 북한의 연료봉 교체 작업에 입회하지 않겠다고 선언했고, 북한은 원자로의 안정성을 유지하기 위해서는 더 이상 연료봉의 교체를 늦출 수 없다며 IAEA 입회단 없이 연료봉 추출을 강행했던 것이다.

이를 두고 IAEA와 한미일의 강경파는 북한이 핵무기 개발을 시도하는 명확한 증거라며 대북 압박을 높이면서 제재 방침을 분명히 했고, 북한은 "제재는 전쟁을 의미하고, 전쟁에 관용은 없다"며 강력히 맞섰다. 뒤이어 북한은 6월 13일에 IAEA 탈퇴를 선언함으로써, 미국과의 군사적 충돌 일보 직전까지 내닫게 되었다.

한반도 정세는 1994년 들어 가파르게 악화되기 시작했다. 특히 당시의 위기는 전쟁 일보 직전까지 갔다는 데 그 심각성이 있었다. 이를 상징적으로 보여준 해프닝이 바로 박영수 북측 대표의 "서울 불바다" 발언이다. 1994년 3월 19일 남북한 특사교환 실무접촉에서 북측 대표인 박영수는 "서울 불바다" 발언을 했는데, 남한 정부와 대다수 언론은 이를 북한의 전쟁도발 의지로 해석했다. 불안에 빠진 일부 국민들은 생필품을 사재기하기 시작했고, 주가는 폭락했다.

그러나 당시 박영수의 발언은 형식논리상 방어적인 성격이었다. "서울 불바다 발언"은 북한과 미국이 대화를 재개하는 시점에 이루어진 팀스피리트 훈련 실시 및 패트리어트 미사일 반입 방침, 그리고 남한의 북한 제재 동참 선언 등에 대한 반발에서 나온 것이었다. 이러한 한미 정부의 대북 강공책에 대해 박영수는 "대화에는 대화로, 전쟁에는 전쟁으로 대응할 수밖에 없다. 그쪽에서 전쟁을 강요한다면 피할 생각은 없다. 불은 불로 다스린다는 말이 있다. 여기서 서울은 멀지 않다. 전쟁이 일어나면 불바다가 될 것"이라고 말한 것이다.

박영수의 발언과는 별개로, 1994년 들어 미국은 유사시에 대비한 준비를 하기 시작했다. 1월 들어 팀스피리트 훈련 재개 방침을 밝히는가 하면, 2월 초에는 한반도 유사시 단시간에 전쟁을 승리로 이끌고 북한을 군사적으로 통일한다는 '작전계획 5027'의 일부를 공개했다. 이 계획에 따르면 1단계로 신속전개가 가능한 억지력을 강화하고, 2단계로 북한의 서울 이북 남침을 저지하는 것과 함께 북한의 후방을 파괴하며, 3단계로 북한의 주요 전력을 격멸하고 대규모 상륙작전을 전개한 이후, 4단계로 평양을 고립시킨 뒤 점령 지역에서 군사통치를 실시하고, 마지막 5단계로 한반도를 한미동맹의 주도 아래 통일한다는 것이다. 이러한 공세적 대북 군사전략과 함께 미국은 한반도에 물리력도 증강시켰다. 3월 11일에는 미국의 핵 항공모함인 칼빈슨호가 9년 만에 처음으로 주일미군 요코스카 기지에 입항했고, 4월 중순에는 북한의 강력한 반발에도 불구하고 패트리어트 미사일 배치를 강행했다. 이러한 일련의 조치들은 북한의 핵 사찰 수용을 압박하는 무력시위이자, 유사시 조기에 북한을 제압하고자 하는 군사적 의도가 내포된 것이었다.

5월 들어 북한의 폐연료봉 인출 논란으로 북핵 문제가 파국에 접어들자, 미국은 UN을 통한 제재와 독자적인 군사적 대안을 고려하기 시작했다. 유력하게 논의된 군사조치는 미국이 영변의 핵시설을 폭격할 경우 한반도 전면전이 불가피하기 때문에 폭격에 앞서 한반도에 대규모 추가 병력 및 장비를 배치함으로써 북한에 압박을 가하는 방식이었다. 북한에게 핵사찰을 압박하는 일종의 '무력시위'를 계획한 셈이다. 그리고 이러한 군사적 압박이 통하지 않을 경우 영변 핵시설에 대한 '외과수술적 공격(surgical attack)'도 검토되었다. 이를 상징적으로 보여준 것이 바로 1994년 6월 16일 오전 백악관 회의이다.

이 회의에는 클린턴 대통령, 고어 부통령, 크리스토퍼 국무장관, 갈루치 북핵 대사, 페리 국방장관, 개리 럭 주한미군 사령관, 샬리카쉬빌리 합참의장 등이 참석했다. 이들은 본격적인 대북 제재에 앞서 1만 명의 증원 병력과, 대규모의 전투기, 폭격기, 항공모함 등 전투 장비를 한반도에 배치한다는 계획을 세웠다. 이러한 대규모 전력 증원은 미국에게는 북한에 대해 보다 강력하게 핵 사찰 수용을 압박할 수 있는 효과적인 카드이자, 군사적 행동이 불가피할 경우 초기에 북한을 제압할 수 있는 물리적 힘이고, 미군 희생자를 최소화할 수 있는 방책으로 간주되었다.[5] 그리고 이날 회의에서는 한반도의 전면전을 상정한 40만 명에 달하는 대규모 증원군 파견도 검토되었다.

한편 북한은 UN을 통한 대북 제재 결의와 미국의 대규모 증원군 파견은 분명한 전쟁 행위라며 결사항전의 의지를 여러 차례에 걸쳐 피력했다. 백악관 회의에서 미국이 증원군을 파견할 경우 북한의 대응에 대해 브리핑한 국가정보국 찰스 알렌은 "증원군 파견은 북한군의 대규모 병력 이동을 가져오고, 이에 따라 북한의 선제 공격 위험성을 높일 수 있다"고 우려했다. 그러나 이는 소수의 목소리였고, 페리 국방장관 및 샬리카쉬빌리 합참의장 등이 주도한 강경론이 백악관 회의 분위기를 압도하였다. 이를 반영하듯 갈루치 북핵 대사는 "우리는 동북아시아에서 미군 병력을 정치적으로나 군사적으로 신뢰할 수 있는 수준까지 증강시키기로 했다. 미국 대통령은 허세를 부린 것이 아니며, 우리들 역시 마찬가지였다"고 그날의 회의를 회고했다.[6] 당시 위기의 심각성은 이후 핵심 관련자들의 증언을 통해서도 확인된다. 걸프전 '생중계'로 명성을 떨친 바 있는 CNN은 한반도 전쟁을 생중계할 계획으로 휴전선 인근 위성 생방송 준비에 한국의 MBC의 도움을 요청하였다.[7] 그리고 정작 한국인은 상대적으로 평온했던 반면 미국 교민들이 한반도 운명을 걱정하며 기도회를 가졌다. 박관용 당시 대통령 비서실장은 전쟁 위기 4년 후인 1998년에서야 미국 관리로부터 "D-day H-hour(1994년 6월 16일을 의미함)에서 한 시간만 늦었다면 한반도에서는 대단히 큰 위기 왔을 것"이라고 진술했다. 이 모든 증거는 한국의 핵심적인 정부 당국자도 모른 채 한반도의 운명을 바꿔놓을 엄청난 일이 은밀히 진행되고 있었다는 것을 보여준다. 당시 클린턴 미국 대통령은 "내 첫 임기 때 북한과 심각한 상황에 있었다. 우리는 북한의 원자로를 파괴할 계획을 가지고 있었고, 만약 북한이 핵 프로그램을 포기하지 않는다면 공격할 것이라고 북한에 경고했었다"고 말한 바 있다.[8] 페리 국방장관 역시 당시의 긴박한 상황을 다음과 같이 회고했다:

"1994년 6월의 북한핵 위기는 국방장관으로서 전쟁을 각오해야 했던 심각한 상황이었다… 당시 북한은 핵연료 재처리 과정을 막 시작하려 하고 있었으며 방치하면 6개의 핵폭탄 제조가 가능한 플루토늄을 확보할 터였다. 특히 "서울을 불바다로 만들겠다"는 북한의 위협을 심각하게 받아들인 나는 전쟁 비상계획을 검토하라고 지시했다. 이틀 동안 군 지휘관들을 만나 전쟁계획의 모든 세부상황을 검토했다. 파견할 육군 공군부대를 결정했고, 이동방법, 도착시간 등에 대해 심사숙고하는 한편 기습공격을 언제 어떻게 할 것인지를 숙의했다. 검토 결과 전쟁이 발발하면 승리하겠지만 한국군, 미군, 한국 국민의 피해가 엄청날 것이라는 게 드러났다. 나와 군 지휘관들은 주한미군을 강화하면 피해를 대폭 줄일 수 있을 것으로 보고 주한미군을 수만 명 증원하는 계획을 입안했고, 주한 미 대사관에 민간인 철수계획을 준비토록 지시했다. 그러나 클린턴 대통령이 전쟁 개시를 승인하기 불과 몇 시간 전에 우리는 "영변의 핵활동을 중지하고 의미 있는 협상을 할 준비가 되어 있다"는 김일성의 전언을 (카터로부터) 받아 협상에 나선 것이다."[9]

그러나, 강경론자 페리는 당시 백악관 회의에서 대북공격을 일단 지지하지 않은 것으로 보인다. 페리와 국방 차관보였던 애시턴 카터(Ashton Carter)는 북한에 대한 공격을 논의한 것은 사실이지만 엄청난 규모의 인명피해와 난민발생, 그리고 확전을 우려해 전면전을 유발할 가능성이 높은 북한에 대한 선제공격보다는 "가능하면 전쟁을 피할 수 있는 방법들을 생각했다"고 회고했다.[10] 이에 따라 페리는 대통령에게 영변 핵시설에 대한 선제공격을 추천하지 않기로 하고, 대신 크리스토퍼 국무장관의 입장을 지지했다. 크리스토퍼의 입장이란 "엄격한 제재를 통해 북한에 압력을 가하는 방법"을 의미했다. "제재 전략도 위험성이 없지는 않지만, 전쟁 가능성이 커 보이지는 않았다. 또한 그 전략이 실패하더라도 여전히 군사적 선택은

남아 있었다"는 것이 페리의 판단이었던 것이다.[11]

문제는 미국이 당시 얼마나 대북공격에 가까웠느냐 하는 것이다. 카터 전 미국 대통령의 방북이 없었다면 전쟁이 일어났을 것이라는 주장은 과장된 측면이 있다. 그러나 미국은 UN 안보리 제재가 실효를 거두지 못하면 선제공격을 다시 검토할 수 있다는 입장도 갖고 있었다. 아마도 가장 중요한 것은 북한의 오인이나 오판에 의한 의도하지 않은 전쟁 발발 가능성이 높아가고 있었다는 점이다. 북한의 입장에서 대규모 미 증원군이 한반도 남쪽에 전개될 것이 확실하다면 한국이나 주한미군에 대해 선제적으로 공격하는 것이 합리적이라고 판단할 수밖에 없었다. 북한은 미국의 전력증강을 전쟁 행위로 간주하겠다고 말하고 있었다. 북한이 미 증원군 때문에 선제 공격할 가능성이 높아 보인다면 한국과 주한미군은 북한의 '선제를 선제할 수밖에 없는' 상황이었다. 그야말로 일촉즉발의 상황이었다. 오인이나 오판에서 시작된 합리적 계산은 한반도를 통제 불능 상태로 빠뜨릴 수 있는 심각한 위험을 노정하였다. 카터가 이 심각한 전쟁 가능성을 제거한 것이다.

1994년 5월 들어 북한 핵 문제를 둘러싼 북미 간의 갈등이 전쟁으로까지 확대될 조짐을 보이자 당시 아태재단 이사장이었던 김대중은 1994년 5월 18일 미국 코리아소사이어티 연설에서 북미 간의 일괄타결을 제안하면서 카터 전 대통령 등 유력한 인사의 대북특사 파견이 필요하다는 점을 지적했다. 이에 대해 김영삼 정부는 "북한 김일성 주석의 방미 초청과 카터 전 대통령의 대북특사 파견 주장은 여러 단계를 뛰어넘는 비약으로서 우리 측 협상 입장에 도움이 되지 않는 부적절한 방안이며, 또한 남북 당사자 해결원칙에 입각해

남북 관계를 풀어간다는 정부 입장과 배치되는 것"이라며 강한 거부감을 드러냈다.[12]

카터는 1994년 6월 1일 클린턴 대통령에게 전화를 걸어 위기 상황에 대해 우려를 표했고, 클린턴 대통령은 갈루치 핵 대사를 카터의 집으로 보내 당시 상황을 설명하게 했다. 카터를 진정시키기 위해 갔던 갈루치의 설명은 오히려 카터에게 사태의 심각성을 재확인시켜 주는 결과를 낳았고, 카터는 김일성 주석을 만나 사태 수습에 나서보겠다는 편지를 클린턴에게 보냈다. 그는 "상황 자체를 반전시킬 수 있는 북한의 유일한 사람, 즉 김일성을 만나 담판을 짓는 길만이 전쟁위기를 막을 수 있는 길"이라고 생각했던 것이다.[13]

카터의 방북 제안은 클린턴 정부에게 딜레마를 안겨 주었다. 카터는 '전직' 대통령이므로 협상의 직접 당사자가 아닐 뿐더러, 그가 의도치 않게 정부의 대북 협상력을 약화시킬 것을 우려하지 않을 수 없었다. 또한 공화당과 남한의 김영삼 정부로부터 비난을 받을 것도 뻔해 보였다. 특히 대북정책을 두고 심각한 갈등을 겪고 있는 김영삼 정부와의 관계를 고려할 때, 카터의 방북에 김영삼의 정치적 라이벌인 김대중의 권고가 적지 않게 작용한 것도 부담스럽지 않을 수 없었다. 그렇다고 카터의 방북을 불허할 경우 클린턴 정부가 전쟁을 피하려는 노력을 하지 않고 있다고 비판받을 수도 있었다. 이러한 딜레마 속에 클린턴 정부는 결국 카터의 방북을 승인하였다. 대신 클린턴 정부는 카터의 방북이 대북정책의 변화를 시도하거나 정부의 입장을 공식적으로 전달하는 것이 아니라는 점을 카터에게 주지시켰다. 즉 개인 자격으로 평양을 방문하는 것이지, 미국 정부의 특사가 아니라는 것이다.[14]

카터가 평양에 발을 딛고 있을 때, 미국 내에서는 클린턴 정부에게 '결단'을 촉구하는 목소리가 높아지고 있었다. 부시 정부 때 백악관 국가안보보좌관을 지낸 브렌트 스코우크로프트와 국무부 차관보 출신의 아놀드 캔터는 6월 15일 『워싱턴포스트』기고문을 통해 "북한이 IAEA 사찰단을 추방하면, 미국이 폭격하겠다"는 최후통첩을 보내야 한다고 강경 여론을 주도하였다. 이러한 기류를 반영하듯 미국 정부는 1981년 이스라엘이 이라크의 핵 시설을 공격했던 "오시락 옵션(Osirak Option)"을 검토했는데, 옵션은 세 가지였다. 첫째는 가장 제한적인 무력 사용 방법으로 플루토늄 재처리 시설만 폭격하는 것이고, 둘째는 재처리 시설과 함께 5MWe 원자로를 제거하는 것이며, 셋째는 영변 핵시설 전체와 북한의 주요 군사시설을 파괴하는 것이었다. 당시 미국 정부의 최고위 관리들은 이러한 옵션들을 고려하면서 한반도에 미국 전력이 보강된 이후에 검토할 수 있는 방안이라는 데 의견을 모았다.[15]

이렇듯 한반도를 둘러싸고 각국이 외교전을 벌이고 미국이 군사옵션을 구체화하고 있던 당시 카터는 김일성과 회담하고, 그로부터 대단히 중요한 제안을 받았다. 김일성은 북미 3단계 회담이 재개되면 북한은 IAEA 사찰단의 감시 하에 핵 동결을 계속 유지하겠다는 것과, 여기서 한 걸음 더 나아가 미국이 현대식 원자로(경수로)를 제공할 경우 기존의 흑연감속로를 영구히 동결할 의사가 있다는 제안을 한 것이었다.[16]

김일성의 제안에 고무된 카터는 곧 백악관에 전화를 걸었다. 당시 미국 시간은 16일 오전 10시 30분으로, 그 시간 백악관에서는 한반도에 대규모 증원 전력 파견 방안을 논의하고 있었다. 클린턴 대통령이 주한미군 전력 증강에 서명하려는 순간, 전화가 걸려와 회의가 중단되었던 것이다.[17] 카터로부터 김일성의 제안을 전해 들은 갈루치는 그 내용을 회의에 참석한 인사들에게 보고했고, 카터는 CNN을 통해 김일성과의 회담 결과를 발표했다.

카터의 CNN 회견을 계기로, 대북 제제를 결정하고 이를 뒷받침하기 위해 증원군 파견을 숙의하던 백악관 회의 분위기가 반전되었다. 중국 외교부는 즉각 성명을 발표해 미국이 주도하는 대북 제재에 참여하지 않겠다는 입장을 천명했다. 러시아 역시 미국이 대북 제재안 초안 작성 과정에서 자신들과 협의하지 않았다는 이유로 미국의 초안을 수용하기 힘들다는 입장을 발표했다. 공은 백악관으로 넘어갔다.

백악관 회의 참석자들은 어리둥절한 표정으로 놀라움과 분노를 나타내기도 했다. 흥분된 분위기는 앨 고어(Al Gore) 부통령을 통해 수습되기 시작했다. 고어는 카터와 김일성의 협상안이 미국에게 이로운지 논의해 보자고 제안했다.[18] 이러한 고어의 제안에 힘입어 백악관 회의는 '전쟁을 숙의하는 군사회의'에서 '북한의 제안에 어떻게 답장을 보내야 할지에 대한 외교전략 회의'로 바뀌었다. 동시에 크리스토퍼 국무장관은 서울과 도쿄에 전화를 걸어 긴급 한미일 외무장관 회의를 열었다. 당시 서울과 도쿄의 시간은 새벽 5시였다. 백악관과 서울 그리고 도쿄에서 열띤 토론을 거친 후 클린턴 대통령은 북한과의 고위급 회담 재개를 검토하는 것으로 긴박했던 16일을 마무리했다. "카터가 미국과 한반도의 수많은 사람들을 대단히 심각한 위기 상황으로부터 구했다"고 해도 과언이 아닌 것이었다.[19]

1994년 여름 민족공동체가 실존적인 위기에 처했을 때 한국 정부는 의사결정과정에서 주변화되어 있었다. 일단 김영삼 정부는 대북정책의 중심을 잡지 못하고 여론에 따라 온탕과 냉탕을 오가고 있었다. 조문파동 이후 남북대화채널도 전면 폐쇄된 상태였다. 김영삼 정부는 미국의 대북관여정책(engagement policy)에 불만을 나타내며 강경파를 지원해오고 있었다. 김영삼 대통령은 위기가 고조되자 이번에는 미국의 군사행동을 반대하는 입장을 취했다. 그는 1994년 6월 초 주한 미국인 철수 계획을 통보 받고는 주한 미국대사 제임스 레이니(James Laney)를 불러 단호한 입장을 전달했다. 그는 미국인의 소개(疏開) 작전은 전쟁 전야(前夜)에서나 일어나는 일이라며 "한반도에서의 전쟁은 수천만 명의 사람들을 죽이고 남한의 경제적 번영을 잿더미로 만들 것"이라고 경고하면서 "미국의 영변 폭격으로 전쟁이 발발하면 나는 단 한 사람의 한국군도 동원하지 않을 것"이라고 말했다고 후일 회고했다.[20]

그러나 중요한 것은 당시 한반도의 상황은 이미 김영삼 정부의 통제력에서 벗어났다는 점이다. 김영삼 대통령이 레이니 대사와 클린턴 대통령에게 '전쟁 반대' 입장을 밝혔음에도 불구하고, 클린턴 정부가 6월 16일 한반도 전쟁 가능성을 상정한 미국의 대규모 증원군 파견 및 단계적인 전쟁 계획을 논의했던 것에서 알 수 있듯이, 한국 정부의 입장이 결정적인 역할을 하지 못한 것이다. 이는 결국 미국 정부가 한국 정부와의 의견 조율이나 사전 논의 없이 전쟁의 전 단계인 증원군 파견을 사실상 결정하고 있었다는 점에서 한반도의 운명이 한국 정부의 통제 밖에 있었다는 엄연한 현실과, 한국 정부의 일관성 없는 외교안보 정책이 얼마나 위험한 상황을 가져올 수 있는지를 새삼 깨닫게 해주는 것이었다. 동시에, 안보위협을 제거하기 위해서는 무력 사용 등 모든 옵션을 쥐고 있으려는 미국과 누가 정권을 잡더라도 민족공동체의 소멸을 가져올 수 있는 전쟁에는 신중해질 수밖에 없는 한국 사이의 전략적 간극을 새삼스럽게 확인할 수 있는 사례이기도 했다.

미국이 북한에 대해 선뜻 군사력 행사를 감행하지 못한 가장 큰 이유는, 중국의 개입이 없더라도, 그 물적, 인적 손실이 너무 클 것이라는 예상 때문이었다. 실제로 당시 미군 당국이 추정한 잠재적 피해 규모는 엄청났다. 북한의 피해를 제외하더라도 미군 약 5-10만 명, 한국군 약 50만 명, 남한 주민 수백만 명 등이 사망할 것이고, 미국의 직접적 전쟁 비용이 1천억 달러, 남한의 경제 손실이 1조 달러가 될 것이라고 본 것이다.[21] 미국으로서는 북한을 제압하는 데 90일이면 된다고 보면서도, 2차 세계대전 이후 최대의 인적, 물적 피해를 신중하게 고려하지 않을 수 없었던 것이다. 이러한 미국의 평가는 북한의 피해 규모를 포함하지 않은 것이고, 또 전쟁 기간을 90일로 상정한 규모이기 때문에 실제 전쟁이 벌어졌을 경우 그 피해는 미국의 예측을 훨씬 능가했을 것이라는 점을 어렵지 않게 예상할 수 있다. 이러한 엄청난 인적, 물적 비용은 김영삼 대통령이 미국의 전쟁 계획에 반대했던 근본적인 이유이기도 했다.

북한의 막강한 군사력이 한반도의 전쟁을 막았다는 역설(paradox)도 있다. 남한 안보를 위협하는 원천이 결과적으로 남한에 안보를 제공해주었다는 면에서 역설인 것이다. 다시 말해, 이는 한반도의 군사적 대립구조 및 상호 간의 막강한 화력이 긴장을 조성하고 서로의 안보를 위협하는 동시에, 위기 고조 시 전쟁으로까지 치닫지 못하게 하는 한반도의 지독한 역설인 것이다.

3. 북미기본합의서

북핵문제를 둘러싼 위기감이 고조되는 가운데 UN 안보리가 북한에 대해 NPT 복귀와 IAEA의 사찰 수용을 요구한 결의(1993년 5월 11일)에 따라 북한과 핵 협상을 시작한 미국의 클린턴 정부는 1994년 여름의 전쟁위기를 넘고, 수차례의 실무접촉과 고위급회담을 거쳐, 1994년 10월 21일 북핵문제 해결을 위한 기본합의에 북한과 함께 서명하였다. 그 주요 내용은 다음과 같다:

북미기본합의서(The Agreed Framework)
1. 양측은 북한의 흑연감속원자로 및 관련시설을 경수로 원자로 발전소로 대체하기 위해 협력한다.
1) 미국은 2003년을 목표시한으로 총발전용량 약 2,000MWe의 경수로를 북한에 제공하기 위한 조치를 주선할 책임을 진다.
2) 1994년 10월 20일자 대체에너지 제공 관련 미국의 보장서한에 의거 미국은 국제컨소시엄을 대표하여 북한의 흑연감속원자로 동결에 따라 상실될 에너지를 첫 번째 경수로 완공시까지 보전하기 위한 조치를 주선한다.
- 대체 에너지는 난방과 전력생산을 위해 중유로 공급된다.
- 중유의 공급은 본 합의문 서명 후 3개월 내 개시되고 양측간 합의된 공급일정에 따라 연간 50만톤 규모까지 공급된다.

2. 양측은 정치적 경제적 관계의 완전 정상화를 추구한다.
1) 합의 후 3개월 내 양측은 통신 및 금융거래에 대한 제한을 포함

한 무역 및 투자제한을 완화시켜 나아간다.

2) 양측은 전문가급 협의를 통해 영사 및 여타 기술적 문제가 해결된 후에 쌍방의 수도에 연락사무소를 개설한다.

3) 미국과 북한은 상호관심 사항에 대한 진전이 이루어짐에 따라 양국관계를 대사급으로까지 격상시켜 나아간다.

3. 양측은 핵이 없는 한반도의 평화와 안전을 위해 함께 노력한다.

1) 미국은 북한에 대한 핵무기 불위협 또는 불사용에 관한 공식 보장을 제공한다(negative security assurance).

2) 북한은 한반도 비핵화 공동선언을 이행하기 위한 조치를 일관성 있게 취한다.

3) 본 합의문이 대화를 촉진하는 분위기를 조성해 나감에 따라 북한은 남북대화에 착수한다.

4. 양측은 국제적 핵확산금지체제 강화를 위해 함께 노력한다.

1) 북한은 핵확산금지조약(NPT) 당사국으로 잔류하며 동 조약상의 안전조치협정 이행을 허용한다.

2) 경수로 제공을 위한 계약체결 즉시 동결대상이 아닌 시설에 대하여 북한과 IAEA 간 안전조치협정에 따라 임시 및 일반사찰이 재개된다.

3) 경수로 사업의 상당 부분이 완료될 때, 그러나 주요 핵심부품의 인도 이전에 북한은 북한 내 모든 핵물질에 관한 최초 보고서의 정확성과 완전성을 검증하는 것과 관련하여 IAEA와의 협의를 거쳐 IAEA가 필요하다고 판단하는 모든 조치를 취하는 것을 포함하여

IAEA 안전조치협정을 완전히 이행한다.

제네바 북미합의를 통해 북한은 북미 관계 개선, 국제사회로의 진출, 안보 불안감 해소뿐 아니라, 경수로를 통한 에너지 문제를 해결할 수 있는 발판을 마련했다. 미국은 1995년 NPT의 무기한 연장 여부를 결정할 검토회의를 앞두고 북한의 도전/이탈을 차단함으로써, 미국의 세계안보적 전략이익인 NPT 체제를 공고화할 수 있는 기반을 닦았다. NPT 무기한 연장 문제를 앞두고 NPT 회원국이 이 조약에서 탈퇴해 핵무기를 만드는 선례를 남기면, NPT 체제는 총체적인 위기를 맞이할 수밖에 없었기 때문이다. 또한 남한은 북한이 한반도 비핵화 공동선언의 재확인을 통해 농축 및 재처리시설 보유를 하지 않겠다고 약속함으로써 당시 직면했던 핵 주권 포기 논란을 가라앉힐 수 있었다. 당시 남한 내 일각에서는 북한의 핵무장에 대비해 NPT의 금지 대상이 아닌 농축 및 재처리 시설을 보유해야 한다는 주장이 있었는데, 제네바 합의를 통해 이 문제가 일단락될 수 있었던 것이다.

그러나 제네바 북미기본합의는 적지 않은 문제점을 노정하였다. 제네바 합의를 통해 클린턴 정부는 북한의 현재 및 미래의 핵은 동결시킬 수 있었으나, 과거의 핵 활동에 대해서는 수년 후에나 규명할 수 있게 되었고, 핵 개발 포기 대가를 지불하겠다고 약속함으로써 "악행을 보상했다"는 미국 내 강경파들의 끊임없는 정치 공세에 시달리게 되었다. 북한의 입장에서는 핵 개발 시도 의혹을 통해 미국을 협상 테이블로 끌어내는 데는 성공했지만, 핵 동결과 함께 미국의 관심에서 멀어지고 미국이 합의사항 이행에 미온적으로 나옴으로써, 경제 정치적 위기를 해소할 수 있는 토대를 상실하게 되었다. 남한의 입장에서도 협상 과정에서는 배제된 채, 제네바 합의 이후 경수로 건설비용의 70%를 부담해야 하는 결과를 맞고 말았다. 이는 김영삼 정부가 자초한 면이 있었다. 김 대통령은 북한이 NPT를 탈퇴하고 도발적으로 행동하자, 남한에 특사를 보내겠다는 북한의 제의를 거절하면서, "핵을 가진 자와는 손을 잡지 않겠다"고 선언했다. 그러나 북한과 미국은 한국을 배제한 채 이뤄진 북미협상에서 경수로 제공 문제에 합의했던 것이다. 나아가, 1994년 7월 8일 김일성 주석 사망 이후 '조문파동'에서 알 수 있듯이, 김영삼 정부는 대북 강경책을 강화함으로써 제네바 북미합의 이후 남북관계를 주도적으로 발전시킬 수 있는 기회를 잃었다.

제네바 합의 이후 급물살을 탈 것으로 보였던 북미 관계는 합의 직후 실시된 미국의 중간선거에서 공화당이 상하원을 장악하고 클린턴 정부의 대북정책에 제동을 걸면서 교착상태에 빠져들기 시작했다. 공화당 의회는 대북 중유 제공 예산 심의를 늦추고 경제제재 완화에 부정적인 자세를 취했다. 이에 따라 미국의 대북 경제제재 완화는 동결된 북한 자산 일부 해제, 북한의 미국 은행시스템 이용 허가, 북한산 마그네사이트 수업 허용, 미국민의 북한 여행자유화 등에 머물렀고, 중유 제공이 제때 이뤄지지 않음으로써 북한과 잦은 마찰을 빚기도 했다. 미국 의회의 정치적 역학 관계의 변화가 제네바 합의를 위태롭게 만들기 시작한 것이다. 그리고 2000년 말 미국의 정권 교체는 제네바 합의가 총체적 위기에 직면할 것이라는 우려를 낳았고, 실제로 그렇게 되었다.

햇볕정책

'북한붕괴론'이 맹위를 떨치던 시점인 1998년 2월 집권한 김대중 정부는 한국의 대북정책의 전제를 김영삼 정부가 상정하던 '붕괴임박론'에서 보다 현실적인 '점진적 변화론'으로 수정했다. 김대중 정부의 관점에서 보면 북한의 붕괴는 내부조건(예를 들어, 일반적으로 개도국에서는 정치변동의 주체가 군이나 대학생이지만 북한에서는 이들이 체제수호적 보수세력이라는 점)을 고려할 때 단지 희망사항일 뿐 가능성이 낮고, 또한 "전쟁이나 내란, 대규모 탈북사태 등을 초래할 위험이 있어" 바람직하지도 않았다. 오히려 김대중 정부는 한미연합 대북억지력을 유지하면서도 남북 간 평화공존 속에서 교류협력과 대화의 확대를 통해 단기적으로는 '평화배당금(peace dividend)'을 수취하고, 장기적으로는 평화통일을 국제적 협력 하에 주체적으로 이뤄나간다는 구상을 실천에 옮기고자 했다. 북한 문제의 안정적 관리는 한국의 국내정치와도 밀접히 연관된 정치행위이기도 했다. 김대중은 반공을 국시로 하고 북진통일론, 멸공통일론을 우상화하던 권위주의적 강권 정치의 엄혹한 상황 하에서 1970년 10월 16일 대통령 후보로서 "미중소일 4대국의 한반도 전쟁 억제 보장, 남북한의 화해와 교류 및 평화통일, 공산권 국가들과의 관계 개선과 교역 추진"을 공약하였다. 이후 그는 한국의 극우세력으로부터 빨갱이, 용공분자 등으로 매도되어 온갖 정치탄압의 대상이 되었는데 그 주된 이유는 그가 북한을 인정하고 고무하여 한국의 국가안보를 해친다는 것이었다. 그는 전두환 군부정권 하에서 국가보안법 위반, 내란음모죄 등의 죄목으로 사형선고를 받기도 했다. 김대중은 과장된 북한의 위협과 그에 따른 '협박의 정치(politics of in-timidation)'에 의해 한국의 민주주의가 질식되거나 위협받아 왔고, 그에 따라 비정상적 대미의존과 친미적 반공/보수정치세력의 정치 지배가 정당화되어 왔으므로 북한 문제의 안정적 관리는 한국 정치에서 역사적 의미를 가진다고 보았을 것으로 사료된다.

김대중은 자신의 대북정책인 '대북화해협력정책'을 햇볕정책이라고도 불렀다.[1] 강한 바람보다는 따뜻한 햇볕이 나그네의 외투를 벗기는 데 효과적이라는 이솝우화를 은유적으로 사용한 것이었다. 그는 1998년 한미정상회담 시 클린턴 대통령이 햇볕정책에 대해 설명해달라고 요청하자 다음과 같이 말했다:

"햇볕정책은 따지고 보면 미국의 성공에서 배운 것입니다. 2차대전 후에 미국은 소련에 대해 극단적인 냉전 체제를 유지했지만 결국 돌아온 것은 무기경쟁뿐이었습니다… 그래서 미국은 1970년대 중반부터 데탕트 정책으로 바꿨고, 경제협력과 교류를 했습니다.

그리고 15년 정도 지나니 소련이 그대로 무너져 내렸습니다. 외부에서 총 한 방 쏘지 않고, 안에서 폭동 한 번 일어나지 않았지만 붕괴되었습니다… 미국은 중국에 대해서도 처음에는 전쟁 범죄자로 규정했습니다. 한국전쟁에 참전했다는 이유였습니다. 중국은 악마이니 없어져야 한다며 봉쇄정책으로 일관했습니다. 이에 중국은 핵무기를 개발하며 극한 반발을 했습니다. 그러다가 닉슨 대통령이 중국의 UN가입을 유도하고 직접 중국에 가서 마오쩌둥을 설득했습니다. '개방하시오, 그러면 우리가 도와주겠소.'… 중국이 개방을 하자 중국 내에서 중산층이 생겨나고 경제는 민간이 주도하게 되었습니다… 또 베트남을 보십시오. 미국은 베트남을 원수로 알고 전쟁을 했지만 결국 패했습니다. 그 후 국교를 수립하고 경제원조를 하니까 지금 베트남은 친미국가가 되었습니다. 처음에는 베트남 남쪽만 지키려 했는데 이제 북쪽까지 미국이 침투해 들어갔습니다… 반대로 쿠바를 40년 동안 봉쇄하며 압박했지만 굴복시키지 못했습니다. 만일 쿠바와 국교를 수립하고 교류했다면 쿠바는 이미 개방했을 것입니다. 공산주의는 문을 열면 망하고 닫으면 강해집니다… 북한도 마찬가지입니다. 공산주의를 대할 때 군사적 힘으로 도발은 못하게 하고 다른 한쪽으로는 개방을 하도록 유도해야 합니다. 우리의 햇볕정책은 미국의 대외정책을 통해 이미 검증을 마친 것입니다."[2]

김대중에 따르면 경청하던 클린턴 대통령은 다음과 같이 말했다:

"김 대통령의 비중과 경륜을 볼 때 이제 한반도 문제는 김 대통령께서 주도해주기 바랍니다. 김 대통령이 핸들을 잡아 운전하고 나는 옆자리로 옮겨 보조적 역할을 하겠습니다."[3]

김대중 정부는 무력도발 불용, 흡수통일 배제, 화해·협력의 적극 추진 등 '대북정책 3원칙' 하에 보다 많은 접촉·대화·협력의 추구, 정경분리 원칙에 입각한 경제교류협력의 활성화, 인도적 차원에서 북한동포의 식량난 해결 지원, 남북이산가족 문제의 조속한 해결 노력, 남북대화를 통한 상호주의적 협력과 남북기본합의서의 이행, 군사적 긴장완화와 신뢰구축을 통한 군비통제의 실현 등 '6가지 추진기조'를 실행에 옮기고자 하였다. 이 정책은 두 가지 수준에서 병행전략을 담고 있었다. 즉 "핵을 가진 자와는 손을 잡지 않겠다"는 김영삼 정부의 정경연계책을 정경분리책으로 대체하여 남북관계의 독자적 영역을 구축/확대하면서, 동시에 남북관계의 구조적 조건이라 할 수 있는 국제적 공조와 조화를 강화하여 남북관계 개선에 탄력을 붙인다는 구상이었다.

정경분리정책은 김대중 정부의 대북정책을 능동적으로 선도하는 행동지침이었다. 이는 통상적인 실용주의로서의 정경분리책과는 다른 한반도 특유의 요소를 가지고 있었다. 북핵문제라는 최대의 현안이 존재하고 있었기 때문이다. 따라서 김대중 정부는 정치적 문제와는 별도로 경제적 실익을 추구한다는 일반적인 개념에서 벗어나 핵문제와 같은 정치적 문제가 경제교류협력을 방해하지 않도록 하는 동시에 후자가 오히려 전자를 해결할 수 있는 기회의 창을 넓게 하고자 했던 것이다.[4] 이는 "공산주의는 문을 열면 망하고 닫으면 강해진다"는 그의 정치적 신념에서 비롯된 것으로서 자본주의와 시장경제가 사회주의와 통제경제를 극복하고 해체한 냉전의 역사를 반영한 것이었다.

김대중 정부는 정경분리책에 입각하여 1998년 3월 18일 민간 차원 대북지원 활성화 조치를 발표하였다. 1998년 4월 30일에는 남북경협 활성화 조치를 취해 대북 투자규모 제한을 폐지하였다. 6월 16일에는 정주영 현대그룹 명예회장 일행이 소 500마리와 함께 판문점을 경유하여 북한을 방문하였고, 북한의 김정일 위원장과 금강산 관광사업에 합의하기에 이른다. 같은 해 금강산 관광, 국제옥수수재단 등 민간단체의 대북교류협력 사업도 활성화되었다. 사회문화교류, 특히 종교, 문화·예술 부문의 교류가 전년도에 비해 크게 증가하였다.[5]

김대중의 햇볕정책은 순조롭게 시작되었으나 이내 돌발적 변수로 인해 시련을 겪게 되었다. 1998년 여름 한미 간 대북정책공조에 부담을 주는 일련의 사건이 발생했다. 첫째, 7월 15일 소위 '럼스펠드보고서'가 발표되었다. 이 보고서는 이전의 CIA 국가정보보고서(National Intelligence Estimate) 평가를 뒤집고 "북한이 5년 내에 미국 본토 공격이 가능한 ICBM 개발이 가능하다"는 결론을 내렸다. 『뉴욕타임즈』가 8월 17일 정보기관을 인용해 "북한이 금창리에 핵의혹 시설로 보이는 지하시설을 건설 중"이라고 보도했다. 이 상황에서 8월 31일 북한이 대포동-1호 미사일을 실험발사했다. '광명성-1호'라고 북한이 명명한 인공위성은 궤도에 오르지 못했지만 국제사회에서의 파장은 중대했다. 주목받지 못했던 럼스펠드보고서에 대한 신뢰성이 급상승했고 공화당 주도의 의회는 북미기본합의에 의해 북한에 제공되던 중유 예산을 삭감했으며, 군의 일부는 대북 선제공격을 거론했다.

1. '페리 프로세스'와 6.15남북공동선언

대북강경론이 지배하게 된 미 의회는 클린턴 정부에게 대북정책을 전면 재검토할 것과 이를 위해 대북정책조정관실을 신설하고 그가 작성한 대북정책재평가를 의회에 직접 보고할 것을 요구했다. 클린턴은 1998년 11월 12일 대북강경론자로서 공화당의 신임을 받고 있던 전 국방장관 윌리엄 페리를 대북정책조정관에 임명했고, 국무장관 특보 웬디 셔먼이 그를 돕도록 했다. 페리 일행은 1999년 5월 25-28일 동안 방북하여 북한의 고위관리들과 면담한 후 그들과의 대화는 "매우 집약적이고 극히 실질적이며, 핵심 우려 사항에 대한 북한의 입장을 이해할 수 있는 매우 가치 있는 기회였다"고 말했다.[6] 그는 한국, 일본, 중국 등을 방문하고 각국의 입장을 청취한 후 작성한 이른바 페리보고서를 클린턴 정부와 의회에 각각 전달하였다.

페리는 그의 저서 『예방적 방위전략(*Preventive Defense*)』에서 "우리는 북한의 대량파괴무기 프로그램의 지속이 김대중 대통령의 화해협력정책이 작동하는 데 필요한 시간을 빼앗아가 버릴지 모른다는 클린턴 대통령과 그의 보좌관, 그리고 많은 의원들의 생각에 동의했다"고 말한 바와 같이, 당시 남한의 대북화해협력정책을 비판적으로 보고 있었다. 그러나 그가 발로 뛰고 고민하면서 작성한 보고서는 현장감 있고 균형 잡힌 그리고 집행 가능한 대안을 담았다. 그가 작성한 '대북정책재평가'의 핵심은 "북한이 오랫동안 고립주의를 유지한 것이 지역적 불안정의 원인"이고, "상호위협감소(mutual threat reduction) 개념에 기초하여, 있는 그대로의(as it is) 북한과 협상에 임해야 할 필요성을 제기하는 한편, 북한이 협력하지 않는 경우 "협상을 통해 제거할 수 없는 위협을 봉쇄해야 하지만, 미국과 동맹국들은 북미기본합의(핵문제와 북미관계정상화 동시해결)를 유지하고 가능한 한 직접적 충돌을 피하면서도 단호하고 절제된 조치를 취함으로써 북한이 첫 번째 접근방식에 동의하도록 설득해야 한다"는 내용이었다.

역지사지의 실용주의적 '페리 프로세스'가 성과를 내고 김대중과 김정일의 공감대가 확대되면서 남북정상은 2000년 6월 13일 미국의 지지 아래 첫 만남을 가졌고, 이윽고 역사적인 6.15남북공동선언을 채택하였다:

① 남과 북은 나라의 통일문제를 그 주인인 우리 민족끼리 서로 힘을 합쳐 자주적으로 해결해 나가기로 하였다.

② 남과 북은 나라의 통일을 위한 남측의 연합제 안과 북측의 낮은 단계의 연방제 안이 서로 공통성이 있다고 인정하고 앞으로 이 방향에서 통일을 지향시켜 나가기로 하였다.

③ 남과 북은 올해 8.15에 즈음하여 흩어진 가족, 친척 방문단을 교환하며, 비전향 장기수 문제를 해결하는 등 인도적 문제를 조속히 풀어 나가기로 하였다.

④ 남과 북은 경제협력을 통하여 민족경제를 균형적으로 발전시키고, 사회, 문화, 체육, 보건, 환경 등 제반분야의 협력과 교류를 활성화하여 서로의 신뢰를 다져 나가기로 하였다.

남북공동선언

조국의 평화적 통일을 염원하는 온 겨레의 숭고한 뜻에 따라 대한민국 김대중 대통령과 조선민주주의인민공화국 김정일 국방위원장은 2000년 6월 13일부터 6월 15일까지 평양에서 역사적인 상봉을 하였으며 정상회담을 가졌다.

남북 정상들은 분단 역사상 처음으로 열린 이번 상봉과 회담이 서로 이해를 증진시키고 남북관계를 발전시키며 평화통일을 실현하는데 중대한 의의를 가진다고 평가하고 다음과 같이 선언한다.

1. 남과 북은 나라의 통일문제를 그 주인인 우리 민족끼리 서로 힘을 합쳐 자주적으로 해결해 나가기로 하였다.

2. 남과 북은 나라의 통일을 위한 남측의 연합제 안과 북측의 낮은 단계의 연방제 안이 서로 공통성이 있다고 인정하고 앞으로 이 방향에서 통일을 지향시켜 나가기로 하였다.

3. 남과 북은 올해 8.15에 즈음하여 흩어진 가족, 친척 방문단을 교환하며 비전향장기수 문제를 해결하는 등 인도적 문제를 조속히 풀어 나가기로 하였다.

4. 남과 북은 경제협력을 통하여 민족경제를 균형적으로 발전시키고 사회, 문화, 체육, 보건, 환경 등 제반 분야의 협력과 교류를 활성화하여 서로의 신뢰를 다져 나가기로 하였다.

5. 남과 북은 이상과 같은 합의사항을 조속히 실천에 옮기기 위하여 빠른 시일 안에 당국 사이의 대화를 개최하기로 하였다.

김대중 대통령은 김정일 국방위원장이 서울을 방문하도록 정중히 초청하였으며 김정일 국방위원장은 앞으로 적절한 시기에 서울을 방문하기로 하였다.

2000년 6월 15일

대 한 민 국   조선민주주의인민공화국
대 통 령   국 방 위 원 장
김 대 중   김 정 일

⑤ 남과 북은 이상과 같은 합의사항을 조속히 실천에 옮기기 위하여 빠른 시일 안에 당국 사이의 대화를 개최하기로 하였다.

2. 6.15남북공동선언의 제2항

6.15남북공동선언의 내용이 한국에 알려지자 큰 파장이 일었다. 특히 "남과 북은 나라의 통일을 위한 남측의 연합제 안과 북측의 낮은 단계의 연방제 안이 서로 공통성이 있다고 인정하고 앞으로 이 방향에서 통일을 지향시켜 나가기로 하였다"는 제2항은 위헌이라는 비판이 잇따랐다. 한 법률학자는 대한민국의 어느 정부가 법률이나 남북합의서 등 하위규범에 의해 명백히 불문헌법(관습헌법)의 지위를 갖는 대한민국의 단일국가성을 무시·파괴하고 연방제 통일을 추진할 경우, 이는 그 자체로 반헌법적 행위가 된다고 말했다.

그러나 제2항이 위헌이라는 이러한 문제제기는 제2항에 대한 오
독이거나, 남과 북의 통일방안에 대한 몰이해에서 비롯된 것이었다.
이해를 돕기 위해 일단 아래의 그림을 보도록 하자.

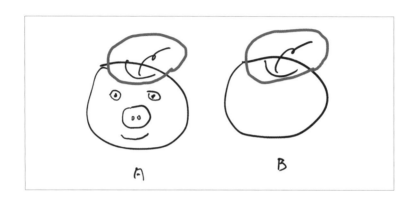

위의 그림에서 꼭지가 달린 부분만을 클로즈업해서 본다면 둘
다 사과로 보일 수 있다. 양자 간에는 공통점이 있어 보이는 것이다.
그러나 A와 B의 전체를 보면 하나는 돼지의 꼬리, 다른 하나는 사과
의 꼭지로 전혀 다른 실체가 드러나게 된다. 제2항에서 언급된 남북
연합과 낮은 단계의 연방제 간의 관계도 마찬가지이다.

제2항에서 언급된 한국의 남북연합은 남과 북이 현존 상태 그대
로 상이한 이념과 이질적인 정치, 경제 체제 및 두 정부를 유지하면
서 긴밀한 협력 기구를 형성하여, '분단 상황을 평화적으로 관리'하
는 한편 '통합 과정을 효율적으로 관리'해 나가는 제도적 장치이다.
이는 분단 구조의 영구화를 지향하는 선린우호 관계가 아니라 '통
일지향적 특수 관계'를 발전시켜 나가려는 노력의 소산인 것이다.
그런데 여기서 중요한 것은 남북연합은 통일 이전 단계의 제도라는

점이다. 이에 반해 연방으로의 진입은 통일을 의미한다. 연방제 하에서는 외교와 국방 그리고 주요 내정을 연방정부가 관장하며, 그밖의 일반적인 내정에 대해서는 지금까지의 양 공화국이 이제는 지역자치정부의 입장에서 관리하게 된다. 연방은 낮은 단계이든 높은 단계이든 통일 이후의 제도이다.

　제2항에서 언급된 "낮은 단계의 연방제"에 대해 살펴보자. 북한은 1960년 '남북연방제' 통일방안을 제시하였다. 이것은 당분간 남북한의 정치제도를 그대로 유지하고(2제도 2정부), 양국 정부의 독자적 활동을 보장하면서, 두 정부의 대표들로 구성된 최고민족회의를 결성하여 정치/군사적 문제를 제외한 경제/문화 발전을 추진해 나가자는 방안이었다. 북한은 1973년에는 이를 구체화하여 '고려연방공화국'이라는 연방제를 제안했다. 북한은 이 방안에서 1960년의 제안보다 한 걸음 더 나아가 고려연방공화국이라는 단일 국호를 사용하고, 이 단일국가의 이름으로 UN에 동시 가입하자고 제의한 것이었다. 이는 외교권의 통합이라는 측면에서 한 단계 높은 수준의 연방제라 할 수 있었다. 북한은 1980년 '고려민주연방공화국 창립방안'을 발표하면서 ① 남북연합에 의한 하나의 연방국가 건설 ② 민족통일정부 수립 및 2지역 자치제 실시 ③ 남북의 두 지역 정부를 지도할 최고민족연방회의와 그 상임기구인 연방상설위원회 구성 ④ 고려민주연방공화국(Confederal Democratic Republic of Koryo)을 국호로 하는 중립국 선포 등을 제안하였다. 6.15공동선언 제2항에서 언급된 "낮은 단계 연방제"는 1991년에 제시되었다. 북한은 1991년 신년사를 통해 '고려민주연방공화국 창립방안'에서 약간 수위를 낮추어 '하나의 민족, 하나의 국가, 두 개의 제도, 두 개의 정

부에 기초한 연방제 방식'을 제안한 것이었다. 핵심 내용은 "무력통일이나 흡수통일을 배제하고, 두 지역 정부가 자신의 사상과 제도를 유지한 상태에서, 하나의 민족으로서 하나의 통일국가를 실현하자"는 것이었다. 이 방안은 통일국가를 수립하되, 두 개 정부의 권한을 인정하고 제도적 통일은 후대에게 맡기자는 점에서 현실성을 좀 더 고려한 방안이었다. 이처럼 북한은 기존의 고려민주연방공화국을 창립하기 위한 전단계를 설정함으로써, 통일방안을 단계적으로 구분하였다. 이 방안은 2000년 10월 6일 평양에서 개최된 '고려민주연방공화국 창립방안 제시 20주년 평양시 보고회'에서 더욱 구체화되었다. 이 대회에서 북한은 "낮은 단계 연방제안은 하나의 민족, 하나의 국가, 두 개 제도, 두 개 정부의 원칙에 기초해 북과 남에 존재하는 두 개의 정부가 정치, 군사, 외교권을 비롯한 현재의 기능과 권한을 그대로 가지게 하고 그 위에 민족통일기구를 내오는 방법으로 북남관계를 통일적으로 조정해 나가는 것을 기본내용으로 하고 있다"고 선언하였다.

정리해보자. 제2항의 남북연합은 한국의 통일방안에서 '통일 이전' 단계의 제도이고, 아무리 낮은 단계라 하더라도 연방제는 '통일 이후'의 제도이다. 앞서 그림에 대해 설명할 때 언급했듯이 남북연합과 낮은 단계의 연방제는 외양상, 형식상 공통점을 갖는다. 그러나 양자는 통일방안 체계 내에서의 '기능적 조응성(functional equivalence)'을 가지지 못한다. 즉 공통점이란 통일 이전 단계인 남북연합제와 통일 이후 단계인 "낮은 단계의 연방제" 사이에 외양적으로 존재하는 것이지, 남북 양측의 통일방안 간에 공통점이 존재하는 것은 아니라는 말이다. 남측의 통일방안과 북측의 통일방안은 사과와 돼지만큼 다르다.

　그렇다면 공동선언 제2항은 어떻게 해석되어야 하는가? 역지사지를 해보면 그 의미를 명확히 이해할 수 있다. 김대중과 김정일은 역사상 처음으로 남북정상회담에 임한 분단국가의 최고지도자였다. 그렇다면 이러한 역사적 만남에서 최대의 화두는 당연히 통일일 수밖에 없을 것이었다. 그러나 그들은 통일이나 통일방안에 관한 얘기가 나오자마자 회담이 결렬될 것이라는 것을 누구보다 잘 알고 있었을 것이다. 즉 통일방안에 대해 논하자면 제일 먼저 논의되어야 하는 사안은 통일 논의나 협상의 종착역, 다시 말해, 통일국가의 정치제도가 될 것이고, 남한의 김대중에게는 민주주의 시장경제 이외의 대안에 대한 토론조차 상상불가한 것이었고, 북한의 김정일 또한 민주주의 시장경제라는 제도를 받아들일 가능성은 전무였다. 그렇다고 양측의 제도를 대충 섞어놓은 절충이나 타협은 제도적 현실성이 없고, 나아가, 각자의 헌법체계나 국내정치를 고려할 때 협상이 가능한 대안이 아니었다. 더구나 김대중은 민주주의 시장경제라는 사회제도를 양보할 수 없는 자유주의(liberal) 정치인이었고, 만일 대안적 제도에 합의가 이뤄질 경우 자신은 한국에 돌아오자마자 탄핵될 수 있다는 사실을 누구보다 더 잘 알고 있었다. 김대중과 김정일의 관심은 경제교류협력이었다. 어떻게 해서든 정상회담이 결렬되는 것을 막기 위하여 그들은 의도적으로 모호성을 남겨두기로 하였다. 이와 같은 소위 "전략적 모호성"에 의한 접근은 현상(現狀 status quo)을 유지하고 실익을 취하는 가운데 정책적 운신의 폭을 확보할 목적으로 국제정치에서 흔히 사용된다.

　당시 언론에 자주 언급되었듯이, 남북정상회담에 임하는 남한의 입장은 소위 근본적인 문제에 관한 논의를 가능한 한 피한다는 데에 있었을 것이다. 특히 일국양제와 관련한 남북 간의 시각차는 강제적 흡수통합을 배제한다는 대전제 하에 지속적인 연구/논의 과정을 거쳐 해소해 나간다는 식으로 정리할 것으로 예상되었다. 통일의 지향점이 현 시점에서 상호 수용 불가한 것이라면 통일 논의 자체가 남북의 실익인 남북관계 개선에 장애요소로 작용할 수 있기 때문이었다.

그러나 북한의 입장에서는 수십 년간 대남정책의 근간이었던 통일방안에 관한 논의 없이 "비근본적인 문제"에 관한 합의만을 도출한다는 것은 자기부정에 가까운 어불성설(語不成說)일 가능성이 높았다. 그렇다고 해도 북한의 입장은 통일방안에 관한 합의가 이루어질 가능성이 없는 상태에서 이에 무모하게 접근할 수도 없는 형편이었다. 경제 위기를 탈출할 길이 남북합의에서 시작될 수 있으며, 반대로, 남한의 정정(政情) 변화에 따라 대북포용정책이 반전(反轉)할 가능성도 간과할 수 없기 때문이었다.

남북관계 개선과 경협을 바라지만 통일을 말하지 않을 수 없는 김대중과 김정일을 동시에 만족시켜줄 수 있는 방법은 그들이 전략적으로 합의 제2항에 모호성을 남겨두는 것이었다. "연합제와 낮은 단계의 연방제" 간의 공통성이 '통일'로 이어지기는 불가능하다는 판단을 하고 있었으면서도 그것이 남과 북의 실익인 화해와 협력에 장애로 작용하지 않도록 모호하게 처리했다는 것이다. 아울러 남과 북은 "전략적 모호성" 전략을 활용함으로써 각각의 청중들을 대상으로 정책적 운신의 폭을 넓게 확보했으며 미래의 발전에 유연하게 대처할 수 있게 된 것이었다. 요컨대 통일 방안에 대해 남북정상 간의 "합의하지 않기로 한 합의(agree to disagree)"는 공동선언 전체적으로는 "윈-윈(win-win)"이고, 제2항에 대한 합의는 "무결정(undetermined)"이었다. 즉 남과 북이 실제로 원하는 바를 얻게 되었기 때문에 "윈-윈"이고, 통일방안과 관련해서는 현상이 유지되었기 때문에 "무결정"이었다.

이러한 해석의 타당성은 6.15남북공동선언 이후 20년이 넘도록 통일방안에 관한 남북의 정부간 논의가 한 차례도 없었다는 사실이 방증한다. 그리고 제2항은 김대중과 김정일이 위에서 말한 전략적 모호성의 전략을 사용하는 데 합의했음을 가리킨다 할 것이다. 따라서 제2항이 위헌이라는 주장은 제2항의 정치적이고 전략적인 의미를 이해하지 못한 결과라 할 수 있다. 이제 위헌 주장은 사실상 폐기 처분된 상태이다.

제2항은 다른 관점에서 보면 비판의 대상이 될 수 있다. 실질 이익 공유를 위한 타협을 이끌어내기 위해 불가피한 선택이었을 수 있지만, 통일방안의 본질적 이질성의 문제를 미봉한 측면이 강하여, 결과적으로, 국민들, 특히 통일에 대한 열망과 기대가 컸던 국민들을 사실상 기만하였다는 비판이 가능하다는 말이다. 그러나, 마키아벨리, 리셸리외, 팔머스턴, 모겐소 등 현실주의 국제정치이론가들이나 정치주체들이 강조했듯이, 국가에게 개인 수준의 도덕과 윤리를 요구하는 것은 국가가 책임지고 있는 국민의 이익의 관점에서 바람직한 것일까하는 또 다른 차원에서의 문제제기가 있을 수 있다. 국가에게 개인 수준의 도덕과 윤리를 요구하는 것은 그 자체가 "국제정치적으로 부도덕"한 것일 뿐 아니라 국가생존을 위험에 빠뜨릴 수 있는 무모한 일이라고 보는 실용적 현실주의자들의 불가피한 선

택이 인정되는 만큼은 김대중과 김정일의 제2항에 대한 합의의 불가피성도 충분히 인정될 수 있을 것이다. 김대중과 김정일이 제2항과 관련해 사용한 '전략적 모호성의 전략'은 박정희가 일본과 한일기본조약을 체결할 때 사용했던 '전략적 모호성의 전략'과는 의사결정의 결과의 측면에서 결코 같지 않다. "합의하지 않기로 합의"한 의도적으로 모호한 행위가 중대한 실질적 후과를 가지느냐가 판단의 준거점이 될 수 있다. 2000년 김대중과 김정일은 사실이 아닌 것을 사실인 것처럼 가식적으로 행동했지만, 그러한 행동은 남북 경제 및 사회문화 교류협력을 가져왔고 한반도의 안정을 증진했을 뿐 딜레마를 품고 있는 통일에 대한 실제적 접근으로 이어지지 않았고, 나아가, 후일 남북의 지도자들이 제2항에 따라 통일을 추진하려 한다 해도 최악의 경우가 남과 북이 통일방안의 차이를 확인하고 현상을 유지하는 결정일 것이다. 그러나 1965년 박정희의 의도적으로 모호했던 행동은 현재 한국과 일본, 한국인과 일본인이 감당하기 어려운 정치적 국면을 야기했다는 점이 지적될 수 있다. 당시 박정희가 한일의정서, 을사늑약, 병합조약 등 일본의 식민주의적 행위의 불법성과 그에 따른 배상의 문제를 문서상으로 거론조차 하지 않았기 때문에 2018년 한국 대법원이 뒤늦게 역사적 사실을 바로잡고 1965년 조약의 '의도된 공백'을 메꾸는 과정에서 한일 간 정치적 파열음과 중대한 실제적 피해가 발생하고 있는 것이다. 박정희가 직면했던 당시 상황을 감안하면 그의 입장에서는 '전략적 모호성의 전략'이 불가피했을지 모른다. 그의 결정에 대한 판단은 정치적 입장에 따라 달리 평가될 수 있겠지만, 그러나 분명한 것은 '전략적 모호성의 전략'이 무엇에 대해 어떻게 사용되느냐에 따라 그 의미는 크게 차이 날 수 있다는 점이다.

3. 북미공동코뮤니케

2000년 남북 간에 새롭게 열린 기회의 창은 북미관계의 진전을 추동했다. 북한은 김정일의 특사 방미를 제안했고 미국은 이를 받아들였다. 대미강경세력인 북한의 군부를 대표하는 것으로 알려진 조선인민군 총정치국장 조명록 차수는 2000년 10월 9일부터 나흘간 워싱턴을 방문해 1994년 북미기본합의에 버금가는 중요성을 갖는 북미공동코뮤니케(10월 12일)에 미국 측 대표와 함께 서명했다. 여기에는 정전체제를 평화체제로 전환하는 데 있어서 4자회담의 중요성 인식, 자주권 존중과 내정불간섭, 경제교류·협력의 확대, 북미기본합의 이행의지 재확인, 반테러입장, 북한에 대한 인도주의적 지원, 올브라이트 국무장관과 클린턴 대통령의 방북 등과 함께 최대현안인 미사일 문제 해결노력 등이 담겼다. 공동코뮤니케의 북한본은 다음과 같다:

조선민주주의인민공화국과 미합중국 사이의 공동콤뮤니케
(2000년 10월 12일)

쌍방은 1993년 6월 11일부 조미공동성명에 지적되고 1994년 10월 1일부 기본합의문에서 재확인된 원칙들에 기초하여 불신을 해소하고 호상신뢰를 이룩하며 주요 관심사들을 건설적으로 다루어 나갈 수 있는 분위기를 유지하기 위하여 노력하기로 합의하였다.

이와 관련하여 쌍방은 두 나라 사이의 관계가 자주권에 대한 호상존중과 내정불간섭의 원칙에 기초하여야 한다는 것을 재확언하면서 쌍무적 및 다무적 공간을 통한 외교적 접촉을 정상적으로 유지하는 것이 유익하다는 데 대하여 류의하였다.

쌍방은 호혜적인 경제협조와 교류를 발전시키기 위하여 협력하기로 합의하였다. 쌍방은 두 나라 인민들에게 유익하고 동북아시아 전반에서의 경제적 협조를 확대하는 데 유리한 환경을 마련하는 데 기여하게 될 무역 및 상업 가능성들을 탐구하기 위하여 가까운 시일 안에 경제무역전문가들의 호상방문을 실현하는 문제를 토의하였다.

쌍방은 미싸일 문제의 해결이 조미관계의 근본적인 개선과 아시아태평양지역에서의 평화와 안전에 중요한 기여를 할 것이라는 데 대하여 견해를 같이하였다. 조선민주주의인민공화국측은 새로운 관계구축을 위한 또 하나의 노력으로 미싸일 문제와 관련한 회담이 계속되는 동안에는 모든 장거리 미싸일을 발사하지 않을 것이라는 데 대하여 미국측에 통보하였다.

조선민주주의인민공화국과 미합중국은 기본합의문에 따르는 자기들의 의무를 완전히 리행하기 위한 공약과 노력을 배가할 것을 확약하면서 이렇게 하는 것이 조선반도의 비핵평화와 안전을 이룩하는 데 중요하다는 것을 굳게 확언하였다. 이를 위하여 쌍방은 기본합의문에 따르는 의무리행을 보다 명백히 할 데 대하여 견해를 같이하였다. 이와 관련하여 쌍방은 금창리 지하시설에 대한 접근이 미국의 우려를 해소하는 데 유익하였다는 데 대하여 류의하였다.

쌍방은 2000년 10월 6일 공동성명에 지적된 바와 같이 테로를 반대하는 국제적 노력을 지지 고무하기로 합의하였다.

조선민주주의인민공화국 국방위원회 김정일 위원장께 윌리암 클린톤 대통령의 의사를 직접 전달하며 미합중국 대통령의 방문을 준비하기 위하여 매덜레인 알브라이트 국무장관이 가까운 시일에 조선민주주의인민공화국을 방문하기로 합의하였다.

북미공동코뮤니케의 핵심은 클린턴 미국 대통령의 평양방문에 관한 것이었다. 김정일은 미국 현직 대통령이 북한을 방문하면 탄도미사일 문제 해결 등 "그가 원하는 것을 통크게 줄 용의"가 있음을 우회적으로 밝힌 바 있었다. 국무장관 올브라이트에 따르면 클린턴 대통령은 평양 방문에 대해 상당한 의욕을 가지고 있었다. 그러나 그는 몇 가지 부정적인 변수에 직면하고 있었다.[7] 먼저 의회와 전문가 그룹의 상당수가 평양 방문에 대해 호의적이지 않았다. 그들은 클린턴의 방북과 협상의 타결이 당시 논의되고 있던 미국의 국가미사일체제(NMD) 구축의 명분을 약화시킬 수 있다고 우려했다. 다른 이들은 미북정상회담 자체가 북한의 사악한 지도자에게 정당성을 부여할 수 있다고 지적했다. 둘째, 시간이 없었다. 북한과의 후속 협상이 필요하다면 차기 정부가 하는 것이 마땅하다는 여론이 지배적이었다. W. 부시의 당선이 확정된 후 클린턴 대통령은 부시 당선인 측에 자신이 방북하여 미북정상회담을 여는 것에 대해 어떻게 생각하는지 문의하였다. 부시 측은 "그것은 현직 대통령이 내려야 할 결정"이라고 회신하였다. 그것은 지극히 당연한 사무적인 답변이었다. 그러나 사실 이런 요인들은 클린턴으로 하여금 방북을 단념하게 만든 핵심 요인은 아니었다.

북한 담당 대통령 특보 웬디 셔먼은 협상이 타결된다는 가정 하에 정상회담 일시를 조율하기 위한 방북 명령을 기다리며 12월을 보냈다. 그러나 클린턴은 당시 위기 속에서 진행되고 있던 이스라엘-팔레스타인 협상으로 인해 일정을 잡기 어려워 방북 문제에 대한 결정을 차일 피일 미루게 되었다. 크리스마스 휴일이 가까워오면서 클린턴은 서울-도쿄-평양 방문 일정을 선택하든지 아니면 이스라엘-팔레스타인 협상을 살리기 위한 필사적 노력을 기울이든지 양단 간에 결정을 해야만 했다. 클린턴은 결국 김정일 국방위원장을 워싱턴에 초청하기로 하고 북한의 의향을 타진했다. 북한은 김 위원장의 방미가 불가하다고 답했다. 올브라이트에 따르면 김정일 초청이 가지는 공적인 성격, 초청이 대통령의 임기가 끝나는 시점에 이뤄진 것, 동아시아 외교에서 "체면"이 가지는 독특한 의미 등을 고려할 때 북한의 입장은 놀라운 것은 아니었으나, 동시에 양국과 세계에게는 매우 불운한 것이었다.[8] 시간이 없었던 것이다. 미국은 김 위원장이 사는 북한이 아니었다. 민주국가에서 대통령은 임기가 다하면 무대에서 떠나야 하는 것이었다.

김대중은 자신의 자서전에서 클린턴이 방북과 관련해 자신에게 의견을 구했다고 적었다. 12월 21일 김대중에게 전화를 한 클린턴은 다음과 같이 말했다:

북한에 대해 대통령과 대화하고 싶습니다. 아시다시피 이곳의 애매한 선거 결과로 후임자와 상의할 수 없음에 귀중한 시간만 소비되고 있습니다. 동시에 중동 평화와 관련한 대화가 다시 시작되었고, 이번에는 성공적으로 결론지어질 것으로 보입니다. 저는 퇴임 전에 성공의 기회를 잡고 싶습니다. 때문에 북한 방문은 거의 불가능합니다. 대통령님과 그것의 대안에 대해 의논하고 싶습니다… 제가 북한에 가지 못하게 되었기 때문에 1월 중 워싱턴으로 김정일 국방위원장을 초청할까 생각하고 있습니다. 이는 미국 측 의도의 진지함을 그들에게 보여주고 미사일 협의를 그들과 타결할 수 있게 할 것입니다. 하지만 대통령께서 동의하지 않는다면 이를 진행시키지 않을 것입니다. 대통령님의 의견을 알고 싶습니다.[9]

클린턴은 자신의 자서전에서 예기치 않게 발생한 중동문제 때문에 탄도미사일 문제 등 북한문제를 해결할 수도 있는 평양방문을 불가피하게 포기할 수밖에 없었다고 아쉬움을 토로했다:

> (미국 대통령의 평양방문을 준비하기 위해) 북한을 방문했던 매들린 올브라이트는 내가 북한을 방문하면 미사일 협상을 성공적으로 완료할 수 있을 것이라고 확신하고 있었다. 나는 북한과 협상을 진척시키고 싶었지만, 중동 평화 협상의 성사가 임박한 상황에서 지구 정반대편에 가 있고 싶지 않았다. 더욱이 아라파트가 협상 성사를 간절히 바라고 있다면서 북한 방문을 단념할 것을 간청한 상태였기 때문에 나는 북한 방문을 강행할 수 없었다.

11월 7일 미국 대선에서 "플로리다 재검표"등 우여곡절 끝에 미국적 가치를 힘으로 전 세계에 확산한다는 신보수주의와 미사일 방어체계에 대한 종교적 수준의 신념을 가진 공화당의 W. 부시 후보가 승리하고, 클린턴-김정일 북미정상회담이 무산됨으로써 한반도의 미래에 먹구름이 드리워지기 시작했다. 부시는 취임하자마자인 2001년 1월 말 대북 협상의 중단을 선언하였다.

4. 부시의 집권과 햇볕정책의 시련

부시 정부의 초기 북한에 대한 태도는 'ABC(Anything But Clinton),' 즉 클린턴 정부의 관여(Engagement)정책을 되돌리는 것이었다. 자신의 아버지를 "바보야, 문제는 경제야!(It's the economy, stupid!)"라고 조롱하며 권좌에서 퇴출시킨 클린턴에 대한 개인적인 복수심이 작용했을 수도 있고, 기독교 우파가 그러하듯 '사악한' 김정일에 대한 혐오 때문일 수도 있고, 공화당 강경파가 지적하듯 결함이 많은 북한과의 일련의 협상 과정과 결과에 대한 불만에 기인한것일 수도 있었다. 특히 공화당의 다수는 북미기본합의를 미국이 북한의 협박에 굴복한 결과로 보면서, 핵동결 및 포기의 대가로 중유와 경수로를 제공하기로 한 것은 '악행에 대한 보상'이라고 비판하였다.

부시 정부의 ABC적 태도는 이른바 파월의 '3월 굴욕'에서 극명하게 나타났다. 파월 국무장관은 2001년 3월 6일, 김대중의 방미 하루 전 스웨덴 외교장관과의 공동기자회견장에서 "우리는 미국의 대북정책이 한국의 그것과 전적으로 부합하도록 노력하고자 한다… 우리는 클린턴 대통령과 그의 정부가 마친 곳에서부터 다시 시작하기 위해 북한과 대화할 예정이다"라고 발언했다. 그는 다음날 김대중과의 조찬에서도 같은 말을 했다. 이 발언이 나온 뒤 백악관에서는 비상회의가 소집되었다. 이 회의의 결정 사항은 ① 파월의 발언은 북미기본합의에 대한 찬양으로 해석될 여지가 있다, ② 북미기본합의는 검증 가능한 새로운 합의로 대체되어야 한다, ③ 따라서 파월의 발언은 즉각 교정되어야 한다는 것이었다.[10] 파월은 그날 오후 자신의 발언을 취소하는 굴욕을 당해야 했다.[11]

ABC 속에서 부시 외교안보팀은 미국의 새로운 대북정책을 수립했다. 2001년 6월 6일 1차 한미정상회담 이후 3개월간의 검토 끝에 내놓은 '과감한 접근(bold approach)'의 골자는 "핵계획 동결에 관한 기본합의의 이행을 개선하는 문제를 포함해 미사일 계획의 검증 가능한 억제, 미사일 수출금지, 재래식 군사력 태세 등"에 대한 협상 의제화였다. 아울러 미국은 "북한이 이에 긍정적으로 응해 적절한 조치를 취한다면 북한 인민들을 돕고 대북제재를 완화하는 한편 기타 정치적 조치를 취하기 위한 노력을 확대해나갈 것"이라고 반대급부를 제시했다.

과거 클린턴 정부 때와는 달리 부시 정부의 대북정책 수립 과정에는 김대중 정부가 어떤 투입(input)도 제공할 수 없었다. 김대중 정부는 부시의 '새로운 전략구상'을 설명하기 위해 2001년 5월 중순 서울을 방문한 리처드 아미티지(Richard L. Armitage) 국무부 부장관에게 북미 미사일협상의 재개 및 미국의 대북정책 검토 시 한국과의 긴밀한 협의를 요청했다. 아미티지는 한국의 입장을 존중하겠다고 했지만, 이는 국무부 일부의 의견일 뿐 각 부처의 정무직 신보수주의자들의 태도는 냉담했다.

김대중 정부의 대북 경험과 남북 및 북미관계의 현주소를 고려하지 않은 채 수립된 '과감한 접근'은 상대를 의식한 정책이라기보다 일방적인 정치적 선언의 성격이 강했다. 북한은 2001년 6월 8일 "미국이 미제 침략군을 남조선에 못박아두고 공화국을 압살하려는 계획 밑에 상용(재래)무력 감축 문제를 들고 나왔는데 이는 어리석은 망상"[12]이라고 비난했다. 미국이 북한의 재래식 군사력 감축을 주장하는 것은 주한미군을 주둔시키는 구실을 찾고, "북한의 무장해제를 노리는 것"이라며 미국이 수용할 수 없는 주한미군 철수론으로 대응했다. 아울러 북한은 핵사찰을 논하기 전에 "전력 손실보상" 문제부터 해결해야 한다고 주장하는 한편, 2000년 '북미공동코뮤니케'의 정신을 거듭 강조하면서 부시 정부에게 북한의 테러지원국 지정 해제를 요구했다. 이 역시 부시 정부에게는 일고의 가치도 없는 망언에 불과했다.

이와 같이 북미관계가 악화되고 한미 간 정책공조가 실종된 상태에서, 그리고 부시 정부의 신보수주의자들이 '숭고한 미국의 힘'으로 세상을 바꾸려는 의지로 충만한 상태에서 세계와 한반도의 정치에 게임의 룰을 재정(再定)하게 될 사변적 9.11테러가 발생했다. 역사적으로 본토에 대한 외적의 공격을 한 번도 경험하지 못했던 미국에게 '9.11'은 거대한 정신적 충격으로 다가왔고, 안보 취약성을 판촉하기 좋은 정치적 토양이 되었으며, 1950년 한국전쟁 발발이 NSC-68의 승인을 극적으로 촉진했던 것처럼, MD를 추진하려던 신보수주의자들에게 더없이 시의적절한 정치적 촉매로 작용했다.

9.11테러에 대한 미국의 분노가 자신에게 확대될 것을 우려한 북한은 신속하게 반테러 입장을 선언하고 5개의 반테러 국제협약 가입 의사를 밝혔다. 그러나 부시 정부는 테러에 관한 정보를 제공

하는 등 "말이 아닌 행동으로 보이라"며 북한의 태도를 평가절하했다. 오히려 12월에 작성된 '핵태세 검토보고서(NPR)'에서 북한을 핵 선제공격 대상에 포함시켰고, 2002년 1월 말 연두교서(2002년 1월 30일)에서는 북한을 이라크·이란과 함께 '악의 축(an axis of evil)'으로 규정하면서 부시 독트린의 적용 대상임을 분명히 했다. 1994년 북미 제네바합의는 '미국은 북한에 대해 핵으로 공격하지 않겠다'는 소극적 안전보장(negative security assurance)에 기반하고 있었는데, 그 전제를 허물어뜨린 것이었다. 북한은 부시의 '악의 축' 발언을 '선전포고'와 다름없다고 격렬하게 비난하면서 미국과의 대화를 전면 거부한다고 선언했다(2월 22일).

그러자 김대중 정부의 정책도 '위기관리'에 초점을 맞추어 그해 2월 하순 부시의 한국방문을 국면전환의 계기로 삼기로 했다. 부시 방한 전, 김 정부는 부시 독트린에 우려를 표하는 한편 "우리 국민을 자극하는 발언은 삼가해줄 것"을 요청했다. 또한 정상회담에서 북한과의 대화가 미국의 이익에도 부합한다는 것을 강조하는 한편, 부시의 방한 일정에 남북한의 철도와 도로가 연결되는 현장인 도라산 역 방문을 포함시켰다.[13] 부시는 이 과정에서 "햇볕정책을 지지한다", "북한을 공격할 의사가 없다", "대화를 통한 문제 해결방안을 모색하겠다" 등의 발언을 했다. 그러나 부시의 그러한 발언은 대안의 부재에 기인한 것이지 북한에 대한 증오심이 완화되었기 때문은 아니었다.[14] 그는 DMZ 상공을 헬기로 순찰하다가 1977년 '8.18 도끼만행사건'에 사용된 도끼가 경계 북쪽 박물관에 전시되어 있다는 말을 듣고 "내가 그자들을 악마라고 생각하는 게 정말 맞군"이라고 말했다.

부시가 귀국한 뒤 미국은 이전부터 못마땅해 했던 북미기본합의 이행 '지연'에 대해 북한에 압박을 가하기 시작했다. 부시 정부는 북한에게 핵사찰 수용을 요구하면서 이를 거부할 경우 북미기본합의의 파기 가능성을 암시했다. 북한은 "합의문에 일방적으로 구속되지 않고 우리 식대로 나아가는 길을 선택할 것"이라고 맞받아쳤다. 그러자 부시 정부는 "올해(2002)까지 IAEA의 사찰을 수용하지 않을 경우 중유 제공과 경수로사업을 중단하게 될 것"이라고 압박의 수위를 높였다. 그에 따라 한반도 평화과정과 위기관리의 보루라고 할 수 있는 북미기본합의체제가 위협받게 되었다.

북미갈등이 점차 첨예해지고 남한이 미국과의 관계를 의식하면서 남북관계에도 긴장이 조성되자, 김대중 정부는 특사를 파견해 남북관계 정상화를 시도하게 된다. 4월 3일 방북한 대통령 특사 임동원은 김정일과 장시간의 면담을 통해 남북관계 정상화조치에 합의했다. 그에 앞서 김대중은 3월 하순 일본의 고이즈미(小泉純一郎) 총리가 서울을 방문했을 때 북일관계 개선 필요성을 강조했다. 또한 김 대통령은 임동원의 방북을 통해 일본인 납치 문제에 대한 김정일의 결단을 촉구했다. 북미관계가 막힌 상태에서 남북관계와 북일관계 개선을 통해 돌파구를 모색해보겠다는 전략이었다. 아울러 임동원은 김정일에게 달라진 미국을 이해하고 대화를 통해 강경책을 완화하는 것이 현명할 것이라고 권고했다.[15]

4월 임동원 특사 면담 이후 김정일이 프리처드(Charles Pritchard) 대사의 방북을 수용하면서 북미관계의 변화가 조심스럽게 예상되었다. 북한은 신의주를 경제특구로 지정하는 한편, '7.1경제관리개선조치'를 발표해 서방으로서는 미흡하지만 북한으로서는 담대한 경제개혁을 단행했다. 6월 29일 제2차 서해교전이 발발했지만 북한이 신속하게 유감을 표명하고(7. 25), 미국 특사 방북 적극 수용 의지를 표명하는(7. 26) 한편, 전기한 개혁개방 조치가 신빙도를 더해 갔다. 한반도의 평화과정은 다시 탄력을 받는 듯했다. 특히 남북관계는 2차 남북경제협력추진위원회 개최, 경평 축구대회, 북한의 부산아시안게임 참가, 경수로사업 콘크리트 타설식, 남북장관급회담, 태권도시범단 교류, 경의선·동해선 철도와 도로연결 착공식 등이 잇따르면서 역동적으로 활성화되었다.

북미관계도 이러한 동북아의 평화과정에 편입되는 것 같았다. 제2차 서해교전이 발발하면서 미국이 고위급 특사 방북계획을 철회함에 따라(7월 2일) 양국관계가 경색될 것처럼 보였지만, 북한이 신속하게 유감을 표명함과 동시에 미국 특사 방북 수용 의지를 적극적으로 표명하면서 수렁에 다시 빠지는 것은 방지되었다. 여기에 모멘텀을 제공한 것은 북일정상회담과 평양선언이었다. 2002년 9월 17일 북한의 김정일 국방위원장과 일본의 고이즈미 준이치로 총리대신의 역사적 정상회담은 이러한 북한의 '생존을 위한 대결정'이라는 맥락 속에서 이루어졌다. 양 정상은 북일 간의 "불미스런 과거를 청산하고 현안 사항을 해결하며 결실 있는 정치 경제 문화적 관계를 수립하는 것이 쌍방의 기본 이익에 부합되며 지역의 평화와 안정에 크게 기여한다는 인식"하에 "국교정상화를 빠른 시일 안에 실현시키기 위해 모든 노력을 기울이기로 했으며, 조선반도 핵문제의 포괄적인 해결을 위하여 해당한 모든 국제적 합의들을 준수할 것을 확인했다." 나아가 양측은 "핵 및 미사일 문제를 포함한 안전보장상의 제반 문제와 관련해 유관국들 사이의 대화를 촉진하여 문제 해결을 도모해야 할 필요성을 확인했고," 북한은 "이 선언의 정신에 따라 미사일 발사의 보류를 2003년 이후 더 연장할 의향을 표명했다." 또 다른 북일관계의 핵심 사안인 과거사 문제에 대해서도 일본은 "통절한 반성과 마음 속으로부터의 사죄의 뜻을 표명"했고, 북한은 "대국적으로 판단"하겠다고 했으며, 북한은 이례적으로 일본인 납치 문제에 대해 유감과 재발방지를 약속함으로써 양 정상이 합의한 북일수교회담의 재개가, 비록 일본인 납치 문제의 부도덕성과 해소되지 않은 의혹이 잠재적 장애 요인으로 남아 있긴 했으나, 상대적으로 빠른 시일 내에 결실을 보게 될 것으로 전망되었다:

조일평양선언(2002년 9월 18일)

1. 쌍방은 이 선언문에 담긴 정신과 기본원칙에 따라 빠른 시간내에 국교정상화를 이루기 위해 모든 노력을 다 한다. 이를 위해 2002년 10월에 국교정상화 교섭을 재개한다.

2. 일본은 과거 식민지 지배에 의한 조선인들이 엄청난 손해와 고통을 입었다는 역사적 사실을 겸허하게 받아들이고, 통절한 반성과 마음으로부터 사과의 뜻을 표명했다. 국교정상화 이후 쌍방이 합의한 적절한 시간이 지난 뒤에 무상자금 협력, 저금리 장기차관제공이나 국제기구를 통한 인도주의적인 지원 등 경제협력을 실시한다.

3. 양국은 국제법을 준수하고, 상호의 진전을 위협하는 행동을 하지 않기로 확인했다. 또 일본국민의 생명과 재산에 관련된 현안문제에 대해서 북한은 북일 관계가 비정상적인 관계였던 때에 발생한 유감스런 문제라고 밝히고, 앞으로도 이같은 문제가 발생하지 않도록 적

절한 조치를 취한다는 것을 확인했다.

이와 같이 2차 대전 이후 미국의 외교 그늘에서 좀처럼 벗어나지 못했던 일본이 고이즈미 총리의 평양 방문을 통해 북일정상회담을 갖고 납치자 문제와 전후 보상 문제 해결의 큰 틀을 잡으면서, 남북 관계에 이어 동북아 냉전구조의 또 다른 한 축인 북일 간의 대립 구도가 해소될 기미가 보이기 시작했다. 그러자 국제사회는 물론이고 미국 내부에서도 북한과의 관계 개선에 나서라는 요구가 높아졌고 부시 정부로서도 모종의 행동에 나설 수밖에 없게 되었다. 부시 정부로서는 악행을 거듭하는 "악의 축"의 일부가 처벌받지 않고 회생하는 것을 허용할 수 없었고, 미국 세계전략의 핵심인 동북아의 안보 동학(security dynamics)이 미국 이외의 다른 요소나 주체에 의해 지배되는 것을 차단해야 했다. 또한 "종교적 신념"인 MD 구축 계획에 차질이 빚어지는 것을 막아야 했고, 아울러 국내정치에서 "북한과 동북아 정세의 역전(reverse course)" 문제로 역공당할 소지를 없애야 했다. 9월 25일 부시 정부는 특사 방북이 결정되었음을 발표했다. 그리고 10월 초 국무부 동아태담당 차관보인 제임스 켈리(James Kelly)가 평양행 비행기에 몸을 실었다. 그러나 그의 손에는 '과감한 접근'이 아니라 고농축우라늄프로그램(HEUP)이라는 카드가 쥐어져 있었다. 부시 정부로서는 만일 북한이 "항복"한다면 받아들이고 그에 기초해 새로운 전략의 틀을 준비하겠지만, 그렇지 않을 경우엔 급진전될 수 있는 동북아 질서 재편을 중단시킬 명분을 쥘 수 있다고 판단한 것으로 보인다.

5. 북한의 고농축우라늄프로그램[16]

김대중-부시 정부 시기 한미관계는 북핵 문제에 크게 좌우되었고, 이 문제의 핵심은 역사적인 북미기본합의를 붕괴시키고 제2차 한반도 핵위기의 발단이 되었으며 양국 간 증폭된 불신과 좌절을 초래한 HEUP와 관련이 있었다. 이 문제는 트럼프-김정은 간의 정상회담과 그 이후 북미관계의 향방을 결정하는 주요 변수로 계속 남아 있다. 이 책의 주요 목적 중 하나는 한국의 대북정책이나 대미정책의 과거를 비판적 안목에서 조명함으로써 한반도의 현재와 미래의 로드맵을 주체적으로 그려내고, 이 과정에 영향을 미칠 수 있는 내외적 개입변수들을 사전에 예견하여 대책을 마련할 수 있게 하는 데 있다고 할 때, 현재진행 중인 HEUP 문제에 대한 보다 상세한 체계적 분석과 정치(精緻)한 역사적 기술은 필수적이라 하겠다.

HEUP 논란은 어떻게 봐야 할까? 북한의 HEUP는 존재했는가? 6자회담 참가국들과 정보를 공유했다는 부시 정부의 발언은 사실이었나? 그렇다면 2005년 3월 "기자들이 알고 있는 것이 내가 알고 있는 것"이라고 말한 리자오싱(李肇星) 중국 외교부장의 발언은 허위였나? 부시 정부가 "명백하고 부인할 수 없는 충분한 증거(a wealth of clear and compelling evidence)"를 갖고 있었다면, '북한위협론'을 내세우는 데 더 없이 좋은 호재를 왜 공개적으로 언급하지 않고 특사 파견이라는 방법을 택했을까? "우리는 핵무기는 물론이고 그보다 더한 것도 가지게 되어 있다"는 북한 외무성 제1부상 강석주의 발언은 HEUP 보유를 시인한 것일까? 핵무기 제조용인 HEUP와 핵연료 제조용인 우라늄 농축 프로그램(UEP)은 질적으로 다른데, 왜 부시 정부는 초기에는 HEUP를 썼다가 임기 후반에는 UEP라는 용어로 대체하고, 퇴임 직전에는 다시 HEUP라는 표현을 썼을까? 2007년 2월 미 정보당국은 북한의 UEP와 관련한 정보의 신뢰도를 왜 하향조정했을까?[17] 북한이 미국에 건네준 알루미늄관에 묻어 있다는 '농축된 우라늄 입자'는 파키스탄에서 묻어온 것일까, 북한이 자체적으로 가동했다는 증거일까?[18] 이러한 의문을 지금도 풀 수 없다. 그러나 부시 정부의 의도가 석연치 않았던 것만은 분명해 보인다. 2002년 10월 상황으로 되돌아가보자.

부시 정부는 2002년 8월 하순 네오콘의 대변인격인 볼튼 국무차관을 한국에, 아미티지 국무 부장관을 일본에 보내, 'HEUP 문제의 심각성'을 양국에 통보했다. 그러나 김대중 정부는 자체적인 정보분석을 바탕으로 미국이 전달한 HEUP 문제를 심각하게 받아들이지 않았고, 고이즈미 총리는 미국의 우려를 '과잉반응(overreacting)'이라 생각하며 '가벼운 웃음(a thin smile)'을 지었을 뿐 예정대로 평양을 방문했다.[19]

동북아 역학관계가 미국의 통제에서 급격히 벗어난다고 판단한 부시는 9월 25일 김대중에게 전화를 걸어 켈리를 특사로 평양에 보내기로 결정했다고 알렸다. 부시의 통보에 김대중 정부는 "(미국이) 드디어 북한과의 대화를 시작하려는 것이 아닌가" 하는 낙관적인 해석과 함께 기대감에 부풀게 되었다. 그러나 켈리 일행이 평양을 가기에 앞서 서울을 방문해 방북 목적이 '협상'이 아니라 HEUP 문제 '통보'에 있음을 강조하면서 기대는 점차 우려로 변하게 된다. 켈리는 방북 전 한국 정부에 방문 목적 등을 브리핑하면서 경직된 모습으로 준비한 원고를 읽어 내려갔다. '부처(Budda)'라는 별명을 가진 켈리로서는 평소와 전혀 다른 모습이었다.

평양을 다녀온 켈리 일행은 김대중 정부에게 "북한이 HEUP 보유를 시인했다"고 통보했다. 기대 반 우려 반으로 그의 브리핑을 고대하던 김 정부는 그가 들고 온 뉴스에 경악했다. 김 정부 고위 외교안보 관계자들은 브리핑 내내 믿을 수 없다는 자세로 일관했다. 켈리는 "북측과의 대화록 사본을 공유할 것을 요구한 한국의 요구를 묵살"하고 워싱턴으로 돌아가버렸다.[20]

미국은 얼마 있지 않아 3명의 정보요원을 한국에 보내 HEUP에 대해 설명했다. 그 위치는 알 수 없으나 북한이 HEUP 시설을 지하에 건설하고 있고, 알루미늄관 등 원심분리기 제조에 필요한 자재를 이미 확보했으며, 2004년 후반기부터 연간 2~3개의 핵무기를 만들 수 있는 고농축우라늄을 확보할 수 있다는 것이었다. 이에 대해 김 정부는 금창리 사례처럼 미국이 확실한 증거도 없이 '최악의 시나리오'에 의존하는 것은 위험한 일이고, 1997년부터 관련 정보를 추적해왔지만 확실한 증거가 없으며, 강석주가 시인했다는 발언은 '미국의 관심끌기와 협상용'일 가능성이 있고, 북한의 기술력이 HEUP 개발에까지 미치지 못했을 것으로 본다고 견해를 표명했다. 이를 계기로 미국 신보수주의자들에 대한 김대중 정부의 경계심은 더욱 커졌다.[21]

그러나 켈리 일행으로 방북한 프리처드(Jack Pritchard)의 주장은 김대중 정부의 판단과 달랐다. 그는 비밀정보를 밝힐 수 없지만, "(HEUP) 관련 정보가 신빙성이 있다고 생각했다." 그 근거로, 2002년 6월에 입수된 정보를 분석한 미국의 정보기관들이 "북한이 우라늄에 기반한 핵무기 프로그램을 확보할 수 있는 과정에 착수했다"

는 견해에 만장일치로 동의했다는 것이다. 이로 인해 부시 정부 내 강온파의 갈등은 종지부를 찍고 "'과감한 접근'과 관련된 메시지를 전달하는 대신, HEUP 프로그램을 둘러싼 북한과의 대립을 준비"하는 데 대북 특사 파견의 목적을 두었다고 했다. 그리고 평양 방문 때 외무성 부상 김계관과의 두 차례 회담에서는 북한이 HEUP를 강하게 부인했지만, 뒤이어 만난 외무성 제1부상 강석주는 미국의 적대 정책을 강력히 비난하면서 HEUP 존재를 시인했다는 것이다. "정확하고 확실한 문건, 즉 결정적 증거는 없었지만" 강석주가 반복해서 HEUP를 비롯한 핵무기 개발을 언급했기 때문에, 8명의 방북단이 "강석주가 사실상 단정적으로 HEUP 프로그램을 인정했다는 결론"에 도달했다는 것이다.

켈리가 귀국하고 12일이 지난 10월 16일, 부시 정부는 이라크 공격에 대한 의회의 전폭적 지지를 확보한 뒤 '북미기본합의를 파기할 만큼 중대한' 북한 HEUP 문제를 뒤늦게 발표했다. 국무부는 "북한이 북미기본합의와 여타 협정들을 위반하면서 핵무기 개발을 위한 우라늄 농축 프로그램을 보유하고 있다는 사실을 보여주는 정보를 미국이 확보했다고 북한에 통보하자, 북한 관리들은 북한이 그러한 프로그램을 보유하고 있다고 시인했"고, "북한은 미국을 비난하면서 북미기본합의가 파기된 것으로 간주한다"고 말했으며, 켈리 특사는 또한 "북한의 핵 프로그램이 수년간 계속되어 왔음"을 지적했다고 발표했다.

북한은 이에 대해 외무성 대변인 담화(2002.10.25)를 통해 공식적으로 반응했다. 구체적으로 담화는 "미국 특사는 아무런 근거자료도 없이 우리가 핵무기 제조를 목적으로 우라늄 농축계획을 추진하여 조미기본합의문을 위반하고 있다"고 주장하지만, "우리는 미국의 가중되는 핵압살 위협에 대처하여 우리의 자주권과 생존권을 지키기 위해 핵무기는 물론 그보다 더한 것도 가지게 되어 있다는 것이 명백"하며, "미국이 불가침조약을 통해 우리에 대한 핵불사용을 포함한 불가침을 법적으로 확약한다면 우리도 미국의 안보상 우려를 해소할 용의가 있다"고 제시했다.

김대중 정부는 북미기본합의체제의 붕괴라는 위기에 봉착하여 8차 남북장관급회담(10.19-23)과 한미일 3자정상회담(10.26) 등을 통해 파국을 막고자 했다. 일정한 성과도 있었다. 켈리가 "미국의 우려 사안이 해결되지 않으면 북미대화도 없고 특히 남북관계나 북일관계도 파국상태에 들어갈 것"이라고 했고, 부시 대통령이 "북한을 규탄하는 데 한국과 일본이 동참하기를 바랐지만"[22] 3국 정상들은 결국 "남북대화 및 일북수교회담이 한반도 비핵화를 위한 국제사회의 요구에 북측이 신속하고 확실하게 응할 것을 촉구하는 중요한 통로로 활용될 수 있다는 점에 동의"함으로써 미국과 한국/일본 간의 입장 차이를 미국이 메우고 있다는 사실을 우회적으로 보여주었다.

그러나 김 정부는 미국의 HEUP 주장에 대해 의구심을 갖고 있었음에도 한미일정상회담 공동발표문에 "고농축우라늄 계획은 북미기본합의 위반이며 신속히 검증 가능한 방법으로 폐기할 것을 촉구"한다는 내용을 포함시키는 데 동의했다. 김 정부는 "평화적 해결 원칙을 강조"한 것을 성과로 제시했지만, 이라크 공격 준비에 몰두하고 있던 부시 정부로서는 북한에 무력을 사용할 처지가 아니었다. 반면 한미일 3국이 북한의 HEUP 보유를 기정사실화하는 듯한 내용을 채택한 것은 결국 부시 정부의 대북 중유제공 지원중단의 빌미로 작용했고, 이후 6자회담에 나선 한국 정부의 외교적 입지도 축소시켜놓았다.

HEUP 카드로 한반도와 동북아의 해빙조류를 일거에 반전시키는 데 성공한 부시 정부의 신보수주의자들은 북한이 먼저 북미기본합의를 위반했다며, 중유 제공중단 조치를 서둘러 실행에 옮겼다. 그러자 북한도 핵시설 봉인장치 제거, IAEA 감시단 추방, NPT 및 IAEA 탈퇴선언으로 응수했다. 이로써 1994년 한반도 전쟁위기를 딛고 탄생한 북미기본합의는 8년 만에 역사 속으로 사라지게 되었다. 이라크 공격 준비에 박차를 가하던 부시 정부는 북한과의 대화를 거부하면서 '맞춤형 봉쇄(tailored containment)'를 통해 북한을 굴복시키거나 붕괴시키려는 정책을 본격화하기 시작했고, 북한은 영변 핵시설 가동 준비에 박차를 가했다. 북미기본합의의 붕괴와 함께 '2차 핵위기'의 먹구름이 한반도 상공을 뒤덮기 시작한 것이었다.

김대중-부시 정부 시기 한미관계는 북한문제가 중심이 되었다. 그리고 이에 대한 양 정부의 접근은 지도자의 철학과 신념, 그리고 국내정치적 득실구조에 의해 크게 영향을 받았다. 김대중의 자유주의적 외교안보 철학과 부시의 기독교 우파적 또는 신보수주의적 신념은 정면으로 충돌했고 양국관계에 좌절과 불신을 가져다주었다. 게다가 김대중은 한반도 문제가 '생존의 문제'로서 평화관리가 최대우선 과제였던 반면, 부시는 먼 곳의 평화보다는 '있을 수 없는 9.11'에 대한 복수가 먼저였다. 국내정치적 이익의 측면에서도, 김대중으로서는 북한으로부터의 공포(fear)를 감소시켜야 하는 입장이었고, 부시는 공포를 증폭시켜 유권자들에게 주입해야 하는 입장이었다. 말하자면, 김대중과 부시는 신념과 이익의 두 차원에서 모두 대척점에 있었다.

김대중-부시 정부 시기 북한 문제와 한반도 평화과정의 이슈는 필요한 관심과 처방을 확보하지 못하고 위험하게 방치되거나 미숙하고 감정적인 완력에 의해 농락되었다. 그 사이 "사악한" 북한은 핵물질을 지속적으로 축적하고 핵무기 보유에 박차를 가했다. 김대중 정부가 임기를 다하면서 한반도 평화과정은 일그러진 모습으로 불확실한 미래로 인도되었다.

한국군 이라크 파병

김대중에 이어 2003년 2월 집권한 인물은 이념에 있어서 김대중보다 상대적으로 진보적인, 그러나 외교 경험은 적고 스타일은 직선적인 노무현이었다. 노무현은 "북핵문제의 재발로 한반도의 운명이 미국과 북한 간의 대결 속에서 결판날지도 모르는 위기의 국면"에서 대통령에 취임하였다.[1] 이 와중에 이라크 전쟁의 늪에 빠진 미국의 부시 정부는 노무현 정부에게 파병을 요구하였다. 곧 파병 반대 여론이 일었다. 2003년 2월 15일 '국제 반전 행동의 날' 첫 대중집회가 열렸다. 집회참가자들은 미국의 이라크 침공과 한국 정부의 이라크 파병 반대를 외쳤다. 그들이 파병을 반대하는 주요 이유는 이라크 전쟁은 부시 정부가 정당한 사유 없이 일으킨 부도덕한 전쟁이라는 데 있었다. 한국이 패권국의 침략전쟁에 부역할 수 없다는 논리였다. 부시 정부는 명분으로 내건 이라크의 대량살상무기 개발과 테러 지원에 대해 아무런 증거를 내놓지 못하고 있었다. 노무현 대통령은 파병 판단의 기준 중 하나로 북핵 문제 등 한반도 안정을 들었지만, 파병반대자들은 이 역시 이익을 주고 받는 부도덕한 흥정이고, 설사 그러한 흥정이 국가생존 차원에서 불가피하다 하더라도 "부시 정부는 대량살상무기 제거라는 명분으로 이라크를 선제공격했고 똑같은 명분으로 북한에 대한 선제공격을 고려하고 있기 때문에 한국의 이라크 파병은 부시 정부의 이러한 선제공격 독트린을 추인하는 행위"일 뿐 아니라,[2] 이라크 전쟁은 되고 한반도 전쟁은 안 된다는 모순적이고 이기적인 논리라고 비판했다.

노 정부가 이러한 연계 전략을 시도했을 당시 미국은 보수주의 자유주의를 막론하고 그에 대해 부정적이었다. 부시 정부를 중심으로 하는 신보수주의자들은 "폭정과 테러"에 대한 전쟁에 몰입해 있는 미국에게 동맹국으로서 당연히 협력해야 하는 한국이 핵으로 국제사회를 위협하는 북한을 조건으로 내걸고 미국과 협상하고자 하는 태도는 옳지 않다고 불쾌해했다. 다른 한편, 미국의 민주당 등 자유주의자들의 일부는 미국의 이라크 침공이 정의롭지 않다는 것을 잘 아는 한국 정부가 군대를 파병해 불의한 전쟁을 지원하는 한편, 핵으로 세계를 위협하는 폭압정권인 김정일 정권에게는 체제안전을 보장하라고 함으로써 도덕과 원칙의 결여를 노정했다고 비판하였다.[3]

1. 파병 결정 과정

부시 정부는 2003년 9월 4일 리처드 롤리스 국방부 부차관보,

크리스토퍼 라플레어 국무부 부차관보 등을 보내 한국에게 사단 규모의 대규모 전투부대 파병을 공식 요청하였다. 노 대통령은 "이라크 국민 인식 및 아랍권 인식, 파병 시 위험도" 등을 파악하기 위해 현지조사단을 9월 24일 이라크에 파견하였다. 필자는 제1차조사단의 일원으로 참가하여 다음과 같은 보고서를 대통령에게 제출하였다:

이라크 현지 조사 보고

박건영(가톨릭대학교)

2003년 10월 3일

1. 목적

○ 이라크 현지조사활동의 목적이 정책결정 과정의 합리성·현장성을 확보하는 데 있으므로, 본 보고서의 목적은 파병 여부에 관한 보고자의 의견 개진보다는 정책결정 각 과정에서 숙고되어야 하는 문제 및 정책결정에 따라 발생이 예상되는 도전과 대처방법 등을 제시하는 데 있음.

2. 문제 제기

○ 부시 정부는 아래와 같은 이유로 한국군의 추가파병을 요구하고 있음.

• 열악한 생활조건하의 이라크 주둔 미군의 회전(rotation) 필요성.

• 이라크 반미세력의 저항을 줄이고 안정화를 효과적으로 이루기 위해 미군 주도 작전을 다국적 동맹군의 작전으로 전환할 필요성.

• 이라크 전쟁 및 전후 처리 과정에 대한 국제적 정당성을 확보해야 하는 미국의 필요성.

○ 한국 정부는 명분과 실리간 충돌, 국내적 합의 부재 등으로 인해 어려운 결정에 직면하고 있음.

○ 아래에서는 현지조사 결과를 기초로 정책결정 과정과 이후에 숙고되어야 할 사항과 다각적 분석 및 대처방안을 제시함.

3. 정책결정 과정에서 숙고되어야 할 사항과 실사결과
○ 이라크전의 정당성 결핍이 갖는 함의
- 이라크 전은 국제법과 UN헌장을 무시한 침략전쟁이라는 국내외적 비판을 받고 있음.
- 나아가 부시 정부의 명분은 핵 프로그램 제거였으나 전후 증거가 발견되지 않아 미국 내에서도 정당성에 대한 비판이 광범위하게 제기되고 있음.
- 따라서 추가파병 시 한국(또는 정부)이 "부당한 힘"의 사용을 지지하는 부도덕한 주체로 규정될 가능성 있음.

○ 미국의 대북정책
- 파병은 핵 비 보유국 이라크에 대한 미국의 공격을 한국이 추인하는 꼴이 되어 핵 보유를 선언했다고 하는 북한에 대해 미국이 공격할 경우 이를 반대할 명분 약화.

○ 이라크 지역의 안전 문제

- 지역적, 인종적, 종교적 분포에 따른 큰 편차 있는바, 조사단이 방문한 지역을 기준으로 안전여부를 평가하면 아래와 같음.

• 안전위협 최고: 바그다드

• 안전위협 중간: 모술(미국 101st 공정사단 지역), 알힐라(폴란드군 지역)

※ 단, 모술에서 상인들과 면담한 바, 이들은 치안상황이 전쟁 전보다 악화하였다고 말하였음.

• 안전위협 최저: 낫시리아(이태리군 지역)

- 바그다드를 제외하고 모술 및 낫시리아 지역에서는 심각한 안전위협이 예상되지 않음.

※ 단, 이라크인에 대한 조사단의 접근이 본원적으로 제한적일 수밖에 없기 때문에 안전위협의 정도를 정확히 파악하기는 어려움.

○ 이라크인들의 태도

○ 사담의 퇴출을 반기면서도 미·영군을 침략자로 규정하고 있으며, 증오와 두려움의 대상으로 여기고 있음.

○ 경제안정 및 외국인투자유치를 갈망.

- 대부분은 경제문제 해결을 위해 치안확보가 필수적이라고 보고 있음(과도통치위원회 안보위원).

- 그러나 일부는 물질적 원조만 원하고 있음.

○ 한국군에 대한 태도는 긍정적임.

- 특히 낫시리아인들은 서희/제마부대의 지원활동에 대해 사의를 가지고 있음.

- 그러나 전투병 파견 시 어떤 태도를 취할지는 불확실함.

- 모술의 이라크인들은 한국군에 대해 잘 알고 있지 못했음.

- 우려되던 미국 지원 "유색인종"에 대한 거부감은 의미있는 수준
은 아니라고 판단됨.

ㅇ 사담의 두아들 피살 후 이라크인들의 태도와 지형 및 국제지원
등의 요소를 고려할 때 "제2의 베트남화" 가능성은 낮다고 판단됨.

ㅇ 인접 아랍국들의 태도

- 기본적으로 외군주둔을 혐오하지만 미국 주도의 신 질서 구축과
정에서 제외될 것을 우려하여 외양적으로는 미국에 협조하는 형국.

- 이라크의 안정에 따른 역내 민주화 도미노 현상 우려.

- 종합적으로 보면, 이들은 한국군의 파병에 대해 내면적으로는 불
쾌해하지만 공식적으로는 반대하지 않을 것으로 판단됨.

ㅇ 한미동맹

ㅇ 부시 정부는 한국군의 파병 여부를 한미동맹의 미래와 연관시키
려는 의지를 갖고 있는 것으로 판단됨.

- 그러나 부시 정부와 미국을 구분할 필요성도 지적될 수 있으며,
국가이익의 관점에서 보면 미국이 한미동맹을 임의로 후퇴시킬 가
능성은 높지 않음 (부시 정부 내 강경파가 독단적으로 결정할 사안 아
님).

ㅇ 이번 파병결정이 한국은 "모든" 미국의 전쟁을 지원한다는 선례
가 될 수 있음을 인식해야 할 것임.

○ 한국의 상업적 이익 및 비용

- 파병 시 이라크 재건과 관련한 제반 프로젝트에 한국 참여가 보다 용이할 수 있음 (케네디 대사는 모든 나라 모든 기업에게 기회가 열려있다고 발언했음).

- 이라크 파병 관련 비용은 우리 기업이나 상인, 군인들에게 환급되어 일종의 투자 효과를 낼 수 있음.

- 불파병시 상당한 현금 부담 비용이 예상됨에 따라 상업적 이익은 파병시 유리하게 도출될 것으로 판단됨.

○ 국제사회의 인식

- 상기한 바와 같이, 이라크 전의 정당성과 관련 국제사회로부터의 비판이 예상될 뿐 아니라, 미국인 상당부분도 한국의 도덕성에 의문을 제기할 가능성 있음 (6월초 한반도평화협의회 방미보고 참고).

4. 파병 결정시 고려사항과 대처방법

○ 정치적 명분 강화 방안

- UN 결의가 중요하지만, 한국이 실현가능한 대안으로서 정권(부시)과 국가(미국)를 구분하여 국민을 직접 대표하는 미국 의회 양당 지도자들이 방한 및 파병 요청하는 방법이 분별력 있는 과정을 통해 추진될 수 있을 것임. 이를 뒷받침하는 차원에서 미 의회의 결의안 채택이 이루어진다면 정당성 문제를 보다 효과적으로 해소할 수 있을 것임.

○ 지역

- 북부(모술) 유전 지역이 안전, 경제적 이익 등을 고려할 때 최적지역임.
- 미군도 이를 선호하고 기정사실화하려는 경향이 있었음.
- 파병전 우리 정부는 이 지역 KADEK (미 국무부에 의해 테러집단으로 규정됨) 소탕에 참여할 것인지 여부를 미국 정부와 협정체결시 명문화하여 혼선이나 오인을 피해야 할 것임 (CJTF-7 작전처장 Hicks 대령).

○ 시간
미 101st 사단이 2월말 또는 3월초 귀국하게 되어 있으므로 이 시간표에 맞춰 병력이 전개되도록 배려할 필요성 있음.

○ 파병군의 구조
- 치안확보와 민사작전이 주 임무이므로 이에 적합한 병력구조가 필수적임.
- 이라크 경찰력 회복 지원의 임무와 시위진압 및 이탈리아군 부대 방호를 추가적 임무로 하고 있는 이탈리아의 까나비니에리(Cana-binieri)에 주목할 필요 있음.
- 이는 이라크인에 의한 치안유지라는 효과를 기대할 수 있는 장점을 가지고 있음.
- 따라서 파병군은 한국의 헌병대, 전투경찰, 행정병, 그리고 부대 방호를 위한 무력 등으로 구성하는 것이 바람직함.

○ 파병군의 규모

- 자율적 작전통제가 가능한 폴란드 사단의 형식과 규모가 바람직함.

○ 대내외 설명
- 전후 처리라는 이미지를 줄이고, 이라크 재건 협력 및 인도주의적 지원이라는 명분 부각시킬 필요성.
- 상업적 이익을 강조하여 "추한 한국인"이라는 인상을 주어서는 안될 것임.

5. 불파병 결정시 고려사항과 대처방법
○ 국내 정치·경제 불안 증가 가능성
- 이를 최소화하기 위한 조치로서 외국투자자들에 대한 적극적 설명회 개최 및 인센티브 제공.

○ 주한미군 조기 감축 또는 재배치 가능성
- 그러나 부시 정부가 주한미군의 일부 또는 전부를 이라크로 이동할 가능성은 높지 않음.
- CJTF-7의 Hicks 대령은 한국 불파병 결정시 이탈리아 주둔 미군과 National Guard를 이라크 북부로 이동배치할 계획을 가지고 있다고 말하였음. (그러나 이는 미군병력 rotation에 문제를 야기할 것임).
- 외교·국방담당 고위관리 및 국회 주요 인사들의 미국 파견 및 이해 증진 노력 필요.

○ 6자회담

- 부시 정부의 강경선회 가능성은 높지 않으나, "파월 노선"이 지속될지 여부는 불투명함.
- 우리 정부는 파국을 막기 위해 불파병을 명분으로 북한 및 중국의 협력적 자세를 적극적으로 촉구해나갈 필요성.

○ 대내외 설명
- 특정 대상(국)을 비판하기보다는 북핵 및 한반도 긴장 상태에서 해외파병은 우리에게 큰 부담이라는 "보수주의자들"의 한반도안보 논리를 부각시킬 필요성.

국방부는 2003년 10월 6일 이라크합동조사단 기자회견에서 한국군 주둔예정지인 이라크 북부 모술지역이 '안정화되고 있고 테러 위험이 점차 감수 추세'라고 주장하고 이 같은 내용을 보고하였다. 필자는 단장의 보고 직후 그에게 양해를 구한 후 다음과 같이 발언하였다:

조사단 단장의 발표에 대체적으로 동의합니다만, 한두 가지 짚고 넘어가야 할 부분과 견해를 달리 하는 부분이 있습니다.
먼저 조사단 보고서의 중요성이 과대평가되고 있다는 느낌을 말씀드리고자 합니다. 주요 언론은 조사단의 보고가 파병 여부에 결정적 영향을 미칠 것이라 보도하고 있으나, 이것은 본말이 전도된 주장입니다. 파병결정의 핵심에는 전쟁의 정당성과 파병의 명분에 대한 국내외적 인식, 동맹국과의 관계, 한반도의 안전, 향후 이라크와의 협력 등이 자리하고 있습니다. 조사단이 파악하고자 한 이라크

지역의 안전 문제, 그리고 이라크인들의 태도 등은 이러한 큰 그림의 일 부분일 뿐이라는 것입니다. 따라서 조사단 보고의 중요성이 필요 이상으로 과장되어서는 안 된다고 생각합니다.

둘째, 모술 지역에 관한 조사단의 발표는 중요한 단서조항이 필요하지 않나 하는 생각입니다. 모술에서 저희는 미군 헬기를 타고 시내를 20여 분간 내려다보았고, 그 이후 미군 차량을 타고 시내를 역시 20여 분간 관찰하였습니다. 이라크 인들과의 접촉은 한번 있었는데, 그것도 저희가 미군 장교에게 요구해서 이루어진 것입니다. 약 5분간 대화가 있었습니다. 따라서, 이라크인에 대한 조사단의 접근이 본원적으로 제한적일 수밖에 없었기 때문에 안전위협의 정도나 이라크인의 태도를 정확히 파악할 수는 없었습니다.

한 언론인은 국방부 기자회견장에서의 발표와 Q&A를 다음과 같이 요약했다:

"미군 헬기를 타고 20분, 미군 차량을 타고 20분간 시내를 돌아다녔을 뿐이다. 단편적인 조사였다." 박건영 교수가 말을 이어가자 국방부 브리핑실은 술렁이기 시작했다.

9월 24일부터 10월 3일까지 정부합동조사단 12명이 이라크를 다녀왔다. 10월 6일은 이들이 조사 결과를 발표하는 날이었다. 기자회견장인 용산 국방부 청사 앞에서는 시민단체들이 파병 반대 시위를 하고 있었다. 처음 조사단장(육군 준장)이 발표한 보고서 내용은 '예정된 순서'에서 벗어나지 않았다.

단장은 이라크 상황에 대해 "이라크인들은 민주 정부 수립 때까지는 한시적 주둔의 필요성을 인정하고 있다"라고 설명했다. 한국군 주둔 예상지인 모술 지역에 대해서는 "동맹군에 대한 적대 행위가 줄고 있다. 북부 지역은 현재 적대 행위 및 치안 질서 면에서 안정이 유지되고 있다"라고 평가했다. 그 근거로 8월에는 미군에 대한 적대 행위가 71건이었으나 9월에는 50건으로 줄어들었다는 점을 들었다. 그러자 기자들이 6·7월 적대 행위 건수를 물으며 "6월에 11건, 7월 44건이라는데 어떻게 지금 안정이 유지되었다고 볼 수 있냐?"라며 따졌다.

단장의 발표가 끝나고 기자들이 가방을 챙기려고 할 때였다. 박건영 교수(가톨릭대 국제대학원장)가 할말이 있다며 단상에 올랐다. 박교수의 발언은 예정에 없었으나 국방부 관계자들은 말리지 않았다.

박교수는 "정부합동조사단 보고서의 중요성이 과대 평가되고 있다"라며 운을 뗐다. 그리고 그는 "이번 조사는 제한적인 상황에서 이루어졌다. 바그다드에서 미군 헬기를 타고 모술로 날아가 상공에서 시내를 20분간 내려다보고, 착륙해서 미군 차량을 타고 역시 시내를 20분간 돌아다닌 것이 전부였다. 미군 브리핑 시간을 합치면 모술에 체류한 시간은 4시간 정도였다"고 말했다. 박교수는 미군에게 "이런 게 현장 조사가 아니다. 이라크인과 접촉하고 싶다"라고 요구해, 상인 1명을 만났지만 5분 동안 질문 2개만 하고 미군의 제지로 그만두어야만 했다고 말했다.

박교수는 또 모술의 안전 문제에 대한 자료는 모두 미군사령부로부터 받은 것이라고 전했다. 박교수는 미군 담당자에게 모술 지역의 공격 횟수와 경향에 대해 자세히 물었는데 "steady(과거와 비슷하다)"라는 답을 들었다고 말했다.

박교수는 "한국군이 주둔하고 있는 남부 나시리아 지역은 자유롭게 조사할 수 있었다. 그러나 바그다드에서는 시민을 만나기는커녕 거리로 나가지도 못했다. 우리가 모술에서 바그다드로 돌아오기 직전 이라크 게릴라들이 후세인궁에 주둔한 미군에게 박격포 공격을 했다. 하지만 미군들은 일상적인 일인 양 대응했다"라고 묘사했다. 그는 모술의 치안 상황은 가장 위험한 바그다드(수니 삼각지대)와 안전한 나시리아의 중간쯤 되지 않을까 생각한다고 말했다.

박교수는 NSC회의에서 추천받아 조사단에 합류했다. 이번 조사단에는 민간 전문가 2명이 참가했으나 다른 1명이 국방부 산하 기관 연구원인 것을 고려하면 실질적으로 박교수만이 유일하게 외교부·국방부와 다른 의견을 낼 수 있는 사람이었다. 그리고 그는 학자의 소신대로 행동했다. 박교수가 발언을 마치자 한 정부 관계자는 "일본은 열한 차례나 이라크 현지 조사를 했다. 이번 조사가 제한적이었다면 2차 조사단을 파견할 수도 있다"라고 말했다.[4]

노 대통령은 2차 조사단 파견을 지시했다. 노무현 정부는 조사와 논의를 거쳐 2003년 10월 18일 '이라크 평화정착 및 신속한 전후 재건지원'을 명분으로 한 이라크 추가파병 방침을 결정했으며, 노 대통령은 10월 20일 태국에서 개최된 APEC 회의에 참가한 부시 대통령에게 이를 설명했고 부시 대통령은 사의를 표했다. 한국은 2004년 2월 창설한 3,600여 명 규모의 이라크 평화재건사단(자이툰부대)을 8월부터 파견하기 시작해 같은 해 9월에는 전 병력을 주둔지인 이라크 북부 아르빌로 전개하였다.

이라크 파병의 정당성 문제와는 별도로 노무현 정부의 이라크 파병은 국익을 증진했는가? 특히 부시 정부의 대북정책과 이라크 파병을 사실상 연동하려 했던 노 정부의 연계전략은 성공했는가? 노 정부의 입장에서는 유감스럽게도 부시 정부는 미동도 하지 않았다. 노무현 정부는 부시 정부를 움직이기 위해 파병 외에도 당시 부시 정부가 추진하던 군사전략 변혁(Military Transformation)의 핵심 개념인 주한미군의 전략적 유연성을 인정/수용하기도 했다. 주한미군을 신속기동군으로 재편하고, 주한미군기지를 전 세계 분쟁지역을 향한 허브 기지로 활용하도록 한다는 개념이었다. 물론 노 대통령이 2005년 3월 공군사관학교 졸업식에서 "우리 의지와 관계없이 동북아 분쟁에 휘말리는 일은 없을 것이며, 이는 어떤 경우에도 양보할 수 없는 확고한 원칙"이라고 역설했지만, 한국과 미국은 주한미군에 대해 다음과 같이 전략적 유연성을 부여하였다:

합의내용(2006년 01월 22일, 외교부·NSC 사무처)

ㅇ 주한미군의 전략적 유연성에 관한 이번 공동성명은 다음과 같은 2개 문안으로 구성되어 있다.

 - 한국은 동맹국으로서 미국의 세계 군사전략 변혁의 논리를 충분히 이해하고, 주한미군의 전략적 유연성의 필요성을 존중한다.

 - 전략적 유연성의 이행에 있어서, 미국은 한국이 한국민의 의지와 관계없이 동북아 지역분쟁에 개입되는 일은 없을 것이라는 한국의 입장을 존중한다.

북핵문제에 대해 부시 정부가 전향적으로 접근하도록 하기 위한 노무현 정부의 이러한 일련의 노력에도 불구하고 부시 정부는 북핵문제를 대화로 해결하는 데 협조해달라는 한국 정부의 제안을 공개적으로 거절했다. 그러나 부시 정부의 대북정책은 2006년 11월 이후 전향적으로 변화하였다. 그런데 부시 정부가 대북정책을 변경한 것은 노 정부의 대미외교가 아닌 미국 국내정치의 세력균형의 변동 때문이었다. 부시의 공화당은 2006년 11월 중간선거에 참패하였다. 패배 원인 중 하나는 '힘을 자의적으로 사용하는 패권적 대외정책'에 대한 미국 민주당의 비판과 국민들의 염증이었다. 이후 부시 정부의 공격적 외교안보노선을 주도하던 신보수주의자들이 퇴각하였다. 부시 대통령은 이라크와 이란 문제에 집중하기로 결정했다. 부시 정부는 21,500명을 이라크에 추가 파병하고, 이란을 이라크 무장세력의 배후로 지목해 대이란 공습을 검토하였다. 이런 상황에서 부시 정부는 북한 문제로 힘을 분산할 여력이 없었으며 이것이 타협을 선택한 이유였다. 미국은 북미접촉을 재개하였다. 그 결과 북핵폐기를 위한, 보다 구체적으로 말하자면, "9.19공동성명(2005년)[5] 이행을 위한 초기 조치"인 2.13합의가 도출되었다.

2. 파병 결정에 대한 평가

이와 같이 한국의 이라크 파병은 북핵 문제에 대한 미국의 태도에 영향을 주지 못했다. 흥정이 이뤄지지 못한 것이었다. 이와는 별도로 이라크 전쟁의 성격에 대한 논쟁은 노무현 정부의 정치적 정체성과 관련해 시사하는 바가 있었다. 노 대통령의 이라크 파병은 고뇌에 찬 결정이었을 것으로 사료된다. 그는 이 전쟁이 명분이나 정당성이 없는 침략전쟁이라는 것을 알고 있었다. 따라서 그는 다른 압도적인 제약변수가 없었더라면 파병에 동의하지 않았을 것이다. 그러나 그에게는 도덕과 윤리 문제보다는 북핵 문제 해결과 한미동맹의 안정적 관리라는 통수권자로서의 책임과 의무가 더 크게 부각되어 보였을 것이다. 그는 어차피 후자를 선택할 것이라면 적극적으로 친미적 수사를 써가며 미국 편에 서는 것이 한국의 국익이 될 것이라고 판단했던 것으로 보인다. 그러나 이상(理想)이나 정치적 정체성의 문제는 그리 간단히 취급될 수 있는 사안이 아니다. 미래의 정치에 그림자를 드리우기 때문이다. 실제로 그러한 어두운 그림자가 정치인의 미래에 드리워진 경우는 힐러리 클린턴(Hillary Clinton)이었다. 2008년 민주당 대선후보 경선에 나선 클린턴은 2002년 이라크전 개시를 둘러싼 상원 표결 때 찬성표를 던졌다. 같은 민주당 상원의원이었던 오바마는 반대표를 던졌다. 이와 관련해 『워싱턴포스트』는 "(이라크전) 상원 표결이 없었다면 민주당 대선후보 경선에서 오바마는 클린턴을 꺾을 충분한 동력을 얻지 못했을지 모른다"는 민주당 내부의 평가를 보도했다. 당시 여론은 전쟁 지지가 더 우세해 클린턴 전 장관의 선택이 안전해 보였다. 하지만 부시 정부가 전쟁 명분으로 내세운 이라크의 대량파괴무기가 없다는 사실이 드러나고, 이라크도 사실상 내전 상태로 빠져들자 '안전한 선택'은 정치적 역풍을 맞았던 것이다. 클린턴은 당시 정보가 부족하고 왜곡되어 올바른 판단을 내리지 못했다고 변명했다. 그러나 조건은 오바마에게도 똑같은 것이었고, 그는 클린턴과는 다른 판단을 내렸다.

당내 경선에서 오바마가 클린턴을 눌렀고, 결국 대통령에 당선되었다.

노무현 대통령이 미국의 파병 요구를 거절했다면 한국과 한반도의 상황은 어떻게 되었을까? 그가 그러한 결정을 내렸다면 그는 일부 세력에 의해 탄핵에 준하는 정치공세에 직면했을 가능성이 높다. 논리는 이러했을 것이다. 후보 시절 "사진 찍으러 미국 가지 않겠다"거나 "반미 좀 하면 어때"라고 발언한 노무현은 역시 반미주의자이다. 반미주의는 한국전쟁 시 참전하여 우리나라를 구해준 은혜, 즉 '재조지은'을 배신하는 행위이다. 나아가, 미국에 대한 거역은 우리를 지켜주고 있는 미국을 해롭게 하는 행동이니 우리를 위협하는 북한에 이로운 행위이다. 따라서 한국 국민은 용공/친북 또는 공산주의자 대통령 노무현을 탄핵해야 할 뿐만 아니라 그보다 더한 처벌도 마다해서는 안 된다. 당시 서울대 윤리교육과 교수이자 후일 박근혜 정부의 방송통신심의위원장이 될 박효종은 2009년 5월 3일자 『중앙일보』의 기획시론을 통해 전직 대통령 "노무현에게 카인의 벌을 내려야 한다"고 썼다.[6]

> (노무현에게 카인의 벌을 주자는 이유는 그가) 대통령 재임 시 저지른 죄가 너무나 중대하기에 국민들로부터 쉽게 용서를 받을 수 없게 하기 위함이다.

바이블에 나오는 카인과 아벨의 이야기를 기억하는가. 카인과 아벨은 형제였다. 카인은 농사꾼이었지만 충직하지 않았고 아벨은 양치는 사람이었지만 충직했다. 어느 날 자신의 제사가 아벨과 달리 신에 의해 받아들여지지 않음을 깨달은 카인은 아벨을 죽인다. 신은 묻는다. "네 동생 아벨은 어디 있는가." 카인의 대답은 퉁명스러웠다. "제가 동생을 지키는 사람입니까." 신의 질책은 추상같았다. "아벨의 피가 하늘을 향해 부르짖고 있다. 너는 그 벌로 일생 동안 땅을 유랑하게 될 것이다." 신은 왜 살인죄를 저지른 카인을 죽음으로 처벌하지 않고 평생을 유랑하도록 명했을까. 아마도 카인의 죄가 일순간의 죽음으로는 기워 갚을 수 없을 만큼 컸기에 일생을 두고 참회해야 한다는 뜻이 아니었을까… 고백과 참회보다 변명과 궤변으로 일관하는 노 전 대통령이 일정 기간의 수형생활보다 역시 '모르쇠'로 일관함으로써 일생 동안 유랑하는 천형(天刑)에 처해졌던 '카인의 벌'을 받아야 하는 이유가 여기에 있다.

박효종은 노무현이 당시 받고 있던 범죄혐의에 대해 섣부르게 판단한 것이었다. 어쨌든, 노무현이 미국의 파병 요구를 거부했다면 그는 재조지은을 배신한 '반미 빨갱이'로서 탄핵보다 더한 '카인의 징벌'을 받았을까? 알 수 없는 일이나 그가 파병 요구를 거부하여 평지풍파를 일으키길 원하지 않았을 것이라는 점은 어렵지 않게 이해된다. 그는 한국의 정치문화를 잘 알고 있는 정치인 중 하나였다. 그는 저항적인 정치인이었으나 무모하지 않았기 때문에 정치적으로 "분별력 있게(prudent)" 행동하지 않을 수 없었을 것이다.

노무현이 미국의 파병요구를 거부했다면 주한미군이 철수하거나 한미동맹이 위험에 빠졌을까? 미국의 필요에 따라 주한미군 일부가 출입(flow in, flow out)했을 것이다. 그러나 출입과 철수는 전혀 다른 문제이다. 철수는 미국의 전략계산에 들어 있지 않다. 그것은 미국의 치명적인 손실일 것이기 때문이다. 트루먼 대통령과 미국 민주당은 "누가 중국을 잃었나?(Who Lost China?)"라는 정치프레임에서 한동안 벗어나지 못했다. 유사한 맥락에서 미국의 어떤 대통령도 "한국을 잃은 지도자(President who lost Korea)"로 기억되고 싶어하지 않을 것이다. 안보전략적 관점에서 볼 때도, 필자가 아래에서 사드 문제를 다룰 때 상세히 언급하겠지만, 미국의 어떤 지도자나 군사전략가도 주한미군을 철수하여 21세기의 핵심전략지역인 동북아시아의 전진기지를 포기하고 서태평양을 "중국의 호수(China's lake)"로 만들길 원하지 않는다. 한미동맹도 마찬가지 이유로 위험에 빠지지 않을 것이다.

노 정부에 대해 주한미군이나 한미동맹 카드가 정치적으로 사용되었을 수는 있다. 노무현을 국내정치적으로 처벌하는 수단으로 주한미군이나 한미동맹 카드가 사용되었을 수는 있다는 말이다. 노무현에 대한 국내적 정치공세가 상당할 경우 이에 탄력을 부여하는 차원일 수 있는 것이다. 미국은 노 정부보다 더 친미적인 정부를 원할 것이기 때문이다. 2003-2004년 워싱턴의 일부는 노 정부에 대한 불신과 분노를 노골적으로 표시하였다. 영향력 있는 칼럼니스트 로버트 노박(Robert D. Novak)은 "테러와의 전쟁 때문에 문제가 복잡해졌지만, 미국이 하고 싶은 대로 하자면 노 정부가 원하는 바로 그것을 들어주고 싶다. 주한미군을 철수하고 남과 북이 서로 지지고 볶든 둘이 알아서 하게 내버려두자… 오늘날 한국인들은 한국전쟁 때 피를 흘리며 공산화를 막아준 미국인들에게 감사한 마음을 가지고 있지 않다… 1981년 한국의 군부독재에 의해 처형될 운명에 있다가 레이건에 의해 구명된 김대중 대통령은 한국사상 가장 반미적인 대통령이 되었고, 김대중을 우상으로 섬겨온 피후견인 노무현은 샘 아저씨의 콧수염을 잡아당기는 데 있어 그를 능가하고 있다"고 일갈했다.[7] 일련의 "PNAC(The Project for New American Century, 신보수주의 연구 그룹) 편지"의 서명자 중 하나인 AEI(American Enterprise Institute)의 니콜라스 에버스타트(Nicholas Eberstadt)는 당시 지배적 외교안보 담론이었던 신보수주의를 이끌며 "한국 언론이 '탈레반'이라고 부르는 노무현 정부의 핵심분자들은 앙심 깊은 반미주의자들이고 본능적으로 친북주의자들이다. 모든 내용과 목적에 있어 한국은 현재 도망가는 동맹국이다… 미국은 한국의 (대북한) 유화론자들에 귀 기울이기보다는, 그들의 머리 넘어로 한국 국민들에게 직접 호소함으로써 금치산자가 되어버린 한국을 궁극적으로 제자리로 돌릴 수 있는 한국의 국내정치연합을 형성하고 배양해야 한다"[8]고 말하면서 노 정부에 대한 적개심을 적나라하게 드러내었다. 미국 정부도 이례적으로 유감을 표하기도 했다. 2004년 11월 노 대통령이 로스앤젤레스에서 "북한은 핵과 미사일을 외부의 위협으로부터 자신을 지키기 위한 억제수단이라고 주장하고 있다. 일반적으로 북한의 말은 믿기 어렵지만 이 문제에 관해서는 북한의 주장이 여러 가지 상황에 비추어 일리가 있는 측면이 있다고 본다"[9]고 하자, 미 국무부는 "연설의 일부 내용과 관련해 이른 시일 내에 한국 정부의 고위 관리들과 토론하고 싶다"[10]고 외교적이지만 심각한 우려를 표하였다.

하버드 대학교의 국제정치이론가 로버트 퍼트냄(Robert Putnam)은 국제적 압력이 국내에서 반향을 일으키는 "메아리 효과(reverberation)"라는 개념을 통해 국가 간 게임이 양면(two-levels)에서 이뤄질 수 있다고 지적하였다. 에버스타트가 "미국은 한국의 유화론자들에 귀 기울이기보다는, 그들의 머리 넘어로 한국 국민들에게 직접 호소함으로써 금치산자가 되어버린 한국을 궁극적으로 제자리로 돌릴 수 있는 한국의 국내정치연합을 형성하고 배양해야 한다"고 말했을 때 그는 바로 이 '메아리 효과'를 염두에 두었을 것이다. 물론 '메아리 효과'가 늘 일어나는 것은 아니다. 오히려 경우에 따라서는 미국에게 곤혹스러운 '역화(blowback),' 즉 부정적 '메아리 효과'가 발생할 수도 있는 것이다. 한국 국민들 대다수가 미국의 내정간섭에 대해 "국기 중심으로 단결(rally around the flag effect)" 할 수도 있는 것이었다. 일어나지 않은 일에 대해 단정할 수는 없다. 그러나 당시 워싱턴의 신보수주의자들이 남한과 북한 모두에서의 '정권교체(regime change)'를 공공연히 지지하는 분위기에서 미국의 파병 요구를 거부한 노무현이 직면했을 반노무현 '초국가적 연합'의 위협과 위험은 어렵지 않게 상상할 수 있다.

노무현이 미국의 파병요구를 거부했다면 위에서 말했듯이 국내외적으로 공격을 받았을 공산이 크지만, 다른 한편, 그가 그러한 공격을 견디어냈다면 한국은 자신의 운명을 보다 독자적으로 결정할 수 있고 한국의 대미협상력 또한 향상시킬 수 있을 것이었다. 예를 들어, 2003년 초 W. 부시 대통령은 북한의 도발적 행위에 대해 "모든 선택이 테이블 위에 올려져 있다"며 무력 사용을 암시하는 경고를 자주 하였다.[11] 노 대통령은 5월 한미정상회담에서 대뜸 '한국민은 한반도에서 전쟁이 날까 봐 공포에 휩싸여 있다(Koreans fear war in the peninsular)'고 발언했다. 부시 대통령은 '미국은 북한을 공격하지 않겠다(U.S. will not attack North Korea)'고 외교적으로 대답했다. 귀국한 노무현은 미국 정부의 입장과는 상관없이 "군사조치는 테이블 위에 없다", "그 누구도 한반도에서 전쟁을 벌일 수 없다"고 역설했다. 그러나 노 대통령의 발언은 국내외적으로 십자포화를 맞았다. "힘을 통한 평화(peace through strength)"를 주장하는 정치인들과 전문가들은 노무현의 발언이 미국의 대북협상력을 떨어뜨리고 북한의 협상력만을 올려주었다고 비난했다. 그러나 노무현의 직설적이고 "거친" 발언 이후 미국 대통령이나 고위 관리들은 대북 '무력사용 불사론'을 공개적으로 거론한 적이 없다. "군사조치는 테이블에 없다"는 노무현의 "거친" 발언은 의도되지 않은 것이 아니었다. 그는 과도한 미국의 이라크 파병 압력에 대해 "내 시대에 내가 노력하다가 한미관계가 깨지면 다음 대통령은 보다 균형된 한미관계를 해나갈 수 있을 것입니다"라고 말한 적이 있다.[12] 그는 자신이 희생해서라도 후임 지도자나 국민들이 전쟁의 공포에서 만큼은 벗어나 있길 원했던 것으로 보인다. 전쟁불사론이 북핵문제를 해결할 수 있다는 관점에서 보면 노무현은 훼방꾼이거나 겁쟁이였다. 그러나 이러한 전쟁불사론과 같은 위험감수적 접근이 오인과 오판을 매개로 국가의 존립을 실존적으로 위협할 수 있다고 보는 시각에서 보면 그는 적어도 북미 간에 의도치 않은 치킨게임이나 대규모 전쟁이 발생할 수 있는 여지를 낮추거나 없애준 분별력 있는 정치가(statesman)였다. 노무현이 미국의 파병요구를 거부했다면 그는 한동안 정치적으로 시달렸을 것이다. 그러나 그는 그렇게 함으로써 중장기적으로는 한미관계, 북미관계를 보다 주체적으로 관리할 수 있는 능력을 한국에게 부여했을 수도 있다.

동북아균형자론

1. 한국의 외교안보 패러다임의 전환

노무현 정부 시기 논쟁의 대상이 됐던 또 하나의 중대 외교안보 사안은 이른바 동북아균형자론이었다. 동북아균형자론은 노 정부의 외교노선인 '균형외교'가 동북아 지역에 적용된 개념적 대전략(conceptual grand design)이었다. 노 정부는 균형외교를 "가치와 국익, 동맹과 다자협력, 세계화와 국가정체성, 국가와 국가 간의 균형과 조화를 이루는 것"이라고 정의했다.[1] 여기서 말하는 균형은 "모든 외교에서 국익과 합리성에 기초한 균형을 추구하며, 한반도 문제에 관한 한 적극적으로 균형자 역할을 하여 한국의 평화와 자주를 추구하겠다"는 정권적 의지를 담고 있었다. 노무현 대통령은 균형외교의 동북아판 비전이라 할 수 있는 동북아균형자론을 2005년 봄에 제창하였다. 그는 2005년 3월 8일 공군사관학교 졸업식 연설을 통해, 그리고 2005년 4월 국방부 업무보고를 받으면서 균형자의 개념을 보다 구체화하면서 한국의 증강된 역량에 걸맞는 인식의 조정의 필요성을 역설하였다:

힘이 있느냐? 있습니다… 세계 10위의 경제력, 군사력이 있습니다. 국회에서 10석 가진 정당도 중요하듯이 중국, 일본의 국력이 크지만 우리도 캐스팅보트가 될 수 있습니다. 이스라엘군을 모범으로 하면서 힘이 없다고 생각하는 것은 모순입니다. 스스로 비하하지 말도록 간곡히 부탁합니다.[2]

노무현 정부의 국가안보회의 사무처는 동북아균형자론을 아래와 같이 체계적으로 정리했다:

참여정부의 동북아 균형자론은 열강의 패권경쟁의 장이었던 근대 한국사에 대한 통절한 반성과 동북아 평화 번영이라는 미래 비전이 현재의 종합적 국가역량과 융합되어 제시된 전략이라고 할 수 있다… 우리는 100여 년 전 한반도를 둘러싼 세력 각축전에서 스스로를 지킬 역량이 얼마나 소중한지를 뼈저리게 경험하였다. 우리 땅에서 우리의 의사와 무관하게 일어난 열강 간의 침략전쟁에서 경제력도 국방력도 갖지 못한 우리는 사실상 의미 없는 존재에 불과했고, 이는 결국 국권상실로 이어졌다… 이러한 역사는 우리에게 자위적 국방역량 배양의 필요성을 일깨워 주었다. 한반도에서 전쟁을 억제하고 중심을 지켜나가는 것은 국가 보전뿐 아니라 동북아 평화를 위한 관건이기도 하다. 동북아 패권경쟁이 한반도를 무대로 하여 전개되었던 역사적 사실이 이를 입증해주고 있다. 한반도의 평화는 지역평화의 전제조건인 것이다… 동북아에서 장기간 지속되어 온 갈등을 화해로, 대립을 협력으로 전환하는 모멘텀이 필요하다. 대한민국은 이를 위한 적극적이고 역동적인 행위자로서, 그리고 역내 국가 간에 조화를 추구하고 평화번영을 촉진하는 주체로서의 역할을 해나가려고 한다. 이것이 바로 동북아 균형자이다… 참여정부가 동북아 균형자론을 전략으로 제시할 수 있는 근거는 우리의 종합적 국가역량이다. 우리는 전쟁을 추구해 본 적이 없는 전통적 평화세력으로 누구보다도 떳떳하게 지역평화를 말할 수 있다. 이미 세계 10위권의 중견 경제력을 확보하고 있고, 자위적 국방역량과 안보협력을 확충해가고 있으며, 한반도 평화정착의 중심세력으로서 역할을 하고 있다. 지속적으로 증진돼온 역내 국가와의 호혜협력 관계도 균형자 역할을 가능하게 하는 외교적 기반이 되고 있다… 참여정부는 균형자 역할을 수행하는 과정에서 한미동맹을 기본 토대로 삼는다… 공고한 한·미동맹을 바탕으로 동북아 평화번영의 시대를 앞당기겠다는 것이 참여정부의 구상이다. 장차 한미동맹은 상호협력을 통해 경제 및 안보공동체를 지향해나가는 동북아의 미래와 병행 발전할 것이다… 우리는 과거의 불행한 역사가 되풀이되지 않도록 종합적 국가역량을 바탕으로 평화와 번영의 동북아시대를 구현하기 위한 전략지도가 곧 참여정부의 동북아 균형자 구상인 것이다.[3]

노 정부의 동북아균형자론에 따르면 한국은 동북아 평화 번영을 위해 자위적 국방역량을 배양하는 가운데 한미동맹을 기본 토대로 삼아 냉전기 진영외교와 상호 대결의 틀에서 벗어나 열려 있는 안보협력으로의 사고 전환을 기하고자 한다는 것이다. 따라서 동북아균형자론은 "당장 구체적인 계획을 짜서 실현하는 정책이라기보다는 한국이 앞으로 추구해나가야 할" 한국 외교의 중장기적 비전과 방향성을 담은 규범적 대전략의 일부이자 한국의 대미의존적인 전통적 외교안보의식에 대한 문제제기였다.

2. 비판과 논쟁

동북아균형자론은 즉각 비판의 대상이 되었다. 보수 언론과 학자들은 "한국 외교안보의 제1축이 한미동맹인데, 이를 파기하겠다는 것인가?" "한국이 무슨 능력이 있어 미중 간에 균형자가 된단 말인가", "한미동맹 이탈"을 위한 전주곡이다, "친중 반미"의 본색을 드러냈다는 등 연일 공세에 나섰다. 미국의 일부 관리들도 "남방 3각동맹에 갇혀 있을 수 없다"는 대통령 발언의 취지를 왜곡/과장하여 심각한 우려를 표했다.[4] "시대착오적 발상", 심지어는 "과대 망상적 발상"이라는 비판도 제기되었다. 박근혜 당시 한나라당 대표는 국회 연설을 통해 균형자론을 러일전쟁 직전인 1904년 대한제국의 국외중립선언에 견주면서 이는 한미동맹을 벗어나 외교적 고립을 자초하는 잘못된 정책이라고 비판했다.

동북아균형자론의 의미를 이해하기 위해서는 그것이 제시된 국제정치적 배경을 알아야 한다. 당시 한일 및 중일 관계는 독도, 과거사, 교과서 문제 등으로 악화일로를 걷고 있었다. 북핵문제는 W. 부시 정부의 강수에 의해 해결이 난망한 가운데 동북아 지역질서가 급속히 불안정해질 수 있는 상태였다. 특히 일본은 미국과의 결속을 다지면서 북핵문제에 대해 강고한 입장을 취했고, 이는 일본 국내정치의 우경화와 상호강화적 관계를 형성하고 있었다. 다른 한편, 한국이 미일과 공동전선을 형성한다면 중국, 러시아, 북한도 이른바 북방3각동맹의 형태로 대항할 수 있는 상황이었다. 동북아 지역질서가 대결적 국면으로 전환될 경우 경제적, 군사적, 전략적으로 최대 피해자는 한국이었다. 경제적 기회를 잃고 군비경쟁의 비용을 치뤄야 하기 때문이었다. 이런 배경 하에서 제시된 노무현의 동북아균형자론은 한국의 위험과 피해를 줄이면서 운신의 폭을 넓히기 위한, 어떻게 보면 야심 차고 비전통적인 전략구상인 셈이었다.

노무현 정부의 동북아균형자론은 한국의 외교 패러다임의 전환기적 성격을 지녔다. 탈냉전기 동북아 질서 속에서 전환기적 기본 구도는 이미 김대중 정부의 햇볕정책으로부터 시발되었으나 노무현 정부에 들어서 동북아균형자론으로 보다 구체적으로 제시된 것이었다. 그러나 무엇보다 획기적인 것은 그것이 한국 외교안보의 인식의 대전환을 촉구했다는 사실이었다. 한국전쟁은 한국인들의 재조지은 의식을 강화하였다. 분단 이후에는 남북한 대결구도 하에서 한미동맹 외에는 대안이 있을 수 없다는 신념 또한 공고해졌다. 노무현은 '변화된 세상'에 맞춰 이러한 의존적이고 수동적인 주류적 인식구조를 바꾸고자 했다. 그는 한미동맹을 유지하면서도 미국에 지나치게 경사되지 않는 균형외교를 통해 한국의 운신의 폭을 어느 정도 늘려나가야 한다고 생각했던 것이다.

그럼에도 불구하고 노 정부의 동북아균형자론은 몇 가지 측면에서 해명이나 설명이 필요하다고 판단된다. 첫째, 동북아균형자론은 미국으로부터 한국 외교의 운신의 폭을 넓히려는 의지를 담고 있었다. 당시 노 정부의 핵심 외교안보 참모였던 국가안보회의 차장 이종석은 다음과 같이 말했다:

이 개념을 중일 간 갈등구조 속에 국한시킬 필요가 없다고 판단했다. 그래서 한반도에서 우리의 운명과 관련한 사안에 대해 능력껏 평화 지향적 해결을 추구하고 그 과정에서 중일 사이만 아니라 북한과 미국, 미국과 중국 사이에서도 중재하거나 조정할 수 있다고 보았다… 만약 부시 정부가 클린턴 정부 정도의 합리성을 지닌 정권이었다면, 한국 정부가 자칫 '친북 반미'의 오해를 살 수도 있는 북한과 미국 사이 균형자의 길을 걷기보다 긴밀한 한미공조를 통해 문제를 합리적으로 풀려고 했을 것이다.[5]

이런 관점에서 보면 동북아균형자론은 일본의 우경화와 북핵문제 해결 노력 방해도 중요하게 고려했지만, 요는 미국의 부시 정부가 한국의 안보이익을 무시하거나 중시하지 않았기 때문에 미국과 어느 정도 거리를 두더라도 북미관계나 미중관계에서 한국의 국익을 우선시하겠다는 선언이었다. 특히 "북한과 미국 사이 균형자의 길을 걷겠다"는 말은 한미동맹에 관한 전통적인 규범과 개념을 고려할 때 한국이 상당한 정도 미국과 거리를 두어 어떻게 보면 중립적인 입장에 서겠다는 의미로 받아들여질 수도 있었다. 그런데, 다른 한편, "참여정부는 균형자 역할을 수행하는 과정에서 한미동맹을 기본 토대로 삼는다. 공고한 한·미동맹을 바탕으로 동북아 평화번영의 시대를 앞당기겠다는 것이 참여정부의 구상이다"라는 말은

"북미 간 균형자의 길을 걷겠다"는 말과 모순관계에 있다는 비판이 나올 수 있다. 필자는 노무현 정부의 이 말이 한미동맹을 토대로 운신의 폭을 넓히겠다는 의지를 표명한 것으로 해석한다. 그러나 "북미 간 균형자의 길을 걷겠다"는 표현은 그러한 의도를 정확히 담고 있다 할 수 없다. 개념이나 표현은 맥락이 의미를 부각시켜준다. 균형자론은 수십 년간 한국의 안보와 전쟁억지 기능을 수행한 한미동맹이라는 맥락과 유리되어 고려될 수 없다. 그것이 공백 상태에서 존재하는 개념이 아니라는 말이다. 따라서 "북미 간 균형자의 길"은 북한의 재침 방지를 주 목적으로 하는 한미동맹과 주한미군에 대한 상당한 거리두기로 해석될 여지가 충분하다. 운신의 폭을 넓히는 정도가 아니라 북미 간의 균형자를 추구하는 것이 노무현 정부의 동북아균형자론이었다면 그것은 "과자를 가지고 있으면서 동시에 먹고자 하는" 또는 "과자를 먹은 후에도 가지고 있고자 하는" 모순적이고 현실성이 결여된 희망사항(wishful thinking)이었을 것이다.

전기했듯이, 동북아균형자론이 "당장 구체적인 계획을 짜서 실현하려는 정책이라기보다는 한국이 앞으로 추구해 나가야 할" 한국 외교의 중장기적 비전과 방향성을 담은 규범적 대전략의 일부이자 한국의 대미의존적인 전통적인 외교안보의식에 대한 문제제기였다면 대통령이 수차례나 공개적으로 선언할 만한 긴급성을 가진 것이었는지 의문이 제기될 수 있다. 만약 노 대통령이 문제해결 과정에서 그러한 임박성을 느꼈다면 그가 균형자적으로 의사결정을 하면 되는 일이었을 것이다. 사실 노 대통령이 동북아균형자론을 제시한 시점에서 한국은 이미 몇 개의 중요 분야에서 균형자 역할을 하고 있었으며, 국제사회는 특히 2005년 9.19 공동성명을 도출하기 위한 과정에서 보여준 한국의 역할을 인정하고 있었다. 이는 노 정부가 미국에 일방적으로 끌려다니지 않고 일정하게 균형외교를 펼쳤기 때문에 가능한 일이었다.[6]

　노 대통령은 동북아균형자론에 관한 자신의 공개적 발언이 역화할 가능성이 있다는 것을 몰랐을까? 알았을 수도 있다. 그는 한국의 생존이 걸린 문제에 미국과 일본이 '딴지'를 거는 것에 분노했을 수도 있고, 나아가, 자주적 국방이나 전시작전통제권 전환에 대해 근거없이 우려/비난하는 한국 군의 일부에 대해 경고하고 청년장교들에 대한 기대감을 표현하고자 했을 수도 있다. 노무현의 동북아균형자론은 한국의 외교안보의 개념과 관점에 자주적 혁신적 대안을 담았다. 패러다임 전환을 촉구한 것이었다. 그러나 거칠게 그려진 그림을 대통령 자신이 적기가 아닌 시점에 공개적으로 내놓은 것은 정치적 분별력 차원에서 비용이 수익보다 너무 컸던 것이 아닌지 성찰이 필요하다 할 수 있겠다.

　"균형자"라는 용어의 문제도 간과될 수 없다. 용어는 의미를 담는 그릇이고, 그 그릇은 역시 공백상태가 아닌 구체적인 역사적 시공간에서 연원한 것이기 때문이다. 그리고 그것은 그러한 맥락과 연동되어 현실적인 영향력을 갖게 되기 때문이다. 한국에서 균형자라는 개념이 도입되고 유행한 것은 2차대전 후 미국에서 최고의 국제정치학자로 위상을 굳힌 한스 모겐소에 의해서였다. 한국 대학의 정치외교학과나 국제 관련 학과에서 그의 세력균형이론은 바이블에 준하는 학술적, 정책적 권위를 가진 것이었다. 모겐소는 세력균형의 여러 패턴을 설명하면서 "영광된 고립(splendid isolation)"을 외교노선으로 했던 19세기 영국을 "균형자(balancer)"로 명명했다. 19세기 영국은 유럽대륙에서의 세력균형, 즉 대륙 내 패권국 출현 방지를 외교안보 목표로 삼았다. 유럽 대륙에서 패권국이 등장하면 패권의 관성과 원심력이 바다 건너 영국에게 미칠 것이 자명했기 때문이다. 따라서 영국은 자신의 안보를 위해 프랑스든 독일이든 세력이 팽창하는 국가에 대항하는 세력균형책을 썼던 것이다. 여기서 중요한 것은 균형자는 정의상 중립국(neutral)이라는 점이다. 모겐소는 균형자는 위험·사고 등이 생기지 않도록 "중간에서 초연한 입장에서 주의 깊게 지켜보는(waits in the middle in watchful detachment)" 국가라고 정의하였다. 그렇다면 동북아균형자론에서의 한국은 영국만큼 무게가 실리는 강국인지, 그리고 한국은 북미 간에 중립을 지킬 만큼 한미동맹으로부터 독립적이고 자유로운지라는 의문이 제기될 수 있는 것이다. 노무현 대통령의 한국의 외교적 독자성과 관련한 문제제기는 타당하고 바람직하다. 그러나 그는 한국이나 한반도 특유의 개념을 국제정치학자들이나 실천가들이 사용하는 서구식 그릇에 잘못 담음으로써 자신의 독창적 취지를 살리지 못하고 내내 정치공세에 시달려야 했다.

‘비핵개방 3000’과 ‘5.24조치’

노무현 정부에 이어 집권한 대기업 CEO 출신 이명박의 정부는 대북정책에 있어 "실용주의" 철학을 도입하였다. 이 대통령은 실용주의를 "형식을 걷어 내고 실질적으로 잘 하자는 것", "남북이 도움되는 방향으로 하자는 의미"라고 정의하였다. 이명박 정부는 "지난 10년 동안의 대북정책은 북한 선의에 의존"함으로써 남한이 대북 주도권을 상실하였다며 "정서적 민족주의에 의한 명분보다는 정책의 실효성이라는 실질을 중시"하여 '비핵개방 3000' 구상을 통하여 남북관계를 새로운 단계로 발전시키고자 하였다. 이 정부는, 보다 구체적으로, "비핵개방 3000 구상은 북한의 비핵화, 북한의 미국 및 일본과의 국교정상화를 통한 개방의 지원, 북한의 인권문제 개선, 나아가서 경제발전을 포괄적으로 해결하는 접근법"이라고 규정하였다. '비핵개방 3000 구상'의 추진 단계는 다음과 같았다:

1단계(핵폐기 2단계 이행): 비핵화 단계; 비핵개방 3000 추진을 위한 남북합의

2단계(핵폐기 3단계 이행): 개방화·정상화 단계; 비핵개방 3000 구상 가동 착수

3단계(핵폐기 이후): 본격적인 경제발전 단계; 비핵개방 3000 구상 본격 가동

이명박 정부는 "이전 정부의 병행론이 아닌 단계적 연계론으로 전환한 것이 일종의 정책적 레버리지가 된다"고 보고,¹ "이러한 로드맵을 북한에 제시하여 북한이 따라오게 함으로써 핵문제 해결, 정상국가화, 경제난 문제를 해소하게 되고, 결국은 북한의 정권안보, 체제안보, 경제난 해결의 목표를 달성하게 된다"고 전망하였다.

이 대통령은 자신의 대북정책에 실용주의라는 명칭을 부여했으나 '비핵개방 3000'은 실용주의라고 보기 어려웠다. 굳이 말하자면 그것은 이명박 식의 실용주의였다. 국제정치나 외교에서 일반적으로 사용되는 실용주의는 보수적 국제정치학자 한스 모겐소의 외교 9원칙에 잘 정리되어 있다. 앞서 말한 바와 같이, 그는 실용주의의 요체는 실질적 성과를 내기 위한 역지사지라고 말했다. 그러나 '비핵개방 3000'은, 한국의 한 보수언론이 지적하였듯이, 역지사지가 아닌 이명박 정부가 갑을 자처하는 일방주의였다:

이명박 정부가 검토해온 '비핵·개방 3000' 구상에 따르면 새 정부의 대북정책은 '당근과 채찍'으로 요약된다. 북한의 약점을 건드리면서 남북대화에서 '갑(甲)'의 위치에 서겠다는 게 이번 대북정책

의 핵심이다. '행동 대 행동'으로 북한을 다루겠다는 것이다.[2]

북한의 정치적 정체성이나 가치관을 인정하고, 하지 않고는 이명박 대통령이나 그의 정부가 결정할 문제이다. 그가 전자를 택했다면 한국은 "악의 축"의 일원인 북한을 고립시키고 옥죄서 또는 무력을 사용해서라도 없애버리려 할 수도 있다. 한국 내에는 이러한 접근을 지지하는 사람들도 적지 않다. 그러나 그는 북한을 국가로 인정하고 조건부로 경제지원을 약속했으니 북한 당국과의 관계의 중요성을 인정한 셈이다. 그런데 정작 그가 사용하고자 한 수단은 북한 당국을 대화의 파트너로 보기보다는, "이러한 로드맵을 북한에 제시하여 북한이 따라오게 함으로써 핵문제 해결, 정상국가화, 경제난을 해소하게 되고, 결국은 북한의 정권안보, 체제안보, 경제난 해결의 목표를 달성하게 된다"는 그의 정책전망이 잘 보여주듯, 북한 당국을 훈육과 시혜의 대상으로 보는 관점에 기초해 있었다. 따라서 '비핵개방 3000'은 형식적으로 모순이고, 실질적으로는 일방주의적 위선이거나 위장전술로 의심받을 가능성이 다분했다.

그것 못지않게 중요한 것은 이 정책이 조건부이고 연계론이라는 점이었다. 북한이 대화의 상대라면 성과를 내기 위해서는 북한의 입장에 서볼 필요가 있는 것이었다. 북한은 자신의 핵무기를 생존의 근본조건으로 보고 있었다. 그것이 가지는 전쟁억지력 없이는 살아남을 수 없다고 생각했을 것이다. 개방은 북한 당국에게 매우 예민한 주제였다. 수십 년간 폐쇄적이고 통제된 삶을 살던 북한 주민들이 자유롭고 풍요로운 바깥 세상을 알게 된다는 것은 체제를 근본에서부터 흔들 수 있는 실존적 위협이었다. 그런데 한국 정부가 핵

폐기 3단계가 이행되면 북한의 개방화·정상화를 추진하고, 핵폐기 이후에 '비핵개방 3000' 구상을 본격 가동한다는 메시지는 이명박 정부가 "비정상"인 북한 당국의 처지나 입장은 고려하지 않는다는 점을 시사하는 것이었다. 더구나 북한이 핵무기를 없애고 나라를 개방하면 북한 주민의 소득을 3,000달러 수준으로 개선시키겠다는 시혜적 메시지는 그렇지 않아도 1990년대부터 '고난의 행군'을 거듭한 북한 주민들과 당국의 자존심을 자극하는 모독적 정치담론으로 받아들여질 것이었다. 한국이 어려웠던 시절 북한은 잘나간 적이 있었다. 북한이 한국이 받아들일 수 없는 조건(예를 들어, 지금의 입장에서 한미동맹 폐지와 주한미군 철수, 그리고 국가보안법 철폐 등)을 내걸고 그것을 해내면 잘살게 해주겠다고 한다면 한국의 당국이나 국민은 그러한 북한의 제의에 호응했을까?

유사한 맥락에서 이명박 정부는 북한이 호응하면 자신이 제시한 로드맵에서 동행하겠지만, 북한을 특별한 존재로는 취급하지 않겠다는 입장을 취임 전부터 견지하고 있었다. 따라서 북한과의 대화와 협상을 주목적으로 하는 통일부를 폐지하고 그 업무를 외교부 등에 분산 배치하려 하였다. 이는 남북관계를 국가 대 국가 관계로 보고 대북정책을 조선민주주의인민공화국에 대한 외교정책으로 바꾸겠다는 의지를 천명한 것으로서, "쌍방 사이의 관계가 나라와 나라 사이의 관계가 아닌 통일을 지향하는 과정에서 잠정적으로 형성되는 특수관계라는 것을 인정한" 남북기본합의서의 기본정신을 폐기처분하는 행위가 될 수 있었다. 경남대 김근식 교수는 통일부폐지론이 "남북관계가 갖는 역사적 특수성에 무지함을 스스로 드러내는 것이며, 대한민국 헌법의 정신에 저촉되는 무모한 조치"라며 다음과 같

이 일갈했다:

　　"지구상 유일한 분단국가로서 통일을 지상과제로 추진해야 하는 대한민국의 역사적 특수성마저 이명박 당선인이 내세운 효율성 앞에 맥없이 무시되었다. 서독이 분단 이후 통일 때까지 대동독 업무를 고유한 정부 기능으로 간주하고 내독성을 존치시켰음을 명심해야 한다. 외교부가 남북 대화와 대북협상을 맡게 되면 남북은 나라 대 나라 사이의 관계로 규정된다. 통일을 지향하는 과정에 잠정적으로 형성된 특수관계가 아니라 통일 지향을 망각한 영구분단의 남북관계가 될지 모른다… 총부리를 겨누면서도 화해 협력해야 하는 이중적 존재로서의 북한은 대외관계나 국내관계만으로 규정되지 않는다. 북한의 특수성과 남북관계의 복잡성을 감안해 대북 협상을 총괄하고 대북사업을 조정하는 전담부서가 있어야 하는 이유가 바로 여기에 있다. 통일부 폐지는 분단의 남북관계가 갖는 역사적 특수성에 무지함을 스스로 드러내는 것이다. 통일은 헌법이 명시하고 있는 가치이자 과제이다. 헌법에 규정되어 있는 평화통일의 임무와 사명은 대통령이 바뀌었다고 해서 포기될 수 있는 것이 아니다.[3]

　　최근 통일부 폐지론이 다시 논쟁의 무대에 올라왔다. 통일부 폐지를 주장한 정치인은 "통일부는 항상 가장 약하고, 가장 힘없는 부서였고, 외교의 업무와 통일의 업무가 분리돼 있는 것은 비효율적"이며, "통일부를 둔다고 통일에 특별히 다가가지도 않는다"고 주장하면서 문재인 정부 들어 "통일부가 관리하는 남북공동연락사무소는 폭파됐다"고 강조했다. 통일부 폐지론과 관련해서는 "분단의 남북관계가 갖는 역사적 특수성에 무지함을 스스로 드러내는 것"이며, 대한민국 "헌법에 규정되어 있는 평화통일의 임무와 사명은 대통령이 바뀌었다고 해서 포기될 수 있는 것이 아니다"라는 김근식의 지적이 적당한 비판이 될 수 있다. 그런데 잠재적으로 유력한 정치인 이준석의 통일부 폐지론은 통일의 방법에 관한 그의 정책관을 직접 반영하고 있다는 점에서 그의 대북/통일정책관은 국민적 관심/우려의 대상이 될 수도 있다. 그는 2019년에 출간된 저서 『공정한 경쟁』에서 "통일의 방법은 (한국의) 체제 우위를 통한 흡수통일외 대안이 없어" 보이며, "흡수통일의 경우 남한 중심으로 되고 북한은 받아들일 수밖에 없다"며 "결국 흡수통일이란 북한 체제를 지우는 것"이라고 말했다. "북한 정권이 붕괴되고, 우리가 그 북한을 접수해야 한다는 입장"이라는 것이다. 나아가 그는 문재인 정부는 "통일을 생각하지 않고 상호 공존을 추구함으로써 김정은의 정치적 생명을 연장해주고 있다"고 비판하였다.

먼저 북한이 "붕괴되도록 내버려두거나 그것을 촉진하기 위해서는 모종의 조치도 필요하다"는 입장에 대해 생각해보면, 그러한 발상은 북한은 정체되어 있는 무력하고 수동적인 객체라는 전제에 기초해 있다는 점을 알 수 있다. 그러나 이는 현실로부터 크게 괴리되어 있는 과거 김영삼 정부의 북한붕괴론과 같은 선상에 있는 "즐거운 상상"에 불과하다. 북한뿐 아니라 지구 상 어떤 나라도 생존을 위해 노력하지 않는 나라는 없다. 김정은 개인의 이익을 위해서도 북한은 부단히 변하도록 압박받는 주체이다. 김정은은 자신과 국가적 생존을 위해 핵과 미사일을 만들고, 그것을 수단으로 트럼프와 문재인이라는 자유세계의 주요 지도자들을 공개적으로 수차례나 만나 정상국가의 지도자로서의 국제적 공인을 받으려 했던 것이다. 그의 입장에서 일이 잘 되면 미국, 일본, 한국 등으로부터 생존을 위한 물적 지원을 제공 받게 될 것이다. 북한은 클레이피전과 같이 '움직이는 목표물(moving target)'이지 피격되도록 기다리는 과녁이 아니다. 냉전 직후 서방과 한국은 동구국가들과 마찬가지로 북한이 곧 붕괴될 것이라고 보았지만, 살아남은 북한은 그것을 타산지석으로 삼아 더욱 역동적으로 움직이는 목표물이 되었다. 붕괴를 촉진할 수 있는 조치도 유사한 논리의 적용을 받는다. 북한은 생존하기 위해 자신이 가지고 있는 모든 자산을 동원하여 그러한 조치에 기민하게 그러나 때로는 과하게 대처할 수도 있다. 그 과정에서 한반도의 긴장은 위험수위에 달할 수 있고, 남과 북은 통제력을 잃고 누구도 의도하지 않은 방향으로 위험스럽게 표류할 수도 있다. 과거 한국의 보수 정부들이 북한의 도발적 행위에 대해서도 자제와 절제를 사용한 이유는 무책임하고 위험한 장난이 초래할 수 있는 결과를 예견했기 때문이다.

못지않게 중요한 것은 한국이 전쟁을 하지 않고 통일의 방향으로 진전하기 위해서는 북한 당국과의 대화나 협상이 불가피하다는 점이다. 이준석이 선호하는 북한의 '내파(implosion)' 등 자체 붕괴는 두 가지 방식으로 상상 가능하다. 봉쇄가 그 한 방식이다. 그러나 봉쇄에 의해 북한이 자체 붕괴할 것이라는 예측은 단지 희망사항이었음이 이미 역사적으로 증명되었다. 다른 하나의 방식은 북한의 개방에 의한 것이다. 이것이 한국에게 바람직한 것인지의 여부는 논외로 하더라도 이 방식이 현실성을 가지려면 북한이 한국이나 국제사회에 개방되지 않고는 불가능하기 때문에 역시 북한 당국과의 초보적이나마 상호 신뢰에 기초한 외교적 과정이 불가피한 것이다. 그런데 북한의 김정은은 "북한과 타협할 일은 없고", 북한을 "지워"버리고 "흡수"하겠다는 한국, 특히 "김정은의 정치적 생명을 연장해주지 않겠다"고 공언하는 한국 정부와 대화하고 협상하려 할 가능성은 전무에 가깝다. 이준석이 원하는 것은 현실적으로 사실상 불가능한 것이다. 현실성이 없고 논리적으로도 모순적인 그의 대북/통일정책관은 국정 경험의 결핍에 따른 것이기도 하겠지만, 동시에 대북/통일정책과 관련한 철학의 빈곤과 역사의식의 부재, 전략적 사고의 미성숙에 기인하는 것이기도 하다.

이명박 정부의 '비핵개방 3000'은 북한의 극단적인 반발을 불러일으켰다. 북한『로동신문』은 2008년 4월 1일 이명박 대통령의 실명을 거명하면서 '비핵개방 3000'을 총체적으로 거부하는 북한 논평원의 논평을 냈다. "남조선당국이 반북대결로 얻을것은 파멸뿐이다"라는 제목으로 된 논평원 발표문의 핵심은 다음과 같다:

이른바《비핵, 개방, 3000》은 우리의《핵완전포기》와《개방》을 북남관계의 전제조건으로 내건 극히 황당무계하고 주제넘은 넉두리로서 민족의 리익을 외세에 팔아먹고 대결과 전쟁을 추구하며 북남관계를 파국에로 몰아넣는 반통일선언이다.

결국 리명박의《북핵포기우선론》은 핵문제의 해결은 고사하고 그에 장애만 조성하며 북남관계도 평화도 다 부정하는 대결선언, 전쟁선언외에 다른 아무것도 아니다.

리명박은 또한 그 누구의《개방》을 운운함으로써 북남관계를 불신과 대결의 낭떠러지에로 몰아가고 있다… 지금 리명박과 그 패거리들은 말끝마다《북의 개방》을 외우면서《실질적인 변화》니,《국제사회와의 공조》니 하는 등의 망언들을 서슴지 않고 있으며 온갖 어중이떠중이들을 내몰아 비렬한 반공화국《인권》소동에 광분하고 있다… 리명박이 그 무슨《개방》을 입에 올리고 있는 것은 우리의 존엄과 체제에 대한 용납 못할 도발이다… 리명박이 아무리 정치문외한이라고 하여도《대통령》자리에 들어앉으려 했다면 적어도 북남관계기본원칙을 밝힌 7.4공동성명과 조국통일의 대강인 6.15공동선언과 그 실천강령인 10.4선언은 알고 있어야 하지 않았겠는가… 리명박은 또한 그 누구의《국민소득 3000》이라는 것을 들고나와 우리를 우롱함으로써 간특한 간상배, 협잡군의 정체를 그대로 드러내고 있다… 지금 리명박과 그 패당은 우리가 핵을 포기하고《개방》하면 10년안에 1인당 국민소득이 3000US$에 이르도록 돕겠다느니 뭐니 하며 별의별 감언리설을 다 늘어놓고있다… 리명박이《국민소득 3000》따위의 얼빠진 소리를 줴친것은 우리를 너무도 모르고 정치감각이 없는 표현이다… 실로 우리에 대한 도발적인 궤변으로 가득찬《비핵, 개방, 3000》이야말로 리명박《정권》의 반통일성과 반민족성을 집중적으로 보여주는 가장 추악한 넉두리이며 허황하기 그지없는 망상이다.

리명박의《비핵, 개방, 3000》의 밑바탕에는 반동적인《실용주의》가 깔려있다.

리명박은 그 무슨《실용주의》라는 것을 내세워 온 겨레와 전세계가 한결같이 지지환영한 6.15공동선언과 10.4선언도 전면부정하고 그 리행을 가로막아 나서고 있다.

또한 북남관계를 외교관계속에서 다루어나갈 것이라고 하면서 민족문제를 대미관계의 종속물로,《실용외교》의 롱락물로 전락시키려 하고 있다.

남조선에서 지금까지《정권》이 여러차례 바뀌였어도 북남관계를 외교관계 밑에 놓고 그에 복종시켜 다루어나가겠다는 것을 내외에 뻐젓이 선포한 쓸개빠진 매국역적은 오직 리명박뿐이다.

민족을 등진자에게는 앞날이 없다. 리명박은 대세의 흐름을 똑바로 보고 함부로 경거망동하지 말아야 한다.

론평원[4]

'비핵개방 3000'은 이명박 정부의 '희망목록'이였다. 북한이 따라오면 좋고, 아니면 마는 식의 자세였다. 그것은 작동하지 않았다. 작동할 수 없는 정책은 정치적 의도를 의심받을 수 있는 것이었다.

남북관계가 악화일로를 걷고 있을 때 일대 사변이 발생했다. 2010년 3월 26일 21:22분경 백령도 서남방 2.5km 해상에서 경계임무수행 중이던 해군 제2함대사 소속 천안함(PCC-772)이 북한 잠수정의 기습 어뢰공격으로 침몰하여, 승조원 104명 중 46명이 전사하고 58명이 구조된 '국가 안보 차원의 중대한 사태'가 발생한 것이었다.[5] 한밤중에 접적해역(接敵海域)에서 입체적인 실전(實戰)상황이 벌어졌다는 보고를 받고 참모들과 대책을 논의한 이명박 대통령은 김은혜 대변인을 시켜 27일 오전 기자들에게 이렇게 설명하도록 하였다:

"이명박 대통령은 오늘 아침 7시30분부터 안보 관계 장관 회의를 주재하고 있다. 이 대통령은 '한 명의 생존자라도 더 구조할 수 있도록 군(軍)은 총력을 기울여서 구조 작업을 진행하라'고 지시했다. 이 대통령은 또 '모든 가능성을 염두에 두면서 철저하고 신속하게 진상을 규명해야 한다'고 강조했다. 오늘 회의에서는 아직까지 북한의 특이동향은 없는 것으로 보고됐다."

한국의 대표적 보수언론사는 김은혜 대변인이 읽은 발표문을 "긴박한 현장의 전투태세와는 너무나 동떨어진 영락없는 해난(海難)사고 발표문"이었다고 평가했다.[6] 이명박 대통령은 얼마 되지 않아 천안함 피격 사건에 대해 변화된 입장을 표명하면서 대국민 담화를 통해 천안함 피격을 '대한민국을 공격한 북한의 군사도발'이라고 규정짓고 북한에 책임을 묻기 위해 남북관계 단절을 선언한 '5.24조치'를 직접 발표하였다. 이 조치는 북한 선박의 남측 해역 운항 및 입항 금지, 남북 간 일반교역 및 물품 반/출입 금지, 우리 국민의 방북 불허 및 북한 주민과의 접촉 제한, 대북 신규투자 금지, 영유아 등 순수 인도적 지원을 제외한 대북 지원 사업의 원칙적 보류 등을 포함하였다.

한국 사회의 일각에서는 천안함 사건에 대한 정부 발표에 의구심을 표하였다. 이 대통령은 2010년 10월 13일 청와대에서 재향군인회 임원들과 가진 오찬간담회에서 "천안함 사태가 국민들에게 상처를 줬고 군의 신뢰를 떨어뜨린 비극인 것은 사실"이지만, "대한민국에 살면서 북한 소행이 아니라고 믿는 것은 정말 아니라고 생각한다"고 말했다.[7] 어쨌든 '5.24조치' 이후 남북관계는 사실상 전면 단절되었다.

일제 강점기 일본군 위안부 및
강제징용 피해자 문제

2019년 1월 30일 미국 유력 일간지 『뉴욕타임즈』는 "김복동 할머니의 지칠 줄 모르는 캠페인이 자신과 같은 수천 명의 여성들이 인내해야 했던 고통에 대해 국제적인 관심을 끌도록 하는 데 일조했다"는 부고 기사를 내보내며 김복동이 평생 싸운 이유는 일본의 진정한 사죄와 법적 배상 때문이었다고 적었다. 이에 일본은 2월 7일 외무성 보도관 명의의 반론문을 동 신문에 게재하였다:

"일본 정부는 2차세계대전과 관련한 위안부 문제는 많은 여성들의 명예와 존엄성에 대한 중대한 모욕이었다는 점을 인정한다. 일본은 여러 차례에 걸쳐 전(前) 위안부 여성들에게 진실한 사과와 반성을 표해왔다. 위안부 문제를 포함한 보상문제는 1965년 한일기본조약에서 해결이 끝났다. 일본과 한국은 2015년 위안부 문제의 최종적이고 돌이킬 수 없는 해결책에 합의했다. 일본은 위안부 피해자를 지원하기 위해 한국이 설립한 '화해와 치유 재단'에 970만 달러를 지원했다. 생존 피해자 여성 47명 중 34명이 기금 지원을 받았고 이런 노력에 대해 환영했다. 이것은 부인할 수 없는 사실이다."

1. 박근혜-아베 정부 간 "위안부 합의"

일본 외교관이 반론문에서 주장한 "위안부 문제의 최종적이고 돌이킬 수 없는 해결책에 대한 2015년 합의"는 박근혜 정부와 아베 정부 간에 이뤄진 것이었다. 2015년 11월 2일 한일정상회담에서 박근혜와 아베는 "위안부 문제 타결을 위한 협의 가속화"에 합의했고, 여러 차례 회의를 거쳐 12월 28일 한일 양국의 외교장관이 합의 타결을 선언하였다. 한국 정부는 다음과 같이 합의 내용을 밝혔다:

① 한국 정부는 일본 정부의 의사 표명과 이번 발표에 이르기까지의 조치를 평가하고, 일본 정부가 앞서 표명한 조치를 착실히 실시한다는 것을 전제로, 이번 발표를 통해 일본 정부와 함께 이 문제가 최종적 및 불가역적으로 해결될 것임을 확인한다. 한국 정부는 일본 정부가 실시하는 조치에 협력한다.

② 한국 정부는 일본 정부가 주한일본대사관 앞의 소녀상에 대해 공관의 안녕·위엄의 유지라는 관점에서 우려하고 있는 점을 인지하고, 한국 정부로서도 가능한 대응방향에 대해 관련 단체와의 협의 등을 통해 적절히 해결되도록 노력한다.

③ 한국 정부는 이번에 일본 정부가 표명한 조치가 착실히 실시

된다는 것을 전제로, 일본 정부와 함께 향후 UN 등 국제사회에서 이 문제에 대해 상호 비난·비판을 자제한다.

한일 외교장관회담 공동 기자회견문의 일본 측 표명 사항에는 이렇게 적혀 있다:

① 위안부 문제는 당시 군의 관여 하에 다수의 여성의 명예와 존엄에 깊은 상처를 입힌 문제로서, 이러한 관점에서 일본 정부는 책임을 통감한다. 아베 내각총리대신은 일본국 내각총리대신으로서 다시 한번 위안부로서 많은 고통을 겪고 심신에 걸쳐 치유하기 어려운 상처를 입은 모든 분들에 대해 마음으로부터 사죄와 반성의 마음을 표명한다.

② 일본 정부는 지금까지도 본 문제에 진지하게 임해 왔으며, 그러한 경험에 기초하여 이번에 일본 정부의 예산에 의해 모든 전(前) 위안부분들의 마음의 상처를 치유하는 조치를 강구한다. 구체적으로는, 한국 정부가 전 위안부분들의 지원을 목적으로 하는 재단을 설립하고, 이에 일본 정부 예산으로 자금을 일괄 거출하고, 일한 양국 정부가 협력하여 모든 전 위안부분들의 명예와 존엄의 회복 및 마음의 상처 치유를 위한 사업을 행하기로 한다.

③ 일본 정부는 이상을 표명함과 함께, 이상 말씀드린 조치를 착실히 실시한다는 것을 전제로, 이번 발표를 통해 동 문제가 최종적 및 불가역적으로 해결될 것임을 확인한다. 또한, 일본 정부는 한국 정부와 함께 향후 UN 등 국제사회에서 동 문제에 대해 상호 비난·비판하는 것을 자제한다.

박근혜 정부의 '위안부 합의'는 격렬한 비판의 대상이 되었다. 가장 중요한 것은 박 정부가 피해당사자들을 배제한 채 일본과 흥정함으로써 그들의 권리를 임의로 침해하였다는 것이다. 양현아 서울대 법학과 교수는 "이번 합의는 피해자를 협상과 협의의 주체로 여기지 않고 기껏해야 배상의 객체 정도로 위치 짓고 있다는 점이 가장 문제"이며, "피해자 권리를 중시하는 국제인권 기준을 따르지 않은 합의"라고 비판했다. 피해자들의 의사를 반영하지 않은 이 합의는 피해자들의 권리 침해일 뿐 아니라 그 실체적 절차적 하자로 인해 한국 정부가 자국민을 위한 '외교적 보호권' 행사에 있어 재량권을 일탈/남용한 것이라고 비판받을 수 있다.

미국은 이 합의를 환영했다. 오바마 정부는 "한국과 일본 정부가 합의를 도출한 것을 축하"하면서, "양국은 최종적이고 불가역적인 합의가 위안부 문제를 해결할 것이라는 점을 분명히 한바," "미국은 가장 중요한 두 동맹국인 한국과 일본의 지도자들이 용기와 비전을 갖고 이처럼 어려운 사안에 대한 지속적 해결책을 마련한 데 대해 박수갈채를 보내며," "한미일 3자 안보협력의 진전을 비롯해 폭넓은 지역적·지구적 과제들을 다뤄나가는 데 있어 협력을 강화하기를 기대한다"고 강조했다.

한일관계와 관련하여 미국의 입장과 태도는 외견상 불개입으로 일관되어 왔다. 그러나 그것이 미국의 속내는 아니다. 미국은 한일관계를 역사적 관점에서 보기보다는 미국의 외교안보 현안을 해결하는 해법 위주로 파악해왔다. 따라서 미국은 편을 들지 않는 가운데, 과거는 어찌됐든 양국이 화해하고 협력하라는 메시지를 지속적으로 보내왔던 것이다. 그러나, '가해자냐 피해자냐'는 현시점에서 중요하지 않다는 말은 미국이 현시점에서는 가해자 편이라는 말과 다르지 않다. 일부 미국 정치인들은 한국이 피해자지만 그렇다고 한국이 요구하는 대로 친미강국 일본을 처벌할 수는 없다는 입장일 것이다. 샌프란시스코 평화조약이 체결될 당시의 미국의 논리와 유사하다. 오바마 정부는 2015년 초 의미심장한 메시지를 한국과 일본, 그리고 국제사회에게 던졌다. 메시지 전달자는 북핵/미사일 문제 해결을 위해 김대중 정부와 성실히 협력한 고위외교관 웬디 셔먼이었다:

"한국과 중국인들이 2차 대전 이후 도쿄(일본)와 이른바 '위안부' 문제로 다퉈 왔다. 역사교과서 내용이나 여러 바다(해역) 이름을 놓고 싸우고 있다. 모두 이해할 수 있다. 하지만 좌절감도 안겨준다… 물론 민족주의 감정은 여전히 이용될 수 있으며, 어느 나라든 정치 리더가 예전의 적을 비난함으로써 '싸구려' 박수갈채를 받는 건 쉬운 일이다. 하지만 그런 도발은 진보가 아니라 마비를 초래한다."

이는 2015년 2월 27일 당시 미국 국무부 정무차관이 과거사를 둘러싼 한중일 3국 간의 갈등에 대한 미국 입장을 에둘러 밝힌 것이었다. 그때는 일본의 역사교과서, 즉 과거사 왜곡과 센카쿠 열도(댜오위다오) 분쟁으로 한국/중국과 일본 사이가 좋지 않았다. 박근혜 대통령은 아베 총리를 만나는 것조차 거부하였다. 이에대해 셔먼은 한국, 일본 등이 과거사의 함정에 빠지지 말고 미래지향적으로 협력하는 것이 미국을 포함한 동맹국들의 이익이라는 미국의 관점을 제시한 것이었다. 그의 발언은 한국인들의 반발을 초래하였다. 한국의 정당들 거의 모두가 그의 발언을 비판했다. 미국의 신보수주의자로서 『위클리 스탠더드(*The Weekly Standard*)』의 편집위원인 이선 엡스타인(Ethan Epstein)은 "값싼 박수를 받으려는 이가 있다면 그것은 웬디 셔먼"이라며, 그는 "피해자와 가해자를 똑같은 척도로 비난하려 했다"고 비판했다. 그는 "일본의 한국 강점은 끊임없이 야만적이었다"며 "(일제시대에 만들어진) 서대문 형무소는 한국 방문 때 꼭 가볼 만한 장소"라고 소개했다. 그는 "당시 가장 고통받았던 이들 중엔 위안부가 있다"며 "수만 명의 젊은 한국 여성들이 일제 군대의 성노예가 됐다"고 밝혔다. 이어 "위안부 문제는 한국의 젊은 세대에서도 뜨거운 이슈"라고 지적했다. 엡스타인은 한국 내 이런 현상이 생기는 이유는 "아베 신조 일본 총리를 비롯한 많은 일본 지도자들이 도조 히데키 등 14명의 전범들까지 기리는 야스쿠니(靖國) 신사를 참배하며 일본의 범죄를 감추려 하기 때문"이라고 강조했다.[1]

2. "위안부 합의" 이후: 주권면제 이론에 대한 논쟁

박근혜-아베 정부 간의 위안부 합의 이후 중대한 의미를 갖는 판결이 한국 법원에 의해 내려졌다. 2021년 1월 8일 서울중앙지법 민사합의 34부(재판장 김정곤)는 배춘희 등 12명이 낸 위안부 관련 손해배상청구소송에서 원고 전부 승소 판결을 내리고 피고인 일본 정부는 피해자에게 각 1억 원을 지급하라고 결정하였다. 이 재판은 원고가 2013년 8월 3일 일본 정부에 1인당 1억 원을 배상할 것을 요구하는 조정신청이 일본의 송달 거부로 인해 2016년 1월 정식재판으로 회부된 결과였다. 앞서 위안부 피해자들은 일본 정부를 상대로 일본 법원에 4차례 소송을 제기했지만 모두 패소했다. 피해자들은 한국 법원에서 조정절차를 밟으려 했지만 일본 정부는 이에 응하지 않았던 것이다.

재판의 쟁점 중 하나는 관습적 국제법(국제관습법)으로 간주되어 온 주권면제(jurisdictional immunities of the state, sovereign immunity, 또는 국가면제) 이론을 이 사건에 적용할 수 있는가에 관한 것이었다. 일본 정부는 주권면제 원칙에 따라 한국의 재판권에 복종하지 않겠다는 입장을 고수하고 있었기 때문이다. 주권면제론의 법리에 따르면 국가는 주권적 행위로 인해 타국의 재판관할권에 복종하도록 강제되지 않는다. 주권적 행위란 국가만이 갖는 주권적 권한(sovereign authority)을 행사하는 행위다. 예를 들어, 국유화 조치는 주권적 행위이다. 주권면제론에 의하면 한 국가의 국유화 조치로 피해를 본 타국 기업이나 국민은 그 국가를 자국 법정에 세울 수 없다. 그는 그러한 행위를 한 국가의 법에 따라서만 배/보상을 요구할 수 있다. 타 주권국가에 대한 무력사용, 즉 전쟁 행위는 전형적인 주권적 행위이다. 국제관습법은 사법적(私法的)이거나 상업적인 국가의 행위(예를 들어, 군수물자의 구입이나 원유 수입 등 사경제 단위에서의 활동)는 주권적 행위가 아니기 때문에 주권면제의 대상이 아니고 따라서 국가의 민사책임을 인정하고 있다. 즉 사경제 차원에서의 행위들은 대가성이 있어서 이익을 취한 것에 대한 대가를 지급하는 것이 당연하다는 인식이 광범위하게 자리잡고 있어서 국가가 자신의 행위에 대해 민사책임을 지는 것이 타당하고 마땅하다고 보는 것이다.

주권면제론과 결부되어 적용되는 국제 법리는 '강행규범(强行規範, peremptory norm)'이다. 이는 국가들로 구성되는 국제공동체에 의해 인정된 '보편국제법'으로서 '이탈이 허용되지 않는 상위의 절대규범(peremptory norm of general international law)'을 말한다. 이탈이 허용되지 않는다는 것은 국가들이 그 보편국제법에 위반되는 행위를 할 수 없다는 의미이다. 1969년 '조약법에 관한 비엔나협약(Vienna Convention on the Law of Treaties)' 제53조로 성문화돼[2] 그 실체가 뚜렷해진 강행규범은 국제공동체의 근본적인 공통 가치를 보호하기 위한 개념이자 이론이다. 국가들이 주권적 권한을 자발적으로 포기함으로써 이탈이 허용되지 않는 강행규범이 형성되었다면 이에 위배되는 국가 행위는 주권적 행위가 되지 않는다. 예를 들어, 노예무역이나 집단학살은 강행규범에 위배되기 때문에 주권적 행위가 될 수 없다. 주권적 행위가 될 수 없는 행위에는 주권면제가 적용될 수 없다.

김정곤 재판부는 강행규범을 위반한 중대 범죄에 대해서는 주권면제 이론을 적용할 수 없다고 판시했다. 보다 구체적으로, 재판부는 "이 사건 행위는 당시 일본제국에 의해 계획적, 조직적으로 광범위하게 자행된, 당시 일본제국이 비준한 조약 및 국제법규를 위반한, 그리고, 제2차 세계대전 이후 도쿄재판소 헌장에서 처벌하기로 정한 '인도에 반한 범죄(crimes against humanity)'로서 국제 강행규범을 위반한 것이며, 국가면제 이론은 국제 강행규범을 위반해 타국의 개인에게 큰 손해를 입힌 국가가 그 이론 뒤에 숨어 배상과 보상을 회피할 수 있도록 기회를 주기 위해 형성된 것은 아니기 때문에 주권면제를 적용할 수 없다"고 판결했다. 재판부는 이 사건 행위, 즉 반인도적 범죄행위란 "한반도에 거주하던 원고들을 유괴하거나 납치하여 한반도 밖으로 강제 이동시킨 후 위안소에 감금한 채로 상시적 폭력, 고문, 성폭력에 노출시킨 일련의 행위"라고 지적하면서 이 행위가 국제법 '위반의 심각성(gravity of violation)'을 가진다는 이유로 주권면제를 배제한 것이었다.

김정곤 재판부의 판결을 국제적 관점에서 조명해보자면, 주권면제와 관련한 대표적인 국제법적 사례로서 이른바 '페리니 판결'에 대해 논해 볼 필요가 있다. 제2차 세계대전 중 독일군에 의해 체포돼 9개월여간 강제노역을 한 이탈리아 국적의 루이기 페리니(Luigi Ferrini)는 2004년 자국 법원에서 독일을 상대로 낸 손해배상청구 소송에서 승소했다. 그러나 독일은 이탈리아 법원이 "국가면제에 관한 국제법을 위반했다"며 국제사법재판소(ICJ)에 제소했고, ICJ는 2012년 이 사건에서 국가면제를 인정했다. 당시 ICJ의 다수의견 (12:3)은 "무력분쟁 과정에 법정지국의 영토 내에서 외국의 군대 또는 그와 협력하는 외국의 국가기관에 의해 이루어진 행위나 강행법규 위반으로 인한 심각한 인권 침해 행위에 관해 '국가면제'를 부정하는 것이 각국의 입법 판결 등에 의해 일반적인 관행에 이를 정도로 뒷받침된다고 볼 수 없고, 오히려 대다수 국가의 법원은 이러한 사안에 대해서도 국가면제를 인정하고 있다"에 모여졌다. ICJ의 결정은 강행규범 위반 행위가 자동적으로 주권면제 불적용의 대상이 되는 것은 아니며, 오히려 대다수 국가의 법원은 그러한 행위에 대해서 주권면제를 인정하고 있다는 현실론에 기초했다.

그러나 이탈리아 헌법재판소는 2014년 이탈리아 정부가 ICJ의 결정에 따르기 위해 제정한 국내법에 대해 위헌 결정을 내렸다. 이는 2012년 ICJ 결정이 도전받은 주요 사례이다. 뿐만 아니라 ICJ의 판결에 단서조항이라고 할 수 있는 언급이 있었다는 점이 지적될 수 있다. 즉 ICJ가 국가면제론을 인용하였지만 그 판결에서 "'현 단계의 국제관습법(under customary international law as it presently stood)' 하에서는 국가는 국제인도법의 중대한 위반으로 비난받는 다는 사실 때문에 (주권)면제를 박탈당하지 않는다"고 언급함으로써 향후 새로운 국제법의 형성 가능성을 밝혔던 점은 주목의 대상이 될 수 있다는 말이다. ICJ의 그러한 언급이 시사하듯이 국제관습법은 항구적으로 불변하는 가치나 규범에 기초한 것이 아니다. 국제법은 시대적 가치의 변화에 조응하여 변할 수밖에 없고 그렇게 되고 있다. 국제규범은 누구에 의해 정해지는 것이 아니라 인간으로 구성된 국가간 소통과 학습 그리고 상호작용에 의해 형성되는 것이기 때문이다. 주권면제가 처음 도입된 당시에는 '국가의 모든 행위'에 대해 주권면제가 인정되었다. 즉, 국가의 행위라는 이유만으로 주권면제가 인정됐다. 소위 '절대적 주권면제론(absolute sovereign immunity)'이다. 그러나 19세기 말부터 국가의 주권적 행위에만 주권면제를 인정하는 공감대가 형성됐다. 당시 국가들은 국영기업을 통해 무역을 했는데 이 과정에서 자국 국민이 부당한 피해를 입는 경우가 빈번했기 때문이다. 1차대전 이후, 주권적 행위에만 주권면제를 인정하는 '제한적 주권면제론(restrictive sovereign immunity)'이 확립됐다.[3] 이와 같이 국제규범과 국제법은 시대에 맞춰 변해왔다.

유사한 맥락에서 기존의 국제관습법에서 인정되지 아니하던 예외가 새롭게 성립되고 있다는 사실은 기존의 국제관습법이 새로운 국제관습법에 의해 대체되고 있음을 의미한다 하겠다. 법정지국 영토 내 불법행위에 관하여 국가면제가 인정되지 아니한다는 내용의 조약 또는 개별국가의 입법으로는, UN 국가면제협약 제12조, 유럽 국가면제협약 제11조, 미국 FSIA(Foreign Sovereign Immunities Act) §1605 (a)(5), 일본의 대외국민사재판권법(對外國民事裁判權法) 제10조, 영국 SIA(State Immunity Act) 제5조 등이 있다. UN이 2005년 12월 회원국 만장일치로 채택한 '피해자 구제권리 기본원칙 및 가이드라인'은 개인이 국제인권법이나 국제인도법의 주체로서 그 위반을 이유로 상대방 국가뿐만 아니라 개인, 법인 등을 상대로도 직접 손해배상 청구권을 갖는다고 적시하고 있다. 유럽인권재판소(ECHR)가 외국에서 고문을 당한 당사자가 외국을 상대로 손해배상을 구한 사건[4]에서 고문금지는 강행규범의 지위를 갖고 있음을 인정하면서도 고문과 관련된 민사소송에서 국가면제가 부여되어야 한다고 판단하였으나 위 결론에 반대의견을 개진한 재판관이 전체 재판관 17명 중 8명에 달했던 점도 주목되는 의미 있는 변화로 볼 수 있을 것이다. 물론 UN 국가면제협약은 현재 비준국이 22개국이어서 아직 발효되지 않았고, 국제조약을 비준하거나 개별입법을 한 국가의 수도 전체 UN회원국 중 19% 정도에 불과하기 때문에 일반적인 관행이 존재한다고 말할 수는 없지만 변화의 동력은 이미 확보되고 있음이 인지된다 할 것이다. 이러한 측면에서 2021년 김정곤 재판부의 인간중심적이고 미래지향적인 판결은 새로운 국제관습법의 형성에 탄력을 보태고 있다고 할 수 있을 것이다.

주권면제라는 개념의 법리적 근원이 되는 국가주권이라는 개념 자체도 당연히 시대적 개념이다. 16세기 유럽의 중원을 지배하던 신성로마제국을 정점으로 하던 위계적 봉건질서는 16세기 초에 일어난 종교개혁으로 하나의 종교가 유지될 수 없었던 상황에서 복수의 국가들이 서로 동등한 지위에서 경합하는 근대국제체제, 이른바 '베스트팔렌 체제(Westphalia system)'로 전환될 수밖에 없었다. 이렇게 해서 주권국가는 대내적 최고성과 대외적 독립성을 가지게 되었으며, 따라서 국가 간 평등성에 기초한 내정불간섭이라는 외교원칙이 근대국제체제의 규범이 된 것이었다. 같은 논리에 의해, 불변할 것처럼 보이는 주권의 개념도 시대적 변화에 따라 변할 수밖에 없다. 국제 수준에서는 글로벌리제이션이 국가주권의 효과성을 의문시하고 있고, 로컬 수준에서도 지방분권화가 확대되고 있고 초국가적 네트워크가 활성화되면서 주권적 통제의 현실성이 의문시되고 있다. 한 걸음 더 나가자면 국가주권의 국제정치적 기초가 되는 무정부성(anarchy)의 성격도 변하고 있다는 사실이 지적될 수 있다. 세계정부, 즉 국제적 공권력이 존재하지 않으므로 국제정치는 무정부적이다. 그러나 무정부성의 성격은 지역 또는 시간에 따라 다르게 나타난다. 알렉산더 웬트(Alexander Wendt)는 국제정치의 무정부적 문화를 "상대국을 적으로 보는 홉스적 문화, 경쟁자로 보는 로크적 문화, 그리고 상대방을 친구로 보는 칸트적 문화"로 나눌 수 있다고 말했다.[5] 동북아와 같은 홉스적 문화와 스칸디나비아 반도의 칸트적 문화의 성격이 다른 만큼 무정부성이라는 국제정치적인 관념적 구조도 변할 수 있다는 지적이다. 국제정치의 무정부성의 성격이 변하면 그것에서 기초해 있고 그것에서 파생된 국가주권의 개념도 주권면제의 개념도 당연히 따라 변할 수밖에 없을 것이다.

국가주권이라는 개념이 시대의 변화에 조응하여 변할 것이라는 전망과는 별도로 이 개념의 이면에 존재하는 권력관계를 들여다보는 것은 이 개념이 '정치적 담론'의 역할을 하고 있는 현실을 이해하는 데 유익하다. 프랑스 철학자 미셸 푸코(Michel Foucault)에 따르면 담론(discourse)은 인간과 사회를 다루는 특정한 영역에서 진실 여부를 가려주는 지식체계이자 가치체계이다. 예를 들어, 정신의학과 광기의 판정 간의 관계를 살펴보면, "과학"이라는 명칭을 부여받은 담론이 의사와 광인을 각각 주체와 대상으로 정의하고, 의사가 환자에게 취하는 모든 조치를 정당화하며, 집행도 강제할 수 있도록 권력을 준다. 따라서, 특정한 권력 관계가 가능하려면 반드시 담론을 생산, 축적, 유통할 필요가 있다. 권력은 담론 내의 지식에 권위를 부여하고, 지식은 권력을 정당화한다. 이와 같이 생산된 "진리의 담론"은 결정권을 가지며, 권력의 효과를 실어 나르고 가동시킨다. 개인들은 "진리의 담론" 안에서 재판 받고, 선고 받고, 분류되고, 일을 강요당하며, 사는 방식은 물론이고 죽는 방식까지 지정 받는다." 담론은 우리들에게는 "당연한 진리"로 받아들여지기 때문에, 예컨대, 감옥의 폐지를 상상할 수 없다. 그 대안을 표현하는 개념이 우리에게 없기 때문이다. 우리는 "감옥 없이 어떻게 할 것인가"가 아니라 "감옥으로 무엇을 해야 할 것인가"에 대해서만 이야기하는 상황 속에 있다.[6]

국가 간 평등성을 전제하는 국가주권 개념을 기초로 하여 형성된 근대국제체제는 사실은 불평등성 위계성에 의해서만 유지될 수 있는 국제체제였다. 구체적으로, 베스트팔렌 주권은 유럽의 강대국들과 비유럽의 약소국들에게 차별적으로 부여되는 서구 특유의 국제정치 개념이었다. 국가주권은 식민주의자들 사이에서만 인정되는 권리였고, 그러한 식민주의의 대상이 되는 국가에게는 그 권리가 부인되었다. 식민주의가 청산된 이후에도 국제정치적 권력관계는 체제적인 불평등성을 유지하는 주요 요소로 작용하고 있다. 문제는 주권면제라는 국제법적 개념이 정치적 담론임에도 불구하고 국가 간의 주권적 대등성이라는 형식논리를 내세우며 국제법의 영역에서 진실 여부를 가려주는 지식체계이자 가치체계로 인정받고 있다는 점이다. 주권면제론이 일반적으로 받아들여져야 한다면 강대국 위주의 국제정치 규범도 받아들여져야 하고, 강대국이 약소국에서 그 국민들에게 행하는 반인도적 범죄 역시 주권적 행위로서 피해자들이 가해국에 대해 재판을 요구할 수 없게 되므로 약육강식, 즉 '자연상태(state of nature)'의 국제정치가 정당화될 수밖에 없다. 이는 인간의 존엄성에 기초한 문명세계 건설에 역행할 뿐 아니라 국제법의 본질적 취지와 그 존재 이유 자체를 부인하는 논리이다.

　주권면제라는 개념이나 이론은 서구에서 생성된, "당연한 진리"로 받아들여지는 정치적 담론이다. 사람들은 주권면제론이 어디서 왔는지, 그 이면에는 무엇이 있는지에 관심을 가지기보다는 그것을 가지고 무엇을 할 것인지에 대해서만 이야기하게 된다. 주권면제라는 담론은 국제정치의 불평등성을 정당화하는 관념적 구조로서 주체들의 사고와 행태 그리고 정체성에 영향을 미친다. 그러나 그러한 관념적 구조가 일방적으로 영향력을 행사하는 것은 결코 아니다. 의식 있는 인간주체들은 그러한 구조와 상호작용하면서 구조적 변화를 추동하게 된다. 이 변화의 과정을 주도하는 주체는 판사이다. 즉 주권면제의 관습법은 각국의 판사들이 외국에 대해 내린 판결들로부터 발전해왔다는 것이다. 국제법학자들의 논쟁은 판례들이 축적되면서 시작했으며 이미 결정된 사건들에 대한 논평에 불과했다. 주권면제의 관습법이 주로 판사들이 내린 결정들에 의해 형성되었다는 사실은, ICJ의 법령(Statute)의 제38조 1항에서 적시되고 있듯이, 국제법의 원천들 중에서 판사들이 내린 사법적 판결들이 가장 유력한 위상을 차지하고 있음을 확인해준다.[7]

임마누엘 칸트는 '주어진 법'대로만 판단하는 법관들을 '법기술자'라 부르며 개탄한 바 있다. 그에 따르면 "법관들은 주어진 법이 최선이라고 생각한다. 그러나 정치권력에 의해 법이 바뀌면 그들은 그 법이 최선이라고 생각한다."[8] 주어진 것에 익숙한 법관들은 그것이 진실이라 믿는다. 칸트의 발언은 법관이 법 말고 다른 것을 가지고 판결해야 한다는 뜻이 당연히 아니다. 법관은 법대로 판결해야 하고, 그가 누리는 재량권도 가능하면 제한적으로만 사용해야 한다. 칸트의 메시지는 자신의 판결이 문명적 규범을 만든다고 자각하지 못하는 타성적 관료적 법관들에 던져지고 있는 것이다. 칸트의 '법기술자론'은 주권면제론이 전가의 보도라고 믿는 사법적, 국제법적 현실주의 법관들에 울리는 경종이라 할 수 있다.

국제관습법의 포괄적 기초가 되는 국제정치적인 관념적 패러다임도 변하고 있다. 새롭게 부상하는 안보 패러다임인 '인간안보(human security) 이론'은 국가에 맞춰져 있던 전통적 '국가안보(national security) 이론'을 넘어 안보의 개념을 인간 개개인에게 적용할 것을 요구하고 있다. 냉전 후 국제사회는 인간안보라는 개념을 적극적으로 수용하고 있다. '보호책임원칙(the Responsibility to Protect (R2P)'이라는 개념도 2005년 9월 UN 총회 때 열린 세계정상회의(World Summit, 191개국 참가) 이후로 새로운 국제적 규범으로 자리잡고 있다. R2P는 일국에서 집단학살, 전쟁범죄, 인종청소, 반인도적 범죄 등이 발생했을 때 그 나라 국민을 보호하기 위해 국제사회가 개입할 수 있도록 하는 원칙이다. 국민을 보호할 일차적 책임은 해당 주권 국가에 있지만, 그 국가 정부가 그럴 의지 혹은 역량이 없거나 인권유린을 자행하고 있는 당사자일 경우 그 나라 국민을 보호할 책임이 국제공동체에 있다는 것이다. 물론 현재 국제사회의 지배적 규범은 내정불간섭이고 주권면제이다. 그러나 R2P는 변화된 시대를 반영하는 새로운 가치이고 국제사회는 이 방향으로 가치관을 점차적으로 바꿔나가고 있다. 작금의 미얀마 사태에 대해 중국과 러시아는 내정불간섭이라는 국가주권에 기초한 전통적 국제규범의 준수를 요구하고 있지만, 국제사회의 일부는 10여 년 전 리비아 사태 때 가다피(Muammar Gaddafi)가 그랬던 것처럼, 현재 미얀마 군부가 체계적·의도적으로 민간인을 공격해 대규모 살상이 벌어진 만큼 미얀마에 R2P를 적용해야 한다고 주장하고 있다. 사실 이미 오랜 전에 EU와 UN은 인도주의적 개입의 정당성을 인정한 바 있다. EU는 유고슬라비아의 분리주의자들의 독립권을 인정한 바 있고, UN은 인도주의 명목으로 소말리아, 이라크, 르완다에 개입하였고, 민주주의를 이유로 아이티에 제재를 가한 바 있다. 이 모두 해당 국가의 주권을 인정하길 거부한 국제사회의 인도주의적 행위였다. 이들은 국가에 의해 민주적, 인도적으로 대우받을 개인의 권리가 대두/부상하고 있다는 사실을 가리키는 주요 사례들이다.

그러나 현 시점에서는 사법적 현실주의가 대세인 것은 부인할 수 없는 사실이다. 한국도 예외가 아닐 것이다. 2021년 3월 21일 "주권적 행위라도 예외적으로 주권면제가 적용되지 않을 수 있다"

는 '김정곤 판결'에 반대되는, 국제법에 대한 전통적인 해석에 입각한 판결이 김 판사가 소속되어 있는 같은 법원에서 나왔다. 서울 중앙지법 민사15부(재판장 민성철)는 이용수 등 일본군 위안부 피해자 20명이 일본을 상대로 낸 손해배상청구소송(사건번호: 2016가합 580239)에서 "국제법상의 원칙인 '국가면제' 법리가 이 사건에도 적용된다며 이 사건 소를 각하한다"고 결정했다. 민성철 재판부는 "대한민국은 외국을 상대로 한 민사재판권을 행사할 수 있는 범위에 관해 법률을 제정한 적이 없고, 대한민국과 일본 사이에 상호 간의 민사재판권 인정 여부에 관한 조약을 체결한 적도 없다"며 "일본에 대한 '국가면제' 인정 여부는 오로지 '국제관습법'에 따라 판단돼야 한다"고 밝혔다. 민성철 판사는 "기존 국제관습법에서 인정되지 않은 새로운 예외의 창설 문제는 신중하게 접근해야 하며," 법원이 추상적인 기준만을 제시해 예외를 인정하는 것은 적절하지 않고, 특히 "국가면제에 관한 현재의 국제관습법과 달리 일본에 대해 국가면제를 부정하게 되면 판결의 선고 및 그 이후의 강제집행 과정에서 일본과의 외교관계 충돌이 불가피하다"고 우려하였다. 민성철 판사는 현 상태에서 다수가 준수하는 국제규범을 판단의 근거로 사용했다. 다수결의, 무난한, 타성적인 판결이었다. 그러나, 민 판사는 한국의 외교문제에 대한 자신의 개인적, 주관적 우려를 판결에 포함시킴으로써 판결의 사법적 절제성과 순수성(integrity)에 대한 의구심을 자아내기도 했다. 한국 법원의 결정에 대한 일본 정부의 준수 여부는 재판과는 별개로 법원과 판사가 책임질 일이 아니다. 과유불급(過猶不及), 즉 지나침은 미치지 못함과 같다고 하지 않았던가.

3. 강제징용 판결과 피해자 개인의 청구권 논쟁

일본 국가를 상대로 하는 소송은 주권면제론이 쟁점인 반면 일본의 전범기업에 대한 소송에서는 한일청구권협정에 대한 해석이 주요 쟁점이었다. '조선인 내지이입 알선요강'(1942년)이나 '국민징용령'(1944년) 등 일본 정부가 만든 제도 하에서 강제징용된 한국인 피해자들은 자신들을 직접 고용했던 일본 기업들을 상대로 소송에 나섰다. 그러나 한국의 서울중앙지법은 2008년 4월 3일 여운택 등이 2005년 2월 28일 신일철주금을 상대로 제기한 강제징용 손해배상청구 소송에 대해 원고 패소 결정을 내렸다. 피해자들은 항소했고, 고법은 2009년 7월 16일 항소심에서 기각판결을 내렸다. 원고는 상고했고, 대법원은 2012년 5월 24일, "헌법 취지에 어긋난다"며 원심판결을 파기하고, 사건을 서울고법에 환송하였다. 2013년 7월 10일 파기 환송심에서는 신일철주금의 배상이 결정되었다. 신일철주금은 대법원에 재상고했고, 대법원은 2018년 10월 30일 전원합의체 재상고심에서 원고 승소를 판결한 원심을 확정했다(사건번호: 2013다61381). 대법원은 "청구권협정문이나 체결 과정에서 일본 식민지배의 불법성을 언급하는 내용이 없는 만큼, 즉 '손해배상청구권'을 다룬 적이 없기 때문에, 강제징용이라는 불법 행위로 인한 피해는 한일협정 적용 대상이 아니다, 즉 청구권협정에 의해서는 그 소권이 제한되지 않는다"며 청구권이 소멸되지 않은 피해자들은 전범기업에 손해배상책임을 물을 수 있다고 판결한 것이었다.

대법원의 판결은 ICJ의 칸사두 트린다지(Cançado Trindade) 재판관의 시각보다 상대적으로 보수적인 것이었다. 한국 대법원은

1965년 한국과 일본이 협정문에서 "손해배상청구권을 다룬 적이 없기 때문에, 강제징용이라는 불법 행위로 인한 개인적 피해는 한일협정 적용 대상이 아니"라며 조건부적 판단을 내린 반면 트린다지 재판관은 인간의 존엄한 권리는 외교나 협정을 통해 국가가 대신 포기할 수 없다며 한일청구권협정이 배상 문제를 다뤘더라도 피해자 개인들의 소권은 소멸되지 않음을 시사한 바 있다. 트린다지의 이러한 언급은 페리니 사건에 대한 ICJ의 판결에 제기된 반대의견의 일부였는데 그는 이 재판에서 "중대한 인권 침해 및 국제인도주의법 위반에 대한 배상 청구권은 국가가 아닌 피해자 개인에 있는 만큼 국가 간 합의로 포기될 수 있는 사안이 아니"라고 지적한 것이었다. 그는 "1907년의 헤이그협약 제3조 및 1977년의 추가규약 제91조는 배상청구권이 중대한 인권 침해를 당한 피해자들에게 있음을 인정하였고, 이러한 조항을 인용하는 판례들이 최근 축적되고 있는바, 이는 개인에게 천부적으로 주어진 내재적 권리가 확인되고 국가로부터 개인들이 해방되고 있음을 보여주는 사례"라고 제시하였다. 그에 따르면 국가는 자신의 청구권만을 포기할 수 있을 뿐 자신의 권리가 아닌 개인들의 청구권을 대신 포기할 수는 없다. "국가가 중대한 인권 침해를 당한 개인의 청구권을 포기했다면 그것은 법적 효력을 갖지 못하며 강행규범을 이탈하여 국제공법 위반"이다. 트린다지는 이것이야말로 "국제법 창시자들(the droit des gens, the jus gentium)[9]의 비전과 부합하며 현대 국제법 사상의 동향과도 일치하는 것"이라고 말했다. 그는 "누구도 인간의 고통 위에 그리고 망각의 운명에 처해진 무고한 개인들의 침묵 위에 국제법적 질서를 만들거나 유지하려 할 수 없고, 의지 위에 양심이 존재하는 것이며, 양심은 모든 법적 발전을 견인하는 핵심 요소이고, 그것은 불의를 제거하는 궁극적인 물적 원천"이라고 지적하였다.[10]

'트린다지 원칙'과 한국 대법원의 2018년 판결에 부합하는, 그리고 인류적 차원의 성찰을 보여주는 판결이 2023년 2월 7일 한국 서울중앙지법의 박진수 판사에 의해 내려졌다. 박 판사는 베트남전 참전 군인, 당시 마을 민병대원 등의 증언과 여러 증거를 바탕으로 베트남인 응우옌 티탄이 대한민국을 상대로 낸 손해배상 청구 소송에서 원고 일부 승소로 판결했다. 한국 정부는 베트남과 한국, 미국 간의 약정서 등에 따라 베트남인이 한국 법원에 소를 제기할 수 없다고 주장했지만, 그는 "군사 당국 및 기관 간의 약정서는 합의에 불과하다"며 "베트남 국민 개인인 원고의 대한민국 정부에 대한 청구권을 막는 법적 효력을 갖는다고 보기는 어렵다"고 판단했다. 그는 한국군이 가해자임을 증명할 수 없고, 설사 가해자가 한국군이라 해도 게릴라전으로 전개된 베트남전 특성상 한국의 행위는 정당한 행위였다는 한국 정부의 주장도 받아들이지 않았다. 박 판사의 결정은 보편적 가치인 인권과 정의의 불가침성을 확인해주었을 뿐 아니라 일본에게는 줄기차게 사과를 요구하면서 베트남에게는 결코 사과하지 않는 한국의 위선적 이기주의에 경종을 울린 사법적 자기성찰의 표본으로서 오랫동안 기억될 것이다.

한국 대법원의 판결을 접한 일본 정부는 크게 반발하였다. 아베 총리는 이 판결에 대해 과거 징용의 개인배상청구권은 한일청구권협정으로 "완전히 그리고 최종적으로 해결되었기 때문에 한국 대법원의 판결은 국제법상 있을 수 없는 판단"이라고 말했고, 고노 외상도 이 판결은 "한일청구권협정에 명확하게 거슬러서 일본기업에 대한 부당한 불이익을 지우는 것일 뿐 아니라 1965년 국교 정상화 이후 쌓아 온 한일 우호협력관계의 법적 기반을 근본으로 뒤집는 것"이라고 말했다. 일본은 한국의 대법원의 판결에 대해 한국 정부가 아무 조치도 취하지 않은 것은, 즉 한국 정부의 무작위는 국제법과 국제협약의 원칙에 위반되며 언어도단이라고 비판했다. 한국의 문재인 정부는 2019년 6월 19일 "강제징용 판결문제에 대한 우리 정부 입장"을 다음과 같이 피력했다:

1. 작년 10.30 강제징용 문제에 대한 대법원 판결 이후 우리 정부는 관계부처 간 협의와 각계 인사 의견 및 여론 청취, 제반 요소에 대한 종합적 검토 등 다각도의 노력을 기울이면서, 문제해결에 도움이 될 수 있는 방안을 모색해왔다.

2. 이와 관련하여 소송당사자인 일본 기업을 포함한 한일 양국 기업이 자발적 출연금으로 재원을 조성하여 확정판결 피해자들에게 위자료 해당액을 지급함으로써 당사자들 간의 화해가 이루어지는 것이 바람직하다는 의견이 제기된 바 있다.

　○ 우리 정부는 일본 측이 이러한 방안을 수용할 경우, 일본 정부가 요청한 바 있는 한일 청구권협정 제3조 1항[1] 협의 절차의 수용을 검토할 용의가 있으며, 이러한 입장을 최근 일본 정부에 전달하였다.

3. 정부는 강제징용 문제 해결을 위한 노력을 앞으로도 꾸준히 기울여나갈 것인바, 과거 역사에서 비롯된 문제는 그것대로 해결 노력을

기울여나가는 한편, 양국 간에 실질적으로 필요한 협력은 계속 추진함으로써 각자의 국익에 도움이 되는 방향으로 한일 관계를 지혜롭게 관리하고 발전시켜 나가고자 한다.

강제징용 문제와 관련된 한국 대법원의 판단은 하급법원의 판결에 의해 도전받았다. 2021년 6월 7일 서울중앙지법 민사합의 34부(김양호 부장판사)는 강제징용 피해자와 유족 85명이 2015년 5월 22일 일본제철(신일철주금이 2019년 4월 상호 변경) 등 일본 기업 16곳에 대해 제기한 소송에서 각하 결정을 내렸다(사건번호: 2015가합 13718). 이것은 "개인의 청구권은 있지만 한일청구권 협정에 따라 소송권한은 소멸됐다"는 일본 최고재판소의 판결과 같은 결론이며, 동 재판부가 "이번 판결은 다른 강제징용 피해자들이 일본기업을 상대로 제기한 소송에서 2018년 10월 30일 선고된 대법원 전원합의체 판결의 소수 의견과 결론적으로 동일하다"고 설명했듯이, 하급법원이 대법원의 다수의견이 아닌 소수의견을 반영/지지하는 판결이었다. 당시 권순일·조재연 대법관은 "(한일) 청구권 협정에 따라 피해자들의 배상 청구권이 제한되는 것으로 봐야 하므로 (일본기업이 아닌) 대한민국이 피해자에 대해 정당하게 보상해야 한다"는 반대 의견을 냈었다.

김양호 재판부는 "청구권협정문이나 체결 과정에서 일본 식민지배의 불법성을 언급하는 내용이 없는 만큼, 강제징용이라는 불법 행위로 인한 피해는 한일협정 적용 대상이 아니"라는 대법원의 판단은 "국내법적 해석"일 뿐이라고 일축하였다. 한국에 대한 일본의 식민지배가 국제법적으로는 불법이 아닌 합법이라는 말인 것이다. 김양호 재판부는 한일병합조약과 을사조약이 강압과 불법에 의한 것이었음을 말해주는 증거와 논리는 한국인들 일부만 공유하는 것이고 일본 등 한국 밖에서는 인정되지 않는다고 보았다. 김양호 재판부는 한국의 법관들이 국제정치적 현실을 모르는 '우물 안의 개구리'가 되어서는 안 될 뿐 아니라, 그러한 편협한 결정은 한국의 생존을 위협하는 우를 범할 수도 있다고 경고한 셈이었다. 김양호 판사는, 구체적으로, 강제징용 관련 대법원의 판결이 궁극적으로 한국의 국가안보를 흔들 것이며, 자신은 "애국적" 관점에서 판결해야만 한다고 생각했을 수 있다. 실제로 김양호 판사는 "자유민주주의라는 헌법적 가치를 공유하는 서방세력의 대표 국가들 중 하나인 일본과의 관계가 훼손되고, 이는 결국 한미동맹으로 우리 안보와 직결된 미합중국과의 관계 훼손으로까지 이어질 수 있다"고 판시했다. 나아가, 그는 피해자 승소 판결로 강제집행이 이뤄질 경우 "국제적으로 초래될 수 있는 역효과 등까지 고려하여 보면 국가의 안전보장과 질서유지라는 헌법상의 대원칙을 침해한다"고 말했다.

필자는 현재 국제사회의 규칙제정자들은 대부분 과거 식민주의자였고, 그들은 식민주의가 불법이라고 인정하지 않는다는 점에서 김양호 재판부의 견해가 국제정치적 현실과 부합하는 측면이 있다고 인정하며, 또한 대법원의 판결이 한일 간 외교문제를 어렵게 할 수 있다는 우려에도 공감한다. 그러나 필자는 식민주의의 피해자인 후손인 한국의 한 법관이 식민주의자들의 입장이 현재 국제사회 주류의 이해관계를 대변하고 있기 때문에 이를 거스를 경우 자신을 포함한 한국인들이 또 다시 피해를 입을 것이라고 두려워하고 있다는 사실을 안타깝게 생각하며 개탄을 금할 수 없다. 판사도 국민이기 때문에 걱정은 할 수 있다. 그러나 걱정을 넘어 정부와 대법원을 못 믿겠으니 판사인 자신이 나서서 판결문으로 문제를 해결해야 한다고 그가 생각했다면 그것은 자신이 지키겠다고 한 헌법상의 대원칙을 스스로가 훼손하는 것이다. 김 판사가 걱정하는 문제는 헌법에 입각하여 외교를 담당하는 행정부가 (또는 국민의 대변자들이) 알아서 해야 할 일이다. 나아가, 김 판사의 '최악의 시나리오'는 한국의 외교적 운신의 폭을 스스로 좁히는 우를 범하고 있다. 만일 그가 상상하듯이, 일본과의 관계가 훼손되면 미국과의 관계 훼손으로 이어지고, 그렇게 되면 한국의 안보와 질서유지가 어려워진다면, 한국은 관계 훼손을 막기 위해 일본이나 미국이 자신에 대해 어떤 악행을 해도 참아야 하고 어떤 요구를 해도 들어주지 않으면 안 된다는 결론에 이르게 된다. "애국주의적 사대주의"의 피해의식은 자의적 월권이 부담스럽지 않은 한국의 일부 법조엘리트들의 세계관을 지배하고 있다.

김양호는 현대판 최명길을 자처해서는 안 된다. 그는 국가 존망이 걸린 백척간두에 서 있는 국가지도자나 최고외교관이 아니다. 그는 판사로서 자신의 본령인 인권과 정의 수호에 충실하여 절제된 법리적 판단을 내려야 했고, 그가 우려하는 바는 그것을 담당하는 합법적 주체들이 해야 할 일로 간주해야 했다. 판사가 자신의 주관적인 정치적 가치 판단을 판결에 개입시키고, 현실적으로 가능성이 낮은 '최악의 시나리오'를 기정사실화 한다면, 이는 논리의 비약일 뿐 아니라 '분에 넘치는 독선적 애국주의적' 참견이고 사대주의적 피해의식의 발로라고 비판받을 수 있다. 국제정치의 주관적 논리가 난무하고 인권과 정의는 "숨쉴 수 없는" 김양호 재판부의 판결문을 보는 것은 고역이다.

며칠 지나지 않아 '김양호 판결'의 논리와 정신을 정면으로 반박하는 '남성우 판결'이 나왔다. 물론 전자는 전범기업에 대한 소송이고 후자는 일본 국가를 상대로 한 소송이었지만 주권면제론과 법관의 업무영역과 관련하여 대비되는 판결인 것이었다. 2021년 6월 15일 서울중앙지법 민사51단독 남성우 판사는 위안부 피해자 12명이 일본을 상대로 낸 재산명시 신청사건(사건번호: 2021카명391)에서 손해배상청구 본안소송(김정곤 재판부)에서 패소한 일본이 배상금을 지급하도록 강제집행하는 것은 적법하다고 판결했다. 남 판사는 판결문에서 "대한민국 헌법 제40조에서 입법권은 국회에 속함을, 제66조 4항에서 행정권은 대통령을 수반으로 정부에 속함을, 제101조 1항에서 사법권은 법관으로 구성된 법원에 속함을 각 정하고 있다"며 "이와 같이 삼권분립이 헌법에 규정돼 있는 취지는 행정부, 입법부, 사법부가 본연의 권한을 각자 행사하되 그 본연의 권한으로 서로를 견제하고자 함에 있다"고 밝혔다. 이어 "확정판결에 따라 채무자에 대한 강제집행의 실시 이후 발생할 수 있는 대일관계의 악화, 경제보복 등의 국가 간 긴장 발생 문제는 외교권을 관할하는 행정부의 고유 영역이고, 사법부의 영역을 벗어나는 것이므로, 이 사건 강제집행 신청의 적법 여부를 판단함에 있어서 고려 사항에서 제외하고 법리적 판단만을 해야 함이 마땅하다"고 적었다. '분에 넘치는 독선적, 애국주의적' 참견을 경계한 셈이다.

그는 또 "강제동원 노동자들의 일본 기업에 대한 위자료 청구권은 한일청구권 협정의 적용 대상에 포함되지 않아 소구할 수 있다고 판단한 2018년 대법원 전원합의체 판결이 있었고, 채권자들의 손해배상청구권 성격을 강제동원 노동자들의 손해배상청구권과 달리 볼 수 없으므로 채권자들의 손해배상청구권은 소구할 수 없거나 강제집행을 신청할 수 없는 권리에 해당하지 않는다"며 "따라서 채권자들의 강제집행 신청이 비엔나 협약 제27조 전단(전반부)에 반하는 것으로도 볼 수 없고, 2015년 위안부 합의는 국회의 동의를 거치지 않은… (정치적) 합의에 불과해 조약에 해당한다고 볼 수 없으므로 비엔나 협약의 위반 여부와는 더욱 관계가 없다"고 적었다.

남 판사는 "채무자의 행위에 대해 국가면제를 적용해야 하는지에 대해서는, 국가에 의해 자행된 살인, 강간, 고문 등과 같은 인권에 대한 중대한 침해행위에 대해 국가면제를 인정하게 되면 국제사회의 공동의 이익이 위협받게 되고, 오히려 국가 간 우호 관계를 해하는 결과를 야기할 수 있는 점, 어떤 국가가 강행규범을 위반하는 경우 그 국가는 국제공동체 스스로가 정해놓은 경계를 벗어난 것이므로 그 국가에 주어진 특권은 몰수됨이 마땅한 점 등을 종합해 보면 채무자의 행위는 국가면제의 예외에 해당해 이 사건 강제집행 신청은 적법하다"고 결정했다.

'김양호 판결,' 그리고 더 적확하게는 '민성철 판결'과 금번 '남성우 판결'은 여러 면에서 대비되지만 가장 눈에 띄는 차이는 법관의 직무의 범주에 관한 이견이다. 임마누엘 칸트는 "법의 저울을 정의의 칼과 함께 상징으로 삼았던 법률가는 통상 정의의 칼을, 순전히 외부의 영향들이 법의 저울에 미치지 못하도록 제지하기 위해서가 아니라, 오히려 한쪽의 접시가 (자기가 의욕하는 바대로) 기울어지지 않을 때, 그 접시 안에 올려놓기 위해 이용한다"고 말했다.[12] 이는 오늘날 한국 법관들에게 시사하는 바가 적지 않다. 법관은 그들의 본령에 충실해야 그 존재 이유가 인정될 수 있다.

4. 일본의 경제보복: "한국 행정부는 한국 사법부의 판결을 무력화하라"

강제징용 관련 대법원의 판결이 나온 지 얼마 되지 않아 일본은 한국에 대해 경제보복에 나섰다. 일본 정부는 2019년 7월 4일 한국에 대한 반도체 소재의 수출 절차를 번거롭게 하는 조치를, 이어서 8월 2일에는 일본으로부터 수출 관리상의 혜택을 누릴 수 있는 "화이트 리스트"에서 한국을 제외한다고 발표했다. 일본 정부가 대한민국의 대법원 판결에 대해 경제보복 조치를 취한 것이었다. 이는 대법원 판결의 정당성에 대한 비판이나 공격과는 다른 한국의 일상적인 법치 과정에 대한 부당한 내정간섭이다. 일본도 민주주의 국가에서는 삼권분립이 존중되고 행정부가 사법부에 간섭할 수 없다는 것을 잘 알고 있다. 그럼에도 불구하고 "한국 정부가 알아서 조치하라"라는 요구는 한국은 민주국가가 아니라는 또는 형식적으로만 민주적이라는 오래된 편견과 고정관념을 반영하는 '일본적인 오만'이라 할 수 있다. 일본이 보는 한국은 박정희나 전두환 시대의 독재국가 한국인 것이다.

일본의 관방장관 요시히데 스가는 이러한 수출 제재 조치의 이유가 "국가안보 문제"와 관련되어 있다고 주장하면서도, "한국은 G20 정상회담에 앞서 "징용공" 문제에 대한 만족할 만한 해법을 제시하지 않고 있으며, 따라서 (한국에 대한) 신뢰가 심각하게 손상됐다고 하지 않을 수 없다"고 말했다. 일본 정부가 "국가안보 문제"를 들고 나오는 가운데 아베 총리는 "징용공 문제"와 "한국이 약속을 지키지 않는 나라라는 것"이 수출 재제 조치의 본질이라는 점을 명백히 하였다. 아베는 "한국은 (한일청구권협정이나 위안부 합의에 대한) 약속을 지키지 않는 나라이다. 따라서 약속을 지키지 않는 한국이 국제적 수출통제의 약속을 지키지 않을 것이라는 점은 합리적 의심에 속한다"고 말했다. 일본이 한국에 수출하는 반도체 관련 전략물자는 바세나르 체제(The Wassenaar Arrangement, 재래식 무기와 전략물자 및 기술의 수출을 통제하고 이에 관한 투명성을 높일 목적으로 설립된 국제 협의체)와 같은 국제적 통제레짐에 따라 규율되어야 하는데 한국이 이러한 국제적 약속을 위반한 것이라고 말한 것이다. 아베 총리는 2019년 7월 3일 일본기자클럽에서 열린 토론회에서 "역사문제를 통상문제와 관련시킨 것이 아니"라고 부인한 뒤 "징용공 문제라는 것은 역사문제가 아니라 국제법상 국가와 국가의 약속을 지키느냐는 것"이라고 말했다. 그는 "1965년 한일청구권 협정에서 서로 청구권을 포기했다"며 "이는 국가와 국가의 약속"이라고 말한 뒤 2015년 한일 위안부 합의를 거론했다. 그는 위안부 합의에 대해 "(한국인 반기문이 사무총장인) UN도, (당시) 버락 오바마 미국 대통령도 (긍정적으로) 평가했는데 지켜지지 않고 있다"고 말했다. 그는 "바세나르 체제에 입각하여 안보를 위한 무역관리를 각국이 한다는 것은 의무"라며 "그 의무를 지키기 위해 약속을 지키지 않는 상대국에게 지금까지의 우대조치는 취할 수 없다는 것"이라고 주장했다.

주일 영국상공회의소장인 윌리엄 스포사토(William Sposato)는 미국의 유력지『외교정책(*Foreign Policy*)』에 실린 논평에서 이번 조치는 "일본이 주장하고 있는 안보적 이유에 따른 수출규제라기보다는, 한국 대법원의 강제징용 배상 판결에 대한 보복 조치로서 정치적 이유에 의한 것"이라며, "외교의 글로벌 스탠다드 문법을 보더라도 상대 국가에 규제를 가하려면 명백한 제재 이유와 증거, 정부 관계자의 백브리핑이나 자국 언론의 보도, 책임 있는 당국자의 증거제시용 코멘트 등이 있어야 하는데 한국에 대한 수출규제에 있어 부족한 면이 있다"고 지적하였다.[13] 미국의 주요 싱크탱크인 CSIS의 선임 부회장 매튜 굿먼(Matthew P. Goodman)은 "이번 수출규제는 헌법 개헌의 중대 기로에선 아베 정부가 지난달 참의원 선거를 앞두고 지지세력 결집을 위한 행동이었다는 데 이의를 제기할 수 없다"는 입장을 개진하였다.[14]

한일관계가 악화되자 한국의 한 판사는 그것이 대법원의 잘못된 판결 때문이라고 주장하였다. 강민구 서울고등법원 부장판사는 "한 국가 안에서 정부와 사법부가 다른 목소리를 낼 수 있지만 대외적으로는 행정부의 주도 아래 하나의 통일된 의견이 제시되는 것이 국제법상 관례"라고 말했다. 문재인 정부가 일본의 보복에 대해 "민주주의 삼권분립의 원칙에 반하는 경제 보복"이라고 반박한 것을 다시 비판한 것이었다. 그는 "국제법적으로 '원 보이스 룰(one voice rule)'이 있어 선진국 사법부는 대다수 외교적인 부분에 대해선 행정부 입장을 존중해줬다"고 지적하였다.[15] 풀어 설명하면, 강 판사는 박근혜 시절 대법원이 박 정부의 의견에 따라 판결을 내렸어야 하는데 그렇게 되지 않아 한일 간 외교 문제가 발생했고 한국의 국익이 훼손됐다고 말하고 있는 것이다. 그러나 '원 보이스 룰'

에 대한 강 판사의 해석은 그의 오해에서 비롯되었다. '원 보이스 룰'은 미국과 같은 연방국가에서 적용될 수 있는 "정치 문제 독트린(political question doctrine)"이다.[16] 그것은 연방국가와 주 간의 관계에 관한 것이지 행정부와 사법부 간의 관계에 관한 것이 아니다. 좀 더 얘기해보자면, 2000년 미국 대법원은 '크로스 대 국가무역위원회(Crosby v. National Foreign Trade Council)' 재판에서 미얀마와의 무역을 금지하는 매사추세츠 주법을 무효화하는 판결을 내렸다. 이때 대법원이 사용한 원칙이 '연방정부우선원칙(federal preemption doctrine)'이었고, 이것이 '원 보이스 룰'이다. 미국 대법원은 미국은 주들로 이뤄진 연방국가이기 때문에 외교 문제에 대해 외교특권(prerogatives in foreign affairs)을 가진 연방정부가 내린 결정에 대해 주 정부나 주 법이 다른 목소리를 내서는 안 된다고 본 것이었다. 강 판사가 얘기하듯 미국 대법원이 행정부에 협조한 것이 아니고 주 정부나 주법이 연방정부나 연방헌법에 맞추라는 판결이었다.

한국이 연방국가이고 '원 보이스 룰'이 적용된다면 외교 문제에서 지방 정부가 딴 목소리를 내는 것이 금지될 수도 있을 것이다. 그러나 '원 보이스 룰'의 일반화 또는 보편성 문제를 차치하고라도 한국은 국가보다 주가 먼저 존재했던 미국과 같은 연방국가가 아니므로 그것은 한국에 해당하는 원칙이 아니다. 하물며 연방국가가 아닌 한국에서 지방정부가 아닌 대법원이 행정부와 같은 목소리를 내야 한다는 강 판사의 주장은 미국 대법원이 '크로스 대 국가무역위원회' 재판에서 사용한 원칙의 취지를 무리하게 확대 적용한 것이다. 삼권분립의 민주국가인 미국의 대법원은 이 재판에서 연방정부와 주법 간의 "불협화음(acoustic dissonance)"을 원칙에 따라 정리한 것일 뿐 외교 문제에 관한 행정부의 입장에 그 자신이 판결로써 자발적으로 동조한 것이 아니다. 못지 않게 중요한 것은 대법원이 '크로스 대 국가무역위원회' 재판에서 '연방국가 대 주법(洲法)' 간의 불협화음을 해소하기 위해 '원 보이스 룰'을 적용했지만 이것조차도 헌법적 근거가 매우 희박한 것이고, 미국 사법 역사상 찾아 보기 힘든 원칙인바 콜럼비아 법대 클리블런드(Sarah H. Cleveland) 교수는 이를 "신화(myth)"라고 표현하였다. 그에 따르면 연방국가나 연방의회는 주 정부의 독자적인 외교 행위를 용인해오고 있을 뿐 아니라 오히려 고무·격려해오고 있다.[17] 주의 정당한 이익을 보장하고 연방–주 관계의 합리적 균형을 유지하기 위해서이다. 미국과 같은 연방국가의 핵심 특징이다. 따라서 미 대법원이 행정부에 협조한다는 말은 사실이 아닐 뿐더러 미 대법원이 주법에 '원 보이스 룰'을 적용하는 것도 예외적인 것이다. 최근 '원 보이스 룰' 자체를 폐지해야 한다는 사법적 규범이 형성되고 있다. 가장 눈에 띄는 주장은 법원이 "미국이 하나의 목소리를 내야 하는 구체적 맥락을 판단할 수 있는 전문성"을 결여하고 있다는 것이다.[18]

혹자는 한미 간 사법제도의 맥락적 차이가 있더라도 어쨌든 한국의 대법원이 '원 보이스 룰'에 따라 판결했다면 한일관계의 경색을 막음으로써 한국의 이익 증진에 도움이 됐을 것 아니냐며 '사법적 실용주의'를 내세울 수도 있다. 그러나 '실용주의적 대법원' 또는 '정치적(politically correct) 대법원'은 형용모순(形容矛盾, oxymo-ron)일 뿐 아니라 대법원을 포함해서 한국의 사법체계 전체에 대한 자기비하가 될 수 있다. 뿐만 아니라 삼권분립에 기초한 민주적 가치를 자발적으로 포기하는 대법원을 가진 한국은 민주적 국제사회에서 '리스펙'을 받지 못할 것이고 이는 특히 '소프트 파워' 차원에서 한국의 국익이 전혀 아닐 것이다.

'사법적 실용주의'로 인해 한국이 얼마간의 물질적 이익을 얻을 수도 있을 것이다. 그러나 이와 같은 '기회주의적 실용주의'는 단기적 이익을 가져다 줄지는 몰라도 그러한 이익추구는 지속가능하지 않으며, 더구나 '전략적-실용주의'와는 거리가 멀다. 그러한 접근법에는 궁극적 목적에 관한 문제의식이 없기 때문이다. 전략적-실용주의에서 실용주의는 목적 달성을 위한 수단이지 그 자체가 목적일수는 없다. 전략적-실용주의에서의 실용주의는 정의와 인권과 같은 보편적 가치의 실현을 분명하고 예민하게 의식하는 가운데 그것을 향한 과정에서 불가피하게 선택하게 되는 수단들을 지칭한다. 그러한 문제의식이 결여된 실용주의는 단순하고 맹목적인 이익추구로서 기회주의와 다르지 않다. 예를 들어, 어떤 배가 바다 한복판에서 폭풍우를 만났다고 가정해보자. 전략적-실용주의는 선장에게 지그재그(zigzag)로 가도 되니 우회해서 시간이 걸리더라도 항구에만 안전하게 도착하면 된다고 주문한다. 그러나 선장이 기회주의적 실용주의자라면 그는 항구라는 목적의식이 없기 때문에 폭풍우를 이리 피하고 저리 피하면서 제자리걸음을 하거나, 엉뚱한 곳에 배를 대거나, 아니면 운이 나쁜 경우 배를 난파시켜 탑승객들의 생명을 위협할 수도 있다.

요컨대 '원 보이스 룰'을 대법원 판결에 적용해야 한다는 주장은 권력분립을 기초로 하는 공화주의적 민주주의 제도의 근간을 흔드는 초헌법적 발상이고, 외교 문제에 국한된다 하더라도 강대국을 의식하여 대법원을 행정부의 주도 하에 있는 하급조직으로 폄하함으로써 대한민국 사법체계의 독립성을 자발적으로 훼손하는 사대주의적 피해의식의 발로이며, 국가이익 차원에서도 그것은 한국의 이익을 증진하지 않을 뿐더러 오히려 한국을 위험에 빠뜨릴 수 있는 어리석은 장난으로 비판받을 수 있다.

보다 더 중요한 문제가 있다. 강 판사는, 김양호, 민성철 판사와 마찬가지로, 일본군 위안부나 강제징용의 문제를 외교 문제로 보고 있다는 점에서 본말을 구별하지 못하고 있을 뿐 아니라, 비참한 인간적 현실에서 초연하게 유리되어 있는 '관료적 무감수성(bureau-cratic detachment)'의 행태를 노정하고 있다. 위안부나 강제징용 문제에 대한 판결은 외교적 파장을 야기할 수는 있겠지만 그것은 근본적이고 본질적으로 인권과 정의의 문제이다. 그렇기 때문에 피해자들은 어느 누구도 아닌 법원과 판사에게 묻는 것이다. 눈을 가리고 있는 대법원의 '정의의 여신상'은 판사들이 "왜 정의가 아닌 외교 문제에 신경을 쓰는가" 하고 묻고 있다.

한국의 일부 정치인들은 북한 및 중국의 위협에 공동 대처하고 자유민주주의 연대를 강화하며, 나아가, 통상 투자 등 경제협력을 통해 물질적 국익을 제고하는 차원에서 일본과의 관계를 대승적으로 개선할 필요성을 강조하고 있다. 그 중 일부는 한미일 다자간 군사동맹 체결을 위해 한일관계를 한미관계에 준하는 수준으로 강화해야 한다고 주장한다. 그들은 이런 맥락에서 "일본이 절대 받아들일 수 없다"는 2018년 한국 대법원의 판결의 이행을 무력화하는 방안을 찾고 있으며, 이 중 유력한 것이 '제3자 변제' 방식이다. 이는 피고인 일본 기업들은 배상에 참여시키지 않고 한국 정부가 만든 기관이 한국 민간 기업들이 마련한 자금을 갖고 한국 대법원의 확정판결을 받은 피해자들에게 판결금과 지연이자를 지급한다는 구상이다. 이 접근법은 그들의 입장에서는 어려운 상태를 벗어나기 위해 어쩔 수 없이 꾸며내는 계책, 즉 고육지책(苦肉之策)일 수 있으나, 대부분의 한국민들의 입장에서는 일종의 정치적 배임(背任)이자 사법적 기망(欺罔) 행위이다. 나아가, 이 방식은 한국의 자유민주주의에 대한 몰염치(沒廉恥)한 도전이며 존주대의(尊周大義)적 사대주의 외교의 부활로서 미래의 한국과 한국민들에게 막대한 정치외교적 비용을 부과하게 될 미욱한 하책(下策)이다. 한국에 이른바 '보수 정부'가 들어서서 제3자 변제를 추진한다는 가정 하에 왜 그것이 하책인지 아래에서 살펴보기로 한다.

먼저, 제3자 변제와 관련, 한국 정부는 제멋대로 나서서 일본 기업들의 채무를 변제할 수 없으며, 편법을 동원하더라도 결국 피해자들 전원이 수용하지 않는 한 문제는 그대로 남아 있다는 점이 지적될 수 있다. 한국 민법 제469조(제3자의 변제)는 다음과 같이 규정하고 있다:

① 채무의 변제는 제3자도 할 수 있다. 그러나 채무의 성질 또는 당사자의 의사표시로 제3자의 변제를 허용하지 아니하는 때에는 그러하지 아니하다.
② 이해관계 없는 제3자는 채무자의 의사에 반하여 변제하지 못한다.

제2항에서의 "이해관계"는 정치적 또는 사실상의 이해관계가 아니라 법률적 이해관계로서 채무자가 변제하지 못하면 자신이 대신

집행을 당하거나 권리를 상실하는 지위에 있는 관계를 말한다. 만일 한국 정부 또는 정부가 지정하는 기관이 제3자를 자처하는 경우 이들이 채무자(일본 기업들)가 변제하지 않으면 대신 집행을 당하거나 권리를 상실하는 지위에 있지 않기 때문에 법률적으로 '이해관계가 없는 제3자'가 되고, 따라서, 채무자가 '제3자의 변제'를 반대한다면 제멋대로 나서서 변제할 수 없게 되는 것이다.[19] 그러니까 문제는 일본 피고 기업들이 한국 정부의 제3자 변제 방식을 수용할지 여부이다. 결론부터 말하면, 일본 기업들이 이를 받아들일 가능성은 전무에 가깝다. 왜냐하면 제3자 변제는 변제하는 자가 자기의 채무가 아닌 타인의 채무를 대신 변제하겠다는 의사를 가지고 하는 변제로서 이것은 불법행위로 채무가 발생했다는 것을 전제하는 것인데, 강제징용을 "옛 한반도 출신 노동자 문제"로 보는 일본의 피고 기업들이 이러한 전제를 수용하지는 않을 것이기 때문이다. 일본 기업들은 제3자 변제를 수용하지 않지만, 그것에 대해 반대하지도 않을 것이다. 반대한다면 일본 정부가 내심 기대하는 제3자 변제가 불가능하게 되어 자신들과 일본 정부와의 관계가 난처해질 것임을 알기 때문이다. 따라서, 일본 기업들은 의도적으로 침묵할 것이다. 이는 한국 정부와 일본 정부가 바라는 '전략적 모호성'이다. 한국 정부는 이러한 절묘한 '전략적 모호성의 전략(동의도 반대도 아닌 모호한 침묵)'에 기초하여 한국 민법 제469조 제2항을 우회할 수 있고, '이해관계 없는 제3자'인데도 일본 기업들의 채무를 대신 변제할 수 있게 된다. 그러나 이와 같이 한국 정부가 일본 기업들의 '전략적 모호성의 전략'에 의도적으로 넘어가주는 제3자 변제 방식은 한국과 한국민의 입장에서는 일종의 정치적 배임 행위이자 대법원 판결의 취지를 무색케 하는 미필적 고의(未必的 故意)에 의한 사법적 기망 행위일 수 있다. 한국 정부가 모종의 이익을 위하여 자신에게 위임된 권력에 수반되는 임무를 수행하지 않고 국가와 국민(한국 민간 기업들 포함)에게 물질적·비물질적 손해를 끼치는 행위이고, 또한 한국 대법원의 판결의 효력이 사실상 무력화될 것임을 알고 하는 속임수에 가까운 편법의 동원이기 때문이다.

위에서 말했듯이, 법률적으로만 보면 '전략적 모호성'에 기댄 제3자 변제는 작동 불가능한 옵션이 아니지만, 기만적인 이 접근법은 문제를 해소할 수 있는 방법이 되기는 어렵다. 피해자들이 이 방식을 통해 자신의 이익을 수취할 의사를 표시하지 않을 가능성이 있기 때문에 한일 정부의 바람대로 문제가 해소되지 않고 그대로 남아 있을 수 있다는 것이다. 한국 민법 제539조(제3자를 위한 계약)는 다음과 같이 규정하고 있다:

① 계약에 의하여 당사자 일방이 제3자에게 이행할 것을 약정한 때에는 그 제3자는 채무자에게 직접 그 이행을 청구할 수 있다.
② 전항의 경우에 제3자의 권리는 그 제3자가 채무자에 대하여 계약의 이익을 받을 의사를 표시한 때에 생긴다.

이 법률 조항에 따르면, 한국 정부나 정부 기관이 피해자들에게 판결금과 지연이자를 주기로 일본 기업들과 합의했어도 피해 당사자들이 이를 받지 않겠다고 하면 그러한 이익을 줄 수 없다. 2018년 대법원의 확정판결을 받은 강제징용 피해자와 유족은 총 15명이다.

이들 중 한 사람이라도 제3자 변제를 통한 이익을 수취하지 않겠다고 하면 한국 대법원의 판결은 부분적으로만 집행된 것이기 때문에 법적 문제는 미해결 상태로 남게 되는 셈인 것이다.

　제3자 변제 방식은 정치적 배임과 사법적 기망의 문제뿐 아니라 한국의 자유민주주의와 주체적 외교주의 노선을 스스로 거둬들이는 '권위주의와 사대주의가 교배된 퇴행적 일탈' 행위라 할 수 있다. 권력분립(separation of powers)은 자유민주주의의 근간 중 하나이다. 이는 특정 기관이나 개인에게 권력이 집중되는 것을 방지하여 견제와 균형의 시스템을 촉진하는 것을 목표로 한다. 2018년 10월 한국의 대법원은 "피해자들의 손해배상청구권은 '일본 정부의 한반도에 대한 불법적 식민지배 및 침략전쟁의 수행과 직결된 일본 기업의 반인도적 불법행위를 전제로 하는 강제동원 피해자의 일본 기업에 대한 위자료 청구권'이어서 한일협정의 적용대상에 포함되지 않는다"고 판시하면서, "한일협정으로 피해자들의 개인적 손해배상청구권이 소멸하지 않은" 사실에 기초하여 피고인 '일본 기업들이 피해자들에게 각각 1억원씩 배상하라'고 명령하였다. 그런데 한국 정부가 정치적·외교적·이념적 이유를 들며 일본 기업들이 배상해야 할 판결금과 지연이자를 한국 민간기업들로부터 거둬들인 자금으로 대신 변제하겠다고 하면 이는 피고인 '일본 기업들이 배상하라'는 자국 대법원의 명령을 무시하는 행위가 된다. 한국 행정부가 피고 일본 기업들에게 한국 최고 법원의 판결을 무시해도 된다고 말하는 셈이기도 하다. 이런 면에서 제3자 변제는 한국 정부가 한국민들이 지난 수십 년간 이룩해온 권력분립에 기초한 한국의 자유민주주의보다 일본으로부터 얻을 수 있는 유형 무형의 잠정적 이익이 더 중요하다는 인식 하에 국가의 정치적 근본 가치를 스스로 부정하는 반역사적·반민주적 행위에 해당한다 할 수 있다. 특기할 만한 사항은 북한·중국에 맞서는 일본과의 이념적 연대의 필요성을 강조하는 제3자 변제는 일본과의 자유민주주의 연대를 위해 한국이 자국의 자유민주주의의 중요 일부(권력분립과 사유재산제도)를 스스로 유보한다는 사실이다. 한국은 자유민주주의 국제연대를 구축하고 있다고 생각하지만 자신이 이미 그 연대에 속하지 않는다는 사실은 모르고 있는 셈이다.

못지 않게 중요한 것은 제3자 변제 방식이 한국 행정부가 자국 최고 법원의 명령이 아닌 불법행위를 저지른 일본 정부의 주문에 순응하는 희대의 외교적 촌극으로서 한국에 씌워지는 부정적 외교 프레임이 될 수 있다는 점이다. 일본은 한국 대법원의 판결 이후 한국이 관계개선을 원하면 "한국 정부가 일본이 받아들일 수 있는 해결책을 가지고 와야 한다"고 일관되게 촉구해왔다. 이는 대법원 판결이 번복될 수는 없기 때문에 한국의 행정부가 한국 대법원의 판결이 집행되지 않도록 하라는 주문일 수밖에 없다. 제3자 변제가 바로 그것이다. 한국 정부가 이것을 채택한다면 이는 일본이 주문한 대로 행동하는 것이다. 상호주의(reciprocity)가 아닌 이러한 '일방적 순응(unilateral compliance)'은 향후 한국의 대일 외교 협상력을 저해하고 제3국들에 의한 '외교적 착취'를 자초할 수 있다. 국제관계사의 수많은 불평등조약들을 여기서 나열할 필요는 없을 것이다. 보다 거시적 시각에서, 세계는 일본이 주문하는 대로 행동하는 한국을 어떻게 볼까? '가랑이 밑의 굴욕'이라는 뜻의 과하지욕(跨下之辱)은 주체적 목표의식이 분명할 때 비로소 살아 있는 고사(故事)이다. 주체성을 결여한 기회주의적 제3자 변제 방식은 구한말 시어도어 루즈벨트 미국 대통령이 말했듯이 "자신을 위해 주먹 한 번 휘두르지 못하는" 나약하고 비굴한 한국의 또 다른 선례로서 미래 한국의 주체적 외교주의 노선에 퇴행적 족쇄를 채워 오랜 기간 동안 벗어나기 힘든 부정적인 정치적 프레임으로 작용하게 될 것이고, 미래의 한국과 한국민들은 이 프레임에서 벗어나기 위해 많은 비용을 치러야 할 것이다.

한편 일본이 수출 제재 조치를 취하자 한국은 일본에 군사정보보호협정(GSOMIA) 종료를 통보했다. 일본이 안보적 이유로 한국을 믿지 못한다면 안보적 이유로 한국과의 안보협력을 지속할 수 없을 것이고, 그런 의미에서 수출 제재 조치와 GSOMIA 지속은 모순이라는 논리였다. "일본의 태도 변화가 선제돼야 한다"는 입장을 고수하던 한국은 종료 시한을 목전에 둔 11월 22일 "언제든지 파기할 수 있다"는 전제 하에 GSOMIA의 '조건부 연장'을 선언했다.

사드(THAAD) 배치

2015년 8월 4일 경기도 파주 인근 DMZ에서 폭발 사고가 발생했다. 한국군 하사 2명이 다리가 절단되는 심각한 부상을 입었다. 10일 국방부는 북한군이 군사분계선을 넘어와 묻어놓은 목함지뢰가 폭발한 것이라며 북한의 사과와 책임자 처벌을 요구했다. 8월 10일 오후 북한은 국방위원회 정책국 담화를 통해 지뢰매설을 전면 부인하고, 이를 남한의 자작극이라고 주장했다. 8월 15일 북한은 한국이 10년 만에 재개한 대북 확성기방송 중단을 요구하며, 이를 받아들이지 않을 경우 '무차별적인 타격전'에 나설 것이라고 위협했다. 대북 확성기방송이 지속되는 가운데 8월 17일 한미연합훈련인 을지프리덤가디언(UFG)훈련이 개시되었다. 8월 20일 북한은 DMZ 남방한계선 이남인 경기도 연천군 야산에 고사포 1발을 발사했으며, 이어서 군사분계선 남쪽에 평곡사포 3발을 발사했다. 오후 5시 4분 한국군은 군사분계선 북쪽 500m 지점에 자주포 29발을 대응 사격했다. 오후 6시 박근혜 대통령은 긴급 국가안전보장회의 상임위원회를 주재했다. 당일 밤 김정은 국방위원회 제1위원장은 노동당 중앙군사위원회 비상확대회의를 소집하고, 21일 오후 5시 30분을 기해 전방지역에 준전시상태를 선포했다. 21일 한미 군당국은 대북정보감시태세인 워치콘을 상향조정했으며, 2013년 서명한 '한미공동국지도발대비계획'을 처음으로 실전 상황에 적용함으로써 한미연합작전체제를 가동시켰다. 8월 25일 박근혜 정부는 "북측은 군사분계선 비무장지대에서 지뢰 폭발로 남측 군인이 부상당한 것에 유감을 표명했고, 남측은 비상적인 상태가 발생하지 않는 한 군사분계선 일대의 대북 확성기 방송을 25일 12시부로 중단하기로 했다"고 발표했지만 불신과 위기가 해소되지는 않았다. 몇 달 후 북한이 핵실험을 단행했기 때문이다. 북한은 2016년 1월 6일 4차 핵실험 직후 발표한 정부 성명을 통해 로동당의 전략적 결심에 따라 첫 수소탄 시험이 성공적으로 진행되었다며 수소탄까지 보유한 핵보유국의 전열에 당당히 올라서게 되었다고 주장했다. 북한은 핵실험에 이어 2016년 2월 7일 장거리 탄도미사일을 시험발사했다. 북한은 이를 인공위성을 탑재한 로켓, 광명성호라고 불렀다. 이에 대해 UN안보리는 2016년 3월 2일 대북제재 결의 2270호를 발표했다. UN이 할 수 있는 비군사적 제재로서는 가장 강력한 수준의 조치였다. 한국과 미국, 일본 등은 별도로 독자적인 대북제재 조치를 취했다. 한국은 북한의 4차 핵실험 및 장거리 미사일 발사에 대한 대응 조치의 일환으로 개성공단 가동을 잠정 중단하였다.

  박근혜 대통령은 북한의 도발적 행위를 중국의 시진핑(習近平) 주석이 제어할 수 있고, 자신이 그를 움직일 수 있다고 보고 김정은을 겨냥한 대중외교를 강화하고자 했다. 2012년 11월에 열린 제18차 중국공산당 당대회에서 당 총서기에 선출된 시진핑은 중국의 전략이익을 무시하는 통제되지 않는 북한의 자세를 교정해야 할 필요를 느끼게 되었다. 그는 '이한제한,' 즉 북한을 제압하기 위해 남한을 이용하는 책략이 '원 포인트 레슨'으로서 적어도 단기적으로는 유효하다고 판단했다. 시진핑은 2013년 6월 방중한 박근혜 대통령을 환대했고, 2014년 7월 북한보다 먼저 한국을 방문함으로써 김정은에 대한 그의 불쾌감을 알리고자 했다.[1] 박근혜는 이와 같이 냉랭해진 북중관계를 이용하고 강화된 한중관계를 전략적으로 활용하기 위해 2015년 9월 '중국인민의 항일전쟁 승리 및 세계 반(反)파시스트 전쟁 승리(전승절) 70주년' 기념식과 열병식에 참석했다. 미국 일본 등은 공공연히 우려를 표했고, 한국 내 일부 정치세력도 당혹감을 감추지 않았다. 그러나 박근혜는 당시 상황에서 중화인민공화국을 정치적 비용을 들이지 않고 방문할 수 있는 거의 유일한 한국의 지도자였다. 박근혜의 '중국 전승절' 참석은 1972년 리처드 닉슨의 중공 방문을 연상시켰다. 닉슨의 반공주의 이미지와 전력은 그가 "중공"을 방문하려 할 때 반공보수세력의 반대를 분산시키거나 무력화하는 데 주요하게 작용하였다. 미국 사학자 마이클 셸러(Michael Schaller)가 "닉슨만이 중국에 갈 수 있었다(Only Nixon could go to China)"라고 썼듯이, 만일 다른 대통령이 중공을 방문한다고 했다면 당시 미국 국내정치를 반분하던 반공보수세력이 가만히 있지 않았을 것이다. 닉슨은 공산주의자 척결에 앞장섰었기 때문에 이른바 '색깔론'으로부터 상대적으로 자유로웠다. 한국의 한 보수 일간지는 사설을 통해 '중국인민의 항일전쟁 승리 및 세계 반(反)파시

스트 전쟁 승리 70주년' 기념식과 열병식에 참석하는 박근혜의 실용주의 외교책에 기대를 표하였다:

박근혜 대통령이 중국의 항일전승절 기념행사에 이어 열병식에도 참가키로 한 건 실보다 득이 많을 적절한 선택이다. 청와대가 전승절 참여를 발표하고서도 열병식 참여 결정을 미룬 이유는 논란이 많았기 때문이다. "한국전 때 우리에게 총부리를 겨눴던 중국군에게 박수칠 수 있는가"라는 비판은 일리 있는 지적이다. 한·중 간 밀월을 탐탁하지 않게 여기는 미국의 심정도 고려해야 하는 게 우리 입장이었다. 중국과 대립 중인 일본도 여전히 중요한 외교 파트너다. 그럼에도 박 대통령이 베이징행을 선택한 까닭은 잃는 것보다 얻는 게 더 많다는 확신 때문일 것이다… 한·중 관계를 더욱 긴밀하게 발전시켜야 한다는 건 말할 필요도 없다. 박 대통령의 결단으로 양국 간 경제뿐 아니라 정치·외교 분야에서의 협력도 활발해지는 '정열경열(政熱經熱)'의 분위기가 무르익었다.[2]

박근혜 대통령은 시진핑 중국 국가주석과 블라디미르 푸틴 (Vladimir Putin) 러시아 대통령과 함께 앞 열에 선 채 중국 인민해방군 열병식을 참관했다. 북한의 최룡해 노동당 비서는 시 주석 오른쪽 맨 끝에 위치했다. 한중 밀월 관계는 2015년 10월 박근혜 대통령과 리커창(李克强) 중국 총리 간 '역대 최고 수준'의 긴밀한 관계를 보여준 회담으로 이어졌다. 일본의『요미우리신문』은 "한중 정상은 정상회담에서 양국이 서로 '역대 최고'라 인정할 만한 밀월 관계를 재차 연출했다"고 보도하였다.

중국 전승절 열병식에 시진핑 주석 오른쪽 두 번째 자리에서 박수를 치고 있는 박근혜
대통령

그러나 박근혜가 그리던 그림은 현실화되지 않았다. 주요 이유
는 북한의 4차핵실험에 대한 제재와 관련이 있었다. 미국이 제재의
효과를 높이기 위해서는 중국의 적극적인 동참이 필요하다고 압박
해가자 중국은 "핵실험에는 반대하지만 과도한 북한 제재는 곤란하
다"며 난색을 표했다. 중국의 외교부장 왕이(王毅)는 대북제제와 관
련하여 다음과 같이 중국의 입장을 정리했다:

"우리 중국은 대국(大國)으로서, 조선반도 핵문제에 대한 입장은
너무나도 분명한(光明磊落) 것이며, 한치의 흔들림도 없는(堅定不移)
것이다. 조선 핵문제의 해결은 그때그때의 일시적인 사정에 영향을
받아서도 안 되고, 희로애락의 기분에 따라 영향을 받아서도 안 된
다. 우리 중국은 조선 핵문제의 해결에 세 가지의 입장을 견지하고
있다. 첫째는 반도의 무핵화(無核化), 둘째는 반도의 평화 안정, 셋째

는 대화와 협상으로 문제를 해결해야 한다는 것이다. 이 세 가지는 서로 연관돼 있으며, 어느 한 가지도 빠져서는 안 된다. 제재는 목적이 아니며, 중요한 것은 문제를 해결하는 것이다."[3]

박근혜 대통령과 시진핑 중국 국가주석 간 핫라인은 북한의 4차 핵실험 이후 닷새가 지나도록 가동되지 않았다. 시진핑이 박근혜가 요청한 핫라인 통화에 응하지 않은 것이었다. 박근혜는 대화를 강조하고 대북제재에 조심스러운 시진핑에 대해 실망하였다. 얼마 되지 않아 박근혜 대통령과 한국의 국방 고위 관계자들은 미국이 강력히 원하던 '사드 배치'를 검토하고 있다는 말을 입에 올리기 시작했다. 그전까지 박근혜 정부는 미국의 고고도미사일방어체계인 '사드'와 관련해 '3NO', 즉 "미국의 요청이 없었기 때문에 협의도 없었고 따라서 결정된 것도 없다"는 입장을 고수하고 있었다. 박근혜 대통령은 2016년 1월 13일 대국민담화 발표 뒤 한 기자회견에서 "북한의 4차 핵실험에 대한 정부 대응 중 하나로 사드를 검토할 수 있느냐"는 질문에 "주한미군의 사드 배치 문제는 북한의 핵 또는 미사일 위협을 감안해 가며 우리의 안보와 국익에 따라 검토해 나갈 것"이라고 말했다. 중국은 즉각 반발했다. 왕이 외교부장은 북한이 4차 핵실험을 한 직후에 사용했던 "결연한 반대"를 한국에게 사용하기 시작했다. 추궈훙(邱國洪) 주한 중국 대사는 '사드가 배치되면 한·중 관계가 파괴된다'고까지 주장했다. 2016년 7월 8일 류제승 국방부 국방정책실장과 토머스 밴달 주한미군사령부 참모장은 사드 1개 포대의 한반도 배치를 공식 발표했다. 중국은 8월 3일 중국의 공산당 기관지 『인민일보』를 통해 "강렬한 불만과 단호한 반대(强烈不满

堅決反對)"입장을 표명하면서, 한국이 "사드 배치 문제를 중국과 협상할 것이라고 약속해놓고 후에 돌연히 태도를 바꿔 성급하게 사드 배치 결정을 발표했다"며 사드 배치는 "중국의 전략 안보에 심각한 현실적 위협을 조성할 것이기 때문에 중국은 이를 수수방관하지 않을 것"이라고 밝혔다:

한미가 고집을 꺾지 않고 강행한다면 중국과 러시아는 한미가 생각지도 못한 감당 불가능한 대응조치 카드를 꺼낼 것이다. 사드 배치는 한국에 아무런 이익이 되지 않을 뿐 아니라 되려 한국을 미국과 중·러의 군사 대치에 끌어들일 가능성이 다분하다. 만약 충돌이 발발한다면 한국은 가장 먼저 공격 목표가 될 것이다… 한미가 한국에 사드를 배치하는 것은 중국의 전략 안보에 심각한 현실적인 위협을 조성한다. 이에 대해 중국은 수수방관하지 않을 것이다. 중국의 안보 이익은 손해를 용납하지 않는다. 외부의 위협에 대응해 중국은 한 번도 두려워하거나 굴복한 적이 없다. 어느 누구도 중국의 국가 안보 수호의 의지와 실력을 저평가해서는 안 된다.[4]

박근혜는 대북제재에 시진핑이 적극적으로 협력할 것으로 기대했었다. 그렇게 하기 위해 균형외교로 보이는 모험도 마다하지 않았다. 그러나 '제재와 압박'을 통한 북한 길들이기에 소극적인 시진핑에 실망한 박근혜는 미중 간 전략경쟁의 구도에서 중국의 급소라할 수 있는 사드 배치를 통해 한미동맹의 군사적 강화 쪽으로 방향을 틀었다. 박근혜가 중국의 아픈 곳을 찌르기 위해 사드 배치를 결정했다면 그는 그곳을 찔렀다. 그러나 이 결정이 국가적 비용/수익

대비 차원에서 합리적이었는지는 논쟁의 여지가 있다. 다른 한편, 박근혜 정부는 사드 배치가 북한을 겨냥한 것이라고 발표했는데 이는 잘못된 전략판단이었거나 현실을 호도하는 정치적 술수였다. 필자는 그 이유를 2016년 발표된 논문인 "한국 안보와 사드(THAAD)"를 인용하여 설명하고자 한다.[5]

1. 사드란 무엇인가?

탄도미사일은 장거리 목표를 타격하기 위해 공기가 없는 대기권 밖을 비행한 후 다시 대기권에 재진입하여 목표물을 타격하는 무기이다. 비행 중 공기를 흡입할 수 있는 순항미사일과는 달리 탄도미사일은 산화제와 연료를 자체적으로 내장하고 있다. 탄도미사일의 궤적은 '발사 및 추진단계(boost phase)', '중간비행 단계(midcourse phase)', '종말단계(terminal phase)'로 이뤄져 있다. 종말단계는 고고도(高高度)와 저고도로 나눌 수 있는데, 전자(前者)의 탄두를 요격하기 위해 고안된 것이 사드이고, 탄두가 사드에 의해 요격되지 않은 경우 후자(後者)에 사용되는 것이 PAC(Patriot Advanced Capability) 계열 요격미사일이다. 사드의 1개 포대는 사격통제레이더(AN/TPY-2 TM)와 발사대(6기), 그리고 요격미사일(48발)로 구성돼 있다. 특히 중요한 것은 X밴드 레이더로서 탐지거리 1천200km 상회하는 전방전개요격용 레이더(FBR)와 탐지거리 600여 km의 종말단계요격용 레이더(TBR) 두 가지 모드로 운용된다. 탄도미사일의 발사 및 상승 경로를 추적할 때는 FBR 모드가 필요하고, 종말 경로에서는 TBR 모드를 운영한다. FBR에서 TBR로 조정하려면 소프트웨어와 통신시스템을 변환해야 하는데 약 3-4시간이 소요된다. 레이더 파는 전방을 향해 좌우 120°로 발사된다. 또한 이 레이더는, "Army Navy/Transportable Radar Surveillance"라는 명칭에서 보듯, 용이하게 이동할 수 있는 무기이다. X밴드 레이더는 S밴드 레이더에 비해 주파수가 높고 파가 짧아서 정밀 측정용으로 주로 사용된다. 사드의 요격미사일의 사거리는 200km이고 공중으로 발사 시 150km이다.

2. 사드 배치의 논리와 가정의 오류

한국과 미국 정부는 "북한의 핵·WMD 및 탄도미사일 위협으로부터 대한민국과 우리 국민의 안전을 보장하고 한미동맹의 군사력을 보호하기 위한 방어적 조치"로서 필요하다고 강조하고 있다. 이러한 정책적 판단에는 그의 기초가 되는 가정이 있다. 즉 양국 정부는 사드가 필요한 이유로서 "북한이 핵·WMD 및 탄도미사일을 한국의 영토에 발사할 수 있다"는 가정을 하고 있는 것이다. 그런데 북한이 위와 같은 '최종적인 무기'를 사용한다는 것은, 특히 적대적 관계와 지리적 특성을 고려할 때, 한반도에 전면전이 발생했음을 의미한다. 뒤집어 말하면, 한반도에서의 전면전에 대비해 사드를 배치한다는 뜻이다.

사드 배치를 정당화하는 '전면전의 가정'은 얼마나 현실적인가? 전면전 발발은 몇 가지 경우로 나눠 살펴볼 수 있다. 첫째, 북한이 한국이나 미국으로부터 자극받지 않은 상태에서 이른바 남조선해 방을 목적으로 의도적 전면전을 일으키는 경우, 둘째, 북한 최고지 도자의 정신이상으로 한국이나 미국을 공격하여 전면전이 발발하 는 경우, 셋째, 북한의 저강도 도발이 비화하여 전면전화하는 경우, 넷째, 한미연합연습 등이 북한의 오해나 오인을 일으켜 무력분쟁이 발발하고 전면전화 하는 경우가 있을 수 있다.

2.1. 북한의 제2의 "남조선해방전쟁"의 가능성은 매우 낮다

위의 가상의 시나리오 중, 먼저, 첫 번째의 경우가 얼마나 현실 성이 있는지를 분석해보자. 전형적인 사례로서 1950년 북한이 남침 했을 당시 북한의 인식과 판단은 어떠했는지, 왜 그렇게 되었는지, 그리고 남침을 가능토록 부추겼던 요인들이 현재는 어떠한지 비교/ 대조해보자.

1950년 6월 25일 김일성의 북한은 남한을 침공하였다. 김일성의 치밀하게 계산된 행위였다. 그의 남침 결정의 배경은 무엇이었나?

1) 소련의 스탈린과 중공의 마오쩌둥의 지원 약속이었다. 당시 소련은 1949년의 핵실험 성공으로 미국의 '핵무기 독점'을 무너뜨 렸고, 중공은 국민당 정권을 타이완을 몰아내고 본토를 공산화한 상 태였다. 양대 공산 강국은 1950년 2월 14일 군사동맹조약을 체결하 였다.

2) 전쟁 발발 전까지 미국은 한국의 전략적 가치를 낮게 보았다. 특히 김일성의 관점에서는 남침 시 미국이 개입하지 않을 것처럼 보였다. 미국 합참은 전쟁이 발발하면 소련에 의한 3차대전이 될 것

이고, 전쟁 발발 가능성이 가장 높은 지역은 유럽이라고 보았다. 따라서 극동의 소국 한국은 '전략적으로 우선순위가 낮은 지역(strate-gic backwater)'으로 간주되었다.[6] 이러한 평가에 따라 미국은 1949년 6월 500여 명의 고문관을 제외하고 미군을 남한에서 철수시켰다. 1950년 1월 12일 미 국무장관 애치슨은 맥아더 사령관의 전략 개념에 따라 미국의 태평양 방어선을 설정하고 여기에서 한국을 제외하였다. 1950년 5월 미국 외교정책에 강력한 영향력을 갖는 미 상원 외교위원장 코널리(Tom Connally)는 "한국은 미국의 방어전략의 불가결한(indispensable) 부분이 아니며, 공산주의자들은 언제든 마음만 먹으면 한국을 차지할 수 있을 것"이라고 공개적으로 발언했다.[7] 코널리의 발언이 공개된 후 이승만 대통령은 주한 미국 대리대사 에버릿 드럼라이트(Everrett Drumright)에게 코널리의 발언은 북한에게 "한국 침략을 격려하는 공개적 초대장"이라 성토하였다.[8] 김일성으로서는 남침 시, 특히 공격을 신속히 수행한다면, 미국은 이를 기정사실화할 수밖에 없을 것으로 생각했다. 더구나 그로서는 "광대한 중국을 포기한 바 있는 미국이 소국 남한을 살리기 위해 피 흘릴 일은 없을 것"으로 보았다.[9]

3) 당시 남북한의 전쟁수행능력의 차이이다. 일본은 1910~40년대 일제 식민통치 시기 대륙 침략을 위해 북한 지역에 군수 관련 공장건설을 집중하였다 그 결과 북한에는 중화학공업이 발달한 반면 남한은 경공업과 농업 위주로 산업구조가 형성돼 있었다. 또한 소련은 철군할 때 북한에 무기를 두고 갔지만, 미국은 이승만 대통령의 북진통일 시도에 대한 우려로 인해 그렇게 하지 않았다. 김일성은 중국에서 돌아온 조선인 병사 14,000여 명을 제4야전군에 배속하여

38선 일대에 배치해놓고 있었다. 그는 20만 남노당원과 지리산에 은거하고 있던 빨치산에 대해서도 상당한 기대를 걸고 있었다.[10]

1950년 당시와 비교해서 현재의 국내외적 조건은 어떠한가?

1) 공산 소련은 사라졌고, 러시아는 미국 등 서방과 마찰이 있지만 냉전 시의 관계와는 질적으로 다르며, 물리력도 상당히 약화된 상태이다. 중국은 비록 공산당 일당 독재체제를 유지하고 있지만, 1970년대 말부터 시작한 개혁개방으로 경제시스템이 사실상 시장경제화되었다 해도 과언이 아니다. 물리력은 상대적으로 강화되었지만, 미국 등 서방과의 경제적 상호의존 관계는 (특히 개방적 성장을 지속하려는) 중국의 현 지도부의 생명선이나 마찬가지이다. 중소동맹은 1980년 공식 폐기되었고, 대신 미중관계정상화가 이루어졌다. 더욱 중요한 것은 러시아나 중국이 북한의 재침을 용인 또는 지원하겠는가 하는 문제이다. 이데올로기, 실익 등의 모든 면에서 용인/지원의 인센티브가 있을 수 없다.

2) 게다가 한국은 미국과 군사동맹의 관계에 있고, 주한미군 26,000여 명을 주둔시키고 있다. 양국은 매년 군사회의를 개최하여 이른바 핵우산공약의 유효성을 확인하고 있으며, 핵무기를 염두에 둔 연합군사연습을 매년 수 차례 실시하고 있다. 이는 미국에 대해 한국이 가지는 정치적 경제적 군사적 전략적 중요성을 상징적으로 시사한다 하겠다.

3) 전쟁수행능력에 있어서도 남한과 북한은 비교가 되지 않는다. 미래에는 그 격차가 더욱 벌어질 가능성이 높다. 아래 사진은 한반도의 야경이다. 전쟁수행능력은 에너지가 필수라 할 때 북한의 현

한반도의 야경

출처: 미국 NASA. http://earthobservatory.nasa.gov/IOTD/view.php?id=83182

실은 보는 바와 같다. 이러한 군사 경제적 조건을 고려할 때 북한이
재남침을 시도할 개연성은 얼마나 될까?

서방의 많은 북한관찰자들은 북한이 WMD에 손을 댄 것은 재래
식 무력으로는 경쟁이 되지 않을 것이라는 북한의 자각에 기인한다
고 보고 있다.

요컨대 북한이 남침하려면 1950년과 마찬가지로 승리할 것이라
는 개연성이 높아야 한다. 위의 분석에 따르면 북한이 외부로부터
자극받지 않은 상태에서 남침한다는 것은 북한 지도자가 이성적(계
산적)이라는 가정 하에서 상상키 어렵다.

2.2. 북한 지도자가 '정신이상'일 가능성은 매우 낮다

북한 지도자가 정신이상으로 대남 공격을 감행하여 전면전이 발발하는 경우이다. 한국과 서방의 일부는 과거에도 북한의 지도자들을 이렇게 규정함으로써 북한의 위협은 평화적 외교적 방법으로는 해결할 수 없는 문제라고 '프레임'화한 바 있다. 그러나 결론부터 말하면, 북한의 지도자가 정신이상일 가능성은 없다. 정신이상자는 달리 말하면 금치산자(禁治産者)이다. 그런데 김일성부터 시작하여 북한의 지도자들은 수십년 또는 수년동안 근대 이후 전례가 없는 절대권력을 유지하고 있다. 그들은 사악하거나 끔찍하거나 예측불가하였고, 또 지금도 그러하다. 그러나 정신이상자가 절대권력을 유지한다는 것은 모순이다. 북한 지도자 '정신이상론'은 한국의 시민들에게 과장된 공포를 부과하고, 그에 따르는 국내정치적 목적을 달성하고자 하는 특정 정치세력의 정치선전에 다름 아니다. 사악한 자를 비난하는 것은 당연할 수 있지만, 그 의도하지 않은 결과가 결국 시민적 권리와 민주주의를 위축시키고, 합리적 군사전략의 디자인에 방해가 될 뿐 아니라, 국민의 세금을 특정 세력의 정치적 목적을 달성하는데 사용되는 수단이 된다면 경계하지 않을 수 없는 것이다.

2001년 5월 15일 『뉴욕타임즈』는 미국의 미사일방어체제에 관한 토마스 프리드먼(Thomas Friedman) 기자의 분석기사를 실었다. 내용을 요약하면: 미국의 조지 W. 부시 정부의 럼스펠드(Donald Rumsfeld) 국방장관은 미사일방어체제 구축을 선언하면서, 북한과 같은 "깡패국가(rogue state)"는 "미쳤기(crazy)" 때문에 미국의 "환송봉투(return mail)" 속의 핵무기에 의해 곧 죽게 될 것이라고 알면서도 탄도미사일로 미국을 공격할 것이고, 그렇기 때문에 미사일방어체제는 필요하다고 주장했다. 그러면서 그는 미국이 완벽하지는 않지만 미사일방어망을 구축하면 그것이 "허수아비"의 역할을 할 것이기 때문에 대북 억지가 가능하다고 제시했다. 다시 말해, 미사일방어망이 "스위스 치즈"와 같이 구멍이 난 것이라 해도 북한으로서는 자신의 미사일이 그 구멍을 통과하지 못하게 되면 목적도 달성하지 못하고 큰 보복을 당한다고 생각해 미사일을 결코 발사하지 않을 것이라는 논리였다. 북한은 한편으로는 미쳤고, 다른 한편으로는 고도의 계산능력을 갖춘 이성적 주체가 되는 셈이다. 재미있게도, 이 기사의 제목은 "Who's Crazy Here?"였다.[11]

2.3. 우발적 전면전의 경우에도 사드는 적절한 방어수단이 아니다

전면전의 가정은 희박한 가능성에 기초해 있다. 그러나 위의 두 경우 외에 북한의 저강도 도발이 비화하여 전면전화하거나, 한미연합군사연습 등이 북한의 오해나 오인을 일으켜 전면전화하는 경우가 있을 수 있고, 이것이 현실화할 가능성은 없지 않다.

그러나 문제는 전면전의 경우 사드가 적절한 방어수단이 되지 못한다는 데 있다. 북한은 전면전 시 시간당 1만여 발의 포격을 가할 수 있는 다량의 장사정포와 생화학무기, 1,000여 기의 각종 미사일, 특수부대 침투와 사이버 공격을 총동원해 남한을 공격하게 될 것이다. 사드는 40-150km 상공의 탄도미사일을 요격할 수 있을 것이다. 그러나, 북한이 노동미사일(화성-7·사정 1천300km)을 고각(高角, Lofted)으로 발사할 경우, 즉 발사된 미사일이 '라인 드라이브'가 아니라 '플라이 볼'로 비행할 경우, 요격 범위를 벗어나 사드는 무력화될 수도 있다. 한 유관 과학자의 시뮬레이션은 실제로 북한의 황주에서 노동미사일을 고각 발사할 경우 최고 고도는 462km, 사드가 배치되어 있는 성주 상공을 지날 때 고도는 195km로 사드의 요격 범위를 벗어나 유사시 미군 증원병력이 도착할 부산 지역을 방어할 수 없을 것으로 예측했다.[12]

그러나, 더 심각한 문제는 48기의 요격미사일로는 1,000여 기의 북한 미사일을 감당할 수는 없다는 데 있다. 한국 국방부에 따르면, 사드 1개 포대는 북한의 스커드와 노동 미사일이 고정된 위치에서 한국을 향해 발사됐을 때 영토의 1/3에서 1/2를 방어할 수 있다. 하지만 노동과 스커드는 이동식 발사 미사일이고 북한의 주력인 KN-02는 사드의 방어 대상에 포함되어 있지 않다. 더 큰 문제는 1/3이든 1/2이든 방어범위가 사실상 아무 의미가 없다는 데 있다. 48기의 사드 요격미사일이 100% 명중한다 하더라도 49번째 북한 미사일은 막을 수 없는 것 아닌가? 2개 포대를 배치해도 결과는 마찬가지이다. 100% 명중률을 가정해도 최소 21개 포대가 필요한데 사드 1개 포대의 가격은 약 1조 5000억 원이며 요격미사일 1발은 약 110억 원에 달한다. 그러나, 이런 막대한 비용을 사용해 21개 포대의 사드를 구입한다 해도, 국방부의 논리에 따르면, 서울을 포함하는 수도권과 강원도 북부는 방어하지 못한다. 사드는 수도권을 향해 빗발치는 수만 발의 저고도(低高度) 장사정포의 포격을 막을 수 없다는 것이다.

한국 정부에 따르면, 사드는 장사정포를 막을 수 없을 뿐 아니라, 오히려 파괴위험이 있기 때문에 장사정포의 사거리 밖에 설치할 수밖에 없다. 다시 말해, 사드가 성주보다 더 북쪽에 배치될 수 없는 이유는 북한의 장사정포의 사거리에 놓이기 때문이라는 것이다. "수도권을 향하는 북한의 탄도미사일은 어떻게 하는가?"라는 질문에 대해서는 저고도용 PAC-3로 하면 된다는 입장이다. 그러나 사드가 장사정포에 의해 파괴될 수 있기 때문에 수도권 방어용으로 사용하기 어렵다면 PAC-3는 장사정포에 의해 파괴되지 않고 북한의 탄도미사일로부터 수도권을 방어할 수 있다는 말인가? 설사 PAC-3가 북한의 핵미사일을 요격한다 해도 저고도에서 발생하는 방사성 낙진은 어떻게 할 것인가? 어쨌든 사드는 수도권에 배치되면 장사정포를 막지 못할 뿐 아니라 그에 의해 파괴되고, 장사정포의 사거리 밖에 배치해도 사드의 사거리 제한으로 수도권을 방어하지 못한다.

사드는 다른 형태의 공격에는 더욱 부적합한 대응수단이다. 사드의 X밴드 레이더파는 전방을 향해 좌우 120°로 발사된다. 서해와 동해의 북쪽 해역만 감시할 수 있다. 북한이 남해 바다 속 깊이 은밀히 잠행하는 잠수함에서 SLBM을 발사한다면 사드는 무용지물이 된다. 요컨대 전면전을 가정하는 사드 배치는 실제 전쟁이 발발했을 때는 유효한 군사 수단이 되지 못한다.

3. 사드는 적절하지도 효율적이지도 않다

위의 논의를 요약해보자. 사드 배치는 한반도에서의 전면전을 가정한다. 그런데 북한이 의도적으로 전쟁을 일으키거나, 지도자가 정신이상으로 한국을 침공할 개연성은 낮다. 우발적 전면전의 개연성은 있으나, 이 상황에서도 사드를 효율적 방어수단이라 평가하기는 어렵다. 따라서, 사드는 'Low Probability(전면전 확률) × Low Efficiency(무기로서의 효율성)'로서 실익이 낮다고 할 수밖에 없다. 오히려 한국은 북한의 위협이나 도발이 전면전으로 비화하지 않도록 하는 관리체계를 구축·확충하고, 전면전 비화 시를 상정한 보다 효율적 방어체계를 갖추는 데 역량을 집중해야 할 것이다.

4. 사드 배치와 한국의 국가이익

4.1. 이익

사드 배치에 따르는 국가이익은 북한의 탄도미사일의 일부를 요격할 수 있다는 점, 그리고 한미동맹을 군사적으로 강화할 수 있다는 점이다. 아마도 후자가 훨씬 더 큰 의미를 가질 것이다. 한미 군사당국이 사드 배치를 "북한의 핵·미사일 위협에 대응하기 위해 '한미 동맹 차원'에서 결정했다"는 점이 이러한 맥락에서 의미심장하다 하겠다. 동맹국으로서 미국의 군사전략에 중요한 일익을 담당하겠다는 결정은 미국에 자국 안보를 상당 부분 의존하고 있는 한국으로서는 현실주의적 대북억지책의 일환일 수도 있다. 나아가, 사드 배치에 미국의 '사활적 이익'이 걸려 있고, 미국이 그러한 인식으로 한국에 상당한 압력을 행사했다면, 이번 한국의 결정은 '동맹국으로부터의 방기(abandonment)'를 피하기 위한 국가이익 추구로 인정될 수 있을 것이다. 동맹 방기의 문제는 한국의 군사안보뿐 아니라 삶의 방식, 즉 가치(values)의 문제로도 연결될 수 있으므로 이번 결정은 정치적으로도 중대하다 할 것이다. 다시 말해, 이 결정은 한국인들이 중국과 같은 사회주의 전체주의가 아닌 미국과 같은 자유 인권 민주주의를 원한다는 차원에서도 이해되어야 한다.

그러나, 이에 대해 두 가지 의문이 제기된다. 첫째, 한국이 우려하는 동맹방기의 현실성은 얼마나 되나? 둘째, 동맹방기의 현실성이 없다면, 한국의 기우(杞憂)에 따른 정책결정은 어떤 국제정치적 비용을 동반하게 될 것인가? 먼저, 한국이 사드를 배치하지 않거나 연기할 경우 미국은 동맹을 폐기할 것인가? 미국은 한국을 버릴만한 입장인가? 이 문제는 한미동맹의 군사적 실체인 주한미군이 미국에게 얼마나 전략적으로 중요한지를 검토함으로써 이해할 수 있다. 아래는 미국의 학자, 전략가, 언론 등이 제시한 바를[13] 요약한 것이다:

1) 미국은 동아시아 및 서태평양 상에 사활적 이익을 가지고 있는 바, 경쟁국이 이 지역에 진출한다면 미국의 이익은 어떻게 위협받는가?

2) 한국 내 주한미군기지들은 미국이 서태평양 상에서 힘을 투사할 수 있는 수단을 제공한다.

3) 한반도에서의 전쟁억지는 미국의 비용을 절감한다. 전쟁비용은 억지비용을 훨씬 초월할 것이다.

4) 한국은 미국 무기의 주요 수입주체이다(무기 획득 시 한미동맹이라는 '정책적 고려'에 가중치를 둠으로써 미국 무기의 경쟁력이 세계 최고). 한국은 2019년을 기준으로 과거 5년간 미국 무기를 62억 8천만

달러어치를 수입하여 세계 4위의 미국 무기 시장이다.

5) 한국이 상당한 분담금을 제공하고 있다. 주한미군을 미국 본토로 재배치하면 그에 따른 유지비용이 훨씬 더 클 것이다.

6) 미국의 사활적 이익이라 할 수 있는 일본 방위를 위해 주한미군은 필요하다.

미국의 입장에서 한국 방기 시 (한중관계 악화 시의 중국에 비해) 미국이 잃을 것이 더 많다. 왜냐하면 한국은 미국의 동맹국이기 때문이다. 즉 중국은 한국과 관계악화 시 -1이라면 한국은 이미 미국의 동맹국이기 때문에 미국에게는 -2가 된다. 만에 하나 한국이 중국의 세력권 내 편입되면 미국에겐 -3 이상이 된다. 한미동맹이 미국에 제공했던 편익이 사라질 뿐 아니라, 미국과 경쟁 중인 중국에게 이익이 되기 때문이다.

한국의 우려는, 현재 자신의 능력과 한미관계의 현주소를 과거의 시각에서 보는 데 기인한다. 다시 말해, 한국은 약소국이며 미국은 한국을 중요시하지 않는다는 5-60년대식 관점을 벗어나지 못하고 있다는 말이다. 한국은 이제 정치, 경제, 군사적으로 세계 10위권 강국이고, 한미동맹의 실체인 주한미군은 미국의 세계전략의 핵심 중 하나임을 인식하는 것이 중요하다. 나아가 미국 지도자들은 5-60년대 그리고 지금까지도 "누가 중국을 잃었나(Who lost China?)"라는 프레임이 가지는 정치적 중요성을 잘 인식하고 있다. 세계적 경제강국이자 민주국가로 발돋움한 한국을 전략적 경쟁국에 잃어도 무방하다고 생각하는 미국 지도자가 있을까? 사드로 인한 동맹방기에 대한 한국의 우려는 기우에 가깝다.

4.2. 비용

사드에 기인하는 동맹방기의 현실성이 없다면 기우에 의한 한국의 결정은 어떤 국제정치·경제적 비용을 동반하게 될 것인가? 우선 중국의 반대에 따른 비용이 있다. 중국은 사드 배치와 관련 한국이 "상호신뢰를 훼손하고 있다"며 "충돌이 발발하면 한국이 가장 먼저 타격을 입게 되어 그 대가는 전체 한국 국민이 질 수밖에 없다"[14]고 협박까지 하고 있다. 몇 가지 이유가 있겠지만, 핵심은 중국의 국가 안보전략과 관련이 있다. 미국은 9.11 이후 군사전략의 초점을 테러와의 전쟁 특히 지역적으로는 중동에 맞춰왔다. 그러나 중국의 부상이 동아시아에서 미국의 세력권에 영향을 미치자 중국 팽창에 제동을 걸어야 할 필요성을 느끼게 되었다. 미국은 2010년부터 이른바 재균형(rebalancing, 또는 아시아회귀 Pivot to Asia) 정책을 채택하고 '공해전투(AirSea Battle)' 개념에 입각하여 미국 및 동맹국들의 해공군력을 결합하고 동아시아에 집중 강화하였다. 중국은 이에 대해 '반접근(Anti-Access)·지역거부(Area-Denial)' 전략으로 대응하고 있다. 특히 미국의 공해전투 개념의 핵심역량인 항공모함을 거부하기 위해 중거리 지대함 탄도미사일(ABSM)인 "항공모함 킬러' 둥평21-D와 같은 탄도미사일의 확보와 성능 개선에 전력을 기울이고 있다.

구체적으로, 중국은 장백산 인근(백두산의 이면)의 지린(吉林)성 통화(通化), 그리고 산둥(山東)성, 랴오닝(遼寧)성에 둥평(東風·DF) 계열 미사일 600여 기를 배치해 놓고 있다. 특히 통화 시 인근의 제406여단(선양의 제2포병군단 소속)은 상당수의 둥평-21D를 보유하고 있다. 유사시 미국의 타이완 개입을 저지하기 위한 것이다. 전문가들은 중국 동쪽 해안의 미사일 기지들은 미국의 위성에 노출돼 있지만, 이 기지는 백두산에 엄폐돼 발사 시 원점을 파악하지 못하면 현재의 무기로는 막을 수 없다고 지적하고 있다. 중국으로서는 한국에 AN/TPY-2 레이더가 배치되면 TBR 모드라 하더라도 자신의 탄도미사일의 위치가 노출되기 쉽고, 유사시 선제타격되면 대미 '반접근·지역거부' 전략이 무력화된다고 보고 있다(중국은 AN/TPY-2의 하드웨어는 동일하므로 FBR과 TBR의 구분은 의미가 없다고 간주한다).[15] 그렇게 되면 미국은 항공모함 등을 동원하여 타이완 해협이나 중국 본토에 쉽게 접근할 수 있게 된다는 것이다. 이것이 "자신의 전략이익을 크게 해친다"는 중국의 우려의 핵심이다.

『인민일보』가 "한국이 사드 배치에 동의한 것은 자발적으로 미국의 '앞잡이'를 자처한 것"[16]이라 비판한 것을 보면 한미(일)동맹관계 강화에 대한 불안으로 읽힐 수도 있다. 중국은 오랫동안 미국의 대중국포위망 구축에 대해 예민하게 반응해왔다. 중국은, 한국의 부인에도 불구하고, 사드 배치를 고리로 한미일 간 '아시아MD협력체계'가 구축되어 자신이 포위되고 있다고 인식하고 있는 듯 하다.

중국의 관점에서 보면 한국은 일단 미국과 중국 중 미국의 편을 들어 자신의 안보를 취약하게 만들고 있다. 한국과 미국이 사드는 대중국용이 아니라 주장해도 중국의 전략계산은 확고한 것으로 보이며, 따라서, 한국이 이에 따른 비용을 지불하는 결과는 불가피할 것으로 보인다.

1) 피부에 와닿는 결과는 경제적인 것이다. 중국의 경제적 보복

의 양과 지속성 여부는 속단하긴 어렵지만, 현재 중국의 태도로 봐서 한중관계 전반에서 광범위하게 상당 기간 동안 이뤄질 공산이 크다. 중국은 WTO 가입국이기 때문에 자유무역주의 원칙과 룰을 벗어날 수는 없다. 그리고 중국도 중간재를 한국으로부터 수입하고 있기 때문에 피해가 한국에 일방적이지는 않을 것이다. 그러나 문제는 결국 한국과 중국 모두 'lose-lose'의 피해를 보게 될 것이라는 점이다. 아마도 경제규모가 작은 쪽이 더 큰 피해를 입을 것이다. 한중관계가 경색되고, 둘 다 'lose-lose'하게 되면 이익을 보는 쪽은 한국과 경쟁관계에 있는 국가가 될 것이다. 중국의 보복은 치졸하다는 비판이 제기될 수 있다. 그러나 국제정치에서는 도덕이나 훈계가 아닌 힘이 현실이다. 한국으로서는 "힘으로 정의(定義)되는 국가이익"을 이해할 수 있는 타산적 분별력(打算的 分別力, prudence)이 필요하다.

2) 한미동맹은 강화되고 한중관계는 경색되면 갈등국면의 미중관계 하에서 한국의 전략적 운신의 폭은 좁아지게 된다. 운신의 폭이란 결국 국가이익 추구의 범위를 의미한다. 한국의 핵심적 국가이익은 전쟁방지 또는 한반도의 평화와 안정, 그리고 평화통일과 경제적 번영을 포함한다. 이 목표를 달성하기 위해서는 한국의 외교안보적 운신의 폭을 넓게 유지해야 한다. 문제는 '누구 편을 드는 것이 이익이냐'라는 냉전적 패러다임에서 '어떻게 하면 한국의 국가이익을 극대화할 수 있나'라는 탈냉전적 보편적 국제정치 패러다임으로 인식의 전환을 꾀해야 한다는 것이다. 결코 중국을 적으로 만들어서는 안된다. 한국이 주체성과 예술적 외교술을 겸비한다면 미중관계

의 포로가 아니라 용미(用美)하면서 동시에 용중(用中)할 기회를 만들 수 있다.

3) 북중러 관계가 강화되어 국제공조에 의한 북핵·미사일 위협 해소가 어려워진다. 북한은 2016년 8월 3일 노동미사일로 추정되는 탄도미사일 실험발사를 실시했다. 미사일의 일부는 일본의 배타적 경제 수역(EEZ) 내에 낙하했다. 한미일의 요청에 따라 UN 안보리가 소집되었지만 회의 후 15개 이사국은 합치된 성명을 채택, 발표하지 않았다. 안보리는 과거 북한의 미사일 발사 때마다 언론성명을 채택하는 등 신속히 대처했으나, 이번에는 공식 대응을 하지 않았던 것이다. 중국과 러시아의 영향력이 행사된 것으로 판단된다. 이렇게 되면 한국의 대북정책 및 국가안보정책의 핵심 목표인 북핵·미사일 위협 해소는 현실성을 잃게 된다. 한국의 입장에서 사드는 북핵·미사일 위협에 대응한 조치였으나, 결국 북핵·미사일의 위협을 증가시킨 결과를 야기한 셈이 된다. 북핵 대신 사드가 부각되고 있다.

4) 동북아군비경쟁이 격화될 수 있으며 궁극적으로 한국은 희생양이 될 것이다. 한미의 사드 배치 결정은 북한의 미사일 실험발사로 이어졌고, 이것이 일본 EEZ 내 낙하하여 그렇지 않아도 군사대국을 열망하는 아베 정권에게 헌법개정 및 군비증강의 호기를 제공하고 있다. 일본의 군사대국화 및 (전쟁을 할 수 있는) "보통국가화"는 중국, 북한, 러시아를 자극할 것이고, 한국에게도 잠재적 위협을 구성하는 요소가 될 것이다. 북중러일이 군비경쟁에 참여하면 한국으로서는 이를 관망만 할 수는 없다. 결국 군비경쟁은 전쟁 가능성

을 높이고, 예산 및 자원 분배를 왜곡하며, 국내정치의 불안정을 초래할 수 있다. 군비경쟁은 전략적 불신에 기인한다. 불신의 책임 소재를 가리는 것은 국내정치적 이익과 관련이 있을 수는 있으나, 국제정치에서는 큰 의미가 없다. 모두 책임의 소재를 상대에게 물을 것이고, 이를 판단하는 세계적 공권력은 존재하지 않기 때문이다. 따라서 불신이 존재함을 인식/인정하고, 이것이 군비경쟁과 전쟁으로 비화하는 것을 방지하는 노력이 필요할 뿐이다. 그렇게 되지 않을 시 한국은 돈은 돈대로 쓰고 더 큰 위협에 더 노출될 수 있다.

5) 북한의 핵무기 보유를 기정사실화할 위험성이 있다. 한국과 미국 등 서방세계는 북한의 수차례의 핵실험에도 불구하고 핵무기 보유를 인정하지 않고 있다. 그러나 사드 배치의 논리가 '북핵·미사일에 대한 대처수단'이라고 공언되었고, 또 한국의 대통령이 "사드 외에 대안이 없다"고 했을 때, 이에 대한 해석은 다양할 수 있다. 그 중 하나가 북한은 핵미사일을 보유하고 있고, 이를 제거할 수 있는 방법이 없기 때문에 불가피하게 사드를 배치한다는 것이다. 북한이 사실상 핵보유국이 되는 순간 한국의 안보뿐 아니라 핵확산금지조약(NPT) 등 세계의 안보제도는 중대한 위협에 직면하게 된다.

전기한 바와 같이, 한국과 미국은 "북한의 핵·미사일 위협에 대응하기 위해 사드 배치를 한미 동맹 차원에서 결정했다"고 했지만, 사드 배치 결정의 기초가 된 '전면전(全面戰)의 가정(假定)'은 높은 현실성을 가진다고 보기 어렵다. 우발적 전면전의 경우에도 사드를 효율적 방어수단이라 평가하기 어렵다. 오히려 사드 배치는 다양한 수준에서의 국제정치경제적 비용을 동반하였다. 따라서 박근혜가 상정한 목표를 달성하기 위한 수단으로서의 사드 배치라는 결정은 실책이거나 하책(下策)이었다. 그러나, 박근혜의 의도가 한미동맹의 군사적 강화였다면 그의 결정은 성공적이라 하겠다. 그가 중국의 아픈 곳을 찌르기 위해 사드 배치를 결정했다면 그는 그곳을 찔렀다. 그러나 박근혜의 사드 배치 결정이 한반도의 평화와 안정, 대북억지 및 경제적 이익, 통일환경 조성 등의 국가적 이익 제고 차원에서 합리적이었는지 묻는다면 논쟁의 여지는 있지만, 전반적으로는 부정적이라는 판단이 불가피해 보인다.

5. 사드 배치에 대한 대안적 접근

필자는 당시 여건 하에서 한국의 국가이익을 극대화할 수 있는 대안으로서 정치, 경제, 외교, 군사 전략적 이익을 단기/중장기적 관점에서 포괄하여 조절/통합한 이른바 전략적-실용주의 접근을 제시하였다. 그 내용은 아래와 같이 요약될 수 있다:

한국은 주권국이다. 제3국이 반대해도 필요하다면 당연히 군사주권을 행사해야 한다. 그러나 그러한 한국의 주권적 안보조치가 오히려 자신의 안보를 감소시킨다면 국가이익을 위하여 재검토할 필요가 있다. 위에서 본 바와 같이, 북한의 핵·미사일 위협에 대응하기 위한 수단으로서 사드 배치는 실효와 비용 면에서 합리성을 결여하고 있다. 한국의 안보를 오히려 감소시킬 수도 있다는 것이다.

따라서 대안을 모색해야 한다. 필자의 대안은 생각하는 방식의 전환에서 시작한다. 즉 한국의 '군사적 안보 패러다임'을 전환할 필요성을 강조한다. 군사 문제를 군사적 관점에서만 보는 것은 결과적으로 'lose-lose' 또는 '피로스의 승리(Pyrrhic victory)'를 야기할 수 있을 뿐만 아니라, 효과적 대안에 대한 모색(search) 자체를 위축시키는 위험성을 내포하고 있다.

21세기의 세계는 안보를 단순히 군사적인 관점에서만 파악하지 않는다. "포괄적 안보"의 접근이 안보를 중층적이고 합리적으로 보장할 수 있기 때문이다. 예를 들어, 유럽안보협력기구(OSCE, Organization for Security and Cooperation in Europe)는 진정한 안보를 달성하기 위해서는 정치·군사 범주(politico-military dimension), 경제 및 환경 범주(economic and environmental dimension), 인간 범주(human dimension)가 불가분의 관계에 있다는 포괄적인 안보(comprehensive security) 개념의 접근법을 채택하고 있다.

이와 같은 안보개념의 혁신은 (잠재적) 적국에 대한 역사, 문화, 외교관계, 그리고 가치관 등이 어떻게 전략적 계산에 개입하는지 여부의 중요성을 강조한다. 북한의 핵·미사일은 한국의 안보를 군사적뿐 아니라 특히 정치 심리적으로 위협한다. 한국은 우적이라는 양분법적 논리를 지양하고, 정치, 외교, 경제, 문화 전략이 군사와 함께 체계적으로 결합될 때, 그리고 의사결정과정이 명령수행에 익숙한 조직문화의 제약을 극복하고 다양한 관점이 광범위하게 수렴될 때, 비로소 입체적인 최적의 해결책이 도출될 수 있다는 점을 인식해야 한다. 일전에 박근혜 정부의 외교장관은 "고난도 외교 사안의 고차방정식을 1·2차원적으로 단순하게 바라보는 태도"를 비판하며, 한국은 "중국과 미국으로부터 '러브콜'을 받고 있으며, 이는 한국의 고난도 외교력이 발휘한 대표적 사례"라고 제시한 바 있다.[17] 현 시점에서 볼 때 매우 아이러니한 감이 있지만, 그가 제시한 패러다임적 방향은 옳다. 이러한 관점에서, 필자가 아래에서 제시하는 대안은 다차원의 요인들을 결합한 하나의 '패키지'이다:

1) 중국 러시아는 한미일 등과 함께 북한에 대한 UN 안보리의 제재를 유지한다. 동시에, 한국과 미국은 북한이 핵·미사일 개발 및 실험을 중단하도록 중국이 영향력을 더욱 강력하게 행사하도록 요구한다.

2) 한국과 미국은 사드의 한국 배치를 조건부로 연기한다.

3) 중국은 한국에 대해 '적극적 안보 보장(positive security assurance)'을 공식적으로 제공한다.

중국은 NPT상 핵보유국으로서 다른 핵보유국과 마찬가지로 '소극적 안보 보장(negative security assurance)'을 약속하고 있다. 즉 자신은 핵보유국으로서 비핵보유국에 대해 핵무기로 위협하거나 공격하지 않을 것임을 선언한 것이다. 미국도 1994년 북미기본합의문 III조 1항에서 북한에 대해 '소극적 안보 보장'을 제공할 것임을 천명한 적이 있다. '적극적 안보 보장'은 비핵보유국이 핵무기 공격을 당했을 때 안보 보장을 약속한 해당국이 공격국에 대해 핵무기로 응징하겠다는 약속을 말한다. 미국이 한국에 제공하는 '확대핵억지' 또는 '핵우산'이 한 예이다.

한국은 사드 배치 연기를 조건으로 "중국은 한국이 핵무기에 의한 공격을 받을 시 필요한 지원을 제공한다. 중국은 핵무기로 한국을 공격하는 국가에 대해 강력하게 응징한다"는 약속을 요구한다. 이는 북한에 대한 중국의 영향력 유무와는 별도로 중국이 독자적으로 행할 수 있는 대북억지 조치이므로, 한국 안보에 대한 중국의 진정성을 시험할 수 있는 수단이 될 뿐 아니라, 북중관계를 한국의 입장에서 합리적으로 조정하는 결과를 산출할 것이다. 이 조치는 중대한 전략적 선언이기는 하지만 단순한 약속이기 때문에 북한이 제재 등에 의해 붕괴될 수 있다는 중국의 안보 우려를 고려하는 한편, 한국 등이 가지는 북한으로부터의 위협 인식을 완화하는 효과를 내게 될 것이다. 사실 중국은 1995년 4월 5일 NPT 회원국들에 '적극적 안보 보장'을 약속한 바 있다. 따라서 한국도 이 약속의 대상이 된다. 그러나 '한국을 특정한' 중국의 약속은 상기한 효과를 내는 데 더 큰 의미를 가지게 될 것이다.

중국이 북한에 대해 '핵우산'을 제공하는 방안이 있을 수 있다. 그러나 이러한 조치가 핵·미사일 관련 북한의 호응을 이끌어낼 수 있을지는 의문의 여지가 있다. 무엇보다 북한의 관점에서 미국이 자신을 공격할 때 중국이 미국과의 핵전쟁을 불사할지 확신할 수 없을 것이다. 북한은 이라크, 리비아의 경우를 목격하였다. 북한이 자신의 "실존적 위협"의 원천이라고 느끼는 미국과의 담판 및 이행 없이, 중국의 선언만을 담보로 자신의 '생명줄'인 핵을 포기하는 안보 정책의 대전환을 시도할 개연성은 높지 않다고 판단된다. 한국의 입장에서는 이 조치가 북한의 핵·미사일 위협을 완화할 수 있다면 긍정적으로 받아들일 수 있겠지만, 다른 한편으로는, 북중관계를 군사동맹 수준으로 회복/강화시켜주는 등 부작용이 우려될 수도 있다. 다시 말해, 이 조치는 중국의 대한국 '적극적 안보 보장' 조치와 비교하여 '동맹정치'의 차원에서 한국에 상대적 불이익을 가져다 준다는 점이 고려되어야 할 것이다.

중국의 대한국 '적극적 안보 보장' 제공은 한미 간 동맹의 문제를 부각시킬 개연성이 있다. 한국은 미국의 동맹국이다. 그런데 중국이 한국의 안보를 일부 보장한다는 선언은 특히 현 단계 미중관계를 고려할 때 '동맹중첩의 딜레마'를 야기할 수 있다는 뜻이다. 경우에 따라서는 한국의 국내정치가 소란해질 수도 있다. 그러나 동맹은 그 자체가 목적이 아닌 한국의 안보를 보장하기 위한 수단이다. 중국의 약속 정도를 동맹중첩이나 충돌로 간주하는 것은 한국의 안보를 오히려 감소시키는 양분법적 냉전논리라 하지 않을 수 없다. 한미상호방위조약과 그에 따른 수만의 주한미군의 주둔은 양국 간 동맹관계를 압축적으로 상징하는 군사적 실체이다. 다시 강조하지만, '어느 편에 서는 것이 이익인가'가 아닌 '어떻게 하는 것이 한국의 국가이익을 극대화하는 것인가'가 한국의 외교안보정책의 지도관념이 되어야 한다.

4) 북한이 핵·미사일 개발 및 실험에 대한 모라토리움을 선언하면 북한과 미국은 한반도 비핵화와 양국 간 관계정상화를 목표로 대화·협상을 재개한다.

'북한이 핵무기를 포기하는 대가로 북한의 안전을 보장하고 에너지를 지원한다'는 것을 주요 내용으로 하는 '9.19공동성명(2005)' 및 '9.19공동성명'의 실행을 위한 이행계획으로서의 '2.29합의 (2007)'를 바탕으로, 합의가 무력화된 시점부터 발생한 사안들에게 대해 실익의 관점에서 협상하며 내실을 기하는 것이 합리적이다. 미 사일 문제와 관련한 협상은 북한의 "있는 그대로(as it is, not as we wish it to be.)"를 인정하고, "북한이 미국으로부터 위협을 느낀다" 는 인식을 인정하는 "상호위협감축(mutually reducing threat)"의 개 념을 수용한 이른바 '페리 프로세스'의 정신에 입각하는 것이 생산 적일 것이다. 북미관계정상화는 북한을 인정한다는 의미로 해석되 어 한미 양국의 대북전략에서 제외되어 왔다. 그러나 북한의 핵·미 사일 위협을 완화/해소할 수 있다면 이 카드는 적극적으로 고려되 어야 한다. 과거 냉전기 동독에서 "오늘 재즈를 즐기는 자는 내일 조 국을 배신할 것이다"라는 말이 돌았었다. 재즈는 미국과 자유를 상 징한다. 북미관계정상화는 북한의 핵·미사일 위협뿐 아니라 억압적 체제 및 인권유린 등 북한 문제의 뿌리를 건드리는 근본적인 힘이 될 수 있다는 '긍정적 부수효과'도 진지하게 고려할 가치가 있다.

5) 한국과 북한은 개성공단 등 교류협력 재개를 위해 대화·협상 을 재개한다.

5.24조치 관련해서는, 미중관계정상화 과정에서 사용되었던, 즉 서로에게 해석상의 자율권을 부여하는 '전략적 모호성의 전략'을 활용할 필요가 있다. 이는 북한을 '무죄방면'한다는 의미가 아니라, 더 큰 한국의 안보 및 경제 이익을 위해 잠정적으로 우회한다는 현

실주의적 취지이다. 미국은 타이완해협의 안정을 자신의 국익으로 간주하고 1970년대부터 '전략적 모호성의 전략'을 구사해오고 있다. 즉 미국은 타이완해협 문제와 관련하여 "어떠한 경우에 개입할지"에 대해 구체적 입장을 밝히길 거부함으로써, 다시 말해, 중국과 타이완이 '미국의 의도를 알지 못하게 함으로써' 양측이 모두 도발적 행동을 삼가하도록 유인한다는 것이다. 벤슨(Brett V. Benson)과 니유(Emerson M. S. Niou)는 미국이 '전략적 모호성의 전략'으로 타이완해협의 현상을 유지하면서 중국, 타이완 모두에게서 이익을 취할 수 있다는 사실을 게임이론으로 확인한 바 있다.[18]

6) 한국은 "한국전쟁"을 공식 종료하기 위한 평화협정 체결을 목표로 남북미중 4국이 참여하는 다자간 대화·협상을 제의한다.

한반도 비핵화의 로드맵이 다시 구체화되면 북미관계정상화 논의와 함께 한반도 평화체제 구축을 위한 협상은 불가피하다. 한반도 비핵화를 목표로 하는 6자회담의 참가국들은 이미 2005년 9월 19일과 2007년 1월 23일 "동북아시아의 항구적인 평화와 안정을 위해 공동 노력할 것을 공약하면서 직접 관련 당사국들은 적절한 별도 포럼에서 한반도의 영구적 평화체제에 관한 협상을 가질 것"이라는 데 각각 합의한 바 있다. 1996년 김영삼-클린턴 대통령이 주도하여 시작한 '4자회담'의 접근법은 2007년 10.4 남북공동선언에서도 언급되었다. 남과 북은 '무력 불사용,' '불가침,' '분쟁의 평화적 해결' 등을 약속하고, '불가침의 경계선'을 정전협정에 규정된 군사분계선으로 하기로 한 1991년의 남북기본합의서를 기본으로 해서 정전협정 폐기 및 교체에 따르는 구체적 대안을 담은 평화협정을 지향하는 것이 생산적일 것이다.

필자는 위와 같이 전략적-실용주의에 입각하여 '사드 배치'결정에 대한 대안적 접근법을 제시하였다. 이러한 접근법은 한국의 친미반공보수세력에게 우려를 자아낼 수 있다. 그들의 우려는 한국과 한반도의 불행했던 역사를 고려하면 이해될 수 있는 부분이 있다. 특히 한국의 정치문화에 뿌리깊게 자리잡은 재조지은이나 사대주의는 건전한 한국의 국가이익 추구가 불온하고 위험한 반미주의로 보이게 할 수 있는 핵심적 외교안보 관념이다. 그러나 반미주의는 무엇인가? 미국적 가치나 미국의 존재에 대한 부정적 시각일 것이다. 국가에 대한 반대인 것이다. 그러나 미국에 대한 반대는 미국의 특정 정권의 특정 정책에 대한 반대와는 구별되어야 한다. 친미였으나 미국의 정책에는 반대한 친미반공주의자의 전형적인 예는 영국 총리 윈스턴 처칠이다. 그는 미국의 베트남 파병 요구를 거절했지만 오히려 역사상 가장 친미적인 영국 수상으로 기억되고 있다. 이러한 맥락에서 박근혜는, 1954년 처칠처럼, 그리고 1972년의 닉슨처럼 친미반공주의자로서 획기적인 문제해결능력을 보여줄 수 있었다. 닉슨이 그러했듯, 오로지 그만이 그렇게 할 수 있었다. 그러나 그는 그 길을 택하지 않았다.

조선이 한국에게 보내는 편지

한국의 외교주의는 한국의 역사적, 국제정치적 경험으로부터 형성된 국가적 관념이고 담론이다. 세계 열강에 둘러싸인 분단국가인 한국 특유의 지정학과 '탈−탈냉전기'의 역동적인 전략적 경쟁 구도는 오늘날에도 한국의 외교주의의 실존적 의미와 정치적, 경제적, 군사적 중요성을 다각적으로 부각시키고 있다. 한국의 외교주의가 21세기에도 타당성과 현실성을 가지려면 외교주체들이 한국의 내외적 조건의 변화를 정확히 인식/이해해야 한다. 한국에게 국제정치란 무엇인가? 그것이 제약이자 기회라면 한국은 전자를 줄이고 후자를 넓히기 위해 무엇을 해야 하는가? 국제정치가 한국에 대해 가지는 의미나 영향력은 어떻게 변동해왔나? 변동의 주체는 누구였고, 변화의 과정에서 한국의 역할은 어떠했으며, 왜 그럴 수밖에 없었나? 한국의 국가적 목적(purpose)은 무엇인가? 이익인가, 가치인가? 그리고 그 목적을 달성하기 위해 필요한 책략은 어떤 것인가? 거기에는 시공을 초월한 보편적 요소가 있는 것인가, 아니면 끊임없이 시대적 조건에 맞춰가는 변통의 연속인가? 아니면 양분법에서 벗어난 실리적이면서도 전략적인 대안은 가능한 것인가? 이러한 질문을 던져야 하는 이유가 한국이 국제정치적 공백에서 살지 않기 때문이라면 한국이라는 주체 자신을 이해하기 위해서는 어떤 질문을 던져야 할까. 과연 현재적 한국인은 무엇인가? 조선인과는 얼마나 같고 얼마나 다른가? 그런 의미에서 한국인의 가치관과 외교안보관은 연속적일까, 불연속적일까? 외교주체들의 세계관을 지배하고 있는 관념은 무엇이고 그것은 어디에서 왔는가? 그것이 형성되고 힘을 갖게 된 맥락은 시대적 권력관계와 얼마나 관련성이 있는가? 그리고 우리는 그것에 대해 얼마나 직접적으로 알 수 있는가?

이러한 질문들에 답하기 위해서는 경험, 특히 한국과 한국인들의 역사적 경험에서 도출되는 현장감 있는 지식과 지혜가 우선적으로 필요하다. 사실 조선은 한국에게 매일매일 편지를 보내고 있다. 현재적, 미래적 맥락에서 이해하고 해석해야 하겠지만 조선이 보내는 때로는 애달프고 때로는 기대감에 설레는 편지들의 수취인은 "우리"로 되어 있고, 그 우리에는 문재인과 박근혜와 이명박과 노무현도 포함되어 있다. 광해군, 최명길, 김상헌, 고종, 대원군, 이만손, 김옥균이 보내는 편지에는 이상주의와 실용주의, 사대주의와 재조지은과 기미책, 춘추대의와 권도, 위정과 척사, 그리고 수구와 개화에 대한 간절하고 절박한 이야기로 가득 차 있다. 조선의 한 선각자적 지식인이 유배지에서 아들에게 보낸 편지는 사실은 우리에게 보내는 편지이다:

내가 여러 번 말했듯이 청족(淸族, 맑고 깨끗한 사대부 집안 사람)
은 굳이 독서를 하지 않아도 저절로 존경받을 수 있다. 그러나 폐족
은 교양이 없으면 더욱 볼꼴 사나울 것이다. 사람들이 천하게 대하
고 세상이 얕잡아 보는 것도 서러운데, 하물며 지금 너희는 스스로
를 하찮게 여기니 이 얼마나 비참한 일이냐? 요즘 일부 젊은이들은
원나라와 명나라 때의 경박한 사람들이 가난과 괴로움만 넋두리한
글을 가져다가, 그대로 모방해 시를 짓고는 이 시대의 뛰어난 글이
라고 자부하며 으스대더구나. 그러면서 남의 글이나 헐뜯고 고전적
인 글들을 깎아내리니, 한심하기 짝이 없다.

너희는 반드시 경학(經學)을 공부하여 기초를 확고히 다져야 한
다. 그런 뒤에 옛 역사책을 두루 읽어서 정치에서 잘한 점과 잘못한
점, 잘 다스려진 이유와 어지러웠던 이유 등을 알아야 한다. 더불어
실생활에 필요한 학문인 실학(實學)에 관심을 기울이고, 옛사람들이
나라를 다스리고 세상을 구했던 글들을 즐겨 읽어라. 가슴속에는 늘
백성들을 이롭게 하고 만물을 길러 내겠다는 뜻을 지닌 뒤라야만
비로소 참다운 독서를 한 군자라고 할 수 있다… 최근 수십 년 이래
괴상한 논의가 있더니, 우리 문학을 배척하고 있다. 우리나라 옛 문
헌이나 문집은 쳐다보지도 않으니 이야말로 큰일이다. 사대부의 자
제들이 우리나라 역사를 알지 못하고 선현의 문집을 읽지 않으면,
비록 그 학문이 높고 깊을지라도 그저 엉터리가 될 뿐이다.[1]

『조선이 한국에게 보내는 편지: 한반도의 국제정치』는 문제의식
의 관점에서 보면 필자가 2000년에 출간한 『한반도의 국제정치』의
후속편이자 업데이트이다. 그러나 이 책은 『한반도의 국제정치』에

비해 보다 역사적이고 철학적이며, 그러한 관점에서 한국의 토착적인 외교 관념이나 개념의 지속과 변화를 포착하며, 그 현재적, 미래적 영향력을 이해하고 처방을 내리는 학문적, 정책적 시도이다. 필자는 조선 외교사와 한반도의 국제정치로부터 도출한 '주체–구조 간 상호적 역동성'을 강조하는 외교적 인식의 틀에 기초하여 "전략적–실용주의(strategic pragmatism)"라는 정책적 지침을 제시하였다. 이는 국제정치가 한반도에 대해 행사하는 구조적 영향력과 한국이라는 외교주체의 가치관의 지속과 변화를 상호적·역동적인 관점에서 분석한다. 그럼으로써 한국외교의 현주소에 대한 현장감 있는 이해를 도모하고, 그에 기초하여 정책적인 면에서는 양분법적인 이상주의에서 벗어나 구체적인 시공간적 요소를 중시하는 가운데 실용주의적 성과들의 축적이 가지는 전략적 함의에 주목한다. 국제정치도 한국도 변화하고 있다. 조건의 변화에 따라 상대적 무게(relative weight)를 달리하면서, 그리고 역동적인 상호작용을 통해 서로를 자극하고 추동하며 때로는 신속히 때로는 더디게 움직이고 있다. 따라서 '움직이는 세계'를 응시하고 있는 '움직이는 한국'은 아마도 '가보지 않은 길'에 들어서게 될 것이다. 그럴수록 한국의 외교는 '시간의 심판'을 견뎌내어 미래를 향해 빛을 비추는 온고지신(溫故而知新)의 역사의식과 사리분별력(prudence)과 심모원려(深謀遠慮)를 동시에 갖춘 '전략적–실용주의'의 정책적 손전등(flashlight)을 필요로 하게 될 것이다.

한국의 외교주의

1 "TR to Hermann Speck von Sternberg," August 28, 1900, in John M. Blum, John J. Buckley and Elting E. Morison eds., *The Letters of Theodore Roosevelt, Vol. 8*, Harvard University Press, 1951, p. 1394.

2 필자에게 해준 이 말은 그의 자서전에 조리 있게 정리되어 있다. 김대중, 『김대중 자서전 2』, 2010, 삼인, pp. 595-596.

3 Scott A. Snyder, *South Korea at the Crossroads: Autonomy and Alliance in an Era of Rival Powers*, A Council on Foreign Relations Book Series, University Press, 2018.

4 Wendy R. Sherman, "Talking to the North Koreans," *The New York Times*, March 7.

5 맥락을 이해하려면 아래를 참조. "7000만 국내외 동포 여러분, 저는 역사와 민족이 저에게 맡겨준 책무를 다하여 민족의 화해와 통일에 전심전력을 다하겠습니다. 그러나 이 시점에서 우리에게 필요한 것은 감상적인 통일지상주의가 아닙니다. 통일에 대한 국민적 합의입니다. 김일성 주석에게 말합니다. 우리는 진심으로 서로 협력할 자세를 갖추지 않으면 안 됩니다. 세계는 대결이 아니라 평화와 협력의 시대로 나아가고 있습니다. 다른 민족과 국가 사이에도 다양한 협력이 이루어지고 있습니다. 그러나 어느 동맹국도 민족보다 더 나을 수 없습니다. 어떤 이념이나 어떤 사상도 민족보다 더 큰 행복을 가져다주지 못합니다. 김 주석이 참으로 민족을 더 중요하게 생각한다면, 그리고 남북한 동포의 진정한 화해와 통일을 원한다면, 이를 논의하기 위하여 우리는 언제 어디서라도 만날 수 있습니다. 따뜻한 봄날 한라산 기슭에서도 좋고, 여름날 백두산 천지 못가에서도 좋습니다. 거기서 가슴을 터놓고 민족의 장래를 의논해봅시다. 그때 우리는 같은 민족이라는 원점에 서서 모든 문제를 풀어갈 수 있을 것입니다."

6 이는 앞서 에토 다카미 일본 총무청 장관이 "한·일 합방으로 일본이 좋은 일도 했다"는 망언을 한 후에 나온 발언이었다. 노사카 고켄 관방장관은 김영삼 대통령 발언 후 "(버르장머리란 말은) 거의 공식으로 사용되지 않는 용어로 알고 있다"며 "보다 절도 있는 발언을 해주기 바란다"고 항의했다.

외교주의의 성과의 누적과 한국인들의 삶

1 김진명, "中 사드 보복으로 한국 13조5000억원 피해," 『가드너』, 2017년 10월 27일.

2 이대희, 中 사드 보복 피해 규모 최대 17조 원 전망, IBK경제연구소 "한국 피해, 일본보다 훨씬 심각," IBK, 2017년 3월.

3 Phil Stewart and Idrees Ali., "Exclusive: Inside Trump's standoff with South Korea over defense costs," *Reuters*, April 11, 2020. https://www.reuters.com/article/us-usa-southkorea-trump-defense-exclusiv-idUSKCN21S1W7

4 Yonhap News Agency, "Trump wants to pull out troops from S. Korea, Japan, other allies: ex-U.S. envoy to Germany," June 12, 2020. https://en.yna.co.kr/view/AEN20200612006751325; Kim Gamel and Yoo Kyong Chang, "US, S. Korean military cost-sharing dispute raises fears of troop withdrawal," *Stars and Stripes*, January 17, 2019. https://www.stripes.com/news/us-s-korean-military-cost-sharing-dispute-raises-fears-of-troop-withdrawal-1.564818

'한반도의 국제정치'라는 접근법: 국제체제중심 대 주체중심의 관점

1 리처드 탈러, 캐스 R. 선스타인, 안진환 역, 최정규 감수, 『넛지』, 리더스북, 2018.

2 Kun Young Park, "A Strategic-Pragmatic Approach to North Korea: Policy Recommendations for Resolution of North Korean Nuclear Disputes", a survey paper, The Brookings Institution, January, 2004; Kun Young Park, "Sino-American Relations and the Unification of the Korean Peninsula", *Korea Journal*, Vol. 51 No. 2, 2011.

3 https://news.kbs.co.kr/news/view.do?ncd=3799866

4 Kim Dae Jung, "I agonize for North Koreans," *TIME*, September 13, 1999.

5 https://stat.kita.net/stat/world/major/KoreaStats06.screen.

6 Dingli Shen, "The Sino-US Relations and Alliance Structures in Northeast Asia," in Taik-young Hamm and Kun Young Park (eds.), *Sino-US Relations and the Korean Peninsula* (The Korean Association of International Studies), 2009.

7 John Pomfret, "Why China won't act against a nuclear North Korea," *The Washington Post*, March 23, 2013.

8 William Gallo, "In South Korea, a Small But Notable Backlash Against Trump," August 20, 2019. https://www.voanews.com/east-asia-pacific/south-korea-small-notable-backlash-against-trump

9 "S. Korea tipped to rank 9th in 2020 global GDP rankings," *Yonhap News*, August 10, 2020.

10 Brad Lendon and Yoonjung Seo, "South Korea rolls out the KF-21, joining elite

group of global supersonic fighter jet makers," April 9, 2021. https://edition.cnn.com/2021/04/09/asia/south-korea-kf-21-fifth-generation-fighter-jet-intl-hnk/index.html

11 과기정통부, 『2020년 기술수준평가』, 2020. https://www.msit.go.kr/bbs/view.do?sCode=user&mId=113&mPid=112&bbsSeqNo=94&nttSeqNo=3180021

12 "한국 '글로벌 No.1' 품목 7개…일본과 공동 3위 됐다," 『한국경제신문』, 2020년 8월 13일.

13 Economist Intelligence Unit, "Democracy Index 2020: In sickness and in health?" https://www.eiu.com/n/campaigns/democracy-index-2020/#:~:text=Democracy%20Index%202020%3A%20In%20sickness,lives%20from%20a%20novel%20coronavirus.

14 2023년 2월 7일 서울중앙지법의 박진수 판사는 한국 정부는 베트남과 한국, 미국 간의 약정서 등에 따라 베트남인이 한국 법원에 소를 제기할 수 없다고 주장했지만, "군사 당국 및 기관 간의 약정서는 합의에 불과하기" 때문에 "베트남 국민 개인인 원고의 대한민국 정부에 대한 청구권을 막는 법적 효력을 갖는다고 보기는 어렵다"고 판시했다. 박판사는 베트남전 참전 군인, 당시 마을 민병대원 등의 증언과 여러 증거를 바탕으로 베트남인 응우옌 티탄이 대한민국을 상대로 낸 손해배상 청구 소송에서 원고 일부 승소로 판결했다. 1심 판결로 한국이 베트남에 대해 사과할 가능성은 높지 않은 것이 현실이다. 국가의 사과에는 복잡한 국내정치 문제가 개재되어 있기 때문이다.

15 Kun Young Park, "A Strategic-Pragmatic Approach to North Korea: Policy Recommendations for Resolution of North Korean Nuclear Disputes." a survey paper, *The Brookings Institution*, January 2004; Kun Young Park, "Addressing the North Korean Nuclear Threat: A Strategic-Pragmatic-Comprehensive Perspective and Its Policy Alternatives," *Journal of Global Area Studies*, 2012, pp. 30-32.

16 Hans Morgenthau, *Politics among Nations*, McGraw Hill, 1973, pp. 542-543.

17 박건영, "이명박 정부의 대미정책과 대안: 외교안보 문제를 중심으로," 『국가전략』, 14권 4호, 2008.

18 Ian Morris, *Why the West Rules–for Now: The Patterns of History, and What They Reveal about the Future*, Farrar, Straus and Giroux, 2010, p. 28.

조선의 외교

1 이춘식, "중화사상의 형성과 본질," 이춘식, 『중화사상의 이해』, 신서원, 2002.
2 동덕모, 『조선조의 국제관계』, 박영사, 1990, pp. 17-18.
3 이춘식(2002), pp. 137-138.
4 이춘식(2002), pp. 146-149.
5 박건영, 2020, "'중국특색적 자유주의국제질서' 하의 예외주의 정치문명의 충돌?," 『한

국과 국제정치』, 제36권, 제1호, 2020.

6   Wang Yuan-kang, "Managing Regional Hegemony in Historical Asia: The Case of Early Ming China," *The Chinese Journal of International Politics*, Vol. 5, 2012, p. 144. 모트와 트윗쳇에 따르면 정화의 원정의 목적 중 하나는 해외무역을 국가가 독점하는 것이었다. Frederick W. Mote and Denis Twitchett, *The Cambridge History of China Vol. 7: The Ming Dynasty 1368-1644*, Cambridge University Press, 1988, p. 270.

7   Chih-Jung Huang, *Territory, Sovereignty, and Empire/State in China Proper, Inner Asia, and Taiwan, 907-1949*, A dissertation submitted in partial fulfillment of the requirements for the degree of Doctor of Juridical Science (S.J.D.), School of Law, University of Virginia, 2019.

8   Wang Yuan-kang, "Managing Regional Hegemony in Historical Asia: The Case of Early Ming China," *The Chinese Journal of International Politics*, Vol. 5, 2012, p. 136.

9   Mote and Twitchett(1988), p. 396.

10   Michael Mastanduno, David A. Lake and G. John Ikenberry, "Toward a Realist Theory of State Action," *International Studies Quarterly*, Vol. 33, No. 4, 1989, pp. 463-465.

11   『황명조훈』은 홍무 6년(1373) 『조훈록』이란 이름으로 처음 작성해 반포됐다가 홍무 28년(1395) 『황명조훈』이란 이름으로 다시 반포됐는데, 모두 13장으로 이뤄져 있다.

12   동북의 조선 외에 정동의 일본과 정남 동쪽의 대/소유구(大小琉毬), 서남의 안남(安南, 베트남)과 진랍(眞臘, 캄보디아), 섬라(暹羅 태국), 고성(占城, 베트남 중부), 팽형(彭亨, 말레이시아의 일부)이 이들 열다섯 나라에 속한다.

13   이덕일, 『조선왕조실록 3: 세종 문종 단종』, 다산초당, 2019, p. 188.

14   이덕일(2019), p. 190.

15   태조실록 1권, 총서 84번째 기사, "태조가 조민수와 함께 위화도에서 회군하다," 국사편찬위원회, http://sillok.history.go.kr/id/kaa_000084

16   그때까지 일본의 대조선 외교통로였던 쓰시마는 조선을 자극하지 않으려고 '정명향도'를 '가도입명(假道入明)', 즉 길을 빌려주어 명으로 가게 해달라고 변조하여 조선에 전달했다. 민두기, 『일본의 역사』, 지식산업사, 1976, pp. 123-124.

17   도요토미 히데요시는 일본 통일 과정에서 몰락한 다이묘와 무사들의 불만을 해외로 돌리고, 이를 통해 국내정치의 안정을 공고히 하기 위해 명 정벌을 시도하였다. 그는 특히 대외무역의 이익을 알고 있던 다이묘들에게 무역권을 보장해줌으로써 그들의 지지를 확보하고자 했다. 민두기(1976), p. 124.

18   김당택, 『한국 대외교류의 역사』, 일조각, 2009, p. 150.

19   김당택(2009).

20   Robert Barnes, "Introduction," in Steven Casey ed., *The Korean War at Sixty*, Routledge, London, 2012, p. 5.

21   박건영, 『국제관계사』, 사회평론아카데미, 2021에 제시된 상세한 설명을 요약하여 재인

용하였다.

22 Ernest R. May, "Korea, 1950: History of Overpowering Calculation" in Ernest R. May, *Lessons of the Past: The Use and Misuse of History in American Foreign Policy*, Oxford University Press, 1973, pp. 52-86.

23 Harry S. Truman, *Memoirs: Years of Trial and Hope*, Vol. 2, Doubleday, 1956, pp. 332-33.

24 Patrick M. Morgan, "Realizing the Military and Political Dimensions of the ROK-US Alliance: The Possibilities," *International Journal of Korean Studies*, Vol. XI, No. II, 2007, p. 83.

25 팔머스턴은 1848년 3월 1일 하원에서 다음과 같이 말했다: "따라서 이 나라든 저 나라든 그 어떤 나라든 영국의 영원한 동맹이나 영원한 적이 될 수는 없습니다. 만일 국가 간 관계의 영원성을 믿는다면 그것은 안목이 좁은 정책을 산출할 수밖에 없습니다. 우리에게는 영원한 동맹도 영원한 적도 없습니다. 영국의 이익이 영원하고 영구적일 뿐입니다. 그러한 이익을 추구하는 것이 우리의 의무입니다(Therefore I say that it is a narrow policy to suppose that this country or that is to be marked out as the eternal ally or the perpetual enemy of England. We have no eternal allies, and we have no perpetual enemies. Our interests are eternal and perpetual, and those interests it is our duty to follow)." 팔머스턴이 이렇게 말한 때는 비엔나회의에 의해 오스트리아와 프로이센으로 분할된 폴란드의 귀족과 농민들이 점령국 프로이센에 대해 봉기에 나선 시점이었다. 팔머스턴은 세력균형 차원에서 폴란드를 지지하는 연설을 한 것이었다.

26 2005년 W. 부시 정부는 NPT 회원국이 아닌 인디아와 민간핵협력에 합의했고, 중국의 원자바오 총리는 중-인 국경분쟁지역의 일부를 인디아의 영토로 확정하는 지도를 싱 총리에게 전달한 바 있다. 2009년 러시아는 인디아에 대한 핵협력을 포함하는 일련의 군사기술협력협정을 2020년까지 연장하기로 합의하였다. Joint Statement Between President George W. Bush and Prime Minister Manmohan Singh, White House, July 18, 2005. "India's China Policy: Importance of a Strategic Framework," in "India Urged to Formulate 'Clear' China Policy to Achieve Strategic Objectives," New Delhi, *Bharat Rakshak Monitor*, FBIS SAP20050714000091, April 1, 2005.; "The New Chapter of Relationship," in "Editorial Lauds Growing India-China Friendship to Counter US Dominance in Asia," *New Delhi Rashtriya Sahara*, FBIS SAP20050413000025, April 13, 2005. Jon Grevatt, "Russia and India extend military accord to 2020," *Jane's Defence Weekly*, December 16, 2009.

27 여진어의 주션(Jusen)을 한자로 옮긴 것.

28 누르하치는 1625년 만주어로 묵던(Mukden), 한자로 성경(盛京)으로 불리는 심양(瀋陽)으로 천도했다.

29 이병도, "광해군의 대후금 정책," 『국사상의 제문제 1』, 1959, pp. 158-160.

30 조선군이 참전한 심하전투는 사르후 전투의 일부이며, 후금(후에 청나라) 역사에는 심하전역(深河戰域), 혹은 기미년 심하전역이라고 부른다.

31 한명기, 『광해군』, 역사비평사, 2000, pp. 211-212.

32 인조실록 33권, 인조 14년 11월 8일 무신 1번째기사 1636년 명 숭정(崇禎) 9년 부교리
윤집이 최명길의 죄를 논한 상소. 최명길, 신해진 역주, 『병자봉사』, 역락, 2012, p.131-
137.

33 최명길, 『지천선생유집(遲川先生遺集)』 권23.

34 영의정 최석정이 조부 최명길의 원통함을 해명하는 상소문, 숙종실록보궐정오, 1706년
3월 9일조 1번째 기사. 최명길(2012), p. 153.

35 이 대목은 1686년 최명길의 신도비명을 지은 남구만의 글에서 그가 한 말로 되어 있고,
1700년에 최명길의 신도비명을 역시 지은 박세당의 글에도 그대로 나타난다. 최명길
(2012), 머리말.

36 당시 조선에서는 천연두가 확산되고 있었다. 구범진, 『청나라, 키메라의 제국』, 민음사,
2012.

37 계승범, "광해군, 두 개의 상반된 평가," 『韓國史學史學報』, Vol. 32, 2015.

38 『인조실록』 16년 3월 11일.

39 춘추대의론(春秋大義論)은 쉽게 말하면 명분론(名分論)이다. 이는 공자가 쓴 것으로 알
려진 노나라의 연대기인 『춘추(春秋)』에서 나온 말로, 공자가 주나라를 존중해야 한다
고 한 존주론(尊周論)에 바탕을 두고 있다. 명분에서 명은 옳고 그름을 분별할 수 있는
능력이고, 분은 천하를 다스릴 수 있는 능력이다. 따라서 다스리는 방법은 분별(分)에
있고, 그 분별의 올바른 기준은 명목(名)에 있는 것이다. 『춘추』는 명분론을 역사 평가
에 관철한 것이다.

40 이이화, 『인물로 읽는 한국사 시리즈: 세상을 위한 학문을 하라』, 김영사, 2008.

41 원문은 第惟我國人心兵力, 無可爲之勢, 奈何奈何?啓辭中, 我國亦不可不綴彼云者, 似是羈
縻之意也。但上下相持, 至今不決, 使宗社將至危亡者, 誰執其咎乎? 大槪一邊羈縻, 一邊自
強, 誠是長算, 固不可廢一, 而顧此兩策, 皆無着實可行之事, 予切痛焉이다. 광해군일기[정
초본] 147권, 광해 11년 12월 22일 신미 3번째기사 1619년 명 만력(萬曆) 조선왕조실
록, 국사편찬위원회. http://sillok.history.go.kr/id/kob_11112022_003

42 김한규, 『漢代의 天下思想과 羈縻之義, 中國의 天下思想』, 民音社, 1988, pp. 86-99.

43 고윤수, "광해군대 조선의 랴오둥정책과 조선군 포로," 『東方學志』, 제123집, 2004.

44 한명기(2000), p. 187.

45 케네스 월츠, 박건영 옮김, 『국제정치이론』, 서울: 사회평론, 2000, p. 189.

46 월츠(2000), p. 197.

47 월츠(2000), pp. 196-198.

48 월츠(2000), p. 198에서 재인용.

49 Randall L. Schweller, "Bandwagoning for Profit: Bringing the Revisionist State
Back In," International Security, Vol. 19, No. 1, 1994, pp. 72-107.

50 Schweller(1994).

51 Paul Schroeder, "Historical Reality vs. Neo-realist Theory," International Security,
vol. 19, no. 1, Summer, 1994.

52 니콜로 마키아벨리, 강정인 옮김, 『군주론』, 까치, 2015.

53 Schweller(1994), p. 72.

54 Gerald M. Weinberg, *An Introduction to General Systems Thinking*, Hoboken, NJ: John Wiley & Sons, 1975, p. 150.

55 이른바 중화사상이나 화이관 또한 유사한 양분법적 정치외교이념이라 할 수 있다.

56 '9.11' 직후 조지 W. 부시 미국 대통령은 "테러와의 전쟁"에서 "우리 편이 아니면 우리의 적(You are either with us or against us)"이라고 선언했다. "You are either with us or against us," November 6, 2001, https://edition.cnn.com/2001/US/11/06/gen.attack.on.terror/

57 포괄적 합리성의 개념은, 공식적 관점에서 말하자면, 행위자의 효용함수에 모든 가능한 대안들이 일관성 있게 포함되어 있고 그는 그 중 가장 큰 효용을 주는 대안을 선택한다고 가정한다. 여기서는 상대적인 관점에서 가능한 한 많은 대안들이 고려의 대상이 되는 경우를 지칭한다.

58 희생이 아주 커서 패배나 다름없는 승리를 가리키는 말이다.

59 Leon Festinger, *A Theory of Cognitive Dissonance*, Stanford University Press, 1957.

60 Robert Jervis, "Hypotheses on Misperception," *World Politics* 20-3, 1968, pp. 454-479.

61 제1차 십자군(Crusaders)의 표어로 알려져 있다. 교황 우르바누스 2세(Urban II)는 "예루살렘에서 기독교인들이 이교도들에 의해 핍박을 받고 있다. 신이 우리에게 그곳으로 가라고 말씀하신다. 신은 그것을 원하신다."며 참여자들의 대속(代贖)을 약속하였다. Edward Peters, ed. *The First Crusade*, University of Pennsylvania Press, 1971, p. 16.

62 임마누엘 칸트, 백종현 옮김, 『영원한 평화』, 아카넷, 2013; Robert Jervis, "Hypotheses on Misperception," *World Politics* 20-3, 1968, pp. 454-79.

63 Thomas L. Friedman, "Who's Crazy Here?, *The New York Times*, May 15, 2001; 미국 등 서방 언론의 대북관에 대해서는 Daniel Byman and Jennifer Lind, "Pyongyang's Survival Strategy: Tools of Authoritarian Control in North Korea," *International Security*, Summer, 2010. 최근에는 영국 국방장관이 김정은을 "영국에 대한 가공할 위협을 제기하는 제정신이 아닌 자"라고 묘사하기도 했다. Steve Robson, "Kim Jong-Un is a 'madman' who poses a 'massive threat' to Britain, the new Defence Secretary has said," *The Mirror*, November 14, 2017.

64 Friedman(2001); 김정은에 대한 평가도 마찬가지이다. Max Fisher, "North Korea, Far From Crazy, Is All Too Rational," *The New York Times*, September 10, 2016.

65 Byman and Lind(2010).

66 마키아벨리는 안보와 통일이라는 "국가이익"을 최우선시한 반면 도덕적 마키아벨리주의자들은 국가이익을 아이러니하게도 "정의와 진실"이라는 관점에서 파악한다.

67 박건영, "양분법적 사고의 외교안보정책적 함의와 대안으로서의 '전략적-실용주의': 미국 신보수주의 대북한정책의 사례", 박성우 등 저, 『양분법을 넘어서-극단의 시대와 정치외교학』, 사회평론아카데미, 2020.

68 Morgenthau(1973), pp. 542-543.

69 맹자, 임자헌 옮김, 『맹자』, 이루편(離婁編), 루페, 2019, p. 198.

70 Unclassified Report by Dr. William J. Perry, U.S. North Korea Policy Coordinator and Special Advisor to the President and the Secretary of State, Washington, DC *"Review of United States Policy Toward North Korea: Findings and Recommendations,"* October 12, 1999.

71 박건영(2020).

72 J. N. Findlay, "Hegel," in D. J. O'Connor (Ed.), *A critical history of Western philosophy*, The Free Press, 1964 pp. 319-340.

73 영의정 최석정이 조부 최명길의 원통함을 해명하는 상소문, 숙종실록보궐정오, 1706년 3월 9일조 1번째 기사. 최명길(2012), p. 153.

74 박건영(2008).

75 Immanuel Kant, Translated by H. B. Nisbet, Edited by Hans Reiss, *Political Writings*. Cambridge University Press, 1991, p. 125.

76 박건영, 『오바마와 북한』, 풀빛, 2010.

77 이익 추구를 위한 한국 외교의 변화가 자연스럽다는 견해는 Patrick Morgan, "Re-aligning the Military and Political Demensions of the ROK-U.S. Alliance: the Possibilities," *International Journal of Korean Studies*, Vol. XI, No. 2, 2007; 데이비드 강, "통일이 가져다 줄 이익들," 『중앙일보』, 2010년 7월 13일.

78 Martin Gilbert, *Winston S. Churchill*, vol. VIII, "Never Despair," 1945-1965, Houghton Mifflin, 1960, p. 973. Henry Kissinger, *Diplomacy*, Simon & Schuster, 1994, p. 633에서 재인용.

79 2004년 11월 노 대통령이 로스앤젤레스에서 "북한은 핵과 미사일을 외부의 위협으로부터 자신을 지키기 위한 억제수단이라고 주장하고 있다. 일반적으로 북한의 말은 믿기 어렵지만 이 문제에 관해서는 북한의 주장이 여러 가지 상황에 비추어 일리가 있는 측면이 있다고 본다"고 하자, 미 국무부는 "연설의 일부 내용과 관련해 이른 시일 내에 한국 정부의 고위 관리들과 토론하고 싶다"고 외교적이지만 심각한 우려를 표현하였다. President Roh's address given to the Los Angeles World Affairs Council, November 12, 2004; available online on the website of the Blue House, http://english.president. go.kr/warp/app/home/en_home. The U.S. Department of State, March 25, 2005.

80 박건영. "대북정책의 새로운 접근," 『국제정치논총』, 제38집 2호, 1998.

81 김한규, 『한중관계사 II』, 대우학술총서, 1999, p. 728.

82 만동묘 명칭은 '충신의 절개는 꺾을 수 없음'을 가리키는 만절필동(萬折必東)에서 따온 것이다. 사대부들은 "황제 은총에 조선이 살아 있으니!"라면서 제사를 올렸다.

83 이덕일, 『조선이 버린 천재들 – 역사의 선각자로 부활하다』, 옥당, 2016.

84 『서양사정』은 유길준의 『서유견문』과 조선의 개화파에 지대한 영향을 끼쳤다. 『서유견문』은 후쿠자와가 설립한 도쿄의 고준샤(交詢社)에서 1895년에 간행됐다.

85 처음에는 정조론(征朝論)으로 불렸으나 조(朝)가 일본의 메이지 조정(朝廷)을 의미할

수 있기 때문에 정한론으로 불리게 되었다.

86 송호근에 따르면, 신론(新論) "'천양무궁의 신칙'을 더욱 받들어 사회의 퇴폐, 제도의 붕괴, 국력의 곤궁을 극복해야 한다는 국수주의"적 전제 하에 "신정적 질서의 회복이 위기 극복의 해결책"이라는 당시의 지배적 사유 방식을 집약한다. 송호근, "일본 제국주의의 정신구조," 『개념과 소통』 제16호, 2015, p. 279.

87 민두기, 『일본의 역사』, 지식산업사, 2000, p. 225.

88 김세진, 『요시다 쇼인 시대를 반역하다』, 호밀밭, 2018, pp.71-72; 박훈, 『메이지유신을 설계한 최후의 사무라이들』, 21세기북스, 2020, p. 16.

89 박훈(2020), p.79-80.

90 김영, "근대 조선과 요시다 쇼인(吉田松陰)-울릉도론(竹島論)을 중심으로," 『일본어문학』, 제85권, 2019, p. 358.

91 김영(2019), p. 359.

92 민두기(2000), pp. 193-4.

93 Bonnie Oh, *The Chinese and the Japanese*, Princeton University Press, 1980, p. 43.

94 1870년에 조선과의 교섭에 임했던 외무성 출임(出任) 사다 하쿠보(佐田白茅)는 귀국 보고에서 "30개 대대의 병력만 동원하면 4로(路)로 나누어 공격해 50일 내에 정복이 가능하다. 지금 프랑스와 미국이 조선 침공을 계획하고 러시아가 호시탐탐하는데 일본이 우유부단하면 기회를 잃을 것이다. 재정 면에서도 군사비는 50일 이내 회수가 가능하며, 조선은 쌀·보리 등 곡물이 풍부하고 조선인을 홋카이도(北海道) 개척 사업에 전용(轉用)하면 일거양득이다"라며 즉시 출병을 주장했다. 국사편찬위원회, "기리노 도시아키(桐野利秋)의 정한론" http://contents.history.go.kr/front/hm/view.do?tabId=03&levelId=hm_119_0010

95 민두기(2000), p. 225.

96 피터 대제는 1697년 3월 250여 명의 사절단을 이끌고 비밀리에 서부 유럽국들을 방문하였다. 목적은 국제정세를 살피고 반오스만터키 동맹(신성동맹, the Holy League)을 강화하며, 특히 서유럽의 선진국들의 경제와 문화 등에 대한 견문을 넓히는 데 있었다. 그는 수행 귀족들에게 선진기술을 배울 것을 요구했고, 자신도 가명을 쓴 채 포병으로 복무하는 등 기술 학습에 전념하였다. 그가 암스테르담 북서부의 잔담(Zaandam) 조선소에서 8일 동안의 유관 인사 면담 등을 통해 습득한 조선에 관한 지식은 러시아 해군 창설에 기여하였다.

97 Olive Checkland, *Britain's Encounter with Meiji Japan, 1868-1912*, Palgrave Macmillan, 1989, pp. 109-110.

98 민두기(2000), p. 226.

99 Dennis L. McNamara, *Imperial Expansion and Nationalist Resistance: Japan in Korea, 1876-1910*, Harvard University, 1985, p. 65.

100 태평천국(太平天國)과의 전쟁을 치루는 과정에서 청조의 정규군이 제 기능을 발휘하지 못함에 따라 한족(漢族) 중심의 상군(湘軍)과 회군(淮軍)이 부상하면서 군권이 한족으로 옮겨간 것은 청조의 몰락을 가져온 결정적 계기가 되었다. 오수열, "양무운동의 전개

과정과 성격에 관한 연구,"『한국동북아논총』vol.14, no.2, 통권 51호, 2009, pp. 55-74.

101 박제가에 따르면, "중국 사람은 가난하면 장사를 하는데 참으로 현명한 생각이다. 그래도 그 사람의 풍류나 명망은 여전히 인정을 받는다… 사대부는 빌어먹을지언정 들녘에 나가서 농사를 짓는 경우가 없다… 비록 집안에 돈 한 푼 없더라도 높은 갓에 넓은 소매를 단 옷을 차려 입고 어슬렁거리며 큰소리만 치는 것이다. 그러면 그들이 입고 먹는 것이 어디에서 나오겠는가? 그저 어쩔 수 없이 권력가에 빌붙어 권세를 얻으려고 하므로 청탁하는 풍습이 생기고 요행이나 바라게 되는 것이다." 박제가, 마현준 옮김, 『북학의』, 풀빛, 2021, p. 153.

102 박제가의 용사론의 논리는 다음과 같이 요약된다: "중국이 사치스러움으로 망한다고 한다면 우리나라는 검소함으로 망할 것이다…우리의 풍속이 정녕 검소하기를 좋아해서 그러한 것인가? 재물을 사용할 방법을 알지 못한 것에 불과할 것이다. 재물을 사용할 방법을 모르므로 재물을 만들어내는 방법을 알지 못하고, 재물을 만들어낼 방법을 알지 못하므로 백성의 살림은 날이 갈수록 궁핍해진다. 재물이란 우물에 비유할 수 있다. 퍼내면 늘 물이 가득하지만 퍼내기를 멈추면 물이 말라 버리는 것과 같다. 그래서 화려한 비단옷을 입지 않으면 나라에 화려한 비단을 짜는 사람이 없어지고, 길쌈과 바느질을 하는 여인들의 기술이 떨어지거나 사라진다." 박제가(2021), p. 158.

103 박제가에 따르면, "중국어는 문자의 근본이다… 사물의 이름을 분간하기가 특히 용이하다. 우리 말을 버려야만 중국과 대등해질 수 있다… 글과 말을 하나로 통일시키면 그로써 충분하다. 그런데 지금은 중국어를 오랑캐가 지껄이는 조잡한 언어로 여기지 않는 자가 거의 없다." 박제가(2021), pp. 169-171.

104 김용구, 『세계외교사』, 서울대학교 출판부, 2004, pp. 256-257.

105 황쭌셴은 허루장과 조선외교의(朝鮮外交議)를 상의한 뒤 수신사 김홍집을 만났다.

106 최문형, 『한국을 둘러싼 제국주의 열강의 각축』, 지식산업사, 2001, p. 37.

107 임계순, 『한로밀약과 청의 대응, 청일전쟁을 전후한 한국과 열강』, 한국정신문화연구원, 1984, p. 53.

108 고종실록 17권, 고종 17년 9월 8일 계유 1번째기사. 1880년 조선 개국(開國) 489년. "수신사 김홍집이 일본에서《조선책략》1책을 증정하므로 가지고 귀국하다."

109 1881년 2월 26일, 통리아문에서는 청나라에 군사유학생을 보내기 위해 영선사(領選使)를 파견 요청했고, 곧바로 고종이 승인했다. 그날로 조용호가 영선사로 결정됐고, 수행인원과 경비도 확정됐다. 영선사는 모든 준비가 끝나는 4월 11일에 출발하기로 결정됐다. 청의 권유에 따라 학도 20, 공장 18명을 영선사 김윤식과 함께 청에 파견했다. 이들은 톈진기기국에서 신식무기 제조법, 군사적 기초과학 등을 학습할 예정이었으나 재정 부족과 기본지식 부족으로 곧 귀국하였다.

110 영선사에 앞서 고종은 일본에 파견할 신사유람단, 즉 조사시찰단을 선발했다. 메이지유신 이후 일본이 성취한 발전상을 직접 시찰하고 조선 개화정책에 참고하기 위해서였다. 하지만 조사시찰단은 공식적으로 파견되지 못했다. 위정척사파의 반발을 우려한 고종은 시찰단원들을 동래 암행어사로 발령해 비밀리에 일본으로 가게 했다.

111 정승교, 『미래를 여는 한국의 역사』, 웅진지식하우스, 2011, p. 63.

112 병조 정랑(兵曹正郎) 유원식(劉元植)이 올린 상소의 대략에, "수신사(修信使)가 가지고 온 황준헌(黃遵憲)의 사사로운 의견이 담긴 책자를 보니, '예수와 천주의 학문은 우리 유교에 주희(朱熹)와 육구연(陸九淵)이 있는 것과 같다'는 구절에 이르러서 저도 모르게 머리털이 서고 간담이 떨리며 가슴이 서늘해지고 뼛골이 오싹하였습니다. 주부자(朱夫子)는 위로 공자(孔子)·맹자(孟子)의 계통을 잇고 주돈이(周敦頤)와 정자(程子)의 학문을 직접 배워 도학(道學)이 천년토록 빛나고 만대의 사표가 되었으므로, 비록 오랑캐의 나라라 하더라도 대현(大賢)으로 따르고 받들지 않는 자가 없습니다. 하물며 황준헌은 중국 사람으로서 반드시 주부자가 사문(斯文)의 존경받는 스승이라는 것을 모를 리가 없을 것인데, 지금 글을 쓰는 데에서 무슨 증거 될 것이 없어서 저 예수와 천주처럼 더러운 것을 제멋대로 주희와 육구연의 취향이 다르다는 것을 가지고 증명하려 하는 것입니까? 만약 사교(邪敎)에 물들지 않았다면 어찌 감히 현인을 모욕하겠습니까? 수신사로 말한다면, 임금의 명을 받들고 외국에 사신으로 간 것이 공적 임무에 관계되는 만큼 한 마디 말이나 한 자의 글이라도 비록 사사로이 물리쳐버릴 수는 없다 하더라도 만약 이러한 흉악한 문구를 보았을 경우에는 마땅히 성토하고 면대하여 꾸짖음으로써 현인을 존중하고 도학을 숭상하는 뜻을 보이며 바른 것을 지키고 요사스러운 것을 배척하는 원칙을 나타내어야 하는데, 이와 같이 하지 않고 태연하게 받았습니다. 관학(館學)으로 말하자면, 지위는 남에게 모범을 보여주어야 할 처지이고 의리상으로는 현인을 숭배해야 하는데, 이런 글과 이런 문구를 마치 늘 보던 것처럼 심상하게 보면서 입을 봉하고 보고하지 않았습니다. 대체로 이 글은 신의 어리석은 소견으로 말한다면, 우리나라의 사악한 무리에 아직도 남은 종자가 있어서 몰래 이단의 무리와 결탁하여 이런 문구를 만들어 내어서 인심을 소란하게 하고 사도(邪道)를 물들이려는 것이라고 봅니다. 우리 성상의 명철한 식견으로서는 여지없이 통찰하셨으리라고 생각하는데, 아직도 처분을 내리지 않으시니, 혹시 크게 포용하는 훌륭한 생각에서 나온 것입니까? 삼가 바라건대, 현명한 판단을 내려 잠복해 있는 흉악한 무리를 찾아내어 남김없이 섬멸하여서 사람들의 울분을 쾌히 풀어주소서. 또 삼가 생각건대, 몇 년 전에 서원(書院)을 훼철(毁撤)한 것은 비록 폐단을 줄이는 조치에서 나온 것이기는 하지만, 학문을 숭상하는 교화에 있어서는 실로 성대(聖代)의 흠결입니다. 신은 청컨대, 특별히 서원을 복구하라는 처분을 내려 온 나라의 젊은이들로 하여금 더욱더 강송(講誦)에 힘써서 향배(向背)를 명백히 분별하게 한다면, 아마도 바른 학문을 지키고 사도를 없애는 정사에 도움이 될 것입니다." 고종실록 17권, 고종 17년 10월 1일 丙申 5번째기사 1880년 조선 개국(開國) 489년.

113 『일성록』, 고종 18년 2월 26일.

114 김정기, "1882년 조미수호통상조약과 이권침탈," 『역사비평』, 계간 17호, 1992, p. 29.

115 F. H. 해링튼, 이광린 역, 『개화기의 한미관계: 알렌 박사의 활동을 중심으로 』, 일조각, 1973, p. 47.

116 Homer B.Hulbert, "American Policy in the Cases of Korea and Belgium; The Special Envoy of the Korean Emperor Tells for the First Time the Full Story of His Attempt to Get President Roosevelt to Intervene Against Japan," *The New York Times*, March 5, 1916.

117 Theodore Roosevelt, Elting Morison ed., "Roosevelt to Lodye, June 16, 1905," *The Letter of Theodore Roosevelt, IV*, Harvard University Press, 1951, pp. 1241-1242, 1221-1233.

118 Roosevelt to Spring Rice, Vol. 2, November 19, 1900, p. 1423. David H. Burton, "Theodore Roosevelt and His English Correspondents: A Special Relationship of Friends," *Transactions of the American Philosophical Society*, 1973, Vol. 63, No. 2, p. 37에서 재인용.

119 John Morton Blum, *The Republican Roosevelt*, Harvard University Press, 1977, p. 131.

120 "TR to Hermann Speck von Sternberg," August 28, 1900, in Elting E. Morison ed., *The Letters of Theodore Roosevelt, Vol. 8*, Harvard University Press, 1951, p. 1394.

121 Homer B. Hulbert, "American Policy in the Cases of Korea and Belgium," *The New York Times*, March 5, 1916.

122 칸트(2013), pp. 161-168, 171.

123 Greg Russell, 'Theodore Roosevelt's Diplomacy and the Quest for Great Power Equilibrium in Asia, *Presidential Studies Quarterly* 38:3, 2008, p. 438.

124 Roosevelt to Henry Cabot Lodge, June 16, 1905, Morison(1951), pp. 1230-1231.

125 Roosevelt to Cecil Spring Rice, June 16, 1905, Morison(1951), pp. 1233-1234.

126 조선이 청군의 파병을 요청했느냐, 또 요청했다면 누가 했느냐에 대한 논란은 계속되고 있다. 이태진, 김재호 외,『고종황제 역사청문회』, 푸른역사, 2005.

127 '체포'가 아니라 '유치(誘致)'된 것으로 보는 학자도 있다. 권석봉,『東方學志』27집, 연세대 국학연구원, 1981, p. 129.

128 馬建忠, "동행삼록" 7월 13일, 王爲皇帝冊封, 則一切政令當自王出, 君六月九日之變, 擅竊大柄, 誅殺異己, 引用私人, 使皇帝冊封之王退而守府, 欺王實輕皇帝也. 罪當勿赦, 徒以於王有父子之親, 姑從寬假, 請速登輿至馬山浦乘兵輪赴天津, 聽朝廷措置. 김한규 역, "東行三錄",『사조선록 역주 5』, 소명출판, 2012, p. 478. 김일환, "흥선대원군의 피랍(被拉) 체험 기록 연구,"『한국언어문화』제69집, 2019, pp. 35-37에서 재인용.

129 "대원군이 천진으로 행차하다." 고종실록 19권, 고종 19년 7월 13일 정유 2번째기사.

130 馬建忠, 김한규 역, "동행삼록" 7월 14일, '傅相에게 보낸 보고서',『사조선록 역주 5』, 소명출판, 2012, pp. 485-486.

131 周家祿,『奧籹朝鮮三種』, 55면. "朝命廣東水師提督吳長慶自登州以三千人往, 名曰援護 之師. 七月初四日, 航海三日而抵其境. 十日而罪人斯得, 歸之於天津. 仍分兵捕治余黨, 迎 復王妃, 鍾虡不移, 廟社如故, 擧國欣欣頌再造功."김성남, "吳長慶軍營과 그 막료들 - 조선견문록 3종을 중심으로,"『대동문화연구』74집, 성균관대 대동문화연구원, 2011, p. 337.

132 장정의 전문은 아래와 같다: "조선은 오랫동안 제후국으로서 전례(典禮)에 관한 정해진 제도가 있다는 것은 다시 의논할 여지가 없다. 다만 현재 각국이 수로(水路)를 통하여 통상하고 있어 해금(海禁)을 속히 열어 양국 상인이 똑같이 상호 무역하여 함께 이익을 보게 해야 한다. 변계(邊界)에서 호시(互市)하는 규례도 시의(時宜)에 맞게 변통해야

한다. 이번에 제정한 수륙무역장정은 중국이 속방을 우대하는 뜻이며, 각국과 똑같이 같
은 이득을 보도록 하는 데 있지 않다."

133 김용구, 『임오군란과 갑신정변: 사대질서의 변형과 한국외교사』, 원, 2004, p. 150.

134 제3조: 장래 만일 조선국에 변란(變亂)이나 중대 사건이 있어서 중·일 양국 혹은 1국이
파병(派兵)을 요(要)할 때에는 먼저 문서로서 알려야[行文知照] 하며 그 사건이 진정된
이후에는 곧 철회하여 다시 머물러 주둔하지 않는다.

135 Parkes to Lord Derby, 20 July 1875, FO 262/270 (92), quoted in A.W.Hamilton,
"The Komundo Affair," *Korea Journal* 22.6, 1982, pp. 20-21.

136 Memo by Hertslett, 5 February 1885, *AADMs*, PH1 (1)

137 위안스카이가 청군 출병을 요청하도록 조선에 압력을 가했다는 설에 대해서는 이태진,
"1894년 6월 청군 출병 과정의 진상 – 자진 청병설 비판," 『한국문화』, 24, 1999; 이태진,
『고종시대의 재조명』, 태학사, 2000, pp. 206-223.

138 동덕모(1990), pp. 161-163.

139 영국은 러시아가 시베리아 횡단철도를 기공하자 지중해와 인도양의 장악만으로는 러시
아의 극동진출을 막을 수 없다고 판단, 일본과의 협력을 추진했다. 일본은 러시아 남하
를 견제하는 역할을 자임했다. 영국은 영국인의 치외법권을 폐지한 개정조약에 조인함
과 아울러 일본의 개전을 묵인하였다.

140 와다 하루키, 이경희 역, 『러일전쟁과 대한제국』, 제이앤씨, 2011, pp. 33-34.

141 일본외교문서, 27권 1책, pp. 666-670, 문서번호 448-450; 『주한 일본공사관기록』 4권,
pp. 247-250.

142 와다 하루키(2011), p. 32.

143 『주한일본공사관기록』 5권, pp. 80-89

144 Public Record Office, War Office, class 32, no. 6144-614. Allen Fung. 1996, "Testing
the Self-Strengthening: The Chinese Army in the Sino-Japanese War of 1894-1895,"
Modern Asian Studies, Vol. 30, No. 4, Special Issue: War in Modern China, October
1996, pp. 1007-1031. 1031에서 재인용.

145 J. K. Fairbank, *The Great Chinese Revolution*, Harper, 1988, pp. 18-19; S. Chu, "The
Sino-Japanese War of 1894: A Preliminary Assessment from U.S.A.", *Bulletin of the
Institute of Modern History*, Academia Sinica, XIV, June 1985, pp. 369-370.

146 Shannon Tiezzi, "Chinese Strategists Reflect on the First Sino-Japanese War: A
collection of essays on the Sino-Japanese War of 1894-95," *The Diplomat*, April 18,
2014.

147 日本外務省 編, ≪日本外交文書≫ 28-2 (東京: 日本國際連合協會, 1936), 事項 12 〈三
國干涉一件〉. http://contents.history.go.kr/mobile/nh/view.do?levelId=nh_041_
0020_0010_0010#ftid_0002)

148 宮地正人, 『國際政治下の近代日本』, 山川出版社, 1987, pp. 85-86. http://contents.his-
tory.go.kr/mobile/nh/view.do?levelId=nh_041_0020_0010_0010#ftid_0008)

149 일본 공사 이노우에는 전쟁 발발 후 조선을 보호국화하기 위해 수단으로서 조선의 재정

파탄 방지책을 강구하던 끝에 500만 엔의 차관을 약속했다. 그러나 본국과의 협의 결과 액수가 300만 엔으로 감소했고, 그것조차도 민간차관이 아니라 군사비에 충당되는 것이고, 조건도 가혹한 것이었다. 300만 엔이 대여되었으나 협상 과정에 대한 조선 조정의 불만은 일본세력을 약화시킨 요인 중 하나였다.

150 위 중립선언문은 프랑스어 교사 마르텔(Emil Martel)과 벨기에인 고문의 협조를 얻어 작성되었으며, 당시 대한제국의 명예영사를 겸하고 있던 지푸 주재 프랑스 영사의 협조로 위 선언문이 열강에 전달되었다.

151 Euy Suk Kwon, "An Unfulfilled Expectation: Britain's Response to the Question of Korean Independence, 1903-1905," *International Journal of Korean History*, 2018; 23(1): pp. 27-52.

152 日本外務省 편, 『日本外交年表竝主要文書』 上, 對韓交涉 決裂時에 日本이 가져야할 對韓方針, 明治 36년 12월 30일, 1995. 15, 國會圖書館 立法調査局, 『舊韓末 條約彙纂』 上, 東亞出版社, 1965, pp. 65-69.

153 "韓帝密書發見의 經緯에 關한 情報의 件," 『日本外交文書』 권38-1, 1905년 3월 29일, pp. 640-642. 본 문서를 통해 고종은 미국 대통령뿐만 아니라 러시아 황제에게도 구원 호소를 담은 밀지를 전달한 것으로 판명되었다. 김원모, "19세기 말 美國의 對韓政策(1894~1905)," 『國史館論叢』 第60輯, 1994, p. 103에서 재인용.

154 Korea Dispatches, vol.21, Needham to Cho; 『日本外交文書』 권 38-1, December 22, 1904, pp. 655-656. 김원모(1994), p. 103에서 재인용.

155 신용하, 『독도의 민족영토사 연구』, 지식산업사, 1996, p. 337.

156 곽진오, "일본의 '독도무주지선점론'과 이에 대한 반론," 『한국정치외교사논총』, 제36권 제1호, 2014, pp. 129-150.

157 루즈벨트는 1904년 12월 27일 절친이자 영국 외교관인 세실 스프링-라이스 경(Sir Cecil Spring-Rice)에게 보낸 편지에서 이와 같이 밝혔다. Edward B. Parsons, "Roosevelt's Containment of the Russo-Japanese War," *Pacific Historical Review*, Vol. 38, No. 1, 1969, pp. 21-44.

158 일본 외무성, 『일본 외교연표와 주요문서』 상, 1955, pp. 239-240. 서영희, 『일제 침략과 대한제국의 종말: 러일전쟁에서 한일합병까지』, 역사비평사, 2021, pp. 77-78에서 재인용.

159 서영희(2021), p. 80.

160 "Coreans at Oyster Bay," *The New York Tribune*, August 4, 1905.

161 "Will Ask Roosevelt to Protect Korea," *The New York Times*, August 4, 1905.

162 "五件條約請締顚末," 『황성신문』, 광무 8년 11월 20일.

163 고종과 미국인 콜브란(Collbran, H.)·보스트윅(Bostwick, H.R.)이 합작하여 설립한 회사로 한성전기회사(漢城電氣會社) 후신이다. 한성전기회사는 1898년에 대한제국 정부의 주도 하에 설립되었다.

164 황제의 명으로 미국으로 건너간 프랑스 파리 주재 민영찬 공사도 12월 19일 루트에게 선위조처를 요구했으나 미국 정부는 한국 정부가 1904년 8월의 협정에서 이미 일본 정

부에 외교권을 넘긴 것으로 알고 있다며 협력을 거부했다.

165 특사단의 활동에 대해서는 꾼 드 페스터, "1907년 헤이그 특사의 성공과 좌절,"『한국사학보』, 30, 2008 참조.

166 권오곤, "헤이그통신 7, 아! 이준 열사,"『법률신문』, 2007년 5월 10일.

167 7월 19일 황태자 대리의 조칙이 발표되었다. 고종은 어디까지나 황태자 대리를 선언한 것이지 양위하겠다고 한 것은 아니었지만, 일제는 7월 20일 오전 9시 서둘러 양위식을 거행했다. 대한제국의 마지막 황제인 순종(李坧)의 즉위였다. 경운궁 중화전에서 거행된 양위식은 고종과 순종 황제가 직접 참석하지 않고 내관이 이를 대신하는 권정례(權停例)로 치러졌다. 일제는 세계 각국에 이 사실을 알리고 고종의 퇴위를 기정사실화했다.

168 프란시스 레이(Francis Ray), "대한제국의 국제법적 지위," 최종고, 한창희 역, "La Situation Internationale de la Coree," *Revue Generale de Droit International Public*, Tome XIII, 1906, pp. 40-58. 제27권 2-3호,『법학』, Vol.27, No.2/3, 1986, pp. 188-201.

169 이태진, "근대 일본 초슈 번벌의 한국 침략: 법과 윤리의 실종," 도시환 외 지음,『한일강제병합 100년의 역사와 과제』, 동북아역사재단, 2013, pp. 225-227.

170 Michael Weiner, *The Origins of the Korean Community in Japan, 1910-1923*, Humanities Press, 1989, p. 20.

171 1907년 영국 외교부 고위관리 에어 크로우(Eyre A. Crowe, 1864-1925)를 중심으로 영국의 주 경쟁국은 1905년 러일전쟁에서 패배하여 약화된 러시아가 아닌, 팽창주의 신흥강국 독일이며, 따라서 영러 간 관계강화가 필요하다는 의견이 제시되었다. 1907년 1월 1일 크로우는 이른바 '크로우 메모랜덤(the Crowe Memorandum)'에서 "독일과의 협력은 불가능하기 때문에 프랑스와의 우호관계 정립이 영국의 유일한 선택지이다"라고 적었다. 크로우는 영국과 "프랑스, 러시아 간에도 여러 영역에서의 대립이 있지만, 이들 국가의 목표는 분명하게 드러나 있고, 따라서, 목표가 제한적이기 때문에 이들 국가와의 차이는 타협으로 좁힐 수 있다. 독일이 위험한 이유는 독일의 끊임없는 세계적 도전의 동기와 배경을 이해할 수 없다는 데 있다. 나아가, 해양대국을 추구하는 독일의 정책은 대영제국의 생존과 공존할 수 없다… 세계 최고의 육군과 해군을 겸비한 국가는 영국에게 지극히 위험할 수밖에 없다"며 영국이 왜 독일을 경계해야 하는지를 설명하였다. J. S. Dunn, *The Crowe Memorandum: Sir Eyre Crowe and Foreign Office Perceptions of Germany, 1918-1925*, Cambridge Scholars Publishing, 2013.

172 Ralph Eldin Minger, *William Howard Taft and United States Foreign Policy: The Apprenticeship Years 1900-1908*, University of Illinois Press, 1975.

173 이정식, "1910년대의 국제정세,"『한민족독립운동사』, 국사편찬위원회, 1988, p. 14.

174 Weiner(1989), pp. 20-21.

175 이태진(2013), pp. 310-311.

176 이태진(2013), p. 36.

177 이태진(2013).

178 이태진 편저,『한국병합 이루어지지 않았다』, 태학사, 2001, pp. 189-190.

1 한일 양국은 1907년 7월 24일 정미7조약의 부속 밀약으로 '한일협약규정실행에 관한 각서'를 교환하였는데 이 각서의 '군비의 정리' 항목은 "장차 징병법을 시행하여 보다 정예한 새 군대를 양성하기 위한 준비 단계로 현 군대를 정리하여야 한다"고 규정하였다. 대한제국 군대는 일본의 무력적 도구였으나 고종 퇴위를 반대하는 군중 시위에 일부 병사들이 가담하자 놀란 일본은 8월 1일 병사들을 집합시켜 놓은 상태에서 무장을 해제하고 군대해산식을 거행하였다.

2 신용하, 『의병과 독립군의 무장독립운동』, 지식산업사, 2013, p. 179.

3 일제법원판결문. 1911년 양기탁 사건 판결문. 윤병석, 『의병과 독립군』, 세종대왕기념사업회, 2000, p. 143에서 재인용.

4 정식 명칭은 '대한민국특파 구미주차위원부(歐美駐箚韓國委員會, The Korean Commission to America and Europe for the Republic of Korea)'이다.

5 박성수, "광복군과 임시정부,"『독립운동사 연구』, 창작과 비평사, 1980.

6 Syngman Rhee, *The Syngman Rhee Correspondence 1904-1948*, Institute for Modern Korean Studies, Yonsei University, 2009, p. 56.

7 David P. Fields, *Foreign Friends: Syngman Rhee, American Exceptionalism, and the Division of Korea*, University Press of Kentucky, 2019, p. 95.

8 이 선언은 단재 신채호가 1923년 초 의열단을 위해 지은 글이다.

9 1920년 말 상해에 들러 17개월간 체류하였다.

10 강호출, "국외민족해방운동세력의 활동과 민족유일당운동,"『우리민족해방운동사』, 역사비평사, 2000, pp. 117-118.

11 이덕일, "민생단 사건이 동북항일연군2군에 미친 영향,"『한국사연구』, 1995, p. 91, 135.

12 임시정부 선전위원회가 발행한 『한국독립운동문류』 제1집.

13 해방 후 그들은 국내 입국을 기도했으나 대규모 무장부대의 입국을 꺼린 소련군의 저지로 좌절되게 된다. 조선독립동맹의 간부들만 개인자격으로 입국하고 조선의용군은 만주에 머물다가 국공내전에 참여하고 6.25전쟁 직전 북한으로 귀국하여 인민군에 편입되어 대한민국을 침공하는 주요 병력이 된다. 염인호, 『조선의용군의 독립운동』, 나남, 2001, pp. 330-355.

14 기광서, "1940년대 전반 소련군 88 독립보병여단 내 김일성그룹의 동향,"『역사와 현실』, 1998, 28, pp. 255-268.

15 광복군과 OSS와의 합작훈련에 대해서는 金光載의 『韓國光復軍의 活動 硏究－美 戰略諜報局(OSS)과의 合作訓練을 중심으로』(동국대 박사학위논문, 1999) 참조.

16 박성수(1980), p. 371.

17 박성수(1980), p. 377.

18 Joseph Grew, "Review of Policy regarding Korea," *Department of State Bulletin*, June 10, 1945, p. 1058.

19 Chae-Jin Lee, *A Troubled Peace: U.S. Policy and the Two Koreas*, Johns Hopkins

University Press, 2006, p. 19.

해방과 미군정, 그리고 이승만

1   박재권, "해방 직후의 소련의 대북한정책,"『해방전후사의 인식』5, 한길사, 1989, pp. 369-373.
2   진덕규, "미군정의 정치사적 인식,"『해방전후사의 인식』I, 한길사, 1989. p. 34.
3   진덕규(1989), p. 35.
4   진덕규(1989), p. 47.
5   리처드 E. 라우터백, 국제신문사 출판부 옮김,『한국 미군정사』, 돌베개 문고, 1984, p. 449.
6   허은, "8.15직후 민족국가 건설운동," 강만길 외 저,『우리민족해방운동사』, 역사비평사, 2012, p. 316.
7   박건영,『국제관계사: 사라예보에서 몰타까지』, 사회평론아카데미, 2021, pp. 462-463.
8   반민족행위처벌법의 제정은 신속하였다. 제헌국회는 반민법 제정을 위해 특별위원회를 설치하자는 동의안을 1948년 8월 5일 통과시켰다(재석 155인 가운데 찬성 105인, 반대 16인). 표결 뒤 바로 특별법기초위원회의 위원을 구성하였다. 특위위원들이 만든 초안은 8월 16일 국회에 상정되어 심의에 들어갔다. 9월 7일 초안의 일부 조항의 수정을 완료하고 재적의원 198명 중 141명이 표결에 참여하여 찬성 103명, 반대 6명, 무효 내지 기권 32명으로 반민법을 통과시켰다.
9   반민특위,『중앙일보』, 1982년 5월 18일.
10 國史編纂委員會,『資料大韓民國史』, 1968, p. 347.
11 국사편찬위원회,『자료대한민국사』, 1968, p. 464.
12 서중석,『이승만과 제1공화국-해방에서 4월혁명까지』, 역사비평사, 2007, pp. 71-72.
13 김정기,『국회프락치사건의 증언』, 한울, 2021.

한국전쟁 그리고 한미동맹

1   대한민국 국방부,『국방조약집』, 군사편찬위원회, 제1집, 1981, p. 629.
2   미국 상원외교위원장 톰 코널리(Tom Connally)는 애치슨 발언 4개월 후인 1950년 5월 5일 "한국은 미국의 방어전략의 핵심적인(indispensable) 부분이 아니며, 공산주의자들은 언제든 마음만 먹으면 한국을 차지할 수 있을 것"이라고 공개적으로 발언했다. *The U.S. News and World Report*, May 5 1950, pp. 28-31.
3   박건영(2021).
4   구영록·배영수,『한미관계 1882-1982』, 서울대학교출판부, 1982, pp. 111-112.
5   June 06, 1953 Statement by President Syngman Rhee, Digital Archive, International

History Declassified, Wilson Center.

6 이철순, "이승만의 대미외교를 통한 국가생존 전략(1895-1953)," 『한국정치연구』 제21
   집 제3호, 2019, p. 199.

샌프란시스코 체제

1 John Price, "Cold War Relic: the 1951 San Francisco Peace Treaty and the Politics
   of Memory," *Asian Perspective*, Vol. 25, No. 3 (2001), pp. 35-36.

2 영국은 1950년 1월 6일 소련 등과 함께 중화인민공화국을 승인하였다. 영국은 중국공
   산당 정부를 승인하지 않으면 자신의 상업적 이익과 중국 내 영국인들의 이익을 보호할
   수 없고, 나아가 극동 문제에 개입할 수 있는 기회를 박탈당할 수 있다고 판단하여 신속
   히 공산 중국을 승인하였다. David C. Wolf, " 'To Secure a Convenience': Britain Rec-
   ognizes China-1950," *Journal of Contemporary History*, Vol. 18, No. 2, April 1983,
   pp. 299-300.

3 *FRUS*, vol. 6, pt. 1, 1951, pp. 940-941.

4 U.S. Department of State, Record Group 84, Foreign Service Posts of the Depart-
   ment of State, Japan, Office of the U.S. Political Adviser of Japan, Classified Gener-
   al Records, 1950-1952, Suitland, Md., Washington National Records Center, decimal
   file 320.1, Peace Treaty, box no. 60; 박진희, "전후 한일관계와 샌프란시스코 평화조
   약," 『한국사 연구』, 2005, 131, p. 19.

5 U.S. Department of State, Lot 54, D 423, Diplomatic Branch, National Archives,
   Washington D.C.

6 *FRUS*, 1951, vol. 6, pt. 1, 1011n. 정성화, "샌프란시스코 平和條約과 韓國·美國·日本의
   外交政策의 考察," 『인문과학연구논총』 (7), 1990에서 재인용.

7 John Price, "A Just Peace? The 1951 San Francisco Peace Treaty in Historical
   Perspective," *JPRI Working Paper* No. 78, June 2001. http://www.jpri.org/publica-
   tions/workingpapers/wp78.html

8 Johnson to Dulles, "Attendance of Korean Observers at Japanese Peace Confer-
   ence," 20 Aug 1951, Reel 10, Microform C43, Files of John Foster Dulles, RG 59.

9 RG 43, Records of the U.S. Delegation to the Japanese Peace Conference, 1951, Lot
   No. 52-152-2C, box 5, doc no. 17, "Residence and Office Directory," Diplomatic
   Branch, National Archives, Washington D.C.

10 Telegram from "The Acting Political Adviser in Japan (Sebald) to the Secretary of
    State," *FRUS*, Vol. 7, November 14, 1949, pp. 898-900.

11 Letter from Dean Rusk, Assistant Secretary of State, to You Chan Yang, Korean Am-
    bassador in Washington, D.C., State Department Decimal File No. 694.001/8-1051
    CS/H, State Department Records, Record Group 59, August 9, 1951.

12 박건영, "우리 정부에 '창조외교'는 없나,"『경향신문』, 2014년 5월 16일.

13 Yang Dong-hee, "Anybody? No takers?" *The Korea Times*, October 18, 2015.

14 조약 제21조는 "중국은 본 조약 제 25조의 규정에 관계없이, 제10조 및 제14조(a)2의 이익을 받을 권리를 가지며, 한국은 제2조, 제4조, 제9조 및 제12조의 이익을 받을 권리를 가진다"고 적시했다. 제2조 a항에는 "일본국은 한국의 독립을 승인하여 제주도, 거문도 및 울릉도를 포함하는 한국에 대한 모든 권리, 권원 및 청구권을 포기한다"고 되어 있고, 제4조 a항에는 "제2조의 규정에 의해 일본의 통치로부터 이탈된 지역의 시정 당국 및 주민(법인 포함)과 일본 및 일본국민(법인포함)간의 재산 청구권은 양국간의 특별협정으로 처리한다," 제4조 b항에는 "일본은 제2조가 규정한 지역에서 미군정 당국이 정한 일본 및 일본국민의 재산에 관한 처분의 효력을 인정한다," 제9조에는 "일본은 공해에 있어서의 어로의 규정 또는 제한과 어업의 보존 발전을 규정하는 2개국간 및 다수 국간의 협정 체결을 희망하는 연합국과 조속한 교섭을 개시해야 한다," 제12조 a항에느 "일본은 각 연합국과 무역·해운·기타 통상의 관계를 안정적이고 우호적인 기초 위에 두기 위해 조약 또는 협정을 체결하기 위한 교섭을 조속히 개시 할 용의가 있음을 선언한다"고 되어 있다.

15 한국전쟁이 발발하자 맥아더는 외국의 선박이 한반도 근해에 들어오지 못하도록 하는 해양안보영역을 선언했다. 한국은 이 선이 지속되길 원했으나 미국은 대일평화조약이 발효되면 맥아더라인은 폐지될 것이라고 한국 정부에 통보했다. 이승만 정부는 한국의 어업을 보호하기 위해 1952년 1월 18일 '인접 해양에 대한 주권에 관한 선언'(일명 평화선)을 국무원 고시 제14호로 선포했다.

16 정성화(1990), p. 154.

17 Kwan-bong Kim, *The Korea-Japan Treaty Crisis and the Instability of the Korean Political System*, N.Y. Praeger Publishers, 1971. p. 43; William J. Sebald, *With MacArthur in Japn: A Personal History of the Occupation*, N.Y. W.W. Norton and Co., 1965, p. 288.

18 Chin-o Yu, "What Prevents the Successful Conclusion of the Korea-Japan Conference?" *Korean Affairs*, 1, Summer. 1962. p. 1234.

19 Telegram from the Diplomatic Section to the Department of State, October 20, 1951, decimal file 320, RG 84, Japan Post.

20 김종필,『김종필 증언록』, 와이즈베리, 2016.

21 유병용,『박정희정부와 한일협정, 1960년대의 대외관계와 남북문제』, 백산서당, 1999, pp. 13-19.

22 Presidential Taskforce on Korea, *"Report to the National Security Council(1961. 6. 5),"* pp. 29-30. http://www. jfklibrary.org/Asset-Viewer/Archives/JFKPOF-121-004. aspx

23 "北朝鮮と軍事同盟50年を祝う中国を侮るな", 産經ニュ_ス, 2011.7.18.

24 Telegram from the Department of State to the Embassy in Japan," Washington, Vol. XXII, 문서번호 267, *FRUS*, July 13, 1962.

25 2005년 1월 한국 정부는 베일에 싸여 있었던 김종필·오히라 메모를 공개했다. 무상 3억 달러, 유상차관 2억 달러로 합의하고 수뇌부에 건의한다는 내용이었다. '김-오히라 메모'에서는 한일청구권협정의 청구권이 '무상공여 3억 달러, 유상원조 2억 달러, 자금협력 1억 달러+α'로 정리되었다. 이는 1964년 정부가 공개할 때는 없던 것이었다. 메모의 내용이 62년 10월 17일과 11월 4, 8일에 박정희 의장이 지시한 것이라는 사실도 밝혀졌다.

26 제2조, 1항: 양 체약국은 양 체약국 및 그 국민(법인을 포함함)의 재산, 권리 및 이익과 양 체약국 및 그 국민간의 청구권에 관한 문제가 1951년 9월 8일에 샌프런시스코우시에서 서명된 일본국과의 평화조약 제4조 (a)에 규정된 것을 포함하여 완전히 그리고 최종적으로 해결된 것이 된다는 것을 확인한다.

27 李根寬, "한일청구권협정상 강제징용배상청구권 처리에 대한 국제법적 검토,"『서울대학교 法學』, 제54권 제3호, 2013년 9월, p. 356에서 재인용.

베트남전쟁, 박정희, 그리고 김일성

1   Daniel Oh, "The Two Koreas and the Vietnam War," Digital Archive, International History Declassified, Wilson Center. https://digitalarchive.wilsoncenter.org/resource/modern-korean-history-portal/the-two-koreas-and-the-vietnam-war

2   1961년 6월 10일 법률 제619호 중앙정보부법에 의해 국가재건최고회의 직속으로 발족된 정보·수사기관.

3   Donald Stone Macdonald, *U.S.-Korean Relations from Liberation to Self-Reliance: The Twenty-Year Record*, Boulder, CO: Westview Press, 1992, pp. 108-110.

4   Robert M. Blackburn, *Mercenaries and Lyndon Johnson's "more flags": the hiring of Korean, Filipino, and Thai soldiers in the Vietnam War*, McFarland, 1994, p. 41.

5   청룡부대는 다른 육군부대와는 다른 방식으로 작전통제가 이뤄졌다. 이 해병부대는 미국 제1야전군과의 연합작전을 많이 수행했기 때문에 미군이 주베트남한국군 사령부에 작전지시를 통보하여 한국군 사령관의 추인을 받는 형식으로 작전통제가 이루어졌다.

6   박건영(2021), pp. 669-672에서 재인용.

7   『로동신문』, 1965년 3월 27일.

8   "Report about Information on North Korea from 24 June 1965," Benjamin R. Young, "The Origins of North Korea-Vietnam Solidarity: The Vietnam War and the DPRK," North Korea International Documentation Project, Wilson Center, Feburary 2019에서 재인용.

9   Young(2019).

10 Young(2019).

11 TTLTQG3, PTT, Hồ sơ 8098, Vv đàm phán và kí kết nghị định thư, hiệp định trao đổi hàng hoá và thanh toán viện trợ KT năm 1965 với TT [제3 베트남국립자료센

터, 총리관저 문서군, 폴더 8098호, "1965년 베트남과 조선민주주의인민공화국의 경제, 기술, 상품 상호납입에 관한 협정"]; UBKHNN, Hồ sơ 17636, Tài liệu v/v TT viện trợ thiết bị và vật tư cho VN trong hai năm 1965-1966 [국가계획위원회 문서군, 폴더 17636호, "1965~1966년 베트남에 조선민주주의인민공화국의 물자 및 설비 지원에 관한 자료"]. Do Thanh Thao Mien, 『베트남전쟁기 한반도와 베트남 관계 연구』, 이화여자대학교 대학원(사학과) 박사학위 청구논문, 2019, p. 122에서 재인용.

12 김일성, "조선로동당창건 스무돐에 즈음하여(1965.10.10.)," 『김일성저작집』 19(1965. 1-1965. 10), 조선로동당출판사, 1982, p. 517. Do Thanh Thao Mien(2019), p. 109에서 재인용.

13 정규섭, 『북한외교의 어제와 오늘』, 일신사, 1997, pp. 109-110.

14 "Lê Thanh Nghị, 'Report on Meetings with Party Leaders of Eight Socialist Countries'," 1965, History and Public Policy Program Digital Archive, 8058 – "Báo cáo của Phó Thủ tướng Lê Thanh Nghị về việc gặp các đồng chí lãnh đạo của Đảng và Nhà nước 8 nước xã hội chủ nghĩa năm 1965," Phủ Thủ tướng, Vietnam National Archives Center 3 (Hanoi). Obtained by Pierre Asselin and translated by Merle Pribbenow, CWIHP. https://digitalarchive.wilsoncenter.org/document/134601. Do Thanh Thao Mien(2019) p. 108에서 재인용.

15 "A 7 May 1967 DVO Memo about Intergovernmental Relations between the DPRK and Romania, the DRV, and Cuba," May 7, 1967, AVPRF f. 0102, op. 23, p. 112, d. 24, pp. 39-42, obtained by Sergey Radchenko and translated by Gary Goldberg, accessible at https://digitalarchive.wilsoncenter.org/document/116701

16 "Record of Conversation between Premier Kim and the Chinese Friendship Delegation," August 20, 1965, PRC FMA 106-01479-05, 46-51, translated by Charles Kraus, accessible at http://digitalarchive.wilsoncenter.org/document/118795

17 1970년대 남북대화가 시작되자 김일성은 이 사태가 좌경 극렬분자의 행동이었음을 시인하였다.

18 홍석률, "1968년 푸에블로 사건과 남한 북한 미국의 삼각관계," 『한국사연구』, 2001, p. 113, pp. 190-191.

19 홍석률, 『분단의 히스테리: 공개문서로 보는 미중관계와 한반도』, 창비, 2012, p. 73에서 재인용.

20 베트남의 최대 명절인 음력설을 맞아 북베트남군과 남베트남 인민해방군이 100곳 이상의 남베트남 도시를 기습하고 심지어 주베트남 미군사령부와 미국대사관까지 공격했다.

21 Quân đội nhân dân, 25.1.1968, 『인민군대 신문』 1968년 1월 25일; Quân đội nhân dân, 02.03.1968 『인민군대 신문』 1968년 3월 2일. Do Thanh Thao Mien(2019), p. 144에서 재인용.

22 "February 16, 1968, Telegram From Pyongyang To Bucharest, Top Secret, No. 76.044, Regular," The Two Koreas and the Vietnam War, Document Collections,

CWIHP, NKIDP. http://digitalarchive.wilsoncenter.org/document/113957

23 김진환, "베트남전쟁 시기 북한의 대외정책," 『사회와 역사』, 제105집, 2015, p. 58; 이신재, 『한 권으로 읽는 북한사』, 오름, 2016, p. 257.

24 North Korean Intentions and Capabilities With Respect to South Korea (PDF) (Report). CIA. September 21, 1967. p. 4. SNIE 14.2-67. Retrieved March 13, 2017.

25 MacWilliam Bishop, "North Korean ex-assassin recalls 1968, when the Korean cold war ran hot," *NBC News*, January 26, 2018. https://www.nbcnews.com/news/north-korea/north-korean-ex-assassin-recalls-1968-year-mattered-most-n840511

26 박태균, 『베트남 전쟁』, 한겨레출판, 2015, p. 23.

27 Do Thanh Thao Mien(2019), p. 118에서 재인용.

28 김일성, "조선로동당창건 스무돐에 즈음하여(1965년 10월 10일)," 『김일성저작집』 19 (1965.1-1965. 10), 조선로동당출판사 1982, p. 518]. Do Thanh Thao Mien(2019), p. 118에서 재인용.

29 강광식, "1960년대의 남북관계와 통일정책," 한국정신문화연구원 편, 『1960년대의 대외관계와 남북문제』, 백산서당, 1999, p. 190. 한승헌 변호사에 따르면 피고인 중 '보스' 격인 김종태는 북의 간첩 김수장과 만나 전후 네 차례에 걸쳐 북한을 왕래하였으며, 거기서 받아온 돈으로 『청맥』을 발행한 사실을 인정하였다. http://www.hani.co.kr/arti/society/society_general/335536.html#csidxb32f49a25d5dd06bf621a91c7075b24

30 "Telegram from Pyongyang to Bucharest, No. 76.247," July 6, 1967, Romanian Foreign Ministry Archive, obtained and translated by Eliza Gheorghe, accessible at http://digitalarchive.wilsoncenter.org/document/113927

31 Telegram, From AmEmbassy, Abdijan to SecState, Subject: None, May 31, 1967. Folder POL 7, KOR N, 1/1/67. Box 2262. RG 59: General Records of the Department of State, Central Foreign Policy Files 1967-1969, Political and Defense, POL 7 KOR N to POL 7 KOR N. NARA II.

32 Young(2019).

33 Vladislav M. Zubok, *A Failed Empire: the Soviet Union in the Cold War from Stalin to Gorbachev*, The University of North Carolina Press, 2007, p. 51.

34 Young(2019).

35 "On the Development of Situation in DPRK in May 1965: Political Report No. 8 ," 27 May, 1965, State Central Archive, Prague, translated by Adolf Kotlik, accessible at http://digitalarchive.wilsoncenter.org/document/116743.

36 "Report about Information on North Korea from 24 June 1965," SAPMO, June 28, 1965, translated for NKIDP by Bernd Schaefer, accessible at http://digitalarchive.wilsoncenter.org/document/111821.

37 김일성, "현정세와 우리 당의 과업(1966년 10월 5일)," 『김일성저작집』, 20(1965.11-1966. 12), 조선로동당출판사 1982, pp. 378-381. Do Thanh Thao Mien(2019), p. 116에서 재인용.

38 이종석, 『새로 쓴 현대북한의 이해』, 역사비평사, 2000, p. 81.

39 Daniel Oh, "The Two Koreas and the Vietnam War."

40 Oh, "The Two Koreas and the Vietnam War."

41 Oh, "The Two Koreas and the Vietnam War."

42 Oh, "The Two Koreas and the Vietnam War."

43 Oh, "The Two Koreas and the Vietnam War."

44 Michael Schaller, *The United States and China: Into the Twenty-First Century*, Oxford University Press, 2002.

45 Richard Nixon, "Asia after Viet Nam," *Foreign Affairs*, Vol. 46, No.1, October 1967, p. 165.

46 "Proposal for Increased Display of U.S. Interest in Dialogue between ROK and North Korea," From Embassy Seoul to SecState, February 18, 1971.

47 CIA, The President's Daily Brief, June 15, 1972; CIA, The President's Daily Brief, July 5, 1972.

48 CIA, The President's Daily Brief, June 21, 1972.

49 돈 오버도퍼, 이종길 옮김, 『두 개의 한국』, 2002, 길산, p. 83.

50 ROK/DPRK: South-North Talks, a Pause Follows Rapid Progress, Intelligence Note, December 18, 1972.

51 오버도퍼(2002), p. 83.

52 박건영(2021), p. 813에서 재인용.

53 Winston Lord, director, Policy Planning Staff, and Martin Packman, deputy director, Office of Intelligence and Research, "Second Alert Report," 20 November 1974, Secret, enclosing "Alert Report for the Secretary." RG 59, Records of the Policy Planning Staff, Director's Files (Winston Lord), 1969-1977, box 348, November 1974.

54 Don-Won Kim, "Imaginary Savior: The Image of the Nuclear Bomb in Korea, 1945-1960," *Historia Scientiarum: International Journal of the History of Science Society of Japan 19, 2009*: pp. 105-118. William Burr on March 14, 2017에서 재인용.

55 조철호, "박정희의 자주국방과 핵개발," 『역사비평』, 통권 80호, 2007, p. 360에서 재인용.

56 State Department telegram 213134 to U.S. Embassy London, 8 September 1975, Secret, forwarding U.S. Embassy Seoul telegram 6989 to Department of State, "Nuclear Reprocessing Plant," 8 September 1975, Secret, Excised copy, RG 59, AAD, MDR release by NARA.

57 U.S. Embassy Seoul telegram 74642 to Department of State, "ROK Nuclear Fuel Reprocessing Plant," 30 September 1975, Secret, RG 59, AAD

58 State Department telegram 240692 to U.S. Embassy Seoul, "Deputy Secretary Ingersoll's Meeting with Ambassador Hahm of Korea," 9 October 1975, Secret. RG

59, AAD.

59 State Department telegram 240692 to U.S. Embassy Seoul, "Deputy Secretary In-gersoll's Meeting with Ambassador Hahm of Korea," 9 October 1975, Secret. RG 59, AAD.

60 U.S. Embassy Seoul telegram 8278 to Department of State, "ROKG Rejects Our Representations on Nuclear Reprocessing," 24 October 1975, Secret, RG 59, AAD.

61 Assistant Secretary of State for East Asian and Pacific Affairs Philip Habib and Policy Planning Staff director Winston Lord through the Deputy Secretary of State (Ingersoll) to the Secretary of State, "Korean Reprocessing – the Next Step," with attached study, "Korean Reprocessing: Issues and Options," 18 November 1975, Secret, RG 59, Records of Policy Planning Staff, Directors Files 1969-1977 (Winston Lord), box 369, Nov 16-30, 1975.

62 State Department telegram 280819 to U.S. Embassy Tokyo and U.S. Embassy Seoul, "Japanese Embassy Approach on ROK Nuclear Reprocessing Facility," 27 November 1975, RG 59, AAD, MDR release by NARA.

63 U.S. Embassy Seoul telegram 6608 to Department of State, "ROK Nuclear Fuel Re-processing Plans," 26 August 1975, Secret, Digital National Security Archive.

64 National Foreign Assessment Center, *South Korea: Nuclear Developments and Stra-tegic Decisionmaking* US Central Intelligence Agency, June 1978, declassified for release, October 2005, p. I, at: http://nautilus.org/publications/essays/napsnet/reports/CIA_ROK_Nuclear_DecisionMaking

65 Section 6, "Study Prepared by the Office of International Security Affairs in the Department of Defense, Washington," circa January 16, 1976, *Foreign Relations of the United States, 1969-1976*, Volume E – 12, Documents on East and South Asia, 1973 – 1976, Document 274, at: http://history.state.gov/historicaldocuments/frus1969-76ve12/d274

66 National Foreign Assessment Center, *South Korea: Nuclear Developments*, op cit, p. 2.

67 Se Young Jang, "Excavating South Korea's Nuclear History," April 10, 2017. https://www.wilsoncenter.org/blog-post/excavating-south-koreas-nuclear-history

68 『조선일보』, 1975년 4월 9일.

69 권혜영, "유신헌법상 긴급조치권과 그에 근거한 긴급조치의 불법성," 『법학논집』, vol. 14, no.2, 2009, pp. 181-221.

70 Telegram from the US Legation Office in Peking to the Secretary of State, "Peking Prepares Big Welcome for Kim Il-Sung," April 16, 1975, in *ibid.*, 355-356. Christian F. Ostermann and James F. Person, eds., *The Rise and Fall of Détente on the Korean Peninsula, 1970-1974* (Washington, D.C.: Woodrow Wilson International Center for Scholars, 2011. 이때 마오쩌둥과 저우언라이는 건강이 좋지 않아 덩샤오핑이 주로

김일성과 대화하였다.

71　『조선일보』, 1975년 4월 17일.

72　허문명, "김일성, 베트남 공산화 후 적화통일 위협 노골화,"『동아일보』, 2013년 7월 24일.

73　『로동신문』, 1975년 5월 20일.

74　조선통신사,『조선중앙년감』, 1976, p. 408.

75　조선통신사,『조선중앙년감』, 1976, p. 408.

76　김일성,『조선노동당 창건 30주년 기념대회의 보고서』, 주베조선대사관, 1975, p. 29. Do Thanh Thao Mien(2019)에서 재인용.

77　『동아일보』, 1975년 6월 25일.

북방정책과 남북기본합의서

1　L. Dittmer, "East Asia in The New Era," *World Politics*, 55(1), 2002, pp. 38-65.

2　하용출 편저,『북방정책: 기원, 전개, 영향』, 서울대학교출판부, 2003, pp. 1-22.

3　김연철, "노태우 정부의 북방정책과 남북기본합의서,"『역사비평』, 2011, 97, pp. 80-110.

4　황보람, "김무성 '과하게 비판한 것 인정'… NLL 대화록 비난 '사과',"『머니투데이』, 2015년 6월 3일.

5　한국기록전문가협회, "「2007 남북정상회담 회의록」의 유출에서 실종까지," 2013년 9월.

6　한국기록전문가협회(2013).

7　한국기록전문가협회(2013).

8　첸치천, 유상철 옮김,『열가지 외교 이야기』, 랜덤하우스코리아, 2004.

9　Nicholas D. Kristof, "Chinese and South Koreans Formally Establish Relations," *The New York Times*, August 24, 1992.

10　Interview with Charles W. Freeman, excerpted from *China Confidential: American Diplomats and Sino-American Relations, 1945-1996*, compiled and edited with introduction and conclusion by Nancy Bernkopf Tucker, Columbia University Press, 2001.

11　Deputy Secretary Wolfowitz Interview with Sam Tannenhaus, Vanity Fair, May 09, 2003, https://archive.defense.gov/Transcripts/Transcript.aspx?TranscriptID=2594

1994년 여름의 한반도 전쟁 위기, 그리고 제노바 북미기본합의

1　오버도퍼(2002), p. 254.

2　이 문서는 2000년 남북정상회담은 북한의 대남정책의 극적인 변화를 보여주는 것이 아

니라 김일성의 사망 및 김영삼의 대북강경책에 의해 주춤했던 대남정책이 부활한 것이라고 평가했다. Memorandum, Roy to Secretary of State Albright, Subject: Pyong-yang atthe Summit, June 16, 2000, State Department FOIA release, http://www.gwu.edu/~nsarchiv/NSAEBB/NSAEBB164/EBB%20Doc%2016.pdf

3   국방부, 『대량파괴무기 문답백과』, 2001, p. 92.

4   Memorandum, Gallucci to Secretary of State Christopher, in re DPRK discharge of reactor rods from the Yongbyon reactor, ca. May 18, 1994, http://www.gwu.edu/~nsarchiv/NSAEBB/NSAEBB164/EBB%20Doc%204.pdf

5   Interview with William Perry, PBS Frontline, February 26, 2003, https://www.pbs.org/wgbh/pages/frontline/shows/kim/interviews/perry.html

6   당시 백악관 회의에 대해서는, 하버드 대학교 케네디 스쿨 편, 서재경 옮김, 『한반도 운명에 관한 보고서』, 김영사, 1998 참조.

7   MBC "이제는 말할 수 있다: 94년 한반도 전쟁 위기," 2000년 7월 9일.

8   "Clinton: N. Korea Warned About Reactor" by Reuters, *The New York Times*, December 15, 2002.

9   『중앙일보』, 2001년 6월 18일.

10   Ashton B. Carter and William J. Perry, "Back to the Brink," *The Washington Post*, October 20, 2002.

11   윌리엄 페리·애시튼 카터 저, 박건영·이성봉·권영진 옮김, 『예방적 방위전략: 페리구상과 러시아, 중국 그리고 북한』, 프레스21, 2000, pp. 192-193.

12   『연합뉴스』, 1994년 5월 18일.

13   Leon V. Sigal, "Jimmy Carter," *The Bulletin of Atomic Scientists*, 1998.

14   Joel S. Wit, Daniel B. Poneman, et al. *Going Critical*, Brookings Institution Press , 2005, pp. 200-204.

15   Wit and Poneman, et al.(2005), p. 211.

16   Sigal(1998).

17   윌리엄 페리·애시튼 카터(2000), pp. 195-196.

18   Sigal(1998).

19   1997년 10월 23일 돈 오버도퍼의 PBS와의 인터뷰(http://www.pbs.org)의 일부.

20   AFP, May 24, 2000.

21   브루스 커밍스, "한반도문제의 포괄적 해법을 위하여," 『통일시론』, 1999년 가을; United States Policy and the Crisis in Korea(Senate-May 24, 1994), Congressional Report, http://www.fas.org/spp/starwars/congress/1994/s940524-dprk.htm 등 참조.

햇볕정책

1   "햇볕정책"이란 말은 김대중 대통령이 1998년 4월 3일 영국을 방문했을 때 런던대학교

에서 행한 연설에서 처음 사용하였고 그때부터 정착된 용어이다.

2 김대중,『김대중 자서전 I』, 삼인, 2010, pp. 83-84.

3 김대중(2010), p. 84.

4 필자는 2002년 11월 '북한·미국·일본 관계의 전망과 대북정책의 방향'이라는 제목의 발제를 통해 김대중 정부의 햇볕정책에 대해 '병행전략 도그마'에 빠질 위험성이 있다고 지적하고 북이 의도적 도발을 할 경우 응징할 수 있는 정책 개방성을 가져야 효율성을 높일 수 있다고 제언한 바 있다. 나아가 필자는 햇볕정책이 성공적이었음에도 불구하고 국내정치 실패 등으로 인해 정권 차원의 실수가 국가 차원의 정책에 악영향을 미치고 있다고 분석하고 한국의 대북정책이 햇볕정책이라는 이름으로 사유화되어 정치적으로 신성시되고 정책적으로 경직화되는 경향에 대해 우려하였다. '대북인식과 대북정책 재론: 남북화해와 남남합의를 위하여' 제2회의 '한반도 환경의 변화와 주체적 대응의 모색'에서 발표된 논문. 서울, 프레스센터, 2002년 11월 5일.

5 1998년 한 해 동안 3,300명이 북한을 방문했는 데, 이 숫자는 지난 9년 동안 방북인 총수 2,400명보다 많은 숫자이다. 제204회 국회통일외교 통상위원회 회의록 제1호, 1999, p. 17.

6 Howard Diamond, "U.S. Says N. Korea Site Nuclear Free; Perry Visits Pyongyang," Arms Control Today, Arms Control Association, https://www.armscontrol.org/act/1999-04/press-releases/us-says-n-korea-site-nuclear-free-perry-visits-pyong-yang

7 Madeleine Albright, *Madam Secretary*, Miramax Books, 2003, pp. 469-470.

8 Albright(2003), pp. 469-470.

9 김대중(2010), pp. 378-379.

10 부시 정부 고위관리 Interview, June 2, 2006(Yoichi Funabashi, *The Peninsula Question: A Chronicle of the Second Korean Nuclear Crisis*, the Bookings Institution Press, 2007, p. 109에서 재인용).

11 부시 정부 고위관리 Interview, May 31, 2006, Funabashi(2007), p. 109에서 재인용.

12 『한국일보』, 2001년 6월 9일.

13 임동원,『피스메이커』, 중앙북스, 2008, pp. 582-591.

14 부시는 대북정책의 주요 목표로 북한 재래식 무력의 위협 완화를 지목했고, 특히 한국 방문을 앞두고 북한의 재래식 위협을 강조했다. 한국 사회의 일부는 이것이 미국에서 생산라인이 중단된 F-15 재고를 한국에 판매하기 위한 마케팅 전략의 일환이라고 비판했다. 부시가 귀국하고 F-15 획득이 결정된 이후 북한의 재래식 무력에 대한 강조는 급격히 사라졌다.

15 임동원(2008), pp. 592-604.

16 박건영·정욱식, "김대중-부시 정부시기 한미관계―대북정책을 중심으로",『역사비평』, 86호, 2009.

17 디트래니(Joseph Ditrani) 국가정보처 북한담당관은 미국 상원 군사위원회 청문회에서 "위원장님, 우리는 높은 신뢰도를 갖고 있었습니다. 우리의 판단은 높은 신뢰도에 기

초한 것으로서 북한이 생산규모의 프로그램을 위해 필수적인 장비들을 확보하고 있었다는 것입니다. 그리고 우리는 지금도 그 프로그램이 존재하고 있다고 믿고 있습니다. 단 그러한 믿음은 중간정도 신뢰수준에 기초하고 있습니다… 정보기관의 정의에 따르면, 그 수준은 정보가 다양한 방향으로 해석될 수 있음을 의미합니다. 우리는 대안적인 견해들을 가지고 있습니다"라고 밝혔고, 2007년 2월 27일 힐 국무부 차관보는 "만일 우리가 프로그램이 있다고 판단하면 그것은 제거되어야 합니다"라고 유보적 태도를 취했다. David E. Sanger and William J. Broad, "U.S. Concedes Uncertainty on North Korean Uranium Effort," *The New York Times*, March 1, 2007.

18 이런 의문에 대한 논리적인 추적은 박건영·정욱식, 『북핵, 그리고 그 이후』, 풀빛, 2007, pp. 72-102.

19 Funabashi(2007), p. 2.

20 임동원(2008), pp. 658-655.

21 임동원(2008), pp. 666-671.

22 Karen DeYoung and Mike Allen, "Bush's Efforts on Iraq, North Korea Flag", *The Washington Post*, October 27, 2002.

한국군 이라크 파병

1 이종석, 『칼날 위의 평화: 노무현 시대 통일외교안보 비망록』, 개마고원, 2014, p. 181.

2 https://www.peoplepower21.org/Peace/1357909

3 인터뷰, 찰스 랭글(Charles Wrangle) 미국 민주당 하원의원(뉴욕), 2003년 6월 3일.

4 신호철, "'이라크 현지 조사단' 단원 박건영 교수," 『시사저널』, 1652호, 2003년 10월 7일.

5 제4차 6자회담 공동성명(2005.9.19, 베이징)의 내용은 다음과 같다:
한반도와 동북아시아 전반의 평화와 안정이라는 대의를 위해, 6자는 상호 존중과 평등의 정신하에, 지난 3회에 걸친 회담에서 이루어진 공동의 이해를 기반으로, 한반도의 비핵화에 대해 진지하면서도 실질적인 회담을 가졌으며, 이러한 맥락에서 다음과 같이 합의하였다.
1. 6자는 6자회담의 목표가 한반도의 검증가능한 비핵화를 평화적인 방법으로 달성하는 것임을 만장일치로 재확인하였다.
조선민주주의인민공화국은 모든 핵무기와 현존하는 핵계획을 포기할 것과, 조속한 시일 내에 핵확산금지조약(NPT)과 국제원자력기구(IAEA)의 안전조치에 복귀할 것을 공약하였다.
미합중국은 한반도에 핵무기를 갖고 있지 않으며, 핵무기 또는 재래식 무기로 조선민주주의인민공화국을 공격 또는 침공할 의사가 없다는 것을 확인하였다.
대한민국은 자국 영토 내에 핵무기가 존재하지 않는다는 것을 확인하면서, 1992년도 「한반도의 비핵화에 관한 남.북 공동선언」에 따라, 핵무기를 접수 또는 배비하지 않겠다는 공약을 재확인하였다.

1992년도「한반도의 비핵화에 관한 남.북 공동선언」은 준수, 이행되어야 한다.

조선민주주의인민공화국은 핵에너지의 평화적 이용에 관한 권리를 가지고 있다고 밝혔다. 여타 당사국들은 이에 대한 존중을 표명하였고, 적절한 시기에 조선민주주의인민공화국에 대한 경수로 제공 문제에 대해 논의하는데 동의하였다.

2. 6자는 상호 관계에 있어 국제연합헌장의 목적과 원칙 및 국제관계에서 인정된 규범을 준수할 것을 약속하였다.

조선민주주의인민공화국과 미합중국은 상호 주권을 존중하고, 평화적으로 공존하며, 각자의 정책에 따라 관계정상화를 위한 조치를 취할 것을 약속하였다.

조선민주주의인민공화국과 일본은 평양선언에 따라, 불행했던 과거와 현안사항의 해결을 기초로 하여 관계 정상화를 위한 조치를 취할 것을 약속하였다.

3. 6자는 에너지, 교역 및 투자 분야에서의 경제협력을 양자 및 다자적으로 증진시킬 것을 약속하였다.

중화인민공화국, 일본, 대한민국, 러시아연방 및 미합중국은 조선민주주의인민공화국에 대해 에너지 지원을 제공할 용의를 표명하였다.

대한민국은 조선민주주의인민공화국에 대한 2백만 킬로 와트의 전력공급에 관한 2005. 7.12자 제안을 재확인하였다.

4. 6자는 동북아시아의 항구적인 평화와 안정을 위해 공동 노력할 것을 공약하였다.

직접 관련 당사국들은 적절한 별도 포럼에서 한반도의 항구적 평화체제에 관한 협상을 가질 것이다.

6자는 동북아시아에서의 안보협력 증진을 위한 방안과 수단을 모색하기로 합의하였다.

5. 6자는 '공약 대 공약', '행동 대 행동' 원칙에 입각하여 단계적 방식으로 상기 합의의 이행을 위해 상호조율된 조치를 취할 것을 합의하였다.

6. 6자는 제5차 6자회담을 11월초 북경에서 협의를 통해 결정되는 일자에 개최하기로 합의하였다.

6   박효종, "노무현에게 '카인의 벌'을!"『중앙일보』, 2009년 5월 3일.

7   Robert D. Novak, "Inside Report: South Korea's Crisis," January 6, 2003. http://www.cnsnews.com/Commentary/Archive/200301/COM20030106c.html

8   Nicholas Eberstadt, "Tear Down This Tyranny: A Korea strategy for Bush's second term," *The Weekly Standard*, Volume 10, Issue 11, November 29, 2004.

9   President Roh's address given to the Los Angeles World Affairs Council, November 12, 2004; available online on the website of the Blue House, http://english.president.go.kr/warp/app/home/en_home

10   The U.S. Department of State, March 25, 2005.

11   Roh: Fears may ease nuke standoff Friday, May 16, 2003. http://edition.cnn.com/2003/WORLD/asiapcf/east/05/15/skorea.roh/

12   이종석(2014), p. 201.

동북아균형자론

1   이종석(2014), p. 365.
2   이종석(2014), p. 366.
3   https://www.newswire.co.kr/newsRead.php?no=39708
4   이종석(2014), p. 368.
5   이종석(2014), pp. 369-370.
6   이종석(2014), pp. 369-370.

'비핵개방 3000'과 '5.24조치'

1   이명박 당선인은 "김 전 대통령 시절에는 북한 핵문제가 없던 시절이라 환경이 달랐다"
    며 "북한을 지원하고 개방을 유도하는 취지는 긍정적으로 평가하지만 차기 정부는 남북
    간 경제교류가 한반도 비핵화와 연계될 수밖에 없을 것"이라고 말했고, 아울러, "북한이
    비핵화를 실천하고 개방을 선택한다면 어떤 변화가 가능한지, 구체적인 청사진을 통해
    보여주는 것"이라고 자신의 신한반도 구상의 취지를 설명한 바 있다.
2   송홍근, "비핵·개방 3000 구상 남조선, 헛소리 말라우," 『주간동아』, 2008년 3월 19일.
    https://weekly.donga.com/List/3/all/11/84625/1.
3   김근식, "이명박정부의 통일부 폐지," 『경향신문』, 2008년 1월 16일.
4   북한 "비핵·개방·3000" 거부 논평 원문, 2008년 4월 1일. https://www.nocutnews.
    co.kr/news/432549
5   http://www.navy.mil.kr/mbshome/mbs/navy/subview.do?id=navy_060409010000
6   "北韓에 특이동향 없다고?" 『월간조선』, 2010년 5월호.
7   문화체육관광부 홍보지원국, "이 대통령 "천안함 북 소행 부정…정말 아니다. 향군 임
    원 간담회서 밝혀," 대한민국 정책브리핑, 2010년 10월 13일. https://www.korea.kr/
    news/policyNewsView.do?newsId=148700464

일제 강점기 일본군 위안부 및 강제징용 피해자 문제

1   Ethan Epstein, "Wendy Sherman vs. South Korea," *The Washington Examiner*,
    March 4, 2015.
2   제53조 일반국제법의 절대규범(강행규범)과 충돌하는 조약: 조약은 그 체결 당시에 일
    반국제법의 절대규범과 충돌하는 경우에 무효이다. 이 협약의 목적상 일반 국제법의 절
    대규범은, 그 이탈이 허용되지 아니하며 또한 동일한 성질을 가진 일반 국제법의 추후의
    규범에 의해서만 변경될 수 있는 규범으로, 전체로서의 국제 공동사회가 수락하며 또한
    인정하는 규범이다.

3　박동실, "위안부 배상 판결과 주권면제," *The Legal Times*, 2021년 3월 5일. https://www.legaltimes.co.kr/news/articleView.html?idxno=58848

4　아드사니는 영국 및 쿠웨이트 이중국적자로서 쿠웨이트 체류 시 쿠웨이트 정부에게 고문을 당했다고 주장하면서 영국법원에 쿠웨이트 정부를 상대로 신체적, 정신적 피해에 대한 손해배상을 요구하는 민사소송을 제기하였지만 영국법원은 주권면제론에 입각하여 원고패소를 결정하였다. 아드사니는 유럽인권협약 제6조에 따른 공정한 재판을 받을 권리를 침해 당했다고 주장하면서 유럽인권재판소에 제소하였지만, 동 재판소는 재판관 17 대 8로 고문의 금지가 국제법상 강행규범임을 인정하였으나, 법정지국 밖에서 벌어진 고문과 관련된 민사소송에 관하여는 주권면제를 부인하는 국제법상의 법리가 확인된 바 없다고 판단하였다. Adsani v. the United Kingdom. no. 35763/97, ECHR 2001.

5　알렉산더 웬트, 박건영·이옥연·구갑우 역, 『국제정치의 사회적 이론』, 사회평론, 2009.

6　미셸 푸코 지음, 오생근 옮김, 『감시와 처벌: 감옥의 탄생』, 나남, 2020.

7　Xiaodong Yang, *State Immunity in International Law*, Cambridge University Press, 2012.

8　칸트(2013), p. 165.

9　바텔(Emmerich de Vattel)은 그의 1758년 『만국공법(*Le Droit des gens, The Law of Nations*)』에서 자연법 이론을 국제정치에 적용하였다. 자유와 평등의 원칙을 강조하는 그의 국제법 이론은 특히 미국의 독립선언문에 큰 영향력을 미쳤다.

10　Cançado Trindade, Dissenting Opinion of Judge Cançado Trindade, "IX. The Inadmissibility of Inter-State Waiver of the Rights of the Individuals, Victims of Grave Violations of International Law," pp. 69-72. https://icj-cij.org/public/files/case-related/143/143-20120203-JUD-01-04-EN.pdf

11　제3조 1항은 "협정의 해석 및 실시에 관한 양 체약국 간의 분쟁은 우선 외교상의 경로를 통하여 해결한다"이다.

12　칸트(2013), p. 155. 로마의 역사가 리비우스(Titus Livius)에 따르면, 기원전 390년경 로마를 정복한 갈리아 군대 사령관 브레누스(Brennus, Brennos)가 철수 조건으로 로마인으로부터 합의금을 받는 자리에서 틀린 저울을 사용하자 로마인이 이에 항의했을 때 자기의 칼까지 던져 놓으면서 조롱하는 투로 "Vae victis(패한 자는 비참하다)!"라고 말했다.

13　William Sposato, "Japan Started a War It Wasn't Ready to Fight: Tokyo picked a trade brawl with Seoul – but wasn't prepared for the inevitable blowback," *Foreign Policy*, August 6, 2019.

14　Matthew P. Goodman, "Japan and Korea: Rising Above the Fray," August 6, 2019. https://www.csis.org/analysis/japan-and-korea-rising-above-fray

15　안대규·신연수, "현직 고법판사 쓴소리 "외교엔 사법부도 정부 협조하는 게 국제 관례," 『한국경제』, 2019년 7월 3일.

16　Daniel Abebe, "One Voice or Many? The Political Question Doctrine and Acoustic

Dissonance in Foreign Affairs", University of Chicago Public Law & Legal Theory Working Paper, 2013.

17 Sarah H. Cleveland, "Crosby and the 'One-Voice' Myth in U.S. Foreign Relations", *Villanova Law Review*, 46, 975, 2001. https://scholarship.law.columbia.edu/faculty_scholarship/1028

18 David H. Moore, "Beyond One Voice", *Minnesota Law Review*, 98, 953, 2014.

19 채무자가 스스로 자신의 채무를 변제함으로써 일종의 사회적 체면 등을 유지할 수 있게 하는 것(전혀 관계 없는 누군가가 채무자 대신 변제하고는 거들먹거리는 것을 방지)이 제2항의 조문을 둔 이유라 할 수 있다.

사드(THAAD) 배치

1 Scott A. Snyder, "Park's Decision to Join Xi Jinping's World War II Commemoration," September 2, 2015. https://www.cfr.org/blog/parks-decision-join-xi-jinpings-world-war-ii-commemoration

2 사설, "박 대통령 중국 열병식 참가…외교 호기로 삼아야,"『중앙일보』, 2015년 8월 28일.

3 박승준, "中, 북한 5차 핵실험 해도 북·중 관계 복원된다,"『시사저널』1653호, 2021년 6월 19일.

4 "중국 안보 이익 손해 용납 불가,"『인민일보』인민망 한국어판, August 03, 2016.

5 박건영, "한국 안보와 사드(THAAD),"『한국과 국제정치』, 제32권 3호, 2016.

6 Robert Barnes, "Introduction," in Steven Casey (ed.) *The Korean War at Sixty*, Routledge, London, 2012, p. 5.

7 "World Policy and Bipartisanship: Interview with Senator Tom Connally," *The US. News & World Report*, May 5, 1950.

8 *Memorandum of Conversation, by the Chargé in Korea (Drumright)*, Seoul, May 9, 1950. Foreign Relations of the United States, 1950, Korea, Volume VII, 795B.00/5 – 1050. https://history.state.gov/historicaldocuments/frus1950v07/d35

9 Sergei Goncharov, John Lewis, Litai Xue, *Uncertain Partners: Stalin, Mao, and the Korean War* (Studies in Intl Security and Arm Control) 1st Edition, Stanford University Press, 1995, p. 142.

10 Goncharov, John Lewis, Litai Xue(1995), p. 141.

11 Thomas L. Friedman, "Foreign Affairs; Who's Crazy Here?" *The New York Times*, May 15, 2001.

12 김홍수, SBS 뉴스. http://news.sbs.co.kr/news/endPage.do?news_id=N1003706323&plink=ORI&cooper=NAVER

13 주요 저작은 Mark E. Manyin, Emma Chanlett-Avery, Mary Beth D. Nikitin, Ian E.

Rinehart, Brock R. Williams, *U.S.-South Korea Relations*, Congressional Research Service, April 26, 2016; Kurt M. Campbell, Victor D. Cha, Lindsey Ford, Kazuyo Kato, Nirav Patel, Randy Schriver, and Vikram J. Singh, *Going Global: The Future of the U.S.-South Korea Alliance*, Center for New American Security, February 2009.

14 "人民日报发表评论称部署"萨德"将使韩国引火烧身,"『人民日報』 2016년 8월 1일. http://kr.people.com.cn//n3/2016/0801/c203201-9093758.html

15 "S. Korea to deploy THAAD in southeastern region despite opposition from neigh-boring countries,"『新华通讯』, July 13, 2016.

16 『인민일보』, 2016년 8월 1일.

17 연합뉴스, 2015년 3월 30일. http://www.yonhapnews.co.kr/bulletin/2015/03/30/02 00000000AKR20150330067400043.HTML

18 Brett V. Benson and Emerson M. S. Niou, "Comprehending Strategic Ambiguity: US Security Commitment to Taiwan," November 12, 2001. http://people.duke. edu/~niou/teaching/strategic%20ambiguity.pdf

조선이 한국에게 보내는 편지

1   정약용, 박지숙 엮음,『유배지에서 정약용이 보낸 편지』, 푸른책들, 2015.

참고문헌

단행본 및 논문

강광식, "1960년대의 남북관계와 통일정책," 한국정신문화연구원 편, 『1960년대의 대외관계와 남북문제』, 백산서당, 1999.

강호출, "국외민족해방운동세력의 활동과 민족유일당운동," 『우리민족해방운동사』, 역사비평사, 2000.

계승범, "광해군, 두 개의 상반된 평가," 『韓國史學史學報』, Vol. 32, 2015.

고윤수, "광해군대 조선의 랴오둥정책과 조선군 포로," 『東方學志』, 제123집, 2004년 1월.

고종실록 17권, 고종 17년 9월 8일 계유 1번째 기사. 1880년 조선 개국(開國) 489년. "수신사 김홍집이 일본에서 《조선책략》1책을 증정하므로 가지고 귀국하다."

과기정통부, 『2020년 기술수준평가』, 2020.

곽진오, "일본의 '독도무주지선점론'과 이에 대한 반론," 『한국정치외교사논총』, 제36권 제1호, 2014.

광해군일기[정초본] 147권, 광해 11년 12월 22일 신미 3번째기사. 1619년 명 만력(萬曆) 조선왕조실록, 국사편찬위원회.

구수석, 『正祖時代訓練大將具善復: 獄事史料根據』, 민창사, 2007.

구영록·배영수, 『한미관계 1882-1982』, 서울대학교출판부, 1982.

국방부, 『대량파괴무기 문답백과』, 2001.

국사편찬위원회, "기리노 도시아키(桐野利秋)의 정한론." http://contents.history.go.kr/front/hm/view.do?tabId=03&levelId=hm_119_0010

권석봉, "조선책략과 청측 의도," 『전해종박사화갑개념사학논총』, 일조각, 1979.

_____, 『東方學志』27집, 연세대 국학연구원, 1981.

권혜영, "유신헌법상 긴급조치권과 그에 근거한 긴급조치의 불법성," 『법학논집』, vol. 14, no.2, 2009.

기광서, "1940년대 전반 소련군 88 독립보병여단 내 김일성그룹의 동향," 『역사와 현실』, 1998, 28.

김일환, "흥선대원군의 피랍(被拉) 체험 기록 연구," 『한국언어문화』, 제69집, 2019.

김당택, 『한국 대외교류의 역사』, 일조각, 2009.

김대중, 『김대중 자서전 1』, 삼인, 2010.

_____, 『김대중 자서전 2』, 삼인, 2010.

김성남, "吳長慶軍營과 그 막료들 – 조선 견문록 3종을 중심으로,"『대동문화연구』, 74집, 성균관대 대동문화연구원, 2011.

김세진,『요시다 쇼인 시대를 반역하다』, 호밀밭, 2018.

김연철, "노태우 정부의 북방정책과 남북기본합의서,"『역사비평』, 2011, 97.

김영, "근대 조선과 요시다 쇼인(吉田松陰) – 울릉도론(竹島論)을 중심으로,"『일본어문학』, 제85권, 2019.

김용구,『임오군란과 갑신정변: 사대질서의 변형과 한국외교사』, 원, 2004.

김일성,『김일성저작집』19, 조선로동당 출판사, 1980.

_____,『조선노동당창건 30주년 기념대회의 보고서』, 주베조선대사관, 1975.

_____, "조선로동당창건 스무돐에 즈음하여,"『김일성저작집』19, 조선로동당출판사, 1982.

김정기,『국회프락치사건의 증언』, 한울, 2021.

_____, "1882년 조미수호통상조약과 이권침탈,"『역사비평』, 계간 17호, 1992.

김종필,『김종필 증언록』, 와이즈베리, 2016.

김진환, "베트남전쟁 시기 북한의 대외정책,"『사회와 역사』, 제105집, 2015.

김한규,『漢代의 天下思想과 羈縻之義, 中國의 天下思想』, 民音社, 1988.

_____,『한중관계사 II』, 대우학술총서, 1999.

대한민국 국방부,『국방조약집』, 군사편찬위원회, 제1집, 1981.

동덕모,『조선조의 국제관계』, 박영사, 1990.

프란시스 레이(Francis Ray), "대한제국의 국제법적 지위," 최종고, 한창희 역, "La Situation Internationale de la Coree," *Revue Generale de Droit International Public*, Tome XIII, 1906, 제27권 2-3호,『법학』, Vol.27 No.2/3, 1986.

리처드 E. 라우터백, 국제신문사 출판부 옮김,『한국 미군정사』, 돌베개 문고, 1984.

馬建忠, 김한규 역, "東行三錄,"『사조선록 역주 5』, 소명출판, 2012.

맹자, 임자헌 옮김,『맹자』, 이루편(離婁編), 루페, 2019.

민두기,『일본의 역사』, 지식산업사, 2000.

Do Thanh Thao Mien,『베트남전쟁기 한반도와 베트남 관계 연구』, 이화여자대학교 대학원(사학과) 박사학위 청구논문, 2019.

박건영. "대북정책의 새로운 접근,"『국제정치논총』, 제38집 2호, 1998.

_____, "이명박 정부의 대미정책과 대안: 외교안보 문제를 중심으로,"『국가전략』, 14권 4호, 2008.

_____,『오바마와 북한』, 풀빛, 2010.

_____, "미중관계의 미래와 한반도의 통일: 전략적 실용주의의 관점," 이수훈·조대엽 공편,『한반도 통일론의 재구상』, 선인, 2012.

_____, "한국 안보와 사드(THAAD),"『한국과 국제정치』, 제32권 3호, 2016.

_____, "유익하고 흥미로운 삼각관계 이야기,"『아시아리뷰』, 제8권 제2호, 2019.

_____, "'중국특색적 자유주의국제질서' 하의 예외주의 정치문명의 충돌?"『한국과 국제정치』, 제36권 제1호, 2020.

_____, "양분법적 사고의 외교안보정책적 함의와 대안으로서의 '전략적–실용주의': 미국

신보수주의 대북한정책의 사례," 박성우 등 저,『양분법을 넘어서 – 극단의 시대와
정치외교학』, 사회평론아카데미, 2020.

_____,『국제관계사』, 사회평론아카데미, 2021.

박건영·정욱식,『북핵, 그리고 그 이후』, 풀빛, 2007.

박성수,『독립운동사 연구』, 창작과 비평사, 1980.

박재권, "해방 직후의 소련의 대북한정책,"『해방전후사의 인식 I』, 한길사, 1989.

박제가, 마현준 옮김,『북학의』, 풀빛, 2021.

박진희, "전후 한일관계와 샌프란시스코 평화조약,"『한국사 연구』, 2005.

박태균,『베트남 전쟁』, 한겨레출판, 2015.

박훈,『메이지유신을 설계한 최후의 사무라이들』, 21세기북스, 2020.

서영희,『일제 침략과 대한제국의 종말: 러일전쟁에서 한일합병까지』, 역사비평사, 2021.

송호근, "일본 제국주의의 정신구조,"『개념과 소통』, 제16호, 2015.

신용하,『의병과 독립군의 무장독립운동』, 지식산업사, 2013.

돈 오버도퍼, 이종길 옮김,『두개의 한국(*The Two Koreas: A Contemporary History*)』, 길산,
2002.

오수열, "양무운동의 전개과정과 성격에 관한 연구,"『한국동북아논총』, vol. 14, no.2, 통권
51호, 2009.

염인호,『조선의용군의 독립운동』, 나남, 2001.

윌리엄 페리·애시튼 카터 저, 박건영·이성봉·권영진 옮김,『예방적 방위전략: 페리구상과
러시아, 중국 그리고 북한』, 프레스21, 2000.

와다 하루키, 이경희 역,『러일전쟁과 대한제국』, 제이앤씨, 2011.

케네스 월츠, 박건영 옮김,『국제정치이론』, 사회평론, 2000.

유병용,『박정희정부와 한일협정, 1960년대의 대외관계와 남북문제』, 백산서당, 1999.

윤병석,『의병과 독립군』, 세종대왕기념사업회, 2000.

이덕일, "민생단 사건이 동북항일연군2군에 미친 영향,"『한국사연구』, 1995.

_____,『조선왕조실록 3: 세종 문종 단종』, 다산초당, 2019.

_____,『조선이 버린 천재들 – 역사의 선각자로 부활하다』, 옥당, 2016.

이병도, "광해군의 대후금 정책,"『국사상의 제문제 1』, 1959.

이신재,『한 권으로 읽는 북한사』, 오름, 2016.

이이화,『인물로 읽는 한국사 시리즈: 세상을 위한 학문을 하라』, 김영사, 2008.

이정식, "1910년대의 국제정세,"『한민족독립운동사』, 국사편찬위원회, 1988.

이종석,『새로 쓴 현대북한의 이해』, 역사비평사, 2000.

_____,『칼날 위의 평화: 노무현 시대 통일외교안보 비망록』, 개마고원, 2014.

이철순, "이승만의 대미외교를 통한 국가생존 전략(1895-1953),"『한국정치연구』, 제21집
제3호, 2019.

이춘식, "중화사상의 형성과 본질," 이춘식,『중화사상의 이해』, 신서원, 2002.

이태진, "1894년 6월 청군 출병 과정의 진상 – 자진 청병설 비판,"『한국문화』, 24, 1999.

_____, "근대 일본 초슈 번벌의 한국 침략: 법과 윤리의 실종," 도시환 외 지음,

『한일강제병합 100년의 역사와 과제』, 동북아역사재단, 2013.

_____,『고종시대의 재조명』, 태학사, 2000.

이태진 편저,『한국병합 이루어지지 않았다』, 태학사, 2001.

이태진 · 김재호 외,『고종황제 역사청문회』, 푸른역사, 2005.

임계순,『한로밀약과 청의 대응: 청일전쟁을 전후한 한국과 열강』, 한국정신문화연구원, 1984.

임동원,『피스메이커』, 중앙북스, 2008.

임마누엘 칸트, 백종현 옮김,『영원한 평화』, 아카넷, 2013.

정규섭,『북한외교의 어제와 오늘』, 일신사, 1997.

정성화, "샌프란시스코 平和條約과 韓國 · 美國 · 日本의 外交政策의 考察,"
    『인문과학연구논총』, (7), 1990.

정승교,『미래를 여는 한국의 역사』, 웅진지식하우스, 2011.

정약용, 박지숙 엮음,『유배지에서 정약용이 보낸 편지』, 푸른책들, 2015.

조철호, "박정희의 자주국방과 핵개발,"『역사비평』, 통권 80호, 2007.

진덕규, "미군정의 정치사적 인식,"『해방전후사의 인식 I』, 한길사, 1989.

차상철, "이승만과 1950년대의 한미동맹." 문정인 · 김세중 편,『1950년대 한국사의 재조명』, 선인, 2004.

첸치천, 유상철 옮김,『열가지 외교 이야기』, 랜덤하우스코리아, 2004.

최명길,『지천선생유집(遲川先生遺集)』권23.

_____, 신해진 역주,『병자봉사』, 역락, 2012.

최문형,『한국을 둘러싼 제국주의 열강의 각축』, 지식산업사, 2001.

리처드 탈러, 캐스 R. 선스타인, 안진환 역, 최정규 감수,『넛지』, 리더스북, 2018.

브루스 커밍스, "한반도문제의 포괄적 해법을 위하여,"『통일시론』, 1999년 가을호.

꾼 드 꿰스터, "1907년 헤이그 특사의 성공과 좌절,"『한국사학보』, 30, 2008.

미셸 푸코, 오생근 옮김,『감시와 처벌: 감옥의 탄생』, 나남, 2020.

하버드 대학교 케네디 스쿨 편, 서재경 옮김,『한반도 운명에 관한 보고서』, 김영사, 1998.

한국기록전문가협회, "「2007 남북정상회담 회의록」의 유출에서 실종까지," 2013년 9월.

한명기,『광해군』, 역사비평사, 2000.

F. H. 해링튼, 이광린 역,『개화기의 한미관계: 알렌 박사의 활동을 중심으로』, 일조각, 1973.

허은, "8.15직후 민족국가 건설운동," 강만길 외 저,『우리민족해방운동사』, 역사비평사, 2012.

홍석률, "1968년 푸에블로 사건과 남한 북한 미국의 삼각관계,"『한국사연구』, 2001.

Madeleine Albright, *Madam Secretary*, Miramax Books, 2003.

Robert Barnes, "Introduction," in Steven Casey ed., *The Korean War at Sixty*, Routledge, London, 2012.

Brett V. Benson and Emerson M. S. Niou, *"Comprehending Strategic Ambiguity: US Security Commitment to Taiwan,"* November 12, 2001. http://people.duke.

edu/~niou/teaching/strategic%20ambiguity.pdf

Robert M. Blackburn, *Mercenaries and Lyndon Johnson's "more flags": the hiring of Korean, Filipino, and Thai soldiers in the Vietnam War*, McFarland, 1994.

John Morton Blum, *The Republican Roosevelt*, Harvard University Press, 1977.

John M. Blum, John J. Buckley and Elting E. Morison eds., *The Letters of Theodore Roosevelt, Vol. 8*, Harvard University Press, 1951.

Daniel Byman and Jennifer Lind, "Pyongyang's Survival Strategy: Tools of Authoritarian Control in North Korea," *International Security*, Summer, 2010.

Kurt M. Campbell, Victor D. Cha, Lindsey Ford, Kazuyo Kato, Nirav Patel, Randy Schriver, and Vikram J. Singh, *Going Global: The Future of the U.S.-South Korea Alliance*, Center for New American Security, February 2009.

Olive Checkland, *Britain's Encounter with Meiji Japan, 1868-1912*, Palgrave Macmillan, 1989.

CIA, North Korean Intentions and Capabilities With Respect to South Korea (PDF) (Report). CIA. September 21, 1967. SNIE 14.2-67. Retrieved March 13, 2017.

S. Chu, "The Sino-Japanese War of 1894: A Preliminary Assessment from U.S.A.," *Bulletin of the Institute of Modern History*, Academia Sinica, XIV, June 1985.

Howard Diamond, "U.S. Says N. Korea Site Nuclear Free; Perry Visits Pyongyang," Arms Control Today, Arms Control Association, https://www.armscontrol. org/act/1999-04/press-releases/us-says-n-korea-site-nuclear-free-perry-visits-pyongyang. http://www.navy.mil.kr/mbshome/mbs/navy/subview.do?id=navy_ 060409010000.

L. Dittmer, "East Asia in The New Era," *World Politics*, 55(1), 2002.

J. S. Dunn, *The Crowe Memorandum: Sir Eyre Crowe and Foreign Office Perceptions of Germany, 1918-1925*, Cambridge Scholars Publishing, 2013.

J. K. Fairbank, *The Great Chinese Revolution*, Harper, 1988.

Nicholas Eberstadt, "Tear Down This Tyranny: A Korea strategy for Bush's second term," *The Weekly Standard*, Volume 10, Issue 11, November 29, 2004.

Leon Festinger, *A Theory of Cognitive Dissonance*, Stanford University Press, 1957.

David P. Fields, *Foreign Friends: Syngman Rhee, American Exceptionalism, and the Division of Korea*, Fields University Press of Kentucky, 2019.

Charles W. Freeman, Interview with Charles W. Freeman, excerpted from *China Confidential: American Diplomats and Sino-American Relations, 1945-1996*, compiled and edited with introduction and conclusion by Nancy Bernkopf Tucker, Columbia University Press, 2001.

Yoichi Funabashi, *The Peninsula Question: A Chronicle of the Second Korean Nuclear Crisis*, the Bookings Institution Press, 2007.

Allen Fung, "Testing the Self-Strengthening: The Chinese Army in the Sino-Japanese

War of 1894-1895," *Modern Asian Studies*, Vol. 30, No. 4, Special Issue: War in Modern China, October 1996.

Martin Gilbert, *Winston S. Churchill: Never Despair, 1945-1965*, Houghton Mifflin, 1960.

Sergei Goncharov, John Lewis, Litai Xue, *Uncertain Partners: Stalin, Mao, and the Korean War* (Studies in Intl Security and Arm Control) 1st Edition, Stanford University Press, 1995.

Matthew P. Goodman, "Japan and Korea: Rising Above the Fray," August 6, 2019. https://www.csis.org/analysis/japan-and-korea-rising-above-fray

Jon Grevatt, "Russia and India extend military accord to 2020," *Jane's Defence Weekly*, December 16, 2009.

Joseph Grew, "Review of Policy regarding Korea," *Department of State Bulletin*, June 10, 1945.

Chih-Jung Huang, *Territory, Sovereignty, and Empire/State in China Proper, Inner Asia, and Taiwan, 907-1949*, A dissertation submitted in partial fulfillment of the requirements for the degree of Doctor of Juridical Science (S.J.D.), School of Law, University of Virginia, 2019.

Se Young Jang, "Excavating South Korea's Nuclear History," April 10, 2017. https://www.wilsoncenter.org/blog-post/excavating-south-koreas-nuclear-history

Robert Jervis, "Hypotheses on Misperception," *World Politics* 20-3, 1968.

Don-Won Kim, "Imaginary Savior: The Image of the Nuclear Bomb in Korea, 1945-1960," *Historia Scientiarum: International Journal of the History of Science Society of Japan 19*, 2009: William Burr on March 14, 2017.

Kwan-bong Kim, *The Korea-Japan Treaty Crisis and the Instability of the Korean Political System*, Praeger Publishers, 1971.

Henry Kissinger, *Diplomacy*, Simon & Schuster, 1994.

Euy Suk Kwon, "An Unfulfilled Expectation: Britain's Response to the Question of Korean Independence, 1903-1905," *International Journal of Korean History*, 2018: 23(1).

Ian Morris, *Why the West Rules–for Now: The Patterns of History, and What They Reveal about the Future*, Farrar, Straus and Giroux, 2010.

Chae-Jin Lee, *A Troubled Peace: U.S. Policy and the Two Koreas*, Johns Hopkins University Press, 2006.

Donald Stone Macdonald, *U.S.-Korean Relations from Liberation to Self-Reliance: The Twenty-Year Record*, Westview Press, 1992.

Mark E. Manyin, Emma Chanlett-Avery, Mary Beth D. Nikitin, Ian E. Rinehart, Brock R. Williams, *U.S.-South Korea Relations*, Congressional Research Service, April 26, 2016.

Michael Mastanduno, David A. Lake and G. John Ikenberry, "Toward a Realist Theory of State Action," *International Studies Quarterly*, Vol. 33, No. 4, 1989.

Ernest R. May, "Korea, 1950: History of Overpowering Calculation" in Ernest R. May, *Lessons of the Past: The Use and Misuse of History in American Foreign Policy*, Oxford University Press, 1973.

Dennis L. McNamara, *Imperial Expansion and Nationalist Resistance: Japan in Korea, 1876-1910*, Harvard University Press, 1985.

Ralph Eldin Minger, *William Howard Taft and United States Foreign Policy: The Apprenticeship Years 1900-1908*, University of Illinois Press, 1975.

Patrick M. Morgan, "Realizing the Military and Political Dimensions of the ROK-US Alliance: The Possibilities," *International Journal of Korean Studies*, Vol. XI, No. II, 2007.

Elting Morison ed., "Roosevelt to Lodye, June 16, 1905," *The Letter of Theodore Roosevelt, IV*, Harvard University Press, 1951.

Frederick W. Mote and Denis Twitchett, *The Cambridge History of China Vol. 7: The Ming Dynasty 1368-1644*, Cambridge University Press, 1988.

National Foreign Assessment Center, *South Korea: Nuclear Developments and Strategic Decisionmaking* US Central Intelligence Agency, June 1978, declassified for release, October 2005, p. I, at: http://nautilus.org/publications/essays/napsnet/reports/CIA_ROK_Nuclear_DecisionMaking.

Richard Nixon, "Asia after Viet Nam," *Foreign Affairs*, Vol. 46, No.1, October 1967.

D. J. O'Connor (ed.), *A critical history of Western philosophy*, The Free Press, 1964.

Bonnie Oh, *The Chinese and the Japanese*, Princeton University Press, 1980.

Daniel Oh, "The Two Koreas and the Vietnam War," Digital Archive, International History Declassified, Wilson Center. https://digitalarchive.wilsoncenter.org/resource/modern-korean-history-portal/the-two-koreas-and-the-vietnam-war.

Christian F. Ostermann and James F. Person, eds., *The Rise and Fall of Détente on the Korean Peninsula, 1970-1974*, Woodrow Wilson International Center for Scholars, 2011.

Kun Young Park, "A Strategic-Pragmatic Approach to North Korea: Policy Recommendations for Resolution of North Korean Nuclear Disputes." a survey paper, *The Brookings Institution*, January 2004.

_____, "Addressing the North Korean Nuclear Threat: A Strategic-Pragmatic-Comprehensive Perspective and Its Policy Alternatives," *Journal of Global Area Studies*, 2012.

Edward B. Parsons, "Roosevelt's Containment of the Russo-Japanese War," *Pacific Historical Review*, Vol. 38, No. 1, 1969.

William J. Perry, Unclassified Report by Dr. William J. Perry, U.S. North Korea Policy

Coordinator and Special Advisor to the President and the Secretary of State, Washington, DC *"Review of United States Policy Toward North Korea: Findings and Recommendations,"* October 12, 1999.

John Price, "A Just Peace? The 1951 San Francisco Peace Treaty in Historical Perspective," *JPRI Working Paper* No. 78, June 2001. http://www.jpri.org/publications/workingpapers/wp78.html

_____, "Cold War Relic: the 1951 San Francisco Peace Treaty and the Politics of Memory," *Asian Perspective*, Vol. 25, No. 3 (2001).

Syngman Rhee, June 06, 1953 Statement by President Syngman Rhee, Digital Archive, International History Declassified, Wilson Center.

_____, *The Syngman Rhee Correspondence 1904-1948*, Institute for Modern Korean Studies, Yonsei University, 2009.

Greg Russell, 'Theodore Roosevelt's Diplomacy and the Quest for Great Power Equilibrium in Asia, *Presidential Studies Quarterly* 38:3, 2008, Harvard University, 1985.

Michael Schaller, *The United States and China: Into the Twenty-First Century*, Oxford University Press, 2002.

Randall L. Schweller, "Bandwagoning for Profit: Bringing the Revisionist State Back In," *International Security*, Vol. 19, No. 1, 1994.

William J. Sebald, *With MacArthur in Japn: A Personal History of the Occupation*, W.W. Norton and Co., 1965.

Dingli Shen, "The Sino-US Relations and Alliance Structures in Northeast Asia," in Taik-young Hamm and Kun Young Park (eds.), *Sino-US Relations and the Korean Peninsula* (The Korean Association of International Studies), 2009.

Leon V. Sigal, "Jimmy Carter," *The Bulletin of Atomic Scientists*, 1998.

Scott A. Snyder, "Park's Decision to Join Xi Jinping's World War II Commemoration," September 2, 2015] https://www.cfr.org/blog/parks-decision-join-xi-jinpings-world-war-ii-commemoration.

_____, *South Korea at the Crossroads: Autonomy and Alliance in an Era of Rival Powers*, A Council on Foreign Relations Book Series, University Press, 2018.

William Sposato, "Japan Started a War It Wasn't Ready to Fight: Tokyo picked a trade brawl with Seoul—but wasn't prepared for the inevitable blowback," *Foreign Policy*, August 6, 2019.

Shannon Tiezzi, "Chinese Strategists Reflect on the First Sino-Japanese War: A collection of essays on the Sino-Japanese War of 1894-95," *The Diplomat*, April 18, 2014.

Cançado Trindade, Dissenting Opinion of Judge Cançado Trindade, "IX. The Inadmissibility of Inter-State Waiver of the Rights of the Individuals, Victims of

Grave Violations of International Law," pp. 69-72. https://icj-cij.org/public/files/case-related/143/143-20120203-JUD-01-04-EN.pdf

Harry S. Truman, *Memoirs: Years of Trial and Hope*, Vol. 2, Doubleday, 1956.

Wang Yuan-kang, "Managing Regional Hegemony in Historical Asia: The Case of Early Ming China," *The Chinese Journal of International Politics*, Vol. 5, 2012.

Gerald M. Weinberg, *An Introduction to General Systems Thinking*, John Wiley & Sons, 1975.

Michael Weiner, *The Origins of the Korean Community in Japan, 1910-1923*, Humanities Press, 1989.

Joel S. Wit, Daniel B. Poneman, et al. *Going Critical*, Brookings Institution Press, 2005.

David C. Wolf, " 'To Secure a Convenience': Britain Recognizes China – 1950," *Journal of Contemporary History*, Vol. 18, No. 2, April 1983.

Xiaodong Yang, *State Immunity in International Law*, Cambridge University Press, 2012.

Chin-o Yu, "What Prevents the Successful Conclusion of the Korea-Japan Conference?" *Korean Affairs*, 1, Summer. 1962.

Vladislav M. Zubok, *A Failed Empire: the Soviet Union in the Cold War from Stalin to Gorbachev*, The University of North Carolina Press, 2007.

언론 보도

MacWilliam Bishop, "North Korean ex-assassin recalls 1968, when the Korean cold war ran hot," *NBC News*, January 26, 2018. https://www.nbcnews.com/news/north-korea/north-korean-ex-assassin-recalls-1968-year-mattered-most-n840511

Ashton B. Carter and William J. Perry, "Back to the Brink," *The Washington Post*, October 20, 2002.

CNN, "You are either with us or against us," November 6, 2001, https://edition.cnn.com/2001/US/11/06/gen.attack.on.terror/

CNN, Brad Lendon and Yoonjung Seo, "South Korea rolls out the KF-21, joining elite group of global supersonic fighter jet makers," April 9, 2021. https://edition.cnn.com/2021/04/09/asia/south-korea-kf-21-fifth-generation-fighter-jet-intl-hnk/index.html

Karen DeYoung and Mike Allen, "Bush's Efforts on Iraq, North Korea Flag," *The Washington Post*, October 27, 2002.

Yang Dong-hee, "Anybody? No takers?" *The Korea Times*, October 18, 2015.

Economist Intelligence Unit, "Democracy Index 2020: In sickness and in health?" https://www.eiu.com/n/campaigns/democracy-index-2020/#:~:text=Democracy

%20Index%202020%3A%20In%20sickness,lives%20from%20a%20novel%20coronavirus

Ethan Epstein, "Wendy Sherman vs. South Korea, *The Washington Examiner*, March 4, 2015.

Homer B. Hulbert, "American Policy in the Cases of Korea and Belgium; The Special Envoy of the Korean Emperor Tells for the First Time the Full Story of His Attempt to Get President Roosevelt to Intervene Against Japan," *The New York Times*, March 5, 1916.

Max Fisher, "North Korea, Far From Crazy, Is All Too Rational," *The New York Times*, September 10, 2016.

Nicholas D. Kristof, "Chinese and South Koreans Formally Establish Relations," *The New York Times*, August 24, 1992.

Thomas L. Friedman, "Foreign Affairs; Who's Crazy Here?" *The New York Times*, May 15, 2001.

Kim Dae Jung, "I agonize for North Koreans," *TIME*, September 13, 1999.

Kim Gamel and Yoo Kyong Chang, "US, S. Korean military cost-sharing dispute raises fears of troop withdrawal," *Stars and Stripes*, January 17, 2019. https://www.stripes.com/news/us-s-korean-military-cost-sharing-dispute-raises-fears-of-troop-withdrawal-1.564818

MBC "이제는 말할 수 있다: 94년 한반도 전쟁 위기," 2000년 7월 9일.

Robert D. Novak, "Inside Report: South Korea's Crisis," January 6, 2003. http://www.cnsnews.com/Commentary/Archive/200301/COM20030106c.html

John Pomfret, "Why China won't act against a nuclear North Korea," *The Washington Post*, March 23, 2013.

Steve Robson, "Kim Jong-Un is a 'madman' who poses a 'massive threat' to Britain, the new Defence Secretary has said," *The Mirror*, November 14, 2017.

David E. Sanger and William J. Broad, "U.S. Concedes Uncertainty on North Korean Uranium Effort," *The New York Times*, March 1, 2007.

Wendy R. Sherman, "Talking to the North Koreans," *The New York Times*, March 7.

Phil Stewart and Idrees Ali., "Exclusive: Inside Trump's standoff with South Korea over defense costs," *Reuters*, April 11, 2020. https://www.reuters.com/article/us-usa-southkorea-trump-defense-exclusiv-idUSKCN21S1W7

新华通讯, "S.Korea to deploy THAAD in southeastern region despite opposition from neighboring countries," July 13, 2016.

"Will Ask Roosevelt to Protect Korea," *The New York Times*, August 4, 1905.

"Clinton: N. Korea Warned About Reactor," *The New York Times*, December 15, 2002.

"Coreans at Oyster Bay," *The New York Tribune*, August 4, 1905.

외교문건

FRUS, Section 6, "Study Prepared by the Office of International Security Affairs in the Department of Defense, Washington," circa January 16, 1976, *Foreign Relations of the United States, 1969-1976*, Volume E－12, Documents on East and South Asia, 1973－1976, Document 274, at: http://history.state.gov/historicaldocuments/frus1969-76ve12/d274

FRUS, Memorandum of Conversation, by the Chargé in Korea (Drumright), SEOUL, May 9, 1950. Foreign Relations of the United States, 1950, Korea, Volume VII, 795B.00/5－1050. https://history.state.gov/historicaldocuments/frus1950v07/d35

FRUS, Memorandum, Gallucci to Secretary of State Christopher, in re DPRK discharge of reactor rods from the Yongbyon reactor, ca. May 18, 1994, http://www.gwu.edu/~nsarchiv/NSAEBB/NSAEBB164/EBB%20Doc%204.pdf

FRUS, Memorandum, Roy to Secretary of State Albright, Subject: Pyongyang atthe Summit, June 16, 2000, State Department FOIA release, http://www.gwu.edu/~nsarchiv/NSAEBB/NSAEBB164/EBB%20Doc%2016.pdf

"February 16, 1968, Telegram From Pyongyang To Bucharest, Top Secret, No. 76.044, Regular," The Two Koreas and the Vietnam War, Document Collections, CWIHP, NKIDP. http://digitalarchive.wilsoncenter.org/document/113957

Johnson to Dulles, "Attendance of Korean Observers at Japanese Peace Conference," 20 Aug 1951, Reel 10, Microform C43, Files of John Foster Dulles, RG 59.

"Journal of Soviet Ambassador to the DPRK A.M. Puzanov for 1 August 1957," August 01, 1957, History and Public Policy Program Digital Archive, AVPRF F. 0102, Op. 13, P. 72, Delo 5, Listy 165-192. Translated for NKIDP by Gary Goldberg. http://digitalarchive.wilsoncenter.org/document/115641

"Record of Conversation between Premier Kim and the Chinese Friendship Delegation," August 20, 1965, PRC FMA 106-01479-05, 46-51, translated by Charles Kraus, accessible at http://digitalarchive.wilsoncenter.org/document/118795

"Report about Information on North Korea from 24 June 1965," SAPMO, June 28, 1965, translated for NKIDP by Bernd Schaefer, accessible at http://digitalarchive.wilsoncenter.org/document/111821

"Report about Information on North Korea from 24 June 1965," Benjamin R. Young, RG 43, Records of the U.S. Delegation to the Japanese Peace Conference, 1951, Lot No. 52-152-2C, box 5, doc no. 17, "Residence and Office Directory," Diplomatic Branch, National Archives, Washington D.C.

Telegram from Pyongyang to Bucharest, No. 76.247," July 6, 1967, Romanian Foreign Ministry Archive, obtained and translated by Eliza Gheorghe, accessible at http://digitalarchive.wilsoncenter.org/document/113927.

Telegram from "The Acting Political Adviser in Japan (Sebald) to the Secretary of State," *FRUS*, Vol. 7, November 14, 1949.

Telegram from the Department of State to the Embassy in Japan," Washington, Vol. XXII, 문서번호 267, *FRUS*, July 13, 1962.

Telegram from the Diplomatic Section to the Department of State, October 20, 1951, decimal file 320, RG 84, Japan Post.

Telegram, From AmEmbassy, Abdijan to SecState, Subject: None, May 31, 1967. Folder POL 7, KOR N, 1/1/67. Box 2262. RG 59: General Records of the Department of State, Central Foreign Policy Files 1967-1969, Political and Defense, POL 7 KOR N to POL 7 KOR N. NARA II.

U.S. Department of State, Lot 54, D 423, Diplomatic Branch, National Archives, Washington D.C.

U.S. Department of State, Record Group 84, Foreign Service Posts of the Department of State, Japan, Office of the U.S. Political Adviser of Japan, Classified General Records, 1950-1952, Suitland, Md., Washington National Records Center, decimal file 320.1, Peace Treaty, box no. 60.

U.S. State Department, Letter from Dean Rusk, Assistant Secretary of State, to You Chan Yang, Korean Ambassador in Washington, D.C., State Department Decimal File No. 694.001/8-1051 CS/H, State Department Records, Record Group 59, August 9, 1951.

U.S. State Department telegram 213134 to U.S. Embassy London, 8 September 1975, Secret, forwarding U.S. Embassy Seoul telegram 6989 to Department of State, "Nuclear Reprocessing Plant," 8 September 1975, Secret, Excised copy, RG 59, AAD, MDR release by NARA.

U.S. State Department telegram 240692 to U.S. Embassy Seoul, "Deputy Secretary Ingersoll's Meeting with Ambassador Hahm of Korea," 9 October 1975, Secret. RG 59, AAD.

U.S. State Department telegram 280819 to U.S. Embassy Tokyo and U.S. Embassy Seoul, "Japanese Embassy Approach on ROK Nuclear Reprocessing Facility," 27 November 1975, RG 59, AAD, MDR release by NARA.

U.S. Embassy Seoul telegram 6608 to Department of State, "ROK Nuclear Fuel Reprocessing Plans," 26 August 1975, Secret, Digital National Security Archive.

U.S. Embassy Seoul telegram 74642 to Department of State, "ROK Nuclear Fuel Reprocessing Plant," 30 September 1975, Secret, RG 59, AAD.

U.S. Embassy Seoul telegram 8278 to Department of State, "ROKG Rejects Our Representations on Nuclear Reprocessing," 24 October 1975, Secret, RG 59, AAD.

찾아보기

지은이

박건영 가톨릭대학교 국제학부 교수

1989년 University of Colorado에서 '칼 도이취 상(Karl Deutsch Award)' 수상자인 스티브 챈(Steve Chan), 마이클 워드(Michael Ward) 교수의 지도 하에 박사학위("Political Economy of Rapid Development")를 취득하고 Texas A&M University에서 알렉스 민츠(Alex Mintz) 교수와 협업하고 국제정치이론, 미국정치, 정치학 방법론 등을 가르쳤다. 이 시기 연구 성과는 *Journal of Peace Research, Defence Economics, International Interactions, Asian Perspective* 등에 실렸다. 1997년부터는 가톨릭대학교에 부임하여 국제학부장, 국제정치경제연구센터장, 인문사회연구소장, 국제대학원장을 역임하고 국제관계이론·외교사·미중관계특강 등을 가르치며 최우수강의상을 수상하였다. 박건영 교수는 2000년 『한반도의 국제정치』로 한국국제정치학회로부터 학술상을 받았고, 2003년에는 『동아일보』에 국제정치 부문 제3세대 대표적 학자로 언급되었고, 2004년에는 미국 브루킹스연구소의 코리아 펠로우로, 그리고 2014년에는 "미중관계와 한반도의 통일"로 UNESCO-Korea Commission의 제1회 '*Korea Journal* 상' 수상자로 선정되었다.

박건영 교수는 국제정치의 보편성을 인정하면서도 "자기 사회에 대한 독자적인 문제의식을 형성하지 못하거나 자기 사회의 맥락과 유리된 문제의식"을 갖게 만드는 서구의 관념적, 가치관적 지배력을 경계하면서 구체적 시공간의 맥락을 반영하는 분석과 처방을 제시해왔다. 예를 들어, 현재 프랑스인들이 누리는 개인의 자유는 현재 한국인들이 누리는 개인의 자유와 유사한 이른바 보편적 가치이지만, 다른 한편 그들이 지금 누리는 자유의 기원은 서로 같지 않다. 프랑스인들이 절대왕정을 타파함으로써 개인의 자유를 얻었다면 현재의 한국인들은 어떤 투쟁을 거쳐 자신들의 자유를 쟁취했는가? 같은 개인의 자유가 구체적 시공간이라는 "감성의 선험적 형식(a priori form of sensibility)"에 의해 서로 다른 자유가 될 수 있는 것이다. 뒤집어 말해보자. 프랑스인과 한국인들의 자유를 현재 위협하는 힘은 어디서 오는가? 요컨대 자유를 분별하는 능력의 이론적, 정책적, 실천적 함의는 다대하다. 이러한 접근법과 문제의식은 박건영 교수의 최신작인 『국제관계사: 사라예보에서 몰타까지』(사회평론아카데미, 2020), 『국제정치이론』(공저, 사회평론아카데미, 2021), 『외교정책결정의 이해』(사회평론아카데미, 2021), 『조선이 한국에게 보내는 편지: 한반도의 국제정치』(사회평론아카데미, 2021)에 일관되게 반영되어 있다.

박건영 교수는 수년 전부터 한국적 정체성이 반영되어 있는 '중범위(mid-range) 국제정치이론'을 개발하고 있다. 그는 한국적 국제정치이론의 유망한 재료 중 하나로 북한을 꼽고 있다. 핵을 보유한 북한은 중요한 국제정치 주체이면서도 기존의 국제정치이론으로는 설명되지 않는 독특한 행위자이다. 예를 들어, 북한과 중국 간 관계는 서양식 개념인 '후견인-피후견인 관계(patron-client relations)'로 설명될 수 없다. 기존 이론으로 주요 국제정치 주체의 행동이 설명되지 않는다면, 그것은 당연히 중요한 이례(anomaly)로서 국제정치의 훌륭한 이론적 재료가 될 수 있다. '북한(또는 한반도)의 국제정치'와 관련하여 유용한 이론적 개념으로는 줄타기 외교(또는 주체 외교), 벼랑끝전술, 햇볕정책, 적대적 상호의존, 근교원공, 순망치한, 기미부절(羈縻不絶), 이이제이, 재조지은(再造之恩) 등이 있을 수 있다. 벼랑끝전술(brinkmanship), 이이제이(divide and rule) 등의 개념은 서양 국제정치에서도 자주 언급되기는 하지만 북한/한반도의 지정학적 특수성과 고유한 국제정치사적 맥락은 이 개념들의 이론적 의미를 부각하는 역할을 한다. 한국은 북한과 언어, 역사, 문화적인 면에서 상당 부분을 공유하고 있기 때문에 한국의 국제정치학자들은 북한에 대한 접근이라는 차원에서 그 어느 다른 나라의 학자에 비해서도 비교우위에 있다. 박건영 교수는 이에 착안하여 국제정치의 주요 일부인 한반도와 동북아의 국제정치를 보다 적확하게 설명/이해할 수 있는 인식의 틀을 만들어가고 있다. think@catholic.ac.kr